高职高专规划教材

建设工程法规教程

胡成建　主编
黄立菅　主审

中国建筑工业出版社

图书在版编目(CIP)数据

建设工程法规教程/胡成建主编. —北京：中国建筑工业出版社，2008
 高职高专规划教材
 ISBN 978-7-112-10143-6

Ⅰ.建… Ⅱ.胡… Ⅲ.建筑法—中国—高等学校：技术学校—教材 Ⅳ.D922.297

中国版本图书馆 CIP 数据核字(2008)第 134522 号

高职高专规划教材
建设工程法规教程
胡成建　主编
黄立营　主审

*

中国建筑工业出版社出版、发行(北京西郊百万庄)
各地新华书店、建筑书店经销
北京天成排版公司制版
北京建筑工业印刷厂印刷

*

开本：787×1092毫米 1/16 印张：25 字数：608千字
2008年11月第一版 2014年7月第七次印刷
定价：**39.00**元
ISBN 978-7-112-10143-6
(16946)

版权所有　翻印必究
如有印装质量问题，可寄本社退换
(邮政编码 100037)

建设工程法规作为建设行业从业人员都必须遵守的行为准则，是建设类专业学生的必修课程，也是建设类相关执业资格国家统一考试的必考内容。本书在编写过程中严格按照高职高专建设类专业的教学大纲要求，并参考了相关执业资格考试大纲规定，力求收纳建设领域中最新的法律、行政法规、部门规章。本书按照城乡规划、勘察设计、工程造价、招标投标、合同管理、施工管理、工程监理、安全管理、质量管理、环境保护、争议处理、法律责任等顺序对正文进行科学编排，同时为增强学习的效果，本教材附设了典型案例、相关执业资格考试介绍、合同示范文本、建设工程领域部分法规索引等附录内容。

本书内容全面、结构合理，具有较好的系统性、完整性、时效性和通用性，适合作为高职高专建筑工程技术、建筑设计技术、建筑装饰技术、道路与桥梁工程技术、建筑工程管理、工程造价、工程监理、房地产经营与估价等建设类专业建设法规课程的教材，同时也可作为建设领域从业人员学习建设法规知识的参考书。

＊　＊　＊

责任编辑：牛　松　齐庆梅
责任设计：赵明霞
责任校对：梁珊珊　陈晶晶

前　言

建筑业作为国民经济中一个重要的物质生产部门，是与生产发展、社会进步、国家强盛、民族振兴紧密相连的一个行业。规范建设主体行为，提高建设产品的质量，营造良好的建设环境，对于繁荣建设市场，实现建设领域法制化具有重要意义。

建设工程法律法规课程是建设大类专业学生必修课程，旨在满足建设大类专业学生职业素养教育的需要。2007年11月，该教材被徐州建筑职业技术学院确定为精品教材，由黄立营教授担任该教材建设团队负责人，法律教研室主任胡成建任主编，集中学院优势力量组成教材编写团队，历时一年编写而成。在编写过程中，我们遍寻名著，多方求索，参考各家立言，形成了初步的编写框架，制定了概略性编写提纲。在此基础上，编写组成员利用假期，深入建设行业了解一线从业人员的意见和建议，在系统分析反馈情况的基础上，进一步梳理了书稿体系，制定了较为合理的编写体例和相对详细的编写提纲，并分工完成了初稿的写作。在初稿完成后，我们组织了编写组通稿协调会，约请了主审和其他专家进行了审议，根据与会同志的意见和建议进行了进一步修订，同时根据法律修订和颁布的实际需要，删除了失效的部分章节，调整更新了有关内容，对附录部分进行了较为科学的编排，使学习参考内容更为合理丰富，从而提高本教材的实际使用效果。

本教材是集体智慧的产物，从体系的编排、内容的组织、语言的推敲直至文字标点的使用都饱含着每位成员的心血和汗水。本教材正文共分十三章，另有四项附录。具体分工如下：第一章（朱铁壁）、第二章（马军）、第三章（马军）、第四章（朱铁壁）、第五章（胡成建）、第六章（胡成建，其中第四节由朱铁壁完成）、第七章（周磊）、第八章（周磊）、第九章（徐院珍）、第十章（徐院珍）、第十一章（白飞）、第十二章（陈雪侠）、第十三章（陈雪侠）、附录一（周磊）、附录二（白飞）、附录三（胡成建）、附录四（胡成建）。初稿完成后，在主编主持下，全体人员进行了多次校核和勘误，在主编统稿的基础上，最后由黄立营教授进行了审定。

本教材适用于建筑工程技术、建筑设计技术、建筑装饰技术、道路与桥梁工程技术、建筑工程管理、工程造价、工程监理、房地产经营与估价、园林工程技术、工程测量技术、给水排水工程技术、古建筑、建筑文秘等专业，也可作为建造师、造价工程师、监理工程师、房地产评估师等国家统一考试的参考书目。

教材编写得到了院领导和有关部门的大力支持，中国建筑工业出版社牛松、齐庆梅编辑为本教材的出版付出了辛勤汗水，给予了大量而切实的帮助，在此，我们一并感谢。特别指出的是，我们在教材编写中参考了大量的文献资料，在参考文献中将其中的主要文献作了必要的注释，但难免有疏漏，在此，谨向所有文献的作者表示感谢。

尽管所有编著者都作出了最大努力，但仍不可能做到尽善尽美，希望广大读者和同行们提出批评，以便我们进一步修订。

目 录

第一章 建设工程法规概论 ··· 1
  第一节 建设工程法规概述 ··· 1
  第二节 建设法律关系 ··· 6
  第三节 建设工程法规体系与内容体系 ·· 10
  第四节 建设工程法规的制定与施行 ·· 14

第二章 城乡规划法律制度 ··· 22
  第一节 城乡规划法概述 ··· 22
  第二节 城乡规划的制定 ··· 25
  第三节 城乡规划的实施和修改 ·· 33
  第四节 风景名胜区和历史文化名城、名镇、名村的规划管理 ······················· 43
  第五节 城乡规划的监督检查 ··· 46

第三章 建设工程勘察设计法律制度 ·· 49
  第一节 建设工程勘察设计概述 ·· 49
  第二节 工程勘察设计资质资格管理制度 ··· 50
  第三节 建设工程勘察设计市场管理 ·· 57
  第四节 工程勘察设计文件的编制 ··· 58
  第五节 工程勘察设计标准与标准设计 ·· 60
  第六节 法律责任 ··· 63

第四章 建设工程造价管理法律制度 ·· 67
  第一节 建设工程造价管理法律制度概述 ··· 67
  第二节 工程造价 ··· 68
  第三节 工程造价管理 ··· 71
  第四节 工程造价咨询业的法律制度 ·· 75
  第五节 工程造价专业人员法律制度 ·· 80

第五章 建设工程招标投标法律制度 ·· 89
  第一节 建设工程招标投标概述 ·· 89
  第二节 建设工程招标法律制度 ·· 91
  第三节 建设工程投标法律制度 ·· 100
  第四节 建设工程招标投标具体管理制度 ··· 103

第六章 建设工程合同法律制度 ··· 113
  第一节 合同法律基础 ··· 113
  第二节 建设工程合同法律概论 ·· 122
  第三节 建设工程勘察设计合同 ·· 126

  第四节 建设工程造价咨询合同 …………………………………… 130
  第五节 建设工程施工合同 ………………………………………… 133
  第六节 建设工程委托监理合同 …………………………………… 142
第七章 建设工程施工法律制度 ………………………………………… 147
  第一节 建设工程施工法律制度概述 ……………………………… 147
  第二节 建设工程(施工)企业、人员资质管理 …………………… 148
  第三节 施工许可制度 ……………………………………………… 154
第八章 建设工程监理法律制度 ………………………………………… 158
  第一节 建设工程监理法律制度概述 ……………………………… 158
  第二节 建设工程监理的各方及相互关系 ………………………… 163
  第三节 建设工程监理企业与监理工程师管理 …………………… 166
  第四节 建设工程委托监理双方的权利、义务及责任 …………… 173
第九章 建设工程安全生产管理法律制度 ………………………………… 176
  第一节 建设工程安全生产管理法律制度概述 …………………… 176
  第二节 建设工程安全生产相关制度 ……………………………… 182
  第三节 建设工程安全保障制度及事故查处制度 ………………… 191
第十章 建设工程质量管理法律制度 …………………………………… 197
  第一节 建设工程质量管理法律制度概述 ………………………… 197
  第二节 政府对建设工程质量的监督管理制度 …………………… 200
  第三节 建设工程的质量责任制度 ………………………………… 210
  第四节 建设工程保修制度及损害赔偿制度 ……………………… 215
第十一章 建设工程环境保护法律制度 ………………………………… 221
  第一节 建设工程环境保护法律制度概述 ………………………… 221
  第二节 建设工程环境保护的基本原则和法律制度 ……………… 225
  第三节 我国建设工程环境保护的法律体系 ……………………… 231
  第四节 建设工程环境保护的相关法律及其规定 ………………… 233
第十二章 建设工程争议处理法律制度 ………………………………… 240
  第一节 建设工程争议概述 ………………………………………… 240
  第二节 建设工程民事争议处理方式 ……………………………… 244
  第三节 建设工程行政争议处理方式 ……………………………… 261
第十三章 建设工程法律责任 …………………………………………… 269
  第一节 建设工程法律责任概述 …………………………………… 269
  第二节 建设工程民事责任 ………………………………………… 271
  第三节 建设工程行政责任 ………………………………………… 275
  第四节 建设工程刑事责任 ………………………………………… 280

附 录

附录一 案例 …………………………………………………………… 287
 一、执业资格考试案例分析 …………………………………………… 287

二、最高人民法院典型案例 ………………………………………………… 291
附录二　相关执业资格考试介绍 ……………………………………………… 315
　　注册建筑师考试 …………………………………………………………… 315
　　一级建造师执业资格考试 ………………………………………………… 318
　　注册城市规划师执业资格考试 …………………………………………… 320
　　造价工程师执业资格考试 ………………………………………………… 321
　　注册土木工程师(岩土)执业资格考试 …………………………………… 323
　　注册监理工程师执业资格考试 …………………………………………… 325
　　注册安全工程师执业资格考试 …………………………………………… 327
　　环境影响评价工程师职业资格考试 ……………………………………… 328
附录三　合同示范文本 ………………………………………………………… 331
　　建设工程勘察合同(一)(GF—2000—0203)(示范文本) ………………… 331
　　建设工程勘察合同(二)(GF—2000—0204)(示范文本) ………………… 334
　　建设工程设计合同(一)(GF—2000—0209)(示范文本) ………………… 338
　　建设工程设计合同(二)(GF—2000—0210)(示范文本) ………………… 342
　　建设工程造价咨询合同(GF—2002—0212)(示范文本) ………………… 345
　　建设工程施工合同(GF—1999—0201)(示范文本) ……………………… 350
　　建设工程委托监理合同(GF—2000—0202)(示范文本) ………………… 371
附录四　建设工程领域部分法规索引 ………………………………………… 378
参考文献 ………………………………………………………………………… 390

第一章 建设工程法规概论

【本章提要】 建设工程法规是调整建设工程关系的法律规范，由于其调整对象的独特性，建设工程法规属于经济法的范畴。我国建设工程法规是建设法律、建设行政法规、建设部门规章、地方性法规和规章与国家制定或认可的技术法规与国际公约、国际惯例、国际标准衔接起来形成的完整统一的体系。建设工程法规确立了以规范建筑市场行为为起点，以建筑工程质量和安全为重点的一些基本制度。

第一节 建设工程法规概述

一、建设工程法规的概念及调整对象

（一）建设工程法规的概念

建设工程法规即规范建设工程的法律规范，它是调整建筑工程、土木工程、线路管道和设备安装及装修工程等建设活动中发生的建设管理及建设协作关系的法律规范的总称。建设工程法规是由国家权力机关或其授权的行政机关制定的，由国家强制力保证实施的，旨在调整国家机关、社会机构和公民之间在建设活动或建设行政管理活动中所发生的各种社会关系的法律规范。建设工程法规在国家法律体系中占有重要地位，是国家现行法律体系中不可缺少的重要组成部分。建设工程法规覆盖面广，涉及国民经济各个行业的基本建设活动，是运用综合的手段对行政的、经济的、民事的社会关系加以规范调整的法规。国家立法机关颁发的调整建设活动的法律规范及相关的法律规范有《中华人民共和国城乡规划法》、《中华人民共和国建筑法》、《中华人民共和国城市房地产管理法》、《中华人民共和国土地管理法》、《中华人民共和国招标投标法》、《中华人民共和国文物保护法》、《中华人民共和国合同法》等；国务院颁发的调整建设活动的行政法规有《建设工程勘察设计管理条例》、《建设工程质量管理条例》、《建设工程安全生产管理条例》、《城市房屋拆迁管理条例》等；国家建设行政主管部门颁发的规范建设活动的规章包括建设工程质量管理、建设市场管理、建设活动主体资质管理、建设活动从业人员资质管理、建设工程标准化管理、房地产开发经营管理、城市建设等方面约400多个。

（二）建设工程法规的调整对象

建设工程法规的调整对象主要是指建设活动中的民事关系、经济协作关系以及建设行政管理关系。

1. 建设活动中的民事关系

建设活动中的民事关系是指因从事建设活动而产生的国家、法人、公民之间的民事权利与民事义务关系。主要包括：在建设活动中发生的有关自然人的损害、侵权、赔偿关系；建设领域从业人员的人身和经济权利保护关系；房地产交易中买卖、租赁等产权关系；土地征用、房屋拆迁导致的拆迁安置关系等。建设活动中的民事关系既涉及国家社会

利益，又关系着个人的权益和自由，因此必须按照民法通则和建设工程法规中的民事法律规范予以调整。

2. 建设活动中的经济协作关系

在各项建设活动中，各种经济主体为了自身的生产和生活需要，或为了实现一定的经济利益或目的，必须寻求协作伙伴，随即发生相互间的建设协作经济关系。如投资主体（建设单位）同勘察设计单位、建筑安装施工单位等发生的勘察设计和施工关系。

建设活动中的经济协作关系是一种平等自愿、互利互助的横向协作关系，一般应当以建设合同的形式确定。建设合同关系大多具有较强的格式性，这是由建设活动的建设关系自身特点所决定的。在建设活动中，各个经济活动主体为自身的经济利益，在建设工程法规允许的范围内建立建设经济协作关系。这种经济协作关系是通过法定的合同形式来确定的，如勘察设计单位与建设单位的勘察、设计合同关系；建筑安装企业与建设单位的工程施工合同关系等。

3. 建设活动中的行政管理关系

建设活动是社会经济发展中的重大活动，同社会发展息息相关。国家对此类活动必然要实行严格的管理，包括对建设工程的立项、计划、资金筹集、设计、施工、验收等均进行严格监督管理，进而形成建设活动中的行政管理关系。

建设活动中的行政管理关系，是国家及其建设行政主管部门同建设单位、设计单位、施工单位及有关单位（如中介服务机构）之间发生的相应的管理与被管理关系。它包括两个相互关联的方面：一方面是规划、指导、协调与服务；另一方面是检查、监督、控制与调节。这其中不但要明确各种建设行政管理部门相互间及内部各方面的责权利关系，而且还要科学地建立建设行政管理部门同各类建设活动主体及中介服务机构之间规范的管理关系，这些都必须纳入法律调整范围，由有关的建设工程法规来承担。

应当指出的是，建设工程法规的三种具体调整对象，彼此间既互相关联，又各具自身属性。它们都是因从事建设活动所形成的社会关系，都必须以建设工程法规来加以规范和调整，不能或不应当撇开建设工程法规来处理建设活动中所发生的各种关系。这是其共同点或相关联之处，同时这三种调整对象又不尽相同：它们各自的形成条件不同；处理关系的原则或调整手段不同；适用的范围不同；适用规范的法律后果也不完全相同。从这个意义上说，它们又是三种并行不悖的社会关系，既不能混同，也不能相互取代。在承认建设工程法规统一调整的前提下，应当侧重适用它们各自所属的调整规范。

二、建设工程法规的地位和作用

（一）建设工程法规的地位

法律地位，即指法律在整个法律体系中所处的状态，具体指法律属于哪一个部门法且居于何等层次。要确定建设工程法规的法律地位，必须明确其法律性质，也就是确定建设工程法规属于哪一个部门法。而部门法的划分标准，是以某一类社会关系为共同的调整对象，在此基础上所形成的所有法律规范的总和即构成同一法的部门。比如，以平等主体之间的财产关系和人身关系为共同调整对象所形成的所有法律规范，其总和即构成独立的民法部门，而作为其构成主体的民法通则则是国家的基本法，其效力仅次于宪法。

建设工程法规主要调整三种社会关系，即建设活动中的民事关系、建设活动中的经济协作关系和建设活动中的行政管理关系。对于第一种社会关系的调整主要是采取民事手段，对于第二种社会关系的调整采取的是行政、经济、民事相结合的手段，对于第三种社会关系的调整采取的是行政手段。这表明：建设工程法规是运用综合的手段对行政的、经济的、民事的社会关系加以规范调整的法规。就建设工程法规调整对象的复合性与调整手段的综合性来看，本书认为建设工程法规属于经济法的范围。

（二）建设工程法规的作用

建设行业是与社会进步、国家强盛、民族兴衰紧密相连的一个行业。它所从事的生产活动，不仅为人类自身的生存发展提供最基本的物质环境，而且反映各个历史时期的社会面貌，反映各个地区、各个民族科学技术、社会经济和文化艺术的综合发展水平。建筑产品是人类精神文明发展史的一个重要标志，建设行业是跨越自然科学与社会科学之间的一个特殊产业部门。

在国民经济中，建设行业是一个重要的物质生产部门，建设工程法规的作用就是保护、巩固和发展社会主义的经济基础，最大限度地满足人们日益增长的物质和文化生活的需要。具体来讲，建设工程法规的作用主要有：规范指导建设行为；保护合法建设行为；处罚违法建设行为。

1. 规范指导建设行为

人们所进行的各种具体行为必须遵循一定的准则。只有在法律规定的范围内进行的行为才能得到国家的承认与保护，也才能实现行为人预期的目的。从事各种具体的建设活动所应遵循的行为规范即建设法律规范。建设工程法规对人们建设行为的规范性表现为：

（1）有些建设行为必须做。如《中华人民共和国建筑法》（以下简称《建筑法》）第58条规定的"建筑施工企业必须按照工程设计图纸和施工技术标准施工"，即为义务性的建设行为规定。

（2）有些建设行为禁止做。如《中华人民共和国招标投标法》（以下简称《招标投标法》）第32条规定的"投标人不得相互串通投标报价，不得排挤其他投标人的公平竞争，损害招标人或者其他投标人的合法权益"，"投标人不得与招标人串通投标，损害国家利益、社会公共利益或者他人的合法权益"，"禁止投标人以向招标人或者评标委员会成员行贿的手段谋取中标"，上述规定即为禁止性的建设行为规定。

（3）授权某些建设行为。授权建设行为即规定人们有权选择某种建设行为，它既不禁止人们做出这种建设行为，也不要求人们必须做出这种建设行为，而是赋予了一个权利，做与不做都不违反法律，一切由当事人自己决定。如《建筑法》第24条规定的"建筑工程的发包单位可以将建筑工程的勘察、设计、施工、设备采购一并发包给一个工程总承包单位，也可以将建筑工程的勘察、设计、施工、设备采购的一项或者多项发包给一个工程总承包单位"，就属于授权性的建设行为。

正是由于有了上述法律的规定，建设行为主体才明确了自己可以为、不得为和必须为的一定的建设行为，并以此指导、制约自己的行为，体现出建设工程法规对具体建筑行为的规范和指导作用。

2. 保护合法建设行为

建设工程法规的作用不仅在于对建设主体的行为加以规范和指导，还应对一切符合法规的建设行为给予确认和保护。这种确认和保护一般是通过建设工程法规的原则规定反映的，如《建筑法》第4条规定的"国家扶持建筑业的发展，支持建筑科学技术研究，提高房屋建筑设计水平，鼓励节约能源和保护环境，提倡采用先进技术、先进设备、先进工艺、新型建筑材料和现代管理方式。"第5条规定的"任何单位和个人都不得妨碍和阻挠依法进行的建筑活动"，即属于保护合法建设行为的规定。

3. 处罚违法建设行为

建设工程法规要实现对建设行为的规范和指导作用，必须对违法建设行为给予应有的处罚。否则，建设工程法规所确定的法律制度由于得不到实施过程中强制手段的法律保障，就会变成无实际意义的规范。因此，建设工程法规都有对违法建设行为的处罚规定。如《建筑法》第72条："建设单位违反本法规定，要求建筑设计单位或者建筑施工企业违反建筑工程质量、安全标准，降低工程质量的，责令改正，可以处以罚款；构成犯罪的，依法追究刑事责任。"

三、建设工程法规的历史与发展

(一) 初步发展时期(1949～1956年)

1. 初步建立阶段

新中国成立初期，建设立法基本是个空白，当时面临国民经济恢复和大规模经济建设的需要，建设活动成为最重要的国民经济活动之一。为确保其顺利进行，国家开始着手进行建设立法工作。1950年2月，当时的政务院发布了《关于决算制度、预算审核、投资的施工计划和货币管理的决定》，规定了必须先设计后施工的工作程序，这是中国政府最早颁布的有关建筑业生产经营的法规性文件。1951年3月，政务院财经委员会发布了《基本建设工作程序暂行办法》，后来经过试行、补充、修订为《基本建设工作暂行办法》，于1952年1月颁布。这是中国第一部全面的、纲要性的建设工程法规，40年来一直作为中国建设工程的基本依据，为建设立法工作奠定了基础。其中要求中央各主管部门根据需要和可能，逐步成立独立的设计公司及建筑安装公司，负责基本建设的调查、设计及建筑安装工作；施工时采取合同制(在合同中规定任务，明确责任，保证质量，确定费用及完成期限)与经济核算；规定了根据批准的设计任务书进行设计，先设计后施工的建设程序；对设计、施工、财务供应和资金监督、竣工验收等工作所必须遵循的规程、制度的基本要求都做了具体规定。

2. 初步完善阶段

1953年，中国进入第一个五年计划时期，开始了以156项重点工程为骨干的大规模建设活动。建筑工程部在1952年成立后，吸收了前苏联在建设工程上的经验，于1953年3月颁发了《包工试行办法(草案)》，于1954年6～7月，又相继颁布了《关于试行包工包料的指示》、《一九五五年建筑安装工程包工暂行办法》。1954年11月，国家建设委员会成立后，系统地编制和颁布了一系列勘察设计、施工、竣工验收技术规范和操作规程，制定了各项建筑工程、建材产品的定额和标准，为进一步强化建筑业的管理奠定了基础。1955年，156项重点工程进入紧张施工阶段，国家建设委员会和建筑工程部等相继颁发了一系列重要的建设工程法规，进一步完善了建设立法工作，主要有：《民用建筑设计和预算编制暂行办法》、《基本建设工程交工和验收动用暂行办法》、《建筑机械管理办法》、《建筑安装工程总承包与分承包试行办法(草案)》、《建筑安装企业财务成本责任制暂行办法》等。1956年4月，国家建设委员会颁布了《1956年建筑安装工程统一施工定额》。同年5月，国务院常务会议通过了《关于加强和发展建筑工业的决定》、《关于加强设计工作的决定》、《关于加强新工业区和新工业城市建设工作几个问题的决定》。这三个决定科学地总结了"一五"期间的建设经验,明确规定了建筑业发展的方向、任务和实施步骤。为配合这三个决定的实施,建筑工程部又相继颁发了关于设计、施工等 20 多个技术经济方面的法规性文件。

(二) 曲折发展时期(1957～1978 年)

1. 第一次曲折发展阶段

1958 年"大跃进"开始,在"解放思想、破除迷信"的口号下,进行了改革规章制度的工作。由于过去在制定章程、办法时缺乏经验,有些制度规定得过细、过死,不大符合实际和不利于调动职工的积极性,进行改革是必要的。但由于当时受"左"的思想影响,不加分析地把许多必要的规章制度"革"掉了,已建立起来的比较完整的建设工程法规也受到了严重的冲击。当时有关工程质量和安全作业方面的规章制度共 81 种,废除了 38 种,即使保留下来的也未能认真执行,甚至连勘察设计程序、设计制图标准、图纸审核等最基本的技术制度也不去执行,以致工程质量事故、伤亡事故大幅度上升。但在此过程中制定新的规章制度也在进行,1959 年陆续颁发了《关于工程质量事故和安全措施的意见》、《关于加强施工管理的几项规定》等生产管理制度。

2. 恢复与完善阶段

从 1961 年开始,我国对国民经济实行"调整、巩固、充实、提高"的方针。同年 9 月,建筑工程部相应地制定了《关于贯彻执行〈国营工业企业工作条例〉(草案)的规定》,对于施工企业领导制度、质量安全、技术工艺、生产、财务、劳动工资、班组建设等多方面工作做了具体规定。1962 年,建筑工程部颁发了《建筑安装企业工作条例(草案)》(即"施工管理一百条"),进一步充实完善了建设立法工作。在此期间,国务院、国家建设委员会、建筑工程部还制定了一系列有关建设程序、设计、施工、现场管理、机械设备管理、建筑标准定额、财务资金及技术责任等方面的制度。

3. 第二次曲折发展阶段

1966 年"文化大革命"开始以后,建设立法遭到了第二次严重破坏。原有的一些合理的规章制度被说成是"管、卡、压"或是"条条框框"被全盘否定;"边勘察、边设计、边施工、边投产"现象普遍存在;工程质量、安全事故大量发生;工程成本大幅度上升;工程效益显著下降。为了扭转这种混乱状况,1972 年初,国务院批转国家计委、国家建委、财政部《关于加强基本建设管理的几点意见》,重新肯定了以前有关建设程序和设计、预算、资金、物资等管理的一些规定。1975 年后,建设立法有所加强,主要制定了有关建设包干、调度、环境等方面的规定。

(三) 蓬勃发展时期(1978～1997 年)

1. 恢复、完善与发展阶段

1977～1978 年,国家建委等部门颁发了一系列关于建设程序、安全施工、工程质量等规定。1979 年,国家建工总局成立后又制定了许多关于勘察设计、施工、建筑科研、劳动工资、对外承包等方面的法规文件。1980 年,国家建委等五部门颁发了《关于扩大国营施工企业经营管理自主权有关问题的暂行规定》,恢复了 2.5% 的法定利润。1981 年,国家建委等四部门颁发了《关于施工企业推行经济责任制的若干决定》。1983 年,原建设部召开了全国建筑工作会议,制定了建筑业改革大纲,并相继颁布了若干关于工程质量、建筑设计、科技和各类建筑企业综合管理的规定，颁布了《关于建筑安装工程招标投标试行办法》。但在1984年之前的建设立法基本上是单一的，缺乏全面系统的考虑，对建设工程法规体系化的建设已成必然之势。

2. 体系化、规范化和科学化的新时期

1984年，原建设部提出了建设领域系统改革的纲领性文件《发展建筑业纲要》，同年9月国务院颁发了《关于改革建筑业和基本建设管理体制若干问题的暂行规定》。这两个文件，是建筑业全面改革的纲领性文件，也为建筑业立法工作走向体系化的道路奠定了基础。此后，随着建筑业改革深化，原建设部相继颁布了关于建筑投资、城市规划、城乡建设、建设勘察、建筑设计、建筑市场、建设监理、招标投标、施工企业资质管理、施工企业组织与经营机制、建筑财务成本、工程质量、建筑材料设备、城市公用事业管理、建筑环境保护及城市房地产管理、征地拆迁等一系列法规，基本上形成了较为完善的建设工程法规体系。

在建设工程法规体系的内容向全面、系统方向发展的同时，建设立法程序及体系也进行了规范化和科学化。在立法程序上，1987年国务院颁布了《行政法规制定程序暂行条例》（已废止），1988年原建设部颁发了《建设部立法工作程序和分工的规定》（已废止），这就基本上把建筑业立法工作纳入了规范化、科学化的轨道。在法规体系上，我国已形成中华人民共和国建筑法律、行政法规、部门规章和地方法规相结合的法规体系。在目前条件下，我国建筑业管理基本上是以中华人民共和国建筑法律和行政法规为基础和指导，以建筑业部门规章为操作手段，以地方法规为补充。其中建筑部门规章量多面广且具体，建筑法规层次高，数量少。

（四）《中华人民共和国建筑法》颁布和实施

1997年11月1日，第八届全国人民代表大会常务委员会第二十八次会议通过了《中华人民共和国建筑法》，并自1998年3月1日起施行。《建筑法》是我国建筑业的基本法律，是建设法律体系的基础，《建筑法》的制定是我国建筑法发展史上的里程碑，标志着我国建设法律体系的渐趋完善。《建筑法》为确保工程质量和安全提供了法律武器，对加强建筑活动的监督管理，维护建筑市场秩序，规范建筑市场行为，使我国建筑业朝着健康有序的方向发展，起着积极的推动和保证作用。

第二节 建设法律关系

法律关系是指由法律规范所确定和调整的人与人或人与社会之间的权利义务关系。这里的"人"，从法律意义讲，包括两种意义：一是指自然人，另一是指法人。自然人是基于出生而成为民事法律关系主体的有生命的人。法人是法律承认具有民事权利能力和民事行为能力，依法独立享有民事权利和承担民事义务的组织。人们在社会生活中结成各种社会关系，当某一社会关系为法律规范所调整并在这一关系的参与者之间形成一种权利义务关系时，即构成法律关系。因此，法律关系是诸多社会关系中的一种特殊社会关系。社会关系的不同方面需要不同的法律规范去调整，由于各种法律规范所调整的社会关系和规定的权利义务不同，因而形成了内容和性质各不相同的法律关系，如行政法律关系、民事法律关系等。

建设法律关系则是由建设工程法规所确认和调整的，在建设行业管理和建设活动过程中所产生的具有相关权利、义务内容的社会关系。它是建设工程法规与建设领域中各种活动发生联系的途径，建设工程法规是通过建设法律关系来实现其调整相关社会关系的目的。建设法律关系由建设法律关系主体、建设法律关系客体和建设法律关系内容所构成。

一、建设法律关系主体

建设法律关系主体是指参加建筑业活动，受建设法律规范调整，在法律上享受权利或者承担义务的当事人，主要有自然人、法人和其他组织。它包括国家机关、业主方、承包方以及相关中介组织等。

（一）国家机关

国家机关主要有国家权力机关和国家行政机关。

1. 国家权力机关

国家权力机关是指全国人民代表大会及其常务委员会和地方各级人民代表大会及其常务委员会。国家权力机关参加建设法律关系的职能是审查批准国家建设计划和国家预决算、制定和颁布建设法律、监督检查国家各项建设法律的执行。

2. 国家行政机关

国家行政机关是依照国家宪法和法律设立的依法行使国家行政职权、组织管理国家行政事务的机关。它包括国务院及其所属各部委、地方各级人民政府及其职能部门。参加我国建设法律关系的国家行政机关主要有：

（1）国家计划机关。主要是中央和省、自治区、直辖市两级的发展和改革委员会。其职权是负责编制长、中期和年度建设计划，组织计划的实施，督促各部门严格执行工程项目建设程序等。

（2）国家建设主管机关。主要指住房和城乡建设部，其职权是制定建筑法规和其他建设工程法规的部门规章，对城市建设、村镇建设、工程建设以及建筑业、房地产业、市政公用事业进行组织管理和监督。如管理基本建设勘察设计单位和施工队伍；进行城市规划；制定建设工程的各种标准、规范和定额；监督勘察、设计、施工安装的质量等。

（3）国家建设监督机关。它主要包括国家财政机关、中国人民银行、国家审计机关、国家统计机关等。

（4）国家建设各业务主管机关。如交通运输部、铁道部、工业与信息化部等机关，负责本部门、本行业的建设管理工作。

国家机关还有审判机关和检察机关。但作为国家机关组成部分的审判机关和检察机关不以管理者身份成为建设法律关系的主体，而是建设法律关系监督与保护的重要机关。

（二）业主方

业主方可以是房地产开发公司，也可以是工厂、学校、医院，还可以是个人或各级政府委托的资产管理部门。在我国建筑市场上业主方一般被称之为建设单位或甲方，由于这些建设单位最终得到的是建筑产品的所有权，所以根据国际惯例，也可以称这些建设工程的发包主体为业主。业主方作为建筑活动的权利主体，是从可行性研究报告批准开始的。任何一个社会组织，当它的建设项目的可行性研究报告没有被批准之前，建设项目尚未被正式确认，它是不能以权利主体的资格参加建设工程的。当建设项目编有独立的总体设计并单独列入建设计划，获得国家批准时，这个社会组织方能成为建设单位，也才能以已经取得的法人资格及自己的名义对外进行经济活动、从事相应法律行为。

建设单位作为工程的需要方，是建设投资的支配者，也是建设工程的组织者和监督者。

（三）承包方

承包方是指有一定生产能力、机械设备、流动资金，具有承包建设工程任务的营业资格，在建筑市场中能够按照业主方的要求，提供不同形态的建筑产品，并最终得到相应工程价款的建筑企业。按照生产的主要形式，承包方主要有：勘察、设计单位，建筑安装施工企业，建筑装饰施工企业，混凝土构配件、非标准预制件等生产厂家，预拌混凝土供应站，建筑机械租赁单位，以及专门提供建筑劳务的企业等。按照它们提供的主要建筑产品，还可以分为不同的专业，例如水电、铁路、冶金、市政工程等专业公司。按照承包的方式，还可以分为总承包企业和专业承包企业。在我国建筑市场上承包方一般被称为建筑企业或乙方，在国际工程承包中习惯被称为承包商。

（四）中介组织

作为建设法律关系主体之一的中介组织和其他社会组织一般应为法人。中介组织是指具有相应的专业服务资质，在建筑市场中受发包方、承包方或政府管理机构的委托，对建设工程进行估算测量、咨询代理、建设监理等高智能服务，并取得服务费用的咨询服务机构和其他建设专业中介服务组织。在市场经济运行中，中介组织作为政府、市场、企业之间联系的纽带，具有政府行政管理不可替代的作用。从市场中介组织的工作内容和作用来看，建筑市场中介组织可分为多种类型。如建筑业协会及其下属的设备安装、机械施工、装饰装修、产品厂商等专业分会，以及建设监理协会；为建设工程服务的专业会计师事务所、律师事务所、资产与资信评估机构、公证机构、合同纠纷的仲裁调解机构、招标代理机构、工程技术咨询公司、监理公司、造价咨询公司，另外还有承担质量检查、监督、认证的机构，以及其他产品检测、鉴定机构等。

（五）公民个人

公民个人在建筑活动中也可以成为建设法律关系的主体。如建筑企业职工同企业单位签订劳动合同时，即成为建设法律关系的主体。

二、建设法律关系客体

建设法律关系的客体是指建设法律关系主体的权利和义务所指向的对象。它既包括有形的产品——建筑物，也包括无形的产品——各种服务。在不同的生产交易阶段，建筑产品又表现为不同的形态。它可以是中介服务组织提供的咨询报告、咨询意见或其他服务；可以是勘察设计单位提供的设计方案、设计图纸和勘察报告；可以是生产厂家提供的混凝土构件、非标准预制件等产品；也可以是由施工企业提供的，一般也是最终的产品，即各种各样的建筑物、构筑物。

三、建设法律关系内容

建设法律关系的内容即是建设法律关系的主体对对方享有的权利和负有的义务，这种内容要由相关的法律或合同来确定。如开发权、所有权、经营权以及保证工程质量的经济义务和法律责任都是建设法律关系的内容。

根据建设法律关系主体地位不同，其权利义务关系表现为两种不同情况：一是基于主体双方地位平等基础上的对等的权利义务关系；二是主体双方地位不平等基础上产生的不对等的权利义务关系,如政府有关部门对建设单位和施工企业依法进行的监督和管理活动所形成的法律关系。

我国建设工程法规中大部分的规定主要是建设法律关系的内容,本书将在以后的各个章节中对建设法律关系主体的权利义务予以详细介绍。

四、建设法律关系的产生、变更和解除

(一)建设法律关系的产生

建设法律关系的产生是指建设法律关系的主体之间形成了一定的权利和义务关系。某建设单位与施工单位签订了建筑工程承包合同,主体双方便产生了相应的权利和义务。此时,受建设工程法规调整的建设法律关系即告产生。

(二)建设法律关系的变更

建设法律关系的变更是指建设法律关系的三个要素发生变化。

(1) 主体变更。主体变更是指建设法律关系主体数目增多或减少,也可以是主体改变。在建筑合同中,客体不变,相应权利义务也不变,此时主体改变也称为合同转让。

(2) 客体变更。客体变更是指建设法律关系中权利义务所指向的事物发生变化。客体变更可以是其范围变更,也可以是其性质变更。

(3) 内容变更。建设法律关系主体与客体的变更,必然导致相应的权利和义务的变更,即内容的变更。

(三)建设法律关系的解除

建设法律关系的解除是指建设法律关系主体之间的权利义务不复存在,彼此丧失了约束力。

(1) 自然解除。建设法律关系自然解除是指某类建设法律关系所规范的权利义务顺利得到履行,取得了各自的利益,从而使该法律关系达到完结。

(2) 协议解除。建设法律关系协议解除是指建设法律关系主体之间协商解除某类建设法律关系规范的权利或义务,致使该法律关系归于消灭。

(3) 违约解除。建设法律关系违约解除是指建设法律关系主体一方违约,或发生不可抗力,致使某类建设法律关系规范的权利不能实现。

(四)建设法律关系产生、变更和解除的原因

建设法律关系并不是由建设法律规范本身直接产生的,它只有在一定的情况下才能产生,而这种法律关系的变更和解除也是由一定的情况决定的,这种引起建设法律关系产生、变更和解除的情况,即是人们通常所称谓的建设法律事实。建设法律事实就是建设法律关系产生、变更和解除的原因。

建设法律事实是建设法律规范所确定的,能够引起建设法律关系产生、变更或解除的客观现象和客观事实。也就是说建设法律关系不会自然而然地产生,不是任何客观现象都可以作为建设法律事实,也不能仅凭建设法律规范的规定,就可在当事人之间发生具体的建设法律关系。只有通过一定的建设法律事实,才能在当事人之间产生一定的建设法律关系,或者使原来的建设法律关系变更或解除。不是任何事实都可成为建设法律事实,只有当建设工程法规把某种客观情况同一定的法律后果联系起来时,这种事实才被认为是建设法律事实,成为产生建设法律关系的原因,从而和法律后果形成因果关系。

建设法律事实按是否包含当事人的意志分为两类:

（1）事件。事件是指法律规范所规定的不以当事人的意志为转移的法律事实。当建设法律规范规定把某种自然现象和建设权利义务关系联系在一起的时候，这种现象就成为法律事实的一种，即事件。这是建设法律关系的产生、变更或消灭的原因之一。如洪水灾害导致工程施工延期，致使建设安装合同不能履行等。事件可分为自然事件，如出生或死亡、地震、海啸、台风等；社会事件，如战争、政府禁令、暴乱等；意外事件，如爆炸事故、触礁、失火等。

（2）行为。行为是指能够引起权利义务关系产生、变更或解除的，以人的意志为转移的法律事实。它包含两层意思：一是法律行为必须是有行为能力的人实施的行为，只有法律特别规定时，才能产生法律后果；二是法律行为必须是有意识的行为，但在有些时候，法律也要求"无意识的行为"承担责任，此时称之为无过错责任。对无过错责任，必须有法律的规定，否则当事人不承担责任。

行为依照行为方式的不同分为积极行为和消极行为。积极行为是指当事人积极实施了某种行为，称之为作为；消极行为是指当事人消极地不去实施某种行为，称之为不作为。不论是作为还是不作为都具有法律行为的性质，都可以产生、变更或解除法律关系。

在建设活动中，行为通常表现为两种分类。一种是按照实施的效果是否符合法律规定的标准划分为：

（1）合法行为。合法行为是指实施建设工程法规所要求或允许做的行为，或者没有实施建设工程法规所禁止做的行为。合法行为受到法律的肯定和保护，产生积极的法律后果，如根据批准的可行性研究报告进行的初步设计的行为、依法签订建设工程承包合同的行为等。

（2）违法行为。违法行为是指受法律禁止的侵犯其他主体的建设权利和建设义务的行为。违法行为受到法律的矫正和制裁，产生消极的法律后果，如违反法律规定或因过错不履行建设工程合同；没有国家批准的建设计划，擅自动工建设等行为。

另一种按照作为建设法律关系主体的国家机关实施行为的标准划分为：

（1）立法行为。立法行为是指国家机关在法定权限内通过规定的程序，制定、修改、废止建设法律规范性文件的活动。如国家制定、颁布建设法律、法规、条例、标准定额等行为。

（2）行政行为。行政行为是指国家授权机关依法行使建设事业管理权而发生法律后果的行为。如国家建设管理机关下达基本建设计划、监督执行工程项目建设程序的行为。

（3）司法行为。司法行为是指国家司法机关的法定职能活动。它包括各级检察机构所实施的法律监督，各级审判机构的审判、调解活动等。如人民法院对建设工程纠纷案件作出判决的行为。

第三节 建设工程法规体系与内容体系

一、建设工程法规体系的概念

（一）法规体系的概念

法规体系，通常指由一个国家或地区的全部现行法律规范分类组合为不同的法律部门而形成的有机联系的统一整体。任何一个国家或地区的各种现行法律规范，虽然所调整的社会关系的性质不同并且具有不同的内容和形式，但都是建立在共同的经济基础上，反映统一的阶级意志，受共同的原则指导，具有内在的协调一致性，从而构成一个有机联系的统一整体。在统一的法规体系中，各种法律规范，因其所调整的社会关系的性质不同，而划分为不同的法律部门，如宪法、行政法、刑法、刑事诉讼法、民法、民事诉讼法等都是组成法规体系的基本因素。在各个法的部门内部或几个法的部门之间，又包括各种法律制度，如所有权制度、合同制度、公开审理制度、辩护制度等。制度与制度之间，部门与部门之间，既存在差别，又相互联系、相互制约，于是形成一个内在一致的统一整体。

（二）建设工程法规体系概念

建设工程法规体系的概念，是指把已经制定和需要制定的建设法律、建设行政法规、建设部门规章和地方性法规、规章衔接起来，形成一个相互联系、相互补充、相互协调的完整统一的体系，就广义的建设工程法规体系而言，还应包括国家制定或认可的技术法规和国际公约、国际惯例、国际标准。

建设工程法规体系是国家法律体系的重要组成部分，同时建设工程法规体系又相对自成体系，具有相对独立性。根据法制统一原则，要求建设工程法规体系必须服从国家法律体系的总要求，建设方面的法律必须与宪法和相关的法律保持一致，建设行政法规、部门规章和地方性法规、规章不得与宪法、法律以及上一层次的法律规范相抵触。另外，建设工程法规应能覆盖建设事业的各个行业、各个领域以及建设行政管理的全过程，使建设活动的各个方面都有法可依、有章可循，使建设行政管理的每一个环节都纳入法治轨道。并且，在建设工程法规体系内部，不仅在纵向不同层次的法规之间，应当相互衔接，不能抵触，而且在横向同层次的法规之间，亦应协调配套，不能互相矛盾、重复或者留有"空白"。当今，我国建设事业方兴未艾，而建设立法起步晚，法律、行政法规、部门规章尚不配套，与建设事业发展还不相适应，这种情况下，建设工程法规体系的建立能保证我国建设工程法规体系的科学化、系统化。

二、建设工程法规体系的构成

我国建设工程法规体系，是以建设法律为龙头，建设行政法规为主干，建设部门规章和地方建设工程法规、地方建设规章为支干构成的。建设工程法规按其立法权限可分为七个层次：

（一）建设法律

建设法律是建设工程法规体系的最高层次，具有最高法律效力。建设法律一般是对建筑管理活动的宏观规定，大多侧重于对政府机关、社会团体、企事业单位的组织、职能、权利、义务等，以及建筑产品生产的组织管理和生产的基本程序进行规定。在国外它一般由议会制定或由议会授权政府建设主管部门制定，最后由议会审议通过。如美国的《统一建筑管理法规》等；英国的《建筑法》、《住宅法》、《健康安全法》等；德国的《建筑法》、《建筑产品法》、《建筑价格法》等；日本的《建筑业法》、《建筑基准法》等。

我国的建设法律是指全国人民代表大会及其常务委员会审议发布的属于国务院建设行政主管部门主管业务范围的各项法律。建设法律在建设工程法规体系框架中位于顶层，其法律地位和效力最高，是建设工程法规体系的核心和基础。《中华人民共和国建筑法》于1997年11月1日由第八届全国人民代表大会常务委员会第二十八次会议通过，于1997年11月1日发布，自1998年3月1日起施行。《建筑法》的立法目的在于加强对建筑活动的监督管理、维护建筑市场秩序、保证建筑工程的质量和安全、促进建筑业健康发展。《建筑法》共包括85条，分别从建筑许可、建筑工程发包与承包、建筑工程监理、建筑安全生产管理、建筑工程质量管理等方面做出了规定。除了《建筑法》以外，由第九届全国人民代表大会常务委员会第十一次会议于1999年8月30日通过，自2000年1月1日起施行的《中华人民共和国招标投标法》也属于建设工程法规体系中建设法律的范畴。

（二）建设行政法规

建设行政法规是中华人民共和国建筑法律制度中的第二层次。建设行政法规一般是对法律条款的进一步细化，以便于法律的实施。在国外，它依据法律中的某些授权条款，由政府建设主管部门制定，或由政府建设主管部门委托专业人士、组织（学会）或行业协会制定，最后经议会审议通过。一般情况下，政府建设主管部门中设有专门的法规管理部门，专门负责编制或组织编制有关的法规，如英国建设部下设的建筑法规司，根据《建筑法》的授权条款制定了《建筑条例》，根据《健康安全法》的授权条款制定了《建筑设计与管理条例》、《公众安全条例》；日本建设省根据《建筑业法》的授权条款制定了《建筑业实施令》等。

在我国，建设行政法规是由国务院根据法律和管理全国建设行政工作的需要而制定的。主要包括：行业的规范和涉及建筑领域重大方针、政策或者重大问题的试行规定。凡涉及部委之间、地方政府之间、部门之间或涉外行政问题，也由国务院制定的建设行政法规加以调整和规范。

（三）建设部门规章

国务院各部、委有权根据法律、行政法规发布建设行政规章，其中综合性规章主要由住房和城乡建设部发布。建设规章一方面将法律、行政法规的规定进一步具体化，以便于其更好地贯彻执行；另一方面规章作为法律、法规的补充，为有关政府部门的行为提供依据。部门规章对全国有关行政管理部门具有约束力，但其效力低于行政法规。

（四）地方性建设法规

省、直辖市、计划单列市与经国务院批准的较大的市的人民代表大会及其常委会在不与宪法、法律、行政法规相抵触的前提下，可以制定地方性建设工程法规报全国人大常委会和国务院备案。民族自治地方的人民代表大会有权依据当地民族的政治、经济和文化的特点，制定相关自治条例，但应报全国人大常委会批准后生效。地方性法规在其所管辖的行政区内具有法律效力。

（五）地方性建设规章

各省、自治区、直辖市人民政府及省、自治区人民政府所在地（包括经国务院批准的较大的市）的人民政府，有权根据法律、行政法规制定地方性规章。地方性建筑规章在其行政区内具有法律效力，但其法律效力低于地方法规。

（六）技术法规

技术法规是国家制定或认可的，在全国范围内有效的技术规程、规范、标准、定额、方法等技术文件。它们是建筑业工程技术人员从事经济技术作业、建筑管理监测的依据。如预算定额、设计规范、施工规范、验收规范等。

（七）国际公约、国际惯例、国际标准

我国已经加入WTO，我国参加或与外国签订的调整经济关系的国际公约和双边条约，还有国际惯例、国际上通用的建筑技术规程都属于中华人民共和国建筑法规的范畴，都应当遵守与实施。如 FIDIC《土木工程施工合同条件》，非常复杂，它涉及有形贸易、无形贸易、信贷、委托、技术规范、保险等诸多法律关系。这些法律关系的调整必须遵守我国承认的国际公约、国际惯例和国际通用的技术规程和标准。

三、建设工程法规内容体系

建设工程法规确立的制度是一系列规范建设行为的内容体系。它以规范建筑市场行为为起点，以建筑工程质量和安全为重点，确立了建设行为的一些基本制度。

（一）建筑许可制度

实行建筑许可制度，旨在有效地保证建筑工程的质量和安全，也是国际上的通行做法，如日本、韩国、挪威、英国、德国以及我国台湾地区的建筑立法，都明确地规定了建筑许可制度。建筑许可制度包括建筑施工许可和从业资格许可。实践证明，实行施工许可，既可以监督建设单位尽快建成拟建项目，防止闲置土地，影响社会公众利益；又能保证建设项目开工后能够顺利进行，避免由于不具备施工条件盲目上马，给参与建筑工程的各方造成不必要的损失；同时也有助于建设行政主管部门对在建项目实施有效的监督管理。实行从业资格制度，有利于确保从事建筑活动的单位和个人的素质，提高建筑工程的质量，确保建筑工程的安全生产。

基于上述原因，《建筑法》第二章明确规定了建筑许可制度，包括建筑工程施工许可的条件以及从事建筑活动的单位的资质审查制度和有关人员的资格审查制度。

（二）工程发包与承包制度

工程发包与承包作为构成建筑工程承发包商业活动不可分割的两个方面，是指建设单位或者招标代理单位（发包方）通过招标方式将待完成的勘察、设计、施工等工作的全部或其中一部分委托施工企业、勘察设计单位等（承包方）去完成，并按照双方的约定支付一定的报酬，通过合同确定双方当事人的权利义务的一种法律行为。

实行建筑工程发包与承包制度，改革传统的计划分配任务体制，使建设单位、勘察设计单位和建筑业企业通过市场竞争来选择建筑工程的承包者，这是发展社会主义市场经济的客观要求。为此，《中华人民共和国建筑法》规定应当实行建筑工程发包与承包制度，并针对建筑工程发包与承包中存在的突出问题，规定了建筑工程发包与承包应当遵循的基本原则以及行为规范。如实行招标发包和直接发包的要求，不得违法将建筑工程肢解发包，总承包单位分包时须经建设单位认可，禁止承包单位将其承包的建筑工程转包给他人等。

（三）工程监理制度

工程监理，是指工程监理单位受建设单位的委托，按照合同约定，对建筑工程实施管理，收取一定酬金，并对建设单位负责的一种行为。其主要任务是：控制建设投资、建设工期和建筑工程的质量，保障建筑工程合同的实施，协调有关单位间的工作关系。

工程监理是我国建筑领域中管理体制改革的重大举措之一，也是社会主义市场经济发展的客观要求，我国自 1988 年开始推行建筑工程监理制度，至今已在全国全面铺开。在国际上，建筑工程监理制度早已成为通行的做法，许多发达国家如美国、日本、欧共体国家等已经形成一套完整的法律制度。实践证明，在我国推行建筑工程监理制度，对于控制建设投资和建设工期，保证建筑工程的质量和建筑安全生产，具有重要的意义和作用。

《建筑法》在总结我国推行建筑工程监理制度实践经验的基础上，借鉴和吸收国际上的通行做法，明确规定了建筑工程监理的任务，工程监理单位的资质和责任以及有关要求等。

（四）安全生产管理制度

安全生产是建筑活动的生命线，建筑安全生产管理是建筑活动管理的最重要的内容之一。一般来说，建筑安全既有建筑产品自身的安全，也有其毗邻建筑物的安全，还包括施工人员的人身安全和施工安全。而建筑物的质量，最终往往是通过建筑物的安全和使用情况来体现的，由此可见建筑安全生产的重要性。

安全生产管理制度通常由安全生产责任制度、安全技术措施制度、安全教育制度、安全检查制度、建筑安全生产政府监督管理制度和伤亡事故报告制度等组成。安全生产责任制度是建筑安全生产各项制度的核心，安全技术措施制度是建筑安全生产的条件，安全教育制度是建筑安全生产的前提，政府安全监督管理制度和安全检查制度是建筑安全生产的保障，而伤亡事故报告制度是调查处理事故的基础。

《建筑法》根据建筑安全生产的特点和内容，在建筑活动的各个阶段、各个环节中，都紧扣安全问题加以规范，如规定设计、施工应当符合建筑安全规程和技术规范，采取安全技术措施，施工现场应当实行封闭管理，建筑施工实行安全生产责任制度，建筑施工企业应当建立、健全安全生产教育培训制度，建筑行政主管部门实施对建筑安全生产的管理，施工中发生事故要按规定向有关部门报告等。总之，《建筑法》中把建筑安全生产贯穿于建筑活动的全过程，并规定进行全过程的监督管理，明确了建筑安全生产的基本方针。

（五）工程质量监督制度

工程质量监督制度是指由政府有关部门委托的专门机构对建筑工程质量进行的监督，其监督的依据是有关法律、法规、技术标准以及设计文件。实行建筑工程质量监督制度是工程质量管理工作的一项重要措施。为了保证建筑工程质量监督的有效进行，应当对从事建筑活动的单位实行质量体系认证制度，同时要明确勘察设计单位、建筑施工企业和建筑材料、建筑构配件和设备供应单位在建筑工程质量方面的责任，还要严格实行建筑工程竣工验收制度，严把竣工验收关。此外，建筑工程交付使用后，对建筑工程要实行质量保修制度。

建设工程法规紧扣建设行为的各个阶段、各个环节，明确规定了建设行为各有关方面在保证建筑工程质量中的责任，并在建设行业管理方面明确了以下几项制度：一是城乡规划制度；二是勘察设计制度；三是建设工程合同制度；四是工程造价制度；五是建设工程环境保护制度以及建设工程法律责任制度。

第四节 建设工程法规的制定与施行

一、建设工程法规立法的基本原则

建设工程法规立法的基本原则，是指建设立法时所必须遵循的基本准则或要求。

（一）法制统一原则

所有法律都有着内在统一联系，并由此构成一个国家的法律体系。建设工程法规体系是我国法律体系中的一个组成部分。该法律体系中的每一个法律都必须符合宪法的精神与要求；该法律体系与其他法律体系也不应互相冲突；对于基本法的有关规定，建设行政法规和部门规章以及地方性建设工程法规、规章必须遵循；与其地位同等的法律、法规所确立的有关内容应相互协调；建设工程法规系统内部高层次的法律、法规对低层次的法规、规章具有制约性和指导性；地位相等的建设工程法规和规章在内容规定上不应相互矛盾，即建设工程法规的立法必须遵循法制统一原则。

建设工程法规的立法坚持法制统一的基本要求，不仅是立法本身的要求，即规范化、科学化的要求，更主要的是便于实际操作，不能因法律制度的自相矛盾而导致建设工程法规的无所适从。

（二）遵循市场经济规律原则

市场经济，是指市场对资源配置起基础性作用的经济体制。社会主义市场经济，是指与社会主义基本制度相结合的、市场在国家宏观调控下对资源配置起基础性作用的经济体制。第八届全国人大第一次会议通过的《中华人民共和国宪法修正案》规定"国家实行社会主义市场经济"。这不仅是宪法的基本原则，也是建设工程法规的立法基本原则。

（1）遵循市场经济规律，反映在建设工程法规立法中，就是要建立、健全市场主体体系。建设工程法规要规定各种建设市场主体的法律地位，对他们在建设活动中的权利和义务作出明确的规定。这些主体理应包括建设行政主管部门、勘察规划建设设计主体、建设监理单位、建筑施工单位、标准化部门、城市市政公用事业单位、环境保护部门、建设材料供应部门等。活跃的建设市场主体，要求国家、集体和个人一齐参与，一旦条件成熟，政策或法规亦可考虑公民主体的法律地位，如个人合伙的建筑事务所等。

（2）遵循市场经济规律，要求通过建设工程法规立法确立的建设市场体系具有统一性和开放性。建设立法应当确立规划与设计市场、建设监理市场、工程承包的招投标市场、施工管理市场、市政公用事业市场、建设资金市场等多元化的建设活动大市场。

（3）遵循市场经济规律，要求通过建设工程法规立法确立以间接手段为主的宏观调控体系。建设工程法规主要运用行政手段实现对建设行为的调整，但这种调整不应是直接干预性的。各建设工程法规主体在具体的建设行为中都有其独立性和自主性，国家对其行为实施的调控只是间接性的。

（4）遵循市场经济规律，要求建设工程法规立法本身具有完备性。要把建设行为纳入法制轨道，必须先使建设工程法规自身完备。唯有如此，才能有效地规范建设市场主体行为，维护建设市场活动秩序。

（三）责权利相一致原则

责权利相一致是对建设行为主体的权利和义务或责任在建设立法上提出的一项基本要求。具体表现为：建设工程法规主体享有的权利和履行的义务是统一的，任何一个主体享有建设工程法律规定的权利，同时必须履行法律规定的义务；建设行政主管部门行使行政管理权既是其权利，也是其责任或义务，权利和义务彼此结合。

二、建设工程法规的立法程序和方法

（一）建设工程法规立法程序

建设工程法规立法程序是指具有立法权的国家机关在制定建设方面法律规范的活动中，必须履行的法定步骤和手续。法律、法规、规章的制定程序在我国已经形成和确立，一般包括四个阶段：法规案的提出、法规案的审议、法规案的处理和法规的公布，这是我国在长期立法实践经验中总结出来的科学的立法程序，也是建设立法必须遵循的程序。

1. 建设法律的立法程序

建设法律的立法程序是指全国人大及其常务委员会，在制定法律过程中所必须遵循的程序。

有关建设法律的立法程序，一般分为四个阶段：

（1）立法草案的提出。全国人大主席团、全国人大常委会、国务院、中央军事委员会、最高人民法院、最高人民检察院、全国人大各专门委员会、1个代表团或30名以上的代表联名，可以向全国人大提出法律案；委员长会议、常务委员会组成人员10人以上可以向常务委员会提出法律案，由常务委员会会议审议。

（2）法律草案的审议。列入全国人民代表大会会议议程的法律案，由有关的专门委员会进行审议，向主席团提出审议意见，并印发会议；列入全国人大常务委员会会议议程的法律案，由法律委员会根据各代表团和有关的专门委员会的审议意见，对法律案进行统一审议，向主席团提出审议结果报告和法律草案修改稿，对重要的不同意见应当在审议结果报告中予以说明，经主席团会议审议通过后，印发会议。

（3）法律草案的表决。法律草案修改稿经各代表团审议，由法律委员会根据各代表团的审议意见进行修改，提出法律草案表决稿，由主席团提请大会全体会议表决，由全体代表的过半数通过；法律草案修改稿经常务委员会会议审议，由法律委员会根据常务委员会组成人员的审议意见进行修改，提出法律草案表决稿，由委员长会议提请常务委员会全体会议表决，由常务委员会全体组成人员的过半数通过。

（4）法律的公布与生效。全国人大、全国人大常务委员会通过的法律由国家主席签署主席令予以公布。

2. 建设行政法规的制定程序

行政法规的制定程序是指国务院依法制定、修改、废止行政法规所遵循的法定步骤和方法。根据宪法和法律，2000年3月15日第九届全国人民代表大会第三次会议通过了《中华人民共和国立法法》，国务院制定建设行政法规的程序一般分为以下几个方面：

（1）行政法规由国务院组织起草。国务院有关部门认为需要制定行政法规的，应当向国务院报请立项。

（2）行政法规在起草过程中，应当广泛听取有关机关、组织和公民的意见。听取意见可以采取座谈会、论证会、听证会等多种形式。

（3）行政法规起草工作完成后，起草单位应当将草案及其说明、各方面对草案主要问题的不同意见和其他有关资料送国务院法制机构进行审查；国务院法制机构应当向国务院提出审查报告和草案修改稿，审查报告应当对草案主要问题作出说明。

（4）行政法规的决定程序依照《中华人民共和国国务院组织法》的有关规定办理。

（5）行政法规由总理签署国务院令公布。

（6）行政法规签署公布后，及时在国务院公报和在全国范围内发行的报纸上刊登。

3. 建设行政主管部门规章制定程序

根据法律和国务院的行政法规、决定、命令，各部、各委员会在本部门的权限内发布命令、指示和规章。原建设部于1998年9月27日公布了《建设部立法工作程序和分工的规定》，规定了以下程序：

（1）成立起草小组；

（2）调查研究，收集和编译国内外有关政策、法规、案例等资料；

（3）草拟规定条文及说明，送有关部门征求意见；

（4）召开专家论证会，进一步修改，形成送审稿；

（5）送审稿由起草司（局、厅）主要负责人签署，法规司审核后，经主管副部长同意，提交部务会议审议；

（6）在部务会议上，由起草部门规章的司（局、厅）主要负责人作关于送审稿的说明，法规司作关于送审稿的审查报告；

（7）部务会议通过的本部门单独发布的部门规章，由部长签署住房和城乡建设部令颁布；

（8）与有关部门共同颁布的部门规章，经部长签署后，与有关部门共同颁布。

（二）建设工程法规立法方法

建设工程法规立法方法是指在起草建设方面的法律、行政法规、部门规章的过程中，为保证立法质量和进度所采取的手段和措施。

在我国多年来的建设立法实践中，已经总结出一套科学的建设立法工作方法。首先，重视调查研究工作。没有调查研究，就不了解实际情况，立法工作就无从做起。在调查研究的基础上，收集材料，包括国内的、国外的有关材料，进行分析比较，予以科学借鉴。例如在起草《注册建筑师条例》的过程中，原建设部多次组织由注册建筑师组成的考察团赴美国、加拿大及马来西亚、新加坡等国进行考察；组织调查组，赴辽宁等省进行调查研究。对国内外的注册建筑师制度建立的必要性、注册建筑师管理体制、注册建筑师考试和注册、权利和义务等作了全面的了解；收集了大量资料，为制定《注册建筑师条例》打下了良好的基础。其次，进行科学论证。科学论证是建立在调查研究和广泛征求意见的基础上，既听取法律专家的意见，又听取实际工作部门专家的意见。论证的内容既包括对立法项目的可靠性的论证，又包括对法规内容的论证。经过修改、推敲，严格把关。住房和城乡建设部在起草建设方面的法律、行政法规的过程中，已经把召开专家论证会作为立法的必经程序。最后，积极主动地做好协调工作。在立法过程中，协调相关部门的意见是影响建设立法质量和进度的一个重要因素。由于建设部门与相关部门业务交叉多，因此，立法的协调量多、难度大。在起草法规稿时，主动征求有关部门意见，采取开协调会、座谈会、专家论证会以及书面征求意见等方式。做好协调工作，尽可能在上报或颁布前同各有关部门取得一致，经协调仍不能达成一致意见，就将住房和城乡建设部与有关部门意见一并上报国务院，由国务院裁决。

三、建设行政执法

建设行政执法，是指建设行政主管部门和被授权或被委托的单位，依法对各项建设活动和建设行为进行监督检查，并对违法行为执行行政处罚的行为。具体包括：建设行政决定，包括行政许可、行政命令和行政奖励；建设行政检查，包括实地检查和书面检查；建设行政处罚，包括财产处罚、行为处罚和惩戒；建设行政强制执行。其中尤以建设行政处罚较为特殊且重要，在后面单独陈述。

（一）建设工程项目执法监察

建设工程项目执法监察是为了加强对建设工程项目的管理，规范建设市场，纠正和查处建设领域中存在的不正之风和腐败行为，促进经济和社会健康发展。

1. 范围和重点

范围为已竣工、在建及新开工项目，根据需要确定检查范围。重点是检查建设工程项目的立项、报建、招标投标、工程质量与竣工验收五个方面及建设工程中的严重违法违纪和不正当竞争行为。

2. 目标

建设工程项目执法监察目标是：调查核实本地区、本部门建设工程项目的基本情况，加强对建设规模的有效控制；培育并完善规范的建设市场，促进建设事业健康发展；严格资金管理，防止国有资产流失；健全监督机制，加强廉政建设，遏制不正之风和腐败现象的滋生蔓延。

3. 方法步骤

一般分为以下四个阶段：

（1）准备发动阶段。各地区各部门组织力量研究制定方案，动员部署工作。

（2）摸底调查阶段。组织建设单位或施工企业填写"建设工程项目登记表"，全面掌握工程项目总数和投资底数，了解立项、报建、招投标、工程质量、竣工验收和执行有关规定的情况。

（3）重点检查阶段。在各地区、各部门、各单位自查自纠并写出情况报告的基础上，组织力量进行重点检查，其比例不低于40%。

（4）整改验收阶段。督促建设主管部门、建设单位和施工企业整改存在的问题，建立、健全规章制度和监督制约机制，加强建设工程的管理，规范建设市场行为，写出整改报告。确定具体验收标准，组织对整改情况进行检查验收，验收比例不低于60%。

（二）建设行政执法监督检查的内容

建设行政执法监督检查的内容包括抽象行政行为和具体行政行为。其具体内容是：

(1) 规范性文件的合法性；

(2) 建设行政主管部门的具体行为的合法性与适用性；

(3) 建设行政执法主体的合法性；

(4) 建设法律、法规、规章的实施情况；

(5) 处理行政执法中出现的一些重大问题，特别是社会关注的问题；

(6) 调查研究法律、法规、规章实行中的问题，并提出处理意见；

(7) 其他需要监督检查的事项。

（三）建设行政执法监督检查方式

建设行政执法监督检查主要采取以下方式：

(1) 建设法律、法规、规章和规范性文件的备案制度。各级建设行政主管部门制定的规范性文件，包括地方性法规、规章，要及时向上一级建设行政主管部门备案。

(2) 建设法律、法规和规章实施情况报告制度。建设法律、法规、规章实施一年后，负责实施的建设行政主管部门应向上级建设行政主管部门报告实施情况。

(3) 建设法律、法规、规章实施情况检查制度。每年就建设工程法规实施的专门性问题或综合问题进行检查。

(4) 重大行政处罚决定备案制度。县以上建设行政主管部门作出的重大建设行政处罚或建设行政强制执行，应向上一级建设行政主管部门备案。

(5) 重要行政案件督查制度。县以上建设行政主管部门应受理公民、法人和其他组织对重要行政案件或违法行为的申诉、控告和检举，视具体情况组织调查或责成有关部门查处。

（四）建设行政执法监督检查的程序

建设行政执法监督检查必须按照法定的程序进行。一般来说，建设行政执法监督检查按以下程序进行：

(1) 制定执法检查计划。执法检查计划一般为年度计划，计划包括检查的目的、内容、方式、时间安排和参加单位等。

(2) 书面检查。检查内容用提纲的形式列举出来，下发至被检查的部门和单位，有关部门和单位对被检查的内容作出书面应答。

(3) 实地检查。检查组选择典型地方进行检查，采取听汇报、座谈会、个别走访、抽样调查、实地考察等形式进行。

(4) 检查总结报告。执法检查机关应写出总结报告，对检查执行的成绩和问题作出评估，对违法行为提出处理意见，并提出进一步完善和改进意见。

(5) 问题的处理。对违反法律、法规和规章的行为，责令其改正，并追究其相应的违法责任。对不具备行政执法主体资格或授权、委托不当的，责令停止行政执法或由授权、委托的机关处理。对行政执法无合法依据或执法不当的，应予以变更、撤销或责令重新作出行政处理。对不履行或拖延履行法定职责，不执行或拖延执行法律、法规和规章规定的法律义务，督促其履行或限期执行。

四、建设行政处罚

建设行政处罚是建设行政主管部门或其他有权机关对违反建设法律、法规和规章，尚未构成犯罪的行政管理相对人实行惩戒或制裁的行为。

（一）建设行政处罚的原则

建设行政处罚的原则是指对建设行政处罚的设定和实施具有指导性的准则，与其他行政处罚具有一致性。

1. 法定原则

行政处罚法定原则是依法行政在行政处罚中的具体体现。一是实施处罚的主体必须是法定的行政主体；二是处罚的依据是法定的；三是行政处罚的程序合法。

2. 公开、公正原则

建设行政处罚，必须以事实为依据，以法律、建设行政法规和规章为准则，达到公开、实现公正。

3. 处罚与教育相结合的原则

建设行政处罚的目的重在纠正违法行为，教育公民、法人或者其他组织自觉守法，要将处罚与教育紧密结合。

4. 保障当事人权利的原则

在处罚实施过程中，保障当事人权利包括五个方面：一是当事人对所认定的事实及适用的法律是否准确、适当，有陈述意见的权利；二是当事人对行政机关的指控、证据有申辩的权利；三是公民、法人或其他组织对行政机关作出的行政处罚不服，有向上一级行政机关提出行政复议的权利；四是公民、法人或其他组织对行政机关作出的行政处罚不服，有向上一级行政机关提出行政诉讼的权利；五是公民、法人或其他组织因行政机关违法给予行政处罚受到损害的，有依法提出赔偿要求的权利。

（二）建设行政处罚的实施机关

建设行政处罚的实施机关是指对违反建设法律、法规和规章的行为有权给予行政处罚的机关或法定组织。

1. 行政机关

行政处罚权作为行政机关实现行政管理目标的强制手段，是行政机关的法定职权，应该由行政机关实施。

2. 授权的实施机关

法律、法规授权的实施机关是指具有法律、行政法规、地方性法规授权依据的，可以在法定职权范围内实施行政处罚的管理公共事务职能的组织。

（三）建设行政处罚的程序

建设行政处罚的程序是指建设行政处罚的方式、方法、步骤的总称。建设行政处罚的程序为：

1. 简易程序

简易程序指国家行政机关或法律授权的组织对符合法定条件的行政处罚事项当场进行处罚的行政处罚程序。

其程序为：一是表明身份，执法人员应向当事人出示必要的证件以表明自己是合法的执法人员；二是确认违法事实，说明处罚理由；三是告知当事人依法享有的权利；四是制定行政处罚决定书；五是送达处罚决定书，即当场交付当事人；六是执法人员作出的行政处罚决定必须向所属行政机关备案；七是当事人对行政处罚不服的，可以依法申请行政复议或提起行政诉讼。

2. 一般程序

一般程序是指除法律特别规定应当适用简易程序和听证程序以外，行政处罚通常所适用的程序。一般程序包括立案、调查取证、处罚决定、处罚决定书送达、申诉等程序。

3. 听证程序

听证程序是指行政机关为了查明案件事实，公正合理地实施行政处罚，在决定行政处罚的过程中通过公开举行由有关各方利害关系人参加的听证会，广泛听取意见的方式、方法和制度。实行听证程序是我国行政执法程序在民主化方面迈进的一大步。听证程序的使用必须有两个条件：一是只有责令停产、停业，吊销许可证和执照及较大数额罚款等行政处罚案件才能适用听证程序；二是当事人要求听证。听证结束后，行政机关依照《中华人民共和国行政处罚法》的有关规定作出决定。

五、建设行政司法

建设行政司法是指建设行政机关依据法定的权限和程序进行行政调解、行政复议和行政仲裁，以解决相应争议的行政行为。

（一）行政调解

指在行政机关的主持下，以法律为依据，以自愿为原则，通过说服教育等方法，促使双方当事人通过协商互谅达成协议。

（二）行政复议

指在相对人不服行政执法决定时，依法向指定的部门提出重新处理的申请。

（三）行政仲裁

行政仲裁是指国家行政机关以第三者身份，依照法律、法规和协议，对当事人之间的民事纠纷，依照一定的程序作出具有法律约束力的判定的法律程序。

复习思考题

1. 建设工程法规的调整对象有哪些？
2. 建设法律关系构成的因系及各自的具体内容是什么？
3. 建设工程法规体系的构成及相应内容是什么？
4. 建设工程法规内容体系的构成及相应内容是什么？
5. 建设工程法规的立法程序和方法是怎样的？

第二章 城乡规划法律制度

【本章提要】 中国的城乡规划法律制度建设，经历了一个从无到有、从单一到配套、从部门规章到行政法规再上升到法律的逐步完善过程。根据城乡规划法，包括城镇体系规划、城市规划、镇规划、乡规划和村庄规划在内的全部城乡规划，统一纳入一部法律管理，进入城乡一体规划时代。本章主要介绍了城乡规划的基本概念，城乡规划法的适用范围，城乡规划的管理体制，城乡规划制定实施的基本原则，城乡规划的编制主体、编制单位、基础资料和审批制度，人大常委会、专家、公众和有关部门对城乡规划制定的参与，城乡规划实施的一般原则和保障城乡规划实施的制度，城乡规划评估和修改的条件和程序，对城乡规划编制、审批、实施和修改的监督检查制度，违反城乡规划法的法律责任，本章的最后部分简单介绍了风景名胜区和历史文化名城、名镇、名村的规划管理。

第一节 城乡规划法概述

城乡规划是人民政府指导和调控城市和乡村建设的基本手段，是我国促进城市和乡村经济社会全面、协调、可持续发展的有效途径，也是保障公共安全和公共利益、提供公共服务产品的重要公共政策，是各级政府行政管理的重要职责之一。

第十届全国人大常委会第三十次会议于2007年10月28日表决通过了《中华人民共和国城乡规划法》（自2008年1月1日起施行），《中华人民共和国城市规划法》同时废止。

一、基本概念

城市，指以非农业和非农业人口聚集为主要特征的居民点，包括按国家行政建制设立的市和镇。市是指国家批准设市建制的行政区域（以下所称城市均指市）。镇是指国家批准设镇建制的行政区域。依照市区和近郊非农业人口的数量将城市分为大中小三级，人口在50万以上的为大城市，20万以上的为中等城市，不满20万的是小城市。截至到2006年末我国有设市城市656个。

乡村，指以农业和农业人口聚集为主要特征的居民点。

城乡规划，是指对一定时期内城市、镇、乡、村庄的经济和社会发展、土地利用、空间布局以及各项建设的综合部署、具体安排和实施管理，具体包括城镇体系规划、城市规划、镇规划、乡规划和村庄规划。城市规划、镇规划分为总体规划和详细规划。详细规划分为控制性详细规划和修建性详细规划。

城镇体系规划是指一定地域范围内，以区域生产力合理布局和城镇职能分工为依据，确定不同人口规模等级和职能分工的城镇分布和发展规划。城镇体系规划又分为全国城镇体系规划和省域城镇体系规划。

城市规划是指城市人民政府为了实现一定时期内本市的经济和社会发展目标，事先依法制定的用以确定城市的性质、规模和发展方向，城市土地的合理利用，城市的空间布局和城市各类设施的科学配置的综合部署和统一规划。

镇规划是指对一定时期内建制镇的经济和社会发展、土地利用、空间布局以及各项建设的综合部署、具体安排和实施管理。

城市总体规划是指对一定时期内城市的性质、发展目标、发展规模、土地利用、空间布局以及各项建设的综合部署和实施措施。城市分区规划是指在城市总体规划的基础上对局部地区的土地利用、人口分布、公共设施、城市基础设施的配置等方面作出的进一步的规划和安排。

城市详细规划是指在城市总体规划和分区规划的基础上，对城市近期建设区域内各项建设作出的具体规划。控制性详细规划是指以城市总体规划和分区规划为依据，确定建设地区的土地使用性质和使用强度的控制指标、道路和工程管线控制性位置以及空间环境控制的规划要求。修建性详细规划是指以城市总体规划和分区规划为依据制定的用以指导各项建筑和工程设施的设计和施工的规划设计。

镇总体规划和详细规划（包括控制性详细规划和修建性详细规划）表述同上。

乡规划是指对一定时期内乡的经济和社会发展、土地利用、空间布局以及各项建设的综合部署、具体安排和实施管理。

村庄规划是指在其所在乡或镇域规划所确定的村庄规划建设原则基础上，对一定时期内村庄的经济发展进行综合布局，进一步确定村庄建设规模、用地范围和界限，安排村民住宅建设、村庄公共服务设施和基础设施建设，为村民提供适合当地特点并与社会经济发展服务水平相适应的人居环境。

规划区，是指城市、镇和村庄的建成区（实际已经成片开发建设、市政公用设施和公共设施基本具备的地区）以及因城乡建设和发展需要，必须实行规划控制的区域。规划区的具体范围由有关人民政府在组织编制的城市总体规划、镇总体规划、乡规划和村庄规划中，根据城乡经济社会发展水平和统筹城乡发展的需要划定。

二、城乡规划法的适用范围

我国现行的城乡规划法包括第十届全国人民代表大会常务委员会第三十次会议于2007年10月28日通过的《中华人民共和国城乡规划法》（以下简称《城乡规划法》）及与之配套的《建设项目选址规划管理办法》、《城市规划编制办法》、《开发区规划管理办法》、《城市国有土地出让和转让管理办法》、《城镇体系规划编制审批办法》、《村庄和集镇规划建设管理条例》等建设部门规章及各地的地方性建设法规等。城乡规划法的立法目的是加强城乡规划管理，协调城乡空间布局，改善人居环境，促进城乡经济社会全面、协调、可持续发展。城乡规划法的适用范围包括地域适用范围、人的适用范围和时间的适用范围三方面。

（一）地域适用范围

城乡规划法地域适用范围是城市、镇、乡和村庄的规划区，即城市、镇、乡、村庄的行政区域内已经成片开发建设、市政公用设施和公共设施基本具备的建成区以及因城乡建设和发展需要必须实行规划控制的区域，而不是覆盖全部行政区域面积。有关人民政府在组织编制的总体规划、乡规划和村庄规划中，按照经济发展水平和统筹城乡发展的需要，科学地划定规划区，而且要明确制定和实施城乡规划以及在规划区内进行的各项建设。县级以上地方人民政府城乡规划主管部门不得在城乡规划确定的建设用地范围以外作出任何规划许可。

（二）人的适用范围

城乡规划法中人的适用范围：凡与城乡规划的编制、审批、实施、评估、修改活动有关的单位和个人都适用城乡规划法。具体包括：负责城乡规划的编制、审批、实施、评估、修改的各级人民政府、城乡规划行政主管部门和其他相关部门及其有关人员；具体从事城乡规划编制工作的生产、科研、教学设计单位及其人员；凡在城乡规划区内进行建设活动的建设单位、设计单位、施工单位、其他相关单位及其上述单位的有关人员。

（三）时间的适用范围

城乡规划法时间的适用范围主要包括城乡规划法的生效时间和失效时间。

1. 城乡规划法的生效时间

城乡规划法的生效时间通常有两种规定方式：第一种是规定从公布之日生效。第二种是规定公布之后经过一段时间才生效。如《村庄和集镇规划建设管理条例》于1993年6月29日公布，1993年11月1日生效。这样做是考虑到人们对新法还比较生疏，需要通过一段时间的宣传、教育，便于广大人民群众及执法人员学习掌握。

2. 城乡规划法的失效时间

城乡规划法的失效也有两种方式：第一种是国家立法机关明确宣布某些法律失效。第二种是自然失效，即新法生效后代替了同类内容的旧法，旧法自行废止。

三、城乡规划管理体制

根据法律规定，国务院城乡规划行政主管部门负责全国的城乡规划管理工作，县级以上人民政府城乡规划行政主管部门负责本行政区域内的城乡规划管理工作。

国务院城乡规划行政主管部门是住房和城乡建设部，其职权主要有：(1)组织编制、审批全国城镇体系规划；(2)审查等级资质条件；(3)组织制定相关办法和配套规定；(4)对举报或控告的受理、组织核查和处理工作；(5)对全国城乡规划进行编制、审批、实施、修改的监督检查，有权采取城乡规划法规定的各项措施。

县级以上人民政府城乡规划行政主管部门的具体职责有：(1)城市人民政府城乡规划主管部门负责编制城市的控制性详细规划，县人民政府城乡规划主管部门负责编制县人民政府所在地镇的控制性详细规划；(2)城市、县人民政府城乡规划主管部门组织编制重要地块的修建性详细规划；(3)省、自治区、直辖市城乡规划主管部门审查等级资质条件；(4)城乡规划主管部门核发选址意见书；(5)市、县人民政府城乡规划主管部门核发建设用地规划许可证、乡村建设规划许可证、建设工程规划许可证，批准在城市、镇规划区内的临时建设用地；(6)县级以上人民政府城乡规划主管部门对建设工程是否符合规划条件予以核实；(7)县级以上人民政府及其城乡规划主管部门对城乡规划进行编制、审批、实施、修改的监督检查，有权采取城乡规划法规定的各项措施。

四、城乡规划制定和实施的基本原则

（一）城乡统筹、合理布局、节约土地、集约发展的原则

编制城乡规划时，必须坚持从实际出发，并科学预测城乡远景发展的需要，以科学发展观统筹城乡区域协调，充分发挥城市的带动作用，促进大中小城市和镇、乡、村庄的协调发展，使规划中所确定的城镇发展规模、各项建设标准、定额指标、开发程序同国家和

地方的现有科学技术水平相适应,作好村庄建设与整治规划,合理安排城乡布局。

城市要发展,而土地资源十分有限,也很难增长。这对矛盾是始终存在的,在我国则尤为突出。因此,在城乡规划的制定和实施时,必须珍惜每一寸土地,应尽量利用荒地、劣地,不占、少占良田,尽量节约土地资源,使城乡的每一寸土地都得到充分合理的利用,这也是保障我国经济及社会可持续发展的重要组成部分。

(二)先规划后建设的原则

"预则立,不预则废"。没有科学的规划,建设活动将盲目进行,会造成劳民伤财的严重后果。只有先规划,后建设,才能保证城乡建设稳定有序地进行,保证城乡协调发展。

(三)环保节能原则

城乡规划的制定和实施必须考虑环境保护和解决能源问题。要防治环境污染和其他公害,节约能源,提高能源利用效率和经济效益,促进能源、资源节约和综合利用。节约能源在我们这样一个能源消耗大国,具有十分深远的意义。

(四)保护生态环境和历史文化遗迹,保持地方特色的原则

城乡规划的制定和实施,应注意保护和改善城乡生态环境,加强城市绿化和市容环境卫生方面的建设,同时还应注意保护历史文化遗迹、城市传统风貌、地方特色和自然景观。城乡规划要与历史文化名城的整体风貌相协调,加强对历史文化名城、名镇、名村的保护,保护具有重要历史意义、革命纪念意义、科学和艺术价值的文物古迹、风景名胜和传统街区,保持和延续历史格局,维护历史文化遗产的真实性和完整性,继承和弘扬中华民族优秀传统文化。民族自治区域的城市规划,还应保持民族传统特色和地方特色,不能雷同,否则会失去进一步发展的空间。

(五)有利生产、方便生活、防灾减灾、符合国防建设的原则

城乡规划的制定实施,既要有利于生产,又要方便人民大众的生活,还要考虑促进商品、资金、劳务和人员的流通,繁荣经济,促进科学文化教育事业的发展,满足公共卫生和公共安全的需要。同时,城市规划还应满足城市反恐、防火、防暴、交通管理和人防建设的要求。对可能发生强烈地震和严重洪涝灾害的地区,还必须在规划中采取相应的抗震防洪措施,以保护国家和人民的生命财产安全。规划还应符合国防的利益要求,不能影响国防建设。

第二节 城乡规划的制定

一、城乡规划编制概述

(一)城乡规划编制主体

城乡规划包括全国城镇体系规划、省域城镇体系规划、城市规划、镇规划、乡规划和村庄规划。城市规划、镇规划又分为总体规划和详细规划两类。详细规划分为控制性详细规划和修建性详细规划两类。各类规划的编制主体是有区别的。

全国城镇体系规划的编制主体主要是国务院城乡规划主管部门,即住房和城乡建设部。住房和城乡建设部应会同国土资源部、气象部门等共同编制。

省域城镇体系规划的编制主体是省、自治区人民政府。

城市规划中的城市总体规划的编制主体是城市人民政府。城市规划中的控制性详细规

划的编制主体是城市人民政府城乡规划主管部门。

镇规划中的镇总体规划的编制主体分为两种：县人民政府所在地的镇总体规划的编制主体是县人民政府，其他镇的镇总体规划的编制主体是镇人民政府。镇规划中的详细规划的编制主体也分为两种：县人民政府所在地的镇详细规划的编制主体是县人民政府城乡规划主管部门，其他镇的镇详细规划的编制主体是镇人民政府。

乡、村庄规划的编制主体是乡、镇人民政府。

为了保证城乡规划的科学性、权威性和民主性，法律对各级人大常委会或人民代表大会、公众、专家和有关部门参与制定城乡规划作了详细的规定。

省、自治区人民政府组织编制的省域城镇体系规划，城市、县人民政府组织编制的总体规划，在报上一级人民政府审批前，应当先经本级人民代表大会常务委员会审议，常务委员会组成人员的审议意见交由本级人民政府研究处理。

镇人民政府编制的镇总体规划，在报上一级人民政府审批前，应当先经镇人民代表大会审议，代表的审议意见交由本级人民政府研究处理。

规划的组织编制机关报送审批省域城镇体系规划、城市总体规划或镇总体规划时，应当将本级人民代表大会常务委员会组成人员或者镇人民代表大会的审议意见和根据审议意见修改规划的情况一并报送。

城乡规划报送审批前，组织编制机关应当依法将城乡规划草案予以公告，并采取论证会、听证会或其他方式征求专家和公众的意见。公告的时间不得少于三十日。组织编制机关应当充分考虑专家和公众的意见，并在报送审批的材料中附具意见采纳情况及理由。

省域城镇体系规划、城市总体规划、镇总体规划在批准前，审批机关应当组织专家和有关部门进行审查。

组织专家和有关部门审查是必经程序。审批机关在组织专家时，应选择包括专业的规划专家、经济专家、科学技术专家、文化专家等各方面的专家，保证专家对规划草案的审查是全面的，防止出现单一领域的专家意见影响政府决策的情况。审批机关组织的有关部门包括土地、环保、卫生、交通等涉及城乡规划的部门。

（二）城乡规划编制单位

城乡规划编制单位是专业性的规划编制中介性机构，是企业法人，独立于城乡规划编制机关从事规划编制工作。

城乡规划的编制是一项专业性、技术性很强的工作，各级人民政府或城乡规划主管部门都应当委托城乡规划编制单位具体承担编制工作，并且不同的城乡规划要求委托具有相应资质等级的城乡规划编制单位进行编制。城乡规划编制单位具体承担编制工作的依据是城乡规划编制机关的委托编制合同，双方的权利义务关系由合同确定。

城乡规划编制单位应具备下列条件，并经国务院城乡规划主管部门或省、自治区、直辖市人民政府城乡规划主管部门依法审查合格，取得相应等级的资质证书后，才能在资质等级许可的范围内从事城乡规划编制工作：(1)有法人资格；(2)有规定数量的经国务院城乡规划主管部门注册的规划师；(3)有规定数量的相关专业技术人员；(4)有相应的技术设备；(5)有健全的技术、质量、财务管理制度。

根据《城市规划编制单位资质管理规定》，城乡规划编制单位的资质分为甲、乙、丙三个等级。其中甲级城市规划编制单位应具备的标准是：(1)具备承担各种城市规划编制任务的能力；(2)具有高级技术职称的人员占全部专业技术人员的比例不低于20%，其中高级城市规划师不少于4人，具有其他专业高级技术职称的不少于4人(建筑、道路交通、给水排水专业的不少于1人)；具有中级技术职称的城市规划专业人员不少于8人，其他专业(建筑、道路交通、园林绿化、给水排水、电力、通信、燃气、环保等)的人员不少于15人；(3)达到国务院城市规划主管部门规定的技术装备及应用水平考核标准；(4)有健全的技术、质量、经营、财务管理制度并得到有效执行；(5)注册资金不少于80万元；(6)有固定的工作场所，人均建筑面积不少于10m^2。甲级城市规划编制单位承担城市规划编制任务的范围不受限制。

(三)城乡规划基础资料

城乡规划涉及政治、经济、社会发展、人口布局、环境保护、资源利用、节约能源等，是一项全局性、综合性、战略性很强的工作。它对建设和谐社会，协调城乡的发展和布局，保护自然生态环境和历史文化遗产，改善居民的生活条件意义重大。城乡规划发挥重大功用的基础是科学性和实用性，切合实际情况，便于运作。我国地大物博，各地自然环境、气候条件、资源分布、社会发展水平、文化传统都有着各自的特色。因此，在编制过程中除保证与国民经济和社会发展规划等人文因素相协调外，还必须与自然环境等条件相符合。因此，城乡规划的编制需要一些基础资料。

我国编制城乡规划必不可少的基础资料包括：勘察、测绘、气象、地震、水文、环境等。这些基础资料，由政府主管部门负责收集、整理、保管，及时提供给城乡规划编制单位。城乡规划编制单位在使用这些基础资料时必须依照有关法律规定，属于保密范围的应当保密。

二、全国城镇体系规划的编制与审批

全国城镇体系规划是指全国范围内的，以全国生产力合理布局和城镇职能分工为依据，确定不同人口规划等级和职能分工的城镇的分布和发展规划。其中的城镇包括设市城市和重要县城。全国城镇体系规划的作用是指导省域城镇体系规划和城市总体规划的编制。其作用具体体现为：在综合评价全国城镇发展条件的基础上，确定全国城镇化发展方针、城镇化道路、城镇化发展目标；制定全国各区域城镇发展战略，积极引导各区域城镇的合理发展，作好各省、自治区间和重点地区间的协调工作；统筹城乡建设和发展；明确全国城镇的可持续发展，包括自然环境的保护和优化，土地资源的协调利用和保护，文化遗产的保护和利用，矿产资源的综合开发和利用等。

我国除正在编制全国城镇体系规划外，还在编制全国主体功能区规划。编制全国主体功能区规划，要根据不同区域的资源环境承载能力和发展潜力，统筹规划未来人口分布、经济布局、国土利用和城镇化格局，将国土空间划分为优化开发、重点开发、限制开发、禁止开发四类，确定主体功能区的范围、功能定位，明确开发方向和区域政策，落实国民经济和社会发展规划。全国主体功能区规划与全国城镇体系规划不是冲突的，而是各自独立的，各有自己独立的作用与价值。

全国城镇体系规划由住房和城乡建设部会同国务院有关部门组织编制，由国务院审查批准。目前，全国城镇体系规划的编制工作正在进行中。

全国城镇体系规划的编制主体主要是住房和城乡建设部，但由于全国城镇体系规划还涉及与国民经济和社会发展规划、全国土地利用总体规划及正在编制的全国主体功能区规划等相衔接，在编制过程中也需要国土资源部门、气象部门提供勘察、测绘、地质、气象、水文资料，同时涉及文物保护、野生动植物保护等问题，住房和城乡建设部应会同其他有关部门共同组织编制。全国城镇体系规划涉及面广，对社会发展和经济运行的影响很大，为保证全国城镇体系规划的权威性、指导性、科学性和协调性，由国务院负责对全国城镇体系规划审查批准。

三、省域城镇体系规划的编制和审批

省域城镇体系规划涉及的城镇应包括市、县城和其他重要的建制镇、独立工矿区。省域城镇体系规划应包括：城镇空间布局和规模控制，重大基础设施的布局，为保护生态环境、资源等需要严格控制的区域；综合评价区域和城市的发展和开发建设条件；预测区域人口增长，确定城市化目标；确定本区域的城镇发展战略，划分城市经济区；提出城镇体系的功能结构和城镇分工；确定城镇体系的等级、规模结构和空间布局；统筹安排区域基础设施、社会设施；确定保护区域生态环境、自然和人文景观以及历史文化遗产的原则和措施；确定各时期重点发展的城镇，提出近期重点发展城镇的规划建议和实施规划的政策和措施。

省域城镇体系规划的编制主体是省、自治区人民政府，不包括直辖市人民政府。直辖市人民政府负责制定的是城市总体规划，不涉及省域城镇体系规划的问题。省域城镇体系规划由国务院审批，国务院在批准省域城镇体系规划时，一般会针对各省、自治区的不同情况，强调在实施省域城镇体系规划时应该注意的事项。为了进一步增强规划制定的民主性、科学性，适应地方人大常委会对规划编制和实施工作监督的需要，《城乡规划法》规定，省、自治区组织编制的省域城镇体系规划在报国务院批准前，应当先经本级人民代表大会常务委员会审议，常务委员会组成人员的审议意见交由省、自治区政府研究处理。省、自治区在报送省域城镇体系规划时，应将人大常委会的审议意见和根据审议意见修改规划的情况一并报送。

四、城市规划的编制和审批

城市规划分为总体规划和详细规划两类，详细规划分为控制性详细规划和修建性详细规划。

（一）城市总体规划

1. 城市总体规划的作用和意义

城市总体规划是对一定时期内城市性质、发展目标、发展规模、土地利用、空间布局以及各项建设的综合部署和实施措施，是促进城市全面协调发展的重要依据，是保障城市公共安全与公众利益的重要公共政策，是指导城市科学发展的重要文件。城市总体规划是城市发展与建设的基本依据，是配置空间资源、优化城市布局的重要途径。城市总体规划直接关系到城市总体功能的有效发挥，关系到经济、社会、人口、资源、能源、环境的协调发展，因此，城市总体规划必须体现前瞻性、战略性、综合性。

城市人民政府在组织编制城市总体规划过程中，要着眼于城市的发展目标，针对存在的问题和面临的新的困难，从城市长远发展的基本保障出发，组织城市空间发展战略研究，研究城市的定位和空间布局等战略问题；着重研究城市的综合承载能力，解决好可持续发展问题；处理好城市与所在区域统筹发展、城市与乡村统筹发展的关系；突出规划的控制性，明确规划强制性内容，规划禁止、限制与适宜建设地区；要重视对历史文化和风

景名胜资源的保护；科学地提出城市发展的目标、规模和空间布局。

2. 城市总体规划的内容

城市总体规划是从宏观上控制城市土地利用和空间布局，引导城市合理发展的总体部署。城市总体规划的内容应包括：城市的发展布局，功能分区；用地布局，包括土地使用强度管制区划和相应的建筑密度、建筑高度等控制指标；综合交通体系，如主要道路布局、港口、机场等交通设施的布局；禁止、限制和适宜建设的地域范围，即划定禁建区、限建区、适建区和已建区，并制定空间管制措施；各类专项规划，如环境保护、医疗卫生、历史文化资源保护、教育服务设施等。

城市总体规划的强制性内容为：城市规划区范围；城市规划区内建设用地规划，包括规划期限内城市建设用地的发展规模，土地使用强度管制区和相应的建设用地面积、人口容量等控制指标；基础设施和公共服务设施用地，如城市干道系统网络、城市轨道交通网络、文教体卫方面的公共服务设施布局；市域内应当控制开发的区域，包括基本农田保护区，风景名胜区、湿地、水源保护区等生态敏感区，地下各类矿藏的分布区，城市各类绿地的具体布局，城市地下空间开发布局；水资源和水系；基本农田和绿化用地；环境保护；自然与历史文化遗产保护，包括历史文化保护的具体控制指标和规定，历史文化街区、历史建筑、重要地下文物埋藏区的具体位置和界线；生态环境保护目标，污染控制与治理措施；防灾减灾工程，包括城市防洪标准、防洪堤走向，城市抗震与消防疏散通道，城市人防设施布局，地质灾害防护规定等内容。

3. 城市总体规划的编制、审批、期限

城市总体规划由城市人民政府负责组织编制。编制程序如下：首先，组织前期研究工作并提出编制工作报告，经有关主管部门同意后才能组织编制；其次，组织编制城市总体规划纲要，并提请有关主管部门审查；最后，依据主管部门的审查意见，组织编制城市总体规划成果。

直辖市的城市总体规划由直辖市人民政府报国务院审批。省、自治区人民政府所在地的城市以及国务院确定的城市的总体规划，由省、自治区人民政府审查同意后，报国务院审批。以上城市以外的城市的总体规划，由城市人民政府报省、自治区人民政府审批。城市人民政府编制的总体规划在报上一级政府审批前，应当先经本级人民代表大会常务委员会审议，常务委员会组成人员的审议意见交由本级人民政府研究处理。城市人民政府在报送审批城市总体规划时，应将人大常委会的审议意见和根据审议意见修改规划的情况一并报送。

城市总体规划的期限一般为20年，但对城市30年至50年的远景发展进程和目标应作出轮廓性的安排。同时还应该提出近期建设规划，其规划期限一般为五年，并要求与国民经济发展五年计划相协调。

（二）城市控制性详细规划

详细规划是以城市总体规划或分区规划为依据，对城市近期建设区域内各项建设作出的具体规划。城市详细规划包括：规划地段各项建设的具体用地范围，建筑密度和高度等控制指标，总平面布置、工程管线综合规划和竖向规划。

详细规划可根据需要编制成控制性详细规划和修建性详细规划两种。控制性详细规划是指以城市总体规划和分区规划为依据，确定建设地区的土地使用性质和使用强度的控制指标、道路和工程管线控制性位置以及空间环境控制的规划要求。

1. 城市控制性详细规划的内容

控制性详细规划的具体内容为：确定规划范围内不同使用性质用地的界线，确定各类用地内适建、不适建或有条件地允许建设的建筑类型；确定各地块建筑高度、建筑密度、容积率、绿地率等控制指标；确定公共设施配套要求、交通出入口方位、停车泊位、建筑后退红线距离等要求；提出各地块的建筑体量、体形、色彩等城市设计指导原则；确定地块出入口位置、停车泊位、公共交通场站用地范围和站点位置、步行交通以及其他各类交通设施；规定各级道路的红线、断面、交叉口形式及渠化措施、控制点坐标和标高；确定市政工程管线位置、管径和工程设施的用地界线，进行管线综合，确定地下空间开发和利用具体要求；制定相应的土地使用与建筑管理规定。

2. 城市控制性详细规划的编制、审批

城市控制性详细规划的编制主体是城市人民政府的城乡规划主管部门，由本级人民政府审查批准，报本级人民代表大会常务委员会和上一级人民政府备案。

（三）城市修建性详细规划

修建性详细规划是指以城市总体规划和分区规划、控制性详细规划为依据，制定用以指导各项建筑和工程设施的设计和施工的规划设计。修建性详细规划一般针对的是某一具体的重要地块，以控制性详细规划为依据，能够直接应用于指导建筑和工程施工。根据需要，只有对重点地块才有必要编制修建性详细规划。修建性详细规划也不需要审批和备案，因为它是对控制性详细规划的具体落实。

1. 城市修建性详细规划的内容

修建性详细规划的内容一般应包括：建设条件分析及综合技术论证；建筑、道路和绿地等的空间布局和景观规划设计，布置总平面图；对住宅、医院、学校和托儿所、幼儿园等建筑进行日照分析；根据交通影响分析，提出交通组织方案和设计；市政工程管线规划设计和管线综合；竖向规划设计；估算工程量、拆迁量和工程总造价，分析投资效益。

2. 城市修建性详细规划的编制

城市修建性详细规划由城市人民政府城乡规划主管部门编制。

五、镇规划的编制与审批

（一）镇总体规划

镇是指经国家批准设镇建制的行政区域。镇属于城市与农村的结合部，在编制镇总体规划时应考虑适应农村经济和社会发展的需要，要为促进乡镇企业发展适当集中建设，要有利于农村富余劳动力向非农业转移，要为农村城市化进程服务；同时应坚持合理布局、节约用地原则，全面规划，因地制宜，实现双赢。

镇总体规划的内容与城市总体规划的内容相似。

县人民政府所在镇的总体规划由县人民政府组织编制，报上一级人民政府审批；其他镇的总体规划由镇人民政府组织编制，报上一级人民政府审批。县人民政府组织编制的总体规划在报上一级人民政府审批前，应当先由县人民代表大会常务委员会审议。县人民政府在报送审批总体规划时，应将县人大常委会的审议意见和根据审议意见修改规划的情况一并报送。镇人民政府组织编制的镇总体规划在报上一级政府审批前，应当先经镇人民代表大会审议。镇人民政府报送审批镇总体规划时，应将镇人民代表大会的审议意见和根据审议意见修改规划的情况一并报送。

(二)镇控制性详细规划

镇控制性详细规划的依据是镇总体规划，其内容与城市控制性详细规划的内容相似。

县人民政府所在地的镇控制性详细规划由县城乡规划管理部门组织编制，其他镇的控制性详细规划由镇人民政府组织编制。镇人民政府组织编制镇控制性详细规划的报上一级人民政府审批；县城乡规划主管部门组织编制镇控制性详细规划的报县人民政府审查批准后，报本级人民代表大会常务委员会和上一级人民政府备案。

(三)镇修建性详细规划

镇修建性详细规划的有关内容与城市修建性详细规划相似，读者可以参阅前面章节内容。

六、乡、村庄规划的编制与审批

(一)乡、村庄规划的范围

编制乡、村庄规划的范围是县级以上地方人民政府根据当地农村经济社会发展水平，按照因地制宜、切实可行的原则，确定应当制定乡、村庄规划的区域。确定区域以外的其他区域也可以制定规划，但法律没有作强制性要求。

(二)乡、村庄规划的内容

乡规划、村庄规划应当从农村实际出发，避免照搬城市规划；应当尊重村民意愿，体现地方和农村特色，以特色满足村民的生产生活需要，改善村民的居住环境。

乡、村庄规划的内容应包括：规划区范围，住宅、道路、供水、排水、供电、垃圾收集、牲畜家禽养殖场所等农村生产、生活服务设施、公益事业等各项建设的用地布局、建设要求，以及对耕地等自然资源和历史文化遗产保护、防灾减灾等的具体安排。乡规划还应当包括本行政区域内的村庄发展布局。

(三)乡、村庄规划的编制

应当制定乡规划和村庄规划的区域，由乡、镇人民政府组织编制。人民政府在规划编制过程中，应尊重村民的意愿，并以科学性作为第一要求，应当对新农村建设起到引导作用，防止农村建设中出现无序建设和浪费土地资源的现象。规划编制的费用由财政承担。

(四)乡、村庄规划的审批

乡、村庄规划应报上一级人民政府审批。上一级人民政府是指县级人民政府或不设区的市人民政府或区人民政府。

村庄规划报送审批前，应当经村民委员会或村民代表会议讨论通过。

七、城市、县、镇人民政府的近期建设规划

(一)近期建设规划的制定

总体规划需要依靠近期建设规划来落实。城市、县、镇人民政府应当根据城市总体规划、镇总体规划、土地利用总体规划和年度计划以及国民经济和社会发展规划，制定近期建设规划，报总体规划审批机关备案。

其中，土地利用总体规划指为实现国家或某一个地区的土地资源优化配置和土地可持续利用，保障经济社会的可持续发展，在一定区域、一定时期内对土地利用所作的统筹安排及所制定的一些调控措施。土地利用总体规划是国民经济和社会发展规划的一个组成部分，目的是为经济社会的发展提供土地保障，其核心是对土地利用问题作出安排。土地利用年度计划指国家对计划年度内新增建设用地量、土地开发整理补充耕地量和耕地保有量的具体安排。编制土地利用年度计划必须以土地利用总体规划为依据。国民经济和社会发展规划指国家或者地区就国家或者地区的国民经济和社会发展问题作出的战略性、纲领性、综合性、全局性的安排。

（二）近期建设规划制定的原则

近期建设规划制定的原则包括：

（1）处理好近期建设与长远发展、经济发展与资源环境条件的关系，注重生态环境与历史文化遗产的保护原则；

（2）与城市国民经济和社会发展计划相协调，符合资源、环境、财力的实际条件，并能适应市场经济发展要求的原则；

（3）坚持为最广大人民群众服务，维护公共利益，完善城市综合服务功能，改善人居环境的原则；

（4）严格依据城市总体规划，不得违背总体规划的强制性内容。

（三）近期建设规划的内容

近期建设规划应当以重要基础设施、公共服务设施和中低收入居民住房建设以及生态环境保护为重点内容。这些内容事关重大，对国家经济命脉和公共利益、社会的健康发展有重大作用。

近期规划必须具备的强制性内容包括：确定城市近期建设重点和发展规模，根据建设重点和发展规模，确定城市近期发展区域；对规划年限内的城市建设用地总量、空间分布和实施顺序进行具体安排，制定控制和引导城市发展的规定；根据城市近期建设重点，提出对历史文化名城、历史文化保护区、风景名胜区等相应的保护措施。

除强制性内容外，近期规划还应包括指导性内容。近期规划必须具备的指导性内容包括：提出机场、铁路、港口、高速公路等对外交通设施，城市主干道、轨道交通、大型停车场等城市交通设施，自来水厂、污水处理厂、变电站、垃圾处理厂以及相应的管网等市政公用设施的选址、规模和实施顺序的意见；提出文化、教育、体育等重要公共服务设施的选址和实施顺序；提出城市河湖水系、城市绿化、城市广场等的治理和建设意见；提出近期城市环境综合治理措施。

近期建设规划成果包括规划文本和必要的图纸说明。近期建设规划编制完成后，由城乡规划主管部门负责组织专家进行论证并报城市人民政府。城市人民政府批准近期建设规划前，必须征求同级人民代表大会常务委员会的意见。批准后的近期建设规划应当报总体规划审批机关备案，其中国务院审批总体规划的城市报住房和城乡建设部备案。近期规划经批准后，城市人民政府应当向社会公众公布。近期建设规划一经批准，任何单位和个人不得擅自变更。城市人民政府调整近期规划，涉及强制性内容的，必须按规定的程序进行。调整后的近期规划应重新向社会公众公布。城乡规划主管部门向规划设计单位和建设单位提供规划设计条件，审查建设项目，核发建设项目选址意见书、建设用地规划许可证、建设工程规划许可证，必须符合近期建设规划。

第三节 城乡规划的实施和修改

城乡规划的实施是指经过依法批准并公布的城乡规划的执行。城乡规划经过法定程序批准生效后，即具有了法律效力，城乡规划区内的任何土地利用及各项建设活动，都必须符合城乡规划设计，满足城乡规划的要求，使生效的城乡规划得以实现。

城乡规划确定的铁路、公路、港口、机场、道路、绿地、输配电设施及输电线路走廊、通信设施、广播电视设施、管道设施、河道、水库、水源地、自然保护区、防汛通道、消防通道、核电站、垃圾填埋场及焚烧厂、污水处理厂和公共服务设施的用地以及其他需要依法保护的用地，禁止擅自改变用途。

为保证城乡规划的实施，城乡规划一经批准，就应向社会公布，有关部门应对各类违背城乡规划的违法行为进行监督。

一、城乡规划实施的原则

（一）城乡规划实施的一般原则

1. 根据当地经济社会发展水平实施城乡规划

经济社会发展水平是指生产力发展水平以及由生产力发展水平决定的产业结构的基本情况、当地市场的完善情况。经济社会发展水平越高，市场体系就越健全，市场发育就越完善。市场体系的健全和市场发育的完善是城乡规划能够全面正确实施的基础。地方各级政府在执行城乡规划时对这一原则必须给予充分的重视。

2. 量力而行

量力而行原则要求各级人民政府实施城乡规划时，在根据当地经济社会发展水平的情况下，根据本地区的财力、物力、人力、资源、环境等实际情况，实事求是地提出实施城乡规划的工作思路，制定切实可行的实施城乡规划的目标。各级政府必须全面调查本地的各种实际情况，并根据调查情况来实施城乡规划，不能闭门造车，不顾实际，乱上项目，互相攀比，造成人力、财力、物力的浪费。

3. 尊重群众意愿

尊重群众意愿是指地方各级人民政府实施城乡规划时在根据当地经济社会发展水平的情况下，要端正对人民群众的态度，虚心接受群众监督，充分听取群众意见。应该把人民当作自己的父母，尽心尽力为人民群众服务，将为人民服务落到实处，充分相信群众，爱护群众，解决群众的实际困难，始终把人民利益放在第一位。

4. 有计划、分步骤组织实施

实施城乡规划是一个渐进的过程，不能冒进，否则会产生不利的影响。因此，在实施城乡规划时应根据当地经济社会发展水平的情况，制定落实城乡规划的具体实施意见和配套措施，确定不同阶段的工作重点和工作方向，要分阶段、分步骤地落实，做到有条不紊。

5. 严格保护和合理利用风景名胜资源

风景名胜资源指具有观赏、文化或科学价值，自然人文景观比较集中，环境优美，可供人们游览或进行科学研究、文化活动的区域内的各类资源。风景名胜资源是构成风景环境的重要要素，是风景区产生经济效益、环境效益、社会效益的物质基础。严格保护和合理利用风景名胜资源是实施城乡规划工作的最基本出发点。

6. 统筹安排风景名胜区及周边镇、乡、村庄的建设

涉及风景名胜区时必须坚持统筹安排风景名胜区及周边镇、乡、村庄的建设，不得违背客观规律随意开发和建设。只有统筹安排才能从根本上解决风景名胜区内保护和利用的矛盾，达到风景名胜区内资源的可持续利用。

(二) 城市的建设和发展中实施城乡规划时应当遵守的原则

1. 优先安排基础设施以及公共服务设施的建设

城市的基础设施指城市的生存和发展所必须具备的工程性基础设施和社会性基础设施的总称。如城市的供电、供水、道路、绿化、防洪、环卫等都属于城市基础设施。公共服务设施，指与城市居住人口规模相对应配建的、为居民服务和使用的各类设施，如托儿所、幼儿园、小学、派出所、副食店、储蓄所、家政服务中心、社区医院、文体活动中心、邮政所等。基础设施和公共服务设施是城市建设和发展的重要组成部分，是城市运行和产生聚集效益的决定性因素，是城市各行各业生产以及居民生活必不可少的。

2. 妥善处理新区开发与旧区改建的关系

城市新区开发和旧区改建是适应城市功能战略结构调整和增强中心城市综合服务功能和辐射力等方面的需要，对城市合理布局、城市土地的合理利用和资源的优化配置等所进行的改、扩、新等方面的建设。新区开发指按照城市总体规划的部署和要求，在城市建成区以外的一定区域，进行集中的、成片的、综合配套的开发建设活动。进行新区开发，是为了增强中心城市的综合服务功能和辐射力。旧区改建是对城市中旧区改善和更新基础设施、调整城市结构、优化城市用地布局、保护城市历史风貌的建设活动。旧区改建相对新区开发来说，难度是比较大的，二者的关系必须妥善处理。

3. 统筹兼顾进城务工人员生活和周边农村经济社会发展、村民生产与生活需要

有些城市的建设和发展，只注意形象工程，对进城务工人员和周边农村经济社会发展重视不够，一定程度上影响了社会和谐。在城市的发展中，应坚持此原则，努力建设和谐社会。

(三) 城市地下空间的开发和利用中实施城乡规划时应遵循的原则

随着城市的发展及城市化水平的不断提高，城市的地面空间已基本饱和，不能满足城市进一步发展的需要。现在居住拥挤、交通堵塞、环境污染等城市化问题日益突出。因此，城市的发展和扩充的要求，使城市形成了向地下空间发展的潮流。地下空间的开发和利用已经成为城市建设和发展的战略要地，也是城市人防的重要地区。在当今社会，城市地下空间对城市的发展意义重大。

城乡规划法所规定的城市地下空间是指城市规划区内地表以下的空间，包括战时具备防护能力的地下防护空间和战时不具备防护能力的地下非防护空间。地下空间的开发和利用，是指在地表以下建设建筑物或构筑物，安排城市人民防空设施和城市的生产生活、防灾减灾、通信工程等项目。城市地下空间的开发和利用应遵循以下原则：

1. 与经济和技术发展水平相适应

对城市地下空间的开发和利用属于城市的基础设施建设，对城市的经济发展具有全局性的作用。在城市对地下空间开发和利用时应处理好与经济和技术发展水平的关系，开发和利用地下空间要根据当地实际情况及其技术发展水平而定，要从全面贯彻落实科学发展

观的角度思考问题，要从实际出发，量力而行，适度开发；要分步骤、分期限、有重点地开发；要优先考虑城市近期存在的基础设施问题。不能不顾经济和社会发展水平盲目地开发和利用地下空间，否则会影响城市的经济社会发展。

2. 统筹安排、综合开发、合理利用

相对于地上来说，地下空间开发具有一定的不可逆转性，所以要统筹安排，应在地下空间综合利用规划指导下有序进行，并做到与地上空间的开发相结合，实现土地的多重利用，提高土地的利用效率。各级人民政府在编制城市总体规划时应编制地下空间利用规划。城市地下空间的开发和利用规划主要包括：地下空间现状、地下空间发展预测、地下空间开发层次、内容、规模等。

城市地下空间的开发和利用要将同一地区地上地下空间的多种功能综合考虑，要确保土地价值的充分体现，要突出地下设施的主要功能和用途，同时兼顾次要功能和用途。

3. 充分考虑防灾减灾、人民防空和通信等需要

城市地下空间具有防空、抗风、防化等功能，也便于通信方面的利用。地下空间的开发和利用要考虑防灾减灾、防空和通信的需要。

（四）镇的建设和发展中实施城乡规划时应遵守的原则

1. 结合农村经济社会发展和产业结构调整进行

镇管辖的大部分地区是农村，地方经济社会发展相对比较落后，产业结构比较单一。镇的发展应结合农村经济社会发展和产业结构调整进行。

2. 优先安排公共服务设施的建设

镇管辖地区的幼儿园、学校、福利院等公共服务设施和供电、供水等基础设施的建设比较薄弱，应优先安排。

3. 为周边农村服务

镇的建设和发展应为周边农村服务，目的是带动这些地区的经济社会等方面的全面协调发展。周边地区的健康发展，也有利于促进镇的全面发展。

（五）乡、村庄建设和发展中实施城乡规划时应遵守的原则

1. 因地制宜

我国地大物博，人口众多，各地的风俗习惯、经济社会条件千差万别，各地应根据自己所处的区域位置及经济文化条件等情况因地制宜地进行建设。

2. 节约用地

我国人口多，山地多，沙漠也比较多，耕地很少，人均耕地就更少。而由于建设的需要，耕地被占用的数量逐年递增，土地供需矛盾非常明显。各地人民政府应当严格管理，制止非法乱占耕地的行为，严格限制农用地转为建设用地。各项建设应当相对集中，充分利用原有建设用地。使用土地的单位和个人必须按照土地利用总体规划确定的用途使用土地，不能滥用土地，浪费土地。

3. 发挥村民自治组织的作用

村民委员会是村民自我管理、自我教育、自我服务的基层群众性自治组织。村委会办理本村的公共事务和公益事业，协助维护社会治安，向人民政府反映民意。发挥村民自治组织的作用，能够有效促进农村"三个文明"的发展。

4. 引导村民合理进行建设，改善农村生产、生活条件

有关部门应坚持从农民最需要解决的问题入手，从农民的最大利益出发，不遗余力地支持粮食生产，确保粮食安全，推进农业现代化，加大农村的道路建设，改善农村的生态环境，支持农村教科文卫体等事业的发展，提高农民的素质，促进新农村建设。

（六）城市新区开发和旧区改建中实施城乡规划时应遵守的原则

城市新区开发是指按照城市总体规划的部署，在城市建成区外的一定地域内，进行集中成片、综合配套的开发建设活动。它包括新市区的开发建设、卫星城的开发建设、新工矿区的开发建设。

旧城改建是指按照统一规划，对现有城区进行有计划、有步骤的改造，使之适应城市经济、社会发展整体需要的建设活动。

在进行城市新区开发和旧城改建的规划和建设活动时，除满足城乡建设的一般原则外，还应满足下列原则：

1. 城市新区开发的原则

首先，要确定合理的建设规模和顺序。城市新区的开发是实施城市规划时涉及的一项重要内容。为了城市的协调发展，进行新区的规划和建设时，应根据本地区经济发展水平和经济实力，确定适当的开发规模，落实好城市规划中确定的城市综合性和协调性发展的要求，进一步考虑近期与远期发展的需要，处理好发展和保护的关系，安排好不同建设的时间顺序。

其次，要充分利用现有基础设施和公共服务设施。城市新区的开发和建设是一项科学性很强的工作，应该统一组织，并尽量依托现有市区的资源，合理利用现有设施，达到投资少、效益高的目的。不能随意行事，随意建设，各成体系；不能浪费现有资源，避免重复建设。

再次，保护自然资源和生态环境。环境指影响人类生存和发展的各种天然的和经过人工改造的自然因素的总体，包括大气、水、海洋、人文遗迹、风景名胜区等。自然环境指人类生存和发展所依赖的各种自然条件的总和，它对人类生存和发展有直接的影响。生态环境是指由生物群落及非生物自然因素组成的各种生态系统所构成的整体，对人类的生存和发展有间接的、潜在的、长远的影响。城市新区的开发建设涉及保护自然资源和生态环境，必须遵守国家有关环境保护的法律法规，注重资源的节约和循环使用，推进城市又好又快的发展。加强环境的保护，有利于促进经济结构的调整和经济增长方式从粗放型向集约型转变，带动旅游产业等相关产业的发展，促进精神文明的发展和人居环境的改善，维护国家的根本利益。

最后，要体现地方特色。城市新区开发和建设时，应从当地实际出发，结合当地的各种独特条件进行，做到有本地特色，不能照搬照抄其他地方的经验。

2. 旧城改建的原则

首先，要加强维护、逐步改善，有计划地对危房集中、基础设施落后的地段进行改造。旧城改建规划应注意对旧城的维护与利用，同时要合理调整旧城的布局，分清轻重缓急，逐步改善居住和交通运输条件，加强基础设施和公共设施建设，分阶段地对危房集中区和基础设施落后区进行改建，提高城市的综合功能。

其次，要与城市产业结构调整和工业企业技术改造相结合。旧城改建规划时应调整用地结构，改善优化城市布局，将危害安全、污染环境的项目迁出市区，调整出来的用地应用来扩展公用服务设施、增加居住用地、绿化用地和文化体育活动场地，改善市容环境。

再次，保护历史文化遗产和传统风貌。文化遗产包括：文物，即从历史、艺术或科学角度看具有突出的普遍价值的建筑物、碑雕、碑画、窑洞以及联合体；建筑群，即从历史角度或科学角度看在建筑式样、分布或者与环境景色结合方面具有突出的普遍价值的单立或连接的建筑群；遗址，即从历史、审美、人种学或人类学角度看具有突出的普遍价值的人类工程或自然与人联合工程以及考古地址等地方。传统风貌指由一定历史的皇家建筑、园林、坛庙等众多文物古迹和胡同、院落民居共同组成的风貌。

历史文化遗产和传统风貌反映了一个国家的文化发展过程，是不可再生的资源。我国文化遗产和传统风貌是中华民族集体智慧的结晶，体现着中华民族的精神价值、想象力和生命力、创造力。保护文化遗产和传统风貌是连接民族情感纽带、增进民族团结和国家统一的文化基础。我们在旧城改建规划时要充分注意保护具有重要历史意义、革命纪念意义的文物古迹和风景名胜，并尽量保持和体现传统风貌民族特色、地方特色，要有选择地保留一定数量的代表城市传统风貌的街区、建筑物和构筑物，划出保护区和建设控制区。

最后，要合理确定拆迁和建设规模。目前，一些城市在拆迁方面，存在不合理的大拆大建，过度开发，使历史名城的商业气氛越来越浓，文化氛围越来越淡。在旧城改建中应坚持该原则，根据实际情况，处理好保护和发展的关系，使整体格局达到和谐统一。

二、城乡规划实施的保障制度

（一）选址意见书制度

按照国家规定需要有关部门批准或者核准的建设项目，以划拨方式提供国有土地使用权的，建设单位在报送有关部门批准或者核准前，应当向城乡规划主管部门申请核发选址意见书。

1. 选址意见书的概念

选址意见书是指建设工程（主要是新建的大、中型工业与民用项目）在立项过程中，由城市规划行政主管部门出具的该建设项目是否符合城市规划要求的意见书。依据《城乡规划法》的规定，建设单位在上报设计任务书前，其项目拟建地址必须先经城乡规划行政主管部门审查，并取得其核发的选址意见书，然后方可连同设计任务书一并上报，否则，有关部门对设计任务书将不予审批。

2. 选址意见书制度适用的范围

选址意见书适用的建设项目范围是根据国家规定需要有关部门批准或核准并且是以划拨方式提供国有土地使用权的建设项目。

国家规定需要批准或核准的建设项目包括：港口建设项目，海洋工程建设项目，核设施、绝密工程等特殊性质的建设项目，跨省、自治区、直辖市的建设项目，由国务院审批或由国务院授权有关部门审批的建设项目，在江河、湖泊新建、改建或扩建排污口建设项目，可能产生职业病危害的建设项目，可能产生职业中毒危害的项目，重要气象设施建设项目，国家设立和采用全国统一的大地基准、高程基准、深度基准和重力基准，国家建立全国统一的大地坐标系统、平面坐标系统、高程系统、地心坐标系统和重力测量系统，民用机场建设项目，公用电信网、专用电信网、广播电视传输网建设项目，在江、河口管理范围内规划滩涂开发利用、河道整治、桥梁、港口、码头等建设项目等。

3. 选址意见书的内容

选址意见书一般包括以下内容：建设项目基本情况，包括建设项目的名称、性质、用地与建设规模，供水、能源的需求量、运输方式与运输量，废气、废水、废渣的排放方式和排放量等；建设项目规划选址的依据，包括经批准的项目建议书，建设项目在拟建地址与城市规划是否协调，建设项目与城市交通、通信、能源、市政、防灾规划是否衔接与协调，该项目建设对城市环境可能造成的污染影响，与城市生活居住及公共设施规划、城市环保规划和风景名胜、文物古迹保护规划是否协调等；建设项目选址、用地范围和具体规划要求；建设项目选址和用地范围的附图及明确有关问题的附件。

4. 申请建设项目选址意见书的程序

申请建设项目选址意见书的程序是：计划在城市规划区内进行建设，需要编制设计任务书的，建设单位必须向当地市、县人民政府城市规划主管部门提出选址申请；建设单位填写建设项目选址申请表后，城市规划主管部门根据《建设项目规划管理办法》的规定，分级核发建设项目选址意见书。

5. 选址意见书的核发权限

选址意见书按建设项目审批部门的不同，分别由各级规划行政主管部门核发。

国家审批的大中型和限额以上的建设项目，由项目所在地县、市人民政府城市规划行政主管部门提出审查意见，报省、自治区、直辖市、计划单列市人民政府城市规划行政主管部门核发选址意见书，并报国务院城市规划行政主管部门备案。

省、自治区、直辖市建设项目由项目所在地县、市人民政府城市规划行政主管部门提出审查意见，报省、自治区、直辖市、计划单列市人民政府城市规划行政主管部门核发。

其他建设项目，须经哪级人民政府规划行政部门审批的，其选址意见书由该人民政府城市规划行政主管部门核发。

（二）建设用地规划许可证制度

在城市、镇规划区内以划拨方式提供国有土地使用权的建设项目，经有关部门批准、核准、备案后，建设单位应当向城市、县人民政府城乡规划主管部门提出建设用地规划许可申请，由城市、县人民政府城乡规划主管部门依据控制性详细规划核定建设用地的位置、面积、允许建设的范围，核发建设用地规划许可证。建设单位在取得建设用地规划许可证后，方可向县级以上人民政府土地主管部门申请用地，经县级以上人民政府批准后，由土地主管部门划拨土地。以出让方式取得国有土地使用权的建设项目，在签订国有土地使用权出让合同后，建设单位应当持建设项目的批准、核准、备案文件和国有土地出让合同，向城市、县人民政府城乡规划主管部门领取建设用地规划许可证。

1. 建设用地规划许可证的概念

建设用地规划许可证是城乡规划行政主管部门依据城乡规划的要求和建设项目用地的实际需要，向提出用地申请的建设单位或个人核发的确定建设用地的位置、面积、界线的证件。建设用地规划许可证是建设单位使用土地的法律凭证，它能够确保建设用地符合城市规划和镇规划，能有效维护建设单位按照城市规划、镇规划的要求使用土地的合法权益。

2. 以划拨方式提供国有土地使用权的建设项目建设用地规划许可证的核发程序

（1）建设单位需依法将建设项目报经有关部门批准、核准、备案。

（2）建设单位持国家批准建设项目的有关文件，向城乡规划主管部门提出用地申请。

（3）现场勘探、征求意见。城乡规划行政主管部门在受理申请后，应会同有关部门和建设单位一起到选址现场进行调查勘探。同时，还应征求有关部门的意见。

（4）提供设计条件。在用地申请初审通过后，城乡规划行政主管部门将向建设单位提供建设用地地址与范围的红线图，并提出规划设计条件和要求。

（5）审查总平面图、核定用地面积。建设单位根据城乡规划行政主管部门提供的设计条件完成总平面图设计后，应将总平面图及其相关文件报送城乡规划行政主管部门以审查其是否符合城市规划的要求及合理用地、节约用地原则，并根据城市规划设计用地定额指标和该地块具体情况，核审用地面积。

（6）核发建设用地规划许可证。经审查合格后，城乡规划行政主管部门即向建设单位或个人核发建设用地规划许可证。建设用地规划许可证一经颁发，就具有了法律效力，受法律保护。建设单位取得建设用地规划许可证后，可向县级以上地方人民政府土地主管部门申请用地。

3. 以出让方式提供国有土地使用权的建设项目建设用地规划许可证的核发程序

在城市、镇规划区内以出让方式提供国有土地使用权的，在国有土地使用权出让前，城市、县人民政府城乡规划主管部门应当依据控制性详细规划，提出出让地块的位置、使用性质、开发强度等规划条件，作为国有土地使用权出让合同的组成部分。未确定规划条件的地块，不得出让国有土地使用权。

以出让方式取得国有土地使用权的建设项目，在签订国有土地使用权出让合同后，建设单位应当持建设项目的批准、核准、备案文件和国有土地使用权出让合同，向城市、县人民政府城乡规划主管部门领取建设用地规划许可证。城市、县人民政府城乡规划主管部门不得在建设用地规划许可证中擅自改变作为国有土地使用权出让合同组成部分的规划条件。

（三）临时建设用地许可制度

临时建设指城市规划主管部门批准的，在城市、镇规划区内建设的临时性使用并在限期内拆除的建筑物、构筑物及其他设施。临时建设用地是指在城市、镇规划区内进行临时建设时，由于建设工程施工、堆料或其他原因，需临时使用并按期收回的土地。

建设单位持上级主管部门批准的申请临时用地文件，向城市规划行政主管部门提出临时用地申请，经审核批准后，才能使用临时建设用地。临时建设用地的有效期限一般不超过两年。临时建设影响近期建设规划或者控制性详细规划的实施以及交通、市容、安全的，不得批准。临时建设应当在批准的使用期限内自行拆除。

（四）建设工程规划许可证制度

1. 建设工程规划许可证的概念

建设工程规划许可证是指城市规划行政主管部门向建设单位或个人核发的确认其建设工程符合城市规划要求的证件，是在城市、镇规划区内进行建筑物、构筑物、道路、管线和其他工程建设的建设单位或个人依照规定，向城市、县人民政府城乡规划部门或者省、自治区、直辖市人民政府确定的镇人民政府申请领取的建设工程的法律凭证。建设工程规划许可证是建设活动中接受监督检查时的法律依据，也是申请工程开工的必备证件。

《城乡规划法》规定："在城市、镇规划区内进行建筑物、构筑物、道路、管线和其他工程建设的，建设单位或者个人应当向城市、县人民政府城乡规划主管部门或者省、自治区、直辖市人民政府确定的镇人民政府申请办理建设工程规划许可证。""对符合控制性详细规划和规划条件的,由城市、县人民政府城乡规划主管部门或省、自治区、直辖市人民政府确定的镇人民政府核发建设工程规划许可证。"

2. 建设工程规划许可证核发程序

(1) 领证申请

建设单位或个人应持建设工程设计方案、建设用地规划许可证、土地使用权证(需要建设单位编制修建性详细规划的建设项目还应提交修建性详细规划)等有关批准文件向城乡规划行政主管部门提出核发建设工程规划许可证申请。

(2) 初步审查

城乡规划行政主管部门受理申请后,应对建设工程的性质、规模、布局等是否符合城市规划的要求进行审查,并应征求相关部门的意见。

(3) 核发规划要点通知书

城乡规划行政主管部门根据审查结果和工程所在地段详细规划要求,向建设单位或个人核发规划设计要点通知书,提供规划设计要求。

(4) 核发设计方案通知书

建设单位或个人根据规划设计要点通知书完成方案设计后,应将设计方案(应不少于2个)有关图纸文件报送城乡规划行政主管部门。城乡规划行政主管部门在对各个方案的总平面布置、交通组织情况、工程周围环境关系和个体设计体量、层次等进行审查比较,确定设计方案后,将核发设计方案通知书,并提出规划修改意见。

(5) 核发建设工程规划许可证

建设单位或个人根据设计方案通知书的要求完成施工图设计后,应将注明勘察设计证号的总平面图,个体建筑设计的平立剖图、基础图,地下室平面图、剖面图等施工图,送城乡规划行政主管部门审查。经审查,符合控制性详细规划和规划条件的,将核发建设工程规划许可证。

(五) 乡村建设规划许可证制度

1. 乡村建设规划许可证的概念

乡村建设规划许可证是指为了确保乡、村庄规划区内的建设用地符合规划的要求,维护乡镇企业、乡村公共设施和公益事业建设的建设单位或个人按照规划使用土地的合法权益,建设单位或个人依照法定程序向乡、镇人民政府提出申请,由乡、镇人民政府报城市、县人民政府城乡规划主管部门核发的由建设单位或个人使用土地的法律凭证。

2. 申请乡村建设规划许可证的条件和程序

申请乡村建设规划许可证须具备以下条件:在乡、村庄规划区内进行乡镇企业、乡村公共设施和公益事业建设;申请主体为建设单位或个人。

乡镇企业指农村集体经济组织或者农民投资为主,在乡镇(包括所辖村)举办的承担支援农业义务的各类企业。乡村公共设施是指由人民政府、村民委员会、乡镇企业及其他企业事业单位、社会组织建设的用于乡村社会公众使用或享用的一些公共建筑设施,如乡村医疗卫生设施、乡村商业设施等。乡村公益事业建设指直接或间接地为乡村经济、社会活动和乡村居民生产和生活服务的一些建设,如乡村自来水生产建设、乡村供电系统建设等。

申请领取乡村建设规划许可证的程序为：
（1）由建设单位或个人向所在地的乡、镇人民政府提出申请；
（2）由接受申请的乡、镇人民政府报城市、县人民政府城乡规划主管部门审核；
（3）城市、县人民政府城乡规划主管部门接到申请，审核后认为符合条件的发给乡村建设规划许可证；不符合条件的不发给乡村建设规划许可证。

建设单位或个人在取得乡村建设规划许可证后，才能办理用地审批手续。

三、城乡规划实施情况的评估

根据法律规定，城乡规划的评估针对的是省域城镇体系规划和城市、镇总体规划实施情况。

（一）省域城镇体系规划和城市、镇总体规划实施情况评估的必要性

省域城镇体系规划和城市、镇总体规划的时间跨度一般为20年，在实施期间很可能会出现一些在编制规划、审批规划时无法预测的情况，最终影响规划确定目标的实现。因此，国务院与住房和城乡建设部在强调各级人民政府及有关部门必须自觉服从城乡规划、严格执行城乡规划的同时，也强调要认真总结、分析评价规划的实施情况和绩效。

（二）省域城镇体系规划、城市总体规划、镇总体规划实施情况评估的具体要求

1. 评估主体

规划实施情况评估主体是省域城镇体系规划、城市总体规划、镇总体规划的组织编制机关。具体说，省域城镇体系规划实施情况的评估，由省、自治区人民政府组织实施；城市总体规划实施情况的评估由城市人民政府实施；镇总体规划实施情况评估根据编制情况，由县人民政府或镇人民政府组织实施。

2. 评估的时间

省域城镇体系规划、城市总体规划、镇总体规划实施情况评估要定期进行，具体时间由相关法规规定。

3. 评估的参与者及方式

省域城镇体系规划、城市总体规划、镇总体规划实施情况评估由规划的组织编制机关组织有关部门和专家进行，并采取论证会、听证会或者其他方式征求公众意见。

4. 评估情况的提交

省域城镇体系规划、城市总体规划、镇总体规划的组织编制机关对实施情况进行评估后，应当向本级人民代表大会常务委员会、镇人民代表大会和原审批机关提出评估报告。评估报告应当全面客观地分析评价省域城镇体系规划、城市总体规划、镇总体规划实施情况，既要总结经验，又要发现不足，分析存在的问题及其原因，提出解决问题的方案。

四、城乡规划的修改

（一）省域城镇体系规划、城市总体规划、镇总体规划的修改

依法批准的城乡规划是城乡建设和规划管理的依据，未经法定程序，不得修改。省域城镇体系规划、城市总体规划、镇总体规划一经批准，就应当严格执行。但省域城镇体系规划、城市总体规划、镇总体规划作为一种跨度长达二十年的安排，如果一成不变，会不适应客观形势的重大变化，严重影响城市建设、城镇发展。为了适应经济和社会发展的客观需要，有必要对省域城镇体系规划、城市总体规划、镇总体规划在实施过程中需要进行调整的问题作出规定。

1. 省域城镇体系规划、城市总体规划、镇总体规划的修改条件

(1) 上级人民政府制定的城乡规划发生变更，提出修改规划要求的

由住房和城乡建设部会同国务院有关部门组织编制并报国务院审批的全国城镇规划体系，指导省域城镇体系规划、城市总体规划的编制。省域城镇体系规划已经审批的地区，城市总体规划修编要按照省域城镇体系规划确定的原则，结合人口、资源环境等对城市的性质、功能和规模作出定位，合理安排城市重大基础设施建设。因此，上级人民政府制定的城乡规划发生变更，提出修改规划要求的，是省域城镇体系规划、城市总体规划、镇总体规划的修改的一个法定条件。

(2) 行政区划调整确需修改规划的

规划区域范围一般按照行政区划来划定。行政区划调整，应及时修改省域城镇体系规划、城市总体规划、镇总体规划。

(3) 因国务院批准重大建设工程需要修改规划的

经国务院批准的重大建设项目，如大型的水电项目、核电项目、高速公路项目等，是对国民经济和社会发展有重大影响的项目。这些项目的实施，有时会影响工程所在地的规划。如长江三峡水电工程的建设，涉及城镇的整体搬迁，以及各项基础设施和文物古迹。因此，国务院批准的重大建设工程需要修改规划的，是省域城镇体系规划、城市总体规划、镇总体规划修改的法定条件。

(4) 经评估确需修改规划的

根据城乡规划法的相关规定，省域城镇体系规划、城市总体规划、镇总体规划的组织编制机关，应当组织有关部门和专家定期对规划实施情况进行评估，全面分析和客观评价省域城镇体系规划、城市总体规划、镇总体规划的实施情况，并向本级人民代表大会常务委员会、镇人民代表大会和原审批机关提出评估报告。经过评估确认，如果规划实施中存在的问题是由于规划本身的瑕疵而造成的，而且如果不修改将会产生更多问题的，应当及时修改规划。因此，评估确定需要修改规划的，是省域城镇体系规划、城市总体规划、镇总体规划修改的法定条件。

(5) 城乡规划的审批机关认为应当修改规划的其他情形

应当修改规划的其他情形由城乡规划的审批机关在实践中根据具体情况决定。

2. 省域城镇体系规划、城市总体规划、镇总体规划的修改程序

(1) 编制修改方案

规划编制机关要对省域城镇体系规划、城市总体规划、镇总体规划实施情况进行总结，针对存在的问题和面临的新情况，从土地、水、能源和环境等出发，研究问题，客观分析各种制约因素。组织编制机关应将省域城镇体系规划、城市总体规划、镇总体规划实施情况的总结，报告原审批机关。修改涉及城市总体规划、镇总体规划强制性内容的，应当先向原审批机关提出专题报告，经同意后，才能编制修改方案。

(2) 按照审批程序报批

修改后的省域城镇体系规划、城市总体规划、镇总体规划应当按照审批程序报原审批机关审批。

(二) 控制性详细规划的修改

1. 控制性详细规划修改方案的编制

城市或镇控制性详细规划一经依法批准，就应当依法严格执行。因客观情况发生重大变化，确实需要修改的，控制性详细规划的组织编制机关应当对修改的必要性进行论证。在论证过程中，必须征求规划地段内利害关系人的意见。论证结束后，组织编制机关应当向原审批机关提出修改控制性详细规划的必要性论证的专题报告。经原审批机关同意后，组织编制机关才可以开展控制性详细规划修改方案的编制工作。修改控制性详细规划涉及城市总体规划、镇总体规划强制性内容的，应先修改总体规划。

2. 控制性详细规划修改方案的审批

组织编制机关完成控制性详细规划修改方案的编制工作以后，应当按照控制性详细规划的审批程序，报请审批。

（三）乡、村庄规划的修改，城市、县、镇人民政府近期建设规划的修改

乡、村庄规划的修改由乡、镇人民政府组织编制乡规划、村庄规划的修改方案，并经过村民会议或村民代表会议讨论同意后，报上一级人民政府审批。

城市、县、镇人民政府修改近期建设规划的，应将修改后的近期建设规划报总体规划审批机关备案。

（四）修改规划的补偿问题

在选址意见书、建设用地规划许可证、建设工程规划许可证或者乡村建设规划许可证发放后，因依法修改城乡规划给被许可人合法权益造成损失的，应当依法给予补偿。因依法修改修建性详细规划、建设工程设计方案总平面图给利害关系人合法权益造成损失的，应当依法给予补偿。

城乡规划主管部门在按照条件和程序核发选址意见书、建设用地规划许可证、建设工程规划许可证、乡村建设规划许可证后，取得该行政许可的被许可人就依法取得了从事该项行为的权利。如果城乡规划被依照法定的条件和程序修改，并因此给权利人的合法权益造成损失的，应当依法给予补偿。

经过依法审定的修建性详细规划、建设工程设计方案的总平面图是建设单位进行建设活动的直接依据，不得随意修改。根据客观情况的变化，修建性详细规划确实需要修改的，应当采取听证会等形式，听取利害关系人的意见。城乡规划部门决定对修建性详细规划、建设工程设计方案进行修改，对利害关系人的合法权益造成损失的，应当依法予以补偿。

第四节 风景名胜区和历史文化名城、名镇、名村的规划管理

一、风景名胜区的规划管理

（一）风景名胜区的概念

风景名胜区，是指具有观赏、文化或者科学价值，自然景观、人文景观比较集中，环境优美，可供人们游览或者进行科学、文化活动的区域。国家对风景名胜区实行科学规划、统一管理、严格保护、永续利用的原则。风景名胜区所在地县级以上地方人民政府设置的风景名胜区管理机构，负责风景名胜区的保护、利用和统一管理工作。风景名胜区划分为国家级风景名胜区和省级风景名胜区。自然景观和人文景观能够反映重要自然变化过程和重大历史文化发展过程，基本处于自然状态或者保持历史原貌，具有国家代表性的，

可以申请设立国家级风景名胜区；具有区域代表性的，可以申请设立省级风景名胜区。

（二）风景名胜区的规划管理

风景名胜区内的一切景物和自然环境，必须严格保护，不得破坏和随意改变。在风景名胜区及其外围保护地带内的各项建设，都应当与景物相协调，不得建设破坏景观、妨碍游览的设施。在游人集中的游览区内，不得建设宾馆、招待所以及休养、疗养机构。风景名胜区及其外围保护地带内的林木，不分权属都应按照规划进行抚育管理，不得砍伐。确需进行更新、抚育砍伐的，须经主管部门批准。

风景名胜区的规划分为总体规划和详细规划。风景名胜区应当从设立之日起两年内编制完成总体规划。风景名胜区总体规划的规划期一般为20年。

风景名胜区总体规划的编制要求：体现人与自然和谐相处、区域协调发展和经济社会全面进步的要求，坚持保护优先、开发服从保护的原则，突出风景名胜资源的自然特性、文化内涵和地方特色。

风景名胜区总体规划的内容包括：风景资源评价；生态资源保护措施、重大建设项目布局、开发利用强度；风景名胜区的功能结构和空间布局；禁止开发和限制开发的范围；风景名胜区的游客容量；有关专项规划。

编制风景名胜区详细规划的要求如下：应当根据核心景区和其他景区的不同要求编制，确定基础设施、旅游设施、文化设施等建设项目选址、布局与规模，并明确建设用地范围和规划条件，并符合风景名胜区总体规划。

国家级风景名胜区规划由省、自治区人民政府建设主管部门或直辖市人民政府风景名胜区主管部门组织编制。省级风景名胜区规划由县级人民政府组织编制。

编制风景名胜区规划，应当采用招标等公平竞争的方式选择具有相应资质等级的单位承担，风景名胜区规划应当按照经过审定的风景名胜区范围、性质和保护目标，依照国家有关法律法规和技术规范编制。编制风景名胜区规划，应当广泛征求有关部门、公众和专家的意见，必要时，应当进行听证。

在风景名胜区规划的审批和备案要求方面，国家级风景名胜区的总体规划，由省、自治区、直辖市人民政府审查后，报国务院审批。国家级风景名胜区的详细规划，由省、自治区人民政府建设主管部门或直辖市人民政府风景名胜区主管部门审批。省级风景名胜区的总体规划由省、自治区、直辖市人民政府审批，报住房和城乡建设部备案。省级风景名胜区的详细规划由省、自治区人民政府建设主管部门或直辖市人民政府风景名胜区主管部门审批。风景名胜区规划经批准后，应当向社会公布，任何组织和个人有权查询。

（三）风景名胜区的建设要求

在风景名胜区内禁止下列行为：(1)开山、采石、开矿、开荒、修坟立碑等破坏景观、植被和地形地貌的活动；(2)修建储存爆炸性、易燃性、放射性、毒害性、腐蚀性物品的设施；(3)在景物或设施上刻划、涂污、乱扔垃圾；(4)违反风景区规划，在风景区内设立各类开发区和在核心景区内建设宾馆、培训中心、疗养院以及与风景名胜资源保护无关的其他建筑物。

在风景名胜区内从事下列活动须经有关部门审批：(1)在风景区内从事禁止范围以外的建设活动，应当经风景名胜区管理机构审核后，依照有关法律法规的规定办理审批手续；(2)在国家级风景名胜区内修建缆车、索道等重大建设工程，项目的选址方案应当报国务院建设主管部门核准。

（四）风景名胜区的管理要求

1. 作好保护

风景名胜区内的自然景观和自然环境，应当严格保护，不能随意的加以改变。风景名胜区内的居民和观光者应当保护风景名胜区的景物、水体、植被和各种野生动物、各类设施。风景名胜区管理机构应当建立健全风景名胜资源保护的各项管理制度，对景区内的重要景观进行调查和鉴定，并制定相应的保护措施。

2. 普及历史和科学知识

风景名胜区管理机构应当根据风景名胜区的特点，开展健康有益的游览观光和文化娱乐活动，普及历史和科学文化知识。

3. 完善交通、服务设施和游览条件

风景名胜区管理机构应当根据景区规划，合理利用风景名胜资源，改善交通条件和服务设施；应当在景区内设置风景名胜区标志和路标、安全警示等标牌。

4. 自然资源的保护与管理

风景名胜区内涉及自然资源保护、利用、管理和文物保护以及自然保护区管理的，应当执行国家有关法律法规的规定。

5. 监督检查要求

国务院建设主管部门应当对国家级风景名胜区的规划实施情况、资源保护现状进行监督检查和评估。对发现的问题，应及时妥善地处理。风景名胜区管理机构应当建立健全保障制度，加强安全管理，保障游览安全，并督促风景区内的经营单位接受有关部门依法进行的监督检查。

二、历史文化名城、名镇、名村的规划管理

《历史文化名城名镇名村保护条例》已经 2008 年 4 月 2 日国务院第 3 次常务会议通过，自 2008 年 7 月 1 日起施行。对它们的保护应当遵循科学规划、严格保护的原则，保持和延续其传统格局和历史风貌，维护历史文化遗产的真实性和完整性，继承和弘扬中华民族优秀传统文化，正确处理经济社会发展和历史文化遗产保护的关系。

具备下列条件的城市、镇、村庄，可以申报历史文化名城、名镇、名村：

（1）保存文物特别丰富；

（2）历史建筑集中成片；

（3）保留着传统格局和历史风貌；

（4）历史上曾经作为政治、经济、文化、交通中心或者军事要地，或者发生过重要历史事件，或者其传统产业、历史上建设的重大工程对本地区的发展产生过重要影响，或者能够集中反映本地区建筑的文化特色、民族特色。

申报历史文化名城的，在所申报的历史文化名城保护范围内还应当有 2 个以上的历史文化街区。

历史文化名城批准公布后，历史文化名城人民政府应当组织编制历史文化名城保护规划。历史文化名镇、名村批准公布后，所在地县级人民政府应当组织编制历史文化名镇、名村保护规划。保护规划应当自历史文化名城、名镇、名村批准公布之日起 1 年内编制完成。

保护规划应当包括下列内容：
（1）保护原则、保护内容和保护范围；
（2）保护措施、开发强度和建设控制要求；
（3）传统格局和历史风貌保护要求；
（4）历史文化街区、名镇、名村的核心保护范围和建设控制地带；
（5）保护规划分期实施方案。

历史文化名城、名镇保护规划的规划期限应当与城市、镇总体规划的规划期限相一致；历史文化名村保护规划的规划期限应当与村庄规划的规划期限相一致。保护规划由省、自治区、直辖市人民政府审批。保护规划的组织编制机关应当将经依法批准的历史文化名城保护规划和中国历史文化名镇、名村保护规划，报国务院建设主管部门和国务院文物主管部门备案。保护规划的组织编制机关应当及时公布经依法批准的保护规划。经依法批准的保护规划，不得擅自修改；确需修改的，保护规划的组织编制机关应当向原审批机关提出专题报告，经同意后，方可编制修改方案。修改后的保护规划，应当按照原审批程序报送审批。

第五节　城乡规划的监督检查

对城乡规划编制、审批、实施、修改的监督检查主要包括以下几个方面：

一、监督检查职责与权限

城乡规划的编制，主要由人民政府负责；城乡规划的审批，是人民政府的法定职权；城乡规划的实施，主要由人民政府进行；城乡规划的修改，要报人民政府审批。城乡规划工作是各级人民政府法定的重要职责，各级人民政府要把城乡规划纳入国民经济和社会发展规划，及时解决城乡规划中的问题，建立健全城乡规划监督管理制度。县级以上人民政府应当切实履行自己的法定职责，加强对城乡规划编制、审批、实施、修改的监督检查。

县级以上人民政府规划主管部门对城乡规划的实施情况进行监督检查，有权采取以下措施：

（1）要求有关单位和人员提供与监督事项有关的文件、资料，并进行复制。在对城乡规划实施情况进行监督检查时，城乡规划主管部门有权查阅并复制与监督事项有关的文件和资料，有权要求有关单位和人员提供与监督事项有关的文件和资料。有关单位和人员既包括建设单位及其工作人员，也包括政府及其城乡规划主管部门以及工作人员。

（2）要求有关单位和人员就监督事项涉及的问题作出解释和说明，并根据需要进入现场进行勘测。城乡规划主管部门开展城乡规划实施情况的监督检查，可以询问当事人，进行实地检查，以便全面深入了解情况，并作出客观、准确的判断。

（3）责令有关单位和人员停止违反有关城乡规划法律法规的行为。开展城乡规划实施情况的监督检查时，城乡规划主管部门如果发现有关单位或者人员具有违反城乡规划法的行为时，应当及时予以制止。城乡规划主管部门工作人员进行城乡规划实施情况监督检查行为时，应出示执法证件，并应当忠于职守，秉公执法，不能因情废法，徇私枉法。被监督检查单位应予以配合，不得妨碍和阻挠依法进行的监督检查。监督检查情况和处理结果应当依法公开，供公众查阅和监督。

城乡规划主管部门在查处违反城乡规划法规定的行为时，发现国家机关工作人员依法应当给予行政处分的，应当向其任免机关或监督机关提出处分建议。依法应当给予行政处罚的，而有关城乡规划主管部门不给予行政处罚的，上级人民政府城乡规划主管部门有权责令其作出行政处罚决定或建议有关人民政府责令其给予行政处罚。城乡规划主管部门违反城乡规划法的规定作出行政许可的，上级人民政府城乡规划主管部门有权责令其撤销或者直接撤销该行政许可。因撤销行政许可给当事人合法权益造成损失的，应当依法给予赔偿。

二、法律责任

法律责任是指当事人由于违反了法律规定的义务而应当承担的不利的法律后果。法律责任是国家对违反法定义务、超越法定权利或滥用法律权利的违法行为所作出的否定性评价。只有对违反法定义务的当事人规定其必须承担的法律责任才能保证法律的执行和严肃性。

违反城乡规划法的责任主要有：

（1）违反城乡规划法，未组织编制城乡规划或者未按法定程序编制、审批、修改城乡规划的，由上级人民政府责令改正，通报批评，对有关人民政府负责人和其他直接责任人员依法给予处分。

（2）城乡规划组织编制机关委托不具有相应资质等级的单位编制城乡规划的，由上级人民政府责令改正，通报批评；对有关人民政府负责人和其他直接责任人员依法给予处分。

（3）镇人民政府或者县级以上人民政府城乡规划主管部门有下列行为之一的，由本级人民政府、上级人民政府城乡规划主管部门或者监察机关依据职权责令改正，通报批评；对直接负责的主管人员和其他直接责任人员依法给予处分：未依法组织编制城市的控制性详细规划、县人民政府所在地镇的控制性详细规划的；超越职权或者对不符合法定条件的申请人核发选址意见书、建设用地规划许可证、建设工程规划许可证、乡村建设规划许可证的；对符合法定条件的申请人未在法定期限内核发选址意见书、建设用地规划许可证、建设工程规划许可证、乡村建设规划许可证的；未依法对经审定的修建性详细规划、建设工程设计方案的总平面图予以公布的；同意修改修建性详细规划、建设工程设计方案的总平面图前未采取听证会等形式听取利害关系人的意见的；发现未依法取得规划许可或者违反规划许可的规定在规划区内进行建设的行为，而不予查处或者接到举报后不依法处理的。

（4）县级以上人民政府有关部门有下列行为之一的，由本级人民政府或者上级人民政府有关部门责令改正，通报批评，对直接负责的主管人员和其他直接责任人员依法给予处分：对未依法取得选址意见书的建设项目核发建设项目批准文件的；未依法在国有土地使用权出让合同中确定规划条件或者改变国有土地使用权出让合同中依法确定的规划条件的；对未依法取得建设用地规划许可证的建设单位划拨国有土地使用权的。

（5）城乡规划编制单位有下列行为之一的，由所在地城市、县人民政府城乡规划主管部门责令限期改正，处合同约定的规划编制费一倍以上两倍以下的罚款；情节严重的，责令停业整顿，由原发证机关降低资质等级或者吊销资质证书；造成损失的，依法承担赔偿责任：超越资质等级许可的范围承揽城乡规划编制工作的；违反国家有关标准编制城乡规划的。

(6) 未依法取得资质证书承揽城乡规划编制工作的，由县级以上地方人民政府城乡规划主管部门责令停止违法行为，依照(5)的规定处以罚款；造成损失的，依法承担赔偿责任。

(7) 以欺骗手段取得资质证书承揽城乡规划编制工作的，由原发证机关吊销资质证书，依照(5)的规定处以罚款；造成损失的，依法承担赔偿责任。

(8) 城乡规划编制单位取得资质证书后，不再符合相应的资质条件的，由原发证机关责令限期改正；逾期不改正的，降低资质等级或者吊销资质证书。

(9) 未取得建设工程规划许可证或者未按照建设工程规划许可证的规定进行建设的，由县级以上地方人民政府城乡规划主管部门责令停止建设；尚可采取改正措施消除对规划实施的影响的，限期改正，处建设工程造价百分之五以上百分之十以下的罚款；无法采取改正措施消除影响的，限期拆除，不能拆除的，没收实物或者违法收入，可以并处建设工程造价百分之十以下的罚款。

(10) 在乡、村庄规划区内未依法取得乡村建设规划许可证或者未按照乡村建设规划许可证的规定进行建设的，由乡、镇人民政府责令停止建设、限期改正；逾期不改正的，可以拆除。

(11) 建设单位或者个人有下列行为之一的，由所在地城市、县人民政府城乡规划主管部门责令限期拆除，可以并处临时建设工程造价一倍以下的罚款：未经批准进行临时建设的；未按照批准内容进行临时建设的；临时建筑物、构筑物超过批准期限不拆除的。

(12) 建设单位未在建设工程竣工验收后六个月内向城乡规划主管部门报送有关竣工验收资料的，由所在地城市、县人民政府城乡规划主管部门责令限期补报；逾期不补报的，处一万元以上五万元以下的罚款。

(13) 城乡规划主管部门作出责令停止建设或者限期拆除的决定后，当事人不停止建设或者逾期不拆除的，建设工程所在地县级以上地方人民政府可以责成有关部门采取查封施工现场、强制拆除等措施。

(14) 违反城乡规划法的规定，构成犯罪的，依法追究刑事责任。

复习思考题

1. 我国《城乡规划法》对城乡规划的管理体制是如何规定的？
2. 什么是全国城镇体系规划、省域城镇体系规划、镇规划、乡规划和村规划？
3. 城乡规划制定和实施的原则有哪些？
4. 保障城乡规划实施的具体制度有哪些？
5. 《城乡规划法》规定的城乡规划修改条件有哪些？

第三章 建设工程勘察设计法律制度

【本章提要】 勘察设计是建设工程的基础工作，本章主要介绍了建设工程勘察设计的基本概念，工程勘察设计法规立法情况，工程勘察设计资质管理制度，工程勘察设计注册工程师管理制度，工程勘察设计的委托与承接，工程勘察设计文件的编制原则、编制依据、质量要求和工程勘察设计标准及违反工程勘察设计法的法律责任等内容。

第一节 建设工程勘察设计概述

一、基本概念

建设工程勘察是指根据建设工程的要求，查明、分析、评价建设场地的性质、地理环境特征和岩土工程条件，编制建设工程勘察文件的活动。建设工程勘察包括建设工程项目的岩土工程、水文地质、工程测量、海洋工程勘察等。

工程勘察是工程建设的首要环节。在项目决策和项目建设过程中首先要掌握建设场地的地质地理环境特征，然后才能进行工程设计。建设工程勘察文件是建设项目规划、选址和设计的重要依据，其准确性和科学性在很大程度上影响着建设项目的规划、选址和设计的正确性。

建设工程设计是指根据建设工程的要求，对建设工程所需的技术、经济、资质、环境等条件进行综合分析、论证，编制建设工程设计文件的活动。建设工程设计包括两大类：第一，建设工程项目的主体工程和配套工程(含厂、矿区内的自备电站、道路、专用铁路、通信、各种管网管线和配套的建筑物等全部配套工程)以及与主体工程、配套工程相关的工艺、土木、建筑、环境保护、水土保持、消防、安全、卫生、节能、防雷、抗震、照明工程等的设计；第二，建筑工程建设用地规划许可证范围内的室外工程设计、建筑物构筑物设计、民用建筑修建的地下工程设计及住宅小区、工厂厂前区和生活区、小区规划设计及单体设计等，以及上述建筑工程所包含的相关专业的设计内容(包括总平面布置、竖向设计、各类管网管线设计、景观设计、室内外环境设计及建筑装饰、道路、消防、安保、通信、防雷、人防、供配电、照明、废水治理、空调设施、抗震加固等)。

在工程建设的各个环节中，勘察是基础，而设计是整个工程建设的灵魂。建设工程设计文件是设备材料采购、非标准设备制作和施工的主要依据。工程设计文件的技术水平和质量水平决定了建设项目的综合效益。

从事建设工程勘察、设计活动，应坚持先勘察、后设计、再施工的原则，这对保证建设工程的质量和效益是非常重要的。

为缩短设计和建设周期、节约材料和能耗、提高工程质量和综合经济效益，国家积极提倡和推广标准设计，鼓励在建设工程勘察、设计活动中采取先进技术、先进设备、新型材料和现代管理办法。

国家对从事建设工程勘察、设计活动的单位，实行资质管理制度。建设工程勘察、设计企业只能在资质等级许可的范围内承揽建设工程勘察、设计业务。国家对从事勘察、设计活动的专业技术人员，实行执业资格注册制度。未经注册的建设工程勘察、设计人员，不得以注册执业人员的名义从事建设工程勘察、设计活动。建设工程勘察、设计注册执业人员，只能受聘于一个建设工程勘察设计企业，未受企业聘用的，不得从事建设工程勘察设计活动。

国家各级建设主管部门和有关部门依据法律、法规对建设工程勘察设计活动实施监督管理。

二、建设工程勘察设计法律制度立法概况

建设工程勘察设计法律制度是指调整工程勘察、设计活动中所产生的各种社会关系的法律规范的总称。

目前，我国建设工程勘察设计方面的立法层次总的说来还比较低，主要由住房和城乡建设部及相关部委的规章和规范性文件组成。现行主要的法规有：1983年原国家计委颁布的《基本建设设计工作管理暂行办法》、《基本建筑勘察工作管理暂行办法》；在工程设计标准管理和标准设计方面主要的法规有：1992年原建设部颁发的《工程建设国家标准管理办法》和《工程建设行业标准管理办法》，这些法规，对规范工程勘察设计活动，加强勘察设计管理起了重要作用。

为适应市场经济的需要，进一步加强对勘察设计行为的规范和管理，2000年以来，国务院及住房和城乡建设部先后颁发了《建设工程勘察设计管理条例》、《实施工程建设强制性标准监督规定》、《外商投资建设工程设计企业管理规定》、《建设工程勘察质量管理办法》、《勘察设计注册工程师管理规定》、《建设工程勘察设计资质管理规定》。这些条例和规定对建设工程勘察设计的法制建设，起了极大的推动作用。

第二节 工程勘察设计资质资格管理制度

从事建设工程勘察、工程设计活动的企业，应当按照其拥有的注册资本、专业技术人员、技术装备和勘察设计业绩等条件申请资质，经审查合格，取得建设工程勘察、工程设计资质证书后，方可在资质许可的范围内从事建设工程勘察、工程设计活动。

从事建设工程勘察设计活动的专业人员，必须进行执业资格注册，未经注册，不得以注册执业人员名义从事建设工程勘察设计活动。

国务院建设主管部门负责全国建设工程勘察、工程设计资质和工程勘察设计注册工程师的统一监督管理。国务院铁路、交通、水利、信息产业、民航等有关部门配合国务院建设主管部门实施相应行业的建设工程勘察、工程设计资质和工程勘察设计注册工程师管理工作。省、自治区、直辖市人民政府建设主管部门负责本行政区域内建设工程勘察、工程设计资质和工程勘察设计注册工程师的统一监督管理。省、自治区、直辖市人民政府交通、水利、信息产业等有关部门配合同级建设主管部门实施本行政区域内相应行业的建设工程勘察、工程设计资质和工程勘察设计注册工程师管理工作。

一、工程勘察设计资质管理制度

（一）工程勘察设计资质分类和分级

1. 工程勘察资质分类和分级

工程勘察资质分为工程勘察综合资质、工程勘察专业资质、工程勘察劳务资质。

工程勘察综合资质只设甲级；工程勘察专业资质设甲级、乙级，根据工程性质和技术特点，部分专业可以设丙级；工程勘察劳务资质不分等级。取得工程勘察综合资质的企业，可以承接各专业（海洋工程勘察除外）、各等级工程勘察业务；取得工程勘察专业资质的企业，可以承接相应等级相应专业的工程勘察业务；取得工程勘察劳务资质的企业，可以承接岩土工程治理、工程钻探、凿井等工程勘察劳务业务。

2. 工程设计资质分类和分级

工程设计资质分为工程设计综合资质、工程设计行业资质、工程设计专业资质和工程设计专项资质。

工程设计综合资质只设甲级；工程设计行业资质、工程设计专业资质、工程设计专项资质设甲级、乙级。根据工程性质和技术特点，个别行业、专业、专项资质可以设丙级，建筑工程专业资质可以设丁级。

取得工程设计综合资质的企业，可以承接各行业、各等级的建设工程设计业务；取得工程设计行业资质的企业，可以承接相应行业相应等级的工程设计业务及本行业范围内同级别的相应专业、专项（设计施工一体化资质除外）工程设计业务；取得工程设计专业资质的企业，可以承接本专业相应等级的专业工程设计业务及同级别的相应专项工程设计业务（设计施工一体化资质除外）；取得工程设计专项资质的企业，可以承接本专项相应等级的专项工程设计业务。

建设工程勘察、工程设计资质标准和各资质类别、级别企业承担工程的具体范围由国务院建设主管部门商国务院有关部门制定。

（二）工程勘察设计资质申请和审批

1. 甲级资质的申请和审批

申请工程勘察甲级资质、工程设计甲级资质，以及涉及铁路、交通、水利、信息产业、民航等方面的工程设计乙级资质的，应当向企业工商注册所在地的省、自治区、直辖市人民政府建设主管部门提出申请。其中，国务院国资委管理的企业应当向国务院建设主管部门提出申请；国务院国资委管理的企业下属一层级的企业申请资质，应当由国务院国资委管理的企业向国务院建设主管部门提出申请。

省、自治区、直辖市人民政府建设主管部门应当自受理申请之日起20日内初审完毕，并将初审意见和申请材料报国务院建设主管部门。

国务院建设主管部门应当自省、自治区、直辖市人民政府建设主管部门受理申请材料之日起60日内完成审查，公示审查意见，公示时间为10日。其中，涉及铁路、交通、水利、信息产业、民航等方面的工程设计资质，由国务院建设主管部门送国务院有关部门审核，国务院有关部门在20日内审核完毕，并将审核意见送国务院建设主管部门。

2. 乙级资质的申请与审批

工程勘察乙级及以下资质、劳务资质、工程设计乙级（涉及铁路、交通、水利、信息产业、民航等方面的工程设计乙级资质除外）及以下资质许可由省、自治区、直辖市人民政府建设主管部门实施。具体实施程序由省、自治区、直辖市人民政府建设主管部门依法确定。

省、自治区、直辖市人民政府建设主管部门应当自作出决定之日起 30 日内,将准予资质许可的决定报国务院建设主管部门备案。

工程勘察、工程设计资质证书分为正本和副本,正本一份,副本六份,由国务院建设主管部门统一印制,正、副本具备同等法律效力。资质证书有效期为 5 年。

3. 企业首次申请、升级申请、增项申请工程勘察、工程设计资质要求

企业首次申请、增项申请工程勘察、工程设计资质,其申请资质等级最高不超过乙级,且不考核企业工程勘察、工程设计业绩。已具备施工资质的企业首次申请同类别或相近类别的工程勘察、工程设计资质的,可以将相应规模的工程总承包业绩作为工程业绩予以申报。其申请资质等级最高不超过其现有施工资质等级。

企业首次申请工程勘察、工程设计资质应当提供以下材料:

(1) 工程勘察、工程设计资质申请表;
(2) 企业法人、合伙企业营业执照副本复印件;
(3) 企业章程或合伙人协议;
(4) 企业法定代表人、合伙人的身份证明;
(5) 企业负责人、技术负责人的身份证明、任职文件、毕业证书、职称证书及相关资质标准要求提供的材料;
(6) 工程勘察、工程设计资质申请表中所列注册执业人员的身份证明、注册执业证书;
(7) 工程勘察、工程设计资质标准要求的非注册专业技术人员的职称证书、毕业证书、身份证明及个人业绩材料;
(8) 工程勘察、工程设计资质标准要求的注册执业人员、其他专业技术人员与原聘用单位解除聘用劳动合同的证明及新单位的聘用劳动合同;
(9) 资质标准要求的其他有关材料。

企业申请资质升级应当提交以下材料:

(1) 提交首次申请材料中的(1)、(2)、(5)、(6)、(7)、(9)项所列资料;
(2) 工程勘察、工程设计资质标准要求的非注册专业技术人员与本单位签订的劳动合同及社保证明;
(3) 原工程勘察、工程设计资质证书副本复印件;
(4) 满足资质标准要求的企业工程业绩和个人工程业绩。

企业增项申请工程勘察、工程设计资质,应当提交下列材料:

(1) 首次申请资料提交材料中的(1)、(2)、(5)、(6)、(7)、(9);
(2) 工程勘察、工程设计资质标准要求的非注册专业技术人员与本单位签订的劳动合同及社保证明;
(3) 原资质证书正、副本复印件;
(4) 满足相应资质标准要求的个人工程业绩证明。

4. 资质证书的延续和变更

资质有效期届满,企业需要延续资质证书有效期的,应当在资质证书有效期届满 60 日前,向原资质许可机关提出资质延续申请。对在资质有效期内遵守有关法律、法规、规章、技术标准,信用档案中无不良行为记录,且专业技术人员满足资质标准要求的企业,

经资质许可机关同意，有效期延续5年。

企业在资质证书有效期内名称、地址、注册资本、法定代表人等发生变更的，应当在工商部门办理变更手续后30日内办理资质证书变更手续。

取得工程勘察甲级资质、工程设计甲级资质，以及涉及铁路、交通、水利、信息产业、民航等方面的工程设计乙级资质的企业，在资质证书有效期内发生企业名称变更的，应当向企业工商注册所在地省、自治区、直辖市人民政府建设主管部门提出变更申请，省、自治区、直辖市人民政府建设主管部门应当自受理申请之日起2日内将有关变更证明材料报国务院建设主管部门，由国务院建设主管部门在2日内办理变更手续。

其他的资质证书变更手续，由企业工商注册所在地的省、自治区、直辖市人民政府建设主管部门负责办理。省、自治区、直辖市人民政府建设主管部门应当自受理申请之日起2日内办理变更手续，并在办理资质证书变更手续后15日内将变更情况报国务院建设主管部门备案。

涉及铁路、交通、水利、信息产业、民航等方面的工程设计资质的变更，国务院建设主管部门应当将企业资质变更情况告知国务院有关部门。

企业申请资质证书变更，应当提交以下材料：

(1) 资质证书变更申请；
(2) 企业法人、合伙企业营业执照副本复印件；
(3) 资质证书正、副本原件；
(4) 与资质变更事项有关的证明材料。

5. 企业合并、分立、改制后的资质

企业合并的，合并后存续或者新设立的企业可以承继合并前各方中较高的资质等级，但应当符合相应的资质标准条件。

企业分立的，分立后企业的资质按照资质标准及规定的审批程序核定。

企业改制的，改制后不再符合资质标准的，应按其实际达到的资质标准及规定重新核定；资质条件不发生变化的，企业申请资质证书变更，应当提交以下材料：

(1) 资质证书变更申请；
(2) 企业法人、合伙企业营业执照副本复印件；
(3) 资质证书正、副本原件；
(4) 与资质变更事项有关的证明材料；
(5) 改制重组方案；
(6) 上级资产管理部门或者股东大会的批准决定；
(7) 企业职工代表大会同意改制重组的决议。

6. 不予批准企业的资质升级申请和增项申请的情形

从事建设工程勘察、设计活动的企业，申请资质升级、资质增项，在申请之日起前一年内有下列情形之一的，资质许可机关不予批准企业的资质升级申请和增项申请：

(1) 企业相互串通投标或者与招标人串通投标承揽工程勘察、工程设计业务的；
(2) 将承揽的工程勘察、工程设计业务转包或违法分包的；
(3) 注册执业人员未按照规定在勘察设计文件上签字的；
(4) 违反国家工程建设强制性标准的；

(5) 因勘察设计原因造成过重大安全生产事故的;
(6) 设计单位未根据勘察成果文件进行工程设计的;
(7) 设计单位违反规定指定建筑材料、建筑构配件的生产厂、供应商的;
(8) 无工程勘察、工程设计资质或者超越资质等级范围承揽工程勘察、工程设计业务的;
(9) 涂改、倒卖、出租、出借或者以其他形式非法转让资质证书的;
(10) 允许其他单位、个人以本单位名义承揽建设工程勘察、设计业务的;
(11) 其他违反法律、法规行为的。

企业在领取新的工程勘察、工程设计资质证书的同时,应当将原资质证书交回原发证机关予以注销。

企业需增补(含增加、更换、遗失补办)工程勘察、工程设计资质证书的,应当持资质证书增补申请等材料向资质许可机关申请办理。遗失资质证书的,在申请补办前应当在公众媒体上刊登遗失声明。资质许可机关应当在2日内办理完毕。

二、勘察设计注册工程师管理

(一) 注册工程师的概念

注册工程师,是指经考试取得中华人民共和国注册工程师资格证书(以下简称资格证书),并按照有关规定注册,取得中华人民共和国注册工程师注册执业证书(以下简称注册证书)和执业印章,从事建设工程勘察、设计及有关业务活动的专业技术人员。未取得注册证书及执业印章的人员,不得以注册工程师的名义从事建设工程勘察、设计及有关业务活动。注册工程师按专业类别设置,具体专业划分由国务院建设主管部门和人事主管部门商国务院有关部门制定。

(二) 注册工程师的管理体制

国务院建设主管部门对全国的注册工程师的注册、执业活动实施统一监督管理;国务院铁路、交通、水利等有关部门按照国务院规定的职责分工,负责全国有关专业工程注册工程师执业活动的监督管理。

县级以上地方人民政府建设主管部门对本行政区域内的注册工程师的注册、执业活动实施监督管理;县级以上地方人民政府交通、水利等有关部门在各自的职责范围内,负责本行政区域内有关专业工程注册工程师执业活动的监督管理。

(三) 注册管理

注册工程师实行注册执业管理制度。取得资格证书的人员,必须经过注册方能以注册工程师的名义执业。

1. 注册的受理和审批

取得资格证书的人员申请注册,由省、自治区、直辖市人民政府建设主管部门初审,国务院建设主管部门审批;其中涉及有关部门的专业注册工程师的注册,由国务院建设主管部门和有关部门审批。取得资格证书并受聘于一个建设工程勘察、设计、施工、监理、招标代理、造价咨询等单位的人员,应当通过聘用单位向单位工商注册所在地的省、自治区、直辖市人民政府建设主管部门提出注册申请;省、自治区、直辖市人民政府建设主管部门受理后提出初审意见,并将初审意见和全部申报材料报审批部门审批;符合条件的,由审批部门核发由国务院建设主管部门统一制作、国务院建设主管部门或者国务院建设主管部门和有关部门共同用印的注册证书，并核发执业印章。

省、自治区、直辖市人民政府建设主管部门在收到申请人的申请材料后，应当即时作出是否受理的决定，并向申请人出具书面凭证；申请材料不齐全或者不符合法定形式的，应当在5日内一次性告知申请人需要补正的全部内容。逾期不告知的，自收到申请材料之日起即为受理。

省、自治区、直辖市人民政府建设主管部门应当自受理申请之日起20日内审查完毕，并将申请材料和初审意见报审批部门。

国务院建设主管部门自收到省、自治区、直辖市人民政府建设主管部门上报材料之日起，应当在20日内审批完毕并作出书面决定，自作出决定之日起10日内，在公众媒体上公告审批结果。其中，由国务院建设主管部门和有关部门共同审批的，审批时间为45日；对不予批准的，应当说明理由，并告知申请人享有依法申请行政复议或者提起行政诉讼的权利。

2. 初始注册

注册证书和执业印章是注册工程师的执业凭证，由注册工程师本人保管、使用。注册证书和执业印章的有效期为3年。

初始注册者，可自资格证书签发之日起3年内提出申请。逾期未申请者，须符合本专业继续教育的要求后方可申请初始注册。

初始注册需要提交下列材料：申请人的注册申请表；申请人的资格证书复印件；申请人与聘用单位签订的聘用劳动合同复印件；逾期初始注册的，应提供达到继续教育要求的证明材料。

3. 延续注册和变更注册

注册工程师每一注册期为3年，注册期满需继续执业的，应在注册期满前30日，按照规定的程序申请延续注册。

延续注册需要提交下列材料：申请人延续注册申请表；申请人与聘用单位签订的聘用劳动合同复印件；申请人注册期内达到继续教育要求的证明材料。

在注册有效期内，注册工程师变更执业单位，应与原聘用单位解除劳动关系，并按规定的程序办理变更注册手续，变更注册后仍延续原注册有效期。

变更注册需要提交下列材料：申请人变更注册申请表；申请人与新聘用单位签订的聘用劳动合同复印件；申请人的工作调动证明（或者与原聘用单位解除聘用劳动合同的证明文件、退休人员的退休证明）。

4. 注册证书和执业印章的失效、作废

注册工程师有下列情形之一的，其注册证书和执业印章失效：聘用单位破产的；聘用单位被吊销营业执照的；聘用单位相应资质证书被吊销的；已与聘用单位解除聘用劳动关系的；注册有效期满且未延续注册的；死亡或者丧失行为能力的；注册失效的其他情形。

注册工程师有下列情形之一的，负责审批的部门应当办理注销手续，收回注册证书和执业印章或者公告其注册证书和执业印章作废：不具有完全民事行为能力的；申请注销注册的；依法被撤销注册的；依法被吊销注册证书的；受到刑事处罚的；法律、法规规定应当注销注册的其他情形。

注册工程师有以上情形之一的，注册工程师本人和聘用单位应当及时向负责审批的部门提出注销注册的申请；有关单位和个人有权向负责审批的部门举报；建设主管部门和有关部门应当及时向负责审批的部门报告。

5. 不予注册的情形

注册工程师有下列情形之一的，不予注册：不具有完全民事行为能力的；因从事勘察设计或者相关业务受到刑事处罚，自刑事处罚执行完毕之日起至申请注册之日止不满两年的；法律、法规规定不予注册的其他情形。

被注销注册者或者不予注册者，在重新具备初始注册条件，并符合本专业继续教育要求后，可按照有关规定的程序重新申请注册。

（四）注册工程师执业

取得资格证书的人员，应受聘于一个具有建设工程勘察、设计、施工、监理、招标代理、造价咨询等一项或多项资质的单位，经注册后方可从事相应的执业活动。但从事建设工程勘察、设计执业活动的，应受聘并注册于一个具有建设工程勘察、设计资质的单位。

1. 注册工程师的执业范围

工程勘察或者本专业工程设计；本专业工程技术咨询；本专业工程招标、采购咨询；本专业工程的项目管理；对工程勘察或者本专业工程设计项目的施工进行指导和监督；国务院有关部门规定的其他业务。

2. 勘察设计文件的生效和修改

建设工程勘察、设计活动中形成的勘察、设计文件由相应专业注册工程师按照规定签字盖章后方可生效。各专业注册工程师签字盖章的勘察、设计文件种类及办法由国务院建设主管部门会同有关部门规定。

修改经注册工程师签字盖章的勘察、设计文件，应当由该注册工程师进行；因特殊情况，该注册工程师不能进行修改的，应由同专业其他注册工程师修改，并签字、加盖执业印章，对修改部分承担责任。

注册工程师从事执业活动，由所在单位接受委托并统一收费。

因建设工程勘察、设计事故及相关业务造成的经济损失，聘用单位应承担赔偿责任；聘用单位承担赔偿责任后，可依法向负有过错的注册工程师追偿。

（五）注册工程师的继续教育

注册工程师在每一注册期内应达到国务院建设主管部门规定的本专业继续教育要求。继续教育作为注册工程师逾期初始注册、延续注册和重新申请注册的条件。继续教育按照注册工程师专业类别设置，分为必修课和选修课，每注册期各为60学时。

（六）注册工程师的权利和义务

注册工程师享有下列权利：

(1) 使用注册工程师称谓；

(2) 在规定范围内从事执业活动；

(3) 根据本人能力从事相应的执业活动；

(4) 保管和使用本人的注册证书和执业印章；

(5) 对本人执业活动进行解释和辩护；

(6) 接受继续教育；

（7）获得相应的劳动报酬；
（8）对侵犯本人权利的行为进行申诉。
注册工程师应当履行下列义务：
（1）遵守法律、法规和有关管理规定；
（2）执行工程建设标准规范；
（3）保证执业活动成果的质量，并承担相应责任；
（4）接受继续教育，努力提高执业水准；
（5）在本人执业活动所形成的勘察、设计文件上签字、加盖执业印章；
（6）保守在执业中知悉的国家秘密和他人的商业、技术秘密；
（7）不得涂改、出租、出借或者以其他形式非法转让注册证书或者执业印章；
（8）不得同时在两个或两个以上单位受聘或者执业；
（9）在本专业规定的执业范围和聘用单位业务范围内从事执业活动；
（10）协助注册管理机构完成相关工作。

第三节 建设工程勘察设计市场管理

一、概述

建设工程勘察设计市场活动，是指从事勘察设计业务的委托、承接及相关服务的行为。国家对勘察设计市场实行从业单位资质、个人执业资格准入管理制度。为规范建设工程勘察设计市场行为，保证建设工程勘察设计质量，维护市场各方当事人的合法权益，在建设工程勘察设计市场管理方面，2000年9月20日国务院第31次常务会议通过了《建设工程勘察设计管理条例》，该条例规定：建设工程勘察、设计单位应当在其资质等级许可的范围内承揽建设工程勘察、设计业务。禁止建设工程勘察、设计单位超越其资质等级许可的范围或者以其他建设工程勘察、设计单位的名义承揽建设工程勘察、设计业务。禁止建设工程勘察、设计单位允许其他单位或者个人以本单位的名义承揽建设工程勘察、设计业务。建设工程勘察设计市场活动主要是勘察、设计工作的委托和承接，也就是通常意义上所说的发包和承包等市场行为。

二、建设工程勘察设计发包与承包

建设工程勘察、设计应当依照《中华人民共和国招标投标法》的规定，实行招标发包，部分特殊的建设工程勘察、设计在履行专门手续后，可直接发包。

建设工程勘察、设计方案评标，应当以投标人的业绩、信誉和勘察、设计人员的能力以及勘察、设计方案的优劣为依据，进行综合评定。建设工程勘察、设计的招标人应当在评标委员会推荐的候选方案中确定中标方案。但是，建设工程勘察、设计的招标人认为评标委员会推荐的候选方案不能最大限度满足招标文件规定的要求的，应当依法重新招标。

下列建设工程的勘察、设计，经有关主管部门批准，可以直接发包：
（1）采用特定的专利或者专有技术的；
（2）建筑艺术造型有特殊要求的；
（3）国务院规定的其他建设工程的勘察、设计。

发包方不得将建设工程勘察、设计业务发包给不具有相应勘察、设计资质等级的建设工程勘察、设计单位。发包方可以将整个建设工程的勘察、设计发包给一个勘察、设计单位；也可以将建设工程的勘察、设计分别发包给几个勘察、设计单位。

除建设工程主体部分的勘察、设计外，经发包方书面同意，承包方可以将建设工程其他部分的勘察、设计再分包给其他具有相应资质等级的建设工程勘察、设计单位。建设工程勘察、设计单位不得将所承揽的建设工程勘察、设计转包。

建设工程勘察、设计的发包方与承包方，应当执行国家规定的建设工程勘察、设计程序。建设工程勘察、设计的发包方与承包方应当签订建设工程勘察、设计合同。建设工程勘察、设计发包方与承包方应当执行国家有关建设工程勘察费、设计费的管理规定。

第四节　工程勘察设计文件的编制

一、工程勘察设计文件的编制原则

工程勘察设计是工程建设的关键环节，对工程建设的质量、投资效益起着决定性的作用。为保证工程勘察设计的质量和水平，使建设工程设计与社会经济发展水平相适应，真正做到实现综合效益，根据相关法规规定，工程勘察设计必须遵循以下原则：

(1) 贯彻经济、社会发展规划、产业政策和城乡规划。经济、社会发展规划和产业政策是国家在某一时期的建设目标和指导方针，工程建设必须贯彻其精神，城乡规划经过审批和公布，就具有了法律效力，工程建设必须遵守城乡规划的有关规定，工程勘察设计活动也必须符合其要求。

(2) 综合利用资源，符合环境保护的要求。工程设计中，要充分考虑矿产、能源、农、林、牧、渔等资源的综合利用。要因地制宜，节约用地，提高土地利用率，要尽量利用荒地、劣地，不占或少占耕地。工业项目中要选用耗能少的先进的生产工艺和设备；民用项目中，要采取节约能源和利用可再生能源的措施，提倡区域集中供热、供冷。城市的新建、改建、扩建项目，应配套建设节水和节能设施。在工程设计时，还应积极改进工艺，采取行之有效的技术措施，防止粉尘、毒物、废水、废气、废渣、噪声、放射性物质及其他有害因素对环境的污染，要进行综合治理和利用，使勘察设计符合国家环保标准。

(3) 遵守工程建设技术标准。工程建设中有关安全、卫生、抗震、环保等方面的标准都是强制性标准，工程设计时必须严格遵守。

(4) 采用新技术、新材料、新工艺、新设备。工程勘察设计应当广泛吸收国内外先进的科研技术成果，结合我国的国情和工程实际情况，积极采用新技术、新材料、新工艺、新设备，以保证建设工程的先进性和可靠性。

(5) 重视技术和经济效益、社会效益、环境效益的结合。经济效益是建设工程勘察设计活动的直接的主要的目标，也是推动勘察设计发展的直接原因。通过建设工程勘察设计活动，绘制建设蓝图，才能使建设工程的投资实现它的经济效益，促进国民经济的发展。社会效益是建设工程勘察设计活动对全社会产生的效果和利益，只有取得明显的社会效益，才能得到全社会的认可和支持。环境效益是建设工程勘察设计活动中必须考虑的问题，因为环境问题影响到国民经济的健康稳定发展，关系到子孙后代发展的问题。在建设工程勘察设计中采用先进的技术，可提高劳动生产效率和工作效率，增加产量，降低成本，但常常会增加建设成本和建设工期。因此，要注重技术和经济效益的结合，从总体上全面考虑工程的经济效益、社会效益和环境效益。

(6) 公共建筑和住宅要美观、适用和协调。建筑要有实用功能，又要能美化城市，给人们提供高尚的精神享受。公共建筑和住宅设计应巧于构思，使其造型新颖、独具特色，但又与周围环境相协调，保护自然景观，同时还要满足功能适用、结构合理的要求。

二、工程勘察设计文件的编制依据

编制建设工程勘察、设计文件，应当以下列规定为依据：

(1) 项目批准文件。各阶段工程勘察设计文件的编制，应当以前一阶段成果的批准文件为依据。如果没有前一阶段的批准文件，不得交付本阶段的工程勘察设计文件。编制初步设计的批准文件，指的是项目建议书或可行性研究报告的批准文件；建筑方案设计的批准文件指的也是项目建议书或可行性研究报告的批准文件。项目建议书是进行工程设计、编制设计文件的主要依据。设计单位在条件允许的情况下，应积极参加项目建议书的编制、建设地址的选择、建设规划及试验研究等设计前期工作。对大型水利枢纽、水电站、大型矿山、大型工厂等重点项目，在项目建议书批准前，可根据长远规划的要求进行必要的资源调查、工程地质和水文勘察、经济调查和多种方案的技术经济比较等方面的工作，以从中了解和掌握有关情况，收集必要的设计基础资料，为编制设计文件作好准备。

(2) 城乡规划。城乡规划区内的土地利用和各项建设活动以及建设工程的选址和布局必须符合城乡规划，服从规划管理。城乡规划区内的所有新建、扩建和改建建筑物、构筑物、道路、管线和其他工程设施，必须提出申请，由城乡规划主管部门根据城乡规划提出的规划设计要求，核发建设工程规划许可证。建设工程勘察设计文件的编制符合城乡规划的目的是为了使建设工程符合城市的经济和社会发展目标，适应社会主义现代化建设的客观需要。

(3) 工程建设强制性标准。工程建设标准分为强制性标准和推荐性标准。工程建设强制性标准指直接涉及工程质量、安全、卫生及环境保护等方面的工程建设强制性条文。工程勘察设计单位必须按工程建设强制性标准进行工程勘察设计，并对其工程勘察设计的质量负责。

(4) 国家规定的工程勘察设计深度要求。各阶段的工程勘察设计文件应按规定达到相应的深度，用文字、表格、图样充分表达工程勘察设计的依据、规模、范围、设计原则和方案，设备材料的规格数量，技术经济指标和分析，施工安装的要求等，能够满足设计审批和下一阶段工作的需要。如果设计文件过于粗浅，会使施工安装出现困难，或造成损失。工程勘察设计的深度要求由有关专业主管部门组织制定，是编制设计文件的重要依据。

(5) 铁路、交通、水利等专业建设工程，还应以专业规划的要求为依据。如铁路、交通工程还应以全国路网规划为依据；水利电力工程还应以江河流域规划为依据等等。

三、编制工程勘察设计文件的质量要求

(一) 工程勘察文件编制的质量要求

编制工程勘察文件应准确、真实，满足建设工程规划、选址、设计、岩土治理和施工的要求。真实性和准确性的基本要求是：勘察纲要应体现规划、设计意图，如实反映现场的地形和地质概况，符合规范、规程的规定；原始资料必须符合规范、规程的规定；成果资料必须做到数据准确，论证有据，结论明确，建议具体。

(二) 工程设计文件编制的质量要求

方案设计文件是编制初步设计文件和控制概算批准的依据,编制方案设计文件,应当满足编制初步设计文件和控制概算的要求。初步设计文件是编制施工招标文件、主要设备材料定货和编制施工图设计文件的依据,编制初步设计文件,应当满足编制施工招标文件、主要设备材料定货和编制施工图设计文件的需要。施工图设计文件是设备材料采购、非标准设备制作和施工的依据,编制施工图设计文件,应当满足设备材料采购,非标准设备制作和施工的需要。各专业、各类型工程都有设计内容和深度方面的规定,设计文件必须符合内容、深度等质量要求。设计人员在施工图设计文件上标明"建设工程合理使用年限",这样使设计人员的责任期限有了法律依据,使工程质量终身责任制落到实际。

四、工程勘察设计文件的修改

建设单位、施工单位、监理单位不得修改建设工程勘察、设计文件,确需修改建设工程勘察、设计文件的,应当由原建设工程勘察、设计单位修改。经原建设工程勘察、设计单位书面同意,建设单位也可以委托其他具有相应资质的建设工程勘察、设计单位修改。修改单位对修改的勘察、设计文件承担相应责任。

施工单位、监理单位发现建设工程勘察、设计文件不符合工程建设强制性标准、合同约定的质量要求的,应当报告建设单位,建设单位有权要求建设工程勘察、设计单位对建设工程勘察、设计文件进行补充、修改。建设工程勘察、设计文件内容需要作重大修改的,建设单位应当报经原审批机关批准后,方可修改。

五、工程勘察设计文件的实施

在交付工程勘察设计文件之后,继续提供相关的后期服务,配合建设单位、施工单位和监理单位的工作,直到建设项目建成投产或交付使用。

在建设工程施工前,工程设计单位应当向施工单位和监理单位说明设计意图,解释设计文件,并对有关问题进行解答;勘察单位必要时也应当派有关人员参加设计交底和会商,说明工程勘察情况。

在建设工程施工阶段,工程勘察单位应当作好施工勘察配合,特别是大型或地质条件复杂工程的施工中,要作好地质编录和勘察资料验收等工作。勘察单位如果发现有影响设计的地形、地质问题,应进行补充勘察。设计单位应积极配合施工,及时解决施工中设计文件出现的问题,对于大中型工业项目和大型复杂的民用项目,应派现场设计代表并参加隐蔽工程验收。工程设计单位还应当参加试运转,参加竣工验收。

施工中出现由于工程勘察设计单位自身原因导致的勘察设计质量问题,工程勘察设计单位要无偿地、及时地解决。在施工中由于建设单位、设备材料供应或采购单位、施工单位等原因,需要工程勘察设计单位提供相关服务的,只要符合法律规定,工程勘察设计单位应尽量帮助解决,提供及时的有偿服务。

第五节 工程勘察设计标准与标准设计

一、工程建设标准

(一)工程建设标准的概念

工程建设标准是指对基本建设中各类工程的勘察、规划、设计、施工、安装、验收等需要协调统一的事项所制定的标准。工程建设标准对保证和提高工程质量,合理利用资源,推广先进技术,提高工程综合经济效益和劳动生产率都有重要作用。

制定和实施各项工程建设标准,并逐步使其各系统的标准形成相辅相成、协调一致、共同作用的完整体系,即实现工程建设标准化是实现建设现代化的重要手段,也是我国建设领域现阶段一项重要的经济技术政策。它可以保证工程建设的质量及安全生产,全面提高工程建设的经济效益、社会效益和环境效益。

(二)工程建设标准的种类

工程建设标准从不同角度可有不同的分类。

1. 按标准的内容分类

按标准的内容,工程建设标准可分为技术标准、经济标准和管理标准三类。

2. 按适用范围分类

按适用范围,工程建设标准可分为国家标准、行业标准、地方标准和企业标准。

工程建设国家标准是指全国范围内统一的技术要求。如通用的质量标准,通用的术语、符号、代号等。

工程建设行业标准是指在工程建设活动中,在全国某个行业范围内统一的技术要求。如行业专用的质量标准,专用的术语、符号、代号,专用的试验检验、评定方法等。

工程建设地方标准是指在工程建设活动中,根据当地的气候、地质资源环境等条件,在省、自治区、直辖市范围内统一的技术要求。它不得低于相应的国家标准或行业标准。

工程建设企业标准是指企业对自身在工程建设活动中的行为的统一技术要求,它不得低于国家标准、行业标准和地方标准。

3. 按执行效力分类

按执行效力,工程建设标准可分为强制性标准和推荐性标准。

强制性标准是指必须执行的标准,如工程建设勘察、设计、施工及验收等通用的综合标准和质量标准。

推荐性标准是指当事人自愿采用的标准,凡是强制性标准以外的标准都是推荐性标准。

二、工程勘察设计标准

工程勘察设计标准包括工程建设勘察设计规范和标准设计两种。

工程建设勘察设计规范是强制性勘察设计标准,一经颁发,在一切工程勘察、设计工作中都必须执行。勘察设计规范分为国家、部、省(自治区、直辖市)、设计单位四级。

标准设计是推荐性标准。一经颁发,建设单位和设计单位要因地制宜地积极采用,凡无特殊理由的不得另行设计。工程建设标准设计分为国家标准设计、行业或地方标准设计两级。国家标准设计是指对工程建设具有重要作用的,跨行业、跨地区在全国范围内使用的标准设计。对没有国家标准设计而又需要在全国某个行业或地方行政区内统一的,可以制定行业或地方标准设计。

三、工程建设标准的制定与实施

(一)工程建设标准的制定原则

(1)遵守国家的有关法律、法规及相关方针、政策,密切结合自然条件,合理利用资源,充分考虑使用和维修的要求,作到安全适用、技术先进、经济合理;

(2)积极开展科学实验或测试验证;

(3) 积极采用新技术、新工艺、新设备、新材料;
(4) 积极采用国际标准和国外先进标准;
(5) 条文规定严谨明确,文句简练,不得模棱两可;
(6) 与先行标准要协调;
(7) 发扬民主、充分讨论。

(二) 工程建设标准的审批

颁行工程建设国家标准由国务院建设行政主管部门审查批准,由国务院标准化行政主管部门和建设行政主管部门联合颁布。

工程建设行业标准由国务院有关行政主管部门审批、颁布,并报国务院建设行政主管部门备案。

工程建设地方标准的制定、审批、发布方法,由省、自治区、直辖市人民政府规定。标准发布后,应报国务院建设行政主管部门和标准化行政主管部门备案。

工程建设企业标准由企业组织制定,并按照国务院有关行政主管部门或省、自治区、直辖市人民政府的规定报送备案。

(三) 工程建设标准的实施

工程建设标准实施的意义非常重大。它关系工程建设的综合效益的发挥,而且直接关系到工程建设者、所有者和使用者的人身安全及国家、集体和公民的财产安全。因此,必须严格执行工程建设标准,有关部门应认真监督。

相关法规规定:各级人民政府行政主管部门在制定有关工程建设的规定时,不得擅自更改国家及行业的强制性标准;从事工程建设活动的部门、单位和个人,都必须执行强制性标准;对于不符合强制性标准的工程勘察成果报告和规划、设计文件,不得批准使用;不按标准施工,质量达不到合格标准的工程,不得验收。

对工程建设的质量和安全进行监督的机构,应根据现行的强制性标准监督工程建设的质量和安全。当监督机构与被监督单位对适用强制性标准发生争议时,由该标准的批准部门进行裁决。

各级人民政府行政主管部门,应对勘察设计规划施工单位及建设单位执行强制性标准的情况进行监督检查。国家机关、社会团体、企业事业单位及全体公民均有权检举、揭发违反强制性标准的行为。

国家鼓励自愿采用工程建设推荐性标准。采用何种推荐性标准,当事人应在工程合同中予以确认。

四、工程建设标准设计

工程建设标准设计是推荐性标准,是工程建设标准化的重要组成部分,是贯彻落实建设标准、规范,促进科技成果转化的重要手段,是提高工程质量和综合效益的保障。

(一) 标准设计的编制与修订

标准设计的编制程序是:先由住房和城乡建设部或国务院有关部门、地区标准设计主管部门下达设计任务,然后由主编单位进行具体设计,提出设计送审文件,分别报送相应主管部门审批颁行。设计任务书应包括编制、修订的内容、适用范围、功能和技术、经济指标、编制单位以及完成日期等。一般项目分两个阶段进行,即初步设计和施工图设计。经过标准设计主管部门认定的重大或技术复杂的项目应分为三个阶段进行,即技术条件编制、初步设计和施工图设计。

标准设计应体现技术先进、质量保证、经济效益好，重视节能、节水、节约用地等技术要求，并符合当前的建设需要。

标准设计一般每3~5年复查、修订一次，对现行标准设计图集，分别予以沿用、修订或废止。新的标准、规范颁行后，应对现行标准设计中不符合新标准、新规范的部分及时组织修订。

标准设计工作要重视质量，在应用新技术时应十分慎重。标准设计的编制深度应符合《建筑工程设计文件编制深度的规定》和有关部门的规定。

（二）标准设计的推广

标准设计是具有技术指导性的设计文件，各设计、生产、施工和建设单位在各类工程建设项目中，都应结合实际积极采用。已经被采用的标准设计应按照标准设计所规定的技术经济指标和质量标准进行施工或生产，质量达不到标准设计要求的，工程不得验收。

各省、自治区、直辖市建设主管部门应积极组织编制适用于本地区的建筑构配件产品名录，以利于工业化生产和推广使用。

（三）标准设计的管理机构及其职责

1. 标准设计的管理机构

全国标准设计工作的行政主管部门是国务院建设行政主管部门，由它负责制定统一的市场规范和管理办法，对国家有关工程建设与标准化法律法规的执行情况进行监督，同时编制、审定、发布和推广国家标准设计。

国务院有关部门负责组织编制和管理行业标准设计。

各省、自治区、直辖市建设行政主管部门负责组织编制和管理地方标准设计。

2. 各级管理机构的主要职责

全国工程建设标准设计工作由住房和城乡建设部负责统一管理。住房和城乡建设部的主要职责是：制定和颁发全国工程建设标准设计管理办法和有关规定；制定和下达国家标准设计的规划和计划；审批和颁发国家标准设计图集；指导和协调国务院有关部门和省、自治区、直辖市建委或建设厅的标准设计工作。

国务院有关部门和省、自治区、直辖市建委或建设厅负责管理本部门、本地区的标准设计工作。省、自治区、直辖市建委或建设厅的主要任务是：组织、贯彻、落实国家有关工程建设与标准化工作的法律法规；制定、下达行业标准设计和地方标准设计的规划和计划；审批和颁发本行业、本地方标准设计。

第六节　法　律　责　任

国务院建设行政主管部门对全国的建设工程勘察设计资质资格、市场活动实施统一监督管理。国务院铁路、交通、水利等有关部门按照国务院规定的职责分工，负责全国的有关专业建设工程勘察、设计活动的监督管理。

县级以上地方人民政府的建设行政主管部门对本行政区域内的建设工程勘察、设计活动实施监督管理，且交通、水利等有关部门在各自的职责范围内，负责本行政区域内有关专业建设工程勘察、设计活动的监督管理。

任何单位和个人对建设工程勘察、设计活动中的违法行为都有权检举、控告、投诉。

一、勘察设计单位的法律责任

勘察设计单位的法律责任主要有：

（1）隐瞒有关情况或者提供虚假材料申请资质的，资质许可机关不予受理或者不予行政许可，并给予警告，该企业在1年内不得再次申请该资质。

（2）以欺骗、贿赂等不正当手段取得资质证书的，由县级以上地方人民政府建设主管部门或者有关部门给予警告，并依法处以罚款；该企业在3年内不得再次申请该资质。

（3）不及时办理资质证书变更手续的，由资质许可机关责令限期办理；逾期不办理的，可处以1000元以上1万元以下的罚款。

（4）企业未按照规定提供信用档案信息的，由县级以上地方人民政府建设主管部门给予警告，责令限期改正；逾期未改正的，可处以1000元以上1万元以下的罚款。

（5）涂改、倒卖、出租、出借或者以其他形式非法转让资质证书的，由县级以上地方人民政府建设主管部门或者有关部门给予警告，责令改正，并处以1万元以上3万元以下的罚款；造成损失的，依法承担赔偿责任；构成犯罪的，依法追究刑事责任。

（6）非法转包的责任：建设工程勘察设计单位将所承揽的工程进行转包的，责令改正，没收违法所得，处以合同约定的勘察费、设计费25%以上50%以下的罚款，还可责令其停业整顿、降低其资质等级，情节严重的，吊销其资质证书。

（7）不按规定进行设计的责任：对于不按工程建设强制性标准进行勘察、设计的勘察设计单位；不按勘察成果文件进行设计，或指定建筑材料、建筑构配件生产厂、供应商的设计单位，责令其改正，并处以10万元以上30万元以下罚款。因上述行为造成工程事故的，责令其停业整顿、降低其资质等级，情节严重的，吊销其资质证书；造成损失的，依法赔偿损失。

（8）勘察设计单位有下列行为之一的，勘察设计文件无效，由县级以上人民政府建设行政主管部门给予警告，责令限期改正，没收违法所得，并可处以3万元以下罚款，在六个月至一年内停止承接新的勘察设计业务，将违法行为记录在案，作为资质年检的重要依据；有下列行为之一，两次以上或造成重大事故的，并处降低资质等级，两年内不得升级；有下列行为之一，造成特大事故的，吊销资质证书；构成犯罪的依法追究刑事责任：超越勘察设计资质证书规定的等级和业务范围承接业务的；出借、转让、出卖资质证书、图签、图章或以挂靠方式允许他人以本单位名义承接勘察设计业务的；违反国家法律、法规或有关工程建设强制性标准的；使用或推荐使用不符合质量标准的材料和设备的。

（9）勘察设计单位有下列行为之一的，由县级以上人民政府建设行政主管部门给予警告，责令限期改正，没收违法所得，将违法行为记录在案，作为资质年检的重要依据，并可处以3万元以下的罚款：以低于国家规定的最低标准收费等不正当手段承接勘察设计业务的；未按规定办理聘用或借用手续，私下拉人从事勘察设计业务的；其他违反有关规定的行为。

承接方因工作失误，造成勘察设计质量事故，应当无偿补充勘察设计、修改完善勘察设计文件。给委托方造成经济损失的，应当减收、免收勘察设计费，并承担相应赔偿责任。

二、建设单位的法律责任

建设单位的法律责任主要有：

(1) 建设单位将建设工程勘察设计业务发包给不具有相应资质等级的建设工程勘察、设计单位的，责令改正，并处以50万元以上100万元以下的罚款。

(2) 建设单位有下列行为之一的，原委托的勘察设计文件无效，不得申请领取施工许可证，已开工的，责令停止施工，由县级以上人民政府建设行政主管部门责令重新委托勘察设计，并处以3万元以下的罚款；构成犯罪的依法追究刑事责任：指使承接方在勘察设计中违反国家法律、法规和工程建设强制性标准的；擅自修改勘察设计文件的；未经勘察委托设计，未经设计委托施工的。

(3) 建设单位有下列行为之一的，由县级以上人民政府建设行政主管部门责令限期改正，没收违法所得，并处以3万元以下的罚款：违反国家有关最低收费标准的规定，压低勘察设计收费或不按合同支付勘察设计费用的；将承接方的专有技术和设计文件用于本工程以外的工程的；擅自终止或违反勘察设计合同的。

三、建设工程勘察设计主管部门及其工作人员的法律责任

建设工程勘察设计主管部门及其工作人员的法律责任主要有：

(1) 建设工程勘察设计主管部门及其工作人员，有下列情形之一的，由其上级行政机关或者监察机关责令改正；情节严重的，对直接负责的主管人员和其他直接责任人员，依法给予行政处分：对不符合条件的申请人准予工程勘察、设计资质许可的；对符合条件的申请人不予工程勘察、设计资质许可或者未在法定期限内作出许可决定的；对符合条件的申请不予受理或者未在法定期限内初审完毕的；利用职务上的便利，收受他人财物或者其他好处的；不依法履行监督职责或者监督不力，造成严重后果的。

(2) 建设工程勘察设计主管部门及有关部门的工作人员，在注册工程师管理工作中，有下列情形之一的，依法给予行政处分；构成犯罪的，依法追究刑事责任：对不符合法定条件的申请人颁发注册证书和执业印章的；对符合法定条件的申请人不予颁发注册证书和执业印章的；对符合法定条件的申请人未在法定期限内颁发注册证书和执业印章的；利用职务上的便利，收受他人财物或者其他好处的。

(3) 建设工程勘察设计行政主管部门或有关管理部门及其工作人员有下列行为之一的，由上级主管部门责令改正，并对责任人给予相应行政处分；构成犯罪的依法追究刑事责任：超越行政权限审批、颁发资质、资格证书或与其作用相同的证件的；违反有关规定，以行政权力干预勘察设计工作，或分割、垄断勘察设计市场的；在监督管理中玩忽职守、不履行职责、滥用职权、徇私舞弊的。

四、勘察设计执业人员的法律责任

勘察设计执业人员的法律责任主要有：

(1) 未经注册，擅自以注册建筑工程勘察、设计人员的名义从事建设工程勘察设计活动的，责令停止违法行为；已经注册的执业人员和其他专业技术人员，但未受聘于一个勘察设计单位或同时受聘于两个以上建设工程勘察设计单位从事有关业务活动的，可责令停止执行业务或吊销资格证书；对于上述人员，还要没收违法所得，处违法所得2倍以上5倍以下的罚款，给他人造成损失的，依法承担赔偿责任。

(2) 隐瞒有关情况或者提供虚假材料申请注册的，审批部门不予受理，并给予警告，

一年之内不得再次申请注册。

（3）以欺骗、贿赂等不正当手段取得注册证书的，由负责审批的部门撤销其注册，3年内不得再次申请注册；并由县级以上人民政府建设主管部门或者有关部门处以罚款，其中没有违法所得的，处以1万元以下的罚款；有违法所得的，处以违法所得3倍以下且不超过3万元的罚款；构成犯罪的，依法追究刑事责任。

（4）勘察设计专业技术人员和执业注册人员有下列行为之一的，由县级以上人民政府建设行政主管部门责令限期改正，没收违法所得，对非执业注册人员可处以3万元以下罚款，对执业注册人员可并处违法所得五倍以下罚款，停止执业一年，情节严重，或造成重大质量事故的，吊销个人执业证书，五年内不予注册；构成犯罪的依法追究刑事责任：私人挂靠，私下组织或参与承接勘察设计业务活动的；推荐使用不符合质量标准的材料和设备，或收受回扣的；出借、转让、出卖执业资格证书、执业印章和职称证书，或私自为其他单位设计项目签字、盖章的，或允许他人以本人名义执业的；不执行国家法律、法规和工程建设强制性标准的。

复习思考题

1. 什么是建设工程设计？建设工程设计分为哪几类？
2. 企业首次申请工程勘察、工程设计资质的应提供哪些材料？
3. 根据有关法律规定，可以直接发包的建设工程勘察设计有哪些？
4. 工程勘察设计文件的编制应该遵循哪些原则？
5. 工程勘察设计文件的编制依据有哪些？

第四章 建设工程造价管理法律制度

【本章提要】 建设工程造价管理是为了达到预期投资效益,对建设工程的投资行为进行计划、预测、组织、指挥和监控等系统活动;建设工程造价管理法律制度是调整在此系统活动中造价管理关系的法律规范的总称。为了适应建设行业运行机制的要求,国家制定了一系列有关工程造价管理的规章制度,而这些制度是以工程造价咨询业、造价工程专业人员的资格管理为重点的。

第一节 建设工程造价管理法律制度概述

一、建设工程造价管理法律制度概念

建设工程造价管理包括建筑工程投资管理和建设工程价格管理。建筑工程投资管理是指为了达到预期投资效益,对建设工程的投资行为进行计划、预测、组织、指挥和监控等系统活动。建设工程价格管理分两个层次。在微观层次上,是指生产企业在掌握市场价格信息的基础上,为实现管理目标而进行的成本控制、计价、定价和竞价的系统活动;在宏观层次上,是指政府根据社会经济发展的要求,利用法律手段、经济手段对工程价格进行管理和调控以及通过市场管理规范市场主体价格行为的系统活动。

建设工程特点决定工程造价管理贯穿于建设项目可行性研究、投资估算、设计概算、施工图预算、施工承发包、工程结算直至竣工决算的全过程中。针对各阶段工程造价管理的范围,各级建设行政主管部门制定了相应的一系列法律法规制度,如项目建议书和可行性研究投资估算编制办法,概算、预算编制办法,承发包计价管理规定,标底和投标报价编制办法,合同价差调整办法。除建设工程行政主管部门制定的法规以外,其他有关的法律法规中也有许多涉及工程造价管理的条文,如《中华人民共和国价格法》、《中华人民共和国合同法》、《中华人民共和国招标投标法》等。总之,建设工程造价管理法律制度是调整建设工程过程中造价管理关系的法律规范的总称。

二、建设工程造价管理法律制度的产生和发展

20世纪90年代后,我国工程造价管理的改革随着建立社会主义市场经济体制目标的确立而不断地深入。1992年提出了工程造价动态管理和"控制量、指导价、竞争费"的工程造价改革新思路,为规范建筑市场经济秩序,1999年原建设部制定了《建筑工程施工发包与承包价格管理暂行规定》(建标[1999]1号)。2001年在进一步贯彻《中华人民共和国招标投标法》、《中华人民共和国价格法》、《中华人民共和国合同法》的基础上,根据1号文件发布后执行的情况,结合各地区和国务院有关部门在工程发包承包立法工作中的实践,制定了《建筑工程施工发包与承包计价管理办法》(建设部令第107号)。

2000年,当时的建设部相继颁发了《工程造价咨询单位管理办法》、《造价工程师注册管理办法》,两个办法目前虽然已经失效,但在当时为工程造价咨询行业和造价工程师

注册管理建立了制度框架。随着建设工程造价行业的发展，相关的规章也得以修改，2006年2月22日经原建设部第85次常务会议讨论通过了《工程造价咨询企业管理办法》，自2006年7月1日起施行。2006年12月11日第112次常务会议讨论通过了《注册造价工程师管理办法》，并自2007年3月1日起施行。

第二节 工 程 造 价

一、工程造价的含义

工程造价是指建设工程产品的建造价格，工程造价本质上属于价格范畴。在市场经济条件下，工程造价有两种含义，第一种含义是从投资者的角度来定义的，建设项目工程造价是指建设项目的建设成本，即预期开支或实际开支的项目的全部费用，包括建筑工程、安装工程、设备及相关费用；第二种含义是指建设工程的承包价格，即工程价格，是在建设某项工程预计或实际在土地市场、设备市场、技术劳务市场、承包市场等交易活动中所形成的工程承包合同价和建设工程总造价。

工程造价的第一种含义是针对投资方、业主、项目法人而言的，表明投资者选定一个投资项目，为了获得预期的效益就要通过项目评估进行决策，然后进行设计招标、工程监理招标，直至工程竣工验收。在整个过程中，要支付与工程建造有关的费用，因此工程造价就是工程投资费用。生产性建设项目的工程造价是项目固定资产投资和铺垫流动资金投资的总和，非生产性投资项目工程造价就是项目固定资产投资的总和。

工程造价的第二种含义是针对承包方、发包方而言的，是以市场经济为前提，以工程、设备、技术等特定商品作为交易对象，通过招标投标或其他交易方式，在各方进行反复测算的基础上，最终由市场形成的价格。各方交易的对象，可以是一个建设项目、一个单项工程，也可以是建设的某一个阶段，如可行性研究报告阶段、设计工作阶段等，还可以是某个建设阶段的一个或几个组成部分，如建设前期的土地开发工程、安装工程、装饰工程、配套设施工程等。在这种含义下，通常把工程造价认定为工程承发包价格，它是在建筑市场通过招标，由投资者和建设商共同认可的价格。

所谓工程造价的两种含义是从不同角度把握同一事物的本质。从建设工程的投资者来说，面对市场经济条件下的工程造价就是项目投资，是"购买"项目要付出的价格。对于承包商、供应商和规划、设计等机构来说，工程造价是他们作为市场供给主体，出售商品和劳务的价格的总和。

工程造价的两种含义既是一个统一体，又是相互区别的。它们主要的区别在于需求主体和供给主体在市场中追求的经济利益不同：从管理性质看，前者属于投资管理范畴，后者属于价格管理范畴；从管理目标看，作为项目投资费用，投资者在进行项目决策和项目实施中首先追求的是决策的正确性，（项目决策中投资数额大小、功能和成本价格比，是投资决策的最重要的依据）投资者关注的是项目功能、工程质量、投资费用、能否按期或提前交付使用。作为工程价格，承包商所关注的是利润甚至高额利润，追求的是较高的工程造价。投资者和承包商之间的矛盾正是市场的竞争机制和利益风险机制的必然反映。

二、工程造价的特点及职能

（一）工程造价特点

由于建设工程产品和施工的特点，工程造价具有以下特点：

1. 工程造价的大额性

任何一个建设项目或一个单项工程，不仅实物形体庞大，而且造价高昂，可以是数百万、数千万、数亿、数十亿，特大的工程项目造价甚至可达百亿、千亿元人民币。由于工程造价的大额性，消耗的资源多，与各方面有很大的利益关系，同时也会对宏观经济产生重大影响。这就决定了工程造价的特殊地位，也说明了造价管理的重要意义。

2. 工程造价的个别性和差异性

任何一项工程都有特定的用途、功能、规模，其内部的结构、造型、空间分割、设备设置和内外装修都有不同要求，这种差异决定了工程造价的个别性，同时，同一个工程项目处于不同的区域或不同的地段，工程造价也会有所差别，因而存在差异性。

3. 工程造价的动态性

一项工程从决策到竣工使用，少则数月，多达数年，甚至十来年。由于不可预测因素的影响，存在许多影响工程造价的因素，如工程变更、设备和材料价格的涨跌、工资标准以及费率、利率、汇率等的变化，因此工程造价具有动态性。

4. 工程造价的广泛性和复杂性

由于构成工程造价的因素复杂，涉及人工、材料、施工机械等多个方面需要社会的协同配合，所以具有广泛性的特点，如获得建设征用地支出的费用，既有征地、拆迁、安置补偿方面的费用，又有土地使用权出让金等方面的费用，这些费用与政府一定时间的产业政策和税收政策及地方性收费规定有直接关系。另外，一个建设项目往往由多个单项工程组成，一个单项工程由多个单位工程组成，一个单位工程由多个分部工程组成，一个分部工程由多个分项工程组成。构成工程造价的有若干个层次，在同一个层次中又具有不同的形态，要求不同的专业人员实施。工程量和工程造价计算工作量大、工程管理复杂，可见工程造价中构成的内容和层次复杂。

5. 工程造价的阶段性

根据建设阶段的不同，对同一工程的造价在不同的建设阶段，有不同的名称、内容。建设工程处于项目建议书阶段和可行性研究报告阶段，拟建工程的工程量还不具体，建设地点也尚未确定，工程造价不可能也没有必要做到十分准确，其名称为投资估算；在设计工作阶段初期，对应初步设计的是设计概算或设计总概算，当进行技术设计或扩大初步设计时，设计概算必须作调整、修正，反映该工程的造价的名称为修正设计概算；进行施工图设计后，工程对象比初步设计时更为具体、明确，工程量可根据施工图和工程量计算规则计算出来，对应施工图的工程造价的名称为施工图预算。通过招投标由市场形成并经承发包方共同认可的工程造价是承包合同价。投资估算、设计概算、施工图预算、承包合同价，都是预期或计划的工程造价。工程施工是一个动态系统，在建设实施阶段有可能存在设计变更、施工条件变更和工料价格波动等影响，所以竣工时往往要对承包合同价作适当调整，局部工程竣工后的竣工结算和全部工程竣工合格后的竣工决算，分别是建设工程的局部和整体的实际造价。工程造价的阶段性十分明确，在不同建设阶段，工程造价的名称、内容、作用是不同的，这是长期大量工程实践的总结，也是工程造价管理的规定。

（二）工程造价的职能

工程造价除具有一般商品的价格职能外，还具有其特殊的职能。

1. 预测职能

由于工程造价具有大额性和动态性的特点，无论是投资者还是建筑商都要对拟建工程造价进行预先测算。投资者预先测算工程造价，不仅作为项目决策依据，同时也是筹集资金、控制造价的需要。承包商对工程造价的测算，既为投标决策提供依据，也为投标报价和成本管理提供依据。

2. 控制职能

工程造价一方面可以对投资进行控制，在投资的各个阶段，根据对造价的多次性预估，对造价进行全过程、多层次的控制；另一方面可以对以承包商为代表的商品和劳务供应企业的成本进行控制，在价格一定的条件下，企业实际成本开支决定企业的盈利水平，成本越低盈利越高。

3. 评价职能

工程造价既是评价投资合理性和投资效益的主要依据，也是评价土地价格、建筑安装工程产品和设备价格的合理性的依据，同时也是评价建设项目偿还贷款能力、获利能力和宏观效益的重要依据。

4. 调控职能

由于建设工程直接关系到经济增长、资源分配和资金流向，对国计民生产生重大影响，所以国家对建设规模、结构进行宏观调控，这些调控都是用工程造价作为经济杠杆，对工程建设中的物质消耗水平、建设规模、投资方向等进行调控和管理。

三、工程造价的作用

工程造价涉及国民经济各部门、各行业，涉及社会再生产中的各个环节，也直接关系到人民群众的生活和居民的居住条件，所以，它的作用和影响程度都很大。其作用主要有以下几点：

(1) 建设工程造价是项目决策的依据。建设工程投资大、生产和使用周期长等特点决定了项目决策的重要性。工程造价决定着项目的一次性投资费用，投资者是否有足够的财务能力支付这笔费用，是否认为值得支付这项费用，是项目决策中要考虑的主要问题。财务能力是一个独立的投资主体必须首先解决的问题。如果建设工程的价格超过投资者的支付能力，就会迫使投资者放弃拟建的项目；如果项目投资的效果达不到预期目标，投资者也会自动放弃拟建的工程。因此，在项目决策阶段，建设工程造价就成为项目财务分析和经济评价的重要依据。

(2) 建设工程造价是制定投资计划和控制投资的依据。投资计划是按照建设工期、工程进度和建设工程价格等逐年分月加以制定的。正确的投资计划有助于合理和有效地使用资金。工程造价是通过多次性预估，最终通过竣工决算确定下来的。每一次预估的过程就是对造价的控制过程；而每一次估算对下一次估算又都是对造价严格的控制，具体讲每一次估算都不能超过前一次估算的一定幅度。这种控制是在投资者财务能力的限度内为取得既定的投资效益所必需的。建设工程造价对投资的控制也表现在利用制定各类定额、标准和参数，对建设工程造价的计算依据进行控制。在市场经济利益风险机制的作用下，造价对投资的控制成为投资的内部约束机制。

(3) 建设工程造价是筹集建设资金的依据。投资体制的改革和市场经济的建立，要求项目的投资者必须有很强的筹资能力，以保证建设工程有充足的资金供应。工程造价基本决定了建设资金的需要量，从而为筹集资金提供了比较准确的依据。当建设资金来源于金融机构的贷款时，金融机构在对项目的偿贷能力进行评估的基础上，也需要依据工程造价来确定给予投资者的贷款数额。

（4）工程造价是评价投资效果的重要指标。建设工程造价是一个包含着多层次工程造价的体系，就一个工程项目来说，它既是建设项目的总造价，又包含单项工程的造价和单位工程的造价，同时也包含单位生产能力的造价，或一个平方米建筑面积的造价等。所有这些，使工程造价自身形成了一个指标体系。它能够为评价投资效果提供出多种评价指标，并能够形成新的价格信息，为今后类似项目的投资提供参照系。

（5）建设工程造价是合理利益分配和调节产业结构的手段。工程造价的高低，涉及国民经济各部门和企业间的利益分配。在计划经济体制下，政府为了用有限的财政资金建成更多的工程项目，总是趋向于压低建设工程造价，使建设中的劳动消耗得不到完全补偿，价值不能得到完全实现。而未被实现的部分价值则被重新分配到各个投资部门，为项目投资者所占有。这种利益的再分配有利于各产业部门按照政府的投资导向加速发展，也有利于按宏观经济的要求调整产业结构。但是也会严重损害建筑企业等的利益，从而使建筑业的发展长期处于落后状态，与整个国民经济的发展不相适应。在市场经济中，工程造价也不无例外地受供求状况的影响，并在围绕价值的波动中实现对建设规模、产业结构和利益分配的调节。加上政府正确的宏观调控和价格政策导向，工程造价在这方面的作用会充分发挥出来。

第三节 工程造价管理

一、工程造价管理的含义

工程造价管理，是以工程项目为研究对象，以工程技术、经济、管理为手段，以效益为目标，与技术、经济、管理相结合的一门交叉的、新兴的边缘学科。

工程造价有两种含义，工程造价管理也有两种管理。一是建设工程投资费用管理；二是工程价格管理。工程投资费用管理属于投资管理范畴，是为了实现一定的预期目标，在拟定的规划、设计方案的条件下，预测、计算、确定和监控工程造价及其变动的系统活动。这一含义涵盖了微观层次的项目投资费用的管理，也涵盖了宏观层次的投资费用管理。它包括了合理确定和有效控制工程造价的一系列工作。合理确定工程造价，即在建设程序的各个阶段，采用科学的、切合实际的计价依据，合理确定投资估算、设计概算、施工图预算、承包合同价、竣工结算价和竣工决算价。有效控制工程造价，即在投资决策阶段、设计阶段、建设项目发包阶段和实施阶段，把建设工程的造价控制在批准的造价限额以内，随时纠正发生的偏差，以保证项目投资控制目标的实现。

工程价格管理属于价格管理范畴。价格管理可以分为微观层次和宏观层次两个方面：微观层次是指企业在掌握市场价格信息的基础上为实现管理目标而进行的成本控制、计价、定价和竞价的系统活动，反映微观主体按支配价格运动的经济规律；宏观层次是政府根据经济发展的需要，利用法律手段、经济手段和行政手段对价格进行管理和调控以及通过市场管理规范市场主体价格行为的系统活动。

建设工程关系国计民生，同时政府投资公共、公益性项目在今后仍然会有相当份额，国家对工程造价的管理，不仅承担着一般商品价格职能，而且在政府投资项目上也承担着微观主体的管理职能。区分这两种管理职能，从而制定不同的管理目标，采用不同的管理方法是工程造价管理发展的必然趋势。

二、工程造价管理的目标、特点及对象

（一）工程造价管理目标

工程造价管理决定着建设项目的投资效益，因此要达到的目标，一是造价本身（投入产出比）合理，二是实际造价不超出概算。在具体管理过程中要遵循商品经济价值规律，健全价格调控机制，培育和规范建筑市场劳动力、技术、信息等市场要素，企业依据政府和社会咨询机构提供的市场价格信息和造价指数自主报价，建立以市场形成为主的价格机制。通过市场价格机制的运行，从而优化配置资源、合理使用投资、有效控制工程造价，取得最佳投资效益和经济效益，形成统一、开放、协调、有序的建设行业体系，将政府在工程造价管理中的职能从行政管理、直接管理转换为法规管理及协调监督，制定和完善建筑市场经济管理规则，规范招标投标及承发包行为，制止不正当竞争，严格中介机构人员的资格认定，培育社会咨询机构并使其成为独立的行业，对工程造价实施全过程、全方位的动态管理，建立符合中国国情与国际惯例接轨的工程造价管理体系。

（二）工程造价管理特点

工程造价管理的特点主要表现在以下几个方面：

（1）时效性。反映的是某一时期内的价格特性，即随时间的变化而不断变化。

（2）公正性。既要维护业主（投资人）的合法权益，也要维护承包商的利益，站在公正的立场上一手托两家。

（3）规范性。由于工程项目千差万别，构成造价的基本要素可分解为便于可比与便于计量的假定产品，因而要求标准客观、工作程序规范。

（4）准确性。即运用科学技术原理及法律手段进行科学管理，使计量、计价、计费有理有据，有法可依。

（三）工程造价管理对象

工程造价管理的对象分客体和主体。客体是建设工程项目，而主体是业主或投资人（建设单位）、承包商或承建商（设计单位、施工企业）以及监理、咨询等机构及其工作人员。具体的工程造价管理工作，其管理的范围、内容以及作用各不相同。

三、工程造价管理的内容

工程造价管理的基本内容就是合理确定和有效控制工程造价，两者相互依存、相互制约。首先，工程造价的确定是工程造价控制的基础和载体，没有造价的确定就没有造价的控制；其次，造价的控制贯穿于造价确定的全过程，造价的确定过程也就是造价的控制过程，通过逐项控制、层层控制才能最终合理地确定造价，确定造价和控制造价的最终目标是一致的，两者相辅相成。

（一）工程造价的合理确定

所谓工程造价的合理确定，就是在建设程序的各个阶段，合理确定投资估算、概算造价、预算造价、承包合同价、结算价、施工预算价、竣工决算价。

在项目建议书阶段，按照有关规定，应编制初步投资估算。经有关部门批准，作为拟建项目列入国家中长期计划和开展前期工作的控制造价。

在可行性研究报告阶段，按照有关规定编制的投资估算，经有关部门批准，即为该项目控制工程造价。

在初步设计阶段，按照有关规定编制的初步设计总概算，经有关部门批准，即作为拟建项目工程造价的最高限额。在初步设计阶段，实行建设项目招标承包制，签订承包合同协议的，也应在最高限价相应的范围以内。

在施工图设计阶段，按规定编制施工图预算，用以核实施工图预算造价是否超过批准的初步设计概算。对以施工图预算为基础的招标投标工程，承包合同价也就是以合同形式确定的建筑安装工程造价。

在工程实施阶段，要按照承包方实际完成的工程量，以合同价为基础，同时考虑物价所引起的造价提高，考虑到设计中难以预计的实施阶段实际发生的工程和建设费用，合理确定结算价。

在竣工验收阶段，全面汇集建设工程过程中的实际的全部费用，编制竣工决算。

（二）工程造价的控制途径

1. 以设计阶段为重点的建设项目全过程的造价控制

虽然工程造价控制贯穿于项目建设全过程，但是必须突出重点。工程造价控制的关键在于施工前的投资决策和设计阶段，在项目投资决策后，控制工程造价的关键在于设计。根据西方某些国家的分析，设计费一般只占建设项目全部费用的 1% 以下，但正是这部分少于 1% 的费用，对工程造价的影响程度占 75% 以上。由此可见，设计质量对整个建设工程的效益至关重要。

2. 由被动控制转为主动控制

我国工程造价的控制是被动控制，根据设计图纸上的工程量，套用概预算定额计算工程造价，这样计算的造价是静态造价。如果采用的定额过时，算出的造价与实际造价有较大的差别，起不到控制造价的作用。因此工程造价必须实行主动控制，对建设项目的建设工期、工程造价和工程质量进行有效控制。

长期以来，人们只把控制理解为目标值与实际值的比较，以及在实际值与目标值偏离时，分析其产生偏离的原因，并确定下一步的策略。这种策略只能发现偏离，不能使已有的偏离消除，不能预防可能发生的偏离，因而只能说是被动控制。自 20 世纪 70 年代开始，将控制立足于事先主动地采取措施，以尽可能地减少目标值与实际值的偏离，这是主动的、积极的控制方法，因此被称为主动控制。工程造价控制，不仅要反映投资决策，反映设计、发包和施工，被动地控制工程造价，更要能动地影响投资决策，影响设计、发包和施工，主动地控制工程造价。

3. 技术与经济的结合

有效地控制工程造价，应从组织、技术、经济、合同与信息管理等多方面采取措施。从组织上明确项目组织结构，明确管理职能分工；从技术上重视设计方案的选择，严格审查监督初步设计、技术设计、施工图设计、施工组织设计；从经济上要动态地比较造价的计划值和实际值，严格审查各项费用的支出，采取对节约投资有效的措施。

（三）工程造价管理的组织

工程造价管理的组织是工程造价动态的组织活动过程和相对静态的造价管理部门的统一。具体来说，主要是指国家、地方、部门和企业之间管理权限和职责范围的划分。

工程造价管理组织有三个系统：

1. 政府行政管理系统

国家建设行政主管部门的造价管理机构在全国范围内行使管理职能，它在工程造价管理工作方面承担的主要职责是：

（1）组织制定工程造价管理有关法规、制度并组织贯彻实施；

（2）组织制定全国统一经济定额和部管行业经济定额的制定、修订计划；

（3）组织制定全国统一经济定额和部管行业经济定额；

（4）监督指导全国统一经济定额和部管行业经济定额的实施；

（5）制定工程造价咨询单位的资质标准并监督执行，提出工程造价专业技术人员执业资格标准；

（6）管理全国工程造价咨询单位资质工作，负责全国甲级工程造价咨询单位的资质审定。

2. 企、事业机构管理系统

企、事业机构对工程造价的管理，属微观管理的范畴，对此本书不予以详细介绍。

3. 行业协会管理系统

中国建设工程造价管理协会成立于1990年7月，该协会属非营利性社会组织。协会的业务范围包括：

（1）研究工程造价管理体制的改革和发展的理论、方针、政策，接受政府部门委托开展计价依据等专题调研，向政府部门提出工程造价管理发展与改革的技术经济政策建议，探索现代化管理技术在工程造价管理中的应用；

（2）协助政府部门规范工程造价咨询市场，建立工程造价咨询单位和造价工程师的信息库，协调解决工程造价咨询单位和造价工程师执业中的问题；

（3）贯彻实施工程造价咨询单位执业行为准则和造价工程师职业道德行为准则、咨询业务操作规程等行规行约，建立和完善工程造价咨询行业自律机制。按照"客观、公正、合理"和"诚信为本、操守为重"的要求，对行业进行监督检查；

（4）接受政府部门委托，承担工程造价咨询行业的日常管理工作。负责工程造价咨询单位资质申报的评审、年检和造价工程师考试、注册及继续教育等具体工作；

（5）维护会员的合法权益，倾听会员的呼声，协调会员和行业内外的关系，向政府部门和有关方面反映会员的意见和建议，努力为会员创造良好的市场环境，发挥好政府与企业间的桥梁与纽带作用；

（6）组织行业培训，开展业务交流，推广工程造价咨询与管理方面的先进经验。办好协会的网站，出版工程造价管理方面的刊物及有关工程造价专业人员培训教育等参考资料；

（7）代表中国工程造价咨询行业和造价工程师与国际组织及各国同行建立联系与交往，履行相关国际行业组织成员应尽的权利和义务，为会员开展国际交流与合作提供服务；

（8）受理工程造价咨询行业中执业违规的投诉，对违规者实行行业惩戒或提请政府主管部门进行行政处罚；

（9）指导各地方造价协会的业务工作；

(10) 完成国家有关部门委托或授权的其他工作。

四、我国的工程造价管理体制

党的十一届三中全会以来,随着经济体制改革的深入和对外开放政策的实施,我国基本建筑概预算定额管理的模式已逐步转变为工程造价管理模式。主要表现在:

(1) 重视和加强项目决策阶段的投资估算工作,努力提高可行性研究报告投资估算的准确度,切实发挥其控制建筑项目总造价的作用;

(2) 明确概预算工作不仅要反映设计、计算工程造价,更要能动地影响设计、优化设计,并发挥控制工程造价、促进合理使用建筑资金的作用;

(3) 从建筑产品也是商品的认识出发,以价值为基础,确定建筑工程的造价和建筑安装工程的造价,使工程造价的构成合理化,逐渐与国际惯例接轨;

(4) 把竞争机制引入工程造价管理体制;

(5) 提出用"动态"方法研究和管理工程造价;

(6) 提出要对工程造价的估算、概算、预算、承包合同价、结算价、竣工决算实行"一体化"管理,并研究如何建立一体化的管理制度,改变过去分段管理的状况;

(7) 工程造价咨询产生并逐渐发展。

我国加入 WTO 以后,工程造价管理改革日渐加速。随着《中华人民共和国招标投标法》的颁布,建筑工程承发包主要通过招投标方式来实现。为了适应我国建筑市场发展的要求和国际市场竞争的需要,我国将推行工程量清单计价模式。工程量清单计价模式与我国传统的定额加费率造价管理模式不同,将主要采用综合单价计价。工程项目综合单价包括了工程直接费、间接费、利润和相应上缴的税金。

第四节 工程造价咨询业的法律制度

一、工程造价咨询业概述

工程造价咨询业是随着社会主义市场经济体制建立逐步发展起来的。在计划经济时期,国家以指令性的方式进行工程造价的管理,并且培养和造就了一大批工程概预算人员。进入 90 年代中期以后,投资体制的多元化以及《中华人民共和国招标投标法》的颁布,工程造价更多的是通过招标投标竞争定价。市场环境的变化,客观上要求有专门从事工程造价咨询的机构提供工程造价咨询服务。为了规范工程造价中介组织的行为,保障其依法进行经营活动,维护建设市场的秩序,在充分论证的基础上,国务院建设主管部门相继颁布了几个办法或者试行办法,这些都为后期的立法工作奠定了基础。

为了加强对工程造价咨询单位资质的管理,2000 年 3 月原建设部颁布了《工程造价咨询单位管理办法》(已失效)。为了规范工程造价咨询单位的发展,又于 2000 年按照国务院办公厅[2000]51 号《关于经济鉴证类社会中介机构与政府部门实行脱钩改制的意见》精神,部署了工程造价咨询单位从人员、财务、业务、单位名称等方面与政府部门及受委托行使行政管理职能的事业单位、社会团体和集团公司脱钩,并改制为主要由有造价工程师执业资格的人员出资的合伙制或有限责任公司。工程造价咨询机构的脱钩改制,解除了工程造价咨询机构与政府部门的行政管理关系,初步建立起工程造价咨询机构自主经营、自担风险、自我约束、自我发展、平等竞争的新秩序。原建设部又于 2006 年颁行了

《工程造价咨询企业管理办法》，以进一步规范工程造价咨询业的发展。

二、工程造价咨询企业资质等级与标准

工程造价咨询企业是指接受委托，对建设项目工程造价的确定与控制提供专业服务，出具工程造价成果文件的中介组织或咨询服务机构。工程造价咨询企业资质等级分为甲级和乙级。

甲级工程造价咨询企业的资质标准为：

(1) 已取得乙级工程造价咨询企业资质证书满3年；

(2) 企业出资人中，注册造价工程师人数不低于出资人总人数的60%，且其出资额不低于企业注册资本总额的60%；

(3) 技术负责人已取得造价工程师注册证书，并具有工程或工程经济类高级专业技术职称，且从事工程造价专业工作15年以上；

(4) 专职从事工程造价专业工作的人员（以下简称专职专业人员）不少于20人，其中，具有工程或者工程经济类中级以上专业技术职称的人员不少于16人；取得造价工程师注册证书的人员不少于10人，其他人员具有从事工程造价专业工作的经历；

(5) 企业与专职专业人员签订劳动合同，且专职专业人员符合国家规定的职业年龄（出资人除外）；

(6) 专职专业人员人事档案关系由国家认可的人事代理机构代为管理；

(7) 企业注册资本不少于人民币100万元；

(8) 企业近3年工程造价咨询营业收入累计不低于人民币500万元；

(9) 具有固定的办公场所，人均办公建筑面积不少于10平方米；

(10) 技术档案管理制度、质量控制制度、财务管理制度齐全；

(11) 企业为本单位专职专业人员办理的社会基本养老保险手续齐全；

(12) 在申请核定资质等级之日前3年内无规定的禁止行为。

乙级工程造价咨询企业资质标准为：

(1) 企业出资人中，注册造价工程师人数不低于出资人总人数的60%，且其出资额不低于注册资本总额的60%；

(2) 技术负责人已取得造价工程师注册证书，并具有工程或工程经济类高级专业技术职称，且从事工程造价专业工作10年以上；

(3) 专职专业人员不少于12人，其中，具有工程或者工程经济类中级以上专业技术职称的人员不少于8人；取得造价工程师注册证书的人员不少于6人，其他人员具有从事工程造价专业工作的经历；

(4) 企业与专职专业人员签订劳动合同，且专职专业人员符合国家规定的职业年龄（出资人除外）；

(5) 专职专业人员人事档案关系由国家认可的人事代理机构代为管理；

(6) 企业注册资本不少于人民币50万元；

(7) 具有固定的办公场所，人均办公建筑面积不少于10平方米；

(8) 技术档案管理制度、质量控制制度、财务管理制度齐全；

(9) 企业为本单位专职专业人员办理的社会基本养老保险手续齐全；

(10) 暂定期内工程造价咨询营业收入累计不低于人民币50万元；

(11) 申请核定资质等级之日前无规定的禁止行为。

三、工程造价咨询资质的管理

（一）资质管理部门

国务院建设主管部门负责全国工程造价咨询企业的统一监督管理工作。省、自治区、直辖市人民政府建设主管部门负责本行政区域内工程造价咨询企业的监督管理工作。有关专业部门负责对本专业工程造价咨询企业实施监督管理。工程造价咨询行业组织应当加强行业自律管理，鼓励工程造价咨询企业加入工程造价咨询行业组织。

（二）资质申请与审批

申请甲级工程造价咨询企业资质的，应当向申请人工商注册所在地省、自治区、直辖市人民政府建设主管部门或者国务院有关专业部门提出申请。省、自治区、直辖市人民政府建设主管部门、国务院有关专业部门应当自受理申请材料之日起 20 日内审查完毕，并将初审意见和全部申请材料报国务院建设主管部门；国务院建设主管部门应当自受理之日起 20 日内作出决定。

申请乙级工程造价咨询企业资质的，由省、自治区、直辖市人民政府建设主管部门审查决定。其中，申请有关专业乙级工程造价咨询企业资质的，由省、自治区、直辖市人民政府建设主管部门商同级有关专业部门审查决定。乙级工程造价咨询企业资质许可的实施程序由省、自治区、直辖市人民政府建设主管部门依法确定。省、自治区、直辖市人民政府建设主管部门应当自作出决定之日起 30 日内，将准予资质许可的决定报国务院建设主管部门备案。

申请工程造价咨询企业资质等级应当提交下列材料并同时在网上申报：

(1)《工程造价咨询企业资质等级申请书》；

(2) 专职专业人员(含技术负责人)的造价工程师注册证书、造价员资格证书、专业技术职称证书和身份证；

(3) 专职专业人员(含技术负责人)的人事代理合同和企业为其交纳的本年度社会基本养老保险费用的凭证；

(4) 企业章程、股东出资协议并附工商部门出具的股东出资情况证明；

(5) 企业缴纳营业收入的营业税发票或税务部门出具的缴纳工程造价咨询营业收入的营业税完税证明；企业营业收入含其他业务收入的，还需出具工程造价咨询营业收入的财务审计报告；

(6) 工程造价咨询企业资质证书；

(7) 企业营业执照；

(8) 固定办公场所的租赁合同或产权证明；

(9) 有关企业技术档案管理、质量控制、财务管理等制度的文件；

(10) 法律、法规规定的其他材料。

新申请工程造价咨询企业资质的，不需要提交前款第(5)项、第(6)项所列材料。

新申请工程造价咨询企业资质的，其资质等级按照《工程造价咨询企业管理办法》中所列资质标准核定为乙级，设暂定期一年。暂定期届满需继续从事工程造价咨询活动的，应当在暂定期届满 30 日前，向资质许可机关申请换发资质证书。符合乙级资质条件的，由资质许可机关换发资质证书。

准予资质许可的，资质许可机关应当向申请人颁发工程造价咨询企业资质证书。工程造价咨询企业资质证书由国务院建设主管部门统一印制，分正本和副本。正本和副本具有同等法律效力。

（三）资质动态管理

1. 资质有效期

工程造价咨询企业资质有效期为3年。资质有效期届满，需要继续从事工程造价咨询活动的，应当在资质有效期届满30日前向资质许可机关提出资质延续申请。资质许可机关应当根据申请作出是否准予延续的决定。准予延续的，资质有效期延续3年。

2. 撤销与撤回资质

资质许可机关或者其上级机关，根据利害关系人的请求或者依据职权，可以撤销工程造价咨询企业资质：

（1）资质许可机关工作人员滥用职权、玩忽职守作出准予工程造价咨询企业资质许可的；

（2）超越法定职权作出准予工程造价咨询企业资质许可的；

（3）违反法定程序作出准予工程造价咨询企业资质许可的；

（4）对不具备行政许可条件的申请人作出准予工程造价咨询企业资质许可的；

（5）依法可以撤销工程造价咨询企业资质的其他情形。

工程造价咨询企业以欺骗、贿赂等不正当手段取得工程造价咨询企业资质的，应当予以撤销。

工程造价咨询企业取得工程造价咨询企业资质后，不再符合相应资质条件的，资质许可机关根据利害关系人的请求或者依据职权，可以责令其限期改正；逾期不改的，可以撤回其资质。

3. 注销资质

资质许可机关在出现下列情形之一的，应当依法注销工程造价咨询企业资质：

（1）工程造价咨询企业资质有效期满，未申请延续的；

（2）工程造价咨询企业资质被撤销、撤回的；

（3）工程造价咨询企业依法终止的；

（4）法律、法规规定的应当注销工程造价咨询企业资质的其他情形。

4. 变更及其他

工程造价咨询企业的名称、住所、组织形式、法定代表人、技术负责人、注册资本等事项发生变更的，应当自变更确立之日起30日内，到资质许可机关办理资质证书变更手续。

工程造价咨询企业合并的，合并后存续或者新设立的工程造价咨询企业可以承继合并前各方中较高的资质等级，但应当符合相应的资质等级条件。

工程造价咨询企业分立的，只能由分立后的一方承继原工程造价咨询企业资质，但应当符合原工程造价咨询企业资质等级条件。

5. 信用管理

工程造价咨询企业应当按照有关规定，向资质许可机关提供真实、准确、完整的工程造价咨询企业信用档案信息。工程造价咨询企业信用档案应当包括工程造价咨询企业的基本情况、业绩、良好行为、不良行为等内容。违法行为、被投诉举报处理、行政处罚等情况应当作为工程造价咨询企业的不良记录记入其信用档案。任何单位和个人有权查阅信用档案。

四、工程造价咨询企业的执业

工程造价咨询企业应当在资质证书核定的范围内承接工程造价咨询业务。工程造价咨询企业依法从事工程造价咨询活动，不受行政区域限制。甲级工程造价咨询企业可以从事各类建设项目的工程造价咨询业务。乙级工程造价咨询企业可以从事工程造价5000万元人民币以下的各类建设项目的工程造价咨询业务。

（一）工程造价咨询业务范围

工程造价咨询业务范围包括：

（1）建设项目建议书及可行性研究投资估算、项目经济评价报告的编制和审核；

（2）建设项目概预算的编制与审核，并配合设计方案比选、优化设计、限额设计等工作进行工程造价分析与控制；

（3）建设项目合同价款的确定（包括招标工程工程量清单和标底、投标报价的编制和审核）；合同价款的签订与调整（包括工程变更、工程洽商和索赔费用的计算）及工程款支付，工程结算及竣工结（决）算报告的编制与审核等；

（4）工程造价经济纠纷的鉴定和仲裁的咨询；

（5）提供工程造价信息服务等。

工程造价咨询企业可以对建设项目的组织实施进行全过程或者若干阶段的管理和服务。

（二）执业

1. 咨询合同及其履行

工程造价咨询企业在承接各类建设项目的工程造价咨询业务时，应当与委托人订立书面工程造价咨询合同。工程造价咨询企业与委托人可以参照《建设工程造价咨询合同》（示范文本）订立合同。

工程造价咨询企业从事工程造价咨询业务，应当按照有关规定的要求出具工程造价成果文件。工程造价成果文件应当由工程造价咨询企业加盖有企业名称、资质等级及证书编号的执业印章，并由执行咨询业务的注册造价工程师签字、加盖执业印章。

2. 单位分支机构

工程造价咨询企业设立分支机构的，应当自领取分支机构营业执照之日起30日内，持下列材料到分支机构工商注册所在地省、自治区、直辖市人民政府建设主管部门备案：

（1）分支机构营业执照复印件；

（2）工程造价咨询企业资质证书复印件；

（3）拟在分支机构执业的不少于3名注册造价工程师的注册证书复印件；

（4）分支机构固定办公场所的租赁合同或产权证明。

省、自治区、直辖市人民政府建设主管部门应当在接受备案之日起20日内，报国务院建设主管部门备案。

分支机构从事工程造价咨询业务，应当由设立该分支机构的工程造价咨询企业负责承接工程造价咨询业务、订立工程造价咨询合同、出具工程造价成果文件。分支机构不得以自己名义承接工程造价咨询业务、订立工程造价咨询合同、出具工程造价成果文件。

3. 跨省区承接业务

工程造价咨询企业跨省、自治区、直辖市承接工程造价咨询业务的，应当自承接业务之日起 30 日内到建设工程所在地省、自治区、直辖市人民政府建设主管部门备案。

五、工程造价咨询单位的法律责任

（一）资质申请或取得的违规责任

申请人隐瞒有关情况或者提供虚假材料申请工程造价咨询企业资质的，不予受理或者不予资质许可，并给予警告，申请人在 1 年内不得再次申请工程造价咨询企业资质。

以欺骗、贿赂等不正当手段取得工程造价咨询企业资质的，由县级以上地方人民政府建设主管部门或者有关专业部门给予警告，并处以 1 万元以上 3 万元以下的罚款，申请人 3 年内不得再次申请工程造价咨询企业资质。

（二）经营违规的责任

未取得工程造价咨询企业资质从事工程造价咨询活动或者超越资质等级承接工程造价咨询业务的，出具的工程造价成果文件无效，由县级以上地方人民政府建设主管部门或者有关专业部门给予警告，责令限期改正，并处以 1 万元以上 3 万元以下的罚款。

工程造价咨询企业不及时办理资质证书变更手续的，由资质许可机关责令限期办理；逾期不办理的，可处以 1 万元以下的罚款。

有下列行为之一的，由县级以上地方人民政府建设主管部门或者有关专业部门给予警告，责令限期改正；逾期未改正的，可处以 5000 元以上 2 万元以下的罚款：

（1）违反分支机构设立规定，新设立分支机构不备案的；

（2）违反承接业务之日起 30 日内到建设工程所在地备案的规定，跨省、自治区、直辖市承接业务不备案的。

（三）其他违规责任

工程造价咨询企业有下列行为之一的，由县级以上地方人民政府建设主管部门或者有关专业部门给予警告，责令限期改正，并处以 1 万元以上 3 万元以下的罚款：

（1）涂改、倒卖、出租、出借资质证书，或者以其他形式非法转让资质证书；

（2）超越资质等级业务范围承接工程造价咨询业务的；

（3）同时接受招标人和投标人或两个以上投标人对同一工程项目的工程造价咨询业务；

（4）以给予回扣、恶意压低收费等方式进行不正当竞争；

（5）转包承接的工程造价咨询业务；

（6）法律、法规禁止的其他行为。

第五节　工程造价专业人员法律制度

在我国建设工程造价管理活动中，从事建设工程造价管理的专业人员可以分为两大类，即造价工程师和造价员，相关的制度也分为造价工程师执业资格制度和造价员执业资格制度，下面将分别介绍有关的内容。

一、造价工程师执业资格制度概述

我国每年固定资产投资三万多亿元，从事工程造价专业的人员近一百万人，这一队伍在专业和技术方面对管好用好固定资产投资曾经发挥了重要的作用。近年来，随着我国社会主义市场经济体制的逐步建立，投融资体制不断改革和建设工程逐步推行招投标制，工程造价管理逐步由政府定价转变为市场形成造价的机制，这对工程造价专业人员的业务素质提出了更高的要求。因此，为了适应社会主义市场经济体制的需要，更好地发挥工程造价专业人员在建设工程中的作用，规范工程造价专业人员的执业行为，提高工程造价专业人员素质的要求相当迫切。

根据党的十一届三中全会《关于建立社会主义市场经济体制若干问题的决定》中提出实行学历与职业资格两种证书制度的精神，政府要对事关国家和社会公众利益、技术性强的行业或专业，通过建立执业资格制度来规范行业的秩序。1996年8月，原人事部、建设部联合发布了《造价工程师执业资格制度暂行规定》，明确国家在工程造价领域实施造价工程师执业资格制度。同时规定造价工程师是经全国造价工程师执业资格统一考试合格，并注册取得《造价工程师注册证》，从事建设工程造价活动的人员。凡从事建设工程活动的建设、设计、施工、工程造价咨询等单位，必须在计价、评估、审查（核）、控制等岗位配备有造价工程师执业资格的专业技术人员。在全国统一考试前，对已从事工程造价管理工作并具有高级专业技术职务的人员，经考核合格，可通过认定办法取得造价工程师资格。1997年3月原建设部和人事部联合发布了《造价工程师执业资格认定办法》。为了加强对造价工程师的注册管理，规范造价工程师的执业行为，2000年3月原建设部颁布了《造价工程师注册管理办法》（建设部令第75号），2006年12月又颁布了现行有效的《注册造价工程师管理办法》。

二、造价工程师的知识结构和专业能力

（一）造价工程师的知识结构

造价工程师的知识结构主要是以下几个方面：

(1) 掌握工程识图、房屋构造与工程结构的基本知识，了解土木工程施工程序、流程、施工组织设计和一般的施工方法；

(2) 掌握建筑材料、构配件、制品及施工机械的主要品种、规格，了解其技术性能和用途，熟悉材料预算价格、机械台班费用的组成及编制原理和方法；

(3) 了解经济学的基本理论，了解投资经济及工程经济的基本原理和特点，了解财务会计、统计、金融、税务、保险等有关经济活动的知识和方法，掌握建设项目管理的基本原理和知识；

(4) 了解建设工程的有关法律法规体系，熟悉合同管理、招投标管理的基本知识和方法；

(5) 熟悉工程造价管理的基本理论和内容、任务，掌握工程造价的形成和运行机制的一般规律和特点，工程造价的确定、控制和管理的方法，以及标底、报价、合同价编制的方法，掌握工程造价各类计价依据编制的原理和方法；

(6) 了解计算机操作原理，掌握计算机运用的基本知识和技能。

（二）造价工程师的专业能力

造价工程师的专业能力一般包括：

(1) 具有编写项目建议书及可行性研究报告投资估算，优化建设方案并对项目进行经济评估的能力；

(2) 具有对设计方案及施工组织设计进行技术经济论证、优化的能力，并能编制工程概、预算；

(3) 具有编制工程标底及投标报价的能力，并能对标书进行分析、评定；

(4) 具有在建设项目全过程中对工程造价实施控制、管理的能力，能编制工程结(决)算；

(5) 具有组织编制和管理工程造价各类计价依据和各类造价指数的测定、分析整理能力；

(6) 具有运用计算机确定、管理工程造价的能力；

(7) 具有一定的组织、协调和社会调查分析能力，能承担涉及工程的诉讼、索赔、保险、审计等方面的咨询工作。

三、造价工程师的考试注册

(一) 造价工程师执业资格考试

造价工程师执业资格考试实行全国统一大纲、统一命题、统一组织的办法。原则上每年举行一次。

1. 报考条件

凡中华人民共和国公民，符合下列条件之一的，均可申请参加造价工程师执业资格考试：

(1) 工程造价专业大专毕业后，从事工程造价业务工作满五年，工程或工程经济类大专毕业后，从事工程造价业务工作满六年；

(2) 工程造价专业本科毕业后，从事工程造价业务工作满四年，工程或工程经济类本科毕业后，从事工程造价业务工作满五年；

(3) 获上述专业第二学士学位或研究生班毕业和获硕士学位后，从事工程造价业务工作满三年；

(4) 获上述专业博士学位后，从事工程造价专业业务工作满二年。

2. 申请材料

申请参加造价工程师执业资格考试，需提供下列证明文件：

(1) 造价工程师执业资格考试报名申请表；

(2) 学历证明；

(3) 工作实践经历证明。

3. 考试科目

造价工程师执业资格考试分为四个科目："工程造价管理相关知识"、"工程造价的确定与控制"、"建设工程技术与计量"(土建或安装)和"工程造价案例分析"。对长期从事工程造价业务工作的专业技术人员，凡符合下列学历和专业年限条件之一的人员，可免试"工程造价管理相关知识"、"建设工程技术与计量"两个科目，只参加"工程造价确定与控制"和"工程造价案例分析"两个科目的考试。

造价工程师四个科目分别单独考试、单独计分。参加全部科目考试的人员，须在连续的两个考试年度通过；参加免试部分考试科目的人员，须在一个考试年度内通过应试科目。

  4. 证书取得

  通过造价工程师执业资格考试合格者，由省、自治区、直辖市人事（职改）部门颁发造价工程师执业资格证书，该证书全国范围内有效，并作为造价工程师注册的凭证。

  （二）造价工程师的注册

  1. 注册管理部门

  国务院建设行政主管部门负责全国造价工程师注册管理工作，造价工程师的具体工作委托中国建设工程造价管理协会办理。省、自治区、直辖市人民政府建设行政主管部门（以下简称省级注册机构）负责本行政区域内的造价工程师注册管理工作。特殊行业的主管部门（以下简称部门注册机构）经国务院建设行政主管部门认可，负责本行业内造价工程师注册管理工作。

  2. 初始注册

  取得资格证书的人员，可自资格证书签发之日起1年内申请初始注册。逾期未申请者，须符合继续教育的要求后方可申请初始注册。初始注册的有效期为4年。

  申请初始注册的，应当提交下列材料：

  （1）初始注册申请表；

  （2）执业资格证件和身份证件复印件；

  （3）与聘用单位签订的劳动合同复印件；

  （4）工程造价岗位工作证明；

  （5）取得资格证书的人员，自资格证书签发之日起1年后申请初始注册的，应当提供继续教育合格证明；

  （6）受聘于具有工程造价咨询资质的中介机构的，应当提供聘用单位为其交纳的社会基本养老保险凭证、人事代理合同复印件，或者劳动、人事部门颁发的离退休证复印件；

  （7）外国人、台港澳人员应当提供外国人就业许可证书、台港澳人员就业证书复印件。

  3. 续期注册

  注册造价工程师注册有效期满需继续执业的，应当在注册有效期满30日前，按照规定的程序申请延续注册。延续注册的有效期为4年。

  申请延续注册的，应当提交下列材料：

  （1）延续注册申请表；

  （2）注册证书；

  （3）与聘用单位签订的劳动合同复印件；

  （4）前一个注册期内的工作业绩证明；

  （5）继续教育合格证明。

  4. 变更注册

  在注册有效期内，注册造价工程师变更执业单位的，应当与原聘用单位解除劳动合同，并按照程序办理变更注册手续。变更注册后延续原注册有效期。

  申请变更注册的，应当提交下列材料：

(1) 变更注册申请表；
(2) 注册证书；
(3) 与新聘用单位签订的劳动合同复印件；
(4) 与原聘用单位解除劳动合同的证明文件；
(5) 受聘于具有工程造价咨询资质的中介机构的，应当提供聘用单位为其交纳的社会基本养老保险凭证、人事代理合同复印件，或者劳动、人事部门颁发的离退休证复印件；
(6) 外国人、台港澳人员应当提供外国人就业许可证书、台港澳人员就业证书复印件。

5. 注册程序

对申请初始注册的，注册初审机关应当自受理申请之日起20日内审查完毕，并将申请材料和初审意见报国务院建设主管部门（以下简称注册机关）。注册机关应当自受理之日起20日内作出决定。对申请变更注册、延续注册的，注册初审机关应当自受理申请之日起5日内审查完毕，并将申请材料和初审意见报注册机关。注册机关应当自受理之日起10日内作出决定。注册造价工程师的初始、变更、延续注册，逐步实行网上申报、受理和审批。

准予注册的，由注册机关核发注册证书和执业印章。注册证书和执业印章是注册造价工程师的执业凭证，应当由注册造价工程师本人保管、使用。造价工程师注册证书由注册机关统一印制。

6. 不予注册

有下列情形之一的，不予注册：
(1) 不具有完全民事行为能力的；
(2) 申请在两个或者两个以上单位注册的；
(3) 未达到造价工程师继续教育合格标准的；
(4) 前一个注册期内工作业绩达不到规定标准或未办理暂停执业手续而脱离工程造价业务岗位的；
(5) 受刑事处罚，刑事处罚尚未执行完毕的；
(6) 因工程造价业务活动受刑事处罚，自刑事处罚执行完毕之日起至申请注册之日止不满5年的；
(7) 因前项规定以外原因受刑事处罚，自处罚决定之日起至申请注册之日止不满3年的；
(8) 被吊销注册证书，自被处罚决定之日起至申请注册之日止不满3年的；
(9) 以欺骗、贿赂等不正当手段获准注册被撤销，自被撤销注册之日起至申请注册之日止不满3年的；
(10) 法律、法规规定不予注册的其他情形。

四、造价工程师的执业与管理

造价工程师只能在一个单位执业，并且其在执业范围和执业行为上有专门的规定。

（一）执业范围

造价工程师的执业范围包括：

(1) 建设项目建议书、可行性研究投资估算的编制和审核，项目经济评价，工程概、预、结算、竣工结(决)算的编制和审核；

(2) 工程量清单、标底(或者控制价)、投标报价的编制和审核，工程合同价款的签订及变更、调整、工程款支付与工程索赔费用的计算；

(3) 建设项目管理过程中设计方案的优化、限额设计等工程造价分析与控制，工程保险理赔的核查；

(4) 工程经济纠纷的鉴定。

(二)权利与义务

造价工程师享有下列权利：(1)使用注册造价工程师名称；(2)依法独立执行工程造价业务；(3)在本人执业活动中形成的工程造价成果文件上签字并加盖执业印章；(4)发起设立工程造价咨询企业；(5)保管和使用本人的注册证书和执业印章；(6)参加继续教育。

造价工程师履行下列义务：(1)遵守法律、法规、有关管理规定，恪守职业道德；(2)保证执业活动成果的质量；(3)接受继续教育，提高执业水平；(4)执行工程造价计价标准和计价方法；(5)与当事人有利害关系的，应当主动回避；(6)保守在执业中知悉的国家秘密和他人的商业、技术秘密。

(三)禁止行为

注册造价工程师不得有下列行为：

(1) 不履行注册造价工程师义务；

(2) 在执业过程中，索贿、受贿或者谋取合同约定费用外的其他利益；

(3) 在执业过程中实施商业贿赂；

(4) 签署有虚假记载、误导性陈述的工程造价成果文件；

(5) 以个人名义承接工程造价业务；

(6) 允许他人以自己名义从事工程造价业务；

(7) 同时在两个或者两个以上单位执业；

(8) 涂改、倒卖、出租、出借或者以其他形式非法转让注册证书或者执业印章；

(9) 法律、法规、规章禁止的其他行为。

五、造价工程师的管理

县级以上人民政府建设主管部门和其他有关部门应当依照有关法律、法规和本办法的规定，对注册造价工程师的注册、执业和继续教育实施监督检查。注册造价工程师违法从事工程造价活动的，违法行为发生地县级以上地方人民政府建设主管部门或者其他有关部门应当依法查处，并将违法事实、处理结果告知注册机关；依法应当撤销注册的，应当将违法事实、处理建议及有关材料报注册机关。

(一)注册失效

注册造价工程师有下列情形之一的，其注册证书失效：

(1) 已与聘用单位解除劳动合同且未被其他单位聘用的；

(2) 注册有效期满且未延续注册的；

(3) 死亡或者不具有完全民事行为能力的；

(4) 其他导致注册失效的情形。

（二）撤销注册

注册造价工程师有下列情形之一的，注册机关或者其上级行政机关依据职权或者根据利害关系人的请求，可以撤销注册造价工程师的注册：

(1) 行政机关工作人员滥用职权、玩忽职守作出准予注册许可的；

(2) 超越法定职权作出准予注册许可的；

(3) 违反法定程序作出准予注册许可的；

(4) 对不具备注册条件的申请人作出准予注册许可的；

(5) 依法可以撤销注册的其他情形。

申请人以欺骗、贿赂等不正当手段获准注册的，应当予以撤销。

（三）注销注册

有下列情形之一的，由注册机关办理注销注册手续，收回注册证书和执业印章或者公告其注册证书和执业印章作废：

(1) 有注册证书失效的情形发生的；

(2) 依法被撤销注册的；

(3) 依法被吊销注册证书的；

(4) 受到刑事处罚的；

(5) 法律、法规规定应当注销注册的其他情形。

注册造价工程师本人和聘用单位应当及时向注册机关提出注销注册申请；有关单位和个人有权向注册机关举报；县级以上地方人民政府建设主管部门或者其他有关部门应当及时告知注册机关。

六、造价员执业资格制度

造价员是指通过考试，取得《建设工程造价员资格证书》，从事工程造价业务的人员。为加强对建设工程造价员的管理，规范建设工程造价员的从业行为和提高其业务水平，中国建设工程造价管理协会制定并发布了《建设工程造价员管理暂行办法》。

（一）资格考试

造价员资格考试实行全国统一考试大纲、通用专业和考试科目，各造价管理协会或归口管理机构（简称归口管理机构）和中国建设工程造价管理协会专业委员会（简称专业委员会）负责组织命题和考试。通用专业分土建工程和安装工程两个专业，通用考试科目包括：(1)工程造价基础知识；(2)土建工程或安装工程（可任选一门）。其他专业和考试科目由各管理机构、专业委员会根据本地区、本行业的需要设置，并报中国建设工程造价管理协会备案。

1. 报考条件

凡遵守国家法律、法规，恪守职业道德，具备下列条件之一者，均可申请参加造价员资格考试：(1)工程造价专业中专及以上学历；(2)其他专业中专及以上学历，工作满一年。

工程造价专业大专及以上应届毕业生，可向管理机构或专业委员会申请免试《工程造价基础知识》。

2. 资格证书的颁发

造价员资格考试合格者，由各管理机构、专业委员会颁发由中国建设工程造价管理协会统一印制的《建设工程造价员资格证书》及专用章。《建设工程造价员资格证书》是造价员从事工程造价业务的资格证明。

（二）执业

造价员可以从事与本人取得的《建设工程造价员资格证书》专业相符合的建设工程造价工作。造价员应在本人承担的工程造价业务文件上签字、加盖专用章，并承担相应的岗位责任。造价员跨地区或行业变动工作，并继续从事建设工程造价工作的，应持调出手续、《全国建设工程造价员资格证书》和专用章，到调入所在地管理机构或专业委员会申请办理变更手续，换发资格证书和专用章。

造价员不得同时受聘于两个或两个以上单位。

（三）资格证书的管理

1. 证书的检验

《全国建设工程造价员资格证书》原则上每3年检验一次，由各管理机构和各专业委员会负责具体实施。验证的内容为本人从事工程造价工作的业绩、继续教育情况、职业道德等。

2. 验证不合格或注销资格证书和专用章

有下列情形之一者，验证不合格或注销《全国建设工程造价员资格证书》和专用章：

（1）无工作业绩的；

（2）脱离工程造价业务岗位的；

（3）未按规定参加继续教育的；

（4）以不当手段取得《全国建设工程造价员资格证书》的；

（5）在建设工程造价活动中有不良记录的；

（6）涂改《全国建设工程造价员资格证书》和转借专用章的；

（7）在两个或两个以上单位以造价员名义从业的。

（四）继续教育

造价员每三年参加继续教育的时间原则上不得少于30小时，各管理机构和各专业委员会可根据需要进行调整。各地区、行业继续教育的教材编写及培训组织工作由各管理机构、专业委员会分别负责。

（五）自律管理

中国建设工程造价管理协会负责全国建设工程造价员的行业自律管理工作。各地区管理机构在本地区建设行政主管部门的指导和监督下，负责本地区造价员的自律管理工作。各专业委员会负责本行业造价员的自律管理工作。全国建设工程造价员行业自律工作受住房和城乡建设部标准定额司指导和监督。

造价员职业道德准则包括：

（1）应遵守国家法律、法规，维护国家和社会公共利益，忠于职守，恪守职业道德，自觉抵制商业贿赂；

（2）应遵守工程造价行业的技术规范和规程，保证工程造价业务文件的质量；

（3）应保守委托人的商业秘密；

（4）不准许他人以自己的名义执业；

(5) 与委托人有利害关系时，应当主动回避；

(6) 接受继续教育，提高专业技术水平；

(7) 对违反国家法律、法规的计价行为，有权向国家有关部门举报。

各管理机构和各专业委员会应建立造价员信息管理系统和信用评价体系，并向社会公众开放查询造价员资格、信用记录等信息。

复习思考题

1. 工程造价的特点、职能和作用分别是什么？
2. 工程造价管理的组织体系是什么？各项组成要素的内容有哪些？
3. 工程造价咨询企业资质等级与标准的各项具体构成内容有哪些？
4. 工程造价咨询企业资质申请与审批的程序及具体内容是什么？
5. 工程造价工程师的执业范围有哪些？执业权利与义务有哪些？

第五章 建设工程招标投标法律制度

【本章提要】 建设工程招标和投标制度是建设工程市场制度的重要组成部分,是通过竞争方式选择合作对象的特殊程序。它是发包人按照一定的要求通过招标的方式,将工程项目进行发包,由具有一定资质同时符合招标文件要求的承包人予以承接招标项目的交易方式。建设工程招标和投标制度适用于建设工程领域的大多数场合,法律对建设工程中的勘察设计、工程造价咨询、施工、监理等工作项目进行了相应的规定,本章按照建设工程招投标法律制度概述、招标制度、投标制度、建设工程领域具体招标投标制度的顺序依次对该项重要制度加以阐述。

第一节 建设工程招标投标概述

一、建设工程招标投标的概念

招标投标作为一种采购方式和订立合同的一种特殊程序,它是市场经济条件下进行货物的买卖、工程建设项目的发包与承包,以及服务项目的采购与提供时,尤其是标的数量多、总价高的,所采用的一种竞争性交易方式。它的特点是,单一的买方设定包括功能、质量、期限、价格为主的标的,公开或者定向约请若干卖方通过投标进行竞争,买方按照预定条件从中选择优胜者并与其达成交易协议,随后按合同实现标的。

建设工程招标投标,是指业主(建设单位或个人)通过招标的方式,将工程建设项目的勘察、设计、施工、监理、物资材料设备供应等业务,一次或分次发包,由具有相应资质的承包单位通过投标竞争的方式承接。其最突出的优点是:将竞争机制引入工程建设领域,将工程项目的发包方、承包方和中介方统一纳入市场,实行交易公开,给市场主体的交易行为以极大的透明度,从而达到鼓励竞争、防止和反对垄断的目的。同时通过平等竞争,优胜劣汰,又能最大限度地实现投资效益的最优化。招投标活动通过严格、规范、科学合理的运作程序和监管机制,有力地保证了竞争过程的公正和交易安全。

二、建设工程招标投标的分类

建设工程按照不同的标准可以作若干分类,分类的标准有:工程建设程序、行业或专业、工程建设项目的构成、工程发包承包的范围、工程是否具有涉外因素等。

按照工程建设程序,建设工程招投标包括建设工程勘察设计招投标、建设工程监理招投标、建设工程施工招投标和建设工程物资采购招投标。

按照行业或专业,可以将建设工程招投标分为土木工程招投标、安装工程招投标、建筑装饰装修工程招投标、勘察设计招投标、物资采购招投标和建设监理招投标。

按照工程建设项目的构成,可以将建设工程招投标分为全部工程招投标、单项工程招投标、单位工程招投标、分部工程招投标、分项工程招投标。

按照工程发包承包的范围，可以将建设工程招投标分为工程总承包招投标、工程分承包招投标和工程专项承包招投标。

按照工程是否具有涉外因素，可以将建设工程招投标分为国内工程招投标和国际工程招投标。

三、建设工程招标投标活动的基本原则

（一）合法原则

合法原则是指建设工程招标投标主体的一切活动，必须符合法律、法规、规章和有关政策的规定。具体体现在主体合法、依据合法、程序合法、监管合法等方面。

（1）主体资格要合法。建设工程招投标主体包括招标人和投标人两类。招标人必须具备一定的条件才能自行组织招标，否则只能委托具有相应资格的招标代理机构组织招标；投标人必须具有与其投标的工程相适应的资质等级，并且经招标人资格审查同意后，报建设工程招标投标管理机构进行资格复查。

（2）活动依据要合法。招标投标活动应严格按照相关的法律、法规、规章和政策性文件开展，使招投标每项活动都有合法依据。

（3）活动程序要合法。建设工程招标投标活动的程序，必须严格按照有关法规规定的要求进行。当事人不能随意增加或减少招标投标过程中某些法定步骤或环节，也不能颠倒招投标活动环节的次序、超过时限等。

（4）监督和管理要合法。建设工程招标投标管理机构必须依法监管、依法办事，不能越权干预招投标人的正常行为或对招投标人的行为进行包办代替，也不能懈怠职责、玩忽职守，更不能徇私舞弊甚至收受商业贿赂搞权钱交易。

（二）统一、开放原则

统一原则是指：市场统一、管理统一、规范统一等。首先，市场必须统一，要建立统一的竞争市场，不能人为分割；其次，管理必须统一，要建立和实行由建设行政主管部门统一归口管理的行政管理体制，不能多头管理导致政出多门，一个地区只能有一个主管部门履行政府管理的职责；再次，规范必须统一。如市场准入规则的统一，招标文件文本的统一，合同条件的统一，工作程序、办事规则的统一等。

开放原则，要求根据统一的市场准入规则，打破地区、部门和所有制等方面的限制和束缚，向全社会符合条件的主体开放建设工程招标投标市场，破除地区和部门保护主义，反对人为封闭市场的行为。

（三）公开、公平、公正原则

公开原则是指建设工程招标投标活动应具有较高的透明度，具体包括四个方面。即：招标活动信息公开、开标活动公开、评标标准公开、定标结果公开。

公平原则，是指所有投标人在建设工程招标投标活动中享有均等的机会，具有同等的权利，履行法律等赋予的相应义务，任何一方都不受歧视，获得公平对待。

公正原则，是指在建设工程招标投标活动中，按照同一标准实事求是地对待所有的投标人，不偏袒任何一方，以事实上的中立保证过程和结果的公正。

（四）诚实信用原则

诚实信用原则，是市场经济的基本前提，是建设工程招标投标活动中的重要道德规

范。是指在建设工程招标投标活动中，招投标人应当以诚相待，不能欺骗隐瞒；应当讲求信义，不能任意毁约；应当实事求是，做到言行一致，不得见利忘义、投机取巧、弄虚作假、隐瞒欺诈，损害国家、集体和他人的合法权益。

四、建设工程招标投标的意义

建设工程实行招投标制度，意义重大，具体表现为：

（1）有利于建设市场的法制化、规范化。工程建设招投标是招标和投标双方按照法定程序进行交易的法律行为，所以双方的行为都应当受法律的约束，此处的法律是广义的法；

（2）能形成市场定价的机制，使工程造价更趋合理。能促进建设活动中劳动消耗水平的降低，使工程造价得到有效地控制；

（3）可以促进技术进步和管理水平的提高，有助于保证工程质量、缩短工期；

（4）能有力地遏制建设领域的腐败，使工程造价趋向科学性、合理性。

第二节 建设工程招标法律制度

一、建设工程招标概念

建设工程招标是指招标人在发包建设项目之前，公开招标或定向邀请投标人，根据招标人的意图和要求提出报价，按照事前的要求择日当场开标，以便从中择优选定中标人的一种经济活动。

二、建设工程招标范围

（一）必须招标的范围

《招标投标法》规定，属于必须以招标方式进行工程项目建设及与建设有关的设备、材料等采购总体范畴包括：

（1）大型基础设施、公用事业等关系社会公共利益、公众安全的项目；

（2）国家投资、融资的项目；

（3）使用国际组织或者外国政府贷款、援助资金的项目。

该法要求，任何单位和个人不得将必须进行招标的项目化整为零或者以其他任何方式规避招标。

依据《招标投标法》的基本原则，原国家计委颁布了《工程建设项目招标范围和规模标准规定》，对必须招标的范围作出了进一步细化的规定。要求各类工程项目的建设活动，达到下列标准之一者，必须进行招标：

（1）施工单项合同估算价在200万元人民币以上；

（2）重要设备、材料等货物的采购，单项合同估算价在100万元人民币以上；

（3）勘察、设计、监理等服务的采购，单项合同估算价在50万元人民币以上；

（4）单项合同估算价低于第（1）、（2）、（3）项规定的标准，但项目总投资额在3000万元人民币以上的。

（二）可以不进行招标的范围

按照规定，属于下列情形之一的可以不进行招标，采用直接委托的方式发包建设任务：

(1) 涉及国家安全、国家秘密的工程；
(2) 抢险救灾工程；
(3) 利用扶贫资金实行以工代赈、需要使用农民工等特殊情况；
(4) 建筑造型有特殊要求的设计；
(5) 采用特定专利技术、专有技术进行勘察、设计或施工；
(6) 停建或者缓建后恢复建设的单位工程，且承包人未发生变更的；
(7) 施工企业自建自用的工程，且该施工企业资质等级符合工程要求的；
(8) 在建工程追加的附属小型工程或者主体加层工程，且承包人未发生变更的；
(9) 法律、法规、规章规定的其他情形。

三、建设工程招标主体

(一) 建设工程招标主体类型

建设工程招标分为自行招标和代理招标，前者称为建设工程招标人，后者称为建设工程招标代理机构。

建设工程招标人是指依法提出招标项目，进行招标的法人或者其他组织。通常为该建设工程的投资人即项目业主或建设单位。在我国，随着投资管理体制的改革，投资主体已由过去单一的政府投资发展为国家、集体、个人等多元化投资。与投资主体多元化相适应，建设工程招标人也呈现多样性特点，包括各类政府机关、企业单位、事业单位、社会团体等。

建设工程招标代理，是指建设工程招标人将建设工程招标事务委托给相应的社会中介服务机构，由该机构在招标人委托授权的范围内以委托的招标人的名义同他人独立进行建设工程招标投标活动，由此产生的法律效果直接归于委托的招标人的一种委托代理制度。建设工程招标代理行为具有以下几个特征：

(1) 建设工程招标代理人须以被代理人的名义办理招标活动及其事务。

(2) 建设工程招标代理人具有独立进行意思表示的能力，确保建设工程招标活动得以顺利进行。

(3) 建设工程招标代理行为，应在委托授权的范围内实施。这是因为建设工程招标代理在性质上是一种委托代理，即基于被代理人的委托授权而发生的代理。这种委托授权产生法律上的效用，在当事人之间形成委托代理关系。建设工程中介服务机构未经建设工程招标人的委托授权，就不能进行招标代理，否则就是无权代理。建设工程中介服务机构已经建设工程招标人委托授权的，不能超出委托授权的范围进行招标代理，否则也是无权代理。

(4) 建设工程招标代理行为的法律效果归属于被代理人。建设工程招标代理机构，是指受招标人的委托，代为从事招标组织活动的中介组织。中介组织作为活动的台前主体在授权范围内所为的各项行为最终都要有委托的幕后主体来承担。它必须是依法成立，从事招标代理业务并提供相关服务，实行独立核算、自负盈亏，具有法人资格的社会中介组织，如工程招标公司、工程招标(代理)中心等。

(二) 建设工程招标主体的招标资质

1. 建设工程招标人的招标资质

建设工程招标人的招标资质或称招标资格，是指建设工程招标人能够自己组织招标活动所必须具备的条件和素质，是资格和资力的集中体现。由于招标人自己组织招标是通过其设立的招标组织进行的，这里所说的招标人的招标资质实质上就是招标人设立的招标组织的资质。招标人应满足以下要求：

(1) 有与招标工作相适应的经济、法律咨询和技术管理人员；
(2) 有组织编制招标文件的能力；
(3) 有审查投标单位资质的能力；
(4) 有组织开标、评标、定标的能力。

从条件要求来看，主要是指招标人必须设立专门的招标组织；必须有与招标工程相适应的工程技术、预算、财务和工程管理等方面的专业技术力量；有从事同类工程建设招标的经验；要熟悉和掌握招标投标法及有关法规规章。《招标投标法》规定，招标人具有编制招标文件和组织评标能力的，可以自行办理招标事宜，向有关行政监督部门进行备案即可。如果招标单位不具备上述要求，则需委托具有相应资质的中介机构代理招标。

2. 招标代理机构的资质条件

招标代理机构作为专业的中介服务机构，必须取得建设行政主管部门的资质认定。招标代理机构应具备的基本条件包括：

(1) 有从事招标代理业务的营业场所和相应资金；
(2) 有能够编制招标文件和组织评标的相应专业能力；
(3) 有可以作为评标委员会成员人选的技术、经济等方面的"专家库"。

招标代理机构从事招标代理业务，必须在其资质等级证书许可的范围内进行。我国工程招标代理机构资格分为甲级、乙级和暂定级。甲级工程招标代理机构可以承担各类工程的招标代理业务。乙级工程招标代理机构只能承担工程总投资 1 亿元人民币以下的工程招标代理业务。暂定级工程招标代理机构，只能承担工程总投资 6000 万元人民币以下的工程招标代理业务。

委托代理机构招标是招标人的自主行为，任何单位和个人不得强制委托代理或指定招标代理机构，尤其是要注意行政管理机关更不能利用职权进行强行干预，违背当事人自主选择的本意。招标人委托的代理机构应尊重招标人的要求，在委托范围内办理招标事宜，并遵守《招标投标法》对招标人的有关规定。

(三) 建设工程招标主体权利与义务

1. 建设工程招标人的权利和义务

(1) 建设工程招标人的权利

第一，自行组织招标或者委托招标的权利。招标人发包工程项目，凡具备招标资格的，有权自己组织招标，自行办理招标事宜；不具备招标资格的，可以自主委托具备相应资质的招标代理机构代理组织招标、代为办理招标事宜。招标人委托招标时，享有自由选择招标代理机构的权利，同时享有参与整个招标过程的权利，招标人代表有权参加评标组织，对评标、定标代理活动进行必要的监督。

第二，进行投标资格审查的权利。对于要求参加投标的潜在投标人，招标人有权要求其提供有关资质情况的资料，进行资格审查、筛选，挑选符合资格要求的投标人，拒绝不合格的潜在投标人参加投标。

第三，择优选定中标人的权利。招标的目的是通过公开、公平、公正的市场竞争，确定最优中标人。择优选定中标人，就是要根据评标组织的评审意见和推荐建议，确定中标人，以达到获取最优中标人的初衷。

第四，享有依法约定的其他各项权利。建设工程招标人的权利依法确定，法律、法规无规定时则依双方约定，但双方的约定不得违反法律或损害社会公共利益和公共秩序。

(2) 建设工程招标人的义务

第一，遵守法律、法规、规章和国家方针、政策。遵纪守法是建设工程招标人的首要义务。建设工程招标人的招标活动必须依法进行，违法或违规、违章的行为不仅不受法律保护，而且还要承担相应的法律责任。

第二，接受招标投标管理机构管理和监督的义务。为了保证建设工程招标投标活动公开、公平、公正，确保招投标符合法律等的规定，建设工程招标投标活动必须在招标投标管理机构的行政监督管理下进行。

第三，不侵犯投标人合法权益的义务。招标人、投标人是招标投标活动的双方，他们在招标投标中的地位是完全平等的，因此招标人在行使自己权利的时候，不得侵犯投标人的合法权益，其中最重要的义务是不得妨碍投标人公平竞争。

第四，委托代理招标时向代理机构提供招标所需资料、支付委托费用等义务。招标人应向招标代理机构提供招标所需的有关资料，提供为办理受托事务所必需的费用。支付委托费或报酬的标准和期限，依法律规定或合同的约定。招标代理机构在执行受托任务中非因自己过错所遭受的损失，招标人应向招标代理机构赔偿。

第五，保密的义务。建设工程招标投标活动应当遵循公开原则，但对可能影响公平竞争的信息，招标人必须保密。招标人设有标底的，标底必须保密。涉及非公开的信息，如商业秘密，应当按照要求保密。

第六，与中标人签订并履行合同的义务。招标投标的最终结果，是择优确定中标人，与中标人签订并履行合同。

第七，承担依法约定的其他各项义务。在建设工程招标投标过程中，招标人与他人依法约定的义务，也应认真履行。

2. 建设工程招标代理机构的权利与义务

(1) 建设工程招标代理机构的权利

第一，组织和参与招标活动。招标活动委托代理人的目的，是让其代替自己办理有关招标事务。组织和参与招标活动，既是代理人的权利，同时也是代理人的义务。

第二，依据招标文件要求，审查投标人资质。代理人受委托后即有权按照招标文件的规定，自主审查投标人资质。

第三，按规定标准收取代理费用。建设工程招标代理人从事招标代理活动，是一种有偿的市场经济行为，委托人要按约定支付代理费用。代理费用由被代理人与代理人按照有关规定在委托代理合同中协商确定。

第四，招标人授予的其他权利。

(2) 建设工程招标代理机构的义务

第一，遵守法律、法规、规章和国家方针、政策。建设工程招标代理机构的代理活动必须依法进行，才能获得合法的结果。违法或违规、违章的行为，不仅不受法律保护，而且还要承担相应的法律责任。

第二，维护委托招标人的合法权益。代理人从事代理活动，必须以维护委托的招标人的合法权益为根本出发点和基本的行为准则。代理人承接代理业务、进行代理活动时，必须充分考虑到保护委托的招标人的利益问题，要按照像对待自己的事务一样来尽心尽责，始终把维护委托的招标人的合法权益放在自己从事代理工作的首位。

第三，组织编制、解释招标文件，对代理过程中提出的技术方案、计算数据、技术经济分析结论等的科学性、正确性负责。

第四，接受招标投标管理机构的监督管理和招标行业协会的指导。

第五，履行依法约定的其他义务。

四、建设工程招标方式

对一些较大型的工程来说，国际上采用的招标方式有四种，即：公开招标；邀请招标；两阶段招标；谈判招标。我国《建设工程招标投标暂行规定》（以下简称《暂行规定》）对招标的方式只规定了两种，即公开招标和邀请招标两种方式，另外在实践中针对一些项目还存在议标的方式。

（一）公开招标

公开招标又称无限竞争性招标，是指招标人以招标公告的方式面向社会邀请非特定法人或者其他组织投标。即招标人按照法定程序，在面向国内外的公共媒体发布招标广告，凡对其有兴趣并符合招标广告要求的主体，不受地域、行业和数量的限制，均可以申请投标，经过资格审查合格后，按规定时间参加投标竞争。

公开招标的优点是：招标人可以在较广的范围内选择承包商或供应商，择优率的可能性更高，有利于开展真正意义上的竞争，最充分地展示公开、公正、平等竞争的招标原则，防止和克服垄断，同时获得有竞争性的商业报价，另外也可以在较大程度上避免招标活动中的不当行为。

公开招标的缺点是：准备招标、资格预审和评标的工作量大，招标时间长，费用高。参加竞争的投标者越多，每个参加者中标的机会越小，风险越大，损失的费用也就越多，参与的广泛与获取的收益成反比，而这种费用的损失必然反映在标价上，最终会由招标人承担。

（二）邀请招标

邀请招标也称有限竞争性招标，是指招标人以投标邀请书的形式邀请特定的法人或者其他组织投标。招标人根据需要和自己的设想向预先选择的若干家具备相应资质、符合招标条件的法人或组织发出邀请函，将招标工程的概况、工作范围和实施条件等作出简要说明，邀请他们参加投标竞争。邀请对象的数目数量要适宜，过多会和公开招标没有区分，过少就失去了竞争意义，法律规定不应少于3家。

邀请招标的优点是：邀请的定向性决定了不需要发布招标公告和设置资格预审程序，可以大幅度节约招标费用和节省时间。由于对投标人以往的业绩和履约能力比较了解，减小了合同履行过程中承包方违约的风险。

邀请招标的缺点是：由于投标竞争主体少，导致激烈程度较差，有可能提高中标的合同价，也有可能排除了某些在技术上或报价上有竞争力的主体参与投标。对于采购标的额较小的招标来说，采用邀请招标比较有利。有些项目专业性强，有资格承接的潜在投标人较少，或者需要在短时间内完成投标任务等，采用邀请招标的方式比较适宜。

（三）议标

议标是一种谈判性采购，是指招标人指定少数几家承包商，分别就承包范围内的有关事宜进行协商，直到与某一承包商达成协议，将工程任务委托其去完成。议标兼具市场公开竞争和招投标两种特性。从实践上看，公开招标和邀请招标的采购方式要求对报价及技术性条款不得进行谈判，议标则允许对报价等进行一对一的谈判。

议标方式仅适用于不宜公开招标或邀请招标的特殊工程或特殊条件下的工作内容，而且必须报请建设行政主管部门批准后才能采用。业主邀请议标的单位一般不应少于两家，只有在限定条件下才能只与一家议标单位签订合同。

五、建设工程招标程序

招标是招标人选择中标人并与其签订合同的过程，而投标则是投标人力争获得实施合同的竞争过程，招标人和投标人均需遵循招投标法律和法规的规定进行招标投标活动。按照招投标主体的参与程度，可将招标过程粗略划分成招标准备阶段、招标投标阶段和决标成交阶段。

（一）招标准备阶段主要工作

1. 选择招标方式

在招标方式上要做到：

（1）根据工程特点和招标人的管理能力确定发包范围；

（2）依据工程建设总进度计划确定项目建设过程中的招标次数和每次招标的工作内容；

（3）按照每次招标前准备工作的完成情况，选择合同的计价方式；

（4）依据工程项目的特点、招标前准备工作的完成情况、合同类型等因素的影响程度，最终确定招标方式。

2. 办理招标备案

招标人向建设行政主管部门办理申请招标手续。招标备案文件应说明：招标工作范围；招标方式；计划工期；对投标人的资质要求；招标项目的前期准备工作的完成情况等内容。获得主管部门认可后才可以开展招标工作。

3. 编制招标有关文件

招标准备阶段应编制好招标过程中可能涉及的有关文件，这些文件大致包括：招标广告、资格预审文件、招标文件、合同协议书，以及资格预审和评标的方法。

招标文件的内容应详细清楚，以便投标企业按招标文件的要求编制投标书和计算工程的标价。建设工程招标文件是由一系列有关招标方面的说明性文件资料组成的，主要包括：

（1）招标综合说明书；

（2）建设项目的施工设计图纸和设计说明书；

（3）建设项目的实物工程量清单；

（4）物资供应方式；

（5）投标书投递起止期，开标、议标日期和地点。

招标文件的编制应当遵循一定的要求，编制招标文件的原则为：

（1）招标文件必须符合国家招标投标法、合同法等多项合同法规、法令等的规定；

（2）公正、合理地处理招标人和投标人的关系，保护双方的利益；

（3）招标文件应正确、详尽地反映项目的客观真实情况，使投标者在客观可靠的基础上投标，减少争议；

（4）招标文件各部分的内容必须统一，防止内容不统一带来的纠纷和争议。

（二）招标阶段的主要工作内容

1. 发布招标公告

招标阶段首要工作就是发布招标公告，具体格式可由招标人自定，内容一般包括：招标单位名称；建设项目资金来源；工程项目概况和本次招标工作范围的简要介绍；购买资格预审文件的地点、时间和价格等有关事项。它的作用是让潜在投标人获得招标信息，以便进行项目筛选，确定是否参与竞争。

2. 资格预审

资格预审是对潜在投标人进行资格审查，设置预审的目的是为了考察该企业总体能力是否具备完成招标工作所要求的条件。其程序一般为：

（1）招标人依据项目的特点编写资格预审文件。资格预审文件分为资格预审须知和资格预审表两大部分。资格预审须知内容是概略介绍资格预审的情况，包括招标工程概况和工作范围介绍，对投标人的基本要求和指导投标人填写资格预审文件的有关说明。资格预审表分条列项地列出对潜在投标人资质条件、实施能力、技术水平、商业信誉等方面需要了解的内容，以应答形式给出的调查文件；

（2）填写资格预审表。所有申请参加投标竞争的潜在投标人都可以购买资格预审文件，按要求填报后作为投标人的资格预审文件，提交给招标人审核；

（3）进行评审。评审内容包括：资质条件、人员能力、设备和技术能力、财务状况、工程经验、企业信誉等，并分别给予不同分值权重。对其中的各方面再细化评定内容和分项评分标准。通过对各投标人的评定和打分，确定各投标人的综合素质得分。

3. 发放招标文件

向审查合格的投标单位分发招标文件及设计图样、技术资料等，使其获得投标的依据。

4. 现场考察

招标人在投标须知规定的时间组织投标人自费进行现场考察。现场考察程序的目的，一是让投标人了解工程项目的现场情况、自然条件、施工条件以及周围环境条件，以便于编制投标书；二是要求投标人通过自己的实地考察确定投标的原则和策略，避免合同履行过程中投标人以不了解现场情况为理由推卸应承担的合同责任。

5. 解答投标人的质疑

投标人研究招标文件和现场考察后，如果有需要获得明确答复的疑问，应当以书面形式提出质疑问题，招标人应及时给予书面解答。回答函件作为招标文件的组成部分，如果书面解答的问题与招标文件中的规定不一致，以函件的解答为准。

（三）决标成交阶段的主要工作内容

1. 开标

开标阶段工作较多，程序要求严格，具体包括：

(1) 举行开标会议。在投标须知规定的时间和地点由招标人主持开标会议，所有投标人均应参加，并邀请项目建设有关部门代表出席；

(2) 检验投标文件。开标时，由投标人或其推选的代表检验投标文件的密封情况。确认无误后，工作人员当众拆封，宣读投标人名称、投标价格和投标文件的其他主要内容。所有在投标函中提出的附加条件、补充声明、优惠条件、替代方案等均应宣读，如果有标底也应公布。开标过程应当记录，并存档备查；

(3) 确认投标文件效力。开标时，如果发现投标文件出现下列情形之一，应当作为无效投标文件：投标文件未按照招标文件的要求予以密封；投标文件中的投标函未加盖投标人的企业及企业法定代表人印章，或者企业法定代表人的委托代理人没有合法、有效的委托书（原件）及委托代理人印章；投标文件的关键内容字迹模糊、无法辨认；投标人未按照招标文件的要求提供投标保证金或者投标保函；组成联合体投标的，投标文件未附联合体各方共同投标协议。无效投标文件，不再进入评标。

2. 评标

评标是对各投标书优劣的比较，以便最终确定中标人，由评标委员会负责评标工作。评标委员会由招标人的代表和有关技术、经济等方面的专家组成。成员人数为5人以上单数，其中招标人以外的专家不得少于成员总数的2/3。评审时不应再采用招标文件中要求投标人考虑因素以外的任何条件作为标准。设有标底的，评标时应参考标底。

大型工程项目的评标通常分成初评和详评两个阶段进行。初评是指评标委员会以招标文件为依据，审查各投标书是否为响应性投标，确定投标书的有效性。详评是指评标委员会对各投标书实施方案和计划进行实质性评价与比较。

3. 出具评标报告

评标报告是前述阶段和后续阶段的衔接，具有核心功能的地位，它是评标委员会经过对各投标书评审后向招标人提出的结论性报告，作为定标的主要依据。评标报告应包括评标情况说明，对各个合格投标书的评价，推荐合格的中标候选人等内容。如果评标委员会经过评审，认为所有投标都不符合招标文件的要求，可以否决所有投标。出现这种情况后，招标人可以对招标工作范围或招标文件的有关内容作出实质性修改后重新进行招标。

4. 定标

定标是对投标的选择，包括确定中标人，发出中标通知，订立书面合同，提交招标报告等内容。

首先，确定中标人。《招标投标法》规定，中标人的投标应当符合下列条件之一：

(1) 能够最大限度地满足招标文件中规定的各项综合评价标准；

(2) 能够满足招标文件各项要求，并经评审价格最低，但投标价格低于成本的除外。

招标人应该根据评标委员会提出的评标报告和推荐的中标候选人确定中标人，也可以授权评标委员会直接确定中标人。

其次，发出中标通知书。中标人确定后，招标人向中标人发出中标通知书，同时将中标结果通知未中标的投标人并退还他们的投标保证金或保函。中标通知应当公开进行，确保通知到每位投标人。中标通知书对招标人和中标人具有法律效力，招标人改变中标结果或中标人拒绝签订合同均要承担相应的法律责任。

第三，订立书面合同。中标通知书发出后的 30 天内，双方应按照招标文件和投标文件订立书面合同，不得作实质性修改。招标人不得向中标人提出任何不合理要求作为订立合同的条件，双方也不得私下订立背离合同实质性内容的协议。

第四，提交招标报告。招标人确定中标人后 15 天内，应向有关行政监督部门提交招标投标情况的书面报告。

六、建设工程招标监管

（一）建设工程招标投标行政监管机关

住房和城乡建设部是全国最高招标投标管理机构，在住房和城乡建设部的统一监管下，实行省、市、县三级建设行政主管部门对所辖行政区内的建设工程招标投标分级管理。其主要职责是：

(1) 从指导全社会的建筑活动、规范整个建筑市场、发展建筑产业的高度研究制定有关建设工程招标投标的发展战略、规划、行业规范和相关方针、政策、行为规则、标准和监管措施，组织宣传、贯彻有关建设工程招标投标的法律、法规、规章，进行执法检查监督；

(2) 指导、检查和协调本行政区域内建设工程的招标投标活动，总结交流经验，提供高效率的规范化服务；

(3) 负责对当事人的招标投标资质、中介服务机构的招标投标中介服务资质和有关专业技术人员的执业资格的监督，开展招标投标管理人员的岗位培训；

(4) 会同有关专业主管部门及其直属单位办理有关专业工程招标投标事宜；

(5) 调解建设工程招标投标纠纷，查处建设工程招标投标违法、违规行为，否决违反招标投标规定的定标结果。

（二）建设工程招标投标监管机关的职权

建设工程招标投标监管机关的职权主要包括：

(1) 办理建设工程项目报建登记；

(2) 审查发放招标组织资质证书、招标代理人及标底编制单位的资质证书；

(3) 接受招标人申报的招标申请书，对招标工程应当具备的招标条件、招标人的招标资质或招标代理人的招标代理资质、采用的招标方式进行审查认定；

(4) 接受招标人申报的招标文件，对招标文件进行审查认定，对招标人要求变更发出后的招标文件进行审批；

(5) 对投标人的投标资质进行复查；

(6) 对标底进行审定，可以直接审定，也可以将标底委托有关银行以及其他有能力的单位审核后再审定；

(7) 对评标定标办法进行审查认定，对招标投标活动进行全过程监督，对开标、评标、定标活动进行现场监督；

(8) 核发或者与招标人联合发出中标通知书；

(9) 审查合同草案，监督承发包合同的签订和履行；

(10) 调解招标人和投标人在招标投标活动中或履行合同过程中发生的纠纷；

(11) 查处建设工程招标投标方面的违法行为，依法受委托实施相应的行政处罚。

第三节 建设工程投标法律制度

一、建设工程投标的概念

建设工程投标是建设工程招标的对称概念,指具有合法资格和能力的投标人根据招标条件和自己的意愿,经过初步研究和估算,在指定期限内填写标书,提出报价,等待开标,以最终确定能否中标的经济活动。

建设工程投标是实现招标目的和以适当条件完成工程建设的法律制度。它与招标行为构成对应关系,共同推动工程建设成果的实现。

二、建设工程投标主体

(一)建设工程投标主体资质

建设工程投标人是建设工程招标投标活动中的另一主体,它是指响应招标并购买招标文件参加投标的法人或其他组织。投标人首先是一种组织,个人不能成为投标主体,除了法律特殊规定。投标人应当具备承担招标项目的能力,必须有与招标文件要求相适应的人力、物力和财力,必须有符合招标文件要求的资质证书和相应的工作经验与业绩证明,符合法律、法规规定的其他条件。

建设工程投标人主要是指勘察设计单位、施工企业、装饰装修企业、材料设备供应单位、工程总承包单位以及工程造价咨询单位、工程监理单位等。

对建设工程投标人的投标资质进行管理,主要是政府主管机构对建设工程投标人的投标资质提出认定和划分标准,确定具体等级,发放相应证书,并对证书的使用进行监督检查。由于我国已对勘察设计、施工、装饰装修、材料设备供应、工程总承包以及工程造价咨询、工程监理等单位实行了从业资格认证制度,以上单位必须依法取得相应等级的资质证书,并在其资质等级许可的范围内从事相应的工程建设活动。

(二)建设工程投标主体的权利和义务

1. 建设工程投标人的权利

建设工程投标人享有以下权利:

(1)平等获得和利用招标信息。招标信息是投标决策的基础和前提,投标人掌握的招标信息是否真实、准确、及时、完整,对投标工作具有非常重要的影响。

(2)自主决定参与投标的方式。投标人可以根据招标文件的要求和自身的实力,自主决定是独自参加投标竞争还是与其他投标人组成一个联合体进行投标。

(3)提出疑问并要求答复。投标人有权对招标文件中不清楚的问题要求予以澄清,以利于准确领会和把握招标。

(4)自主确定投标报价。投标人根据自身经营状况、利润目标和市场行情,科学合理地确定投标报价。

(5)决定是否参与投标竞争。任何单位或个人不能强制、胁迫投标人参加投标,也不能阻止投标人中途放弃投标,更不能强迫或变相强迫投标人"陪标"。

(6)有权要求优质优价。为了保证工程安全和质量,必须防止和克服只为争得项目中标而不切实际的盲目降级压价现象,投标人有权要求实行优质优价,避免投标人之间的恶性竞争。

（7）有权控告、检举招标过程中的违法、违规行为。投标人认为招标投标活动不合法的，有权向招标人提出异议或者依法向有关行政监督部门控告、检举以维护自身合法利益。

2. 建设工程投标人的义务

建设工程投标人承担以下义务：

（1）遵守法律、法规、规章和方针、政策。建设工程投标人的投标活动必须依法进行，违法或违规、违章的行为不仅不受法律保护，而且还要承担相应的法律责任。

（2）接受招标投标管理机构的监督管理。为保证建设工程招标投标活动公开、公平、公正竞争，建设工程招标投标活动必须在招标投标管理机构的监督管理下进行。

（3）保证所提供的投标文件的真实性并按要求提供相关担保。投标人提供的投标文件必须真实、可靠，并对此予以保证。

（4）按招标人或招标代理人的要求对投标文件的有关问题进行答疑。对投标文件中不清楚的问题，招标人或招标代理人有权要求投标人予以答疑。

（5）中标后与招标人签订合同并履行合同。中标的投标人必须亲自履行合同，不得将中标的工程任务倒手转给他人承包。非主体、非关键性工作进行分包的，应当在投标文件中载明，并经招标人认可后才能进行分包。

（6）履行依法约定的其他各项义务。

三、建设工程投标程序

投标过程是指从填写资格预审调查表开始，到将正式投标文件送交招标人为止所进行的全部工作。

（一）投标准备阶段

这一阶段工作量很大，时间紧迫，一般需要完成下列各项工作：

（1）投标申请；

（2）填写资格预审调查表，申报资格预审；

（3）购买招标文件；

（4）组织投标具体实施组织；

（5）进行投标前调查与现场考察；

（6）分析招标文件，校核工程量，编制施工规划；

（7）工程估价，确定利润方针，计算和确定报价。

上述工作中需要特别注意三个方面的工作：投标申请阶段，进行投标前调查与现场考察阶段，分析招标文件、校核工程量、编制施工规划等阶段的具体要求。

在投标申请阶段，投标施工企业报申请书时，必须向招标单位提交企业承包工程的资格证明文件和资料，按招标通知书规定的时间，送到规定的地点。其资格证明文件附上企业状况说明，以作资格审查用。

在进行投标前调查与现场考察阶段，投标申请人接到招标人资格预审合格通知后，即成为该项目的正式投标人，应按招标人规定的时间购买招标文件。按要求进行现场踏勘，现场考察是投标人必须经过的投标程序。投标人在现场考察之前，应先仔细地研究招标文件，拟定出调研提纲，确定出重点要解决的问题。

在分析招标文件、校核工程量、编制施工规划阶段。首先，仔细分析研究招标文件。

其次，校核工程量。最后，编制技术文件。

（二）投标实施阶段

1. 编制投标书

编制投标文件也就是我们常说的填写投标书，投标人在作出投标报价决策之后，就应按照招标文件的要求正确编制投标文件，即投标人须知规定的投标人必须提交的全部文件都要按要求编制。投标书应包括以下主要内容：

（1）综合说明。包括：项目名称，主要内容，结构性质，总造价，总工期，主要项目的施工组织和形象进度计划表，主要项目施工方案和质量标准及安全生产措施，有关文件及说明、意见等。

（2）工程总报价和价格组成分析。投标企业根据招标文件、设计图纸、工程量清单和有关资料进行计算，逐项进行汇总，并分别填写各单位工程或单项工程的造价，然后计算出整个拟建投标工程的总造价，将工程的各项费用与价格组成进行分析、计算。

（3）计划开竣工日期。包括整个建设工程的总开竣工日期及各单位工程的开竣工日期。

（4）施工组织和工程形象进度计划表。对整个工程的施工准备、施工顺序、施工组织、施工计划等活动进行简明扼要的说明。

（5）主要工程的施工方案和材料需用数量。说明主要工程或重点部位的主要施工方法和施工机具的选择。

（6）保证工程质量和安全施工的技术措施。

（7）施工现场平面布置及临时设施占地数量。

2. 递送投标文件

（1）投标文件的密封与标志

投标文件应当密封并作出标志。投标单位应将投标文件的正本和副本分别密封在内层包封内，再密封在一个外层包封内，并在内包封上注明"投标文件正本"或"投标文件副本"。

外层和内层包封都应写明招标单位和地址、合同名称、投标编号并注明开标时间以前不得开封。在内层包封上还应写明投标单位的邮政编码、地址和名称，以便投标出现逾期送达时能原封退回。

如果内层包封未按上述规定密封并加写标志，招标单位将不承担投标文件错放或提前开封的责任，由此造成的提前开封的投标文件将予以拒绝，并退回投标单位。

（2）投标截止日期

投标单位应按规定的投标截止日期的时间之前递交投标文件。招标单价因补充通知修改招标文件而酌情延长投标截止日期的，招标单位和投标单位在投标截止日期方面的全部权利、责任和义务，将适用延长后新的投标截止期。

（3）投标文件的修改与撤回

投标单位在递交投标文件后，可以在规定的投标截止时间之前以书面形式向招标单位递交修改或撤回其投标文件的通知。在投标截止时间之后，则不能修改与撤回投标文件，否则将没收投标保证金。

第四节 建设工程招标投标具体管理制度

一、建设工程勘察设计招标投标管理制度

（一）勘察招标概述

招标人委托勘察任务的目的是为建设项目的可行性研究立项选址和进行设计工作取得现场的实际依据资料，有时可能还要包括某些科研工作内容。它是后续工作的基础，勘察的科学、全面与否决定着整个工程的成败，慎重选择勘察单位，优选勘察投标人具有极其重要的价值。

1. 委托工作内容

根据建设项目的性质、规模、复杂程度、建设地点等的不同，勘察有下列 8 大类别：

（1）自然条件观测；

（2）地形图测绘；

（3）资源探测；

（4）岩土工程勘察；

（5）地震安全性评价；

（6）工程水文地质勘察；

（7）环境评价和环境基底观测；

（8）模型试验和科研。

2. 勘察招标的特点

勘察任务包括科研性勘探和实施性勘探。如果仅委托勘察任务而无科研要求，委托工作大多属于用常规方法实施的内容。如果包括了创新性的试验和研究工作，则勘察任务就比较复杂。

科研性勘察任务可以由一个单位总承包，也可以由科研单位和具体实施单位联合投标。将勘察任务包括在设计招标的发包范围内，由有相应能力的设计单位完成或由其再去选择承担勘察任务的分包单位，对招标人较为有利。

勘察设计总承包与分为两个合同分别承包比较，不仅在合同履行过程中招标人和监理可以摆脱实施过程中可能遇到的协调义务，而且能使勘察工作直接根据设计需要进行，满足设计对勘察资料精度、内容和进度的要求，必要时还可以进行补充勘察工作。

（二）设计招标概述

设计的优劣对工程项目建设的成败有着至关重要的影响。以招标投标方式委托设计任务，通过招标择优确定实施单位，可以打破地区、部门的界限开展设计竞争，达到拟建工程项目能够采用先进的技术和工艺、降低工程造价、缩短建设周期和提高投资效益的目的。

1. 招标发包的工作范围

工程项目的设计分为初步设计和施工图设计两个阶段，技术复杂而又缺乏经验的项目还要增加技术设计阶段。招标发包一般多采用技术设计招标或施工图设计招标，不单独进行初步设计招标，由中标的设计单位承担初步设计任务。招标人应依据工程项目的具体特点决定发包的工作范围，既可以采用设计全过程总发包的一次性招标，也可以选择分单项或分专业的发包招标方式。

2. 设计招标方式

设计招标的特点表现为承包任务是投标人通过自己的智力劳动，将招标人对建设项目的设想变为可实施的蓝图。因此，设计招标文件对投标人所提出的要求一般不明确具体，只是简单介绍工程项目的实施条件、预期达到的技术经济指标、投资限额、进度要求等。投标人可以按照自己的设想按规定报出工程项目的构思方案、实施计划和报价。招标人邀请专家通过开标、评标程序对各方案进行比较选择后确定中标人。设计招标与其他招标在程序上的主要区别表现为如下几个方面：

（1）招标文件的内容不同。设计招标文件中仅提出设计依据、工程项目应达到的技术指标、工作范围、项目所在地的基本资料、完成的时间等内容，而无具体的工作量要求。

（2）对投标书的编制要求不同。投标人首先提出设计构思和初步方案，并论述该方案的优点和实施计划，在此基础上进一步提出报价，而不是按规定的工程量清单填报单价后算出总价。

（3）开标形式不同。开标时由各投标人自己说明投标方案的基本构思和意图，以及其他实质性内容，而且不按报价高低排定标价次序，而是由招标单位的主持人宣读投标书并按报价高低排定标价次序。

（4）评标原则不同。评标时评标委员更多关注于所提供方案的技术先进性、所达到的技术指标、方案的合理性，以及对工程项目投资效益的影响，而不是过分追求投标价的高低。

（三）勘察设计招标文件

招标文件通常由招标人委托有资质的中介机构编制或者使用相同内容的原有文本并适当修改，2003年8月1日起施行的《工程建设项目勘察设计招标投标办法》规定勘察设计招标文件应包括以下内容：

（1）投标须知；

（2）投标文件格式及主要合同条款；

（3）项目说明书，包括资金来源情况；

（4）勘察设计范围，对勘察设计进度、阶段和深度要求；

（5）勘察设计基础资料；

（6）勘察设计费用支付方式，对未中标人是否给予补偿及补偿标准；

（7）投标报价要求；

（8）对投标人资格审查的标准；

（9）评标标准和方法；

（10）投标有效期。

投标有效期，是招标文件中规定的投标文件有效期，从提交投标文件截止日起计算。

另外对招标文件的收费应仅限于补偿编制及印刷方面的成本支出，招标人不得通过出售招标文件谋取利益。

招标人负责提供与招标项目有关的基础资料，并保证所提供资料的真实性、完整性。涉及国家秘密的除外。

对于潜在投标人在阅读招标文件和现场踏勘中提出的疑问，招标人可以书面形式或召开投标预备会的方式解答,但需同时将解答以书面方式通知所有招标文件收受人。该解答的内容为招标文件的组成部分。

招标人可以要求投标人在提交符合招标文件规定要求的投标文件外,提交备选投标文件,但应当在招标文件中做出说明,并提出相应的评审和比较办法。

(四) 对投标人的资力审查

对投标人的资力进行审查,是确保勘察设计委托成败的关键,既可以采用预先审查,也可以采用事后审查。无论是公开招标时对申请投标人的资格预审,还是邀请招标时采用的资格后审,它们的基本内容相同。

1. 资格审查

资格审查指审查投标人所持有的资质证书是否与招标项目的要求一致,是否具备实施资格。

(1) 证书的种类

该类资格证书,分为"工程勘察证书"和"工程设计证书",一般分别持有。如果勘察任务合并在设计招标中,投标人必须同时拥有两种证书。若仅持有工程设计证书的投标人准备将勘察任务分包,必须同时提交分包人的工程勘察证书。

(2) 证书级别

工程勘察资质分为工程勘察综合资质、工程勘察专业资质、工程勘察劳务资质。工程勘察综合资质只设甲级;工程勘察专业资质设甲级、乙级,根据工程性质和技术特点,部分专业可以设丙级;工程勘察劳务资质不分等级。

工程设计资质分为工程设计综合资质、工程设计行业资质、工程设计专业资质和工程设计专项资质。工程设计综合资质只设甲级;工程设计行业资质、工程设计专业资质、工程设计专项资质设甲级、乙级。根据工程性质和技术特点,个别行业、专业、专项资质可以设丙级,建筑工程专业资质可以设丁级。

(3) 允许承接的任务范围

建设工程勘察、设计单位应当在其资质等级许可的范围内承揽建设工程勘察、设计业务。禁止建设工程勘察、设计单位超越其资质等级许可的范围或者以其他建设工程勘察、设计单位的名义承揽建设工程勘察、设计业务。

取得工程勘察综合资质的企业,可以承接各专业(海洋工程勘察除外)、各等级工程勘察业务;取得工程勘察专业资质的企业,可以承接相应等级相应专业的工程勘察业务;取得工程勘察劳务资质的企业,可以承接岩土工程治理、工程钻探、凿井等工程勘察劳务业务。

取得工程设计综合资质的企业,可以承接各行业、各等级的建设工程设计业务;取得工程设计行业资质的企业,可以承接相应行业相应等级的工程设计业务及本行业范围内同级别的相应专业、专项(设计施工一体化资质除外)工程设计业务;取得工程设计专业资质的企业,可以承接本专业相应等级的专业工程设计业务及同级别的相应专项工程设计业务(设计施工一体化资质除外);取得工程设计专项资质的企业,可以承接本专项相应等级的专项工程设计业务。

2. 能力审查

判定投标人是否具备承担发包任务的能力,也就是要考察勘察设计人在事实上能否顺利、圆满完成任务。通常审查人员的技术力量和所拥有的技术设备两方面。人员的技术力量主要考察设计负责人的资质能力，和具体设计人员的数量、专业覆盖领域、各级职称人员的比例等。审查设备能力主要是审核开展正常勘察设计所需的器材和设备的种类、数量方面是否满足要求。同时还应审查完好程度和在其他工程上的占用情况。

3. 经验审查

通过投标人报送的最近几年完成工程项目表，评定他的设计能力和水平。侧重于考察已完成的设计项目与招标工程在规模、性质、形式上是否相适应。

（五）评标

1. 勘察投标书的评审

不仅评定总价，还应审查各勘察投标书的具体内容，主要评审以下几个方面：勘察方案是否合理；勘察技术水平是否先进；各种所需勘察数据是否准确可靠；报价是否合理。

2. 设计投标书的评审

虽然投标书的设计方案各异，需要评审的内容很多，但大致可以归纳为以下几个方面：

（1）设计方案评审：包括设计指导思想是否正确，方案是否反映了国内外同类工程项目较先进的水平，主要建筑物、构筑物的结构是否合理，工艺流程是否先进，设备选型的适用性，"三废"治理方案是否有效等有关问题；

（2）投入、产出经济效益比较：建筑标准是否合理，投资估算是否超过限额，先进的工艺流程可能带来的投资回报，将预期投入和产出进行效益比较，尤其是要注意潜在的效益，比如后续的维护等成本，同时还要考虑勘察设计在未来社会的非正常收入和支出等；

（3）设计进度快慢：评价投标书内的设计进度计划，看其能否满足招标人制定的项目建设总进度计划要求。应重点审查设计进度是否能满足施工进度要求，避免妨碍或延误施工的顺利进行；

（4）设计资历和社会信誉：不设置资格预审的邀请招标，在评标时还应进行资格后审，作为评审比较条件之一；

（5）报价的合理性：在方案水平相当的投标人之间再进行设计报价的比较，可以通过分项取费的合理性来考察总报价的合理性。

二、建设工程监理招标投标管理制度

（一）建设监理招标概述

1. 监理招标的特点

监理提供的是监理服务，监理招标的标的是"监理服务"，与工程建设中其他各类招标的最大区别表现为监理单位并不承担具体的物质生产任务，而只是受招标人委托对生产建设过程提供监督、管理、咨询等服务。鉴于监理招标的特殊性，招标人选择中标人的基本原则是"基于能力的选择"，招标宗旨是对监理单位能力的选择，这种选择更多的是一种软性的内在能力，但可以从外在的表现对合适的监理人加以筛选。

2. 委托监理工作的范围

监理招标发包的工作内容和范围，既可以是整个工程项目的全过程，也可以是部分工程甚至是阶段工程。监理范围的依据主要是合同包的大小，具体划分合同包的工作范围时，通常考虑的因素包括：

（1）工程规模。中、小型工程项目，一般做法是将全部监理工作委托给一个单位，而大型或复杂工程,就应当按照设计、施工等不同阶段及监理工作的专业性质分别委托给几家单位。

(2)工程项目的专业特点。不同的施工内容对监理人员的素质、专业技能和管理水平的要求不同,应充分考虑专业特点的要求。可以根据"专业人员干专业事情"的原则,将不同的监理工作分开招标,或者根据特殊性把专业性较强的部分项目分离出去单独招标。

(3)被监理合同标的的难易程度。工程项目建设期间,招标人与第三人签订的合同较多,有的合同属于常见的通行内容,但有些合同是专业较强的协议,对易于履行合同的监理工作可并入相关工作的委托监理内容之中。

(二)招标文件

监理招标实际上是征询投标人实施监理工作的方案建议,通过招标获取带来最佳监理效果的方案。为了指导投标人正确编制投标书,招标文件应包括以下几方面内容:投标须知,合同条件,提供的现场办公条件,对监理单位的要求,技术规定,必要的设计文件图纸和资料以及其他事项。

投标须知中要明确工程项目综合说明,包括项目的主要建设内容、投资、现场条件、开竣工日期;委托监理范围和监理业务;投标文件的格式、编制、递交的具体规定;无效投标文件的认定情形;投标起止时间、开标、评标、定标时间和地点;招标文件、投标文件的澄清与修改和评标的原则等。

(三)评标

评标委员会对各投标书进行审查评阅,主要考察以下几方面的合理性:

(1)投标人的资质,包括资质等级、批准的监理业务范围、主管部门或单位、人员综合情况等;

(2)监理大纲;

(3)拟派项目的主要监理人员,要重点审查总监理工程师和主要专业监理工程师的个人情况;

(4)人员派驻计划和监理人员的素质,主要通过学历证书、职称证书和上岗证书来考察;

(5)监理单位提供用于工程的检测设备和仪器;

(6)近几年监理单位的业绩及奖惩情况;

(7)监理费报价和费用组成;

(8)招标文件要求的其他情况。

在审查过程中对投标书不明确之处可采用召开澄清问题会的方式请投标人加以说明,并可通过与总监理工程师的会谈,考察他对业主建设意图的理解、监理目标的设定、应变能力、风险意识等的素质高低。

监理评标要采用量化的方式进行,通常采用综合评分法对各投标人的综合能力进行对比,依据招标项目的特点设置评分内容和分值的权重。招标文件中说明的评标原则和预先确定的记分标准开标后不得更改,作为评标委员的评分依据。

三、建设工程施工招标投标管理制度

(一)施工招标的特点

与勘察设计招标和监理招标比较,建设工程施工招标的特点是发包的工作内容明确、具体，具有较为直观的外在成果，各投标人编制的投标书在评标时易于进行横向对比。虽然投标人按招标文件的工程量表中既定的工作内容和工程量编标报价，所报价格是能否最终获选中标的关键，但价格的高低并非是确定中标人的唯一条件，回应招标所产生的投标过程，实际上是各投标人完成该项任务的技术、经济、管理等综合能力的竞争。

（二）招标准备工作

1. 合同数量的划分

合同数量既可以划分为一个合同包招标，也可以分成多个合同包进行招标。全部施工内容只发一个合同包招标，招标人仅与一个中标人签订合同，施工过程中招标人的管理工作比较简单，但有能力参与竞争的投标人较少，会限制招标人获取更有竞争力的合作伙伴。如果招标人有足够的管理能力，也可以将全部施工内容分解成若干个单位工程和特殊专业工程分别发包。分成多个独立合同进行招标的作用有：一是可以发挥不同投标人的专业特长，增强投标的竞争性；二是使每个独立合同比总承包合同更容易落实，即使出现问题也是个别的、局部的，易于纠正，方便补救。

依据工程特点和现场条件划分合同包的工作范围时，主要应考虑以下因素的影响：

（1）施工内容的专业要求；

（2）施工现场条件；

（3）对工程总投资影响；

（4）其他因素影响。

2. 编制招标文件

编制的施工招标文件应尽可能完整、详细，这不仅能使投标人对项目的招标有充分的了解从而有利于投标竞争，而且招标文件中的很多文件将作为未来合同的有效组成部分，起到预先约束的作用。由于招标文件的内容繁多，必要时可以分卷、分章编写，施工招标范本中推荐的招标文件组成结构包括四卷十章。

（三）资格预审

资格预审是在招标阶段对申请投标人的第一次筛选，主要侧重于对承包人总体能力是否适合招标工程的要求来进行审查，以此判断是否需要进行后续工作。

1. 资格预审的主要内容

资格预审表的内容应根据招标工程项目对投标人的要求来确定，中小型工程的审查内容可适当简单，大型复杂工程则要对承包人的能力进行全面审查。

2. 资格预审方法

（1）必须满足的条件

包括必要合格条件和附加合格条件。

必要合格条件包括：营业执照、资质等级、财务状况、流动资金、分包计划、履约情况。

附加合格条件根据招标工程的施工特点设定具体要求，该项条件不一定与招标工程的实施内容完全相同，只要与本项工程的施工技术和管理能力在同一水平即可。

（2）加权打分量化审查

对满足上述条件申请投标人的资格预审文件，采用加权打分法进行量化评定和比较，权重的分配依据招标工程的特点和对承包人的要求进行配设，打分过程中要注意对承包人报送资料的分析。

（四）评标

1. 综合评分法

综合评分法就是对所有关涉事项和因素综合考虑，而不是只注意某一个方面的优势来进行的评标方法。评标是对各承包人实施工程综合能力的比较，大型复杂工程的评分标准一般要根据招标工程项目特点设置多级评分目标，以利于评委控制打分标准，从而减小随意性。报价部分的评分又分为用标底衡量、用复合标底衡量和无标底比较三大类。

（1）以标底衡量报价得分的综合评分法

评标委员会首先以预先确定的允许报价浮动范围确定入围的有效投标，然后按照评标规则计算各项得分，最后以累计得分比较投标书的优劣。既要考虑投标书的总分，同时还要考虑其中某一项的得分，防止单项得分不合格带来的整体风险问题。

（2）以复合标底值作为报价评分衡量标准的综合评分法

以标底作为报价评定标准时，有可能因编制的标底没有反映出较为先进的施工技术水平和管理水平，导致报价分的评定不合理。为实现科学评分，应当加以修正，可以采用标底的修正值作为衡量标准。

具体步骤为：计算各投标书报价的算术平均值；将标书平均值与标底再作算术平均；以前面算出的值为中心，按预先确定的允许浮动范围确定入围的有效投标书；计算入围有效标书的报价算术平均值；将标底和第四步计算的值采用简单的算数平均或者加权平均方法进行平均，作为确定报价得分的衡量标准；依据评标规则确定的计算方法，按报价与标准的偏离度计算各投标书的该项得分。

（3）无标底的综合评分法

前两种方法在评标过程中对报价部分的评审都以预先设定的标底作为衡量条件，如果标底编制的不够合理，或者即便在这种不合理基础上进行适当修正，仍然有可能对某些投标书的报价评分不公平。为了鼓励投标人的报价竞争，可以不预先制定标底，用反映投标人报价平均水平某一值作为衡量基准评定各投标书的报价部分得分。这种评分依据的是当时和当事的具体实际，有较强的针对性，但有时候也会出现瘸子里选将军的尴尬。此种方法在招标文件中应说明比较的标准值和报价与标准值偏差的计分方法，视报价与其偏离度的大小确定分值高低。采用较多的方法有两种：以最低报价为标准值和以平均报价为标准值。

第一种，以最低报价为标准值。在所有投标书的报价中以报价最低者为标准，将其定为满分的标准，其他投标人的报价按预先确定的偏离百分比计算相应得分。

第二种，以平均报价为标准值。开标后，首先计算各主要报价项的标准值。标准值确定后，再按预先确定的规则，视各投标书的报价与标准值的偏离程度，计算各投标书的该项得分。这里计算标准值的方法可以采用简单的算术平均值，也可以采用平均值下浮某一预先规定的百分比来进行。

2. 评标价法

评标价法分为两个阶段，第一阶段由评标委员会首先对各投标书的审查来淘汰技术方案不满足基本要求的投标书，第二阶段对基本合格的标书按预定的方法将某些评审要素按一定规则折算为评审价格，加到该标书的报价上形成评标价，最终以评标价最低的标书为最优。可以折算成价格的评审要素一般包括：

（1）投标书承诺的工期提前给项目可能带来的超前收益；

（2）实施过程中必然发生而标书又属明显漏项部分，给予相应的补项，增加到报价上去；

（3）技术建议可能带来的实际经济效益，按事先确定的比例折算以后，在投标价内减去该值；

（4）投标书内提出的优惠条件可能给招标人带来的好处，按一定的方法折算后，作为评审价格因素之一；

（5）对其他可以折算为价格的要素，按照对招标人有利或不利的原则，增加或减少到投标报价上去。

四、建设工程物资采购招标投标管理制度

（一）建设工程物资采购招标投标概述

项目建设所需物资按标的物的特点可以区分为买卖合同和承揽合同两类。采购大宗建筑材料或定型批量生产的中小型设备属于买卖合同，而订购非批量生产的大型复杂机组设备、特殊用途的大型非标准部件则属于承揽合同。

对于买卖合同，由于标的物的规格、性能、主要技术参数均为通用指标，因此招标一般仅限于对投标人的商业信誉、报价和交货期限等方面的比较。而对于承揽合同，由于标的物的特殊性质，招标评选时要对投标人的商业信誉、加工制造能力、报价、交货期限和方式、安装、调试、保修及操作人员培训等各方面条件进行全面比较。

（二）划分合同包的基本原则

建设工程项目所需的各种物资应按实际需求时间分成几个阶段进行招标。每次招标可依据物资的性质只发一个合同包或分成几个合同包同时招标。投标的基本单位是包，投标人可以投一个或其中的几个包。划分采购合同包的原则是，有利于吸引较多的投标人参加竞争以达到降低货物价格，保证供货时间、数量、质量的目的。

主要考虑的因素包括：是否有利于投标竞争，工程进度与供货时间的关系，市场供应情况和资金计划等方面。

在是否有利于投标竞争方面，要按照标的物预计金额的大小恰当地分标和分包。若一个包划分过大，中小供货商无力进行投标竞争。反之，划分过小对有实力供货商又缺少吸引力，最后体现不了招标的优势。

在工程进度与供货时间的关系方面，要以分阶段招标的计划能使到货时间满足施工进度计划为条件，同时综合考虑制造周期、运输等因素。既不能延误施工的需要，也不应过早到货，以免支出过多保管费用及占用建设资金，要使供应和使用相协调。

在市场供应情况方面，要合理采购和供应。项目建设需要大量建筑材料和设备，应合理预计市场价格的浮动影响，分阶段、分批合理采购。

在资金计划方面，要考虑建设资金的到位计划和周转计划，合理地进行分次采购招标。

（三）设备采购的资格预审

合格的投标人应具有履行合同的能力，具体要求应符合以下条件：

（1）要具有独立订立合同的权利；

（2）要在专业技术、设备设施、人员组织、业绩经验等方面具有设计、制造、质量控制、经营管理的相应资格和能力；

(3) 要具有完善的质量保证体系；

(4) 要业绩良好；

(5) 要有良好的银行信用和商业信誉等。

(四) 评标

材料、设备供货评标，关于报价，不仅要看报价的高低，还要考虑招标人在货物运抵现场过程中可能要支付的其他费用，以及设备在评审预定的寿命期内可能投入的运营、管理费用的多少。也就是说既要看到实际的支出，同时还要看到潜在的支出。如果投标人的设备报价较低但运营费用很高时，仍然不符合以最合理价格采购的原则。

货物采购评标，一般采用评标价法或综合评分法，也可以将二者结合使用。

1. 评标价法

以货币价格作为评价指标的评标价法，依据标的性质不同可以分为以下几类比较方法。

(1) 最低投标价法

采购简单商品、半成品、原材料，以及其他性能、质量相同或容易进行比较的货物时，因为不存在太多的不确定性，所需花费可以合理预见。仅以报价和运费作为比较要素就可以，最后选择总价格最低者中标。

(2) 综合评标价法

以投标价为基础，将评审各要素按预定方法综合考虑换算成相应价格值，体现到报价上形成评标价。采购车辆等大型设备时，较多采用这种方法。投标报价之外还需考虑的因素通常包括：运输费用、交货期、付款条件、零配件和售后服务、设备性能、生产能力。

(3) 以设备寿命周期成本为基础的评标价法

以设备寿命周期成本为基础的评标价法，主要适用于采购生产线、成套设备、车辆等运行期内各种费用较高的货物。对这些设备评标时可预先确定一个统一的设备评审寿命期，然后根据投标书的实际情况在报价上加上该年限运行期间所发生的各项费用，再减去寿命期末设备的残值。

这种方法是在综合评标价的基础上，进一步加上一定运行年限内的费用作为评审价格。这些以贴现值计算的费用包括：估算寿命期内所需的燃料消耗费；估算寿命期内所需备件及维修费用；估算寿命期残值。

2. 综合评分法

综合评分法即按预先确定的评分标准，分别对各投标书的报价和各种服务分项评审记分最后形成总分的评分法。

(1) 评审记分内容

主要内容包括：投标价格；运输、保险等费用的合理性；交货期限；偏离招标文件规定的付款条件影响；备件价格和售后服务；设备的技术参数；技术服务和培训；其他有关内容。

(2) 评审要素的分值分配

评审要素确定后，应依据采购标的物的性质、特点，以及各要素对总投资的影响程度划分权重和记分标准，既不能等同对待，也不应一概而论。

综合记分法的好处是简便易行，评标考虑要素较为全面，特别是可以将难以用金额表示的某些要素量化后加以比较，将有形和无形的因素都考虑齐全。缺点是各评标委员独自给分，不利于监控，而且对评标人的水平和知识面要求也比较高，增加选择较高水平评审专家的难度。

复 习 思 考 题

1. 如何理解建设工程招投标活动的基本原则？
2. 建设工程招标主体的权利与义务有哪些？建设工程投标主体的权利与义务有哪些？
3. 建设工程招标程序中每个阶段的主要工作有哪些？
4. 建设工程投标程序中每个阶段的主要工作有哪些？
5. 建设工程施工招投标中评标方法的具体内容有哪些？

第六章 建设工程合同法律制度

【本章提要】 合同是当事人之间的协议，建设工程合同是承包人进行工程建设，发包人支付价款的合同。建设工程合同包括建设工程勘察设计合同、建设工程造价咨询合同、建设工程施工合同、建设工程监理合同、建设工程物资采购合同等。国家为了促进合同的有效签订和按约履行，公布了建设工程领域多项合同的示范文本，本章结合合同法律基础知识，依据国家颁布的合同示范文本，对建设工程勘察设计合同、工程造价咨询合同、施工合同、监理合同进行了系统的阐述。

第一节 合同法律基础

一、合同概述

（一）合同的概念

《中华人民共和国合同法》（以下简称《合同法》）第 2 条规定："本法所称合同是平等主体的自然人、法人、其他组织之间设立、变更、终止民事权利义务关系的协议。婚姻、收养、监护等有关身份关系的协议，适用其他法律的规定。"

《合同法》所说的合同，是民事合同，是民事合同中的债权合同。身份合同不适用《合同法》。

合同可以处在三个阶段：一是创立阶段，当事人通过签订合同建立债权债务关系；二是变更阶段，当事人通过签订合同变更已经存在的债权债务关系；三是终止阶段，结束他们之间已有的债权债务关系。

（二）合同的法律特征

1. 合同是当事人之间的合意

合意首先是两个意思表示一致即构成合意。其次，意思表示有瑕疵，不影响合意的存在。另外，合意可以是明示形式，也可以是默示形式，合意还可以是混合形式。

2. 合同在当事人之间成立债的关系

合同作为当事人之间的债权关系体现在以下几个方面：

(1) 当事人订立合同的目的和宗旨，是要创立、变更、终止债权债务关系；

(2) 债权合同具有相对性；

(3) 合同是商品交换的法律形式；

(4) 债权合同是平等主体之间的法律关系；

(5) 债权合同是关于财产关系的合同。

（三）合同的分类

合同按照不同的标准划分有多种类型，其中常见有以下几种。

(1) 双务合同与单务合同。双务合同是双方当事人互负义务的合同。单务合同是一方当事人负担义务，另一方享有权利的合同。

(2) 有偿合同与无偿合同。有偿合同是双方财产的交换，是对价的交换。无偿合同不存在对价，不是财产的交换，是一方付出财产或者付出劳务(付出劳务可以视为付出财产利益)。

(3) 诺成合同和实践合同。诺成合同，是双方意思表示一致即可成立并生效的合同。实践合同必须是标的物的交付或者开始履行才成立或者生效的合同。

(4) 要式合同与不要式合同。要式合同，是指法律规定合同具备特定的形式才能成立或者生效的合同。法律没有要求特定形式的合同叫不要式合同。

(5) 有名合同与无名合同。有名合同是指法律对某类常见合同冠以名称并为其设定具体规则的合同。无名合同是法律未规定名称，也就无从为其设定具体规则的合同。

(6) 主合同和从合同。根据两个合同的从属关系，可以把合同分成主合同和从合同。

二、合同订立

(一) 合同成立条件

合同的成立，是指订约当事人就合同的主要条款达成合意。具体来说，合同的成立必须具备如下条件：

(1) 存在双方或多方订约当事人。订约当事人是指实际订约合同的人，在合同成立以后，这些主体将成为合同的主体。订约当事人既可以是公民，也可以是法人或者其他组织；

(2) 订约当事人对主要条款达成合意。我国《合同法》第12条规定："合同的内容由当事人约定，一般包括以下条款：(一)当事人的名称或姓名和住址；(二)标的；(三)数量；(四)质量；(五)价款或者报酬；(六)履行期限、地点和方式；(七)违约责任；(八)解决争议的方法。"这些条款成为区分合同不同类型的标准，也是促进合同履行的保证；

(3) 合同的成立经过具备要约和承诺阶段。《合同法》第13条规定，"当事人订立合同，采取要约、承诺方式。"要约和承诺是合同成立的基本规则，也是合同成立必须经过的两个阶段。合同的成立应经过要约、承诺阶段，同时也意味着当事人应具有明确的订立合同的目的。

(二) 合同订立的程序

1. 要约

(1) 要约的构成条件

《合同法》第14条规定，"要约是希望和他人订立合同的意思表示"。要约的主要构成要件如下：

第一，要约是由具有订约能力的特定人作出的意思表示。《合同法》第9条规定："当事人订立合同，应当具有相应的民事权利能力和民事行为能力。"

第二，要约必须具有订立合同的意图。《合同法》第14条："要约是希望和他人订立合同的意思表示，要约中必须表明要约经受要约人承诺，要约人即受该意思表示约束。"

第三，要约必须向要约人希望与之缔结合同的受要约人发出。要约只有向要约人希望与其缔结合同的受要约人发出才能够引起受要约人的承诺，特殊情况下也可以向所有人发出要求。

第四，要约的内容必须具体确定。所谓"具体"，是指要约的内容包括足以使合同成立的主要条款,"确定"是指要约的内容已经明确,非经特定程序不得变更。

明确要约的含义,必须准确知晓与其有密切关系的另一个概念,即要约邀请。要约邀请又称为引诱要约,根据《合同法》第15条,要约邀请是指希望他人向自己发出要约的意思表示。下列行为属于要约邀请:寄送的价目表、拍卖公告、招标公告、招股说明书、商业广告。如果广告的内容符合要约规定的,应视为要约。

(2) 要约的生效

要约的法律效力又称要约的拘束力。包括要约开始生效的时间、要约的存续期间等内容。

要约的生效时间即要约从什么时间开始生效,我国《合同法》第16条规定:"要约到达受要约人时生效。"要约以口头形式发出的要约,如果要约中没有规定承诺期限,那么在受要约人立即作出承诺的时候,才能对要约人产生拘束力,如果受要约人没有立即作出承诺,则要约就失去了效力。以书面形式发出的要约,如果要约人在要约中具体规定了存续期限,则该期限为要约的有效存续期限。如果要约中没有规定存续期限,则应当确定一段合理时间作为要约存续的期限。

(3) 要约的撤回与撤销

要约的撤回是指要约人在发出要约以后,未达到受要约人之前,有权宣告取消要约。《合同法》第17条规定:"要约可以撤回。撤回要约的通知应当在要约到达受要约人之前或者与要约同时到达受要约人。"

要约的撤销,是指要约人在要约到达受要约人并生效以后,将该项要约取消,从而使要约的效力归于消灭。

(4) 要约的失效

要约失效,是指要约丧失了法律拘束力,即不再对要约人和受要约人产生拘束。根据《合同法》第20条,要约失效的原因主要有以下几种:拒绝要约的通知到达要约人;要约人依法撤销要约;承诺期限届满,受要约人未作出承诺;受要约人对要约的内容作出实质性变更。

2. 承诺

(1) 承诺的概念和构成要件

承诺,是指受要约人同意要约的意思表示。承诺要产生法律效力,须具备如下条件:

第一,承诺必须由受要约人向要约人作出;

第二,承诺必须在规定的期限内到达要约人;

第三,承诺的内容必须与要约的内容一致;

第四,承诺的方式符合要约的要求。

(2) 承诺生效的标准

《合同法》第26条规定:"承诺通知到达要约人时生效。承诺不需要通知的,根据交易习惯或者要约的要求作出承诺的行为时生效。"《合同法》第23条也明确要求承诺应当在要约确定的期限内到达要约人,因此,承诺生效时间以到达要约人时确定。

所谓承诺撤回,是指受要约人在发出承诺通知以后,在承诺正式生效之前撤回其承诺。《合同法》第27条规定:"承诺可以撤回。撤回承诺的通知应当在承诺通知到达要约人之前或者与承诺通知同时到达要约人。"

所谓承诺迟延是指受要约人未在承诺期限内发出承诺。《合同法》第28条规定,"受要约人超过承诺期限发出承诺的,除要约人及时通知受要约人该承诺有效的以外,为新要约。"

3. 合同成立的时间和地点

(1) 合同成立的时间

合同成立的时间是由承诺实际生效的时间所决定的。我国合同法采取到达主义,因此承诺生效的时间以承诺到达要约人的时间为准,即承诺何时到达了要约人,则承诺便在何时生效。

(2) 合同成立的地点

《合同法》第34条规定:"承诺生效的地点为合同成立的地点",承诺生效地也就是合同的成立地。《合同法》规定,当事人采用合同书形式订立合同的,双方当事人签字或者盖章的地点为合同成立的地点。如果采用数据电文形式订立合同的,收件人的主营业地为合同成立的地点;没有主营业地的,其经常居住地为合同成立的地点。当事人另有约定的,按照其约定。

三、合同的内容和解释

(一) 合同的条款

当事人依程序订立合同,意思表示一致,便形成合同条款,构成作为法律行为的合同内容。合同条款固定了当事人各方的权利义务,成为法律关系意义上的合同的内容。

1. 当事人的名称或者姓名和住所

当事人是合同权利和合同义务的承受者。缺少当事人,使合同缺少约束力。当事人由其名称或姓名及住所加以特定化、固定化,具体合同条款的草拟必须写清当事人的名称或姓名和住所。

2. 标的

标的是合同权利义务指向的对象。标的是一切合同的主要条款,缺少标的使后续条款欠缺针对性。标的条款必须清楚地写明标的名称,以使标的特定化,能够界定权利义务的量。

3. 质量和数量

标的质量和数量是确定合同标的的具体条件,是这一标的区别于同类另一标的的具体特征,有时也成为合同争议的主要来源项目。

4. 价款或酬金

价款或酬金是有偿合同的条款。价款是取得标的物所支付的代价,酬金是获得服务所应支付的代价。

5. 履行期限

履行期限可以规定为即时履行,也可以规定为定时履行,还可以规定为在一定期限内履行。

6. 履行地点和方式

履行地点是确定验收地点的依据,是确定运输费用由谁负担、风险由谁承受的依据,履行方式事关当事人的物质利益,合理确定履行地点和方式能使合同得到顺利履行,以及保证诉讼能正常进行,更好维护合同当事人的利益。

7. 违约责任

违约责任是促使当事人履行债务，使守约方免受或少受损失的法律措施，对当事人的利益关系重大，合同对此应予明确。

8. 解决争议的方法

解决争议的方法，是指有关解决争议运用什么程序、适用何种法律、选择争议解决方式等内容，合理的争议解决方法能有效减少违约带来的损失，促进合同的圆满履行。

（二）合同的形式

1. 书面形式

书面形式是指合同书、信件以及数据电文（包括电报、电传、传真、电子数据交换和电子邮件）等可以有形地表现所载内容的形式。常见的有表格合同、合同确认书、定式合同。

2. 口头形式

口头形式，是指当事人仅用语言为意思表示订立合同，而不用文字表达协议内容的不同形式。凡当事人无约定、法律未规定须采用特定形式的合同，均可采用口头形式。

3. 推定形式

当事人未用语言、文字表达其意思表示，仅用行为向对方发出要约，对方接受该要约，以作出一定或指定的行为作承诺，合同成立。

（三）合同的解释

合同解释，是在当事人对合同条款理解不一致或者合同条款有矛盾时，有权机关对条款真实含义的确认。《合同法》第125条第1款规定："当事人对合同条款的理解有争议的，应当按照合同所使用的词句、合同的有关条款、合同的目的、交易习惯以及诚实信用原则，确定该条款的真实意思。"上述规定，既有合同解释的规则，也有合同解释的原则。

合同解释原则包括：诚实信用原则、真意解释原则、合法原则、合同自由原则、其他解释原则。其具体表现在合同的解释规则：文义解释规则，是指依据合同条款语句的通常含义进行解释；整体解释规则，是指对有争议的条款、词句解释时，不能拘泥于只言片语，要考察其与整体的关系；合同目的解释规则，是指解释合同时，应当考虑当事人的缔约目的；交易习惯解释规则，是指当事人对合同条款的理解不一致或条款之间发生矛盾时，应当考虑当事人交易的背景，考察交易背景中实际为当事人所依据的交易习惯。

四、合同变更与转让

（一）合同变更

合同变更有狭义和广义之分。狭义的变更是指合同内容的某些变化，是在主体不变、标的不变、法律性质不变的条件下，在合同没有履行或没有完全履行之前，由于一定的原因，由当事人对合同约定的权利义务进行部分调整。这种调整，通常表现为对合同某些条款的修改或补充。

合同变更，是针对已经成立的合同或针对生效的合同。无效合同和已经被撤销的合同不存在变更的问题。对可撤销而尚未被撤销的合同，当事人也可以不经人民法院或仲裁机关裁决，而采取协商的手段，变更某些条款，使之成为符合法律要求的合同。合同变更可以分为合意变更和单方行使变更权两类。

(二) 合同转让

合同转让，即合同权利义务的转让，在习惯上又称为合同主体的变更，是以新的债权人代替原合同的债权人；或新的债务人代替原合同的债务人；或新的当事人承受债权，同时又承受债务。上述三种情况，第一种是债权转让；第二种是债务转移或称为债务承担；第三种称为概括承受。

债权转让，是债权人将合同的权利全部或者部分转让给第三人。债权人是转让人，第三人又称为受让人。债权转让须债权人与受让人达成合意，即须成立债权让与合同。但有些债权不能转让，受到一定限制：根据合同性质不得转让的权利；根据当事人约定不得转让的权利；法律规定禁止转让的合同权利。

债务转移是指债务人将合同的义务全部或者部分转移给第三人，又称为债务承担。债务的转移分为全部义务转移和部分义务的转移。债务人将合同的义务全部或者部分转移给第三人的，应当取得债权人的同意。债务转让未经债权人同意的，不发生转让的效力。

概括转让又称为概括承受，是指合同一方当事人将自己在合同中的权利和义务一并转让。概括转移，可以分为意定概括承受和法定概括承受。《合同法》第88条规定："当事人一方经对方同意，可以将自己在合同中的权利和义务一并转让给第三人。"概括转移包含了债务转移，因此必须取得对方当事人的同意。

五、合同权利义务终止

合同权利义务的终止，是指由于一定的法律事实发生，使合同原先设定的权利义务归于消灭的法律现象。我国《合同法》第91条规定："有下列情形之一的，合同的权利义务终止：债务已经按照约定履行；合同解除；债务相互抵销；债务人依法将标的物提存；债权人免除债务；债权债务同归一人；法律规定或者当事人约定终止的其他情形。"

(一) 合同解除

合同解除是指在合同有效成立以后，当事人双方通过协议或者一方行使约定或法定解除权的方式，使当事人设定权利义务关系终止的行为。合同解除因为行使权利的来源分为两种，双方当事人以协议方式解除合同或者一方行使约定解除权而解除合同称之为合意解除，一方行使法定解除权而解除合同称之为单方解除。合同解除适用于有效成立的合同，必须有当事人的解除行为。

法定解除又称单方解除，是指在符合法定条件时，当事人一方有权通知另一方解除合同。法定解除权是根据法律规定产生的解除权，根据解除事由的不同又可分为法定事由解除和法定任意解除。《合同法》第94条规定："有下列情形之一的，当事人可以解除合同：因不可抗力致使不能实现合同目的；在履行期限届满之前，当事人一方明确表示或者以自己的行为表明将不履行主要债务；当事人一方迟延履行主要债务，经催告后在合理的期限内仍未履行；当事人一方迟延履行债务或者有其他违约行为致使不能实现合同目的；法律规定的其他情形。"

合意解除又称为双方解除。合意解除是当事人协商一致，以成立新合同的方式解除原有的合同，因此，合意解除应当适用合同成立、生效的一般规则。合意解除不需要什么条件，只要双方协商一致即可。

(二) 抵销

抵销是双方当事人互负债务时，一方通知对方以其债权充当债务的清偿或者双方协商以债权充当债务的清偿,以使双方的债务在对等数额内消灭的行为。根据抵销原由的来源不同,抵销分为法定抵销与合意抵销。

法定抵销,是指合同当事人双方互负到期债务,且该债务标的物种类、品质相同时,任何一方作出的以其债权充当债务的清偿使相互间相当数额的债务同归消灭的意思表示。这种抵销直接由法律规定。《合同法》第99条规定:"当事人互负到期债务,该债务的标的物种类、品质相同的,任何一方可以将自己的债务与对方的债务抵销,但依照法律规定或者按照合同性质不得抵销的除外。"当事人主张抵销的,应当通知对方,通知自到达对方时生效,抵销不得附条件或者附期限。

合意抵销是双方当事人协商一致将各自的债务抵销,合意抵销由当事人自由约定。《合同法》第100条规定:"当事人互负债务,标的物种类、品质不相同的,经双方协商一致,也可以抵销。"合意抵销,实际上是当事人订立以抵销债务为内容的合同,故合意抵销适用合同成立、生效的一般条件。当符合法定条件时,当事人一方可以行使抵销权;当事人互负债务,但标的物种类、品质不同时,当事人可以协商一致抵销。

(三) 提存

提存是债务人无法履行债务或者难以履行债务的情况下,将标的物交由提存机关保存,以终止合同权利义务关系的行为。提存涉及三个方面的当事人:一是提存人,提存人是合同债务人。二是提存受领人,提存受领人是合同债权人。三是提存机关,我国目前的提存机关是公证机关。

提存的要件有:

(1) 提存的主体适格。提存人是对提存受领人负有履行义务的人,即债务人。

(2) 有合法的提存原因。《合同法》第101条第1款规定:"有下列情形之一,难以履行债务的,债务人可以将标的物提存:(一)债权人无正当理由拒绝受领;(二)债权人下落不明;(三)债权人死亡未确定继承人或者丧失民事行为能力未确定监护人;(四)法律规定的其他情形。"

(3) 提存标的物符合要求。提存的标的物可以是货币、有价证券、票据、提单、权利证书、货物等,动产和不动产都可以提存。《合同法》第101条第2款规定:"标的物不适于提存或者提存费用过高的,债务人依法可以拍卖或者变卖标的物,提存所得的价款。"

(四) 免除

免除是指债权人免除债务人的债务,是债权人以消灭债务人债务为目的的抛弃债权的意思表示。《合同法》第105条规定:"债权人免除债务人部分或者全部债务的,合同的权利义务部分或者全部终止。"

免除的成立需要具备四个条件:

(1) 免除须有债权人抛弃债权的意思表示;

(2) 免除是处分债权的行为,债权人须有相应的行为能力;

(3) 免除本身是无偿行为;

(4) 免除的意思表示不得撤销。

债权人免除债务人部分债务的,部分债务消灭;免除全部债务的,当事人之间的债权债务关系全部终止。债权人免除债务人主债务的,从债务随同消灭。但债权人特别表明免除"主债务"保留"从债务"时,视为部分免除。

免除违反法律、行政法规禁止性规定的无效。免除侵害他人利益的，他人可以请求撤销免除行为。如根据《合同法》第74条的规定，因债务人放弃其到期债权对债权人造成损害的，债权人可以请求人民法院撤销债务人的免除行为。

（五）混同

合同关系或债的关系的主体是对立的双方，当债权与债务同归于一人，导致权利义务关系终止，此时合同解除称为混同。

债权、债务的混同，由债权或债务的承受而产生。承受包括概括承受和特定承受两种。概括承受是发生混同的主要原因。特定承受是债权人承受债务人的债务或债务人承受债权人的债权，此时债权、债务也因混同而消灭。

混同是一种事实，无须有任何意思表示，只要存在客观的混同事实即发生合同之债消灭的效果。

六、法律责任

（一）缔约过失责任

缔约过失责任是指当事人因故意或者过失违反先合同义务致使合同不能产生效力应当承担的民事责任。缔约过错是于合同缔结之际发生的，缔约过失责任的构成要件为：

（1）缔结合同的当事人违反先合同义务。先合同义务是基于诚实信用原则、合法原则产生的法定义务。如不欺、不诈，不违反法律的强行性规定，不侵犯对方合法权益等。

（2）当事人有过错。当事人于缔结合同之际有故意或者过失，缔约责任是过错责任。

（3）有损失。承担缔约责任的方式主要是赔偿，因此要求受害一方有损失。

缔约责任主要发生于四种情况：第一，合同未成立；第二，无效合同；第三，合同被撤销；第四，合同成立但未生效。

《合同法》第42条规定："当事人在订立合同过程中有下列情形之一，给对方造成损失的，应当承担损害赔偿责任：假借订立合同，恶意进行磋商；故意隐瞒与订立合同有关的重要事实或者提供虚假情况；有其他违背诚实信用的行为。"

承担缔约责任的方式主要是赔偿损失，赔偿损失的范围原则上不超过实际损失。具体的赔偿内容包括：缔约费用；为准备履行合同产生的费用；履行合同而发生的费用；特定情形下丧失合同机会产生的损失。

（二）违约责任

1. 违约责任概述

违约责任是违反合同义务的后果，是合同未得到约定履行的责任分担。

违约的最基本分类是两种：一是不履行；二是履行不符合约定。不履行可以分为拒绝履行与履行不能。履行不符合约定可以分为迟延履行、瑕疵履行等。

2. 违约责任的构成要件

我国《合同法》确立的归责原则，以严格责任为基础，以过错责任为补充。

严格责任原则要求，当事人违约即构成违约责任，除非有免责的事由。其构成要件有两个：其一，有违约行为；其二，无免责事由。

过错责任原则要求，当事人因过错违约始构成违约责任。其构成要件有两个：其一，有违约行为；其二，有过错。

3. 违约的免责事由

免责是免除责任的简称，违约免责事由是指不承担违约责任的原因。

免责事由分为约定的免责事由和法定的免责事由。约定免责事由属于当事人意思自治范畴，但约定免责，不得违反《合同法》第53条的规定。

法定的免责事由包括不可抗力和相对人有过错。

不可抗力是当事人不能预见、不能避免并且不能克服的客观情况。不可抗力事件的范围，包括自然灾害和社会事件。《合同法》第117条规定："因不可抗力不能履行合同的，根据不可抗力的影响，部分或者全部免除责任，但法律另有规定的除外。当事人迟延履行后发生不可抗力的，不能免除责任。本法所称不可抗力，是指不能预见、不能避免并不能克服的客观情况。"

相对人有过错，是指相对人对损害的发生有故意或者过失。《民法通则》第131条规定："受害人对于损害的发生也有过错的，可以减轻侵害人的民事责任。"这种规则被称为"过错相抵"，违约人应当承担违约责任，但是可以因为相对人的过错而减轻责任或者免除责任，减轻与免除取决于对方过错的程度。

4. 违约责任的形式

承担违约责任的形式具有多样性，包括继续履行、采取补救措施、赔偿损失、支付违约金等。

继续履行又称为实际履行。《合同法》第109条规定："当事人一方未支付价款或者报酬的，对方可以要求其支付价款或者报酬。"第110条规定："当事人一方不履行非金钱债务或者履行非金钱债务不符合约定的，对方可以要求履行，但有下列情形之一的除外：（一）法律上或者事实上不能履行；（二）债务的标的不适于强制履行或者履行费用过高；（三）债权人在合理期限内未要求履行。"

采取补救措施即在履行不符合约定时，采用变通履行方法，以补救履行效果。《合同法》第111条规定："质量不符合约定的，应当按照当事人的约定承担违约责任。对违约责任没有约定或者约定不明确，依照本法第六十一条的规定仍不能确定的，受损害方根据标的的性质以及损失的大小，可以合理选择要求对方承担修理、更换、重作、退货、减少价款或者报酬等违约责任。"

赔偿损失，是指违约方不履行或不按合同约定履行时，以金钱或实物弥补被违约人损失的责任。《合同法》第113条规定："当事人一方不履行合同义务或者履行合同义务不符合约定，给对方造成损失的，损失赔偿额应当相当于因违约所造成的损失，包括合同履行后可以获得的利益，但不得超过违反合同一方订立合同时预见到或者应当预见到的因违反合同可能造成的损失。经营者对消费者提供商品或者服务有欺诈行为的，依照《中华人民共和国消费者权益保护法》的规定承担损害赔偿责任。"

违约金是合同当事人预定的，一方不履行合同或履行合同不符合约定条件时，应给付另一方当事人一定数额的货币。《合同法》第114条规定："当事人可以约定一方违约时应当根据违约情况向对方支付一定数额的违约金，也可以约定因违约产生的损失赔偿额的计算方法。约定的违约金低于造成的损失的，当事人可以请求人民法院或者仲裁机构予以增加；约定的违约金过分高于造成的损失的，当事人可以请求人民法院或者仲裁机构予以适当减少。当事人就迟延履行约定违约金的，违约方支付违约金后，还应当履行债务。"

第二节 建设工程合同法律概论

一、建设工程合同概述

(一) 建设工程合同概念

建设工程合同是承包人进行工程建设,发包人支付价款的合同。《合同法》第269条第1款规定:"建设工程合同是承包人进行工程建设,发包人支付价款的合同。"建设工程合同包括勘察合同、设计合同、工程造价咨询合同、施工合同、监理合同、物资采购合同等。建设单位(或建设人)称为发包人,勘察、设计、造价咨询、施工、监理、供货商单位称为承包人。建设工程合同是一种特殊的承揽合同,因此,对建设工程合同没有规定的,可以适用承揽合同的有关规定。

(二) 建设工程合同的主要条款

建设工程合同类型繁多,常见的主要是勘察、设计合同,造价咨询合同,施工合同,监理合同,物资采购合同等。

1. 勘察、设计合同的主要条款

勘察、设计合同的内容包括:提交有关基础资料和文件(包括概预算)的期限、质量要求、费用以及其他协作条件等条款。

2. 造价咨询合同的主要条款

工程造价咨询合同一般包括下列主要内容:咨询项目的名称、委托内容、要求、标准、履行期限、咨询费、支付方式和时间、违约责任和纠纷解决方式、当事人约定的其他内容。

3. 施工合同的主要条款

施工合同主要条款包括:工程范围、建设工期、中间交工工程的开工和竣工时间、工程质量、工程造价、技术资料交付时间、材料和设备供应责任、拨款和结算、竣工验收、质量保修范围和质量保证期、双方相互协作等条款。

4. 监理合同的主要条款

监理合同的主要条款包括:合同内所涉及的词语定义和必须遵循的法规、监理人(监理单位)的义务、委托人(业主)的义务、监理人(监理单位)的权利、委托人(业主)的权利、监理人(监理单位)的责任、委托人(业主)的责任、合同生效及变更与终止的规定、监理报酬、争议的解决方式、其他方面的规定。

5. 物资采购合同的主要条款

物资采购合同在性质上是一种特定标的的买卖合同,同时又兼具有其他合同类型的特征,其主要条款类似买卖合同的主要条款。

(三) 建设工程合同的特征

1. 建设工程合同的主体具有严格性

建设工程合同主体,包括发包人和承包人一般都只能是法人。发包人一般只能是经过批准进行工程项目建设的法人,必须有国家批准的建设项目,落实投资计划,并且具备相应的协调能力;承包人必须具备法人资格,而且应当具备相应的从事勘察、设计、造价咨询、施工、监理等资质。无营业执照或无承包资质的单位不能作为建设工程合同的主体,资质等级低的单位不能越级承包等级要求高的建设工程。

2. 合同的标的具有特殊性

建设工程合同的标的是各类建筑商品，其基础部分与大地相连，建筑商品是不动产，不动产区别于动产是其不能移动，否则会导致原有价值的减损。这就决定了每个建设工程合同标的都是特殊的，相互间具有不可替代性。同时，工程建设产品除了具有一般工农业产品的商品属性外，还有其特定属性，是物资成果和智力成果相结合的产物；工程建设的一次性投资额大，需消耗大量的人力、财力和物力等。

3. 建设工程合同具有计划性和程序性

国家对建设工程的计划和程序都有严格的管理制度。订立建设工程合同必须以国家批准的投资计划为前提，即使国家投资以外的、以其他方式筹集的投资也要受到当年的贷款规模和批准限额的限制，纳入当年的投资规模的平衡，并经过严格的审批程序。这种管理是国家行使宏观调控和市场监管职能的体现。建设工程应受国家计划的约束，对于计划外的工程项目，当事人不得签订建设工程合同；对于国家的重大工程项目，更应该根据国家规定的程序和国家批准的投资计划和计划任务书签订。建设工程合同的订立和履行还必须符合国家关于基本建设程序的有关规定。

4. 建设工程合同内容具有较强专业性

建设工程具有性质上的特殊性和施工生产的复杂性，决定了施工合同必须有很多条款。我国建设工程施工合同示范文本通用条款就有11大部分共47个条款、173个子款。

建设工程合同因为既有有形的劳务提供合同，也有无形智力提供的服务合同。种类多样、内容复杂这些特点，使得建设工程合同无论在合同文本结构，还是在合同内容上，都要反映适应其特点，符合工程项目建设客观规律的内在要求，以保护合同当事人的合法权益，促使当事人严格履行自己的义务和职责，提高工程项目的社会效益、经济效益。

（四）建设工程合同的种类

建设工程合同，从划分方式的不同可以分为不同的种类。

1. 从承发包的工程范围进行划分

从承发包不同的范围和数量进行划分，可以将承包工程合同分为建设工程总承包合同、建设工程承包合同、分包合同。发包人将工程建设的全过程发包给一个承包人的合同即为建设工程的总承包合同。发包人如果将建设工程的勘察、设计、造价咨询、施工、监理等的每一项分别发包给一个承包人的合同即为建设工程承包合同。分包合同是由两个以上的承包人对发包人负责完成基本建设工程的合同，包括分别承包和联合承包两种形式。

2. 从完成承包的内容进行划分

从完成承包的内容进行划分，建设工程合同可以分为建设工程勘察合同、建设工程设计合同、建设工程造价咨询合同、建设工程施工合同、建设工程监理合同、建设工程物资采购合同等。

3. 从付款方式进行划分

以付款方式不同进行划分，建设工程合同可以分为总价合同、单价合同和成本加酬金合同。

总价合同是指在合同中确定一个完成建设工程的总价，承包单位在总价不变情况下完成项目全部内容的合同。

单价合同是承包单位在投标时，分部分项支付工程费用的合同。

成本加酬金合同按招标文件就分部分项工程所列出的工程量表确定各成本加酬金合同，是由业主向承包单位支付建设工程的实际成本，并按事先约定的某一种方式支付酬金的合同类型。

二、建设工程合同当事人的权利和义务

（一）承包人的主要义务

1. 容忍义务

容忍是容耐、忍受之意，建设工程承包人接受发包人监督检查及其监理人的监理是容忍义务的集中体现。《合同法》第277条规定："发包人在不妨碍承包人正常作业的情况下，可以随时对作业进度、质量进行检查。"

《合同法》第276条规定："建设工程实行监理的，发包人应当与监理人采用书面形式订立委托监理合同。发包人与监理人的权利和义务以及法律责任，应当依照本法委托合同以及其他有关法律、行政法规的规定。"

2. 通知义务

为适应工程建设需要，当验收或其他行为发生时，承包人应当及时通知发包人。《合同法》第278条规定："隐蔽工程在隐蔽以前，承包人应当通知发包人检查。发包人没有及时检查的，承包人可以顺延工程日期，并有权要求赔偿停工、窝工等损失。"

3. 依法、按约施工及交付工作成果的义务

依法、按约施工是工程建设过程的需要，交付工作成果是工程建设结果的要求。《合同法》第281条规定："因施工人的原因致使建设工程质量不符合约定的，发包人有权要求施工人在合理期限内无偿修理或者返工、改建。经过修理或者返工、改建后，造成逾期交付的，施工人应当承担违约责任。"承包人应当按照规定依法进行，应当严格按照操作规程开展工作，按时、按质交付工作成果。

（二）发包人的主要义务

1. 协助义务

协助是协作、帮助之意，指发包人应为承包人提供工程建设的各项方便、以确保工程建设能顺利进行。《合同法》第283条规定："发包人未按照约定的时间和要求提供原材料、设备、场地、资金、技术资料的，承包人可以顺延工程日期，并有权要求赔偿停工、窝工等损失。"顺延工期实质上是行使履行抗辩权的行为，行使抗辩权之外，还可以追究对方的违约责任。

2. 验收义务

验收工程是对工作成果的鉴定，是对合同履行情况的检查、验证。及时验收是对承包人权利有效维护的体现，是发包人的一项重要工作。《合同法》第279条规定："建设工程竣工后，发包人应当根据施工图纸及说明书、国家颁发的施工验收规范和质量检验标准及时进行验收。验收合格的，发包人应当按照约定支付价款，并接收该建设工程。建设工程竣工经验收合格后，方可交付使用；未经验收或者验收不合格的，不得交付使用。"《合同法》第282条规定："因承包人的原因致使建设工程在合理使用期限内造成人身和财产损

害的,承包人应当承担损害赔偿责任。"这是验收义务对应的保修制度体现,是与验收直接相关的制度。

3. 支付价款义务

支付价款是发包人主要的义务,是发包人一方的对价。由于工程量大价高,支付价款多为分期支付,个别单项工程可以采用一次总付方法进行。逾期不支付的,承包人根据《合同法》第286条的规定有不动产留置权。

4. 按期接受工程的义务

接受工程是权利,按期接受工程是义务。在这方面,发包人应当合理行使权利,恰当履行义务。

三、建设工程合同的签订与履行

(一)建设工程合同的签订

建设工程合同的签订,要遵守相关的要求。首先必须遵守国家的相关规定,要有一定的依据。建设工程合同的签订,除某些不适宜招标的特殊工程外,均应实行招标、投标。签订建设工程合同必须依据《合同法》、《建筑法》、《招标投标法》、《建设工程质量管理条例》等有关法律、法规,按照《建设工程合同示范文本》的"合同条件",明确规定合同双方的权利、义务,共同保证工程项目按合同规定的工期、质量、造价等要求完成。合同签订还要遵循一定的原则,这些基本原则主要包括平等原则、合同自由与国家适当干预相结合原则、公平原则、诚实信用原则和合同第一性原则等,这些原则一般都体现在了具体的制度规定之中。

工程合同签订应具备的条件:初步设计已经批准;工程项目已经列入年度建设计划;能够满足施工需要的设计文件和有关技术资料;建设资金和主要建设材料设备来源已经落实;招投标工程中标通知书已经下达。

工程合同签订的内容:工程名称和地点、投资来源、开竣工日期;工程范围和内容;开竣工日期及中间交工工程开竣工日期;工程质量保修期及保险条件;工程造价;工程价款的支付、结算及交工验收办法;设计文件及概算和技术资料提供日期;材料设备的供应和进场期限;双方相互协作事项;违约责任。

(二)建设工程合同的履行

建设工程合同的履行是发包人支付报酬和承包人交付成果的行为,但是其履行并不是单指最后交付行为,而是一系列行为及其结果的总和,这种履行是过程和结果的统一。建设工程合同的履行是当事人全面地、适当地完成合同义务,使当事人实现其合同权利的给付行为和给付结果的统一。

建设工程合同的履行必须遵循以下制度要求:

(1) 建立健全分级归口管理制度。建设工程合同的履行涉及承包人一方的内部组织结构,可以按业务范围,实行归口管理,计划、预算、技术、质量、材料、财务管理部门,都要按合同要求,开展工作,并负责解决合同在执行中出现的有关业务问题。同时实行局、处、公司分级管理制度,不同层级行使不同的管理权限。

(2) 认真按工程合同要求组织施工。按照合同组织施工生产,使之符合计划要求,它既保证了国家计划的完成,又按期实现合同条款的规定,这无论对国家,对协作单位,对自己都是有利的。

第三节 建设工程勘察设计合同

一、建设工程勘察设计合同概念

建设工程勘察设计合同包括建设工程勘察合同和建设工程设计合同两种，因其关系特殊，一般统称为建设工程勘察设计合同。特定情形下，如建设工程招标投标所述，勘察和设计根据其发包，既可以单独作为两个不同的合同对待，也可以合并成一个合同。建设工程勘察合同是指根据建设工程的要求，查明、分析、评价建设场地的地质地理环境特征和岩土工程条件，编制建设工程勘察文件的协议。建设工程设计合同是指根据建设工程的要求，对建设工程所需的技术、经济、资源、环境等条件进行综合分析、论证，编制建设工程设计文件的协议。如果合并为一个勘察设计合同，则其内容包含了单项的勘察和设计内容。国家为促进合同双方更好履行权利与义务，保证合同的有效实现，推进良好市场秩序的形成，原建设部和国家工商行政管理局在 2000 年颁布了建设工程勘察合同示范文本和建设工程设计合同示范文本，本部分将以此合同示范文本为依据，简略介绍建设工程中勘察和设计合同的有关内容。

二、建设工程勘察设计合同的订立

（一）建设工程勘察合同的订立

依据《建设工程勘察合同》（岩土工程勘察、水文地质勘察（含凿井）工程测量、工程物探示范文本）（GF—2000—0203），勘察合同的订立包括以下内容：勘察合同标的规定；发包人应提供的勘察依据文件和资料；委托任务的工作范围；开工及提交勘察成果资料的时间和收费标准及付费方式；双方履约的要求及承担的责任；违约责任；合同争议的最终解决方式；约定仲裁委员会的名称等。

勘察合同标的涉及：工程名称；工程建设地点；工程规模与特征；工程勘察任务委托文号和日期；工程勘察任务（内容）与技术要求；承接方式；预计勘察工作量等内容，双方应当在合同首部加以明确。

发包人应提供的勘察依据文件和资料包括：提供本工程批准文件（复印件），以及用地（附红线范围）、施工、勘察许可等批件（复印件）；提供工程勘察任务委托书、技术要求和工作范围的地形图、建筑总平面布置图；提供勘察工作范围已有的技术资料及工程所需的坐标与标高资料；提供勘察工作范围地下已有埋藏物的资料（如电力、电讯电缆、管道、人防设施、洞室等）及具体位置分布图。发包人不能提供上述资料，由勘察人收集的，发包人需向勘察人支付相应费用。

委托任务的工作范围为：工程勘察任务（内容）、技术要求；预计的勘察工作量；勘察成果资料提交的内容及份数。

（二）建设工程设计合同的订立

依据《建设工程设计合同》（民用建设工程设计合同示范文本）（GF—2000—0209），设计合同的订立包括以下内容：设计合同标的规定；发包人应提供的文件和资料；设计人交付设计资料的内容和时间；设计费用；双方工作中的具体责任；违约责任；合同争议的最终解决方式；双方的其他约定。

设计合同标的规定包括：项目名称；分项目名称；建设规模；设计阶段及内容；估算

总投资及设计费用等。

发包人应提供的文件和资料：经批准的项目可行性研究报告或项目建议书；城市规划许可文件；工程勘察资料等；项目设计要求；工程的范围和规模；限额设计的要求；设计依据的标准等条件。

三、建设工程勘察设计合同的履行管理

（一）建设工程勘察合同履行管理

1. 双方的权利与义务

（1）发包人的权利与义务

第一，发包人委托任务时，必须以书面形式向勘察人明确勘察任务及技术要求，并按规定提供文件资料。在勘察工作范围内，没有资料、图纸的地区（段），发包人应负责查清地下埋藏物，若因未提供上述资料、图纸，或提供的资料图纸不可靠、地下埋藏物不清，致使勘察人在勘察工作过程中发生人身伤害或造成经济损失时，由发包人承担民事责任。

第二，发包人应及时为勘察人提供并解决勘察现场的工作条件和出现的问题并承担其费用。若勘察现场需要看守，特别是在有毒、有害等危险现场作业时，发包人应派人负责安全保卫工作，按国家有关规定，对从事危险作业的现场人员进行保健防护，并承担费用。

第三，工程勘察前，若发包人负责提供材料的，应根据勘察人提出的工程用料计划，按时提供各种材料及其产品合格证明，并承担费用和运到现场，派人与勘察人的人员一起验收。勘察过程中的任何变更，经办理正式变更手续后，发包人应按实际发生的工作量支付勘察费。为勘察人的工作人员提供必要的生产、生活条件，并承担费用；如不能提供时，应一次性付给勘察人临时设施费。由于发包人原因造成勘察人停、窝工，除工期顺延外，发包人应支付停、窝工费。发包人若要求在合同规定时间内提前完工（或提交勘察成果资料）时，发包人应按每提前一天多少的标准向勘察人计算加班费。

第四，发包人应保护勘察人的投标书、勘察方案、报告书、文件、资料图纸、数据、特殊工艺（方法）、专利技术和合理化建议，未经勘察人同意，发包人不得复制，不得泄露，不得擅自修改、传送或向第三人转让或用于本合同外的项目，如发生上述情况，发包人应负法律责任，勘察人有权索赔。

（2）勘察人的权利与义务

第一，勘察人应按国家技术规范、标准、规程和发包人的任务委托书及技术要求进行工程勘察，按本合同规定的时间提交质量合格的勘察成果资料，并对其负责。在工程勘察前，提出勘察纲要或勘察组织设计，派人与发包人的人员一起验收发包人提供的材料。

第二，由于勘察人提供的勘察成果资料质量不合格，勘察人应负责无偿给予补充完善使其达到质量合格；若勘察人无力补充完善，需另委托其他单位时，勘察人应承担全部勘察费用；或因勘察质量造成重大经济损失或工程事故时，勘察人除应负法律责任和免收直接受损失部分的勘察费外，并根据损失程度向发包人支付赔偿金。

第三，勘察过程中，根据工程的岩土工程条件（或工作现场地形地貌、地质和水文地质条件）及技术规范要求，向发包人提出增减工作量或修改勘察工作的意见，并办理正式变更手续。

第四，在现场工作的勘察人的人员，应遵守发包人的安全保卫及其他有关的规章制度，承担其有关资料保密义务。

2. 勘察合同的工期

勘察工作有效期限以发包人下达的开工通知书或合同规定的时间为准，如遇特殊情况（设计变更、工作量变化、不可抗力影响以及非勘察人原因造成的停、窝工等）时，工期顺延。

3. 勘察费用的计价及支付

勘察费用计价方式，可以采用以下方式中的一种：按国家规定的现行收费标准取费；预算包干；中标价加签证；实际完成工作量结算等。

勘察费用的支付要求为：合同签订后 3 天内，发包人应向勘察人支付预算勘察费的20%作为定金；勘察工作外业结束后一定时间内，发包人向勘察人支付约定勘察费的某一百分比。对于勘察规模大、工期长的大型勘察工程，还可将这笔费用按实际完成的勘察进度分解，向勘察人分阶段支付工程进度款；提交勘察成果资料后 10 天内，发包人应一次付清全部工程费用。

（二）建设工程设计合同履行管理

1. 双方的权利与义务

（1）发包人的权利与义务

第一，发包人按合同规定的内容，在规定的时间内向设计人提交资料及文件，并对其完整性、正确性及时限负责，发包人不得要求设计人违反国家有关标准进行设计。发包人提交上述资料及文件超过规定期限 15 天以内，设计人按合同规定交付设计文件时间顺延；超过规定期限 15 天以上时，设计人员有权重新确定提交设计文件的时间。

第二，发包人变更委托设计项目、规模、条件或因提交的资料错误，或所提交资料作较大修改，以致造成设计人设计需返工时，双方除需另行协商签订补充协议（或另订合同）、重新明确有关条款外，发包人应按设计人所耗工作量向设计人增付设计费。在未签合同前发包人已同意，设计人为发包人所做的各项设计工作，应按收费标准，相应支付设计费。发包人要求设计人比合同规定时间提前交付设计资料及文件时，如果设计人能够做到，发包人应根据设计人提前投入的工作量，向设计人支付赶工费。

第三，发包人应为派赴现场处理有关设计问题的工作人员，提供必要的工作生活及交通等方便条件。

第四，发包人应保护设计人的投标书、设计方案、文件、资料图纸、数据、计算软件和专利技术。未经设计人同意，发包人对设计人交付的设计资料及文件不得擅自修改、复制或向第三人转让或用于本合同外的项目，如发生以上情况，发包人应负法律责任，设计人有权向发包人提出索赔。

（2）设计人的权利与义务

第一，设计人应按国家技术规范、标准、规程及发包人提出的设计要求，进行工程设计，按合同规定的进度要求提交质量合格的设计资料，并对其负责。

第二，确保设计合理使用年限。

第三，设计人按合同规定的内容、进度及份数向发包人交付资料及文件。

第四，设计人交付设计资料及文件后，按规定参加有关的设计审查，并根据审查结论负责对不超出原定范围的内容做必要调整补充。设计人按合同规定时限交付设计资料及文件，本年内项目开始施工，负责向发包人及施工单位进行设计交底、处理有关设计问题和参加竣工验收。在一年内项目尚未开始施工，设计人仍负责上述工作，但应按所需工作量向发包人适当收取咨询服务费，收费额由双方商定。

第五，设计人应保护发包人的知识产权，不得向第三人泄露、转让发包人提交的产品图纸等技术经济资料。如发生以上情况并给发包人造成经济损失，发包人有权向设计人索赔。

2. 合同内容的变更

设计合同的变更，涉及以下几个方面的原因：设计人的工作；委托任务范围内的设计变更；委托其他设计单位完成的变更；发包人原因的重大设计变更。

3. 合同的期限

设计期限是判定设计人是否按期履行合同义务的标准，除了合同约定的交付设计文件（包括约定分次移交的设计文件）的时间外，还可能包括由于非设计人应承担责任和风险的原因，经过双方补充协议确定应顺延的时间之和，如设计过程中发生影响设计进展的不可抗力事件，非设计人原因的设计变更，发包人应承担责任的事件对设计进度的干扰等。

4. 支付管理

（1）定金的支付

发包人应在合同签订后 3 天内，支付设计费总额的 20% 作为定金。双方的合同义务全部完成进行合同结算时，定金可以抵作设计费或收回。

（2）合同价格

签订合同时，双方商定合同的设计费，收费依据和计算方法按国家和地方有关规定执行。国家和地方没有规定的，由双方商定。

四、建设工程勘察设计合同违约责任

（一）建设工程勘察合同违约责任

违约责任的认定与分担有以下几种情形：

（1）由于发包人未给勘察人提供必要的工作生活条件而造成停、窝工或来回进出场地，发包人除应付给勘察人停、窝工费，工期按实际工日顺延外，还应付给勘察人来回进出场费和调遣费；

（2）由于勘察人原因造成勘察成果资料质量不合格，不能满足技术要求时，其勘察费用由勘察人承担。合同履行期间，由于工程停建而终止合同或发包人要求解除合同时，勘察人未进行勘察工作的，不退还发包人已付定金；已进行勘察工作的，完成的工作量在 50% 以内时，发包人应向勘察人支付预算额 50% 的勘察费；完成的工作量超过 50% 时，则应向勘察人支付预算额 100% 的勘察费；

（3）发包人未按合同规定时间拨付勘察费，每超过一日，应偿付未支付勘察费的千分之一逾期违约金；

（4）由于勘察人原因未按合同规定时间提交勘察成果资料，每超过一日，应减收勘察费千分之一；

（5）合同签订后，发包人不履行合同时，无权要求退还定金；勘察人不履行合同时，双倍返还定金。

(二) 建设工程设计合同违约责任

在合同履行期间,发包人要求终止或解除合同,设计人未开始设计工作的,不退还发包人已付的定金;已开始设计工作的,发包人应根据设计人已进行的实际工作量,不足一半时,按该阶段设计费的一半支付;超过一半时,按该阶段设计费的全部支付。

发包人应按合同规定的金额和时间向设计人支付设计费,每逾期支付一天,应承担支付金额千分之二的逾期违约金。逾期超过30天以上时,设计人有权暂停履行下阶段工作,并书面通知发包人。

设计人对设计资料及文件出现的遗漏或错误负责修改或补充。由于设计人员错误造成工程质量事故损失,设计人除负责采取补救措施外,应免收直接受损失部分的设计费。损失严重的根据损失的程度和设计人责任大小向发包人支付赔偿金,赔偿金由双方商定。

由于设计人自身原因,延误了按合同规定的设计资料及设计文件的交付时间,每延误一天,应减收该项目应收设计费的千分之二。

合同生效后,设计人要求终止或解除合同,设计人应双倍返还定金。

第四节 建设工程造价咨询合同

一、工程造价咨询合同概述

(一) 工程造价咨询合同的概念

工程造价咨询合同是委托人与受托人(工程造价咨询单位)约定,由工程造价咨询单位处理委托人委托的工程项目的可行性研究,投资估算及评价,工程概算、预算、结算、竣工决算,工程招标标底和投标报价的编制和审核,以及对工程造价进行监控,提供有关工程造价信息资料等业务工作的合同。

(二) 工程造价咨询合同的特点

1. 受托人主体的特定性

受托的工程造价咨询单位,是指接受委托,对建设项目工程造价的确定与控制提供专业服务,出具工程造价成果文件的中介组织或咨询服务机构。工程造价咨询单位应当取得资质证书,并在资质证书核定的范围内从事工程造价咨询业务。工程造价咨询企业资质等级分为甲、乙两级。甲级工程造价咨询企业可以从事各类建设项目的工程造价咨询业务。乙级工程造价咨询企业可以从事工程造价5000万元人民币以下的各类建设项目的工程造价咨询业务。工程造价咨询企业依法从事工程造价咨询活动,不受行政区域限制。工程造价咨询企业跨省、自治区、直辖市承接工程造价咨询业务的,应当自承接业务之日起30日内到建设工程所在地省、自治区、直辖市人民政府建设主管部门备案。

2. 工程造价咨询合同标的的特殊性

工程造价咨询合同标的是对建设项目工程造价的确定与控制提供专业服务,即处理委托人委托的工程项目的可行性研究,投资估算及评价,工程概算、预算、结算、竣工决算,工程招标标底和投标报价的编制和审核,以及对工程造价进行监控,提供有关工程造价信息资料等业务工作。

3. 工程造价咨询合同为有偿双务合同

工程造价咨询合同为有偿双务合同,国家对工程造价咨询合同的收费标准实行政府指导价格，具体规定见国家发展与改革委员会制定的《建设项目前期工作咨询收费暂行规定》等文件。

（三）工程造价咨询合同的法律规范

工程造价咨询合同有关的法律规范包括：1997年11月1日第八届全国人民代表大会常务委员会第二十八次会议通过的《中华人民共和国建筑法》，1999年3月15日第九届全国人民代表大会第二次会议通过的《中华人民共和国合同法》，1999年8月30日第九届全国人民代表大会常务委员会第十一次会议通过的《中华人民共和国招标投标法》，原建设部2000年1月25日以74号令颁布的《工程造价咨询单位管理办法》（已废止），2006年2月22日经原建设部第八十五次常务会议讨论通过，自2006年7月1日起施行的《工程造价咨询企业管理办法》（建设部令第149号）等。

二、工程造价咨询合同的内容

工程造价咨询合同一般包括下列主要内容：

(1) 当事人的名称、地址；
(2) 咨询项目的名称、委托内容、要求、标准；
(3) 履行期限；
(4) 咨询费、支付方式和时间；
(5) 违约责任和纠纷解决方式；
(6) 当事人约定的其他内容。

三、工程造价咨询合同的履行

（一）双方的权利与义务

1. 委托人的权利

委托人的权利主要有以下几个方面：

(1) 委托人有权向咨询人询问工作进展情况及相关的内容；
(2) 委托人有权阐述对具体问题的意见和建议；
(3) 当委托人认定咨询专业人员不按咨询合同履行其职责，或与第三人串通给委托人造成经济损失的，委托人有权要求更换咨询专业人员，直至终止合同并要求咨询人承担相应的赔偿责任。

2. 工程造价咨询单位的权利

工程造价咨询单位的权利主要有以下几个方面的内容：

(1) 咨询人在咨询过程中，如委托人提供的资料不明确时可向委托人提出书面报告；
(2) 咨询人在咨询过程中，有权对第三人提出与本咨询业务有关的问题进行核对或查问；
(3) 咨询人在咨询过程中，有到工程现场勘察的权利。

3. 委托人的义务

委托方的义务主要有以下几项：

(1) 委托人应负责与本建设工程造价咨询业务有关的第三人的协调，为咨询人工作提供外部条件；
(2) 委托人应当在约定的时间内，免费向咨询人提供与本项目咨询业务有关的资料；
(3) 委托人应当在约定的时间内就咨询人书面提交并要求做出答复的事宜做出书面答

复。咨询人要求第三人提供有关资料时，委托人应负责转达及资料转送；

（4）委托人应当授权胜任本咨询业务的代表，负责与咨询人联系。

4．工程造价咨询单位的义务

工程造价咨询单位的义务主要有以下几个方面：

（1）向委托人提供与工程造价咨询业务有关的资料，包括工程造价咨询的资质证书及承担本合同业务的专业人员名单、咨询工作计划等，并按合同专用条件中约定的范围实施咨询业务；

（2）咨询人在履行本合同期间，向委托人提供约定服务，包括正常服务、附加服务和额外服务；

（3）在履行合同期间或合同规定期限内，不得泄露与本合同规定业务活动有关的保密资料。

（二）工程造价咨询酬金

正常的建设工程造价咨询业务，附加工作和额外工作的酬金，按照建设工程造价咨询合同专用条件约定的方法计取，并按约定的时间和数额支付。

如果委托人在规定的支付期限内未支付建设工程造价咨询酬金，自规定支付之日起，应当向咨询人补偿应支付的酬金利息。利息额按规定支付期限最后一日银行活期贷款利率乘以拖欠酬金时间计算。

如果委托人对咨询人提交的支付通知书中酬金或部分酬金项目提出异议，应当在收到支付通知书两日内向咨询人发出异议的通知，但委托人不得拖延其无异议酬金项目的支付。

四、合同生效、变更与终止

本合同自双方签字盖章之日起生效。由于委托人或第三人的原因使咨询人工作受到阻碍或延误以致增加了工作量或持续时间，则咨询人应当将此情况与可能产生的影响及时书面通知委托人。由此增加的工作量视为额外服务，完成建设工程造价咨询工作的时间应当相应延长，并得到额外的酬金。

当事人一方要求变更或解除合同时，则应当在14日前通知对方；因变更或解除合同使一方遭受损失的，应由责任方负责赔偿。

咨询人由于非自身原因暂停或终止执行建设工程造价咨询业务，由此而增加的恢复执行建设工程造价咨询业务的工作，应视为额外服务，有权得到额外的时间和酬金。

变更或解除合同的通知或协议应当采取书面形式，新的协议未达成之前，原合同仍然有效。

五、双方的违约责任

（一）委托方的违约责任

委托方应当履行工程造价咨询合同约定的义务，如有违反则应当承担违约责任，并赔偿给工程造价咨询单位造成的经济损失，委托方如果向工程造价咨询单位提出赔偿或其他要求不成立，则应补偿由该索赔或其他要求所引起工程造价咨询单位的各种费用支出。

（二）工程造价咨询单位的违约责任

工程造价咨询单位责任期内，应当履行工程造价咨询合同中约定的义务，如果因工程造价咨询单位的过失而造成了经济损失，应当向委托方进行赔偿，累计赔偿总额不应超过工程造价咨询酬金总额(除去税金),工程造价咨询单位对因委托方或第三方不能及时核对或答复所提出的问题,导致合同不能全部或部分履行,咨询单位不承担责任。

第五节 建设工程施工合同

一、建设工程施工合同概述

建设工程施工合同是发包人与承包人就完成具体工程项目的建筑施工、设备安装、设备调试、工程保修等工作内容,确定双方权利和义务的协议。发包人指在协议书中约定,具有工程发包主体资格和支付工程价款能力的当事人以及取得该当事人资格的合法继承人。承包人指在协议书中约定,被发包人接受的具有工程施工承包主体资格的当事人以及取得该当事人资格的合法继承人。

在建设工程施工合同中,除发包人和承包人外,还包括工程师和项目经理。

工程师在建设工程施工合同中包括监理单位委派的总监理工程师、发包人派驻施工场地履行合同的代表。工程师按合同约定行使职权,发包人在专用条款内要求工程师在行使某些职权前需要征得发包人批准的,工程师应征得发包人批准。

项目经理指承包人在专用条款中指定的负责施工管理和合同履行的代表。项目经理按发包人认可的施工组织设计(施工方案)和工程师依据合同发出的指令组织施工。

建设工程施工合同具有以下特点:合同标的的特殊性;履行期限的长期性;合同内容的复杂性等。

鉴于施工合同的内容复杂、涉及面宽,为了避免施工合同的编制者遗漏某些方面的重要条款,或条款约定责任不够公平合理,原建设部和国家工商行政管理局于1999年12月24日印发了《建设工程施工合同(示范文本)》[GF—1999—0201](以下简称示范文本)。

作为推荐使用的施工合同范本由《协议书》、《通用条款》、《专用条款》三部分组成,并附有三个附件,附件分别是承包人承揽工程项目一览表、发包人供应材料设备一览表和房屋建筑工程质量保修书。本部分将以此合同示范文本为依据,简略介绍建设工程施工合同的有关内容。

二、建设工程施工合同预备工作内容

(一)适用标准与规范

双方在专用条款内应约定适用国家标准、规范的名称;没有国家标准、规范,但有行业标准、规范的,约定适用行业标准、规范的名称;没有国家和行业标准、规范的,约定适用工程所在地地方标准、规范的名称。发包人应按专用条款约定的时间向承包人提供一式两份约定的标准、规范。

国内没有相应标准、规范的,由发包人按专用条款约定的时间向承包人提出施工技术要求,承包人按约定的时间和要求提出施工工艺,经发包人认可后执行。发包人要求使用国外标准、规范的,应负责提供中文译本。

此处所发生的购买、翻译标准、规范或制定施工工艺的费用,由发包人承担。

(二)图纸

发包人应按专用条款约定的日期和套数,向承包人提供图纸。承包人需要增加图纸套数的,发包人应代为复制,复制费用由承包人承担。发包人对工程有保密要求的,应在专用条款中提出保密要求，保密措施费用由发包人承担，承包人在约定保密期限内履行保密义务。

承包人未经发包人同意，不得将本工程图纸转给第三人。工程质量保修期满后，除承包人存档需要的图纸外，应将全部图纸退还给发包人。承包人应在施工现场保留一套完整图纸，供工程师及有关人员进行工程检查时使用。

（三）工程分包

承包人按专用条款的约定分包所承包的部分工程，并与分包单位签订分包合同。非经发包人同意，承包人不得将承包工程的任何部分分包。承包人不得将其承包的全部工程转包给他人，也不得将其承包的全部工程肢解以后以分包的名义分别转包给他人。

分包不能解除承包人任何责任与义务。承包人应在分包场地派驻相应管理人员，保证本合同的履行。分包单位的任何违约行为或疏忽导致工程损害或给发包人造成其他损失，承包人承担连带责任。分包工程价款由承包人与分包单位结算。发包人未经承包人同意不得以任何形式向分包单位支付各种工程款项。

（四）保险

工程开工前，发包人为建设工程和施工场内的自有人员及第三人人员生命财产办理保险，支付保险费用。

运至施工场地内用于工程的材料和待安装设备，由发包人办理保险，并支付保险费用。

发包人可以将有关保险事项委托承包人办理，费用由发包人承担。

承包人必须为从事危险作业的职工办理意外伤害保险，并为施工场地内自有人员生命财产和施工机械设备办理保险，支付保险费用。

保险事故发生时，发包人承包人有责任尽力采取必要的措施，防止或者减少损失。

（五）担保

发包人与承包人为了全面履行合同，应互相提供以下担保：

（1）发包人向承包人提供履约担保，按合同约定支付工程价款及履行合同约定的其他义务；

（2）承包人向发包人提供履约担保，按合同约定履行自己的各项义务。

当一方违约后，另一方可要求提供担保的第三人承担相应责任。提供担保的内容、方式和相关责任，发包人与承包人除在专用条款中约定外，被担保方与担保方还应签订担保合同，作为本合同附件。

（六）专利技术及特殊工艺

发包人要求使用专利技术或特殊工艺，就负责办理相应的申报手续，承担申报、试验、使用等费用。承包人提出使用专利技术或特殊工艺，应取得工程师认可，承包人负责办理申报手续并承担有关费用。擅自使用专利技术侵犯他人专利权的，责任者依法承担相应责任。

（七）文物和地下障碍物

在施工中发现古墓、古建筑遗址等文物及化石或其他有考古、地质研究等价值的物品时，承包人应立即保护好现场并于4小时以内以书面形式通知工程师，工程师应于收到书面通知后24小时内报告当地文物管理部门，发包人与承包人按文物管理部门的要求采取妥善保护措施。发包人承担由此发生的费用，顺延延误的工期。如发现后隐瞒不报，致使文物遭受破坏，责任者依法承担相应责任。

施工中出现影响施工的地下障碍物时，承包人应于8小时内以书面形式通知工程师，同时提出处置方案，工程师收到处置方案后24小时内予以认可或提出修正方案。发包人承担由此发生的费用，顺延延误的工期。所发现的地下障碍物有归属单位时，发包人应报请有关部门协同处置。

三、建设工程施工合同双方权利与义务

（一）发包人的权利与义务

发包人的权利与义务主要有以下几项：

（1）办理土地征用、拆迁补偿、平整施工场地等工作，使施工场地具备施工条件，在开工后继续负责解决以上事项遗留问题；将施工所需水、电、电信线路从施工场地外部接至专用条款约定地点，保证施工期间的需要；开通施工场地与城乡公共道路的通道，以及专用条款约定的施工场地内的主要道路，满足施工运输的需要，保证施工期间的畅通。

（2）向承包人提供施工场地的工程地质和地下管线资料，对资料的真实准确性负责。办理施工许可证及其他施工所需证件、批件和临时用地、停水、停电、中断道路交通、爆破作业等的申请批准手续（证明承包人自身资质的证件除外）；

（3）确定水准点与坐标控制点，以书面形式交给承包人，进行现场交验，组织承包人和设计单位进行图纸会审和设计交底；

（4）协调处理施工场地周围地下管线和邻近建筑物、构筑物（包括文物保护建筑）、古树名木的保护工作、承担有关费用。

（二）承包人的权利与义务

承包人的权利与义务主要有以下几项：

（1）根据发包人委托，在其设计资质等级和业务允许的范围内，完成施工图设计或与工程配套的设计，经工程师确认后使用，发包人承担由此发生的费用，同时向工程师提供年、季、月度工程进度计划及相应进度统计报表；

（2）按专用条款约定的数量和要求，向发包人提供施工场地办公和生活的房屋及设施，发包人承担由此发生的费用。根据工程需要，提供和维修非夜间施工使用的照明、围栏设施，并负责安全保卫；

（3）遵守政府有关主管部门对施工场地交通、施工噪声以及环境保护和安全生产等的管理规定，按规定办理有关手续，并以书面形式通知发包人，发包人承担由此发生的费用，因承包人责任造成的罚款除外；

（4）已竣工工程未交付发包人之前，承包人按专用条款约定负责已完工程的保护工作，保护期间发生损坏，承包人自费予以修复。发包人要求承包人采取特殊措施保护的工程部位和相应的追加合同价款，双方在专用条款内约定；

（5）按专用条款约定做好施工场地地下管线和邻近建筑物、构筑物（包括文物保护建筑）、古树名木的保护工作。同时保证施工场地清洁符合环境卫生管理的有关规定，交工前清理现场达到专用条款约定的要求，承担因自身原因违反有关规定造成的损失和罚款。

四、施工组织设计和工期

（一）进度计划

承包人应按专用条款约定的日期，将施工组织设计和工程进度计划提交修改意见，逾

期不确认也不提出书面意见的,视为同意。

群体工程中单位工程分期进行施工的,承包人应按照发包人提供图纸及有关资料的时间,按单位工程编制进度计划,其具体内容双方在专用条款中约定。

承包人必须按工程师确认的进度计划组织施工,接受工程师对进度的检查、监督。工程实际进度与经确认的进度计划不符时,承包人应按工程师的要求提出改进措施,经工程师确认后执行。因承包人的原因导致实际进度与进度计划不符,承包人无权就改进措施提出追加合同价款。

(二)开工及延期开工

因发包人原因不能按照协议书约定的开工日期开工,工程师应以书面形式通知承包人,推迟开工日期。发包人赔偿承包人因延期开工造成的损失,并相应顺延工期。

(三)暂停施工

工程师认为确有必要暂停施工时,应当以书面形式要求承包人暂停施工,并在提出要求后48小时内提出书面处理意见。承包人应当按工程师要求停止施工,并妥善保护已完工工程。承包人实施工程师作出的处理意见后,可以书面形式提出复工要求,工程师应当在48小时内给予答复。工程师未能在规定时间内提出处理意见,或收到承包人复工要求后48小时内未予答复,承包人可自行复工。因发包人原因造成停工的,由发包人承担所发生的追加合同价款,赔偿承包人由此造成的损失,相应顺延工期;因承包人原因造成停工的,由承包人承担发生的费用,工期不予顺延。

(四)工期延误

因以下原因造成工期延误,经工程师确认,工期相应顺延:

(1)发包人未能按专用条款的约定提供图纸及开工条件;

(2)发包人未能按约定日期支付工程预付款、进度款,致使施工不能正常进行;

(3)工程师未按合同约定提供所需指令、批准等,致使施工不能正常进行;

(4)设计变更和工程量增加;

(5)一周内非承包人原因停水、停电、停气造成停工累计超过8小时;

(6)不可抗力;

(7)专用条款中约定或工程师同意工期顺延的其他情况。

承包人在上述情况发生后14天内,就延误的工期以书面形式向工程师提出报告。工程师在收到报告后14天内予以确认,逾期不予确认也不提出修改意见,视为同意顺延工期。

(五)工程竣工日期

承包人必须按照协议书约定的竣工日期或工程师同意顺延的工期竣工。因承包人原因不能按照协议书约定的竣工日期或工程师同意顺延的工期竣工的,承包人承担违约责任。

施工中发包人如需提前竣工,双方协商一致后应签订提前竣工协议,作为合同文件组成部分。提前竣工协议应包括承包人为保证工程质量和安全采取的措施、发包人为提前竣工提供的条件以及提前竣工所需的追加合同价款等内容。

五、合同价款与支付

(一)合同价款及调整

招标工程的合同价款由发包人与承包人依据中标通知书中的中标价格在协议书内约

定。非招标工程的合同价款由发包人与承包人依据工程预算书在协议书内约定。

合同价款在协议书内约定后,任何一方不得擅自改变,双方可在专用条款内约定采用其中一种:

(1) 固定价格合同。双方在专用条款内约定合同价款包含的风险范围和风险费用的计算方法,在约定的风险范围内合同价款不再调整。风险范围以外的合同价款调整方法,应当在专用条款内约定;

(2) 可调价格合同。合同价款可根据双方的约定而调整,双方在专用条款内约定合同价款调整方法。调整因素包括:法律、行政法规和国家有关政策变化影响合同价款,工程造价管理部门公布的价格调整,一周内非承包人原因停水、停电、停气造成停工累计超过8小时,双方约定的其他因素;

(3) 成本加酬金合同。合同价款包括成本和酬金两部分,双方在专用条款内约定成本构成和酬金的计算方法。

(二) 工程预付款

实行工程预付款的,双方应当在专用条款内约定发包人向承包人预付工程款的时间和数额,开工后按约定的时间和比例逐次扣回。预付时间应不迟于约定的开工日期前7天。发包人不按约定预付,承包人在约定预付时间7天后向发包人发出要求预付的通知,发包人收到通知后仍不能按要求预付,承包人可在发出通知后7天停止施工,发包人应从约定应付之日起向承包人支付应付款的贷款利息,并承担违约责任。

(三) 工程量的确认

承包人应按专用条款约定的时间,向工程师提交已完工程量的报告。工程师接到报告后7天内按设计图纸核实已完工程量(以下称计量),并在计量前24小时通知承包人,承包人为计量提供便利条件并派人参加。承包人收到通知后不参加计量,计量结果有效,作为工程价款支付的依据。

工程师收到承包人报告后7天内未进行计量,从第8天起,承包人报告中开列的工程量即视为被确认,作为工程价款支付的依据。工程师不按约定时间通知承包人,致使承包人未能参加计量,计量结果无效。

对承包人超出设计图纸范围和因承包人原因造成返工的工程量,工程师不予计量。

(四) 工程款(进度款)支付

在确认计量结果后14天内,发包人应向承包人支付工程款(进度款)。按约定时间发包人应扣回的预付款,与工程款(进度款)同期结算。

发包人超过约定的支付时间不支付工程款(进度款),承包人可向发包人发出要求付款的通知,发包人收到承包人通知后仍不能按要求付款,可与承包人协商签订延期付款协议,经承包人同意后可延期支付。协议应明确延期支付的时间和从计量结果确认后第15天起应付款的贷款利息。

发包人不按合同约定支付工程款(进度款),双方又未达成延期付款协议,导致施工无法进行,承包人可停止施工,由发包人承担违约责任。

六、材料设备供应

(一) 发包人供应材料设备

实行发包人供应材料设备的,双方应当约定发包人供应材料设备的一览表,作为本合同附件。一览表包括发包人供应材料设备的品种、规格、型号、数量、单价、质量等级、提供时间和地点。发包人按一览表约定的内容提供材料设备,并向承包人提供产品合格证明,对其质量负责。发包人在所供材料设备到货前 24 小时,以书面形式通知承包人,由承包人派人与发包人共同清点。

发包人供应的材料设备,承包人派人参加清点后由承包人妥善保管,发包人支付相应保管费用。因承包人原因发生丢失损坏,由承包人负责赔偿。发包人未通知承包人清点,承包人不负责材料设备的保管,丢失损坏由发包人负责。发包人供应的材料设备使用前,由承包人负责检验或试验,不合格的不得使用,检验或试验费用由发包人承担。

发包人供应的材料设备与一览表不符时,发包人承担有关责任。发包人应承担责任的具体内容,双方根据下列情况在专用条款内约定:

(1) 材料设备单价与一览表不符,由发包人承担所有价差;

(2) 材料设备的品种、规格、型号、质量等级与一览表不符,承包人可拒绝接收保管,由发包人运出施工场地并重新采购;

(3) 发包人供应的材料规格、型号与一览表不符,经发包人同意,承包人可代为调剂串换,由发包人承担相应费用;

(4) 到货地点与一览表不符,由发包人负责运至一览表指定地点;

(5) 供应数量少于一览表约定的数量时,由发包人补齐,多于一览表约定数量时,发包人负责将多出部分运出施工场地;

(6) 到货时间早于一览表约定时间,由发包人承担因此发生的保管费用。到货时间迟于一览表约定的供应时间,发包人赔偿由此造成的承包人损失,造成工期延误的,相应顺延工期。

(二) 承包人采购材料设备

承包人负责采购材料设备的,应按照专用条款约定及设计和有关标准要求采购,并提供产品合格证明,对材料设备质量负责。承包人在材料设备到货前 24 小时通知工程师清点。承包人采购的材料设备与设计标准要求不符时,承包人应按工程师要求的时间运出施工场地,重新采购符合要求的产品,承担由此发生的费用,由此延误的工期不予顺延。

承包人采购的材料设备在使用前,承包人应按工程师的要求进行检验或试验,不合格的不得使用,检验或试验费用由承包人承担。工程师发现承包人采购并使用不符合设计和标准要求的材料设备时,应要求承包人负责修复、拆除或重新采购,由承包人承担发生的费用,由此延误的工期不予顺延。承包人需要使用代用材料时,应经工程师认可后才能使用,由此增减的合同价款双方以书面形式议定。

由承包人采购的材料设备,发包人不得指定生产厂或供应商。

七、质量与检验

(一) 工程质量

工程质量应当达到协议书约定的质量标准,质量标准的评定以国家或行业的质量检验评定标准为依据。因承包人原因工程质量达不到约定的质量标准,承包人承担违约责任。

双方对工程质量有争议,由双方同意的工程质量检测机构鉴定,所需费用及因此造成的损失,由责任方承担。双方均有责任,由双方根据其责任分别承担。

（二）检查和返工

承包人应认真按照标准、规范和设计图纸要求以及工程师依据合同发出的指令施工，随时接受工程师的检查检验，为检查检验提供便利条件。

工程质量达不到约定标准的部分，工程师可要求拆除和重新施工，直到符合约定标准。因承包人原因达不到约定标准，由承包人承担拆除和重新施工的费用，工期不予顺延。

工程师的检查检验不应影响施工正常进行。如影响施工正常进行，检查检验不合格时，影响正常施工的费用由承包人承担。除此之外影响正常施工的追加合同价款由发包人承担，相应顺延工期。

因工程师指令失误或其他非承包人原因发生的追加合同价款，由发包人承担。

（三）隐蔽工程和中间验收

工程具备隐蔽条件或达到专用条款约定的中间验收部位，承包人进行自检，并在隐蔽或中间验收前 48 小时以书面形式通知工程师验收。通知包括隐蔽和中间验收的内容、验收时间和地点，承包人准备验收记录。验收合格，工程师在验收记录上签字后，承包人可进行隐蔽和继续施工。验收不合格，承包人在工程师限定的时间内修改后重新验收。

工程师不能按时进行验收，应在验收前 24 小时以书面形式向承包人提出延期要求，延期不能超过 48 小时。工程师未能按以上时间提出延期要求，不进行验收，承包人可自行组织验收，工程师应承认验收记录。

经工程师验收，工程质量符合标准、规范和设计图纸等要求，验收 24 小时后，工程师不在验收记录上签字，视为工程师已经认可验收记录，承包人可进行隐蔽或继续施工。

（四）重新检验

无论工程师是否进行验收，当其要求对已经隐蔽的工程重新检验时，承包人应按要求进行剥离或开孔，并在检验后重新覆盖或修复。检验合格，发包人承担由此发生的全部追加合同价款，赔偿承包人损失，并相应顺延工期。检验不合格，承包人承担发生的全部费用，工期不予顺延。

（五）工程试车

双方约定需要试车的，试车内容应与承包人承包的安装范围相一致。设备安装工程具备单机无负荷试车条件，承包人组织试车，并在试车前 48 小时以书面形式通知工程师。通知包括试车内容、时间、地点。承包人准备试车记录，发包人根据承包人要求为试车提供必要条件。试车合格，工程师在试车记录上签字。工程师不能按时参加试车，须在开始试车前 24 小时以书面形式向承包人提出延期要求，不参加试车，应承认试车记录。设备安装工程具备无负荷联动试车条件，发包人组织试车，并提出试车内容、时间、地点和对承包人的要求，承包人按要求做好准备工作。试车合格，双方在试车记录上签字。

当试车出现不合约定的，双方责任为：

（1）由于设计原因试车达不到验收要求，发包人应要求设计单位修改设计，承包人按修改后的设计重新安装。发包人承担修改设计、拆除及重新安装的全部费用和追加合同价款，工期相应顺延；

（2）由于设备制造原因试车达不到验收要求，由该设备采购一方负责重新购置或修理，承包人负责拆除和重新安装。设备由承包人采购的，由承包人承担修理或重新购置、拆除及重新安装的费用，工期不予顺延。设备由发包人采购的，发包人承担上述各项追加合同价款，工期相应顺延；

（3）由于承包人施工原因试车达不到验收要求，承包人按工程师要求重新安装和试车，并承担重新安装和试车的费用，工期不予顺延；

（4）试车费用除已包括在合同价款之内或专用条款另有约定外，均由发包人承担；

（5）工程师在试车合格后不在试车记录上签字，试车结束24小时后，视为工程师已经认可试车记录，承包人可继续施工或办理竣工手续。

八、合同生效、变更、解除、终止

（一）合同生效

合同生效决定合同的履行等后续工作，双方可以在协议书中约定合同生效方式，包括合同生效时间、生效标准等。

（二）合同变更

合同变更在此处一般是指工程设计的变更和价款的变更等内容。

施工中发包人需对原工程设计变更，应提前14天以书面形式向承包人发出变更通知。变更超过原设计标准或批准的建设规模时，发包人应报规划管理部门和其他有关部门重新审查批准，并由原设计单位提供变更的相应图纸和说明。因变更导致合同价款的增减及造成的承包人损失，由发包人承担，延误的工期相应顺延。

合同履行中发包人要求变更工程质量标准及发生其他实质性变更，由双方协商解决。

承包人在工程变更确定后14天内，提出变更工程价款的报告，经工程师确认后调整合同价款。变更合同价款按下列方法进行：

（1）合同中已有适用于变更工程的价格，按合同已有的价格变更合同价款；

（2）合同中只有类似于变更工程的价格，可以参照类似价格变更合同价款；

（3）合同中没有适用或类似于变更工程的价格，由承包人提出适当的变更价格，经工程师确认后执行。

（三）合同解除

承包人可以解除合同的情形：停止施工超过56天，发包人仍不支付工程款（进度款），承包人有权解除合同。

发包人可以解除合同的情形：承包人将其承包的全部工程转包给他人或者肢解以后以分包的名义分别转包给他人，发包人有权解除合同。

双方都可以解除合同的情形：发包人承包人协商一致，可以解除合同；因不可抗力致使合同无法履行；因一方违约（包括因发包人原因造成工程停建或缓建）致使合同无法履行。

解除合同的，应以书面形式向对方发出解除合同的通知，并在发出通知前7天告知对方，通知到达对方时合同解除。

合同解除后，承包人应妥善做好已完工程和已购材料、设备的保护和移交工作，按发包人要求将自有机械设备和人员撤出施工场地。发包人应为承包人撤出提供必要条件，支付以上所发生的费用，并按合同约定支付已完工程价款。已经订货的材料、设备由订货方负责退货或解除订货合同，不能退还的货款和因退货、解除订货合同发生的费用，由发包人承担，因未及时退货造成的损失由责任方承担。除此之外，有过错的一方应当赔偿因合同解除给对方造成的损失。

合同解除后，不影响双方在合同中约定的结算和清理条款的效力。

（四）合同终止

正常情况下，发包人与承包人履行合同全部义务，竣工结算价款支付完毕，承包人向发包人交付竣工工程后，合同即告终止。

合同的权利义务终止后，发包人与承包人应当遵循诚实信用原则，履行通知、协助、保密等义务。

九、竣工验收、结算与质量保修

（一）竣工验收

工程具备竣工验收条件，承包人按国家工程竣工验收有关规定，向发包人提供完整竣工资料及竣工验收报告。双方约定由承包人提供竣工图的，应当在专用条款内约定提供的日期和份数。

发包人收到竣工验收报告后28天内组织有关单位验收，并在验收后14天内给予认可或提出修改意见。承包人按要求修改，并承担由自身原因造成修改的费用。发包人收到承包人送交的竣工验收报告后28天内不组织验收，或验收后14天内不提出修改意见，视为竣工验收报告已被认可。

工程竣工验收通过，承包人送交竣工验收报告的日期为实际竣工日期。工程按发包人要求修改后通过竣工验收的，实际竣工日期为承包人修改后提请发包人验收的日期。

发包人收到承包人竣工验收报告后28天内不组织验收，从第29天起承担工程保管及一切意外责任。

工程未经竣工验收或竣工验收未通过的，发包人不得使用。发包人强行使用时，由此发生的质量问题及其他问题，由发包人承担责任。

（二）竣工结算

工程竣工验收报告经发包人认可后28天内，承包人向发包人递交竣工结算报告及完整的结算资料，双方按照协议书约定的合同价款及专用条款约定的合同价款调整内容，进行工程竣工结算。

发包人收到承包人递交的竣工结算报告及结算资料后28天内进行核实，给予确认或者提出修改意见。发包人确认竣工结算报告通知经办银行向承包人支付工程竣工结算价款，承包人收到竣工结算价款后14天内将竣工工程交付发包人。

发包人收到竣工结算报告及结算资料后28天内无正当理由不支付工程竣工结算价款，从第29天起按承包人同期向银行贷款利率支付拖欠工程价款的利息，并承担违约责任。发包人收到竣工结算报告及结算资料后28天内不支付工程竣工结算价款，承包人可以催告发包人支付结算价款。发包人在收到竣工结算报告及结算资料后56天内仍不支付的，承包人可以与发包人协议将该工程折价，也可以由承包人申请人民法院将该工程依法拍卖，承包人就该工程折价或者拍卖的价款优先受偿。

工程竣工验收报告经发包人认可后28天内，承包人未能向发包人递交竣工结算报告及完整的结算资料，造成工程竣工结算不能正常进行或工程竣工结算价款不能及时支付，发包人要求交付工程的，承包人应当交付；发包人不要求交付工程的，承包人承担保管责任。

（三）质量保修

承包人应按法律、行政法规或国家关于工程质量保修的有关规定，对交付发包人使用的工程在质量保修期内承担质量保修责任。

承包人应在工程竣工验收之前，与发包人签订质量保修书，主要内容包括：质量保修项目内容及范围；质量保修期；质量保修责任；质量保修金的支付方法。

十、违约、索赔和争议解决

（一）违约

1. 发包人违约

当发生下列情况时视为发包人违约：发包人不按时支付工程预付款；发包人不按合同约定支付工程款，导致施工无法进行；发包人无正当理由不支付工程竣工结算价款；发包人不履行合同义务或不按合同约定履行义务的其他情况。

2. 承包人违约

当发生下列情况时视为承包人违约：因承包人原因不能按照协议书约定的竣工日期或工程师同意顺延的工期竣工；因承包人原因工程质量达不到协议书约定的质量标准；承包人不履行合同义务或不按合同约定履行义务的其他情况。

（二）索赔

当出现违约情形需要索赔时，双方都应以书面形式，按照下列顺序进行索赔：

（1）索赔事件发生后 28 天内，向工程师发出索赔意向通知；

（2）发出索赔意向通知后 28 天内，向工程师提出延长工期和(或)补偿经济损失的索赔报告及有关资料；

（3）工程师在收到承包人送交的索赔报告和有关资料后，于 28 天内给予答复，或要求承包人进一步补充索赔理由和证据；

（4）工程师在收到承包人送交的索赔报告和有关资料后 28 天内未予答复或未对承包人作进一步要求，视为该项索赔已经认可；

（5）当该索赔事件持续进行时，承包人应当阶段性向工程师发出索赔意向，在索赔事件终了后 28 天内，向工程师送交索赔的有关资料和最终索赔报告。

（三）争议解决

发包人与承包人在履行合同时发生争议，可以和解或者要求有关主管部门调解。当事人不愿和解、调解或者和解、调解不成的，双方可以在专用条款内约定：达成仲裁协议，向约定的仲裁委员会申请仲裁；向有管辖权的人民法院起诉。

第六节　建设工程委托监理合同

一、建设工程委托监理合同的概念

建设工程委托监理合同(以下简称监理合同)是合同的一种，因而它也应该具备民事法律关系三要素，也应有权利主体、权利客体和内容。监理合同的权利主体是工程业主和工程建设监理单位(以下简称监理单位)；权利客体是业主委托监理单位对工程建设实施的监理工作，内容则是在实施工程建设过程中双方的权利和义务。建设工程委托监理合同就是建设工程的业主与监理单位，为完成委托的工程建设监理工作，明确相互权利和义务的协议。"委托人"是指承担直接投资责任和委托监理业务的一方以及其合法继承人。"监理人"是指承担监理业务和监理责任的一方，以及其合法继承人。

二、建设工程委托监理合同示范文本简介

国家工商行政管理局《关于在全国逐步推行经济合同示范文本制度的请示》中指出："为了进一步贯彻治理整顿和深化改革的方针，完善经济合同制度，规范合同各方当事人的行为，维护正常的经济秩序，我们建议，在全国逐步推行经济合同示范文本制度，即对各类经济合同的主要条款、式样等制定出规范的、指导性的文件，在全国范围内积极倡导、宣传、逐步引导当事人在签订经济合同时采用，以实现经济合同签订的规范化。"

推荐使用示范合同文本可以达到以下效果：有助于签订监理合同当事人了解、掌握有关的法律法规，使经济合同规范化，避免缺款少项和当事人意思表达不准确、不真实；有利于减少甲乙双方签订监理合同的工作量；有利于合同管理机关加强监督检查、合同仲裁机关和人民法院及时解决合同纠纷，保护当事人的合法权益。

委托监理合同是委托任务履行过程中当事人双方的行为指南，示范合同文本的合同条款组成结构包括以下几个方面：

（1）合同内所涉及的词语定义和必须遵循的法规；
（2）监理人（监理单位）的义务；
（3）委托人（业主）的义务；
（4）监理人（监理单位）的权利；
（5）委托人（业主）的权利；
（6）监理人（监理单位）的责任；
（7）委托人（业主）的责任；
（8）合同生效、变更与终止的规定；
（9）监理报酬；
（10）其他方面的规定；
（11）争议的解决方式。

三、建设工程委托监理合同的特点

监理合同是合同的一种，除具有其他类型合同的共同特点外，还具有以下特点：

（1）监理合同的标的特殊。标的特殊可从两个方面看：一是监理合同是技术使用权的转让。监理单位通过监理合同，以其专业技术、经济知识为业主管理工程，也就是在管理工程实施过程中，转移监理单位的技术、经济知识的使用权。二是标的服务对象的单件性和固定性。各类建设工程的使用功能不同、技术要求不同、建筑性质不同、等级标准不同以及受资源条件的影响，都要单独设计和施工，建设工程存在的个体性，使单件性生产不可避免，建设工程的固定性和施工生产的流动性决定了工程监理工作的上述特点。

（2）监理合同具有"从合同"性质。监理工作主要任务是三控制、二管理、一协调。而进行协调、管理和控制的主要依据是工程建设各阶段和各环节的各种合同，这些合同集中表现于如勘察合同、设计合同、施工合同、物资采购合同等，但也不仅限于此。监理合同是依赖于这些合同而存在的，没有这些合同作为前提，监理合同就没有了对象，因此监理合同具有"从合同"的性质。

（3）监理合同履行周期长。监理合同的监理对象是建设工程，建设工程一般都具有投

资大,时间跨度长等特点。有的工程建设周期需要几个月,有的甚至需要几年、几十年。而作为从合同的监理合同,必须依赖于这些主合同的存在,因此,其他合同持续多久,监理合同就会同样存在。

(4) 监理合同具有经济合同和技术合同双重性质。经济合同是为实现一定经济目的而订立的合同,而技术合同是为确定各类技术活动所订立的合同。监理合同是监理方利用自己的技术能力为业主或委托方提供服务的一类合同,技术要求较高。但是这只是手段,而最终目的是为了业主建设工程的经济效益,因此监理合同是技术合同与经济合同相结合的复合性合同。

四、建设工程委托监理合同生效、变更与终止

委托监理合同在签订后,会因各种情况的出现,导致合同履行出现变更或终止,这些都在示范文本中有规定。

由于委托人或承包人的原因使监理工作受到阻碍或延误,以致发生了附加工作或延长了持续时间,则监理人应当将此情况与可能产生的影响及时通知委托人。完成监理业务的时间相应延长,并得到附加工作的报酬。

在委托监理合同签订后,实际情况发生变化,使得监理人不能全部或部分执行监理业务时,监理人应当立即通知委托人。该监理业务的完成时间应予延长。当恢复执行监理业务时,应当增加不超过42日的时间用于恢复执行监理业务,并按双方约定的数量支付监理报酬。

监理人向委托人办理完竣工验收或工程移交手续,承包人和委托人已签订工程保修责任书,监理人收到监理报酬尾款,本合同即终止。保修期间的责任,双方在专用条款中约定。

当事人一方要求变更或解除合同时,应当在42日前通知对方,因解除合同使一方遭受损失的,除依法可以免除责任的外,应由责任方负责赔偿。变更或解除合同的通知或协议必须采取书面形式,协议未达成之前,原合同仍然有效。

监理人在应当获得监理报酬之日起30日内仍未收到支付单据,而委托人又未对监理人提出任何书面解释时,或根据示范文本中第三十三条及第三十四条已暂停执行监理业务时限超过六个月的,监理人可向委托人发出终止合同的通知,发出通知后14日内仍未得到委托人答复,可进一步发出终止合同的通知,如果第二份通知发出后42日内仍未得到委托人答复,可终止合同或自行暂停或继续暂停执行全部或部分监理业务。委托人承担违约责任。

监理人由于非自己的原因而暂停或终止执行监理业务,其善后工作以及恢复执行监理业务的工作,应当视为额外工作,有权得到额外的报酬。

当委托人认为监理人无正当理由而又未履行监理义务时,可向监理人发出指明其未履行义务的通知。若委托人发出通知后21日内没有收到答复,可在第一个通知发出后35日内发出终止委托监理合同的通知,合同即行终止。

合同协议的终止并不影响各方应有的权利和应当承担的责任。

五、建设工程委托监理合同的内容

(一) 委托工作的范围

监理合同的范围是监理工程师为委托人提供服务的范围和工作量。从工程建设各阶段来说，可以包括项目前期立项咨询、勘察设计阶段、施工组织阶段、物资采购、劳务分包、专业分包等合同的全部监理工作或某一阶段的监理工作。

（二）对监理工作的要求

在监理合同中明确约定的监理人执行监理工作的要求，应当符合《建设工程监理规范》的规定。根据合同的约定，监理工作涉及工程监理的正常工作、附加工作和额外工作三个方面。

"工程监理的正常工作"是指双方在专用条件中约定，委托人委托的监理工作范围和内容。

"工程监理的附加工作"是指委托人委托监理范围以外，通过双方书面协议另外增加的工作内容；由于委托人或承包人原因，使监理工作受到阻碍或延误，因增加工作量或持续时间而增加的工作。

"工程监理的额外工作"是指正常工作和附加工作以外，根据示范文本第三十八条规定监理人必须完成的工作，或非监理人自己的原因而暂停或终止监理业务，其善后工作及恢复监理业务的工作。

（三）合同的履行期限、地点和方式

订立监理合同时约定的履行期限、地点和方式是指合同中规定的当事人履行自己的义务完成工作的时间、地点以及结算酬金方式选择。期限中涉及月、日的规定，应当理解为："月"是指根据公历从一个月份中任何一天开始到下一个月相应日期的前一天的时间段。"日"是指任何一天零时至第二天零时的时间段。

（四）监理酬金

正常的监理工作、附加工作和额外工作的报酬，按照监理合同专用条件中的方法计算，并按约定的时间和数额支付。

如果委托人在规定的支付期限内未支付监理报酬，自规定之日起，还应向监理人支付滞纳金。滞纳金从规定支付期限最后一日起计算。

支付监理报酬所采取的货币币种、汇率由合同专用条件约定。

如果委托人对监理人提交的支付通知中报酬或部分报酬项目提出异议，应当在收到支付通知书24小时内向监理人发出表示异议的通知，但委托人不得拖延其他无异议报酬项目的支付。

六、建设工程委托监理合同的管理

建设工程委托监理合同的管理，分为两个层次：一是管理监理合同的国家机关，包括各级政府工商行政管理机关、建设行政主管部门；二是管理监理合同的当事主体，主要是建设工程业主、监理单位。第一种是外部的管理，第二种是内部的管理。委托监理合同双方主体对合同的管理，是实现、维护自身利益的重要保障。

（一）业主方的监理合同管理

业主方的委托监理合同管理主要是从签订前管理、谈判签订管理、业主的履约管理三个阶段进行，每一个阶段由于所处环境不同，合同管理的侧重点也不同。

签订合同前的管理主要是对监理单位的资格、资信和履约能力进行预审。预审的主要内容：资质等级证书、营业执照、财务情况、社会信誉，重要的是其是否具有对拟委托的建设工程监理的实际能力，包括监理人员素质、主要检测设备情况。

监理合同谈判和签订是谈判管理的两个程序。谈判阶段主要是业主方和监理方对合同条款的协调,双方要在示范文本的框架基础上,结合实际需要对专用条款进行明确。经过谈判后,双方对监理合同内容取得完全一致意见后即可正式签定监理合同文件,经双方签字、盖章后,监理合同即正式签订完毕。

业主在合同履行中主要从以下几个方面进行管理:严格按照监理合同的规定履行应尽义务;按照监理合同的规定行使权利;业主按照国家《档案法》及有关规定建档保管有关档案。

(二)监理单位的监理合同管理

合同是监理单位在项目监理过程中的最高行为准则,监理合同中包含了法律的最低要求,履行合法生效的委托监理合同实际上就是在执行法律规章赋予的职责,监理单位在项目监理过程中的一切活动都应当是为了履行合同责任。

合同管理的任务必须由一定的组织机构和人员来完成,要提高合同管理水平,必须使合同管理专门化和专业化,在企业和工程项目的组织中设立专门的机构和人员负责合同管理工作。

复习思考题

1. 常见建设工程合同的主要条款都有哪些?
2. 建设工程勘察设计合同当事人的权利与义务有哪些?
3. 建设工程造价咨询合同当事人的权利与义务有哪些?
4. 建设工程施工合同当事人的权利与义务有哪些?
5. 建设工程委托监理合同的内容有哪些?

第七章 建设工程施工法律制度

【本章提要】 建设工程施工活动是整个建设工程的核心,我国已经初步形成了以《中华人民共和国建筑法》、《建筑业企业资质管理规定》为主的相关法律制度。施工企业必须经过严格的审批、注册程序,取得相关的资质后方可从事建设工程的承包与施工;作为直接从事施工活动的建造师、项目经理必须经过考试,获得一定执业资格;在施工现场施工单位也负有文明施工、合法管理的责任。

第一节 建设工程施工法律制度概述

一、我国建设工程施工法律制度

我国对建设工程的施工活动实行严格的管理和明确的阶段划分。建设工程施工分为施工准备阶段和施工阶段,其中施工准备阶段分为工程建设项目报建、委托建设监理、招标投标、施工合同签订;施工阶段分为建设工程施工许可证领取、施工。在法律制度建设上,主要有以下几方面的内容:

(1)建筑企业资质管理制度。按照《中华人民共和国建筑法》(以下简称《建筑法》)、《建设工程质量管理条例》、《建筑业企业资质管理规定》的规定,建筑企业应当按照其拥有的注册资本、净资产、专业技术人员和已完成的业绩等资质条件申请资质,经审查合格,取得相应的资质证书后,方可在其资质等级许可的范围内从事建筑活动。

(2)建筑施工许可证制度。建设工程开工前,建设单位应当按照《建筑法》、《建筑工程施工许可管理办法》的规定,向工程所在地的县级以上人民政府建设行政主管部门申请领取施工许可证。

(3)工程质量监督制度。《建设工程质量管理条例》第13条规定,建设单位在领取施工许可证或者开工报告前,应当办理工程质量监督手续。

(4)建设工程施工现场管理制度。建设单位在实施施工时,应当按照《建筑法》实施现场管理责任制、文明施工管理和环境管理等。

(5)建筑安全生产管理制度。建设工程安全管理必须坚持"安全第一、预防为主"的方针,建立健全安全生产责任制度和群防群治制度。

(6)竣工验收备案管理制度。《建筑法》、《建设工程质量管理条例》、《房屋建筑工程和市政基础设施工程竣工验收备案管理暂行办法》规定,交付竣工验收的建设工程,必须符合国家规定的工程质量标准,有完整的工程技术经济资料和经签署的工程保修书,并具备国家规定的其他竣工条件。建筑工程竣工经验收合格后,方可交付使用;未经交付验收或经验收不合格的,不得交付使用。

(7)建设工程质量保修制度。承包单位在向建设单位交付工程竣工验收报告时,应当向建设单位出具建设质量保修书。在质量保修书中应当明确建设工程的保修范围、保修期限和保修责任等。建设工程在保修期和保修范围内发生质量问题时，施工单位应当履行保修义务，并对造成的损失承担赔偿责任。

（8）建设工程合同管理制度。按照《合同法》、《建筑法》、《招标投标法》等规定，禁止建设工程直接发包、转包、违法分包。招标人和中标人应当自中标通知书发出之日起三十日内，按照招标文件和中标人的投标文件订立书面合同。招标人和中标人不得再行订立背离合同实质性内容的其他协议。

（9）城市建设档案管理制度。依据《档案法》、《城市规划法》、《建设工程质量管理条例》、《城市建设档案管理规定》，建设单位在组织竣工验收前，应当提请城建档案管理机构对工程档案进行预验收，取得工程档案认可文件后，方可组织工程竣工验收。建设单位应当在工程竣工验收后三个月内，向城市档案馆报送一套符合规定的建设工程档案。

二、我国建设工程施工立法概况

1997年12月通过的《中华人民共和国建筑法》是我国施工法规中唯一由全国人大常委会通过的法律。其他建设工程施工法律法规都是由住房和城乡建设部及国务院相关部委制定的部门规章和规范性文件，它们主要有：1989年5月30日通过的《施工企业资质等级标准》明确划分了建筑企业的资质等级标准；1999年制定并于2001年7月4日修改的《建筑工程施工许可管理办法》确立了施工许可制度；加上以后通过的《城市建筑垃圾管理规定》、《建设项目水资源论证管理办法》等部门规章，基本形成了较完善的建设工程施工的法律体系。

第二节　建设工程(施工)企业、人员资质管理

一、建设工程(施工)企业资质管理

（一）建设工程(施工)企业概念

建设工程(施工)企业是指从事土木工程、建设工程、线路管道设备安装工程、装修工程的新建、扩建、改建活动的企业。建设工程(施工)企业应当按照其拥有的注册资本、净资产、专业技术人员、技术装备和已完成的建设工程业绩等资质条件申请资质，经审查合格，取得相应等级的资质证书后，方可在其资质等级许可的范围内从事建设活动。

（二）建设工程(施工)企业资质分类

建筑业企业资质分为施工总承包、专业承包和劳务分包三个序列。

获得施工总承包资质的企业，可以承接施工总承包工程。施工总承包企业可以对所承接的施工总承包工程全部自行施工，也可以将专业工程或者劳务作业依法分包给具有相应专业承包资质或者劳务分包资质的其他企业。

获得专业承包资质的企业，可以承接施工总承包企业分包的专业工程或者建设单位依法发包的专业工程。专业承包企业可以对所承接的专业工程全部自行施工，也可以将劳务作业依法分包给具有相应劳务分包资质的劳务分包企业。

获得劳务分包资质的企业，可以承接施工总承包企业或者专业承包企业分包的劳务作业。

（三）建设工程(施工)企业资质分级

施工总承包资质、专业承包资质、劳务分包资质序列按照工程性质和技术特点分别划

分为若干资质类别。各资质类别按照其拥有的注册资本、净资产、专业技术人员、技术装备和已完成的建筑工程业绩等资质条件划分为若干等级，施工总承包企业有 12 个大类，每类分为特级、一级、二级、三级；专业承包企业有 60 个专业门类，每类分为一级、二级、三级；劳务分包企业有 13 个分类，每类分为一级、二级。

本处分别以常见的房屋建筑工程施工总承包企业资质等级标准为例。

1. 特级资质标准

（1）企业注册资本金 3 亿元以上；

（2）企业净资产 3.6 亿元以上；

（3）企业近 3 年年平均工程结算收入 15 亿元以上；

（4）企业其他条件均达到一级资质标准。

2. 一级资质标准

（1）企业近 5 年承担过下列 6 项中的 4 项以上工程的施工总承包或主体工程承包，工程质量合格。

① 25 层以上的房屋建筑工程；

② 高度 100m 以上的构筑物或建筑物；

③ 单体建筑面积 3 万 m^2 以上的房屋建筑工程；

④ 单跨跨度 30m 以上的房屋建筑工程；

⑤ 建筑面积 10 万 m^2 以上的住宅小区或建筑群体；

⑥ 单项建安合同额 1 亿元以上的房屋建筑工程。

（2）企业经理具有 10 年以上从事工程管理工作经历或具有高级职称；总工程师具有 10 年以上从事建筑施工技术管理工作经历并具有本专业高级职称；总会计师具有高级会计师职称；总经济师具有高级职称。

企业有职称的工程技术人员和经济管理人员不少于 300 人，其中，工程技术人员不少于 200 人；工程技术人员中，具有高级职称的人员不少于 10 人，具有中级职称的人员不少于 60 人。企业具有的一级资质项目经理不少于 12 人。

（3）企业注册资本金 5000 万元以上，企业净资产 6000 万元以上。

（4）企业近 3 年最高年工程结算收入 2 亿元以上。

（5）企业具有与承包工程范围相适应的施工机械和质量检测设备。

3. 二级资质标准

（1）企业近 5 年承担过下列 6 项中的 4 项以上工程的施工总承包或主体工程承包，工程质量合格。

① 12 层以上的房屋建筑工程；

② 高度 50m 以上的构筑物或建筑物；

③ 单体建筑面积 1 万 m^2 以上的房屋建筑工程；

④ 单跨跨度 21m 以上的房屋建筑工程；

⑤ 建筑面积 5 万 m^2 以上的住宅小区或建筑群体；

⑥ 单项建安合同额 3000 万元以上的房屋建筑工程。

（2）企业经理具有 8 年以上从事工程管理工作经历或具有中级以上职称；技术负责人具有 8 年以上从事建筑施工技术管理工作经历并具有本专业高级职称；财务负责人具有中

级以上会计师职称。

企业有职称的工程技术人员和经济管理人员不少于 150 人，其中，工程技术人员不少于 100 人；工程技术人员中，具有高级职称的人员不少于 2 人，具有中级职称的人员不少于 20 人。

企业具有的二级资质以上项目经理不少于 12 人。

（3）企业注册资本金 2000 万元以上，企业净资产 2500 万元以上。

（4）企业近 3 年最高年工程结算收入 8000 万元以上。

（5）企业具有与承包工程范围相适应的施工机械和质量检测设备。

4. 三级资质标准

（1）企业近 5 年承担过下列 5 项中的 3 项以上工程的施工总承包或主体工程承包，工程质量合格。

① 6 层以上的房屋建筑工程；

② 高度 25m 以上的构筑物或建筑物；

③ 单体建筑面积 5000m² 以上的房屋建筑工程；

④ 单跨跨度 15m 以上的房屋建筑工程；

⑤ 单项建安合同额 500 万元以上的房屋建筑工程。

（2）企业经理具有 5 年以上从事工程管理工作经历；技术负责人具有 5 年以上从事建筑施工技术管理工作经历并具有本专业中级以上职称；财务负责人具有初级以上会计师职称。

企业有职称的工程技术人员和经济管理人员不少于 50 人，其中工程技术人员不少于 30 人；工程技术人员中，具有中级以上职称的人员不少于 10 人。

（3）企业注册资本金 600 万元以上，企业净资产 700 万元以上。

（4）企业近 3 年最高年工程结算收入 2400 万元以上。

（5）企业具有与承包工程范围相适应的施工机械和质量检测设备。

（四）施工企业资质许可与监督管理

1. 资质许可

国务院建设主管部门对下列建筑业企业的资质进行许可：施工总承包序列特级资质、一级资质；国务院国有资产管理部门直接监管的企业及其下属一层级的企业的施工总承包二级资质、三级资质；水利、交通、信息产业方面的专业承包序列一级资质；铁路、民航方面的专业承包序列一级、二级资质；公路交通工程专业承包不分等级资质、城市轨道交通专业承包不分等级资质。以上企业申请资质时，应当向企业工商注册所在地省、自治区、直辖市人民政府建设主管部门提出申请。其中，国务院国有资产管理部门直接监管的企业及其下属一层级的企业，应当由国务院国有资产管理部门直接监管的企业向国务院建设主管部门提出申请。省、自治区、直辖市人民政府建设主管部门应当自受理申请之日起 20 日内初审完毕并将初审意见和申请材料报国务院建设主管部门。国务院建设主管部门应当自省、自治区、直辖市人民政府建设主管部门受理申请材料之日起 60 日内完成审查，公示审查意见，公示时间为 10 日。其中，涉及铁路、交通、水利、信息产业、民航等方面的建筑业企业资质，由国务院建设主管部门送国务院有关部门审核，国务院有关部门在 20 日内审核完毕，并将审核意见送国务院建设主管部门。

下列建筑业企业的资质许可,由企业工商注册所在地省、自治区、直辖市人民政府建设主管部门实施:施工总承包序列二级资质(不含国务院国有资产管理部门直接监管的企业及其下属一层级的企业的施工总承包序列二级资质);专业承包序列一级资质(不含铁路、交通、水利、信息产业、民航方面的专业承包序列一级资质);专业承包序列二级资质(不含民航、铁路方面的专业承包序列二级资质);专业承包序列不分等级资质(不含公路交通工程专业承包序列和城市轨道交通专业承包序列的不分等级资质)。这些建筑业企业资质许可的实施程序由省、自治区、直辖市人民政府建设主管部门依法确定。省、自治区、直辖市人民政府建设主管部门应当自作出决定之日起30日内,将准予资质许可的决定报国务院建设主管部门备案。

下列建筑业企业的资质许可,由企业工商注册所在地设区的市人民政府建设主管部门实施:施工总承包序列三级资质(不含国务院国有资产管理部门直接监管的企业及其下属一层级的企业的施工总承包三级资质);专业承包序列三级资质;劳务分包序列资质;燃气燃烧器具安装、维修企业资质。这些建筑业企业资质许可的实施程序由省、自治区、直辖市人民政府建设主管部门依法确定。企业工商注册所在地设区的市人民政府建设主管部门应当自作出决定之日起30日内,将准予资质许可的决定通过省、自治区、直辖市人民政府建设主管部门,报国务院建设主管部门备案。

2. 监督管理

县级以上人民政府建设主管部门和其他有关部门应当依照有关法律、法规和建筑业企业资质管理的相关规定,加强对建筑业企业资质的监督管理。建设主管部门、其他有关部门履行监督检查职责时,有权采取下列措施:要求被检查单位提供建筑业企业资质证书、注册执业人员的注册执业证书,有关施工业务的文档,有关质量管理、安全生产管理、档案管理、财务管理等企业内部管理制度的文件;进入被检查单位进行检查,查阅相关资料;纠正违反有关法律、法规及有关规范和标准的行为。建设主管部门、其他有关部门依法对企业从事行政许可事项的活动进行监督检查时,应当将监督检查情况和处理结果予以记录,由监督检查人员签字后归档。建筑业企业违法从事建筑活动的,违法行为发生地的县级以上地方人民政府建设主管部门或者其他有关部门应当依法查处,并将违法事实、处理结果或处理建议及时告知该建筑业企业的资质许可机关。

企业取得建筑业企业资质后不再符合相应资质条件的,建设主管部门、其他有关部门根据利害关系人的请求或者依据职权,可以责令其限期改正;逾期不改的,资质许可机关可以撤回其资质。被撤回建筑业企业资质的企业,可以申请资质许可机关按照其实际达到的资质标准,重新核定资质。

企业应当按照有关规定,向资质许可机关提供真实、准确、完整的企业信用档案信息。企业的信用档案应当包括企业基本情况、业绩、工程质量和安全、合同履约等情况。被投诉举报和处理、行政处罚等情况应当作为不良行为记入其信用档案。企业的信用档案信息按照有关规定向社会公示。

二、施工企业人员资质管理

(一)建造师的资质管理

从事建设工程活动的人员,要通过国家任职资格考试、考核,由建设行政主管部门注册并颁发资格证书,并在执业资格证书许可的范围内从事建筑活动。

取得执业资格证书的专业技术人员，必须经过注册登记方可执业。以建造师为例，取得建造师执业资格证书、且符合注册条件的人员，必须经过注册登记后，方可以建造师名义执业。国务院建设主管部门为一级建造师执业资格的注册管理机构；各省、自治区、直辖市建设行政主管部门制定本行政区域内二级建造师执业资格的注册办法，报国务院建设主管部门备案。准予注册的申请人员，分别获得《中华人民共和国一级建造师注册证书》、《中华人民共和国二级建造师注册证书》，建造师执业资格注册有效期一般为3年。

1. 建造师执业要求

建造师经注册后，方有资格以建造师名义担任建设工程项目施工的项目经理及从事其他施工活动的管理。取得建造师执业资格，未经注册的，不得以建造师名义从事建设工程施工项目的管理工作。建造师在工作中，必须严格遵守法律、法规和行业管理的各项规定，恪守职业道德。

2. 建造师执业分类

一级建造师执业划分为10个种类：即建筑工程、公路工程、铁路工程、民航机场工程、港口与航道工程、水利水电工程、市政公用工程、通信与广电工程、矿业工程、机电工程。二级建造师执业划分为6个种类，即建筑工程、公路工程、水利水电工程、市政公用工程、矿业工程、机电工程。注册建造师应在相应的岗位上执业。同时鼓励和提倡注册建造师"一师多岗"，从事国家规定的其他业务。

3. 建造师的基本条件

我国现行建造师制度中分为一级注册建造师和二级注册建造师。

一级建造师应具备的基本条件：

（1）具有一定的工程技术、工程管理理论和相关经济理论水平，并具有丰富的施工管理专业知识；

（2）能够熟练掌握和运用与施工管理业务相关的法律、法规、工程建设强制性标准和行业管理的各项规定；

（3）具有丰富的施工管理实践经验和资历，有较强的施工组织能力，能保证工程质量和安全生产；

（4）有一定的外语水平。

二级建造师应具备的基本条件：

（1）了解工程建设的法律、法规，工程建设强制性标准及有关行业管理的规定；

（2）具有一定的施工管理专业知识；

（3）具有一定的施工管理实践经验和资历，有一定的施工组织能力，能保证工程质量和安全生产；

（4）建造师必须接受继续教育，更新知识，不断提高业务水平。

4. 建造师的执业范围

（1）担任建设工程项目施工的项目经理；

（2）从事其他施工活动的管理工作；

（3）法律、行政法规或国务院建设行政主管部门规定的其他业务。

（二）项目经理的资质管理

项目经理是指受企业法定代表人委托，对工程项目施工过程进行全面管理的项目负责人，也是建筑施工企业法定代表人在工程项目上的代表人。原建设部颁发的《建筑施工企业项目经理资质管理办法》规定，二级以上工程施工总承包企业都必须实行项目经理持证上岗制。

1. 项目经理的资质等级及其具体规定

项目经理的资质等级分为一级、二级、三级、四级共4级，具体资质标准住房和城乡建设部已作规定：一级项目经理可承担一级资质建筑施工企业经营范围内所有的工程项目管理；二级项目经理只可承担二级及二级以下资质建筑施工企业营业范围内的工程项目管理；三级项目经理只可承担三级及三级以下资质建筑施工企业营业范围内的工程项目管理；四级项目经理只可承担四级资质建筑施工企业营业范围内的工程项目管理。

在建设施工企业里，虽然建造师与项目经理定位不同，但所从事的都是建设工程的管理。建造师执业的覆盖面较大，可涉及工程建设项目管理的许多方面，担任项目经理只是建造师执业中的一项；项目经理则限于企业内某一特定工程的项目管理。建造师选择工作的权利相对自主，可在社会市场上有序流动，有较大的活动空间；项目经理岗位则是企业设定的，项目经理是企业法人代表授权或聘用的、一次性的工程项目施工管理者。

2. 项目经理资质的考核与注册

（1）培训。从事工程项目施工管理的项目经理，必须参加住房和城乡建设部确认的由各省、自治区、直辖市建设行政主管部门或国务院有关部门组织的培训点的培训，通过考试后可获得全国建筑施工企业项目经理培训资格证书。

（2）考核。取得项目经理培训合格证，并经过项目经理岗位工作实践后，达到项目经理资质申请条件的，由本人提出申请，经企业法定代表人签署意见，报企业主管部门初审，再报本地区或本部门项目经理资质考核委员会，由该委员会对其职称、培训、经历、业绩等条件进行考核。

（3）注册。考核通过后，由各省、自治区、直辖市建设主管部门或国务院有关部门认定注册（一级项目经理要报住房和城乡建设部核准），发给相应等级的项目经理资质证书，该证书全国通用。取得培训合格证后三年内未经注册的，其培训合格证失效，并不得在工程项目施工管理工作中担任项目经理职务。

3. 项目经理的产生和职责

（1）项目经理产生。承包方施工质量、进度的好坏与项目经理的水平、能力、工作热情有很大的关系，一般都应当在投标书中明确，并作为评标的一项内容。最后，项目经理的姓名、职务在专用条款内约定。项目经理一旦确定后，承包方不能随意易人。项目经理易人，承包方应当至少于易人前7天以书面形式通知发包人，后任继续履行合同文件约定的前任的权利和义务，不得更改前任作出的书面承诺。发包人可以与承包方协商，建议调换其认为不称职的项目经理。

（2）项目经理的职责。项目经理在施工合同的履行过程中应当完成以下职责：贯彻执行国家和工程所在地政府的有关法律、法规和政策，执行企业的各项管理制度；严格财经制度，加强财经管理，正确处理国家、企业与个人的利益关系；执行项目承包合同中由项目经理负责履行的各项条款；对工程项目施工进行有效控制，执行有关技术规范和标准，积极推广应用新技术，确保工程质量和工期，实现安全、文明生产，努力提高经济效益。

项目经理责任制是我国施工管理体制上一个重大的改革，对加强工程项目管理，提高工程质量起到了很好的作用。建造师执业资格制度建立以后，取消项目经理资质的行政审批，而不是取消项目经理，项目经理责任制仍然要继续坚持。项目经理仍然是施工企业某一具体工程项目施工的主要负责人，他的职责是根据企业法定代表人的授权，对工程项目自开工准备至竣工验收，实施全面的组织管理。有变化的是，大中型工程项目的项目经理必须由取得建造师执业资格的建造师担任。注册建造师资格是担任大中型工程项目经理的一项必要性条件，是国家的强制性要求。但选聘哪位建造师担任项目经理，则由企业决定，那是企业行为。小型工程项目的项目经理可以由不是建造师的人担任。所以，要充分发挥有关行业协会的作用，加强项目经理培训，不断提高项目经理队伍素质。

（三）关键岗位从业人员资格管理

1. 关键岗位的界定

关键岗位是指建筑业、房地产、市政公用事业等企事业单位中关系着工程质量、产品质量、服务质量、经济效益、生产安全和人民财产安全的重要岗位。如施工项目经理、施工机械操作人员、房地产估价员、房地产经纪人、企业内部质量管理人员、安全管理人员等，为保证这些关键岗位上的工作人员具有较高的素质和相应的技能，我国实行了建设企事业单位持证上岗的制度。凡需在关键岗位上工作的人员，必须经过有关部门或机构的培训和考试，并通过业绩考核后，才能领取相应的岗位合格证书。未取得岗位合格证书的人员，一律不得在关键岗位上工作。同时，在各建设企事业的资质等级评定标准中，对持有上岗方面的要求也作出了明确的规定，凡达不到规定要求的，将被降低资质等级并不得参加企业升级和先进企事业单位评选。

2. 岗位合格证的申请和复检

（1）岗位证书的申请。由申请人向本单位提出申请，再由其单位将有关材料统一报送发证机关（各省级建设行政主管部门）审查，在考核机构对申请人的文化程度、工作能力、岗位实习、工作经历及培训考试和职业道德等情况进行审查合格后，核发岗位合格证书。该证书在全国同行业、同专业、同类型的建设企事业单位中有效。

（2）岗位证书的复检。由发证机关随企业资质晋升、审查定期进行。持证人调离本岗位工作的，原单位应在合格证上注明，当其新任职岗位与原岗位性质相同时，岗位合格证继续有效。当脱离原岗位并改变任职性质五年以上的，岗位合格证失效。

第三节 施工许可制度

一、建筑许可的概念

建筑许可是我国《建筑法》中重要的法律规定，是建设行政主管部门或其他行政主管部门准许、变更或中止公民、法人和其他组织从事建筑活动的具体行政行为。

根据《建筑法》的规定，建筑许可包括三种法律制度：施工许可证制度、从事建筑活动单位资质制度、个人资格制度。

建筑许可是国家对建设工程行为予以认可的法律规定，也是全世界各国普遍采用的法律制度。在我国现阶段，社会主义建设事业的蓬勃发展，给建筑行业带来了巨大的发展机遇和挑战，建筑许可制度的实施具有重要意义：

（1）有利于国家对基本建设的宏观调控及对从事建筑活动的单位和人员进行总量

控制；

（2）有利于规范建筑市场、保证建筑工程质量和建筑安全生产；

（3）有利于保护建设单位、从事建设活动的单位和个人的合法权益。

二、施工许可证制度

建筑许可制度在建设工程施工阶段主要体现为建设行政主管部门向施工单位颁发施工许可证。

1. 工程报建登记

在建设工程立项批准后、工程发包（包括勘察、设计、施工的发包，监理委托）前，建设单位必须向建设行政主管部门或其授权的部门办理工程报建登记手续（未办理报建登记手续的工程，不得发包，不得签订合同）。这一环节标志着建设工程正式开始。

在办理工程报建登记手续时，一般要求建设单位提供下列资料：包括工程建设项目立项的批准文件、银行出具的该建设工程项目资信证明、经批准的建设用地证明和规划审批文件以及施工图设计审查批准书等。

工程报建登记的内容一般包括：建设工程内容、建设地点、投资规模、资金来源、当年度投资额度、工程规模、开工与竣工日期、发包方式和工程筹建情况等。

2. 建筑工程施工许可证

建筑工程施工许可证，是指建筑工程开始施工前建设单位向建设行政主管部门申请的允许可以施工的证明。

一般情况下，新建、改建的建筑工程，建设单位必须在开工前向建设行政主管部门或其授权的部门申请领取建设工程施工许可证。未领取施工许可证的，不得开工。《中华人民共和国建筑法》第七条规定："建筑工程开工前，建设单位应当按照国家有关规定向工程所在地县级以上人民政府建设行政主管部门申请领取施工许可证；但是，国务院建设行政主管部门确定的限额以下的小型工程除外。按照国务院的权限和程序批准开工报告的建筑工程，不再领取施工许可证。"

建筑工程施工许可证制度是行政许可证制度的一种。行政许可证制度涉及两方面的主体，一方是行政机关，另一方则是申请人。就建筑工程施工许可证制度而言，这两方面主体分别是建设行政主管部门或有关专业部门和建设单位。

实行建筑工程施工许可证制度，是我国政府对建设工程质量实行监督管理两个主要手段之一（施工许可证制度和竣工验收备案制度）。

三、施工许可证的申领

1. 申领条件

确定申请领取施工许可证的条件，是为了保证建筑工程开工后组织施工能够顺利进行。《建筑法》第八条规定，申请领取施工许可证，应当具备下列条件：

（1）已经办理该建筑工程用地批准手续。根据《城市房地产管理法》和《土地管理法》的规定，建设单位取得建筑工程用地的土地使用权，可以通过出让和划拨两种方式。建设单位依法以出让或划拨方式取得土地使用权，应当向县级以上地方人民政府土地管理部门申请登记，经县级以上地方人民政府土地管理部门核实，由同级人民政府颁发土地使用权证书。建设单位取得土地使用权证书表明已经办理了该建筑工程用地批准手续；

（2）在城市规划区的建筑工程，已经取得规划许可证。根据《城市规划法》的规定，规划许可证包括建设用地规划许可证和建设工程规划许可证。建设用地规划许可证是由建设单位和个人提出建设用地申请，城市规划行政主管部门确定建设用地位置、面积、界限的法定凭证，必须由建设单位在建筑工程用地取得土地使用权之前申请领取。建设工程规划许可证是由城市规划行政主管部门核发的，用于确认建设工程是否符合城市规划要求的法律凭证；

（3）需要拆迁的，其拆迁进度符合施工要求。这里的拆迁一般是指房屋拆迁。对在城市旧地、重旧区进行建筑工程的新建、改建、扩建，拆迁是施工准备阶段的一项重要内容。对成片土地进行综合开发时，应根据建筑工程建设计划，在满足施工要求的前提下，分期分批进行拆迁；

（4）已经确定建筑施工企业。建筑工程的施工必须由具备相应资质的建筑施工企业来承担。在建筑工程开工前，建设单位必须确定承包该工程的建筑施工企业，否则，建筑工程的施工就无法进行；

（5）有满足施工需要的施工图纸及技术资料。施工图纸是实现建筑工程的最根本的技术文件，是施工的依据，这就要求设计单位按工程的施工顺序和施工进度，安排好施工图纸的配套交付计划，保证满足施工的需要。施工设计图纸一般包括施工总平面图、房屋建筑施工平面图和剖面图、安装施工详图、各种专门工程的施工图和各类材料明细表等。技术资料包括：地形、地质、水文、气象等自然条件资料；主要原材料、燃料来源、水电供应和运输条件等技术经济条件资料；

（6）有保证工程质量和安全的具体措施。建设单位施工组织设计必须包括保证工程质量和安全的具体措施。而施工组织设计的编制是施工准备工作的核心环节，必须在建筑工程开工前编制完毕；

（7）按照规定应该委托监理的工程已委托监理；

（8）建设资金已经落实。建设资金的落实是建筑工程开工后顺利实施的关键。对于建设工期不足一年的建筑工程，工程到位资金原则上不得少于工程合同的百分之五十；建设工期超过一年的建筑工程，到位资金原则上不得少于工程合同价的百分之三十。并且，建设单位应当提供银行出具的到位资金证明，有条件的可以实行银行付款保函或者第三方的担保；

（9）法律、行政法规规定的其他条件。

上述 9 个方面的条件，是建设单位申领施工许可证所必须具备的必要条件。这些条件必须同时具备，缺一不可。

为了促使建设行政主管部门及时对施工许可证申请的审查，提高颁发施工许可证的工作效率，更好地保护当事人的合法权益，《建筑法》对建设行政主管部门审查施工许可证的申请期限作出了规定：建设行政主管部门应当自收到申请之日起 15 个工作日内，对符合条件的申请颁发施工许可证。

2. 申领程序

施工许可证的具体申领程序，目前国家尚无统一的明确规定，各地的做法也不尽相同。一般的程序是，对需要领取施工许可证的建筑工程，由建设单位填写有关表格，提供规定的材料，按规定的方式向有审批权的建设行政主管部门提出申请。

建设单位(又称业主或项目法人)，是指建设项目的投资者。建设项目由政府投资的，建设单位为该建设项目的管理或使用单位。建设单位既可以是法人，也可以是自然人。做好各项施工准备工作,是建设单位应尽的义务。因此,施工许可证的申领,应当由建设单位来承担,而不应由施工单位或其他单位来承担。

四、施工许可证的时间效力

(一) 有效期限

施工许可证的时间效力,是指施工许可证在一定的时间范围内有效,超过这一期限即丧失效力。

根据《建筑法》第9条规定:建设单位应当自领取施工许可证之日起3个月内开工。所谓领取施工许可证之日,是指建设行政主管部门将施工许可证交给建设单位之日。

(二) 延期与限制

《建筑法》第9条还规定:因故不能按期开工的,应当向发证机关申请延期;延期以2次为限,每次不超过3个月。即建设单位因客观原因可以延期,但不得无故拖延开工。这里的客观原因一般是指:"三通一平"(通水、通电、通道路、场地平整等)没有完成,材料、构件、必要的施工设备等没有按计划进场。

(三) 中止施工和恢复施工

中止施工,是指建筑工程开工后,在施工过程中,因特殊情况的发生而中途停止施工的一种行为。中止施工的原因一般比较复杂。造成中止施工的特殊情况主要有地震、洪水等不可抗力;宏观调控、压缩基建规模、停建缓建建筑工程等。

《建筑法》第10条规定:在建的建筑工程因故中止施工的,建设单位应当自中止施工之日起1个月内,向发证机关报告,并按照规定做好建筑工程的维护管理工作。

恢复施工,是指建筑工程中止施工后,造成中断施工的情况消除而继续进行施工的一种行为。为此,《建筑法》亦作出规定:

(1) 恢复施工时,中止施工不满1年的,建设单位应当向该建筑工程颁发施工许可证的建设行政主管部门报告恢复施工的有关情况;

(2) 中止施工满1年的,工程恢复施工前,建设单位应当报发证机关检验施工许可证。符合条件的,应允许恢复施工,施工许可证继续有效;对不符合条件的,不许恢复施工,施工许可证收回,待具条件后,建设单位重新申领施工许可证。

(四) 自行废止

施工许可证自行废止有如下两种情况:

(1) 3个月内不开工,又未向发证机关申请延期;

(2) 超过延期期限。

即自颁发施工许可证之日起,不论何种原因,均须在9个月内开工,否则施工许可证自行废止。

复 习 思 考 题

1. 建设工程(施工)企业资质的分类有哪些?
2. 建造师的基本条件和执业范围是什么?
3. 项目经理的资质等级及其具体规定有哪些?如何对项目经理资质进行考核与注册?
4. 实施建筑许可制度具有哪些意义?
5. 申领施工许可证应当具备哪些条件?

第八章 建设工程监理法律制度

【本章提要】 随着我国基本建设事业的快速发展，社会主义建设市场的逐渐完善，监理单位已经成为工程建设领域的三大主体之一。建设工程监理法律制度的内容非常丰富，涉及监理的性质、范围，监理合同，监理各方的权利、义务、责任以及相互关系。监理行业是为建设单位提供专业化项目管理服务的，决定了监理企业必须具备相应的资质，并且接受建设行政主管部门的监督管理；作为直接从事监理工作的监理工程师，必须是综合素质较高的人员才能胜任。

第一节 建设工程监理法律制度概述

一、建设工程监理的概念

建设工程监理是指具有相应资质的工程监理企业受建设单位的委托，依据国家批准的工程项目建设文件，和有关工程建设的法律、法规和建设工程监理合同及其他工程建设合同，代表建设单位对承建单位的建设行为实施监控的一种专业化服务活动。

在工程建设监理中，监理的对象不是工程本身，而是建设活动中有关单位的行为及其权利的行使和义务的履行。工程建设监理只能由已经依法取得监理资质证书，具有法人资格的监理企业实施，没有依法取得相应监理资格的单位无权实施监理行为，监理企业是业主根据自己的意愿和有关规定进行选择，并通过与之签订建设工程监理合同委托授权的组织。

对建设工程监理概念可以从以下几个方面理解：

（1）建设工程监理行为的主体具有特定性。建设工程监理的行为主体是工程监理企业。只有工程监理企业才能按照独立、自主的原则，以"公正的第三方"的身份开展建设工程监理活动。非监理单位进行的监督活动都不能成为建设工程监理，如以下两种情况：建设单位自己派人对工程建设进行的监督管理，可称为"自行管理"；建设行政主管部门以及授权机构对工程建设的监督管理，则属于强制的"行政管理"，这是一种政府（行政）行为。

（2）建设工程监理行为实施的授权性。建设工程监理实施的前提是建设单位的授权和委托。建设单位与建设工程监理企业应当依法订立书面建设工程委托监理合同。只有建设单位在监理合同中对工程监理企业进行委托和授权，工程监理企业才能根据建设单位的授权，在委托的范围内对承建单位的工程建设活动实施监督管理。

（3）建设工程监理依据的法定性。建设工程监理的依据包括工程建设文件、有关的法律法规规章和标准规范、建设工程委托监理合同和有关的建设工程合同。建设工程监理是具有明确依据的、合法的、科学的监督管理活动。建设工程委托监理合同和有关的建设工程合同是建设工程监理的最直接的依据。工程监理企业只能在监理合同委托的范围内监督管理承建单位履行其与建设单位所签订的有关建设工程合同。

(4) 建设工程监理对象的特殊性。建设工程监理的对象是承建单位的建设行为。建设工程项目是工程建设的对象，建设单位是工程项目的法人，是管理主体；承建单位从事工程项目的直接建造活动，是工程项目实施的主体；建设工程监理企业是直接为工程项目提供服务的行业，是以工程项目管理服务为主体。显然，监理单位、建设单位和承建单位都是以建设工程项目作为载体即活动对象的。根据委托监理合同和有关文件，建设工程监理的对象即为承建单位的建设行为。

目前，我国建设工程监理主要集中在建设工程项目的实施阶段，工程建设监理的对象包括勘察设计单位、施工建造单位、材料设备供应单位等，监理单位与他们形成监理与被监理关系，并协助建设单位在计划的投资、进度、质量控制目标内，顺利完成建设项目。

二、建设工程监理的性质与作用

(一) 建设工程监理的性质

1. 服务性

建设工程监理业务的特点决定了其行为具有服务的性质。建设工程监理实际上是工程监理企业为建设单位提供专业化的服务，即代表建设单位进行项目管理，协助建设单位在计划内将建设工程项目顺利建成并投入使用。建设工程监理的服务性，决定了工程监理企业并不是取代建设单位的建设管理活动，而仅仅是为建设单位提供专业化服务。因此，工程监理企业不具有建设工程重大问题的决策权，而只是在委托与授权范围内代表建设单位进行项目管理。目前，我国建设工程监理的服务性具有单一特点，即服务对象只有建设单位。

2. 科学性

建设工程监理制度的基本目的决定了其行为的科学性。建设单位委托监理的目的就是通过工程监理企业代表其进行科学管理，从而顺利实现其项目目标。因此，作为工程监理企业，只有通过科学的思考、方法和手段，才能完成建设单位委托的工作。

3. 独立性

建设工程监理的工作特点决定了监理行为的独立性。虽然工程监理企业是代表建设单位进行项目管理，但工程监理企业必须根据科学管理的要求，独立地作出判断和进行工作，将科学管理落在实处。如果不能做到"独立"这一点，处处按照建设单位的指挥行事，也就失去了这种引入专业化管理的意义。

4. 公正性

社会公认的监理职业道德准则和科学管理的要求决定了监理行为应当是公正的。因为合同只有双方都认真履行才能顺利完成。所以在建设工程监理中，既要求工程监理企业代表建设单位进行项目管理，维护建设单位的合法权益，同时也不得损害承建单位的合法权益。尤其是处理建设单位与承建单位争议时，必须以事实为依据，以合同为准绳，公正地行事。

(二) 建设工程监理的作用

1. 有利于提高建设工程投资决策的科学化水平

在投资决策阶段引入建设工程监理，通过工程监理企业专业化的管理服务，建设单位可以更好的选择工程咨询机构，并由工程监理企业监控工程咨询合同的实施，对咨询报告进行评估，这样可以提高建设工程投资决策的科学化水平，避免项目投资决策的失误。

2. 有利于控制建设工程的功能和使用价值的质量

在设计阶段引入建设工程监理，通过专业化的工程监理企业的科学管理，可以更准确地提出建设工程的功能和使用价值的质量要求，并通过设计阶段的监理活动，选择出更符合建设单位要求的建设方案，实现建设单位所需的建设工程的功能和使用价值。

3. 有利于保证建设工程的质量和使用安全

由于工程监理企业是由既懂技术又懂经济管理的专业监理工程师组成的企业，因此，在设计和施工阶段引入建设工程监理，监理工程师采取科学的管理方式对工程质量进行控制，使承建单位建立完善的质量保证体系，并在工程中切实落实，从而可以最大限度地避免工程质量隐患。

4. 有利于实现建设工程投资效益最大化

在建设工程全过程引入建设工程监理，也就是由专家参与决策和实施过程，通过监理工程师的科学管理，就可能实现投资效益最大化的目标；在满足建设工程预定功能和质量标准的前提下，实现建设投资额最少；或者建设工程全寿命周期费用最少；或者实现建设工程本身的投资效益与环境、社会效益的综合效益最大化。

5. 有利于规范工程建设参与各方的建设行为

虽然工程监理企业是受建设单位委托代表建设单位来进行科学管理的，但是，工程监理企业在监督管理承建单位履行建设工程合同的同时，也要求建设单位履行合同，从而使建设工程监理制在客观上起到一种约束机制的作用，起到规范工程建设参与各方的建设行为的作用。

三、建设工程监理的范围

（一）建设工程监理的范围

监理是基于业主的委托才可实施的建设活动，所以，建设工程实施监理应是建立在业主自愿的基础之上。在我国的建设监理制度中，监理的工作范围包括两个方面：一是工程类别，包括各类土木工程、建筑工程、线路管道工程、设备安装工程和装修工程等。工程监理企业只能在资质审批的工程类别范围内进行监理活动。二是工程建设阶段，包括工程建设投资决策阶段、勘察设计招投标与勘察设计阶段、施工招投标与施工阶段（包括设备采购与制造和工程质量保修）。目前我国监理工作主要进行的是建设工程施工阶段的监理活动，工程监理企业必须按照监理合同委托的监理阶段进行监理。

（二）我国实行强制监理的工程项目

我国《建筑法》明确规定实行强制监理的建筑工程的范围由国务院制定。国务院于2000年1月30日颁发的《建设工程质量管理条例》及原建设部2001年1月17日颁发的《建设工程监理范围和规模标准规定》中规定，现阶段我国必须实行工程建设监理的工程项目范围为：

1. 国家重点建设工程

国家重点建设工程，是指依据《国家重点建设项目管理办法》所确定的对国民经济和社会发展有重大影响的骨干项目。

2. 大中型公用事业工程

大中型公用事业工程，是指项目总投资额在3000万元以上的工程项目，包括供水、供电、供气、供热等市政工程项目，科技、教育、文化等项目，体育、旅游、商业等项目，卫生、社会福利等项目以及其他公用事业项目。

3. 成片开发建设的住宅小区工程

建筑面积在5万平方米以上的住宅建设工程必须实行监理；5万平方米以下的住宅建设工程，可以实行监理，具体范围和规模标准，由省、自治区、直辖市人民政府建设行政主管部门规定。为了保证住宅质量，对高层住宅及地基、结构复杂的多层住宅应当实行监理。

4. 利用外国政府或者国际组织贷款、援助资金的工程

利用外国政府或者国际组织贷款、援助资金的工程范围包括使用世界银行、亚洲开发银行等国际组织贷款资金的项目，使用国外政府及其机构贷款资金的项目，使用国际组织或者国外政府援助资金的项目。

5. 国家规定必须实行监理的其他工程

包括项目总投资额在3000万元以上关系社会公共利益、公众安全的下列基础设施项目：

（1）煤炭、石油、化工、天然气、电力、新能源等项目；

（2）铁路、公路、管道、水运、民航以及其他交通运输业等项目；

（3）邮政、电信枢纽、通信、信息网络等项目；

（4）防洪、灌溉、排涝、发电、引(供)水、滩涂治理、水资源保护、水土保持等水利建设项目；

（5）道路、桥梁、地铁和轻轨交通、污水排放及处理、垃圾处理、地下管道、公共停车场等城市基础设施项目；

（6）生态环境保护项目；

（7）其他基础设施项目。

至于学校、影剧院、体育场馆项目，不管总投资额多少，都必须实行监理。

四、我国建设工程监理制度的演进

（一）我国建设工程监理制度的产生

我国工程建设的历史已有几千年，但现代意义上的工程建设监理制度的建立只是近十几年的事情。

20世纪80年代以后，我国从计划经济体制逐渐向社会主义市场经济体制过渡，进行改革开放，在基本建设领域进行了一系列的重大改革，工程建设活动逐步市场化。为适应这一变化，政府有关部门对我国解放后几十年的建设工程管理实践进行了反思和总结，并对国外工程管理制度与管理方法进行了考察，认识到建设单位的工程项目管理是一项专门的学问，需要一批专门的机构和人才，建设单位的工程项目管理应当走专业化、社会化的道路，为此，原建设部于1988年颁布了《关于开展建设监理工作的通知》，明确提出要建立建设监理制度。建设监理制度作为工程建设领域的一项改革举措，旨在改变陈旧的工程管理模式，建立专业化、社会化的建设监理机构，协助建设单位做好项目管理工作，以提高建设水平和投资效益。

（二）我国建设工程监理制度的发展

我国建设工程监理的发展大体经历了以下几个阶段：

1. 建设工程监理的试点阶段(1988~1993年)

当时的建设部于1988年7月颁布了《关于开展建设监理工作的通知》，1988年11月颁布《关于开展建设监理试点工作的若干意见》，确定了北京、上海、天津、南京、宁波、沈阳、哈尔滨、深圳8市和原能源部、交通部两部的水电和公路系统作为全国开展建设监理工作的试点单位。1989年当时的建设部又颁布了《建设监理试行规定》，随后又颁布了一系列建设监理行政文件，推进了我国工程项目建设领域改革试点工作的进程。

2. 建设工程监理的稳步发展阶段(1993~1995年)

经过试点阶段几年的建设监理试点工作，当时的建设部于1993年5月在天津召开了第五次全国建设监理工作会议，会议分析了全国建设监理工作的形势，总结了试点工作的经验，对各地区、各部门的建设监理工作给予了充分肯定，决定在全国结束建设监理试点工作，从当年转入稳步发展阶段。

3. 建设工程监理的全面推行阶段(1996年至今)

由于建设工程监理制度在我国起步较晚，加上一些单位和部门对实行建设工程监理认识不足，一些应当实行建设监理的项目没有实行建设监理，有些监理单位行为不规范，造成建设工程监理的作用无法正常发挥。为了完善和规范建设工程监理制度，1995年12月，在北京召开了第六次全国建设监理工作会议，总结了7年来建设监理工作的成绩和经验，对下一步的监理工作进行了全面部署，同时颁发了《工程建设监理规定》（自1996年1月1日实施）和《工程建设监理合同示范文本》。这次会议的召开，标志着我国建设监理工作进入全面推行阶段。

(三) 我国建设工程监理的立法现状

随着工程建设监理制度在我国的建立与推行，为了更进一步完善该项制度，有关工程建设监理的立法工作也逐步开展。1997年12月通过的《中华人民共和国建筑法》中有关工程监理的规定，是我国监理法规中唯一由全国人大常委会通过的法律。其他建设工程监理法规都是由住房和城乡建设部及国务院相关部委制定的部门规章和规范性文件，他们主要有：2000年1月10日国务院第25次常务会议通过的《建设工程质量管理条例》，对工程监理的范围和责任作了相应的规定，进一步明确了建设工程监理的法律地位；2001年1月17日原建设部制定的《建设工程监理规范和规模标准规定》，要求在规定的范围内必须强制性的实行建设监理；2007年6月26日原建设部颁布的《工程监理企业资质管理规定》对监理企业的从业资质进行了明确规定。此后，陆续颁布的《建设工程安全生产条例》、《建筑施工企业安全生产管理机构设置及专职安全生产管理人员配备办法》和《危险性较大工程安全专项施工方案编制及专家论证审查办法》等，进一步完善了建设工程监理的法律体系。

(四) 我国建设工程监理的发展趋势

虽然说我国的建设工程监理已经取得了有目共睹的成绩，并且已为社会各界所认同和接受，但是应当承认的是目前仍处在发展的初期阶段，与发达国家相比还存在很大的差距，服务的内容、范围和水平都有待进一步发展。

为使我国的建设工程监理实现预期效果，在工程建设领域发挥更大的作用，应着重向以下几个方面发展：

1. 向规范化、法制化发展

目前，我国颁布的法律法规中有关建设工程监理的条款不少，部门规章和地方性法规的数量更多，这充分反映了建设工程监理的法律地位。但是法制建设还是比较薄弱的，突出表现在市场规则和市场机制方面：一是市场规则特别是市场竞争规则和市场交换规则还不规范；二是市场机制包括信用机制、价格形成机制、风险防范机制、仲裁机制等还不健全。应当在总结经验的基础上，借鉴国际上通行的做法，逐步地将市场规则和市场机制建立和健全起来。这样才能使我国的建设工程监理走上有法可依、有法必依的轨道，才能适应形势的发展。

2. 从单一的施工阶段监理为主，向全方位、全过程监理发展

目前，建设工程监理主要还集中在施工阶段，但这远远不够，不能适应社会发展的需要。

因为建设工程监理是工程监理企业向建设单位提供项目管理服务的，所以在建设程序的各阶段都可接受建设单位的委托提供管理服务。从建设单位的角度出发，决策阶段和设计阶段对项目的投资、质量具有决定性的影响，非常需要管理服务，不仅需要质量控制、进度控制和投资控制，而且需要合同管理、信息管理与组织协调等各方面的管理工作。所以，代表建设单位进行全方位、全过程的项目管理是建设工程监理的发展趋势。

3. 优化工程监理企业结构，向多层次发展

工程监理行业应逐步建立起综合性监理企业与专业性监理企业相结合，大、中、小型监理企业相结合的合理"布局"。按工作内容分，逐渐建立起承担全过程、全方位监理任务的综合性监理企业与能承担某一专业监理任务的监理企业相结合的企业结构。按工作阶段分，建立起能承担工程建设全过程监理的大型监理企业与能承担某一阶段工程监理任务的中型监理企业和只提供旁站监理劳务的小型监理企业相结合的企业结构，从而使各类监理企业（综合的、专业的、大的、小的）都能有合理的生存和发展的空间。

4. 监理从业人员的业务水平向高层次发展

我国建设工程监理从业人员的素质还不能与全方位、全过程监理的要求相适应，迫切需要加以提高。同时工程建设领域的新技术、新工艺、新材料层出不穷，工程技术标准、规范、规程也时有更新，信息技术日新月异，都要求建设工程监理从业人员与时俱进，不断提高自身的业务质量和职业道德素质，这样才能为建设单位提供优质服务，才能形成一批公信力强、有品牌效应的工程监理企业，才能提高我国建设工程监理的总体水平及其效果，才能推动建设工程监理事业更好更快地发展。

5. 与国际惯例接轨，向国际化发展

我国加入 WTO 以后，逐渐向国际市场开放，越来越多的外国企业进入我国市场，同时，我国的企业也有机会进入国际市场参与国际竞争。但是，我国工程监理企业不熟悉国际惯例，执业人员的素质不高，现代企业管理制度不健全，要想在国际上与同类企业同台竞争，就必须与国际惯例接轨。

第二节 建设工程监理的各方及相互关系

一、建设工程监理的各方

我国现行工程建设管理体制是在政府有关部门（多是建设行政主管部门）的监督管理

下，由工程监理企业(监理单位)、建设单位(业主)和承建单位(承包商)三个建设活动实体直接参加的管理体制。

(一) 工程监理企业

工程监理企业是指具备法人资格，具有监理资质证书、取得营业执照的依法从事建设工程监理业务活动的经济组织。它通过监理工程师实施对承建单位的监督和管理。建设单位和工程监理企业通过建立委托合同确定委托和被委托的关系。

(二) 建设单位

建设单位也称业主或项目法人，拥有建设工程规模、标准、功能，以及选择承包商和监理企业等的决定权。它是委托监理的一方。

(三) 承建单位

承建单位也称承建商或承包方，是工程项目建造实施的经济组织。建设单位与承建单位之间是发包与承包的合同关系，承建单位应按照承包合同规定的内容，实施工程项目建设活动。

工程监理企业(通过监理工程师实施)与承建单位之间的关系属于监理与被监理的关系，承建单位的一切工程活动都必须得到监理工程师的批准，必须接受监理工程师的监督和管理。

监理企业和承建商都受聘于业主，但它们二者之间无直接合同，发生何种"关系"及其"身份"问题都在监理合同和施工合同中明确的规定下来。每一项工程都是由各自相对独立又相互制约的业主、监理企业和承包商三者共同完成，所以说正确的认识和准确的处理各方的关系是建设工程项目顺利进行的关键。

二、建设工程监理各方的关系

为使建设工程监理各方的权利义务基本平等，并有利于工程建设的顺利进行，国际咨询工程师联合会编制了 FIDIC 合同文本，原建设部、国家工商局等部门也编制了《建设工程施工合同》示范文本和《工程建设监理合同》示范文本，供各有关当事人参照执行。这些合同文件对业主、监理单位及承包商之间的工作关系作了明确规定。

(一) 业主与承包商的关系

业主与承包商实质上是雇佣与被雇佣的关系，他们是合同条件中的两个主体。我们国内习惯将业主与承包商的关系称之为发、承包的合同关系。业主采用招投标手段选择承包商，业主与承包商签订的施工合同构成了合同双方相互关系的法律依据。

承包商按照合同条件的规定，对合同范围内工程进行设计、施工和竣工，并修补其任何缺陷。同样，业主也要按照合同文件履行自己的职责。应当指出的是：在施工过程中，如业主已委托监理单位进行监理，业主就不能再直接指挥承包商的施工活动，在合同条件中，没有任何条款说明承包商应接受业主的指令，业主直接向承包商下达指令应属于违反合同的行为。因此，承包商有权拒绝执行业主下达的这一类指令，而承包商执行业主的指令也属于违反合同的行为，监理工程师有权拒绝。业主直接指挥承包商和承包商接受业主指挥的行为实际将干预监理工程师对合同条件的执行。这种做法与合同条件相违背，由此可能导致合同的失败。

在建设工程实践活动中，业主对承包商干预的越多，工程干得越差，合同执行得也越糟；而业主干预的越少，完全由监理工程师来组织、协调、控制，则工程干得越好。

（二）业主与监理单位的关系

按照 FIDIC 合同条件实施一项工程，业主一方面通过招标手段选择承包商，另一方面要委托具有监理资格的单位进行监理。因此，业主和监理单位及其监理工程师的关系是委托与被委托的关系。这种关系通过以下两个文件予以明确。

一是在业主与承包商签订的合同文件中，详细地规定了被委托的监理工程师的权利和职责，其中包括监理工程师对业主的约束权利和监理工程师独立公正地执行合同条件的权利。这就奠定了监理工程师与业主工作关系的基础。

另一个是业主与监理单位签订的监理合同，在这份文件中主要对监理人员数量、素质、服务范围、服务时间、服务费用以及其他有关监理人员生活方面的安排进行了详细的规定。同时，在监理服务协议中对监理工程师的权力也需予以明确。在监理协议中明确监理工程师的权力时应注意到协议中明确的权力要与施工合同中所赋予的监理工程师的权力相一致。

在监理合同中一般还要明确，业主有权向监理单位提出更换不称职的监理人员或解除监理合同。这是业主对监理人员的制约。但是这种制约，不应影响监理工程师按照合同条件独立、公正地行使监理的权力，包括监理工程师的决定对业主有约束力的权力。业主不能认为监理工程师是他所委托的雇员，而去干预监理工程师的正常工作。这是业主在处理与监理工程师的关系时应该掌握的根本原则。

（三）监理工程师与承包商的关系

监理工程师与承包商都是受聘于业主，它们之间既没有任何合同，也没有任何协议。他们之间的关系在业主与承包商签订的合同条件中可以明确的体现出来。按照合同规定，监理工程师与承包商之间是监理和被监理的关系，承包商的一切工程活动都必须得到监理工程师的批准。在涉及或关系到工程的任何事项上，无论这些事项在合同中写明与否，承包商都要严格遵守与执行监理工程师的指示，并且承包商也只能从监理工程师处取得指示。承包商完成的任何工作都必须达到监理工程师满意的程度，承包商必须接受监理工程师的监督和管理。但是，监理工程师对承包商的监督和管理都必须符合法律（包括合同文件）和实际情况。如果承包商认为监理工程师的决定不能接受，它有权提出仲裁，通过法律手段进行解决，这是法律上对承包商的保护。

监理工程师在处理与承包商的关系上，另一个值得注意的问题是监理工程师不能与承包商有任何经济关系，包括监理单位不能与承包单位及提供设备制造和材料供应单位发生隶属关系，也不得是这些单位的合伙经营者。监理单位和监理工程师均不能经营承包施工或材料销售业务，也不得在施工单位、设备制造和材料供应单位任职，监理工程师更不能接受承包商的礼物。这是监理工作的一个原则性问题。

综上所述，一项工程实施，是由各自独立而又相互制约的三方（业主、监理单位、承包商）共同完成的。正确处理业主、监理单位、承包商三者的关系，是保证工程按合同条件进行的关键。

三、监理单位与政府工程质量监督部门在管理方面的区别

建设工程监理企业与政府工程质量监督部门都属于工程建设领域的监督管理活动主体。但是，它们之间存在如下几点区别：

（1）建设工程监理实施者是社会化、专业化的监理企业，而政府工程质量监督的执行

是政府建设行政主管部门的专业执行机构(工程质量监督部门)。建设工程监理属于社会的、民间的监督管理行为,而工程质量监督则属于政府行政行为;

(2) 建设工程监理是项目组织系统范围内平行主体之间的横向监督管理;而政府工程质量监督则是项目组织系统外的监督管理,它对项目系统内的建设行为主体进行的是一种纵向管理;

(3) 建设工程监理具有委托性,而政府工程质量监督则具有强制性;

(4) 建设工程监理的工作范围由监理合同决定,其活动贯穿于工程建设的全过程、全方位;而政府工程质量监督只限于施工阶段。

建设工程监理企业与政府工程质量监督部门在工程质量方面的工作也存在着较大的区别:

(1) 工作依据不尽相同。政府工程质量监督以国家、地方颁布的有关法律、法规和技术规范、标准为依据,而建设工程质量监督不仅以有关法律、法规和技术规范、标准为依据,还以经批准的建设工程项目文件和工程建设合同为依据;

(2) 深度和广度不同。建设工程监理所进行的质量控制包括项目质量目标详细规划,采取一系列综合控制措施,既要做到全方位控制,又要做到事前、事中、事后控制,并持续在建设工程项目的各个阶段。而政府工程质量监督则主要在建设工程项目的施工阶段,对工程质量进行阶段性的监督和检查;

(3) 工作权限、工作方法和手段不同。建设工程监理主要采用组织管理的方法,从多方面采取措施进行项目质量管理。而政府工程质量监督则侧重行政管理的方法和手段。

需要指出的是,政府工程质量部门对监理企业特别是工程建设施工阶段质量控制工作中有指导、监督作用。

第三节 建设工程监理企业与监理工程师管理

一、建设工程监理企业概述

监理企业是指具有法人资格,取得监理企业资质证书和营业执照,依法从事建设工程监理工作的监理公司、监理事务所等,也包括具有法人资格的企业下设的专门从事建设工程监理的二级机构。

建设工程监理企业是我国建筑领域经济市场化的必然产物,是建筑市场的三大主体之一。它在建筑市场的作用是为建筑市场交易活动的各方提供高智能的技术服务,其工作是接受工程项目业主(建设单位)委托对建设工程项目的投资、工期、质量和安全进行监督管理。

二、建设工程监理企业的资质

(一) 建设工程监理企业的资质概述

工程监理企业资质是企业技术能力、管理水平、业务经验、经营规模、社会信誉、业务范围等综合性实力指标的统称。

工程监理企业按照所拥有的注册资本、专业技术人员数量和工程监理业绩等资质条件申请资质,经审查合格,取得相应等级的资质证书后,才能在其资质等级许可范围内从事工程监理活动。

工程监理企业的注册资本不仅是企业从事经营活动的基本条件，也是企业清偿债务的保证。工程监理企业所拥有的专业技术人员数量主要体现在注册监理工程师的数量，这反映企业从事监理工作的工程范围和业务能力。工程监理业绩则反映工程监理企业开展监理业务的经历和成效。

工程监理企业资质分为综合资质、专业资质和事务所资质。其中，专业资质按照工程性质和技术特点划分为若干工程类别。综合资质、事务所资质不分级别。专业资质分为甲级、乙级；其中，房屋建筑、水利水电、公路和市政公用专业资质可设立丙级。

工程监理企业的资质包括主项资质和增项资质。工程监理企业如果申请多项专业工程资质，则主要选择的一项为主项资质，其余的为增项资质。同时，其注册资金应达到主项资质标准要求，从事增项专业工程监理业务的注册监理工程师人数应当符合专业要求。增项资质级别不得高于主项资质级别。

（二）建设工程监理企业的资质申请

工程监理企业申请资质，一般要到企业注册所在地的县级以上地方人民政府建设行政主管部门办理有关手续。

新设立的工程监理企业申请资质，应当先到工商行政管理部门登记注册并取得企业法人营业执照后，才能到建设行政主管部门办理资质申请手续。办理资质申请手续时，应当向建设行政主管部门提供下列材料：

(1) 工程监理企业资质申请表（一式三份）及相应电子文档；

(2) 企业法人、合伙企业营业执照；

(3) 企业章程或合伙人协议；

(4) 企业法定代表人、企业负责人和技术负责人的身份证明、工作简历及任命（聘用）文件；

(5) 工程监理企业资质申请表中所列注册监理工程师及其他注册执业人员的注册执业证书；

(6) 有关企业质量管理体系、技术和档案等管理制度的证明材料；

(7) 有关工程试验检测设备的证明材料。

取得专业资质的企业申请晋升专业资质等级或者取得专业甲级资质的企业申请综合资质的，除前款规定的材料外，还应当提交企业原工程监理企业资质证书正、副本复印件，企业《监理业务手册》及近两年已完成代表工程的监理合同、监理规划、工程竣工验收报告及监理工作总结。

（三）建设工程监理企业各专业资质标准

1. 甲级

(1) 具有独立法人资格且注册资本不少于 300 万元；

(2) 企业技术负责人应为注册监理工程师，并具有 15 年以上从事工程建设工作的经历或者具有工程类高级职称；

(3) 注册监理工程师、注册造价工程师、一级注册建造师、一级注册建筑师、一级注册结构工程师或者其他勘察设计注册工程师合计不少于 25 人次；其中，相应专业注册监理工程师不少于《专业资质注册监理工程师人数配备表》中要求配备的人数，注册造价工程师不少于 2 人；

(4) 企业近 2 年内独立监理过 3 个以上相应专业的二级工程项目，但是，具有甲级设计资质或一级及以上施工总承包资质的企业申请本专业工程类别甲级资质的除外；

(5) 企业具有完善的组织结构和质量管理体系，有健全的技术、档案等管理制度；

(6) 企业具有必要的工程试验检测设备；

(7) 申请工程监理资质之日前一年内没有《工程监理企业资质管理规定》第十六条禁止的行为；

(8) 申请工程监理资质之日前一年内没有因本企业监理责任造成重大质量事故；

(9) 申请工程监理资质之日前一年内没有因本企业监理责任发生三级以上工程建设重大安全事故或者发生两起以上四级工程建设安全事故。

2. 乙级

(1) 具有独立法人资格且注册资本不少于 100 万元；

(2) 企业技术负责人应为注册监理工程师，并具有 10 年以上从事工程建设工作的经历；

(3) 注册监理工程师、注册造价工程师、一级注册建造师、一级注册建筑师、一级注册结构工程师或者其他勘察设计注册工程师合计不少于 15 人次。其中，相应专业注册监理工程师不少于《专业资质注册监理工程师人数配备表》中要求配备的人数，注册造价工程师不少于 1 人；

(4) 有较完善的组织结构和质量管理体系，有技术、档案等管理制度；

(5) 有必要的工程试验检测设备；

(6) 申请工程监理资质之日前一年内没有《工程监理企业资质管理规定》第十六条禁止的行为；

(7) 申请工程监理资质之日前一年内没有因本企业监理责任造成重大质量事故；

(8) 申请工程监理资质之日前一年内没有因本企业监理责任发生三级以上工程建设重大安全事故或者发生两起以上四级工程建设安全事故。

3. 丙级

(1) 具有独立法人资格且注册资本不少于 50 万元；

(2) 企业技术负责人应为注册监理工程师，并具有 8 年以上从事工程建设工作的经历；

(3) 相应专业的注册监理工程师不少于《专业资质注册监理工程师人数配备表》中要求配备的人数；

(4) 有必要的质量管理体系和规章制度；

(5) 有必要的工程试验检测设备。

三、建设工程监理企业的建立

(一) 建立监理企业的基本条件

建立监理企业的基本条件包括：

(1) 有自己的名称和固定的办公场所；

(2) 有自己的组织机构，如领导机构、财务机构、技术机构等；有一定数量的专门从事监理工作的工程经济、技术人员，而且专业基本配套、技术人员数量和职称结构符合要求；

(3) 有符合国家规定的注册资金；
(4) 拟定有监理企业的章程；
(5) 有主管部门同意设立监理企业的批准文件；
(6) 拟从事监理工作的人员中，有一定数量的人已取得国家建设行政主管部门颁发的《监理工程师资格证书》，并有一定数量的人取得了监理培训结业合格证书。

(二) 建立监理企业的程序

工程建设监理企业的建立应先申领企业法人营业执照，再报资质。监理企业的申报、审批程序一般分为三步：

第一步，新设立的工程建设监理单位，应根据法人必须具备的条件，先到工商行政管理部门登记注册并取得企业法人营业执照。

第二步，取得企业法人营业执照后，即可向建设监理行政主管部门申请资质。

第三步，审核部门应当对工程监理企业的资质条件和申请资质提供的资料审查核实。新设立的工程监理企业，其资质等级按照最低等级核定，并设立一年的暂定期。

(三) 监理企业的审批

申请综合资质、专业甲级资质的，应当向企业工商注册所在地的省、自治区、直辖市人民政府建设主管部门提出申请。省、自治区、直辖市人民政府建设主管部门应当自受理申请之日起20日内初审完毕，并将初审意见和申请材料报国务院建设主管部门。

国务院建设主管部门应当自省、自治区、直辖市人民政府建设主管部门受理申请材料之日起60日内完成审查，公示审查意见，公示时间为10日。其中，涉及铁路、交通、水利、通信、民航等专业工程监理资质的，由国务院建设主管部门送国务院有关部门审核。国务院有关部门应当在20日内审核完毕，并将审核意见报国务院建设主管部门。国务院建设主管部门根据初审意见审批。

专业乙级、丙级资质和事务所资质由企业所在地省、自治区、直辖市人民政府建设主管部门审批。专业乙级、丙级资质和事务所资质许可延续的实施程序由省、自治区、直辖市人民政府建设主管部门依法确定。省、自治区、直辖市人民政府建设主管部门应当自作出决定之日起10日内，将准予资质许可的决定报国务院建设主管部门备案。

四、建设工程监理企业的服务内容

(一) 建设工程决策阶段监理

建设工程决策阶段的工作主要是对投资决策、立项决策和可行性研究决策的监理。建设工程决策监理不是监理单位代替业主决策，而是受业主单位的委托选择决策咨询单位，协助业主与决策咨询单位签订咨询合同，并监督合同的履行。建设工程决策阶段监理的主要内容是投资决策监理。投资决策监理的委托方可能是业主(筹备机构)，也可能是金融单位，也可能是政府。

投资决策阶段监理工作如下：
(1) 协助委托方选择投资决策咨询单位，并协助签订合同书；
(2) 监督管理投资决策咨询合同的实施；
(3) 对投资咨询意见评估，并提出监理报告。

(二) 建设工程勘察设计阶段监理

建设工程设计阶段是工程项目建设进入实施阶段的开始。工程设计通常包括扩大初步设计和施工图设计两个小阶段。在工程设计之前还要进行勘察（地质勘察、水文勘察等），所以，这一阶段又叫做勘察设计阶段。在工程建设实施过程中，一般是把勘察和设计分开来签订合同，但也有把勘察工作委托给设计单位，业主与设计单位签订工程勘察设计合同。

为了叙述简便，把勘察和设计的监理工作合并如下：
（1）编制工程勘察设计招标文件；
（2）协助业主审查和评选工程勘察设计方案；
（3）协助业主选择勘察设计单位；
（4）协助业主签订工程勘察设计合同书；
（5）监督管理勘察设计合同的实施；
（6）审核工程设计概算和施工图预算，验收工程设计文件。

建设工程勘察设计阶段监理的主要工作是对勘察设计进度、质量和投资的监督管理。总的内容是依据勘察设计任务批准书编制勘察设计资金使用计划、勘察设计进度计划和设计质量标准要求，并与勘察设计单位协商一致，圆满地贯彻业主的建设意图。对勘察设计工作进行跟踪检查、阶段性审查。设计完成后要进行全面审查。审查的主要内容是：

（1）设计文件的规范性、工艺的先进性和科学性、结构安全施工的可行性以及设计标准的适宜性等。

（2）设计概算或施工图预算的合理性以及业主投资的许可行为，若超过投资限额，除非业主许可，否则要修改设计。

（3）在审查上述两项的基础上，全面审查勘察设计合同的执行情况，最后核定勘察设计费用。

（三）建设工程施工阶段监理

这里所说的工程施工阶段监理包括施工招标阶段的监理、施工阶段监理和竣工保修阶段的监理。

工程施工是工程项目建设最终的实施阶段，是形成建筑产品的最后一步。施工阶段各方面的好坏对建筑产品优劣的影响是难以更改的，所以这一阶段的监理工作至关重要。

建设工程施工阶段监理的主要内容包括：编制工程施工招标文件；核查工程施工图设计、工程施工图预算。当工程总包单位承担施工图设计时，监理单位更要投入较大的精力搞好施工图设计审查和施工图预算审查工作；协助业主组织开标、评标、定标活动，向业主提供中标企业建议；协助业主与中标单位签订工程施工合同书；察看工程项目建设现场，向承建商办理移交手续；审查、确认承建商选择的分包单位；制定施工总体规划，审查承建商的施工组织设计和施工技术方案，提出修改意见，下达单位工程施工开工令；审查承建商提出的建筑材料、建筑物配件和设备的采购清单；检查工程使用的材料、构件、设备的规格和质量；检查施工技术措施和安全防护设施；对业主或设计单位提出的设计变更提出意见；监督管理工程施工合同的履行，调解合同双方的争议，处理索赔事项；核查完成的工程量，签署工程付款凭证；督促施工单位整理施工文件的归档准备工作；参与工程竣工预验收，并签署监理意见；审查工程结算；编写监理工作总结；向业主提交监理档案资料；在规定的工程质量保修期内，负责检查工程质量状况，组织鉴定质量问题责任，监督责任单位维修。

五、监理工程师制度

(一)监理工程师的概念

监理工程师是指经全国监理工程师执业资格统一考试合格,取得监理工程师执业资格证书,并经国务院建设行政管理部门登记注册,取得注册监理工程师岗位证书,从事建设工程监理活动的专业人员。

建设监理业务是对工程项目实行的全过程、全方位的综合性管理活动,监理工程师在工程建设中不仅要从事更为专业化的技术工作,而且担负着十分重要的经济和法律责任。所以,在理解注册监理工程师含义时应注意以下三点:

第一,一个拥有一定实践经验的工程技术、经济管理人员,必须通过全国监理工程师执业资格考试,取得监理工程师执业资格证书;

第二,必须登记注册,取得注册监理工程师岗位证书;

第三,必须在工程建设领域从事建设工程监理活动。

以上三条必须同时具备,才是我国现阶段所界定的注册监理工程师的含义。

(二)监理工程师资格考试

国家实行监理工程师统一考试制度,资格考试在全国监理工程师资格考试委员会的统一组织指导下进行,省、自治区、直辖市及国务院有关部门成立地方或部门监理工程师资格考试委员会,分别负责本行政区域内地方工程建设监理单位或本部门直属工程建设监理单位的监理工程师资格考试工作。原则上每年考试一次,考试科目成绩有效期为两年。

申请参加监理工程师资格考试者必须具备高级专业技术职称,或取得中级专业技术职称后具有三年以上工程设计或施工管理实践经验。凡参加监理工程师资格考试者,由所在单位向本地区或本部门监理工程师资格考试委员会提出书面申请,经审查批准后,方可参加考试。

(三)监理工程师资格注册

注册监理工程师实行注册执业管理制度。监理工程师的注册,根据注册内容的不同分为以下三种情形:

1. 监理工程师初始注册

初始注册者,可自资格证书签发之日起3年内提出申请。逾期未申请者,须符合继续教育的要求后方可申请初始注册。申请初始注册,应当具备以下条件:

(1)经全国注册监理工程师执业资格统一考试合格,取得资格证书;

(2)受聘于一个相关单位;

(3)达到继续教育要求;

(4)没有《注册监理工程师管理规定》第十三条所列情形。

初始注册需要提交下列材料:

(1)申请人的注册申请表;

(2)申请人的资格证书和身份证复印件;

(3)申请人与聘用单位签订的聘用劳动合同复印件;

(4)所学专业、工作经历、工程业绩、工程类中级及中级以上职称证书等有关证明材料;

(5)逾期初始注册的,应当提供达到继续教育要求的证明材料。

2. 监理工程师延续注册

注册监理工程师每一注册有效期为 3 年，注册有效期满需继续执业的，应当在注册有效期满 30 日前，按照《注册监理工程师管理规定》第七条规定的程序申请延续注册。延续注册有效期 3 年。延续注册需要提交下列材料：

(1) 申请人延续注册申请表；

(2) 申请人与聘用单位签订的聘用劳动合同复印件；

(3) 申请人注册有效期内达到继续教育要求的证明材料。

3. 监理工程师变更注册

在注册有效期内，注册监理工程师变更执业单位，应当与原聘用单位解除劳动关系，并按《注册监理工程师管理规定》第七条规定的程序办理变更注册手续，变更注册后仍延续原注册有效期。

变更注册需要提交下列材料：

(1) 申请人变更注册申请表；

(2) 申请人与新聘用单位签订的聘用劳动合同复印件；

(3) 申请人的工作调动证明（与原聘用单位解除聘用劳动合同或者聘用劳动合同到期的证明文件、退休人员的退休证明）。

申请人有下列情形之一的，不予初始注册、延续注册或者变更注册：

(1) 不具有完全民事行为能力的；

(2) 刑事处罚尚未执行完毕或者因从事工程监理或者相关业务受到刑事处罚，自刑事处罚执行完毕之日起至申请注册之日止不满 2 年的；

(3) 未达到监理工程师继续教育要求的；

(4) 在两个或者两个以上单位申请注册的；

(5) 以虚假的职称证书参加考试并取得资格证书的；

(6) 年龄超过 65 周岁的；

(7) 法律、法规规定不予注册的其他情形。

注册监理工程师有下列情形之一的，其注册证书和执业印章失效：

(1) 聘用单位破产的；

(2) 聘用单位被吊销营业执照的；

(3) 聘用单位被吊销相应资质证书的；

(4) 已与聘用单位解除劳动关系的；

(5) 注册有效期满且未延续注册的；

(6) 年龄超过 65 周岁的；

(7) 死亡或者丧失行为能力的；

(8) 其他导致注册失效的情形。

注册监理工程师有下列情形之一的，负责审批的部门应当办理注销手续，收回注册证书和执业印章或者公告其注册证书和执业印章作废：

(1) 不具有完全民事行为能力的；

(2) 申请注销注册的；

(3) 有《注册监理工程师管理规定》第十四条所列情形发生的；

(4) 依法被撤销注册的；
(5) 依法被吊销注册证书的；
(6) 受到刑事处罚的；
(7) 法律、法规规定应当注销注册的其他情形。

注册监理工程师有以上情形之一的，注册监理工程师本人和聘用单位应当及时向国务院建设主管部门提出注销注册的申请；有关单位和个人有权向国务院建设主管部门举报；县级以上地方人民政府建设主管部门或者有关部门应当及时报告或者告知国务院建设主管部门。

第四节　建设工程委托监理双方的权利、义务及责任

一、委托人的权利、义务及责任

（一）委托人的权利

根据《建设工程委托监理合同》示范文本规定，委托人的权利主要有以下几项：
(1) 委托人有选定工程总承包人，以及与其订立合同的权利；
(2) 委托人有对工程规模、设计标准、规划设计、生产工艺设计和设计使用功能要求的认定权，以及对工程设计变更的审批权；
(3) 监理人调换总监理工程师须事先经委托人同意；
(4) 委托人有权要求监理人提交监理工作月报及监理业务范围内的专项报告；
(5) 当委托人发现监理人员不按监理合同履行监理职责，或与承包人串通给委托人或工程造成损失的，委托人有权要求监理人更换监理人员，直到终止合同并要求监理人承担相应的赔偿责任或连带赔偿责任。

（二）委托人的义务

根据《建设工程委托监理合同》示范文本规定，委托人的义务主要有以下几项：
(1) 委托人在监理人开展监理业务之前应向监理人支付预付款；
(2) 委托人应当负责工程建设的所有外部关系的协调，为监理工作提供外部条件。根据需要，如将部分或全部协调工作委托监理人承担，则应在专用条件中明确委托的工作和相应的报酬；
(3) 委托人应当在双方约定的时间内免费向监理人提供与工程有关的为监理工作所需要的工程资料；
(4) 委托人应当在专用条款约定的时间内就监理人书面提交并要求作出决定的一切事宜作出书面决定；
(5) 委托人应当授权一名熟悉工程情况、能在规定时间内作出决定的常驻代表，负责与监理人联系。更换常驻代表，要提前通知监理人；
(6) 委托人应当将授予监理人的监理权利，以及监理人主要成员的职能分工、监理权限及时书面通知已选定的承包合同的承包人，并在与第三人签订的合同中予以明确；
(7) 委托人应在不影响监理人开展监理工作的时间内提供如下资料：与本工程合作的原材料、构配件、机械设备等生产厂家名录；提供与本工程有关的协作单位、配合单位的名录；

(8)委托人应免费向监理人提供办公用房、通信设施、监理人员工地住房及合同专用条件约定的设施,对监理人自备的设施给予合理的经济补偿。

(三)委托人的责任

根据《建设工程委托监理合同》示范文本规定,委托人的责任主要有:

(1)委托人应当履行委托监理合同约定的义务,如有违反则应当承担违约责任,赔偿给监理人造成的经济损失。监理人处理委托业务时,因非监理人原因的事由受到损失的,可以向委托人要求补偿损失;

(2)委托人如果向监理人提出赔偿的要求不能成立,则应当补偿由该索赔所引起的监理人的各种费用支出。

二、监理人的权利、义务、责任

(一)监理人的权利

根据《建设工程委托监理合同》示范文本规定,监理人的权利主要有以下几项:

(1)监理人在委托人委托的工程范围内,选择工程总承包人的建议权;

(2)监理人在委托人委托的工程范围内,选择工程分包人的认可权;

(3)监理人在委托人委托的工程范围内,对工程建设有关事项包括工程规模、设计标准、规划设计、生产工艺设计和使用功能要求,向委托人的建议权;

(4)监理人在委托人委托的工程范围内,对工程设计中的技术问题,按照安全和优化的原则,向设计人提出建议;

(5)监理人在委托人委托的工程范围内,当发现工程设计不符合国家颁布的建设工程质量标准或设计合同约定的质量标准时,监理人应当书面报告委托人并要求设计人更正;

(6)监理人在委托人委托的工程范围内,审批工程施工组织设计和技术方案,按照保质量、保工期和降低成本的原则,向承包人提出建议,并向委托人提出书面报告;

(7)监理人在委托人委托的工程范围内,主持工程建设有关协作单位的组织协调,重要协调事项应当事先向委托人报告;

(8)监理人在委托人委托的工程范围内,征得委托人同意,监理人有权发布开工令、停工令、复工令;

(9)监理人在委托人委托的工程范围内,有对工程上使用的材料和施工质量的检验权;

(10)监理人在委托人委托的工程范围内,享有工程施工进度的检查、监督权,以及工程实际竣工日期提前或超过工程施工合同规定的竣工期限的签认权;

(11)监理人在委托人委托的工程范围内,在工程施工合同约定的工程价格范围内,有对工程款支付的审核和签认权,以及工程结算的复核确认权与否决权;

(12)监理人在委托人授权下,可对任何承包人合同规定的义务提出变更;

(13)在委托的工程范围内,委托人或承包人对对方的任何意见和要求(包括索赔要求),均必须首先向监理机构提出,由监理机构研究处置意见,再同双方协商确定。

(二)监理人的义务

根据《建设工程委托监理合同》示范文本规定,监理人的义务主要有以下几项:

(1)监理人按合同约定派出监理工作需要的监理机构及监理人员,向委托人报送委派的总监理工程师及其监理机构主要成员名单、监理规划,完成监理合同专用条件中约定的监理工程范围内的监理业务。在履行合同义务期间，应按合同约定定期向委托人报告监理工作；

（2）监理人在履行本合同的义务期间，应认真、勤奋地工作，为委托人提供与其水平相适应的咨询意见，公正维护各方面的合法权益；

（3）监理人使用委托人提供的设施和物品属委托人的财产。在监理工作完成或中止时，应将其设施和剩余的物品按合同约定的时间和方式移交给委托人；

（4）在合同期内或合同终止后，未征得有关方同意，不得泄露与本工程、本合同业务有关的保密资料。

（三）监理人的责任

根据《建设工程委托监理合同》示范文本规定，监理人的责任主要有以下几项：

（1）监理人在责任期内，应当履行约定的义务，如果因监理人过失而造成了委托人的经济损失，应当向委托人赔偿；

（2）监理人对承包人违反合同规定的质量要求和完工（交图、交货）时限，不承担责任。因不可抗力导致委托监理合同不能全部或部分履行，监理人不承担责任。但对违反示范文本第五条规定引起的与之有关的事宜，向委托人承担赔偿责任；

（3）监理人向委托人提出赔偿要求不能成立时，监理人应当补偿由于该索赔所导致委托人的各种费用支出。

复习思考题

1. 我国实行强制监理的工程项目有哪些？
2. 监理单位与政府工程质量监督部门在管理方面的区别是什么？
3. 建设工程监理企业各专业资质标准是什么？
4. 建立监理企业的基本条件有哪些？
5. 委托监理合同双方的权利、义务有哪些？

第九章　建设工程安全生产管理法律制度

【本章提要】　随着我国建设行业的飞速发展，建设工程安全生产管理也日趋规范化、法制化，相关的法律制度也日益完善。本章从建设工程安全生产的概念、意义、安全生产管理机构及其职责出发，阐述了党和国家在建设工程安全生产方面的方针政策以及我国目前在建设工程安全生产方面的立法现状；并重点阐明我国建设工程安全生产的市场准入制度、安全生产责任制度、教育与培训制度、检查监督制度、劳动保护制度、建设工程安全保障与奖惩制度以及重大事故的查处制度等。从而比较全面地综述了建设工程安全生产管理的法律手段与体系。

第一节　建设工程安全生产管理法律制度概述

一、建设工程安全生产的概念与意义

（一）安全生产及建设工程安全生产的概念

"安全生产"一词，在我国几乎所有的建设工地上都能看到，而且在有些场合和"劳动保护"概念内容相似，这是因为两者都有一个在生产过程中保护职工人身安全、实现安全生产的共同目的。从严格的意义上说，两者的涵义又不完全相同，因为各自所含内容不尽相同。安全生产工作的任务包括两个方面：(1)保护职工在劳动生产过程中的人身安全；(2)保护国家和企业的财产安全。简单地说，安全生产工作的基本任务，就是保护劳动者和生产资料的安全。而劳动保护工作的任务主要有四点：(1)控制和消除各种不安全因素和事故隐患，预防职工伤亡事故的发生；(2)健全和加强劳动卫生措施，改善劳动条件，控制和消除职业危害因素，防止职业病；(3)实行劳逸结合，保障劳动者的休息权；(4)根据女职工的生理特点，对女职工实行特殊的保护。由此可见，所谓安全生产，就是安全地生产，是安全和生产两者的辩证统一，是对企业物质生产活动过程自始至终的一种行为要求。安全地生产，其目的是保证企业顺利地按质、按量完成或超额完成生产任务。

因此，建设工程安全生产是指建设生产过程中要避免人员、财产的损失及对周围环境的破坏。建设工程安全生产的内容包括：(1)控制施工人员的不安全行为。因为人是生产施工的主体，也是安全生产的关键，搞好安全生产，必须首先能控制人的不安全行为；(2)控制物的不安全状态；(3)对建设工程作业周边环境的保护。只有在以上三个方面都做好，安全生产才有保障，缺少其中任何一个方面，就会留下不安全的隐患。

安全生产贯穿于建设活动的全部过程。当前我国建设工程安全存在着不少问题，社会反应强烈。要想不断提高建筑安全管理水平，只有从安全生产内容的三个方面加深对安全生产重要意义的认识，以取得思想上、行动上安全生产意识的加强，同时坚定安全生产工作的自觉性和责任心来实现。

（二）建设工程安全生产的意义

《国务院关于进一步加强安全生产工作的决定》（国发〔2004〕2号）在提出充分认识安全生产工作的重要性时强调："搞好安全生产工作，切实保障人民群众的生命财产安全，体现了最广大人民群众的根本利益，反映了先进生产力的发展要求和先进文化的前进方向。做好安全生产工作是全面建设小康社会、统筹经济社会全面发展的重要内容，是实施可持续发展战略的组成部分，是政府履行社会管理和市场监管职能的基本任务，是企业生存发展的基本要求。我国目前尚处于社会主义初级阶段，要实现安全生产状况的根本好转，必须要付出持续不懈的努力。各地区、各部门要把安全生产作为一项长期艰巨的任务，警钟长鸣，常抓不懈，从全面贯彻落实'三个代表'重要思想，维护人民群众生命财产安全的高度，充分认识加强安全生产工作的重要意义和现实紧迫性，动员全社会力量，齐抓共管，全力推进。"具体说来，建设工程安全生产的重大意义主要体现在经济和国家政治生活两个方面。

首先，表现在经济方面。在市场经济环境中，从事生产经营活动的市场主体以盈利为目的，努力追求利润的最大化，这当然是无可非议的。但是生产经营主体追求自身利益最大化的同时，不得以牺牲从业人员甚至公众的生命财产安全为代价。现实中，不注意安全生产，一旦发生事故，不仅给他人的生命财产造成损害，即便是生产经营者本身的生产活动也不能正常进行而遭受重大损失，甚至因此而破产或遭受更多不幸。由此可见，生产与安全是相互促进、相互制约的统一体：保证安全会增加生产成本，加大生产难度，但是安全得到保证以后又会促进生产、增进效益。

建设行业生产的特点是产品固定、人员流动频繁，而且多为露天作业、高处作业，施工条件较差，不安全因素又较多；而且这些特点或者因素，是随工程的进展而不断变化的，因此，建设行业安全生产的规律性与稳定性差、事故隐患较多。所以在世界各国，建设行业都是事故多发的行业之一。据统计，我国仅建筑业每年因工死亡率高达万分之三而居全国各行业的第二位，该行业安全生产面临的形势严峻程度由此可见一斑。

关于安全生产在经济上特别是在企业管理中的地位和作用，1978年中共中央在《关于认真做好劳动保护工作的通知》中指出："加强劳动保护工作，搞好安全生产，保护职工的安全和健康，是我们党的一贯方针，是社会主义企业管理的一项基本原则。"1993年国务院在《关于加强安全生产工作的通知》中指出："近年来，我国的安全生产形势十分严峻。1992年各类事故造成死亡9万多人，伤16万多人，直接经济损失数10亿元；特别是重大、特大恶性事故频繁发生，一次死亡10人以上或直接经济损失500万元以上的事故多达174起……这种状况，给国家和人民群众的生命财产造成巨大损失，影响改革开放和经济建设的健康发展。"2007年，全国安全生产继续保持了总体稳定、趋于好转的发展态势，事故总量有较大幅度下降。但安全生产形势依然严峻，重特大事故时有发生，特别是湖南省凤凰县堤溪大桥垮塌、山东省新泰市华源矿业有限公司河岸决口引发溃水淹井等重大事故的发生，给人民群众生命财产造成严重损失。

其次，表现在国家政治生活上。安全生产，不仅对国家的经济发展和生产建设具有极其重要的意义，也对国家的政治生活具有同样极其重要的意义。1956年5月，国务院在发布《工厂安全卫生规程》、《建筑安装工程安全技术规程》、《工人职员伤亡事故报告规程》等三大规程的决议中，一开始就指出："保护劳动者在生产中的安全和健康，是我们国家的一项重要政策。"国务院曾在发布《国务院关于加强企业生产中安全工作的几项规定》的通知中指出:"做好安全管理工作,确保安全生产,不仅是企业开展正常生产活动所必需,而且也是一项重要的政治任务。"根据调查分析,生产过程中人的不安全行为又是造成安全事故的最重要原因,也是最直接的原因。因此,建立起完善的安全生产制度、加强对建设工程生产活动的监督管理,是避免建设生产事故、保护人身财产安全的最基本保证。况且在我国建国前后的各个历史时期,安全生产一直是国家劳动法令中的组成内容。苏维埃政权时代,1931年颁布的《中华苏维埃共和国劳动法》第63条规定:"各企业各机关必须采用适当的设备,以消灭及减轻工作人员的危险,预防事件的发生,及保持工作场所内的卫生。"抗日战争和解放战争时期,陕甘宁边区政府1942年颁布的《陕甘宁边区劳动保护条例(草案)》中,"安全与卫生"列为专门一章。1949年9月,中国人民政治协商会议《共同纲领》中规定:"实行工矿检查制度,以改进工矿的安全和卫生设备。"

在《国务院办公厅关于进一步加强安全生产工作坚决遏制重特大事故的通知》(国办发明电[2007]38号)中强调:"各地区、各部门、各单位要站在全面落实科学发展观、构建社会主义和谐社会的高度,牢固树立'安全发展'理念,把做好安全生产工作作为保障人民群众生命财产安全的重要政治任务,以更加严密的管理、更加科学的方法、更加有力的措施,切实抓紧抓好。"

在《建筑法》中,建设工程安全问题也是其核心内容之一。《建筑法》对建筑安全生产管理作出规定,对强化建筑安全生产管理、保证建筑工程的安全性能、保障职工及其相邻居民的人身和财产安全,具有非常重要的意义。在建设行业,只有实现了安全生产,才能真正促进建设行业的和谐发展。

二、建设工程安全生产的管理机构和职责

(一)建设工程安全生产管理机构

《建设工程安全生产管理条例》第39条规定:"国务院负责安全生产监督管理的部门依照《中华人民共和国安全生产法》的规定,对全国建设工程安全生产工作实施综合监督管理。县级以上地方人民政府负责安全生产监督管理的部门依照《中华人民共和国安全生产法》的规定,对本行政区域内建设工程安全生产工作实施综合监督管理。"第40条规定:"国务院建设行政主管部门对全国的建设工程安全生产实施监督管理。国务院铁路、交通、水利等有关部门按照国务院规定的职责分工,负责有关专业建设工程安全生产的监督管理。县级以上地方人民政府建设行政主管部门对本行政区域内的建设工程安全生产实施监督管理。县级以上地方人民政府交通、水利等有关部门在各自的职责范围内,负责本行政区域内的专业建设工程安全生产的监督管理。"

(二)建设工程安全生产管理机构的职责

我国建设工程安全生产管理机构的职责,因其居于管理体系中的层次不同而不同。

1. 国务院建设行政主管部门

国务院建设行政主管部门主管全国工程建设安全生产的行业监督管理工作,其主要职责如下:

(1)贯彻执行国家有关安全生产的法规和方针、政策,起草或制定建筑安全生产管理法规、标准;

(2)统一监督管理全国工程建设方面的安全生产工作,完善建筑安全生产的组织保证体系;

(3) 制定建筑安全生产管理的中、长期规划和近期目标，组织建筑安全生产技术的开发与推广应用；

(4) 指导、监督和检查省、自治区、直辖市人民政府建设行政主管部门开展建筑安全生产的行业监督管理工作；

(5) 统计全国建筑职工因工伤亡人数，掌握并发布全国建筑安全生产动态；

(6) 负责对申报资质等级一级企业和国家一、二级企业以及国家和部级先进建筑企业进行安全资格审查或审批，行使安全生产否决权；

(7) 组织全国建筑安全生产检查，总结交流建筑安全生产管理经验，表彰先进；

(8) 检查和督促工程建设重大事故的调查处理，组织或者参与工程建设特别重大事故的调查。

2. 县级以上地方人民政府建设行政主管部门

县级以上地方人民政府建设行政主管部门主要负责本行政区域内建筑安全生产的行业监督管理工作，其主要职责如下：

(1) 贯彻执行国家和地方有关安全生产的法规、标准和方针、政策，起草或制定本行政区域建筑安全生产管理的实施细则或者实施办法；

(2) 制定本行政区域建设安全生产管理中、长期规划和近期目标，组织建筑安全生产技术的开发与推广应用；

(3) 建立建筑安全生产的监督管理体系，制定本行政区域建筑安全生产监督管理工作制度；

(4) 组织落实各级领导分工负责的建筑安全生产责任制；

(5) 组织开展本行政区域建筑企业的生产管理人员、作业人员的安全生产教育、培训、考核及发证工作，监督检查建筑企业对安全技术措施费的提取和使用；

(6) 负责本行政区域建筑职工因工伤亡的统计和上报工作，掌握和发布本行政区域建筑安全生产动态；

(7) 组织或参与本行政区域工程建设中人身伤亡事故的调查处理工作，并依照规定上报重大伤亡事故；

(8) 组织开展本行政区域建筑安全生产检查，总结交流建筑安全生产管理经验，表彰先进，监督检查施工现场、构配件生产车间等安全管理和防护措施，纠正违章指挥和违章作业；

(9) 领导和管理建筑安全生产监督机构的工作；

(10) 负责对申报晋升企业资质等级、企业升级和报评先进企业的安全资格进行审查或者审批，行使安全生产否决权。

另外，国务院有关部门对其所属建筑企业建筑安全生产的管理职责，由国务院有关主管部门自行规定。

三、建设工程安全生产管理的基本方针

《建筑法》第 36 条规定："建筑工程安全生产管理必须坚持安全第一、预防为主的方针，建立健全安全生产的责任制度和群防群治制度。"《中华人民共和国安全生产法》（以下简称《安全生产法》）以及《建设工程安全生产管理条例》中也规定：安全生产管理，坚持"安全第一、预防为主"的方针。

所谓"安全第一",就是指在生产经营活动中,在处理保证安全与实现生产经营活动的其他各项目标的关系上,要始终把安全,特别是从业人员和其他人员的人身安全放在首位,实现"安全优先"的原则,在确保安全的前提下,再来努力实现生产经营的其他目标。也就是说:"生产必须安全"。"安全第一"从保护和发展生产力的角度出发,表明了在生产范围内安全与生产的关系,肯定了安全在建设工程生产活动中的首要位置和重要性。而所谓"预防为主",就是指对安全生产的管理,不是做亡羊补牢之事,即主要不是放在发生事故后去组织抢救、进行事故调查找原因、追究责任、堵漏洞;而是要尊重科学、探索规律,采取有效事前控制措施,千方百计预防事故的发生,做到防患于未然,将事故消灭在萌芽状态,就是谋事在先。虽然人类在生产活动中还不可能完全杜绝安全事故的发生,但只要思想上重视,预防措施得当,事故特别是重大或特大事故的发生还是可以大大减少或者能够避免的。

这种关系与重要性可以从以下几个方面来理解:

(1) 正确理解安全与生产、预防与管理的关系。"安全第一",表明在当生产和安全发生矛盾,危及职工生命和国家财产的时候,要停产治理,消除隐患,只有在保证职工安全的前提下,才能组织领导生产;"预防为主"是指在建设生产活动中,针对建设生产的特点,对生产要素采取相应的管理措施,有效地控制不安全因素的发展与扩大,把可能发生的事故消灭于萌芽中,以保证生产活动中人的安全与健康。也就是说在安全管理工作中,把重点放在预防上,对可能发生的各类事故,在事先的防范上下功夫。教育和依靠职工,严格贯彻执行国家有关安全生产的方针、政策、法规与企业的各项安全管理、安全操作制度,以主要精力,防止各种事故,把事故消解于发生之前,也就是说"安全为了生产"。必须要深刻意识到一点:任何重大事故的后果,所带来的严重影响和损失都是难以挽回的。

(2) 安全生产方针是生产观点和群众观点的统一,也是客观规律的要求。我国关于建设工程安全生产的基本方针是建国后三十多年的实践和付出了惨痛的血的代价后逐步形成的,是生产观和群众观的统一,体现了客观规律的要求。1952 年第二次全国劳动保护工作会议,提出了劳动保护工作必须贯彻安全生产方针,明确了安全与生产的辩证统一关系。要求企业各级领导必须把关心生产和关心人统一起来;同时还规定了"管生产必须管安全"的原则。在第二次全国劳动保护工作会议之后,领导与群众也都从长时期的成功经验和惨痛的事故教训中,更加明确了在生产建设中保证安全的极端重要性。"安全第一,预防为主"于 1985 年被国家安全生产委员会正式确定为我国的安全生产方针。这样就从理论与实践相结合上,明确了安全生产工作应遵循的正确方向。

(3) "安全第一、预防为主"的方针,体现了"以人为本"的安全生产理念。"安全第一,预防为主"体现了国家在建筑工程安全生产过程中坚持"以人为本"的理念,体现了国家对保护劳动者权利、保护社会生产力、保护建筑生产的高度重视,体现了党和政府对劳动者的关怀和尊重。安全生产是保护社会生产力、发展社会主义经济的重要条件。贯彻执行安全生产方针,有利于企业生产秩序的正常进行,有利于职工家庭安居乐业,有利于社会稳定。许多欧美国家,把"安全第一"作为企业宗旨的重要内容之一。"安全第一"这个词,最早是美国钢铁公司董事长凯里于 1906 年提出来的。当时,凯里为了应对美国的钢铁工业不景气、企业的生产事故又多的状况,修改公司的经营方针,把原来的"质量第一"、"产量第二"修改为"安全第一"、"质量第二"、"产量第三"。经营方针改变后,安全措施取得了成功，事故减少了，质量和产量也提高了，在欧美国家的实业界产生了强烈反响。1912年美国芝加哥创立了"全美安全协会"，研究制定有关安全的法律草案。1917年英国的伦敦也成立了安全协会。从此，"安全第一"的口号为西方国家很多企业和管理部门所接受。

（4）群防群治制度是安全生产方针的体现，也是群众路线在安全生产中的体现。群防群治制度是在建筑安全生产中，充分发挥广大职工的积极性，加强群众性监督检查工作，以预防和治理建筑生产中的伤亡事故的一种制度。工会组织要在监督执行安全生产和劳动保护法规方面行使应有的权力；要加强劳动保护的宣传教育，组织职工广泛开展遵章守纪和预防事故的群众检查，发动群众搞好安全生产，要在协助企业搞好安全生产，保障职工安全、健康的工作中充分发挥作用。为确保"安全第一、预防为主"方针的落实，《安全生产法》及其他相关法规，还具体规定了安全生产的市场准入制度、安全生产责任制度、安全生产教育培训制度、安全生产检查监督制度、安全生产劳动保护制度及安全生产事故责任查处制度等基本制度，以便把"安全第一、预防为主"的方针具体落到实处。

四、建设工程安全生产的立法现状

世界上大多数国家都制定了有关安全生产的法律、法规，并运用国家权力，对安全生产进行有效的监督管理。因为，安全生产不仅直接关系到广大从业人员及社会大众的生命健康与财产安全，而且它还是促进经济正常发展、保证人民安居乐业、维护社会稳定的前提条件。鉴于此，美国在20世纪60年代制定了职业安全卫生法，日本制定了劳动安全卫生法，德国也在1996年制定了新的联邦劳动保护法等；有关国际组织也制定了有关安全生产的国际条约、建议和有关标准等，如国际劳工组织就制定了职业安全和卫生公约、建筑业安全卫生公约、施工安全与卫生公约以及防止工业事故建议书等；在我国，1997年11月公布《中华人民共和国建筑法》、第九届全国人民代表大会于2002年通过了《中华人民共和国安全生产法》都为我国各行各业的安全生产管理提供了有力的法律保障。

建设工程的安全生产是保证国家生产安全的重要组成部分。"管建设必须管安全"是工程建设管理的重要原则，国家对此也十分重视。国务院及有关主管部门多次发出通知，强调要大力加强工程建设中的安全管理。

国务院建设行政主管部门制定了一系列的建设工程安全生产法规和规范性文件，如2004年7月5日原建设部公布并施行的《建筑施工企业安全生产许可证管理规定》、2008年6月1日起实施的《建筑施工特种作业人员管理规定》等等。《建筑施工特种作业人员管理规定》是特别为加强对建筑施工特种作业人员的管理，防止和减少生产安全事故，根据《安全生产许可证条例》、《建筑起重机械安全监督管理规定》等法规规章而制定的。

关于建设安全事故的规定主要有：1989年3月和9月，国务院和原建设部分别颁发、公布了《特别重大事故调查程序暂行规定》（废止）与《工程建设重大事故报告和调查程序规定》（废止）；1990年4月原建设部颁发的《关于〈工程建设重大事故报告和调查程序规定〉有关问题的说明》；1991年2月国务院颁布的《企业职工伤亡事故报告和处理规定》（废止）；1997年4月，原建设部发布的《关于严肃工程建设重大质量事故报告和调查处理制度的通知》；2001年4月，国务院颁布的《国务院关于特大安全事故行政责任追究的规定》；以及2007年的《国务院办公厅关于进一步加强安全生产工作坚决遏制重特大事故的通知》；2007年3月28日国务院第172次常务会议通过的《生产安全事故报告和调查处理条例》。

规范、监督建设安全生产、保障人民生命财产安全的立法文件主要有：1991年7月原建设部公布的《建筑安全生产监督管理规定》（废止）；2002年9月，为有效防范建设领域安全事故的发生，规范涉及安全的行政管理行为，认真履行安全生产管理职责，保障人民群众生命、财产安全而制定的《建设领域安全生产行政责任规定》；为了加强建设工程安全生产监督管理，保障人民群众生命和财产安全，根据《中华人民共和国建筑法》而制定的《建设工程安全生产管理条例》已于2003年11月24日发布，自2004年2月1日起施行。

另外还有一些重要法规：2004年1月国务院颁布的《安全生产许可证条例》，2007年12月22日国家安全生产监督管理总局局长办公会议审议通过的《安全生产事故隐患排查治理暂行规定》，2008年1月8日经原建设部第145次常务会议讨论通过发布的《建筑起重机械安全监督管理规定》等相关的法规。

第二节　建设工程安全生产相关制度

一、建设工程安全生产的市场准入制度

为确保建设工程的安全生产，国家对建设工程生产经营单位及从业人员都实行了严格的市场准入制度，即建设工程生产经营单位和从业人员必须要有相应的业务资质才能从事与其资质相关的建设工程业务活动。

对于建设工程生产经营单位而言，他们必须具备法律、法规及国家标准或行业标准规定的安全生产条件。条件不具备的，不得从事建设工程生产经营活动。

对于承担建设工程安全评估、认证、检测、检验的机构而言，也一样必须取得国家的资质许可，才能从事相关活动。

未经安全生产教育和培训合格的从业人员，不得上岗作业。特种作业人员必须经专门的安全作业培训，取得特种作业操作资格证书后，才能上岗作业。

二、建设工程安全生产责任制度

建设企业要加强安全生产的领导、尊重科学、严格管理，应当逐级建立安全责任制度。所谓安全生产责任制度，是指由企业主要负责人应负的安全生产责任，其他各级管理人员、技术人员和各职能部门应负的安全生产责任，直到各岗位操作人员应负的岗位安全生产责任所构成的企业安全生产制度。只有从企业主要负责人到各岗位操作人员，人人都明确各自的安全生产责任，人人都按照自己的职责做好安全生产工作，企业的安全生产才能落到实处并得到充分保障。因此，建设企业安全责任制度，就是指企业经理（厂长）和主管生产的副经理（副厂长）对本企业的劳动保护和安全生产负总的责任；企业总工程师（技术负责人）对本企业劳动保护和安全生产的技术工作负总的责任；项目经理、施工队长、车间主任应对本单位劳动保护和安全生产工作负具体领导责任；工长、施工员对所管工程的安全生产负直接责任；企业中的生产、技术、材料供应等各职能机构，都应在各自业务范围内，对实现安全生产的要求负责。

企业应当根据实际情况，建立生产安全机构，并按照职工总数配备相应的安全生产专职人员，负责生产安全管理工作和生产安全监督检查工作。

（一）企业主要负责人的责任

安全生产工作是企业管理工作中的重要内容，涉及企业生产经营活动的各个方面，它不仅对单位的生产经营有重大影响，而且对社会公共安全也有重大影响。所以，法律规定安全生产工作必须由企业首要领导挂帅、统筹协调、全面负责。这既是对本单位生产经营负责，也是对社会所应负的责任。生产经营单位可以安排副职负责人分管安全生产工作，但不能因此减轻或免除主要负责人对本单位安全生产工作所应负的全面责任。《安全生产法》第5条规定："生产经营单位的主要负责人对本单位的安全生产工作全面负责。"而且，《安全生产法》第17条规定："生产经营单位的主要负责人对本单位安全生产工作负有下列职责：（一）建立、健全本单位安全生产责任制；（二）组织制定本单位安全生产规章制度和操作规程；（三）保证本单位安全生产投入的有效实施；（四）督促检查本单位的安全生产工作，及时消除安全生产事故隐患；（五）组织制定并实施本单位安全生产事故应急救援预案；（六）及时、如实报告安全生产的事故。"

相关法规还对建筑企业主要负责人在安全生产方面的责任作出了进一步具体规定，它要求企业经理（或厂长）和主管生产的副经理（或副厂长）对本企业的劳动保护和安全生产负总的责任：认真贯彻执行劳动保护和安全生产政策、法规和规章制度；定期向企业职代会报告企业安全生产情况和措施；制定企业各级干部的安全责任制等制度；定期研究解决安全生产中存在的问题；组织审批安全技术措施计划并贯彻实施；定期组织安全检查和安全竞赛等活动；对职工进行安全和遵章守纪教育；督促各级领导干部和各职能单位的职工做好本职范围内的安全工作；总结与推广安全生产先进经验；主持重大伤亡事故的调查分析，提出处理意见和改进措施，并督促实施。

对于安全生产必备条件所必需的资金投入问题，也由生产经营单位的决策机构、主要负责人或个人经营的投资人予以保证，并对必需资金投入不足因此导致的后果承担责任。

（二）企业其他管理人员的责任

1. 各级管理人员的责任

结合建设企业及工程建设的特点，相关法规对企业各级管理人员的责任也作出了明确规定：

（1）企业总工程师（或技术负责人）对本企业劳动保护和安全生产的技术工作，承担总的责任；

（2）项目经理、施工队长、车间主任对本单位劳动保护和安全生产工作，承担具体领导责任；

（3）工长、施工员对所管工程的安全生产，承担直接责任；

（4）企业中的生产、技术、材料等各职能机构，在各自业务范围内，对实现安全生产的要求负责；

（5）企业应根据实际情况，建立安全机构，并按照职工总数配备相应的专职人员，负责安全管理和监督检查工作。

2. 专职人员的具体职责

企业安全机构的专职人员的主要职责有以下八个方面：

（1）贯彻执行有关安全技术劳动保护法规；

（2）做好安全生产的宣传教育和管理工作，总结、交流和推广先进经验；

(3) 经常深入基层，指导下级安全技术人员的工作，掌握安全生产情况，调查研究生产中的不安全问题，提出改进意见与措施；

(4) 组织安全活动和定期安全检查；

(5) 参加审查施工组织设计和编制安全技术措施计划，并对贯彻执行情况进行督促检查；

(6) 与有关部门共同做好新工人、特种工种工人的安全技术训练、考核、发证工作；

(7) 禁止违章指挥和违章作业，遇有严重险情，有权暂停生产，并报告领导处理；

(8) 进行工伤事故统计、分析和报告，参加工伤事故的调查和处理。

(三) 企业从业人员的责任

企业从业人员是指在生产经营单位中从事生产经营活动的人员，他们包括直接操作人员、工程技术人员、管理人员、服务人员等。由于安全生产是贯穿于建设工程生产的全过程之中的，它依赖于每道工序、每个人的有机衔接和有效配合，每个从业人员的行为都直接关系到安全生产的实施与成效，因此，每个从业人员也都要从自身角度对本单位的安全生产承担一定的责任。《安全生产法》规定，从业人员应承担下述主要的责任与义务：

(1) 在工程作业中，应严格遵守本单位的安全生产规章制度和操作规程，服从管理，正确佩戴和使用劳动防护用品；

(2) 应当接受安全生产方面的教育和培训，掌握本职工作所需的安全生产知识，提高安全生产技能，增强事故预防和应急处理能力；

(3) 发现事故隐患或其他不安全因素，应立即向现场安全生产管理人员或本单位负责人报告。

三、建设工程安全生产的教育培训制度

(一) 建设工程安全生产教育培训的意义

建设工程的安全生产教育和培训是安全生产管理工作的一个重要组成部分，是实现安全生产的一项重要的基础性工作，是贯彻落实"预防为主"方针的体现。安全生产事故的发生，不外乎人的不安全行为和物的不安全状态两种因素的作用，而在我国由于人的不安全行为所导致的安全生产事故数量在事故总数中占有很大的比重。故此，对从业人员进行安全生产的教育和培训，控制人的不安全行为，对减少安全生产事故尤为重要。

建设工程的安全生产教育和培训的重大意义具体表现在：通过安全生产教育和培训，使各级领导和广大职工群众真正认识到安全生产的重要性、必要性，懂得安全生产、文明生产的科学知识，牢固树立"安全第一"的思想，自觉地遵守各项安全生产的法规和规章制度；而且有了正确认识、懂得科学知识、树立了安全思想、自觉遵守法规，就可以使广大劳动者正确地按规章办事，严格地执行安全生产操作规程，认识和掌握生产中的危险因素和生产安全事故的发生规律，并正确运用科学技术知识加以治理和预防，及时发现和消除隐患，保证安全生产。

所以，企业要建立经常性的安全教育和培训考核制度。

(二) 安全生产教育和培训的内容

《建筑法》与《安全生产法》及相关法规就安全生产教育和培训的内容，也作出了一些具体规定，主要有以下内容：

(1) 关于安全生产的方针、政策、法律、法规以及安全生产规章制度的教育培训。这些内容对所有从业人员都要开展经常性的教育，对于企业各级领导干部和安全管理干部，更要进行定期轮训，使其提高对政策的认识水平并提升自己安全生产的思想水平，熟悉安全生产技术及相关业务，做好安全工作。

(2) 关于安全生产操作技能的教育与培训。安全生产操作技能的教育与培训的内容，我国目前一般采用入厂教育、车间教育和现场教育多环节的方式进行。尤其对于新工人，包括合同工、临时工、学徒工、实习和代培人员，必须进行入厂安全教育，教育内容包括安全技术知识、设备性能、操作规程、安全制度和严禁事项等，并经过考试合格后，方可进入操作岗位。

(3) 关于特种作业人员的安全生产教育和培训。特种作业，是指容易发生人员伤亡事故，对操作者本人、他人及周围设施的安全有重大危害的作业种类。根据现行法规的规定，特种作业大致包括电工、金属焊接切割、起重机械、机动车辆驾驶、登高架设、锅炉（含水质化验）、压力容器操作、制冷、爆炸等作业。特种作业人员的工作，存在的危险因素很多，很容易发生安全事故，因此，对他们必须进行专门的培训教育，提高作业人员的认识，增强其技能，以减少其失误，这对防止和减少生产安全事故具有十分重要的意义。相关法规规定，电工、架子工、焊工、爆破工、司炉工、机操工及打桩机、起重机和各种机动车辆司机等特殊工种工人，除进行一般安全教育外，还要经过本工种的安全技术教育，经过考试合格并发证书后，才能获准独立操作，每年还要进行一次复审。

(4) 关于采用新工艺、新技术、新材料、新设备时的教育与培训。在采用新工艺、新技术、新材料、新设备时，如对其原理、操作规程、存在的危险因素、防范措施及正确处理方法没有清楚的了解，就极易发生安全生产事故。因此，必须进行事先的培训，使相关人员了解和掌握其安全技术特性，以便能采取有效的安全预防保护措施，防止和减少安全生产事故的发生。相关法规规定：采用新工艺、新技术、新材料、新设备施工和调换工作岗位时，要对操作人员进行新技术操作和新岗位的安全教育，未经教育培训者不得上岗操作。

四、建设工程安全生产的检查监督制度

保障社会的安定和人民的安全，是一个国家应承担的责任，因此，政府也必须对安全生产负责，加强监督管理。《安全生产法》及相关法规对此都有明确规定，规定了政府的检查监督、各级职能部门的检查监督、行业行政部门监督、社会监督和企业自身的监督等制度。

(一) 县级以上地方人民政府的检查监督管理

县级以上地方各级人民政府应根据本行政区域内的安全生产状况，组织有关部门按照职责分工，对本行政区域内容易发生重大安全事故的生产经营单位进行严格检查，如果发现事故隐患，应及时处理。这里的检查可以是定期的，也可以是不定期的，可以是综合性的，也可以是专项的。

(二) 各级负责安全生产监督管理部门的监督管理

目前我国负责安全生产监督管理的部门，在中央是国务院安全生产监督管理总局，依照《安全生产法》的规定，对全国建设工程安全生产工作实施综合监督管理；在地方是各级依法成立的负责安全生产监督的机构，依照《安全生产法》的规定，对本行政区域内建设工程安全生产工作实施综合监督管理。

负责安全生产监督管理的部门主要职责为：依法对有关涉及安全生产的事项进行审批、验收；对生产经营单位执行有关安全生产的法律、法规和国家标准或行业标准的情况进行监督检查；组织对重大事故的调查处理及对违反安全生产法律规定的行为进行行政处罚等。在履行这些职责时，可以行使以下职权：

（1）进入生产经营单位进行检查，调阅有关资料，向有关单位和人员了解情况；

（2）对检查中发现的安全生产违法行为，当场予以纠正或者要求限期改正。对依法应当给予行政处罚的行为，依照《安全生产法》和其他有关法律、行政法规的规定作出行政处罚决定；

（3）对检查中发现的事故隐患，应当责令立即排除；重大事故隐患排除前或者排除过程中无法保证安全的，应当责令从危险区域内撤出作业人员，责令暂时停产停业或者停止使用；重大事故隐患排除后，经审查同意，方可恢复生产经营和使用；

（4）对有根据认为不符合保障安全生产的国家标准或者行业标准的设施、设备、器材予以查封或者扣押，并应当在15日内依法作出处理决定。

同时，《安全生产法》还规定了负责安全生产监督管理的部门在履行职责时所负的义务：对涉及安全生产的事项进行审查、验收时，不得收取费用；不得要求接受审查、验收的单位购买其指定品牌或指定生产销售单位的安全设备、器材或其他产品；安全生产监督管理部门派出的监督检查人员在执行监督检查任务时，必须出示有效的监督执法证件；对涉及的被检查单位的技术秘密和业务秘密，应有保密责任；对检查的时间、地点、内容、发现的问题及其处理情况，应作出书面记录，并由检查人员和被检查单位的负责人签字，检查人员应将情况记录在案，并向负有安全生产监督管理职责的部门报告。

生产经营单位对安全生产监督管理部门派出的监督检查人员依法履行监督检查职责应予以配合，不得拒绝或阻挠，但监督检查活动也不得影响被检查单位的正常生产经营活动。

（三）行业行政主管部门对本行业安全生产的监督管理

《建筑法》第43条规定："建设行政主管部门负责建筑安全生产的管理，并依法接受劳动行政主管部门对建筑安全生产的指导和监督。"同时，《建设工程安全生产管理条例》第40条规定：国务院建设行政主管部门对全国的建设工程安全生产实施监督管理；国务院铁路、交通、水利等有关部门按照国务院规定的职责分工，负责有关专业建设工程安全生产的监督管理。

县级以上地方人民政府建设行政主管部门对本行政区域内的建设工程安全生产实施监督管理；县级以上地方人民政府交通、水利等有关部门在各自的职责范围内，负责本行政区域内的专业建设工程安全生产的监督管理。

而且，依照国务院"三定"方案的规定，房屋建筑工程、市政工程等工程建设的安全生产的监督管理工作由住房和城乡建设部负责，其主要职责是按照保障安全生产的要求，依法及时制定或修订建筑业的国家标准或行业标准，并督促、检查标准的严格执行。这些标准包括：生产场所的安全标准；生产作业、施工的工艺安全标准；安全设备、设施、器材和安全防护用品的产品安全标准及有关建筑生产安全的基础性和通用性标准等。

（四）建设生产经营单位对安全生产的监督管理

生产经营单位在日常的生产经营活动中，必须加强对安全生产的监督管理，对于存在较大危险因素的场地、设备及施工作业，更要依法进行重点检查、监督管理，以防止生产安全事故的发生。《安全生产法》对此作出了明确规定：

(1) 安全生产管理人员的设置。建筑施工企业及其他存在较多危险因素的生产经营单位，从业人员在300人以下的，应配备专职或兼职的安全生产管理人员，或委托具有国家规定的相关专业技术资格的工程技术人员提供安全生产管理服务，但委托后的安全生产责任仍由原生产经营单位负责；从业人员超过300人的，应设置安全生产管理机构或配备专职的安全生产管理人员。

(2) 安全生产管理人员的职责。生产经营单位的安全生产管理人员应当根据本单位的生产经营特点，对安全生产状况进行经常性检查。对检查中发现的安全问题，应立即处理；不能处理的，应及时报告本单位的有关负责人，检查及处理情况应记录在案。

(3) 生产经营单位的具体监督管理职责。生产经营单位应教育和督促从业人员严格执行本单位的安全生产规章制度和安全操作规程，并向从业人员如实告知作业场所和工作岗位存在的危险因素、防范措施以及事故应急措施；生产经营单位对危险物品大量聚集的重大危险源应当登记建档，进行定期检测、评估、监控，并制定应急预案，告知从业人员和相关人员在紧急情况下应当采取的应急措施；生产经营单位进行爆破、吊装等危险作业，应安排专门人员进行现场安全管理，确保操作规程的遵守和安全措施的落实；生产经营单位使用的涉及生命安全、危险性较大的特种设备(比如锅炉、压力容器、电梯、起重机械等)以及危险物品(比如易燃易爆品、危险化学品等)的容器、运输工具，必须按照国家有关规定，由专业生产单位生产，并且必须经具有专业资质的检测、检验机构检测，检测合格，取得安全使用证或安全标志后，方可投入使用；生产经营单位应当在存有较大危险因素的生产经营场所和有关设施、设备上，设置明显的安全警示标志，以引起人们对危险因素的注意，预防生产安全事故的发生；生产经营单位不得使用国家明令淘汰、禁止使用的危及生产安全的工艺、设备，对使用的安全设备必须进行经常性维护、保养，并定期检测，以保证正常运转；维护、保养、检测应当作好记录，并由有关人员签字。

(4) 建筑企业的安全生产检查。相关法规还对建筑企业的安全生产检查作出了具体规定：一是要求建筑企业除了应经常进行安全生产检查外，还要组织定期检查、监督；二是检查要发动群众，而且要有领导干部、技术干部和工人参加，边检查，边整改；三是每次检查要有重点、有标准，要评比记分，列入本单位考核内容；四是检查以自查为主，互查为辅；五是以查思想、查制度、查纪律、查领导、查隐患为主要内容。企业每季度组织进行一次检查、分公司每月要组织进行一次检查，施工队则每半个月就要组织一次检查。而且，要结合季节特点，开展"五防"检查，即防洪、防雷电、防坍塌、防高处坠落、防煤气中毒等。

对查出的隐患不能立即整改的，要建立登记、整改、检查、销项制度。对查出的隐患可整改的，要制定整改计划，定人、定措施、定经费、定完成日期。在隐患没有消除前，必须采取可靠的防护措施，如有危及人身安全的紧急险情，应立即停止作业。

(五) 国家对安全生产的监察

《建筑法》第43条对国家监察作了规定。建筑安全生产的国家监察，由劳动行政主管部门负责。国家监察是根据国家法规对安全生产工作进行监察，具有相对的独立性、公正性、权威性。国家监察的职责主要是监察执行国家劳动安全生产法规、政策情况，预防和纠正违反法规、政策的偏差。国家监察不干预行业和企业内部执行劳动安全法规、政策的方法、措施和步骤等具体事务，也不代替行业、企业的日常管理和安全检查。

行业管理和国家监察是相辅相成的政府行为，都是为了做好安全生产工作，在建立社会主义市场经济的过程中，需要加强这两方面的协作，保证经济持续发展和安全生产水平不断提高，有关单位应为此提供方便，不得阻挠监察、监督人员进入生产或工作现场或到有关部门了解情况、索取资料、听取意见和反映。

建设行政主管部门进行建筑安全生产的管理，应当依照法律、法规的规定，并依法接受劳动行政主管部门对建筑安全生产的指导和监督。劳动行政主管部门指导和监督的对象与内容是检查建设行政主管部门是否执行国家劳动安全法规和政策，而不是属于行业内部的安全管理工作。简言之，建设行政主管部门负责对建筑施工企业和施工现场的各项安全生产进行管理，劳动行政主管部门则依照有关法律的规定，对建设行政主管部门的建筑安全生产工作进行指导和监督。

（六）社会对安全生产的监督管理

《建筑法》第36条规定我国安全生产管理实行"群防群治制度"。《中华人民共和国劳动法》第56条也规定：劳动者在劳动过程中必须严格遵守安全操作规程。劳动者对用人单位管理人员违章指挥、强令冒险作业有权拒绝执行；对危害生命安全和身体健康的行为，有权提出批评、检举和控告。

群众监督是安全生产不可缺少的重要环节。安全生产涉及全社会的利益，是全社会共同关注的问题，因此可以动员全社会的力量来对安全生产进行监督管理。新的经济体制的建立，使群众监督的内涵也在不断扩大。《安全生产法》规定居民委员会、村民委员会发现其所在区域内的生产经营单位存在事故隐患或安全生产违法时，应当向当地人民政府或有关安全生产监督检查管理部门报告。各级工会、社会团体、民主党派、新闻、出版、广播、电影、电视等单位对违反安全生产法律、法规的行为不仅有进行舆论监督的权利，同时，对安全生产也担负有进行安全生产教育的义务。任何单位和个人对事故隐患和安全违法行为，均有向安全生产监督管理部门报告或举报的权利。安全生产监督管理部门应当建立举报制度，公开举报电话、信箱或电子邮件地址。

工会监督是群众监督的主要方面，是根据工会法和国家有关法律法规对安全生产工作进行监督，各级工会要充分发挥自己的优势和群众监督检查网络作用，履行群众监督检查的职责，教育职工遵章守纪；发动职工群众查隐患、堵漏洞、保安全，使党和国家的安全生产方针、政策、法律、法规落实到企业、班组和工作岗位。

承担安全评价、认证、检测、检验的中介机构，则可通过其服务行为对相关安全生产事项实施监督管理。

五、建设工程安全生产的劳动保护制度

关于建设工程安全生产的劳动保护制度，我们可以具体地从从业人员、工会及生产经营单位三个方面来表述。

（一）建设工程从业人员在劳动保护方面的权利

直接面对生产经营活动中不安全因素的往往是从业人员，他们的生命健康安全最易受到威胁，而生产经营单位却从追求利润最大化的立场出发，容易忽略甚至故意减少对从业人员人身安全的保障。为使从业人员人身安全得到切实保护，法律特别赋予从业人员以自我保护的权利。

（1）签订适法劳动合同权。生产经营单位与从业人员订立的劳动合同，应当载明有关保障从业人员劳动安全、防止职业危害的事项，以及依法为从业人员办理工伤社会保险的事项。生产经营单位不得以任何形式与从业人员订立协议，免除或减轻其对从业人员因生产安全事故伤亡依法应承担的责任。

（2）知情权。生产经营单位的从业人员有权了解其作业场所和工作岗位存在的危险因素、防范措施及事故应急措施，生产经营单位应主动告知有关实情。

（3）对违章指挥、强令冒险作业的拒绝权。对于生产经营单位的负责人、生产管理人员和工程技术人员违反规章制度，不顾从业人员的生命安全与健康，指挥从业人员进行生产活动的行为；以及在存有危及人身安全的危险因素而又无相应安全保护措施的情况下，强迫命令从业人员冒险进行作业的行为，从业人员都依法享有拒绝服从指挥和命令的权利。生产经营单位不得因此而采取降低工资、福利待遇或解除劳动合同等惩罚、报复手段。

（4）停止作业及紧急撤离权。从业人员发现直接危及人身安全的紧急情况时，有权停止作业或在采取可能的应急措施后撤离作业场所。生产经营单位不得因此而降低其工资、福利待遇或解除其劳动合同。

（5）建议、批评、检举、控告权。安全生产与从业人员的生命安全与健康息息相关，因此从业人员有权参与本单位生产安全方面的民主管理与民主监督。对本单位的安全生产工作提出意见和建议，对本单位安全生产中存在的问题提出批评、检举和控告。但是，生产经营单位不得因此而降低其工资、福利待遇或解除与其订立的劳动合同。

（6）依法获得赔偿权。《安全生产法》规定，因生产安全事故受到损害的从业人员，除依法享有工伤保险外，依照有关民事法律尚有获得赔偿的权利，还有权向本单位提出赔偿要求，生产经营单位应依法予以赔偿。

（二）工会对从业人员生产安全权利的保护

工会是职工依法组成的工人阶级的群众组织。《中华人民共和国工会法》规定，维护职工合法权益是工会的基本职责；《安全生产法》从安全生产的角度进一步明确了工会维护职工生命健康与安全的相关权利。工会对从业人员生产安全权利的保护主要表现在以下四个方面：

（1）工会有权依法组织职工参加本单位安全生产工作的民主管理和民主监督，维护职工在安全生产方面的合法权益；

（2）工会有权对建设项目的安全设施与主体工程同时设计、同时施工、同时投入生产和使用进行监督，提出意见；

（3）工会对生产经营单位违反安全生产法律、法规，侵犯从业人员合法权益的行为，有权要求纠正。发现生产经营单位违章指挥，强令冒险作业或发现事故隐患时，有权提出解决的建议，生产经营单位应及时研究答复。发现危及从业人员生命安全的问题时，有权向生产经营单位建议组织从业人员撤离危险场所，生产经营单位必须立即作出处理；

（4）工会有权依法参加事故调查，向有关部门提出处理意见，并要求追究有关人员的责任。

（三）生产经营单位在劳动保护方面的职责

生产经营单位在职工劳动保护方面承担的责任较为重要，可以归纳为以下四个方面：

(1) 提供劳动保护用品。劳动保护用品是保护职工安全的必不可少的辅助措施,在某种意义上说,它是劳动者防止职业伤害的最后一道屏障。因此,《安全生产法》规定,生产经营单位必须为从业人员提供符合国家标准或行业标准的劳动保护用品,并监督、教育从业人员按照使用规则佩戴、使用。明确要求生产经营单位应当安排用于配备劳动保护用品和进行安全生产培训的经费。

(2) 参加工伤社会保险。工伤社会保险是国家和用人单位依照法律规定或合同的约定,对那些与用人单位存在劳动关系的劳动者在暂时或永久丧失劳动能力以及暂时失业时,为保证其基本生活需要,给予物质帮助的一种社会保障制度,它是社会保障体系的一个重要组成部分。《安全生产法》规定,生产经营单位必须依法参加工伤社会保险,为从业人员缴纳保险费。我国目前已建立起的社会保险有养老保险、失业保险以及工伤保险等。其中工伤保险是指职工在劳动过程中因生产安全事故或患职业病,暂时或永久丧失劳动能力时,在医疗和生活上获得物质帮助的社会保险制度。《建筑法》还规定:"建筑施工企业必须为从事危险作业的职工办理意外伤害保险,支付保险费。"此规定说明这种保险是强制的,它从法律上保障了职工的意外伤害经济补偿权利。而且,这一规定也说明了一点:只要是从事危险作业的人员,不论是固定工,还是合同工,不论是正式工,还是农民工,其所在的建筑施工企业都必须为其办理意外伤害保险,并支付保险费。

(3) 日常生产经营活动中的劳动保护。生产经营单位必须切实加强管理,保证职工在生产过程中的安全和健康,促进生产的发展。一方面,企业要努力改善劳动条件,注意劳逸结合,制定以防止工伤事故、职工中毒和职业病为内容的安全技术措施长远规划和年度计划,并组织实施。另一方面,要加强季节性劳动保护工作:夏季要防暑降温;雨季和台风来临之前,应对临时设施和电气设备进行检修,沿河流域的工地要做好防洪抢险准备;冬季要防寒防冻,雨雪过后要采取防滑措施,防止煤气中毒。建筑施工企业在施工过程中,应遵守有关安全生产的法律、法规和建筑行业安全规章、规程。企业法定代表人、项目经理、生产管理人员和工程技术人员不得违章指挥,强令作业人员违章作业,如因违章指挥强令职工冒险作业,而发生重大伤亡事故或造成其他严重后果的,要依法追究其刑事责任。建筑施工企业及其他存在较多危险因素的单位应建立应急救援组织,如生产经营规模较小,则可不建救援组织,但应指定兼职的应急救援人员。这些单位还必须配备必要的应急救援器材、设备,并进行经常性维护保养,保证正常运转。

(4) 加强对女职工和未成年工的特殊保护。生产经营单位应根据女职工的不同生理特点和未成年工的身体发育情况,进行特殊保护。对于女性的特殊保护在劳动法中规定很明确。我国劳动法规定:禁止安排女职工从事矿山井下、国家规定的第四级体力劳动强度的劳动和其他禁忌从事的劳动;不得安排女职工在经期从事高处、低温、冷水作业和国家规定的第三级体力劳动强度的劳动;不得安排女职工在怀孕期间从事国家规定的第三级体力劳动强度的劳动和孕期禁忌从事的劳动;对怀孕七个月以上的女职工,不得安排其延长工作时间和夜班劳动;女职工生育享受不少于九十天的产假;不得安排女职工在哺乳未满一周岁的婴儿期间从事国家规定的第三级体力劳动强度的劳动和哺乳期间禁忌从事的其他劳动,不得安排其延长工作时间和夜班劳动。对于未成年工的保护主要体现在两个方面:一是我国法律严禁雇用未满16周岁的童工,对于已满16周岁但尚未成年的职工,不得安排其从事矿山井下、有毒有害、国家规定的第四级体力劳动强度的劳动和其他禁忌从事的劳动；二是用人单位应当对未成年工定期进行健康检查。

六、建设工程安全生产的奖惩制度

国家实行安全生产事故责任追究制度，依法追究安全生产事故责任人员的法律责任。对于违反政策法令和规章制度或工作不负责任而造成事故的，应根据情节的轻重和损失的大小，给予不同的处分，直至送交司法机关处理。

国家对在改善安全生产条件、防止生产安全事故、参加抢险救护等方面取得显著成绩的单位和个人，给予奖励。县级以上人民政府及有关部门对报告或举报的有功人员应给予奖励。

第三节 建设工程安全保障制度及事故查处制度

一、建设工程安全及建设施工现场安全保障制度

建设工程安全保障制度，包括建设工程安全保障和建设施工现场安全保障两个方面，以保证建造过程中的工程及施工现场安全及工程建成后的使用安全，所以，这些安全工作同样是工程建设安全生产的重要内容。我国有关法规对此也作了明确规定。

（一）建设工程安全保障制度

为了确保工程在建设中与投入使用后的安全，《安全生产法》规定，生产经营单位在新建、改建、扩建工程项目中的安全设施，必须与主体工程同时设计、同时施工、同时投入生产和使用，安全设施投资应纳入建设项目的概算之中。

《建筑法》规定："建筑工程设计应当符合按照国家规定制定的建筑安全规程和技术规范，保证工程的安全性能。"如果因为未按建筑安全标准进行设计，依情节轻重，将受到没收非法所得、罚款、停业整顿、降低资质等级、吊销资质证书、经济损害赔偿等处罚，构成犯罪的，将依法进行刑事责任的追究。

《建筑法》还规定："涉及建筑主体和承重结构变动的装修工程，建设单位应当在施工前委托原设计单位或者具有相应资质的设计单位提出设计方案；没有设计方案的，不得施工。"随着经济发展和人们生活水平的提高，对原有房屋的重新装修已成为非常普遍的事情。但装修绝不能野蛮装修、盲目装修，因为装修不仅是要舒适、美观，更应保证房屋甚至整个建筑的安全。《建筑法》规定，装修在涉及建筑主体和承重结构时，必须由设计单位重新设计，否则，建设单位将被罚款，并承担经济赔偿责任甚至刑事责任。

有关房屋的拆除，也需要一定的技术和安全保障条件，否则也会发生重大安全事故，为此，必须由具备保证安全条件的建设施工单位承担拆除任务，并由其负责人对安全负责。

（二）建设工程施工现场的安全保障制度

所谓施工现场，是指进行工业和民用项目的房屋建筑、土木工程、设备安装、管线铺设等施工活动，经批准占用的施工场地。

《建筑法》规定："建筑施工企业应当在施工现场采取维护安全、防范危险、预防火灾等措施；有条件的，应当对施工现场实行封闭管理。"施工现场对毗邻的建筑物、构筑物和特殊作业环境可能造成损害的，建筑施工企业应当采取安全防护措施。加强施工现场的安全管理，是建筑安全生产管理的关键。而现场安全的管理包括组织管理、安全技术管理、场地设施安全管理和安全纪律管理、周边环境的安全管理。下面具体分为五个方面来叙述：

(1) 建设施工现场的安全组织管理。施工现场安全组织管理是确保施工现场安全的管理，具体体现在：建立领导机构，确定领导职责；建立安全管理制度，积累安全管理经验和技术分析记录、安全决策及信息流动资料。建设工程施工现场是建筑企业进行建筑生产的基地，杂乱的施工条件、快速的人机流、敞开的施工环境，"扰民"和"民扰"并存的局面客观存在，也是建设工程施工现场的特点。这一切使得生产过程中的不安全因素非常之多。因此，建设工程施工现场的安全管理也是建筑安全生产中最为重要的环节。为此，《建筑法》规定："建筑施工企业在编制施工组织设计时，应当根据建筑工程的特点制定相应的安全技术措施；对专业性较强的工程项目，应当编制专项安全施工组织设计，并采取安全技术措施。"还规定，建筑施工企业应当在施工现场采取维护安全、防范危险、预防火灾等措施；甚至应当对施工现场实行封闭管理等。

《安全生产法》规定："生产、经营、储存、使用危险品的车间、商店、仓库不得与员工宿舍在同一座建筑物内，并应当与员工宿舍保持安全距离；生产经营场所和员工宿舍应当设有符合紧急疏散要求、标志明显、保持畅通的出口；禁止封闭、堵塞生产经营场所或者员工宿舍的出口；两个以上生产经营单位在同一作业区域内进行生产经营活动，可能危及对方生产安全的，应当签订安全生产管理协议，明确各自的安全生产管理职责和应当采取的安全措施，并指定专职安全生产管理人员进行安全检查与协调。"

施工现场负责人是现场安全生产第一责任人，也是施工现场安全生产领导组织和安全管理的核心，以此可以发挥以现场第一责任人为核心而形成施工现场"专群结合、群防群治"的安全管理网络的功能作用。

(2) 施工现场安全技术管理。至于安全技术管理，根据《建筑法》的规定，所有建筑工程的施工组织设计或施工方案，都必须有安全技术措施；爆破、吊装、支模、深坑、水下、拆除等大型特殊工程，都必须编制单项安全技术方案，否则不得施工。安全技术措施要有针对性，即要根据工程特点、施工方法、劳动组织和作业环境等具体情况而制作，防止一般化、普适性。采用各种科研成果、安全技术和革新技术，都必须经过试验、鉴定和制定相应安全技术措施后才能使用。

(3) 施工现场设施安全管理。这里主要包括四个方面的设施安全管理：一是施工现场道路、水暖管道、电气管线、材料堆放等不仅要符合安全、卫生、防火等要求，而且要有明确的平面布置并加强管理；对于施工现场的坑、井、沟及孔洞，易燃易爆物、变压器等周围要有安全标志，以实现安全、文明生产；二是施工现场和木工加工厂和储存易燃易爆器材的仓库，要有防火设施和灭火器材，并建立相应的管理制度，经常检查；三是各种机电设备安全装置和起重设备的限位装置要齐全有效，而且要建立定期维修保养制度，对机械设备和防护设备进行检修。脚手架、井字架和安全网，搭建完工后要由工长验收合格才可用，使用期间要指定专人维修，有安全隐患的要及时加固；四是对于混凝土搅拌场地、木工车间和沥青加工、油漆作业场地，要使尘毒标准符合国家的安全要求。

(4) 施工现场安全纪律管理。现场安全纪律管理体现在六个方面：一是安全意识要求。在生产中，要树立"安全第一"的安全意识，积极参加安全生产的各种活动，提出改进安全生产的意见，努力搞好安全生产；二是劳动纪律要求。服从领导和安全检查人员的指挥，工作集中精力，坚守岗位，不经许可不得从事非本工种作业。严禁酒后上岗，不可在禁烟地吸烟；三是操作纪律方面要求。严格执行操作规程，不得违章指挥和违章作业，有权拒绝违章作业指令且可以制止他人违章作业；四是防护纪律要求。正确穿戴个人防护用品，进入工地必须戴安全帽。高空、悬崖和陡坡作业要系安全带，高空作业不得穿硬底和带钉易滑的鞋，不得往下丢掷物料，不得赤脚或穿高跟鞋进入场地；五是现场行走纪律要求。不得攀爬脚手架、井字架等设备，行走注意安全；六是防护纪律要求。正确使用防护装置和设施，不得任意拆除各种防护装置、设施和警告、安全标志等。

(5) 建设施工现场周边环境的安全管理。建设工程施工可能会对其周围的环境造成多方面的影响，如大气污染、水污染、噪声污染、垃圾污染等。《建筑法》规定："建设单位应当向建筑施工企业提供与施工现场相关的地下管线资料，建筑施工企业应当采取措施加以保护"，"施工现场对毗邻的建筑物、构筑物和特殊作业环境可能造成损害的，建筑施工企业应当采取安全防护措施"。因为建筑施工多为露天作业、高处作业，常常需进行深基开挖。故而对施工现场的周围环境，特别是毗邻的建筑物、构筑物以及地下管线的安全可能会造成损害，建设单位与建设施工企业有义务、也有责任采取相应的安全防护措施，以确保周围环境的安全。而且当可能损坏道路、管线、电力、邮电通信等公共设施时，建设单位必须按有关规定事先办理申请审批手续。

"建筑施工企业应当遵守有关环境保护和安全生产方面的法律、法规的规定，采取控制和处理施工现场的各种粉尘、废气、废水、固体废物以及噪声、振动对环境的污染和危害的措施。"当工程施工需要临时停水、停电、中断道路交通及需要进行爆破作业的，也必须先进行申请，经过有关部门批准后才可实行，以切实保障人民的正常生活及生命财产的安全。具体包括两个方面：(1)加强对环境的保护工作；(2)一些作业要办理相应的审批手续。关于加强对周边环境的保护工作主要包括：根据《环境管理系列标准》建立环境监控体系；不得排放未经处理的泥浆和污水；禁止回填有毒与有害废弃物；不得焚烧可能有毒有害的废弃物；妥善处理垃圾、渣土、废弃物和冲洗水等；在居民密集区实施爆破、打桩要按照有关规定进行；对于噪声和振动要采取措施进行控制；注意保护现场地下管线、文物、古迹、电缆等；停水电、封路等要办理手续等。

二、建设工程生产安全事故查处制度

(一) 建设工程生产安全事故的概念与等级

建设工程生产安全事故，是指在工程建设过程中由于过失造成工程倒塌或报废、机械设备毁坏和安全设施不当造成人身伤亡或者经济损失的事故。

2007年6月1日开始实施的《生产安全事故报告和调查处理条例》第3条规定："根据生产安全事故(以下简称事故)造成的人员伤亡或者直接经济损失，事故一般分为以下等级：(1)特别重大事故，是指造成30人以上死亡，或者100人以上重伤(包括急性工业中毒，下同)，或者1亿元以上直接经济损失的事故；(2)重大事故，是指造成10人以上30人以下死亡，或者50人以上100人以下重伤，或者5000万元以上1亿元以下直接经济损失的事故；(3)较大事故，是指造成3人以上10人以下死亡，或者10人以上50人以下重伤，或者1000万元以上5000万元以下直接经济损失的事故；(4)一般事故，是指造成3人以下死亡，或者10人以下重伤，或者1000万元以下直接经济损失的事故。国务院安全生产监督管理部门可以会同国务院有关部门，制定事故等级划分的补充性规定。

(二) 建设工程生产安全事故的处理

建设工程生产安全事故报告应当及时、准确、完整，任何单位和个人对事故不得迟报、漏报、谎报或者瞒报。而且，事故调查处理应当坚持实事求是、尊重科学的原则，及时、准确地查清事故经过、事故原因和事故损失，查明事故性质，认定事故责任，总结事故教训，提出整改措施，并对事故责任者依法追究责任。

1. 建设工程生产安全事故查处机构体系

建设工程生产安全事故的调查处理实行行政级别管理。特别重大事故由国务院或者国务院授权有关部门组织事故调查组进行调查；重大事故、较大事故、一般事故分别由事故发生地省级人民政府、设区的市级人民政府、县级人民政府负责调查；省级人民政府、设区的市级人民政府、县级人民政府可以直接组织事故调查组进行调查，也可以授权或者委托有关部门组织事故调查组进行调查；未造成人员伤亡的一般事故，县级人民政府也可以委托事故发生单位组织事故调查组进行调查；上级人民政府认为必要时，可以调查由下级人民政府负责调查的事故。特别重大事故以下等级事故，事故发生地与事故发生单位不在同一个县级以上行政区域的，由事故发生地人民政府负责调查，事故发生单位所在地人民政府应当派人参加。

2. 事故报告

(1) 事故报告部门及相关规定

事故发生后，事故现场有关人员应当立即向本单位负责人报告；单位负责人接到报告后，应当于1小时内向事故发生地县级以上人民政府安全生产监督管理部门和负有安全生产监督管理职责的有关部门报告。情况紧急时，事故现场有关人员可以直接向事故发生地县级以上人民政府安全生产监督管理部门和负有安全生产监督管理职责的有关部门报告。

安全生产监督管理部门和负有安全生产监督管理职责的有关部门接到事故报告后，应当依照下列规定上报事故情况，并通知公安机关、劳动保障行政部门、工会和人民检察院：特别重大事故、重大事故逐级上报至国务院安全生产监督管理部门和负有安全生产监督管理职责的有关部门；较大事故逐级上报至省、自治区、直辖市人民政府安全生产监督管理部门和负有安全生产监督管理职责的有关部门；一般事故上报至设区的市级人民政府安全生产监督管理部门和负有安全生产监督管理职责的有关部门。

安全生产监督管理部门和负有安全生产监督管理职责的有关部门依照前款规定上报事故情况，应当同时报告本级人民政府。国务院安全生产监督管理部门和负有安全生产监督管理职责的有关部门以及省级人民政府接到发生特别重大事故、重大事故的报告后，应当立即报告国务院。必要时，安全生产监督管理部门和负有安全生产监督管理职责的有关部门可以越级上报事故情况。安全生产监督管理部门和负有安全生产监督管理职责的有关部门逐级上报事故情况，每级上报的时间不得超过2小时。

(2) 事故报告的内容

报告事故应当包括下列内容：事故发生单位概况；事故发生的时间、地点以及事故现场情况；事故的简要经过；事故已经造成或者可能造成的伤亡人数(包括下落不明的人数)和初步估计的直接经济损失；已经采取的措施；其他应当报告的情况。

同时，事故报告后出现新情况的，要及时补报的情况有：自事故发生之日起30日内，事故造成的伤亡人数发生变化的，应当及时补报；道路交通事故、火灾事故自发生之日起7日内，事故造成的伤亡人数发生变化的，应当及时补报。

3. 事故调查

(1) 事故调查组及其职责

事故调查组的组成应当遵循精简、效能的原则。根据事故的具体情况，事故调查组由有关人民政府、安全生产监督管理部门、负有安全生产监督管理职责的有关部门、监察机关、公安机关以及工会派人组成，并应当邀请人民检察院派人参加；而且，事故调查组可以聘请有关专家参与调查。

事故调查组履行下列职责：查明事故发生的经过、原因、人员伤亡情况及直接经济损失；认定事故的性质和事故责任；提出对事故责任者的处理建议；总结事故教训，提出防范和整改措施；提交事故调查报告。

事故调查组有权向有关单位和个人了解与事故有关的情况，并要求其提供相关文件、资料，有关单位和个人不得拒绝。事故调查中发现涉嫌犯罪的，事故调查组应当及时将有关材料或者其复印件移交司法机关处理。

(2) 事故调查组成员及其职责

事故调查组成员应当具有事故调查所需要的知识和专长，并与所调查的事故没有直接利害关系。事故调查组组长由负责事故调查的人民政府指定，事故调查组组长主持事故调查组的工作。事故调查组成员在事故调查工作中应当诚信公正、恪尽职守，遵守事故调查组的纪律，保守事故调查的秘密。未经事故调查组组长允许，事故调查组成员不得擅自发布有关事故的信息。

(3) 事故调查报告及其内容

事故调查组应当自事故发生之日起 60 日内提交事故调查报告；特殊情况下，经负责事故调查的人民政府批准，提交事故调查报告的期限可以适当延长，但延长的期限最长不得超过 60 日。事故调查报告应当附具有关证据材料。事故调查组成员应当在事故调查报告上签名。

事故调查报告主要应当包括以下内容：事故发生单位概况；事故发生经过和事故救援情况；事故造成的人员伤亡和直接经济损失；事故发生的原因和事故性质；事故责任的认定以及对事故责任者的处理建议；事故防范和整改措施。

事故调查报告报送负责事故调查的人民政府后，事故调查工作即告结束。事故调查的有关资料应当归档保存。

4. 事故处理

特别重大事故，负责事故调查的人民政府应当自收到事故调查报告之日起 30 日内做出批复，特殊情况下，批复时间可以适当延长，但延长的时间最长不超过 30 日。重大事故、较大事故、一般事故，15 日内做出批复；有关机关应当按照人民政府的批复，依照法律、行政法规规定的权限和程序，对事故发生单位和有关人员进行行政处罚，对负有事故责任的国家工作人员进行处分；事故发生单位应当按照负责事故调查的人民政府的批复，对本单位负有事故责任的人员进行处理；负有事故责任的人员涉嫌犯罪的，依法追究刑事责任。

事故发生单位应当认真吸取事故教训，落实防范和整改措施，防止事故再次发生；防范和整改措施的落实情况则应当接受工会和职工的监督；安全生产监督管理部门和负有安全生产监督管理职责的有关部门应当对事故发生单位落实防范和整改措施的情况进行监督检查。

事故处理的情况由负责事故调查的人民政府或者其授权的有关部门、机构向社会公布，依法应当保密的除外。

复习思考题

1. 建设工程安全生产的意义是什么？建设工程安全生产包括哪些内容？
2. 各级建设行政主管部门在工程建设安全生产方面有哪些主要的职责？
3. 女职工和未成年人应享有哪些特殊的劳动保护？
4. 建设工程生产安全事故是如何划分等级的？
5. 生产经营单位对安全生产负担哪些监管职责？

第十章 建设工程质量管理法律制度

【本章提要】 建设工程质量是工程建设行业中一个永远的话题,这是由建设工程质量的重要性决定的,在法制化的今天,建设工程质量的管理诉诸法律手段有着其必然性。本章就建设工程质量管理的法律制度进行了全面、系统的阐述,介绍了建设工程质量的概念、意义、管理机构及其职责与立法现状,并重点介绍了政府对建设工程质量进行监督管理的相关制度、建设工程质量责任制度、建设工程质量保障制度和建设工程质量损害赔偿制度等。

第一节 建设工程质量管理法律制度概述

一、建设工程质量概念及质量管理的意义

(一)建设工程质量的定义

建设工程质量有广义和狭义之分。从狭义上说,建设工程质量仅指工程实体质量,它是指在国家现行的有关法律、法规、技术标准、设计文件和工程合同中,对工程的安全、适用、经济、美观等特性要求的总和。合同条件中对工程项目的功能、使用价值及设计、施工质量等的明确规定都是业主的"需要",因而都是工程质量的内容。建设工程质量应包括工程建设决策、设计、施工、回访保修各个阶段的质量及其相应的工作质量。从广义上说,建设工程质量还包括工程建设参与者的服务质量和工作质量,而工作质量是指参与工程建设者,为了保证工程项目质量所从事工作的水平和完善程度。它反映在他们的服务是否及时、主动,态度是否诚恳、守信,管理水平是否先进,工作效率是否很高等方面。它也可分为政治思想工作质量、管理工作质量、技术工作质量和后勤工作质量等。

当前,国内外都倾向于从广义上来理解建设工程质量,本书对建设工程质量的阐述主要还是指工程本身的质量,即狭义上的建设工程质量。应该说,工程实体质量的好坏是决策、计划、勘察、设计、施工等单位各方面各环节工作质量的综合反映。

影响建设工程质量的因素很多,如决策、设计、机械、材料、地质、地形、气象、水文、操作方法、施工工艺、技术措施、管理制度、人员素质等,归纳起来可分为五个大的方面,即通常所说的 4M1E:人(Man)、机械(Machine)、材料(Material)、方法(Method)和环境(Environment)。在工程建设全过程中严格控制好这五大因素,是保证建设工程质量的关键。

(二)建设工程质量管理的意义

建设工程质量管理是工程建设过程中永恒的话题。因为,一方面建设工程质量的水平如何,质量效果如何,直接关系到或者说代表着某一时期我国工程建设的发展水平;另一方面建设工程质量不仅直接影响着众多产业的发展,同时也影响着人们的生活;并且工程建设是一门艺术,不仅代表某一个民族的文化特征,而且还反映出一个时代的精神面貌,

展现出一个民族的形象。从这个意义上讲，工程质量不仅与政治、经济、文化相联系，还涉及多学科。因此，建设工程质量一直是国家工程建设管理的重要内容，现行的主要法律有《中华人民共和国建筑法》（以下简称《建筑法》），第六章即为"建筑工程质量管理"，2000年1月30日国务院发布施行的《建设工程质量管理条例》（以下简称《质量条例》），是《建筑法》的配套法规之一，它对建设行为主体的有关质量责任和义务做出了十分明确的规定。为了确保工程质量，确保公共安全，保护人民群众生命和财产安全，必须加强工程质量的监督管理。故此，保证建设工程质量是《建筑法》的立法宗旨，也是贯穿于《建筑法》全过程的中心议题。也可以这样说：《建筑法》各章节所规范的内容、所规范的各方主体的行为，无不是在为最终的保证质量结果服务的。《质量条例》用专门一章来规定政府对建设工程质量的监督管理，确定了政府质量监督制度，主要内容包括建设工程管理职责、范围的划分，质量监督管理的实施机构和有权采取的强制性措施，建设工程竣工验收备案制度，建设工程质量事故报告制度等。对建设单位、勘察设计单位、施工单位和监理单位的质量责任及其在实际工作中容易出问题的重要环节作出了明确的规定，实行依法追究责任。并且规定政府对工程质量的监督管理主要以保证工程使用安全和环境质量为主要目的，以法律、法规和强制性标准为依据，以地基基础、主体结构、环境质量和与此有关的工程建设各方主体的质量行为为主要内容，以施工许可制度和竣工验收备案制度为主要手段。

由此可见，建设工程质量是一个国家建设行业的生命所在，建设工程质量最终决定了一个国家建设行业的希望，其意义可见一斑。

二、建设工程质量的监督管理体系与职责

（一）建设工程质量的管理体系

建设工程质量具有影响因素多、质量波动大、质量变异性和终检局限大等特点。建设工程质量的优劣直接关系国民经济的发展和人民生命财产的安全，因此，加强建设工程质量的管理，是一个十分重要的问题。根据有关法规规定，我国建立起了对建设工程质量进行管理的体系，它包括纵向管理和横向管理两个方面。

1. 纵向管理

纵向管理也称宏观管理，是外部的纵向的控制，即国家对建设工程质量所进行的监督管理，它具体由建设行政主管部门及其授权机构实施，这种管理贯穿在工程建设的全过程和各个环节之中。其目的是保证技术法规和标准贯彻执行，维护社会公共利益。其内容包括既对工程建设从计划、规划、土地管理、环保、消防等方面进行监督管理，又对工程建设的主体从资质认定和审查以及产品质量检测、验证和奖惩等方面进行监督管理，还对工程建设中各种活动如工程建设招投标、工程施工、验收、维修等进行监督管理。住房和城乡建设部是国家建设工程质量监督工作的主管部门，地方各级政府的建设行政主管部门是当地建设工程质量监督工作的主管部门，市、县建设工程质量监督站是建设工程质量监督的实施机构。

主管机构及其具体职责如下：

第一，国务院建设行政主管部门和国务院铁路、交通、水利等有关部门应当加强对有关建设工程质量的法律法规和强制性标准执行情况的监督检查。国务院建设行政主管部门在建设工程质量监督方面的职责为：

(1) 贯彻国家有关工程质量的法律、法规、政策,制定建设工程质量监督的有关规定和实施细则;

(2) 指导全国建设工程质量监督工作;

(3) 制定工程质量监督机构和质量监督工程师的资格标准、考核审批和管理办法;

(4) 组织全国建设工程质量检查等。

第二,县级以上地方人民政府建设行政主管部门和其他有关部门应当加强对有关建设工程质量的法律、法规和强制性标准执行情况的监督检查。《质量条例》规定,其具体的基本职责为:

(1) 根据有关规定,省、自治区、直辖市建设行政主管部门履行下列建设工程质量方面的职责:贯彻国家有关建设工程质量的法律、法规、政策,制定本地区建设工程质量监督工作的有关规定和实施细则;对本地区市、区、县质量监督机构考核、认定;组织对工程质量监督工程师和监督员的考核;组织对本地区建设工程质量的检查工作等。

(2) 市县两级建设行政主管部门的职责:贯彻国家和地方有关建设工程质量的法律、法规、政策;委托质量监督机构具体实施工程质量监督;在工程竣工验收后,接受质量监督机构报送的工程质量监督报告和建设单位竣工验收的有关资料,办理备案手续;对上报的需实施行政处罚的报告进行审核,并依法对工程建设有关主体实施行政处罚。

建设行政主管部门履行监督检查职责时有权采取相应措施。《质量条例》规定,县级以上人民政府建设行政主管部门和其他有关部门履行监督检查职责时,有权采取下列措施:要求被检查的单位提供有关工程质量的文件和资料;进入被检查单位的施工现场进行检查;发现有影响工程质量的问题时,责令改正。

2. 横向管理

横向管理又称微观管理,是内部的、横向的控制。它包括两个方面:

(1) 工程承包单位,如勘察单位、设计单位、施工单位自己对所承担工作的质量管理。它们要按要求建立专门质检机构,配备相应的质检人员,建立相应的质量保证制度,如审核校对制、培训上岗制、质量抽检制、各级质量责任制和部门领导质量责任制等。

(2) 建设单位对所建工程的管理,它可成立相应的机构和人员,对所建工程的质量进行监督管理,也可委托社会监理单位对工程建设的质量进行监理。其目的在于保证工程项目能够按合同规定的质量要求达到业主的建设意图,取得良好的投资效益。现在,世界上大多数国家都推行监理制,我国也正在推行和完善这一制度。

(二) 工程质量监督机构及其职责

工程质量监督机构是指经建设行政主管部门或其他有关部门考核,具有独立法人资格的单位。它受政府建设行政主管部门或有关专业部门的委托,对建设工程质量具体实施监督管理,并对委托的政府有关部门负责。《质量条例》规定:

(1) 从事房屋建筑工程和市政基础设施工程质量监督的机构,必须按照国家有关规定经国务院建设行政主管部门或者省、自治区、直辖市人民政府建设行政主管部门考核;

(2) 从事专业建设工程质量监督的机构,必须按照国家有关规定经国务院有关部门或者省、自治区、直辖市人民政府有关部门考核。

经考核合格后,方可实施质量监督。工程质量监督机构必须拥有一定数量的质量监督工程师，有满足工程质量监督检查工作需要的工具和设备。有关工程质量监督机构的资格、工程质量监督工程师管理办法，目前正由住房和城乡建设部制定。

《建筑法》第六章"建筑工程质量管理"是该法所确立的法律制度最多的一章，也是实践中最受关注的一章。本章确立了在建筑工程质量管理过程中的五项基本法律制度，即建筑工程政府质量监督制度、质量体系认证制度、质量责任制度、建筑工程竣工验收制度以及建筑工程质量保修制度。

三、建设工程质量管理制度的立法现状

工程建设质量管理一直是国家工程建设管理的重要内容，正因为如此，有关工程建设质量的立法工作也一直是工程建设法律、法规的立法重点。现行的主要法律有《中华人民共和国建筑法》，其中第六章即为"建设工程质量管理"。2000年1月30日国务院发布施行的《建设工程质量管理条例》是《建筑法》的配套法规之一，它对建设行为主体的有关责任和义务作出了十分明确的规定。除此以外多为国务院建设行政主管部门及相关部门颁发的建设行政规章及一般规范性文件，重要的有：《建筑工程质量监督条例（试行）》（1983年）、《建筑工程质量监督站工作暂行规定》（1985年）、《关于确保工程质量的几项措施》（1986年）、《建设工程质量监督管理规定》（2001年废止）、《关于提高住宅工程质量的规定》（1992年）、《关于建筑企业加强质量管理工作的意见》（1995年）、《房屋建筑工程质量保修办法》（2000年）、《房屋建筑工程和市政基础设施工程竣工验收备案管理暂行办法》（2000年）、《建设工程勘察质量管理办法》（2002年发布，2007年11月经修改发布）、《关于对外承包工程质量安全问题处理的有关规定》（2002年）、《工程质量监督工作导则》（2003年）、《关于加强村镇建设工程质量安全管理的若干意见》（2004年）、《建设工程质量保证金管理暂行办法》（2005年）等。全国各地针对质量安全管理工作实际，制定、完善了一批法规和技术标准，在勘察、设计、施工等环节发挥了较好的作用。据不完全统计，自2005年10月以来，各地共颁布涉及工程质量的法规62个，规范性文件794个，规范标准742项，技术导则84个，使监管法制化，各方责任主体质量行为日趋规范，质量安全意识有所提高，这使得工程质量安全整体受控，质量水平稳中有升，安全形势基本平稳。

第二节 政府对建设工程质量的监督管理制度

一、政府对建设工程质量监督管理的必要性

政府对建设工程质量监督管理的必要性表现在两个方面：首先是建设工程质量的重要性；其次是我国建设工程质量还存在很多问题。

建设工程是人们日常生活和生产、经营、工作的主要场所，建设工程的质量，不但关系到生产经营活动的正常运行，也关系到人民生命财产安全。改革开放以来，随着我国国民经济的持续、快速发展，固定资产投资一直保持了较高的增长水平，工程建设规模逐年扩大，工用、民用、交通、城市基础设施等建设项目遍布城乡。大量基础设施项目的建设，为我国经济提供了发展基础和蓬勃的活力。特别是1998年以后，面对亚洲金融危机的冲击，中央作出扩大内需，加快基础设施建设的重大决策，增发国债，集中用于农林水利、城乡电网、经济适用房和城市基础设施、交通通信等方面的建设。而且，党中央、国

务院对基础设施和各种建设工程的质量问题极为关心，多次强调质量责任重于泰山，要抓好工程质量，决不能搞"豆腐渣工程"。因为建设工程一旦出现质量问题，特别是发生重大垮塌事故，危及人民生命财产安全，损失巨大，影响恶劣，所以，百年大计，质量第一，必须确保建设工程的安全可靠性。因此，政府必须对工程的质量，特别是对住宅、公共建筑和基础设施的质量采取强制性监督措施，以避免灾难性重大事故的出现。政府对工程质量的监督不同于监理，它更重要的是对工程建设各方主体的质量行为进行监督。

1999年发布的《国务院办公厅关于加强基础设施工程质量管理的通知》第20条规定："加强政府监督，要继续发挥各行业主管部门和地方政府质量监督机构的作用，对基础设施和住宅建设实行强制性工程质量监督检查，对在质量监督中发现的问题，各有关单位要及时处理。对使用国家拨款的建设项目和国家重大项目，要派出重大项目稽察特派员进行稽察，并把工程质量作为稽察的重点。对稽察中发现有重大工程质量问题的项目，行业主管部门要及时发出整改通知，限期进行整顿，整改期间暂停拨付建设资金。"

从总体上看，我国基础设施建设和重大工程的质量是好的。一批国家重点工程和大中型基础设施建设项目的质量稳步提高，建成了一批高难度、高质量的工程项目，有的达到或接近国际先进水平；一般的民用工程的质量合格率也在逐年提高，已经建成了一批示范小区。但是，建设工程质量方面也存在相当突出的问题：(1)工程垮塌事故时有发生，给国家财产和人民的生命安全造成了巨大的损失；(2)一些民用建筑工程特别是住宅工程，影响使用功能的质量问题比较普遍，已成为群众投诉的热点；(3)不仅正在建设的工程存在着质量问题，更令人担忧的是前几年已建成并在使用的一些工程也有质量问题，甚至有的还存在影响结构安全性的重大隐患。进一步提高工程质量水平，确保建设工程的安全可靠，是保证人民的生命财产安全，实现构建社会主义和谐社会，建设资源节约型社会等重大发展战略的要求，我们必须加强工程质量监督管理来应对全社会的要求和呼声。

二、对建设工程主体的管理监督制度

建设工程主体是指建设工程的参与者，它包括建设单位、勘察设计单位、施工单位、监理单位和构配件生产单位等单位及其相关人员。国家对这些建设工程主体都有一系列的法律规定。政府对建设工程主体的管理监督主要体现在三个方面：

(一)对工程建设单位的能力进行审查

对工程建设单位的能力进行审查是指审查工程建设单位是否具备与发包工程项目相适应的技术、经济管理能力以及编制招标文件和组织开标、评标、定标的能力。经过审查，如果它不具备以上所述能力，则要求它委托招标代理机构代为办理招标事项。

(二)对勘察设计、施工、监理等单位资质与业务等进行监督

这是对勘察设计单位和施工、监理、构配件生产、房地产开发单位实行资质等级认证、生产许可证和业务范围的监督管理。上述单位必须按规定申请并取得相应资格证书后，方可开展其资质等级允许范围内的业务活动。各级建设行政主管部门必须严格监督上述各单位在其资质等级允许的业务范围内从事活动。

(三)对执业工程师实行注册制度

目前，我国法律、法规规定从事建筑设计、结构设计、工程监理的工程技术人员，必须经过考试取得资格证书并经注册后方可获得相应执业资格。各级建设行政主管部门负责考试、注册及执业活动的监督管理等工作。

三、建设工程质量标准化制度

建设工程质量标准化是在建设领域有效地实行科学管理、强化政府宏观调控的基础和手段。它对确保建设工程质量和安全、促进建设工程技术进步、提高我国建设工程经济效益和社会效益等都具有重大意义。

建设工程勘察、设计、施工的质量必须符合国家有关建设工程安全标准的要求，具体办法由国务院规定。只要建设工程安全的国家标准不能适应确保建设工程安全时，就应当及时修改。

只要是在全国范围内必须统一的工程技术要求，就应当制定国家标准。如果没有国家标准而又需要在全国某个行业范围内统一的技术要求，可以制定工程建设行业标准。

工程建设标准分为推荐性和强制性两种标准，国家标准和行业标准均有这样两类标准。

四、建设工程质量监督制度

根据国务院发布的《质量条例》第2条的规定，凡在中华人民共和国境内从事建设工程的新建、扩建、改建等有关活动及实施对建设工程质量监督管理的，必须遵守该条例。建设行政主管部门和交通、水利等有关部门，应当加强对建设工程质量的监督管理。县级以上人民政府建设行政主管部门和其他有关部门应当加强对建设工程质量的监督管理。建设单位、勘察单位、设计单位、施工单位、工程监理单位依法对建设工程质量负责。

（一）建设工程质量监督机构体系及其职责

1. 建设工程质量监督机构体系与具体实施单位

（1）国务院建设行政主管部门对全国的建设工程质量实施统一监督管理。国务院铁路、交通、水利等有关部门按照国务院规定的职责分工，负责全国的有关专业建设工程质量的监督管理；

（2）县级以上地方人民政府建设行政主管部门对本行政区域内的建设工程质量实施监督管理。县级以上地方人民政府交通、水利等有关部门在各自的职责范围内，负责本行政区域内的专业建设工程质量的监督管理；

（3）国务院建设行政主管部门和国务院铁路、交通、水利等有关部门应当加强对有关建设工程质量的法律、法规和强制性标准执行情况的监督检查；

（4）国务院发展计划部门按照国务院规定的职责，组织稽察特派员，对国家出资的重大建设项目实施监督检查；

（5）国务院经济贸易主管部门按照国务院规定的职责，对国家重大技术改造项目实施监督检查。

建设工程质量监督管理的实施，由建设行政主管部门或者其他有关部门委托的建设工程质量监督机构（即监督站）具体实施。

从事房屋建筑工程和市政基础设施工程质量监督的机构，必须按照国家有关规定经国务院建设行政主管部门或者省、自治区、直辖市人民政府建设行政主管部门考核；从事专业建设工程质量监督的机构，必须按照国家有关规定经国务院有关部门或者省、自治区、直辖市人民政府有关部门考核。经考核合格后，方可实施质量监督。

县级以上地方人民政府建设行政主管部门和其他有关部门应当加强对有关建设工程质量的法律、法规和强制性标准执行情况的监督检查。

2. 监督站的职责

监督站的主要职责是：检查受监工程的勘察、设计、施工单位和建筑构件厂是否严格执行技术标准，检查其工程(产品)质量；检查工程的质量等级和建筑构件质量，参与评定本地区、本部门的优质工程；参与重大工程质量事故的处理；总结质量监督工作经验，掌握工程质量状况，定期向主管部门汇报。

（二）建设工程质量监督的内容与程序

监督工作的内容主要分为三个阶段：(1)工程开工前，监督员应对受监工程的勘察、设计和施工单位的资质等级及营业范围进行核查，凡不符合规定要求的不许开工；监督员对施工设计的质量监督主要是对施工图中的建筑结构、安全、防火和卫生等方面进行审查，使之符合相应标准的要求。(2)工程施工中，监督员必须按照监督计划对工程质量进行抽查。房屋建筑和建筑物工程的抽查重点是地基基础、主体结构和决定其使用功能、安全性能的重要部位；其他工程的监督重点视工程性质确定；建筑构件质量的监督，重点是核查生产许可证、检测手段和构件质量。(3)工程完工后，监督站在施工单位验收的基础上对工程质量等级进行核验。

建设单位在开工前一个月，应到监督站办理监督手续，提交勘察设计资料等有关文件。监督站在接到文件、资料后两周内，应确定该工程的监督员，并通知建设、勘察、设计、施工单位，同时应提出监督计划。

（三）监督站的权限与责任

1. 监督站的权限

监督站的权限包括以下五个方面：

（1）对不按技术标准和有关文件要求设计和施工的单位，可给予警告或通报批评；

（2）对发生严重工程质量问题的单位可令其及时妥善处理，对情节严重的，可按有关规定进行罚款，如为在施工工程，则应令其停工整顿；

（3）对于核验不合格的工程，可作出返修加固的决定，直至达到合格方准交付使用；

（4）对造成重大质量事故的单位，可参加有关部门组成的调查组，提出调查处理意见；

（5）对工程质量优良的单位，可提请当地建设主管部门给予奖励。

2. 监督站的责任

因监督人员失误、失职、渎职而使建设工程出现重大质量事故或在核验中弄虚作假的，主管部门将视情节轻重，对其给予批评、警告、记过直至撤职的处分，触及刑法的将由司法机关追究其刑事责任。

五、建设工程质量的检测制度

（一）建设工程质量检测机构的性质

建设工程质量检测工作是对建设工程质量进行监督管理的重要手段之一。建设工程质量检测机构需要经过省级以上人民政府建设行政主管部门以及国务院工业、交通行政主管部门或其授权的机构考核合格后，才可承担建筑工程质量的检测任务。它是对建设工程、建筑构件、制品及建筑材料和设备的质量进行检测的法定单位。它所出具的检测报告具有法定效力。国家级检测机构出具的检测报告，在国内为最终裁定，在国外具有代表国家的性质。

(二)建设工程质量检测机构与任务

1. 建设工程质量检测机构

建设工程质量检测机构分为国家、省、市(地区)、县四个等级。建设工程质量国家检测中心是国家级的建设工程质量检测机构。

2. 建设工程质量检测机构的主要任务

建设工程质量国家检测中心作为国家级的建设工程质量检测机构，其主要任务为：承担重大建设工程质量的检测和试验任务；负责建设工程所用的构件、制品及有关材料、设备的质量认证和仲裁检测工作；负责对结构安全、建筑功能的鉴定；参加重大工程质量事故的处理和仲裁检测工作等。

作为地方的建设工程质量检测机构，各省、自治区、直辖市的建设工程质量检测中心和市(地区)、县级的建设工程质量检测站主要任务为：承担本地区建设工程和建筑构件、制品以及建设现场所用材料质量的检测工作；参加本地区工程质量事故的处理和仲裁检测工作；此外，还可参与本地区建筑新结构、新技术、新产品的科技成果鉴定等工作。

(三)建设工程质量检测机构的权限

国家级检测机构受国务院建设行政主管部门的委托，有以下权限：一是对指定的国家重点工程进行检测复核，并向国务院建设行政主管部门提出检测复核报告和建议；二是对建筑构件、制品及有关的材料、设备等产品进行抽样检验。

各地检测机构有权对本地区正在施工的建设工程所用的建筑材料、混凝土、砂浆和建筑构件等进行随机抽样检测，并向本地建设工程质量主管部门和质量监督部门提出抽检报告和建议；省、市(地区)、县级检测机构，受同级建设主管部门和标准部门委托，有权对本省、市、县的建筑构件、制品进行抽样检测；对违反技术标准、失去质量控制的产品，检测单位有权提出请主管部门作出责令其停止生产、不合格产品不准出厂、已出厂的不得使用的决定。

六、建设工程质量的检验评定、备案制度

(一)建设工程质量验收评定制度

1. 建设工程竣工验收必须具备的条件

建设单位收到建设工程竣工报告后，应当组织设计、施工、工程监理等有关单位进行竣工验收。建设工程竣工验收应当具备下列条件：

(1)完成建设工程设计和合同约定的各项内容；

(2)有完整的技术档案和施工管理资料；

(3)有工程使用的主要建筑材料、建筑构配件和设备的进场试验报告；

(4)有勘察、设计、施工、工程监理等单位分别签署的质量合格文件；

(5)有施工单位签署的工程保修书。

建设工程经验收合格的，方可交付使用。

建设单位应当严格按照国家有关档案管理的规定，及时收集、整理建设项目各环节的文件资料，建立、健全建设项目档案，并在建设工程竣工验收后，及时向建设行政主管部门或者其他有关部门移交建设项目档案。

2. 建设工程验收评定的等级

建设工程质量应按现行的国家标准、行业标准进行验评。现行的建设工程质量验评结果分为优良与合格、不合格三个等级；先由施工单位自行检验评定等级，再由监督站进行核验。

3. 建设工程质量验收机构或验收内容

根据有关规定，工程的竣工验收，依工程规模大小和复杂程度，分别由国家发改委、工程项目主管部门或地方政府部门组织验收委员会或验收组进行验收。验收委员会或验收组由银行、物资、环保、劳动、统计、消防及其他有关部门组成，建设单位、接管（如物业管理）单位、施工单位、勘察设计单位参加验收工作。验收时，除了听取各有关单位工作报告外，还要审阅工程档案资料，并实地查证核验建设工程和设备安装情况，并对工程设计、施工和设备质量等方面作出全面的评价。不合格的工程不予验收，并对遗留问题提出具体解决意见，限期予以落实完成。

（二）建设工程竣工验收备案制度

该制度的实行是为了加强政府监督管理，防止不合格工程流向社会的一个重要手段。建设单位应当自建设工程竣工验收合格之日起15日内，将建设工程竣工验收报告和规划、公安消防、环保等部门出具的认可文件或者准许使用文件报建设行政主管部门或者其他有关部门备案。

1. 建设单位办理工程竣工验收备案应当提交的文件

（1）工程竣工验收备案表；

（2）工程竣工验收报告。竣工验收报告应当包括工程报建日期，施工许可证号，施工图设计文件审查意见，勘察、设计、施工、工程监理等单位分别签署的质量合格文件及验收人员签署的竣工验收原始文件，市政基础设施的有关质量检测和功能性试验资料以及备案机关认为需要提供的有关资料；

（3）法律、行政法规规定应当由规划、公安消防、环保等部门出具的认可文件或者准许使用文件；

（4）施工单位签署的工程质量保修书；

（5）法规、规章规定必须提供的其他文件；

（6）商品住宅还应当提交《住宅质量保证书》和《住宅使用说明书》。

2. 建设单位的违法行为及其处罚

建设行政主管部门或其他有关部门收到建设单位的竣工验收备案文件后，依据质量监督机构的监督报告，发现建设单位在竣工验收过程中有违反国家有关建设工程质量管理规定行为的，责令停止使用，重新组织竣工验收后，再办理竣工验收备案。建设单位有下列违法行为的，要按照有关规定予以行政处罚：在工程竣工验收合格之日起15日内未办理工程竣工验收备案；在重新组织竣工验收前擅自使用工程；采用虚假证明文件办理竣工验收备案。

2001年6月，原建设部对1997年12月发布的《城市建设档案管理规定》作了修订，明确规定建设单位在组织竣工验收前，应当提请城建档案管理机构对工程档案进行预验收。验收合格后，由城建档案管理机构出具工程档案认可文件。建设行政主管部门办理竣工验收备案时，应当查验工程档案认可文件。

七、建设工程质量的奖励制度

（一）建设工程质量奖励制度设立的意义

为鼓励建筑企业加强科学管理，提高工程质量，争创国际先进水平，促进全行业建设工程质量的提高，实现投资效益与社会效益的最佳结合，我国实行优质工程奖励制度。中国建筑业协会设立了建筑工程鲁班奖（国家优质工程），中国土木工程学会还设立了土木工程詹天佑大奖，我国还分别设立了优秀工程勘察奖、优秀工程设计奖以及定期进行工程设计计算机优秀软件、工程建设优秀标准设计的评选等奖励制度。

（二）建设工程质量具体奖励类型

1. 优秀工程勘察奖

优秀工程勘察奖的参选对象主要包括：（1）凡在工程竣工验收后经一年以上实际检验的新建、扩建、改建及技术改造的工业与民用建设项目；（2）经一年以上时间检验的工程地质与岩土工程项目；（3）投产后的工程测量与城市测量项目；（4）经过开采性抽水检验，抽水能力大于设计水量的50%，或低于设计水平但有一年以上长期观测资料，或经国家储量委员会认可的水资源评估与钻井工程项目。符合以上这些要求的项目均可申报参加评选。

参选步骤与程序：优秀工程勘察奖按地区、部门评选和全国评选两步进行。所有参评项目都必须先参加省、部级优秀工程勘察奖的评选，再由省、部有关部门从获奖项目中选择成效突出者，按获奖名次推荐上报进而参加全国优秀工程勘察奖的评选。全国优秀工程勘察奖的评选由"全国优秀工程勘察设计评选委员会"负责，有关的具体事务和协调工作，由中国工程勘察协会负责。

全国优秀工程勘察奖设金质奖、银质奖、铜质奖三种。无特殊原因每两年评选一次。

2. 优秀工程设计奖

优秀工程设计奖的参选对象为：凡已竣工投产、验收并经一年以上时间检验的完整的工业与民用工程建设项目或单项工程的设计，均可申报参加评选。但是，单体构筑物、设备、技术、规程、规范、计算机应用程序等，不参加评选。申报评选的项目，原则上是近两年内竣工投产的工程建设项目，有特殊原因的，可放宽至五年内。

参选步骤与程序：优秀工程设计奖也是按地区、部门评选和全国评选两步进行；所有参评项目都必须先参加省、部级优秀工程设计的评选，再由各省、部从获奖项目中，选出名列前茅者排好名次后，向住房和城乡建设部推荐参加全国评选。

全国优秀工程设计奖的评选，由住房和城乡建设部邀请有关专家组成的评审委员会负责，有关具体事务，委托中国勘察设计协会办理。

全国优秀工程设计奖设金质奖、银质奖、铜质奖三种，每两年评选一次。如遇特殊情况则可提前或推后举行。

3. 詹天佑奖

詹天佑奖的指导思想旨在贯彻党中央提出的"自主创新战略"，也就是要激发工程技术人员敢于创新、善于创新，做前人没有做过的事。实践证明：在工程建设中只有大力提倡观念创新、技术创新、管理创新，把创新的思路落实到工程的设计、施工中，才能改变传统的设计施工模式，从而获得工程建设的跨越式发展。

建立有利于激励自主创新的奖励制度，也是《国家中长期科技发展规划纲要》的一项重要政策。努力构建以政府奖励为导向、社会力量激励为主体的激励自主创新的科技奖励体系，以奖励在不同行业、领域推进原始创新、自主创新和引进、消化、吸收再创新并做出突出贡献的杰出代表。詹天佑土木工程大奖就是要根据这一方针，突出奖励土木工程领域在科技创新方面成绩卓著的创新工程项目，鼓励设计、施工、科研单位协力为提高我国土木工程科技水平做出贡献，以引领土木工程技术的发展。

参选对象范围覆盖建筑、铁道、交通、水利系统以及航天、海洋、核电等特种工程。

詹天佑土木工程大奖是由科技部、住房和城乡建设部核准，由铁道、交通、水利等部门支持的，是我国土木工程界最高的工程荣誉奖。该奖项由中国土木工程学会和詹天佑土木工程科技发展基金会颁发，每年评选一次。自1999年创立至今已评选六届，共有131项工程获奖。

4. 建设工程鲁班奖

1981年，主管全国工程建设工作的国家建委设立了"国家优质工程奖"，并对其实施指导和管理。此后，在1988年政府机构改革时，明确该职能由国家建设行政主管部门建设部主管。原建设部为了对这一奖项实施有效的管理，及时调整组建了该奖项的审定委员会，明确具体负责评审工作的组织机构，并于1989年发布了《国家优质工程奖评选与管理办法》(2001年失效)，1995年又公布了《国家优质工程评审管理办法》。鲁班奖是1987年由中国建筑业协会设立的全国建筑工程质量的最高荣誉奖。自1996年起，原建设部贯彻落实中央、国务院关于严格控制评比活动有关问题的精神，为减少奖项，将"国家优质工程奖"和"建筑工程鲁班奖"合并，定名为"中国建筑工程鲁班奖（国家优质工程）"，并决定由中国建筑业协会组织评审，报原建设部审定。这已明确地表明"鲁班奖（国家优质工程）"就是国家建设工程质量最高奖，代表了我国当前工程建设质量的最高水平。1999年为贯彻全国工程质量工作会议和国务院办公厅《关于加强基础设施工程质量管理的通知》精神，表彰优质工程，经请示批准从1999年起恢复国家优质工程奖评审活动。至今，此项工作一直在正常进行中。国家优质工程奖自1981年开始评审以来，除了1992年至1998年暂停评审7年外，累计评审了18年，在这18年中，共评出优质工程849项，其中金奖30项、银奖819项。到目前为止，所有获奖工程无一出现质量问题。这项活动已经开展20余年了，在业内和社会上都产生了重大影响，成为精品工程和企业品牌的重要标志。

评选鲁班奖的工程，必须是符合基本建设程序，并已建成投产或使用的新建工程。主要包括：一是工业建设项目(包括土建和设备安装)，工程规模有相应要求；二是交通工程，工程规模也有一定要求；三是水利工程，工程规模为库容量在1亿立方米以上(含)水库的主体工程；四是公共建筑和市政、园林工程，工程规模应符合相应的规定；五是住宅工程(包括住宅小区和高层住宅)，工程规模应符合下列要求：建筑面积5万平方米以上(含)的住宅小区或住宅小区组团；非住宅小区内的建筑面积为2万平方米以上(含)的单体高层住宅。

以下工程不列入评选工程范围：我国建筑施工企业承建的境外工程；境外企业在我国境内承包并进行施工管理的工程；竣工后被隐蔽难以检查的工程；保密工程；有质量隐患的工程；已经参加过鲁班奖评选而未被评选上的工程。

参选步骤与程序：为了进一步规范这一奖项的评审工作，2000年中国建筑业协会发布中国建筑工程鲁班奖(国优)评选办法。多年来，按照这个办法的规定，遵循"优中选优"的原则，参评工程应按建筑企业的隶属关系向各地建筑业协会申报，没有成立协会的向建设行政主管部门申报，经初审合格后上报中国建筑业协会，协会组织有实践经验的专家到工程所在地对工程实体和技术资料认真复查，并征求用户意见，再由评审委员会进行独立评审，通过无记名投票形式产生入选名单，报国家建设行政主管部门审核，再向全国公示后最后确定。经过这一严格的、规范的过程，一项工程方能取得国家优质工程即鲁班奖这一社会公认的最高荣誉。因此说，能获此殊荣是十分不易的。建设工程鲁班奖是我国建筑行业在工程质量方面的最高荣誉鼓励，获奖工程质量应达到国内一流水平。

八、企业质量体系和产品质量认证制度

产品质量认证是指依据产品标准和相应的技术要求，经认证机构确认并通过颁发认证证书和认证标志，来证明某一产品符合相应标准和相应技术要求的活动。《建筑法》规定，按国家规定推行企业质量体系认证制度和产品质量认证制度，国家也对从事建筑活动的单位推行质量体系认证制度。其实质是一种提高商品信誉的标志，通过认证标志向社会和购买者提供产品的明示担保，证明经过产品质量认证的产品质量可以信赖。有关企业根据自愿原则，从事建设活动的单位可以向国务院产品质量监督管理部门或者国务院产品质量监督管理部门授权的部门认可的认证机构申请质量体系认证。经认证合格的，由认证机构向该企业颁发质量体系认证证书。但对重要的建筑材料和设备，推行产品质量认证制度，经认证合格的，由认证机构颁发质量认证证书，准许企业在产品或其包装上使用质量认证标志。使用单位经检验发现认证的产品质量不合格，有权向产品质量认证机构投诉。

1987年3月，国际标准化组织(ISO)正式发布 ISO 9000—9004 五个标准，即《质量管理和质量保证》系列标准，受到世界各国欢迎，已为各国广泛采用。1994年和2000年经历了两次修订。

1992年，我国也发布了等同采用国际标准的 GB/T 19000—ISO 9000《质量管理和质量保证》系列标准。这些标准，既可作为生产企业质量保证工作的依据，也是企业申请质量体系认证的认证标准；如双方同意，它也可作为供需双方对产品质量的认证标准。2000年12月15日，国家质量技术监督局批准了 GB/T 19000—2000 版系列标准，该系列标准自2001年6月1日起实施。

我国的建筑业所涉及的设计、科研、房地产开发、市政、施工、试验、质量监督、建设监理等企事业单位，在建立企业内部质量管理体系时，很明确应该选择 GB/T 19004—ISO 9004 标准。以上这些单位各有各的特点，因此，所建立的质量体系也是不相同的，这主要是因为质量形成的过程不同。在这些企事业单位按照 GB/T 19004—ISO 9004 标准建立质量体系的基础上，如何选择质量保证模式，则可以根据用户的要求和企业产品的特点，选择 GB/T 19001—ISO 9001 或 GB/T 19002—ISO 9002 或 GB/T 19003—ISO 9003 标准中的一种。不过现在，设计、科研、房地产开发、总承包(集团)公司等单位可以选择 GB/T 19001—ISO 9001 标准的，都可以选择代替它的新版标准；市政、施工(土建、安装机械化施工、装饰、防腐、防水)等企业可以选择 GB/T 19002—ISO 9002 标准，也同样可以选择它的代替版。

实际上，对这些单位的标准选用，只是一般情况，也可灵活掌握。因为 GB/T 19001—ISO 9001 标准中包括了设计，因此对设计院、研究院和房地产开发公司等单位也适用；而 GB/T 19002—ISO 9002 标准中只包括生产和安装，因此，只对施工企业适用；GB/T 19003—ISO 9003 标准涉及实验和检验，所以适用于实验室、质检站和监理公司等

单位。对一些单位，如施工企业下设实验室，可以选择 GB/T 19002—ISO 9002 和 GB/T 19003—ISO 9003 用于内部的质量保证。现在，这些单位均可以选择与之对应的新版系列标准。

GB/T 19001—2000 规定了质量管理体系要求，可供组织内部使用，也可以用于认证或合同目的；也只有这个标准等同于 ISO 9001—2000 标准，能用于外部认证。但是，本标准不包括针对其他管理体系的要求，比如环境管理、职业卫生与安全管理、财务管理或风险管理的特定要求。不过，该标准使企业组织能够将自身的质量管理体系与相关的管理体系要求结合或整合。GB/T 19004—2000 标准适用于企业组织的各个过程，该标准所依据的质量管理原则也可以在整个企业组织内应用。该标准不用于认证、法规或合同目的，也不是 GB/T 19001—2000 的实施指南，只包括指南和建议，注重实现持续改进，它可通过顾客和其他相关的满意程度来测量。

九、建筑材料使用许可制度

为保证建设工程中使用的建筑材料性能符合规定标准，以确保建设工程质量，我国规定了建材使用许可制。这一制度包括建材生产许可证制、建材产品质量认证制、建材产品推荐使用制及建材进场检验制等制度。

（一）建材生产许可证制度

国家规定对于钢材、水泥等一些十分重要的建材产品，实行生产许可证制。生产这些建材产品的生产企业必须具备相应的生产条件、技术人员、技术装备和质量保证体系，经过有关部门审核批准取得相应资质等级并获得生产许可证后，才能进行所批准建材产品的生产。其生产销售的建材产品或在产品包装上，除了应该标有产品质量检验合格证明外，还应该标明生产许可证的编号、批准日期和有效日期。未获生产许可证的任何其他企业，都不得生产这类建材产品。

（二）建材产品质量认证制度

国家有关部门规定，对重要的建筑材料和设备，推行产品质量认证制度。经认证合格的由认证机构颁发质量认证证书，准许企业在产品或其包装上使用质量认证标志。使用该认证产品的单位经检验发现产品质量不合格，有权向产品质量认证机构投诉。同时，销售已经过质量认证的建材产品，在产品或其包装上除了标有产品质量检验合格证明外，还应该标明质量认证的编号、批准日期和有效期限。

（三）建材产品推荐使用制度

国家建设行政主管部门规定，对尚未经过产品质量认证的建筑材料，各省、自治区、直辖市建设行政主管部门可以推荐使用。各省、自治区、直辖市因此制定了一些地方性规章，对建材产品质量认证和推荐作了相关规定。为解决屋面渗漏这个十分突出的质量问题，国家建设行政主管部门还规定，各省、自治区、直辖市的建设行政主管部门应按地区选定 1～2 个检测单位，对进入本地区市场的石油、沥青、油毡等主要防水材料质量进行使用认证抽样检验，并将检验结果及时提供给本地区的建设单位和施工单位，防止不合格的材料流入到工程建设中。国家建设行政主管部门也将选定全国防水材料质量使用认证检测中心，除负责防水材料质量抽检工作外，对尚没有国家标准或行业标准的防水材料，组织制定暂行检测标准，并定期向全国公布防水材料质量的抽检结果。

（四）建筑材料进场检验制度

为保证建筑的结构安全及其质量，国家还规定，建筑施工企业必须加强对进场的建筑材料、构配件及设备的质量检查、检测。各类建筑材料、构配件等都必须按规定进行检查或复试。只要是影响结构安全的主要建筑材料、构配件及设备的采购与使用必须经同级技术负责人同意。质量不合格的建筑材料、构配件及设备，不得使用在工程上，而且对进入施工现场的屋面防水材料，不仅要有出厂合格证，还必须要有进场实验报告，确保其符合标准和设计要求。未经检验而直接使用了质量不符合要求的建材、设备及构配件的施工企业将承担相应责任。

第三节　建设工程的质量责任制度

《质量条例》第 3 条规定："建设单位、勘察单位、设计单位、施工单位、工程监理单位依法对建设工程质量负责。"

一、建设单位的质量责任和义务

建设单位是投资建设工程，并对工程项目享有所有权的主体，在整个建设工程中居于主体地位。从原则上说，它对建设工程质量应最为关心，也最为尽心。但在我国，工程建设的投资者主要是国家及一些开发商，代表建设单位直接参与工程管理的人并不是工程最后的所有人和使用者，建设工程质量的好坏与其自身利益并无十分密切的关系。另外，我国建筑行业竞争十分激烈，实际上是处于僧多粥少的局面，承包方与建设单位处于不平等的地位，建设单位的压造价、压工期等一些不合理要求得不到抵制，这使工程建设中建设单位的行为没有多少约束，于是，大量工程在建设单位随意干涉下，以违背正常建设规律的方式建成。以上两点造成建设工程质量事故层出不穷。因此，要确保建设工程质量，首先要对建设单位的行为进行规范；也鉴于此，国务院于 2000 年 1 月 30 日颁发《质量条例》，在第二章专章特别对建设单位的质量责任和义务作出了明确规定，主要有以下一些方面：

（一）依法发包工程

通过工程发包，选取具有技术和经济实力、享有良好信誉的承包商来承包建设工程，是确保工程质量的重要环节。但在我国建设市场，不少建设单位不遵守有关法律及规定，将工程发包变成了谋取团体利益和私人利益的手段，进行不正当的交易。为此，《质量条例》第 7 条规定："建设单位应当将工程发包给具有相应资质等级的单位。建设单位不得将建设工程肢解发包。"同时，第 8 条还规定："建设单位应当依法对工程建设项目的勘察、设计、施工、监理以及与工程建设有关的重要设备、材料等的采购进行招标。"根据《招标投标法》有关规定，在我国境内进行应该进行招投标的工程建设项目的勘察、设计、施工、监理以及与工程建设有关的重要设备、材料等的采购，必须进行招标。发包单位及其工作人员在建设工程发包中不得收受贿赂、回扣或索取其他好处。

（二）依法报批并接受政府监督

《质量条例》还规定了施工图设计文件审查制度，这是政府对工程设计质量进行质量监督的新措施，是基本建设必不可少的程序。

2000 年 2 月 17 日，根据《质量条例》制定了《建筑工程施工图设计文件审查暂行办法》（以下简称《暂行办法》），依据该办法第 6 条的规定，建筑工程的建设单位应当将施工图报送建设行政主管部门，由建设行政主管部门委托有关审查机构进行审查。所谓施工图审查是指国务院建设行政主管部门和省、自治区、直辖市人民政府建设行政主管部门，依照本办法认定的设计审查机构，根据国家的法律、法规、技术标准与规范，对施工图进行结构安全和强制性标准、规范执行情况等的独立审查。

施工图审查的主要内容为：

（1）建筑的稳定性、安全性审查，包括地基基础和主体结构体系是否安全、可靠；

（2）是否符合消防、节能、环保、抗震、卫生、人防等有关强制性标准、规范；

（3）施工图是否达到规定的深度要求；

（4）是否损害公众利益。

《暂行办法》规定，建设单位将施工图报建设行政主管部门审查时，还应同时提供下列资料：批准的立项文件或初步设计批准文件；主要的初步设计文件；工程勘察成果报告；结构计算及计算软件名称。

凡应当审查而未经审查或者审查不合格的施工图项目，建设行政主管部门不得发放施工许可证，施工图不得交付施工。

建设单位在工程设计完成后，应将施工图设计文件报到县级以上人民政府建设行政主管部门或其他有关部门审查，未经审查批准的施工图设计文件，不得使用。

建设单位在领取施工许可证开工报告之前，应按照国家有关规定，到工程质量监督机构办理工程质量监督手续，并应提供以下文件和资料：

（1）工程规划许可证；

（2）设计单位资质等级证书；

（3）建设单位资质等级证书，监理合同及《工程项目监理登记表》；

（4）施工单位资质等级证书及营业执照副本；

（5）工程勘察设计文件；

（6）中标通知书及施工承包合同等。

工程质量监督管理机构收到上述文件和资料后，对其进行审查，符合规定的，予以办理工程质量监督注册手续，签发监督通知书。

建设单位办理工程质量监督手续是法定程序，不办理监督手续的，县级以上建设行政主管部门和其他专业部门不予发放施工许可证，工程不得开工。

（三）委托监理

建设单位对工程建设应进行必要的监督、管理，对于国家规定强制实行监理的工程，建设单位应委托具有相应资质等级的工程监理单位进行监理，也可以委托具有工程监理相应资质等级并与被监理工程的施工承包单位没有隶属关系或其他利害关系的该工程的设计单位进行监理。其他内容请另参见建设工程质量监理的内容。

（四）遵守国家规定及技术标准

工程建设技术标准及相关规定，是保证建设工程质量的重要措施，任何单位和个人都必须严格遵守，不得随意更改和破坏。建设单位在工程发包时不得迫使承包方以低于成本的价格竞标，不得任意压缩合理工期。工程建设过程中，建设单位不得明示和暗示设计单位或施工单位违反工程建设强制性标准，降低工程质量。建设单位也不得明示和暗示施工单位使用不合格的建筑材料、建筑构配件和设备。按合同约定由建设单位自己提供的建筑材料、建筑构配件和设备，也必须保证其符合设计文件和合同的要求。在进行涉及建筑主体和承重结构变动的装修时，应委托原设计单位或具有相应资质等级的设计单位进行设计，没有设计方案的，不得强行施工。

（五）提供资料、组织验收

在工程建设的各个阶段，建设单位都负有向有关的勘察、设计、施工、工程监理等单位提供与建设工程有关的原始资料，并要保证其真实、准确、齐全的义务。在收到工程竣工报告后，建设单位应负责组织设计、施工、工程监理等有关单位对工程进行验收，并应按国家有关档案管理的规定，及时收集、整理建设项目各环节的文件资料；在工程验收后，负责及时向建设行政主管部门或其他有关部门移交建设项目档案。

如建设单位未尽上述义务，将分别受到限期改正、责令停工、处以罚款等处罚；构成犯罪的，还将追究单位、直接责任人及直接负责的主管人员的刑事责任。建设单位如是房屋建设开发公司，除承担一般建设单位的有关责任与义务外，还应建立健全质量保证体系，加强对开发工程的质量管理；其开发经营的工程质量应符合国家现行的有关法律、法规、技术标准和设计文件的要求；其出售的房屋，应符合使用要求，并应提供有关使用、保养和维护的说明，如发生质量问题，应在保修期内负责保修。房屋建设开发公司如违反上述规定，将依其情节轻重，处以降低资质等级、吊销资质证书和罚款的处罚。

二、工程勘察、设计单位的质量责任与义务

（一）遵守执业资质等级制度的规定

《质量条例》规定，从事建设工程勘察、设计的单位应当依法取得相应等级的资质证书，必须在其资质等级允许范围内承揽工程勘察、设计任务。禁止勘察、设计单位擅自超越资质等级许可的范围或以其他勘察、设计单位的名义承揽工程，也不得允许其他单位或个人以本单位的名义承揽工程，且不得转包或违法分包自己所承揽的工程。

（二）建立质量保证体系

勘察、设计单位应建立健全质量保证体系，工程勘察项目负责人应组织有关人员做好现场勘察、调查，按要求编写《勘察纲要》，并对勘察过程中各项作业资料进行验收并签字。工程勘察工作的原始记录应在勘察工程中及时整理、核对，确保取样、记录的真实性与准确性，严禁离开现场后再追记和补记。工程勘察企业的法定代表人、项目负责人、审核人、审定人等相关人员应在勘察文件上签字或盖章，并对勘察质量负责。这里的相关责任是指：(1)企业法定代表人对勘察质量负全面责任；(2)项目负责人对项目的勘察文件负主要质量责任；(3)项目审核人、审定人对其审核、审定项目的勘察文件负审核、审定的质量责任。设计单位应加强设计过程的质量控制，健全设计文件的审核会签制度。注册建筑师、注册结构工程师等执业人员应在设计文件上签字，对设计文件的质量负责。

（三）遵守国家工程建设强制性标准及相关规定

勘察、设计单位必须按照工程建设强制性标准及有关规定进行勘察、设计。工程勘察文件要反映工程地质、地形、地貌、水文、气象状况，其勘察结果必须真实、准确，勘察成果评价应准确可靠，勘察文件应符合国家规定的勘察深度要求。设计单位要根据勘察成果文件进行设计，设计文件的深度应符合国家规定，满足相应设计阶段的技术要求，并注明工程合理使用年限。所完成的施工图应配套，细节应交代清楚，标注说明应清晰、完整。但凡设计所选用的建筑材料、建筑构配件和设备，应注明规格、型号、性能等技术指标，其质量必须符合国家规定的标准；除了有特殊要求的建筑材料、专用设备、工艺生产线外，设计单位不得指定生产厂家或供应商。

（四）施工验收、技术交底与事故处理

工程勘察企业、设计单位以及施工单位等都应当参与施工验收，及时解决工程建设中与勘察作业、设计、施工等有关的问题。

设计单位应就审查合格的施工图向施工单位作出详细说明，做好设计文件的技术交底工作，对大中型建设工程、超高层建筑以及采用新技术、新结构的工程，设计单位还应向施工现场派驻设计代表。当其所设计的工程发生质量事故时，设计单位应参与质量事故分析，并对因设计造成的质量事故，提出相应的技术处理方案。

勘察、设计单位应对本单位编制的勘察、设计文件的质量负责。当其违反国家的法律、法规及相关规定，没有尽到上述质量责任时，根据情节轻重，将会受到责令改正、没收违法所得、罚款、责令停业整顿、降低资质等级、吊销资质证书等处罚；造成损失的，依法承担赔偿责任；对于违反国家规定，降低工程质量标准，造成重大安全事故，构成犯罪的，要依法追究直接责任人员的刑事责任。

注册建筑师、注册结构工程师等注册执业人员因过错造成质量事故的，责令停止执业1年；造成重大事故的，吊销执业资格证书，5年内不予注册；情节特别恶劣的，终身不予注册。

三、施工单位的质量责任与义务

（一）遵守执业资质等级制度的规定

施工单位必须在其资质等级许可的范围内承揽工程施工任务，不得超越本单位资质等级许可的业务范围或以其他施工单位的名义承揽工程。

关于施工单位的资质等级，2007年9月1日施行的《建筑业企业资质管理规定》有明确的规定，它是施工单位建设业绩、人员素质、管理水平、资金数量、技术装备等综合能力的体现，反映了该施工单位从事某项施工工作的资格和能力，是国家对建筑市场准入管理的重要手段。

施工单位必须在其资质等级许可的范围内承揽工程，禁止以其他施工单位名义承揽工程和允许其他单位或个人以本单位的名义承揽工程。在现实中，一些施工单位因自身资质条件不符合招标项目所要求的资质条件，会采取欺骗手段取得甚至包括借用其他施工单位的资质证书，以其他施工单位的名义承揽工程等手段进行违法承包活动。这些施工单位一旦拿到工程，一般要向出借方交纳一大笔管理费，只有靠偷工减料、以次充好等非法手段赚取利润。这样一来，必然会给工程带来质量隐患。因此，必须明令禁止这种行为，无论是"出借方"还是"借用方"都将受到法律的处罚。

根据《建筑法》、《合同法》和《质量条例》的规定，禁止承包单位将其承包的全部工程转包给他人，禁止承包单位将其承包的工程肢解以后，以分包的名义分别转包给他人，禁止违法分包。

对于那些实行工程施工总承包的，无论质量问题是由总承包单位造成的，还是由分包单位造成的，均由总承包单位负全面的质量责任。而且，总承包单位与分包单位对分包工程的质量承担连带责任。因此，对于分包工程发生的质量责任，建设单位或其他受害人既可以向分包单位请求赔偿全部损失，也可以向总承包单位请求赔偿损失。在总承包单位承担责任后，可以依法或按分包合同的约定，向分包单位追偿。

（二）建立质量保证体系

施工单位要建立质量保证体系，首先要建立、健全教育培训制度，加强对职工的教育培训，未经教育培训或考核不合格的人员，不得上岗作业；同时要建立并落实质量责任制度，要明确工程项目的项目经理、技术负责人和管理负责人；另外，施工单位必须严格工序管理，做好隐蔽工程的质量检查和记录，隐蔽工程在掩埋前，要通知建设单位和建设工程质量监督机构进行检验；最后，施工单位还应加强计量、检测等基础工作。

（三）遵守技术标准、严格按图施工

按工程设计图纸施工，是保证工程实现设计意图的前提，也是明确划分设计、施工单位质量责任的前提。施工单位必须按照工程设计图纸和施工技术标准施工，不得擅自修改工程设计，不得偷工减料。发现设计文件和图纸的差错，应及时向设计单位提出意见和建议，不得擅自处理。擅自处理的后果有：一是往往会直接违反了原设计的意图，影响工程的质量；二是在原设计有缺陷或出现工程质量事故的情况下，混淆了设计、施工单位各自应负的质量责任。所以按图施工，不擅自修改工程设计，是施工单位保证工程质量的最基本要求。

施工单位必须按照工程设计要求、施工技术标准和合同约定，对建筑材料、建筑构配件、设备及商品混凝土进行检验，并做好书面记录，由专业人员签字，未经检验或检验不合格的上述材料，不得使用；使用在工程上的，要追究批准使用人的责任。由于材料、构配件、设备及商品混凝土检验制度，是施工单位质量保证体系的重要组成部分，是保障建设工程质量的重要内容，施工单位必须按有关施工技术标准留取试块、试件及有关材料的取样，并应在建设单位或工程监理单位监督下在现场进行。施工单位对施工中出现质量问题的建设工程或竣工验收不合格的建设工程，应负责返修。

（四）总包单位与分包单位之间的质量责任与义务

建设工程实行总承包的，总承包单位应对全部建设工程质量负责。实行勘察、设计、施工、设备采购的一项或多项总承包的，总承包单位应对其承包工程或采购设备的质量负责。总承包单位依法进行分包的，分包单位应按分包合同的约定对其分包工程的质量向总承包单位负责，总承包单位与分包单位对分包工程的质量承担连带责任。

施工单位未尽上述质量责任时，根据其违法行为的严重程度，将受到责令改正、罚款、降低资质等级、责令停业整顿、吊销资质证书等处罚。对不符合质量标准的工程，要负责返工、修理，并承担赔偿因此造成的损失。

对降低工程质量标准，造成重大安全事故，构成犯罪的，要追究直接责任人的刑事责任。

四、工程建设监理单位的质量责任与义务

（一）遵守执业资质等级制度

工程监理单位应在其资质等级许可的范围内承担工程监理业务，不得超越本单位资质等级许可的范围或以其他工程监理单位的名义承担工程监理业务。工程监理单位也不得将自己承担的工程监理业务进行转让。禁止工程监理单位允许其他单位或个人以本单位的名义承担工程监理业务。

（二）回避

工程监理单位与被监理工程的施工承包单位以及建筑材料、建筑构配件和设备供应单位有隶属关系或其他利害关系的，不得承担该项建设工程的监理业务。

（三）坚持质量标准、依法进行现场监理

工程监理单位应选派具有相应资格的总监理工程师进驻施工现场。监理工程师应依据有关技术标准、设计文件和建设工程承包合同及工程监理规范的要求，对建设工程实施监理。工程监理单位对违反有关规范及技术标准的行为应进行制止，责令改正；对工程使用的建筑材料、建筑构配件和设备的质量进行检验，不合格者，不得准许使用；工程监理单位不得与建设单位或施工单位一起弄虚作假，降低工程质量。

工程监理单位未尽上述责任影响工程质量的，将根据其违法行为的严重程度，给予责令改正、没收非法所得、罚款、降低资质等级、吊销资质证书等处罚；造成重大安全事故、构成犯罪的，要追究直接责任人员的刑事责任。

五、建筑材料、构配件和设备供应单位的质量责任与义务

根据《中华人民共和国产品质量法》的有关规定，建筑材料、构配件生产及设备供应单位主要有以下几方面的质量责任和义务：

（一）对建筑材料、构配件生产及设备供应单位的基本条件的要求

建筑材料、构配件生产及设备供应单位必须具备相应的生产条件、技术装备和质量保证体系，具备必要的检测人员和设备，把好产品看样、订货、储存、运输和核验的质量关。

（二）建筑材料、构配件及设备的质量应当具备的条件

应具备的条件包括以下两个方面：

（1）符合国家或行业现行有关技术标准规定的合格标准和设计要求；

（2）符合在建筑材料、构配件及设备或其包装上注明采用的标准，符合以建筑材料、构配件及设备说明、实物样品等方式表明的质量状况。

（三）建筑材料、构配件及设备或者其包装上的标识应当达到的要求

该要求包括以下几个方面：

（1）有产品质量检验合格证明；

（2）有中文标明的产品名称、生产厂名和厂址；

（3）产品包装和商标样式符合国家有关规定和标准要求；

（4）设备应有产品详细的使用说明书，电气设备还应附有线路图；

（5）实施生产许可证或使用产品质量认证标志的产品，应有许可证或质量认证的编号、批准日期和有效期限。

（四）建筑材料、构配件生产及设备供应单位其他的质量责任和义务

建筑材料、构配件及设备的供应单位不得生产国家明令淘汰的产品，不得伪造产地，不得伪造或冒用他人的厂名、厂址，不得伪造或冒用认证标志等质量标志，不得掺杂、掺假，不得以假乱真、以次充好，不得以不合格产品冒充合格产品。建筑材料、构配件生产及设备供应单位对其生产或供应的产品质量负责。

第四节 建设工程保修制度及损害赔偿制度

一、建设工程保修制度

建设工程质量保修，是指建设工程竣工验收后在保修期限内出现的质量缺陷（或质量问题），由施工单位依照法律规定或合同约定予以修复。这里的质量缺陷是指建设工程的

质量不符合工程建设的强制性标准以及合同的约定。

建设工程实行质量保修制度，在《建筑法》第62条、《质量条例》第39条中都有规定，它成了建设工程质量的一项基本法律制度，而《质量条例》在建设工程的保修范围、保修期限和保修责任等方面，对该制度作出了更为具体的规定。

（一）工程质量保修书

建设工程承包单位在向建设单位提交工程竣工验收报告时，应当向建设单位出具质量保修书。质量保修书中应当明确建设工程的保修范围、保修期限和保修责任。

"有施工单位签署的工程保修书"是建设工程竣工验收应具备的条件之一。工程质量保修书也是一种合同，是发包方与承包方关于保修范围、保修期限和保修责任等设立的有关权利义务的协议，集中体现了承包单位对发包单位的工程质量保修的承诺。

（二）保修范围和最低保修期限

1. 保修范围

《质量条例》第40条规定了保修范围：建设工程自办理交工验收手续后，只要在规定的保修期内，则无论是因施工造成的质量缺陷，还是因勘察、设计、材料等原因造成的质量缺陷，都应由施工单位负责维修。而此处所称的质量缺陷，是指工程不符合国家或行业的有关技术标准、设计文件及合同中对质量的要求。

根据该条规定，质量问题发生在保修范围和保修期以内，是施工单位承担保修责任的两个前提条件。《房屋建筑工程质量保修办法》规定了三种不属于保修范围的情况，分别是：

（1）因使用不当造成的质量缺陷；

（2）第三方造成的质量缺陷；

（3）不可抗力造成的质量缺陷。

2. 最低保修期限

《质量条例》第40条不仅规定了保修范围，还明确了其在正常使用条件下各自对应的最低保修期限。保修期从竣工验收交付使用之日算起，具体保修期限由发包方与承包方约定，但其最低保修期限不得低于国务院规定的下述标准：

（1）基础设施工程、房屋建筑的地基基础工程和主体结构工程，为设计文件规定的该工程的合理使用年限；

（2）屋面防水工程、有防水要求的卫生间、房间和外墙面的防渗漏，一般为5年；

（3）供热与供冷系统，一般为两个采暖、供冷期；

（4）电气管线、给水排水管道、设备安装和装修工程，一般为2年。

上述保修范围属于法律强制性规定。超出该范围的其他项目的保修不是强制的，而是属于发包方与承包方意思自治的领域。最低保修期限同样属于法律强制性规定，发承包双方约定的保修期限不得低于条例规定的期限，不过可以延长。

（三）返修程序

就工程质量保修事宜，建设单位和施工单位应遵守如下基本程序：

第一步，建设工程在保修期限内出现质量缺陷，建设单位应当向施工单位发出保修通知。

第二步，施工单位接到保修通知后，应当到现场核查情况，在保修书约定的时间内予以保修。发生涉及结构安全或者严重影响使用功能的紧急抢修事故，施工单位接到保修通知后，应当立即到达现场抢修。

第三步，施工单位不按工程质量保修书约定保修的，建设单位可以另行委托其他单位保修，由原施工单位承担相应责任。

第四步，保修费用由造成质量缺陷的责任方承担。

（四）保修责任

如果质量缺陷是由于施工单位未按照工程建设强制性标准和合同要求施工造成的，则施工单位不仅要负责保修，还要承担保修费用。但是，如果质量缺陷是由于设计单位、勘察单位或建设单位、监理单位的原因造成的，施工单位仅负责保修，其有权对由此发生的保修费用向建设单位索赔；建设单位向施工单位承担赔偿责任后，有权向造成质量缺陷的责任方追偿。施工单位自接到保修通知书之日起，必须在两周内到达现场与建设单位共同明确责任方、商议返修内容。属施工单位责任的，施工单位应按约定日期到达现场，如施工单位未能按期到达现场，建设单位应再次通知施工单位，施工单位自接到再次通知书的一周内仍不能到达时，建设单位有权自行返修，所发生的费用由原施工单位承担。不属施工单位责任的，建设单位应与施工单位联系，商议维修的具体期限。

保修责任具体可分为一般返修的经济责任、危险房屋的返修责任、异产毗连房屋的返修责任三种情况：

1. 一般返修的经济责任

这里所说的一般返修的经济责任是指在返修期内的返修经济责任。具体包括五种情形：

（1）因施工单位未按国家有关规范、标准和设计要求施工而造成的质量缺陷，由施工单位负责返修并承担经济责任；

（2）因设计原因造成的质量缺陷，由设计单位承担经济责任，由施工单位负责维修，其费用按有关规定通过建设单位向设计单位索赔，不足部分由建设单位负责；

（3）因建筑材料、构配件和设备质量不合格引起的质量缺陷，属于施工单位采购的或经其验收同意的，由施工单位承担经济责任，属于建设单位采购的，由建设单位承担经济责任；

（4）因使用单位使用不当造成的质量问题，由使用单位自行负责；

（5）因地震、洪水、台风等不可抗力造成的质量问题，施工单位、设计单位不承担经济责任。

2. 危险房屋的返修责任

危险房屋是房屋质量不合格的统称，对它的返修责任，我国有关法规具体规定了六种情形：

（1）新建、扩建、改造后的房屋被鉴定为危房的，因产生途径不同，责任承担者也不同。其安全隐患如为设计造成的，将依法追究设计单位及直接责任人的责任；如为施工造成的，将依法追究施工单位及其直接责任人的责任；如为使用不当造成的，将追究使用人的责任。

（2）历史遗留房屋被鉴定为危险房屋的，其返修责任由房屋所有人负责，房屋所有人必须按照鉴定机构的处理建议，及时加固或修缮治理。当所有人未按处理建议处理，或使用人有阻碍行为的,房地产行政主管部门有权指定有关部门代修,或采取其他强制措施,发生的费用由责任人承担。

(3) 异产毗连危险房屋的各所有人,应按照国家对异产毗连房屋的有关规定,共同履行治理责任。拒不承担责任的,由房屋所在地行政主管部门调处;当事人不服的,可向当地人民法院起诉。

(4) 因下列原因造成事故的,房屋所有人应承担民事或行政责任:有险不查或损坏不修;经鉴定机构鉴定为危险房屋而未采取有效的解危措施。

(5) 因下列原因造成事故的,使用人、行为人应承担民事责任:使用人擅自改变房屋结构、构件、设备或使用性质;使用人阻碍房屋所有人对危险房屋采取解危措施;行为人由于施工、堆物、碰撞等行为危及房屋。

(6) 有下列情况,鉴定机构应承担民事或行政责任:故意把非危险房屋鉴定为危险房屋而造成损失;因过失把危险房屋鉴定为非危险房屋,并在有效时限内发生事故;因拖延鉴定时间而发生事故。

各当事人上述行为给他人造成生命财产损失,已构成犯罪的由司法机关依法追究刑事责任。

3. 异产毗连房屋的返修责任

异产毗连房屋,是指结构相连或具有共有、共用设备和附属建筑,而为不同所有人所共有的房屋,其返修责任如下:

(1) 当房屋是自然损坏或因不可抗力造成的损坏时,其返修责任为:房屋主体结构中的基础、柱、梁、墙的返修,由共有房屋所有人按份额比例分担;共有墙体的返修(包括因结构需要而涉及的相邻部位的返修),按两侧均分后,再由每侧房屋所有人按比例分担;楼盖的返修,其楼面与顶棚部位,由所在层房屋所有人负责;其结构部位,由毗连层上下房屋所有人按份额比例分担;不上人屋盖,由修缮所及范围覆盖下各层的房屋所有人按份额比例分担。可上人屋盖(包括屋面和周边护栏),如为各层所共有,由修缮所及范围覆盖下各层的房屋所有人按份额比例分担;如仅为若干层使用,则使用层的房屋所有人分担一半,其余一半由修缮所及范围覆盖下各层房屋所有人按份额比例分担;各层共用的楼梯及楼梯间(包括出屋面部分)的返修,由房屋所有人按份额比例分担。为某些层所专用的楼梯及楼梯间(包括出屋面部分),其返修由专用的房屋所有人按份额比例分担;房屋共有部位必要的装饰,由受益的房屋所有人按份额比例分担;房屋共有、公用的设备和附属建筑(如电梯、水泵、暖气、水卫、电照、沟管、垃圾道、化粪池等)的修缮,由所有人按份额比例分担。

(2) 当房屋损坏是因使用不当造成的,其返修责任由造成损坏的责任人负责。

(3) 异产毗连房屋经房屋安全鉴定机构鉴定为危险房屋的,房屋所有人必须按有关规定及时返修治理。

(4) 房屋使用人和所有人对房屋的返修,必须符合城市规划、房地产管理、消防和环境保护等部门的要求,并应按照有利使用、共同协商、公平合理的原则,正确处理毗连关系。

(5) 售给个人的异产毗连公有住房,其共有部位和共用设备的返修责任,将依照国家住房制度改革的有关规定执行。

（五）建设工程质量保证金

2005年1月12日，原建设部、财政部联合颁发了《建设工程质量保证金管理暂行办法》，该《办法》的实施，将有利于进一步规范质量保修制度的经济保障措施。

1. 质量保证金的含义

所谓建设工程质量保证金（保修金）（以下简称保证金）是指发包人与承包人在建设工程承包合同中约定，从应付的工程款中预留，用以保证承包人在缺陷责任期内对建设工程出现的缺陷进行维修的资金。这里的缺陷同上所述，是指建设工程质量不符合工程建设强制性标准、设计文件，以及承包合同的约定。

2. 缺陷责任期

由于承包人原因导致工程无法按规定期限进行竣工验收的，缺陷责任期从实际通过竣工验收之日起计；由于发包人原因导致工程无法按规定期限进行竣工验收的，在承包人提交竣工验收报告90天后，工程自动进入缺陷责任期。

缺陷责任期一般为6个月、12个月或24个月，具体可由发、承包双方在合同中约定。缺陷责任期内，由承包人原因造成的缺陷，承包人应负责维修，并承担鉴定及维修费用。如承包人不维修也不承担费用，发包人可按合同约定扣除保证金，并由承包人承担违约责任；承包人维修并承担相应费用后，不免除对工程的一般损失赔偿责任。由他人原因造成的缺陷，发包人负责组织维修，承包人不承担费用，且发包人不得从保证金中扣除费用。

3. 质量保证金的数额

发包人应当在招标文件中明确保证金预留、返还等内容，并与承包人在合同条款中对涉及保证金的如下事宜进行约定：

（1）保证金预留、返还方式；

（2）保证金预留比例、期限；

（3）保证金是否计付利息，如计付利息，则应标明利息的计算方式；

（4）缺陷责任期的期限及计算方式；

（5）保证金预留、返还及工程维修质量、费用等争议的处理程序；

（6）缺陷责任期内出现缺陷的索赔方式。

建设工程竣工结算后，发包人应按照合同约定及时向承包人支付工程结算价款并预留保证金。

全部或者部分使用政府投资的建设项目，按工程价款结算总额5%左右的比例预留保证金。社会投资项目采用预留保证金方式的，预留保证金的比例可参照执行。采用工程质量保证担保、工程质量保险等其他保证方式的，发包人不得再预留保证金。

4. 质量保证金的返还

缺陷责任期内，承包人认真履行合同约定的责任，责任期满后，承包人向发包人申请返还保证金。

发包人在接到承包人返还保证金申请后，应于14日内会同承包人按照合同约定的内容进行核实，如发包人无异议，发包人应当在核实后14日内将保证金返还给承包人，逾期支付的，从逾期之日起，按照同期银行贷款利率计付利息，并承担违约责任；发包人在接到承包人返还保证金申请后14日内不予答复，经催告后14日内仍不予答复，视同认可承包人的返还保证金申请。

二、损害赔偿

《中华人民共和国消费者权益保护法》规定：使用商品者及接受服务者受到人身、财产损害的，享有依法获得赔偿的权利。

根据《民法通则》和《产品质量法》的精神，建设工程质量缺陷造成的损害包括人身和财产损害两大类：(1)因建设工程质量缺陷造成受害人人身伤害的，侵害人应当赔偿医疗费、因误工减少的收入、残废者生活补助费等费用；造成受害人死亡的，应支付丧葬费、抚恤费、死者生前抚养的人必要的生活费用等。(2)因建设工程质量缺陷造成受害人财产损失的，侵害人除承担返修责任外，对其他财产损失，也应予以赔偿。

因建设工程质量责任发生民事纠纷，当事人可以通过协商或调解解决；当事人不愿意通过协商、调解来解决或者协商、调解不成功的，可以向仲裁机构申请仲裁；达不成仲裁协议的，可以向人民法院起诉。因建设工程质量存在缺陷造成损害，要求赔偿的诉讼时效期限为一年，自当事人知道或应当知道其权益受到损害时起计算。

复习思考题

1. 如何理解建设工程质量的概念？
2. 建设企业应该如何选择适用质量体系标准？
3. 建设工程质量监督站的性质及权责是什么？
4. 建设单位的工程质量责任与义务是什么？
5. 施工单位的工程质量责任与义务是什么？

第十一章 建设工程环境保护法律制度

【本章提要】 改革开放以来,随着我国经济的飞速发展,建设工程活动越来越频繁。长久以来由于我国单纯强调经济发展速度,不重视环境损害和环境资源对经济的制约作用,甚至以放弃和牺牲环境质量为代价进行建设活动,致使我国的环境遭受了极大的破坏。为了解决这一事关经济发展全局的课题,就必须认识到我国建设工程环境保护法律制度的重要性。本章从环境的定义着手,阐述了环境、环境保护、环境保护法、建设工程环境保护法律法规的内容;介绍了建设工程环境保护的基本原则和法律制度,并进行了一定的分析;从法律层面考察了我国建设工程环境保护的法律体系,厘清了我们对建设工程环境保护法律法规的认识;阐述了在具体实施过程中的与建设工程环境保护相关的法律法规和具体制度。

第一节 建设工程环境保护法律制度概述

一、环境

(一)环境的定义

关于环境的定义,学者有不同的见解,一般而言,在环境科学中,环境一词是指围绕着人群的空间和其中可以直接、间接影响人类生活和发展的各种自然因素和社会因素的总体。

(二)环境的分类

1. 自然环境和社会环境

从性质来分,环境可以分为自然环境和社会环境。自然环境通常是指环绕人类社会的自然界。组成自然环境的自然因素很多,主要有大气、水、土地、矿藏、森林、草原、生物等。这些都是人类赖以生存和发展的物质基础。社会环境是指人类生存及活动范围内的社会物质、精神条件的总和。有人按环境功能把社会环境分为:(1)聚落环境,包括院落环境、村落环境和城市环境;(2)工业环境;(3)农业环境;(4)文化环境;(5)医疗休养环境等。社会环境随着人类文明的演进而不断地丰富和发展。

2. 生态环境和生活环境

从环境的功能可分为生活环境和生态环境。生态环境是指由生物群落及非生物自然因素组成的各种生态系统所构成的整体,主要或完全由自然因素形成,并间接地、潜在地、长远地对人类的生存和发展产生影响。生活环境是指与人类生活密切相关的各种自然条件和社会条件的总体,它由自然环境和社会环境中的物质环境所组成。生态环境与生活环境之间的关系极为密切,生态环境遭到破坏,就会造成经济上的损失和对人们健康的危害,对生活环境产生严重的影响。

3. 自然环境和人工环境

从环境形成的要素可以分为自然环境和人工环境，人工环境也称为人工改造过的环境或者人为环境。前者包括山川水流、矿产资源等，后者包括人造公园、人造风景、经过人工改造的名胜古迹、自然保护区、风景游览区等。

（三）环境保护法中的环境

《中华人民共和国环境保护法》第2条规定："本法所称环境，是指影响人类生存和发展的各种天然的和经过人工改造的自然因素的总体，包括大气、水、海洋、土地、矿藏、森林、草原、野生生物、自然遗迹、人文遗迹、自然保护区、风景名胜区、城市和乡村等。"这里所指的"环境"一词的内容丰富、涵盖宽泛，既包括了生活环境、生态环境，又包括了社会环境、自然环境以及人工环境。随着社会生活实践的不断深入，环境的实际范围并不限于上述内容。

二、环境保护

（一）环境问题

环境问题是指全球环境或区域环境中出现的不利于人类生存和发展的各种现象。环境问题是多方面的，但大致可分为两类：原生环境问题和次生环境问题。由自然运动或者自然力引起的为原生环境问题，也称第一环境问题，如火山喷发、地震、洪涝、干旱、滑坡等引起的环境问题。由人类的生产和生活活动引起生态系统破坏或环境污染，反过来又危及人类自身的生存和发展的现象，为次生环境问题，也叫第二环境问题。次生环境问题包括生态破坏、环境污染和资源浪费等方面。目前人们所说的环境问题一般是指次生环境问题。

（二）环境保护的含义

环境保护是指人类有意识地保护自然资源并使其得到合理的利用，防止自然环境受到污染和破坏；对受到污染和破坏的环境做好综合治理，以创造出适合于人类生活、工作的环境。换句话说，环境保护就是运用环境科学的理论和方法，在更好地利用自然资源的同时，深入认识污染和破坏环境的根源及危害，有计划地保护环境，预防环境质量恶化，控制环境污染，促进人类与环境协调发展，提高人类生活质量，保护人类健康，造福子孙后代。过去我国把环境保护狭义地理解为"三废"治理，随着环保意识的提升，我们逐渐认识到环境保护必须从大环境着眼，注意环境保护的整体性、系统性。环境保护工作由单项治理发展到综合治理；由单纯治理发展到"管"、"防"、"治"整体治理；由局部控制发展到系统控制。

（三）环境保护的内容

环境保护工作是一项系统的工程，环境保护的内容丰富庞杂，其重要内容有以下几方面：

（1）防治由生产和生活活动引起的环境污染，主要是指防治工业生产排放的"三废"（废水、废气、废渣）、粉尘、放射性物质以及产生的噪声、振动、恶臭和电磁微波辐射，工农业生产和人民生活使用的有毒有害化学品，城镇生活排放的烟尘、污水和垃圾等，交通运输活动产生的有害气体、废液、噪声以及海上船舶运输排出的污染物等造成的污染。

（2）防止由建设和开发活动引起的环境破坏，包括防治由铁路、公路干线、大型港口码头、机场、大型水利工程和大型工业项目等工程建设对环境造成的破坏和污染，农垦和围湖造田活动、海上油田、海岸带和沼泽地的开发、森林和矿产资源的开发对环境的破坏和影响，新工业区和新城镇的设置和建设等对环境的破坏、污染和影响。

（3）防止对生态环境产生影响的行为，包括城乡规划、植树造林、人口的增长和分布、生产力的配置等对环境产生影响的行为，也都属于环境保护的内容。

（4）保护有特殊价值的自然环境，包括对珍稀物种及其生活环境、特殊的自然发展史遗迹、地质现象、地貌景观等提供有效的保护。

（四）环境保护的意义

"环境保护是我国的一项基本国策"，环境问题已成为危害人们健康，制约经济发展和社会稳定的重要因素，保护环境意义重大。

（1）环境污染问题严峻。主要污染物排放量超过环境承载能力，许多城市空气污染严重，酸雨污染加重，持久性有机污染物的危害开始显现，土壤污染面积扩大，近岸海域污染加剧，核辐射环境安全存在隐患，重大污染事故时有发生，我国进入了一个环境污染事故的高发期。这些问题严重影响了人们的生产和生活，成为制约我国可持续发展的障碍因素。

（2）生态恶化趋势加剧。生态破坏严重，水土流失量大面广，沙漠化、草原退化加剧，生物多样性减少，生态系统功能退化。

（3）加强环境保护是落实科学发展观的重要举措。科学发展观就是坚持以人为本，树立全面、协调、可持续的发展观，促进经济社会和人的全面发展。加强环境保护，有利于促进人与自然的和谐，实现经济发展和人口、资源、环境相协调。因此，我们必须用科学发展观统领环境保护工作，痛下决心解决环境问题。

（4）入世给我国环境保护带来了新挑战。我国在2001年加入世界贸易组织，即通常所谓的入世。入世后，发达国家会要求我们执行与之同样的环境标准。因此，WTO的一些绿色条款，有可能对我国商品出口造成影响，限制了国内那些不符合环境标准商品的出口贸易。这就要求国内企业提高环境保护意识，加大环境保护方面的投入，建立环境管理体系，持续改善环境行为，以提高产品的国际竞争力。

三、环境保护法

（一）环境保护法概述

环境保护历史悠远，最早可以追溯到三四千年前的古代国家，但作为一个独立法律部门的现代环境法出现在世界上是在20世纪60～70年代。20世纪70年代后期我国的环境保护法发展迅速，目前已经初步形成了包括环境保护的宪法规范，环境保护基本法，环境保护单行法和环境保护法规、规章组成的体系，成为我国整个法律体系中的一个独立法律部门。

环境保护法，在广义上又称为环境法，是调整因开发、利用、保护和改善人类环境而产生的社会关系的法律规范的总称。制定环境保护法的目的是为了协调人类与环境的关系，保护人体健康，促进社会经济又好又快的发展。广义的环境保护法律范围主要包括两个方面：一是关于合理开发利用自然环境要素，防止环境破坏的法律规范；二是关于防治环境污染和其他公害，改善环境的法律规范。另外还包括防止自然灾害和减轻自然灾害对环境造成不良影响的法律规范。环境保护法除具有法律的一般特征外，还具有公益性、综合性、科学技术性、世界共同性、地区特殊性等特征。

我国环境保护法的范围主要包括：环境污染防治法，如水污染防治法、大气污染防治法、噪声污染防治法等；自然环境要素保护法，如森林法、水法、野生动物保护法、水土保持法等；文化环境保护法，如风景名胜区保护条例、自然保护区条例等；环境管理、监督、监测及保证法律实施的法规，如环境监测管理条例、建设项目环境保护管理办法、报告环境污染与破坏事故的暂行办法、环境保护行政处罚办法等。另外还有各种环境标准，包括环境基础标准和方法标准、环境质量标准和污染物排放标准。

随着环境保护事业的发展和环境法制工作的加强，我国环境保护法的内容将不断充实和完善。

（二）环境保护法的作用

环境保护实质上就是环境管理，其主要手段是行政、经济、科学技术、宣传教育和法律手段等，而法律手段较为有效，这是因为法律是以国家强制力为后盾，具有强制性特点。

1. 为环境保护工作提供法制保障

环境保护是我国的一项基本国策，关系到每一个人的切身利益，影响到子孙后代。运用法律手段进行环境保护工作，把环保工作建立在法制基础上，用国家强制力给予保障。利用法律对国家机关、企事业单位以及公民的行为加以规范，明确其权利和义务，在法律的保护、约束下使其达到环境保护的目标和要求。

2. 是推动环境保护领域中法制建设的动力

《中华人民共和国环境保护法》（以下简称《环境保护法》）的颁布施行，不仅促进了我国环境保护的发展，而且推动了我国环境保护领域中的法制建设。《环境保护法》是我国环境保护的基本法，它明确规定了我国环境保护工作中的根本性问题，为制定各种环境保护单行法规及地方环境保护条例等提供了直接的法律依据，使我国环境保护的法制建设进入了新时期。《环境保护法》颁布以来，新颁布的环境保护条例、办法、标准等，都是依据该法的有关条文制定的。

3. 为国家执行环境监督管理职能提供法律依据

《环境保护法》第7条规定："国务院环境保护行政主管部门，对全国环境保护工作实施统一监督管理。县级以上地方人民政府环境保护行政主管部门，对本辖区的环境保护工作实施统一监督管理。国家海洋行政主管部门、港务监督、渔政渔港监督、军队环境保护部门和各级公安、交通、铁道、民航管理部门，依照有关法律的规定对环境污染防治实施监督管理。县级以上人民政府的土地、矿产、林业、农业、水利行政主管部门，依照有关法律的规定对资源的保护实施监督管理。"这一条款体现了国家在环境保护方面负有的重要职能之一是对环境保护的依法监督管理。

4. 是维护国家环境权益的重要工具

由于环境污染往往是无国界甚至是全球性的，因此涉及到国家间的环境权益的保护。为防止国外污染向国内转嫁，我国环保法作出了相应规定，如"禁止引进不符合我国环境保护规定要求的技术和设备"。

5. 可以促进全体公民环境法制观念形成和提高环保意识

《环境保护法》规范了全体公民的权利、义务和行为准则。以法律规定来判别行为的是非，从而提高人们自觉保护环境的责任感和依法办事的良好法制观念。

四、建设工程环境保护法律法规

（一）建设工程环境问题

由于建设工程的周期长、强度高、耗能大，对于环境的影响是多方面的，主要影响包括：对于地球资源、能源的巨大消耗和浪费；对地域生态环境的影响甚至破坏；在建设工程过程中对周围相关环境的污染和破坏；建设工程的绿化、水面严重不足所导致的空气污浊、噪声干扰、温度升高、气候干燥、物理环境日趋恶化；工程规划不合理导致的特殊气候现象，如旋风、飓风、短时暴雨等。

概而述之，建设工程环境问题突出表现为以下几点：

（1）建设工程对能源与资源的超量消耗。随着建设工程项目越来越复杂，建设工程行为的能源消耗也越来越大，建设工程项目是能源的主要消费者。在我国建设工程项目各项技术和材料发展还不够成熟的早期，大量的砍伐木材对森林产生了破坏性后果。

（2）建设工程污染破坏了地域生态环境。除了建设工程项目占用土地面积，影响其周围的生态环境外，大部分建筑材料的开采和制造过程，例如矿山开发、建筑用砖的取土烧窑、一些人工合成材料如塑钢门窗和PVC材质管材的生产等，都排放有毒气体，这不但破坏了地域原生环境，而且对其相关地域的生态环境造成了影响甚至破坏。

（3）建设工程对本地区气候环境造成不良影响。未经规划的建设工程往往会对本地区气候环境造成不良影响，如城市中普遍存在的"热岛效应"和"牛背雨"。

（二）建设工程环境保护法律法规的作用

工程建设活动在为人类提供生产和生活便利的同时，过度消耗着自然资源，污染着自然环境。日趋严重的环境、资源问题已经使工程建设行业的发展处在一个重要转折关头。只有实现对建筑的规划、设计、施工、使用和拆除的全过程监控，才能保证人类拥有一个健康、美好、可持续发展的工程建设环境。

1. 建设工程环境保护法律法规是保护环境的法律武器

自从新中国成立以来，党和政府就十分重视环境保护事业，做了大量的工作，取得了很大的成绩。历史经验证明，在进行社会主义现代化建设的同时，必须搞好环境建设，这是一条不以人们意志为转移的客观规律。如果违反了这一规律，就会受到严厉的惩罚。

2. 为全体公民和单位维护自己的环境权益提供法律武器

每一位公民都有在安全、健康的环境中生活的权利，都有维护自己生命安全、身心健康以及财产不受污染损害的权利。每一个企事业单位也有在适宜环境条件下进行正常生产经营的权利和保护自己财产不受环境损害的权利。建设工程法律法规提供了同一切破坏和损害环境的行为作斗争、维护合法环境权益的法律保障武器。

3. 建设工程环境保护法律法规是为了避免走浪费资源和先污染后治理的路子

建设工程往往关涉多数人的利益，因而必须注意建设与周围环境、长远和短期利益、局部和整体关系的维护。必须处理好建设工程全过程中的监控问题，从规划立项到竣工验收，每一个过程都得坚守相关的环境质量标准，维护环境，走可持续发展的建设之路。

第二节 建设工程环境保护的基本原则和法律制度

一、环境保护法的基本原则

（一）环境保护法基本原则的含义

环境保护法的基本原则是指在环境保护法中规定或体现的，对环境保护实行法律调整并为国家环境管理所遵循的基本指导方针。它是调整因保护和改善环境而产生的社会关系的基本准则，是环境保护法本质的集中表现。环境保护法的基本原则不是随意确定的，而是应该由法律确认,在环境保护法中有所体现;它也不同于一般的法律规范,它是环境保护的基本方针、政策在法律上的体现,是贯穿于整个环境保护法的,具有普遍意义和指导性的规范。

(二)环境保护法基本原则的内容

1. 经济发展和环境保护相协调

该原则是指环境保护与经济建设和社会发展同步规划、同步实施、同步发展,实现经济效益、社会效益和环境效益的统一。核心思想和理论基础是协调发展。这一原则,正确地反映了环境保护与经济社会发展之间的关系,同时也指出了如何正确对待和处理它们之间的关系,是我国《环境保护法》的一项最基本的原则。这项基本原则在《环境保护法》各项基本原则中占有最重要的地位,是实现《环境保护法》任务的根本保证。

2. 防治结合、以防为主、综合治理

一般认为,该原则就是如何正确处理环境保护中的防治关系。它是解决我国环境污染和破坏、保持生态平衡的重要途径。防治结合、以防为主、综合治理的原则,是总结我国环境保护实践,根据环境污染和破坏的现状,以及防和治相比较的难易程度而确定的,它符合我国的环境保护政策,也符合环境保护的客观规律。

3. 开发利用与保护相结合

该原则是指开发利用自然资源的单位不仅有利用自然资源的权利,同时也有保护自然环境和自然资源的义务。自然资源范围很广,不可能由环保部门全部包下来,同时开发利用和保护发展是不可分割的。因此,对森林、草原、渔业、土地、水等资源,有关部门不但有依法开发利用的权利,而且应负有直接管理和保护的责任。只有这样,才能有效地保护自然环境和自然资源,防止生态系统的失调和野生动植物资源的破坏;也只有这样,才能切实做到合理利用自然资源,为经济的持续发展创造有利条件。

4. 依靠群众保护环境

依靠群众保护环境的原则即公众参与原则,是指各级人民政府应当发动和组织广大群众参与环境管理,并对污染、破坏环境的行为依法进行监督。《环境保护法》第6条规定:"一切单位和个人都有保护环境的义务,并有权对污染和破坏环境的单位和个人进行检举和控告。"执行这一原则,就是把对环境的国家管理和群众监督相结合,把依法保护环境和人民群众的自觉维护相结合。

二、建设工程环境保护的基本原则

(一)建设工程环境保护基本原则的含义

建设工程环境保护的基本原则,是指贯穿于建设工程全过程,以我国宪法与环境保护法为法律依据,根据我国实际情况制定的以调整建设工程中各方与环境关系的方针、原理和指导思想。

(二)建设工程环境保护基本原则的内容

建设工程涉及范围广、人员多、强度高、周期长,不但要遵循环境保护法的基本原则还得有自己的原则。

1. 以人为本

以人为本,作为一种社会思潮和价值观念,古已有之。我国古代思想家早就提出"民惟邦本,本固邦宁"、"天地之间,莫贵于人",强调要利民、养民、富民、惠民。建设工程属于重大高危工程，在建设中我们一定要坚持人本理念，尊重人的主体地位，密切联系每个人，始终相信每个人，紧紧依靠每个人，最充分地调动每个人的积极性、主动性、创造性，最大限度地集中参与建设工程的每一个人的智慧和力量，进行工程建设。

2. 严格登记、依照程序依法进行

严格登记、依照程序依法进行工程建设的原则要求执法机关和执法人员必须严格按照法律规定，行使国家和人民赋予的行政执法权和司法权，恪尽职守，服务建设工程领域中的企事业单位。同时该原则要求建设工程中的每一个主体应该严格按照法律程序来办事，不搞特权、不做小动作，严格按照建设工程的必需程序步步为营，认真按照已制定的相应的环境标准进行作业。

三、建设工程环境保护的相关法律制度

（一）环境影响评价制度

1. 环境影响评价制度的概念

环境影响评价就是在一定区域内进行开发、建设等活动时，有关部门就此类活动对该区域未来的环境质量带来的影响进行评价，即对建设项目的环境可行性进行研究。《中华人民共和国环境影响评价法》第 2 条规定："本法所称环境影响评价，是指对规划和建设项目实施后可能造成的环境影响进行分析、预测和评估，提出预防或者减轻不良环境影响的对策和措施，进行跟踪监测的方法与制度。"

2. 环境影响评价制度的特点

环境影响评价制度具有以下特点：

（1）预测性。环境影响评价和环境质量现状评价不同。后者是指通过环境调查和监测，对一定区域的环境质量现状进行评定；而环境影响评价是指对拟建项目可能对环境造成什么影响进行预测和评价。

（2）客观性。环境影响评价根据工程规模、周围环境进行必要的环境监测，然后作出科学的预测和评价。

（3）综合性。涉及到多种学科，需要由持有《建设项目环境影响评价证书》的设计、科研等单位互相协作，共同完成评价任务。

3. 环境影响评价制度的意义

环境影响评价制度是正确认识经济、社会和环境之间关系的重要手段，是正确处理经济发展与环境保护关系的积极措施，推行这一制度，对经济建设和环境保护有着重大意义。

（1）是贯彻"预防为主"方针，实现经济效益和环境效益相统一的重要手段。进行环境影响评价的过程，是认识生态环境与人类经济活动相互依赖和相互制约关系的过程，认识的提高和深化，有助于经济效益与环境效益的统一，实现经济与环境的协调发展。

（2）可以为确定某一地区的发展方向和规模提供科学依据。在传统的发展中，一个地区，一个城市由于缺乏社会的、经济的、特别是环境的综合分析评价，盲目性很大，往往造成畸形发展，出现资源和环境的严重破坏和污染。通过环境影响评价，掌握区域的环境特征和环境容量，在此基础上制定的社会经济发展规划才能符合客观规律并切实可行。

（3）环境影响评价是为建设项目制定可行的环境保护对策、实行科学管理的依据。通过环境影响评价，可以获得应将建设项目的污染和破坏限制在什么范围和程度才能符合环

境标准要求的信息和资料，据此提出既符合环境效益又符合经济效益的环境保护对策，并在项目设计中体现。通过环境影响评价制度，使建设项目的环保措施和设施建立在较科学可靠的基础上，同时也为环境管理提供了依据。

（二）"三同时"制度

1."三同时"制度概念

"三同时"制度是指一切新建、改建和扩建的基本建设项目（包括小型建设项目）、技术改造项目、自然开发项目，以及可能对环境造成损害的其他工程项目，其中防治污染和其他公害的设施和其他环境保护设施，必须与主体工程同时设计、同时施工、同时投产。一般简称为"三同时"制度。

贯彻执行"三同时"制度注意以下几点：第一，所谓新建项目，是指在计划期内，从无到有开始建设的项目；而改建、扩建项目是指原有单位，为了扩大重要产品的设计能力或增加新的效益，在计划期内进行扩建的项目。第二，同时设计是指建设单位在委托设计时，要将主体工程和防治污染工程一并委托设计，承担设计的部门必须按照国家有关规定，把防治污染设施与主体工程同时设计；同时施工是指施工单位在接受有污染建设项目的施工任务时，要同时接受防治污染设施的施工任务，否则不准接受施工；同时投产是工程建设项目投产之前，主管部门必须会同环保部门对防治污染设施进行验收，要求排放的污染物经过处理后达到排放标准方可投产。

执行"三同时"制度，是严格控制新的污染源，防止环境遭受新的污染和破坏的根本性措施和重要的法律制度，是防止我国环境质量继续恶化的有效办法，也是我国环境保护工作的创举。

2."三同时"制度的意义

"三同时"制度作为监控建设工程过程中的重要制度，具有以下意义：

（1）是加强建设项目环境管理的重要手段。"三同时"制度分别明确了建设单位、主管部门和环境保护部门的职责，有利于具体管理和监督执法。

（2）环境影响评价制度是项目决策阶段的环境管理，而"三同时"制度是项目实施阶段的环境管理。

（3）是防止产生新的环境污染和生态破坏的主要保证。凡是通过环境影响评价确认可以开发建设的项目，建设时必须按照"三同时"规定，把环境保护措施落到实处，防止建设项目建成投产使用后产生新的环境问题，在项目建设过程中也要防止环境污染和生态破坏。

（4）是防止环境质量继续恶化的一种有效措施。"三同时"制度要求防治污染和其他公害的设施和其他环境保护设施，必须与主体工程同时设计、同时施工、同时投产，能有效防止环境的继续恶化。

（三）排污收费制度

1.排污收费制度概念与特点

排污收费是指国家环境保护机关根据环境保护法律、法规的规定，对超标准排放污染物和向大气、陆地、水体排放污染物的单位和个人征收一定数额的费用。排污收费制度，是指向环境排放污染物或超过规定的标准排放污染物的排污者，依照国家法律和有关规定按标准交纳费用或进行征收的制度。

排污收费制度有两大特点：一是强制征收，即排污单位或者个人必须依法缴纳，如不按照规定缴纳的，除征收滞纳金外，还要给予行政处罚，同时环境保护行政主管部门可申请由人民法院强制执行；二是缴纳排污费并不免除排污者的其他责任，排污者在缴纳排污费后，并不相应地免除其治理污染、赔偿损失的责任。

2. 排污收费制度的意义

征收排污费的目的，是为了促使排污者加强经营管理，节约和综合利用资源，治理污染，改善环境。其意义突出表现为：

（1）体现了"谁污染，谁付费"的理念。征收排污费直接关系排污者的经济利益，影响排污单位和企业职工的福利，因而能够促使其加强经营管理，降低污染物排放量。利用经济杠杆调节经济发展与环境保护的关系，促进经济建设与环境保护协调发展。

（2）促使排污者进行技术改造或者采用节能技术，开展综合利用。环境污染实际上是由于资源、能源的浪费造成的，因此要从根本上解决污染问题，就必须进行技术改造，改变落后的生产工艺和技术，推行清洁生产，提高资源、能源的利用率。

（3）为污染防治积累资金。环境污染治理是一个系统工程，既需要国家出面又需要社会支持，既需要巨大的人力投入又需要巨大物力支持，收取排污费专款专用可以暂时缓解社会的压力，为污染防治积累资金。

（四）排污许可证制度

1. 排污许可证制度的概念

许可通常是指国家行政机关根据当事人的申请，准许其从事某种活动的一种行政行为。在法律上，许可表现为认可、登记、承认等，并通常以证书的形式表现。许可证既是国家对行政管理相对人从事某种活动的一种法律上的认可，又是行政管理相对人得到法律保护的凭证。许可证的种类主要有：排污许可证、海洋倾废许可证、林木采伐许可证、捕捞许可证、采矿许可证、取水许可证、特许猎捕证、驯养繁殖许可证、建设用地许可证、进出口许可证和核设施建造与运行许可证、化学危险物品生产与经营许可证、危险废物经营与转移许可证、放射性药品生产经营许可证等。

许可证制度是指有关许可证的申请、审核、颁发、中止与废止和监督管理等方面所作规定的总称。

在建设工程领域，排污许可证制度是指有关排污倾废等污染排放制度的总称，该项制度内容主要涉及许可证的申请、审核、颁发、中止与废止和监督管理等方面。

2. 排污许可证制度的意义

作为一项基本的环境保护制度，许可证制度的实施意义深远，表现为：

（1）是加强对排污者监督管理的有效手段。许可证制度把国家控制污染的相关法律法规以及措施办法具体化，环保部门通过许可证的管理，能够清楚掌握所辖地区的排污状况，有利于对排污者的排污行为进行限制，加强对排污者的监督管理。

（2）是维护生态平衡和保护资源、能源合理利用的有效途径。许可证制度在广泛的环境管理活动中发挥着保护功能，在一定程度上保护了自然资源的合理开发采用。

（3）是实现我国环境保护思想三个转变的具体手段。实行排污许可证制度是推动我国污染防治工作由最终治理向生产过程治理转变、由分散治理向集中治理、由单项治理向综合治理转变的具体手段措施，是促进我国环境管理逐步科学化、法制化、规范化发展的有效途径。

(五) 限期治理制度

1. 限期治理制度的概念与特点

限期治理制度是指对污染严重的项目、行业和区域，由有关国家机关依法限定其在一定期限内，完成治理任务，达到治理目标的规定的总称。限期治理既包括污染严重的排放源(设施、单位)的限期治理，也包括行业性污染的限期治理和污染严重的某一区域及流域的限期治理。

限期治理具有以下几个特点：

(1) 法律强制性。限期治理属于一种行政管理措施，不但能对经限期治理逾期未完成治理任务的企业事业单位，除依照国家规定加收超标准排污费外，还可根据所造成的危害后果处以罚款，或者责令停业、关闭。

(2) 明确的时间要求。该制度的实行是以时间限期为界线作为承担法律责任的依据之一。时间要求既体现了对排污者的监督管理也体现了"污染者治理"的政策。

(3) 有具体的治理任务。是否完成治理任务是承担法律责任的另一个依据，体现治理任务和要求的主要衡量尺度，是看是否达到消除或减轻污染的效果和是否符合排放标准。

2. 限期治理制度的意义

限期治理制度是强化环境管理的重要措施，它通过集中利用资金和时间来解决突出的环境问题。其意义表现在以下几个方面：

(1) 有力的促进了重点排污单位的污染治理工作。被限期治理的单位一般都是污染大户，通过限期治理，使治理污染纳入议事日程得到重视，从而可以促进重点排污单位的污染治理工作。

(2) 可以较好地解决群众反映强烈的环境问题，有利于改善政府与群众、工厂与群众的关系，有利于社会的和谐发展。

(3) 很多限期治理项目在解决污染的同时，可以降低能源、资源的浪费，减少污染物的排放，创造经济效益。

(4) 通过集中利用资金和时间，提高了环境保护投资效益。

(六) 环境污染与破坏事故的报告及处理制度

1. 环境污染与破坏事故的报告及处理制度的概念

环境污染与破坏事故，是指由于违反环境保护法律法规的生产生活、建设发展行为，以及意外因素的影响或者不可抗拒的自然灾害等原因，致使环境受到污染，国家重点保护的野生动植物、自然保护区受到破坏，人体健康受到危害，社会经济与人民财产受到损失，造成不良社会影响的突发性事件。环境污染与破坏事故一般都具有突发性、蔓延性和危害性极大等特点。

环境污染与破坏事故的报告及处理制度，是指因发生事故或者其他突然性事件，造成或者可能造成污染与破坏事故的单位，必须立即采取措施处理，及时通报可能受到污染与破坏危害的单位和居民，并向当地环境保护行政主管部门和有关部门报告，接受调查处理的规定的总称。

2. 环境污染与破坏事故的报告及处理制度的意义

作为一项有效监控工程建设环境保护的基本制度，它能够及时、准确、有效地掌握辖区内环境重大问题和重要事项，切实加强环境监督管理，改善环境保护工作，具体表现为：(1)可以使受到污染威胁的单位和居民提前采取防范措施，避免或减少对人体健康和生命安全的危害；(2)可以避免或减轻国家、集体或个人的财产遭受重大损失，避免环境受到更大的污染和破坏；(3)可以使有关部门和人民政府及时采取措施，控制污染，防止事故扩大；(4)可以为查清事故原因、危害、影响以及为顺利处理环境污染和破坏事故创造条件；(5)可以及时消除或减缓由于污染事故带来的社会不安定因素，化解矛盾，有利于解决因事故给群众带来的生产、生活困难。

第三节 我国建设工程环境保护的法律体系

现行的《中华人民共和国环境保护法》、《中华人民共和国环境影响评价法》、《中华人民共和国固体废物污染环境防治法》、《中华人民共和国环境噪声污染防治法》、《中华人民共和国水污染防治法》以及环境管理系列标准 ISO 14000 等都是针对建设工程环境保护而设置的。随着这些法律、法规和制度的不断完善、发展、创新和实施，对建设工程环境保护全程监控，科学、合理的解决建设工程的环境保护问题，创造更加适合人类居住的、美好的、祥和的人居环境已经提上了日程。

一、《中华人民共和国宪法》中的相关规定

《中华人民共和国宪法》第9条规定："矿藏、水流、森林、山岭、草原、荒地、滩涂等自然资源，都属于国家所有，即全民所有；由法律规定属于集体所有的森林和山岭、草原、荒地、滩涂除外。国家保障自然资源的合理利用，保护珍贵的动物和植物。禁止任何组织或者个人用任何手段侵占或者破坏自然资源。"

第10条规定："城市的土地属于国家所有。农村和城市郊区的土地，除由法律规定属于国家所有的以外，属于集体所有；宅基地和自留地、自留山，也属于集体所有。任何组织或者个人不得侵占、买卖、出租或者以其他形式非法转让土地。一切使用土地的组织和个人必须合理地利用土地。"

第51条规定："中华人民共和国公民在行使自由和权利的时候，不得损害国家的、社会的、集体的利益和其他公民的合法的自由和权利。"

宪法是国家的根本大法，也是国家活动的总章程，它规定着国家的基本原则、基本制度以及公民的基本权利等重大问题，也是环境保护基本法的立法基础。

二、《中华人民共和国环境保护法》中的相关规定

《中华人民共和国环境保护法》在环境与资源保护法律体系中占有核心地位，它是一部综合性的实体法，是对环境与资源保护方面的重大问题全面、综合调整的重要法律。它对环境与资源保护的目的、范围、方针政策、基本原则、重要措施、管理制度、组织机构、法律责任等重要内容做出了原则规定，并且是其他单行法规的立法依据。

我国现行的环保法中创新了环境管理制度，对现行有效的环境管理措施赋予其法律制度的地位。如建立环境保护责任制，包括政府部门环境保护目标责任制和资源与环境管理部门责任制；大力推行"三同时"制度；实行生态环境补偿制度；实行排污许可证制度和排污总量控制制度等。

三、我国环境保护单行法中有关工程建设环境保护的相关规定

《中华人民共和国环境噪声污染防治法》于 1996 年 10 月 29 日，第八届全国人民代表大会常务委员会第 22 次会议审议通过。这部法律总则的第 5 条、第 12 条、第 13 条是根据建设工程项目而设定的。甚至整个第四章都是专门针对建筑施工噪声污染防治而设定的，可见建设工程项目施工中的噪声污染不可小觑。

《中华人民共和国固体废物污染环境防治法》是一部保障人体健康，维护生态安全，促进经济社会可持续发展的法律法规。该法已由中华人民共和国第十届全国人民代表大会常务委员会第 13 次会议于 2004 年 12 月 29 日修订通过，自 2005 年 4 月 1 日起施行，其第 13 条规定："建设产生固体废物的项目以及建设贮存、利用、处置固体废物的项目，必须依法进行环境影响评价，并遵守国家有关建设项目环境保护管理的规定。"

第 14 条规定："建设项目的环境影响评价文件确定需要配套建设的固体废物污染环境防治设施，必须与主体工程同时设计、同时施工、同时投入使用。固体废物污染环境防治设施必须经原审批环境影响评价文件的环境保护行政主管部门验收合格后，该建设项目方可投入生产或者使用。对固体废物污染环境防治设施的验收应当与对主体工程的验收同时进行。"

1996 年 5 月 15 日第八届全国人民代表大会常务委员会第 19 次会议通过了《关于修改〈中华人民共和国水污染防治法〉的决定》修正案，该修正案体现了规制建设工程对于水污染的要求。建设工程项目对水体的污染是水污染防治的重要内容之一，在该法律的第 13 条，专门针对建设工程项目对水体污染的可能情况进行了规定。

第 13 条规定："新建、扩建、改建直接或者间接向水体排放污染物的建设项目和其他水上设施，必须遵守国家有关建设项目环境保护管理的规定。

建设项目的环境影响报告书，必须对建设项目可能产生的水污染和对生态环境的影响作出评价，规定防治的措施，按照规定的程序报经有关部门审查批准。在运河、渠道、水库等水利工程内设置排污口，应当经过有关水利工程管理部门同意。

建设项目中防治水污染的设施，必须与主体工程同时设计，同时施工，同时投产使用。防治水污染的设施必须经过环境保护部门检验，达不到规定要求的，该建设项目不准投入生产或者使用。

环境影响报告书中，应当有该建设项目所在地单位和居民的意见。"

四、其他法律法规中有关建设工程环境保护的相关规定

《中华人民共和国刑法》第六节《破坏环境资源保护罪》对破坏环境、严重污染环境导致犯罪的行为作了相应的规定。《刑法》第 338 条规定："违反国家规定，向土地、水体、大气排放、倾倒或者处置有放射性的废物、含传染病病原体的废物、有毒物质或者其他危险废物，造成重大环境污染事故，致使公私财产遭受重大损失或者人身伤亡的严重后果的，处三年以下有期徒刑或者拘役，并处或者单处罚金；后果特别严重的，处三年以上七年以下有期徒刑，并处罚金。"

第 339 条规定："违反国家规定，将境外的固体废物进境倾倒、堆放、处置的，处五年以下有期徒刑或者拘役，并处罚金；造成重大环境污染事故，致使公私财产遭受重大损失或者严重危害人体健康的，处五年以上十年以下有期徒刑，并处罚金；后果特别严重的，处十年以上有期徒刑，并处罚金。

未经国务院有关主管部门许可，擅自进口固体废物用作原料，造成重大环境污染事故，致使公私财产遭受重大损失或者严重危害人体健康的，处五年以下有期徒刑或者拘役，并处罚金；后果特别严重的，处五年以上十年以下有期徒刑，并处罚金。

以原料利用为名，进口不能用作原料的固体废物、液态废物和气态废物的，依照本法第一百五十二条第二款、第三款的规定定罪处罚。"

第342条规定："违反土地管理法规，非法占用耕地、林地等农用地，改变被占用土地用途，数量较大，造成耕地、林地等农用地大量毁坏的，处五年以下有期徒刑或者拘役，并处或者单处罚金。"

第408条规定："负有环境保护监督管理职责的国家机关工作人员严重不负责任，导致发生重大环境污染事故，致使公私财产遭受重大损失或者造成人身伤亡的严重后果的，处三年以下有期徒刑或者拘役。"

我国《民法通则》第124条规定："违反国家保护环境防止污染的规定，污染环境造成他人损害的，应当依法承担民事责任。"《民法通则》第106条第3款规定："没有过错，但法律规定应当承担民事责任的，应当承担民事责任。"可见，我国的建设工程环境民事损害实行的是无过错责任。

除此之外，还有很多单行法规对建设工程的环境保护问题作了详细的规定，下文将逐一阐述。

第四节 建设工程环境保护的相关法律及其规定

环境保护其实质就是环境管理，建设工程涉及事项复杂，从征地、勘察设计到造价、施工监理各个过程都需要注意环境保护问题，相关的规章制度很多并且很零散。我国的建设工程环境保护法律的核心目的是采取防范措施和加强环境管理，力求不产生或少产生对环境的污染和破坏。

一、工程建设项目规划设计阶段的法律规定以及相关制度

工程建设项目规划设计阶段是项目施工的前期准备阶段，该阶段主要是完成项目建议书的申请批准、初步设计以及施工图设计等工作。在这个阶段，环境保护工作的主要任务是完成项目的环境影响评价报告书以及将报告书中的环境防治措施贯彻到初步设计和施工图设计中。在初步设计和施工图设计中充分考虑到水土保持、水资源的保护、对环境敏感区尽可能避让、工程建设项目和周围环境要协调一致、工程建设项目中的绿化等影响环境的各种因素，努力把工程建设项目对其周围环境的影响和破坏降到最低。

(一)《中华人民共和国城乡规划法》

1. 内容

第十届全国人民代表大会常务委员会第30次会议于2007年10月28日表决通过《中华人民共和国城乡规划法》（以下简称《城乡规划法》），该法自2008年1月1日起施行，共分7章70条，分别为总则、城乡规划的制定、城乡规划的实施、城乡规划的修改、监督检查、法律责任、附则。

法律规定，城市和镇应当依照本法制定城市规划和镇规划。城市、镇规划区内的建设活动应当符合规划要求。县级以上地方人民政府根据本地区农村经济社会发展水平，按照

因地制宜、切实可行的原则，确定应当制定乡规划、村庄规划的区域。在确定区域内的乡、村庄，应当依照本法制定规划，规划区内的乡、村庄建设应当符合规划要求。县级以上地方人民政府鼓励、指导前款规定以外的区域的乡、村庄制定和实施乡规划、村庄规划。

2. 意义

《城乡规划法》是一部体现科学发展和城乡统筹思想，提高统筹城乡发展水平，规范城乡规划行为，保护公共利益的重要法律。它的颁布实施具有以下几方面的意义：

（1）确立了城乡统筹、以人为本的立法思想

《城乡规划法》关于"改善人居环境，促进城乡经济社会全面协调可持续发展"的立法目的，体现了以人为本、科学发展观的指导思想。

（2）突出了城乡规划公共政策属性和公共服务职能

《城乡规划法》强调把社会公共利益放在核心位置，它对城乡规划基本原则的规定，特别是重视资源节约、环境保护、文化与自然遗产保护等规定，是保障城乡规划中社会公共利益基本构成的体现。

（3）建立了清晰的城乡规划体系和严格的规划制定程序

《城乡规划法》建立了"城镇体系规划、城市规划、镇规划、乡规划和村庄规划"这一崭新的城乡规划体系以及"总体规划和详细规划"两个阶段，取消了原有的分区规划，并将乡规划和村庄规划纳入城乡规划体系，将有关专项规划纳入总体规划的内容，解答了多年以来建立一个什么样的城乡规划体系的问题，体现了新形势下对城市和乡村的规划编制要求。

（4）完善了与投资体制、土地管理相协调的建设项目规划审批制度

《城乡规划法》保留了建设用地规划许可证、建设工程规划许可证（乡村建设规划许可证）工作制度，结合投资体制改革，明确了发放建设项目选址意见书的情形和环节。同时，在充分考虑规划许可制度与投资体制改革和土地使用制度改革相衔接的基础上，对建设工程的种类和管理程序作了区分，按照既要保证规划实施，又要规范行政权力的原则，完善了有关许可的条件，简化许可环节。此外，《城乡规划法》还对地下空间的开发利用以及建设工程竣工验收提出了规划管理的要求。

（5）健全了对行政权力的监督制约机制和公众参与机制

《城乡规划法》极大地加强了监督检查的内容，旨在制约规划行政的自由裁量权。经统计，《城乡规划法》35条新增条款中，其中20条是与监督检查有关的。新增的两个独立章节，其中之一就是监督检查，其中包括了上级行政部门对下级的监督、人民代表大会的监督以及全社会的公众监督。上级对下级的监督是全面的监督；人大监督的重点是规划的实施与修改；社会监督的重点是违反规划的行为。这些监督制约机制将对行政权力起到有效地制约作用。

（6）加强了对违法建筑的查处和制止力度

对违法建筑的处理一直是规划管理实践中的老大难问题，为了有效地遏制违法建筑的建设，《城乡规划法》中强调了对不同类型违法建设行为的责任追究。特别对于无法采取改正措施消除影响的违法建筑采取拆除、不能拆除没收实物或者违法收入并处罚款的规定，加大了查处力度，使违法者无利可图，将对恶意违法建设获取不当利益的行为起到极

大的震慑作用。同时，《城乡规划法》授予县级以上地方人民政府行使强行制止权和强制拆除权，对及时消除违法建筑起到积极的作用。

（二）环境影响评价制度

2003年9月1日起施行的《中华人民共和国环境影响评价法》是环境影响评价工作的基本准则，其第三章专门规定了建设项目的环境影响评价问题。

1. 环境影响评价管理

国家根据建设项目对环境的影响程度，对建设项目的环境影响评价实行分类管理。建设单位应当按照下列规定组织编制环境影响报告书、环境影响报告表或者填报环境影响登记表：

（1）可能造成重大环境影响的，应当编制环境影响报告书，对产生的环境影响进行全面评价；

（2）可能造成轻度环境影响的，应当编制环境影响报告表，对产生的环境影响进行分析或者专项评价；

（3）对环境影响很小、不需要进行环境影响评价的，应当填报环境影响登记表。

建设项目的环境影响评价分类管理名录，由国务院环境保护行政主管部门制定并公布。

2. 环境影响评价报告文件内容

建设项目的环境影响报告书应当包括下列内容：

（1）建设项目概况；

（2）建设项目周围环境现状；

（3）建设项目对环境可能造成影响的分析、预测和评估；

（4）建设项目环境保护措施及其技术、经济论证；

（5）建设项目对环境影响的经济损益分析；

（6）对建设项目实施环境监测的建议；

（7）环境影响评价的结论。

环境影响报告表和环境影响登记表的内容和格式，由国务院环境保护行政主管部门制定。

二、工程建设项目施工运营阶段的法律规定

工程建设项目对环境的实际影响都是在施工阶段实现的，在这一阶段不同单位、不同部门参与其中，各单位有着多层次、多方面的合同关系。在如此众多的单位中，经常是领导和职工的环境保护意识不强，同时各单位之间又没有一个清晰的层级领导关系，各自代表不同的利益组织，面对工程建设环境保护不会带来短期的物质效益，违法主体所承担的责任和后果不明确，各单位往往容易单纯的重视经济效益而忽视了环境效益，在这样的情况下，环境影响评价法和"三同时"制度以及其他法律法规、相关制度的贯彻落实，能在一定程度上遏制工程建设行为对人民生活和社会经济发展的危害，降低对环境的破坏和污染。

（一）防治环境噪声污染的法律规定

1. 环境噪声的概念和特点

（1）概念

环境噪声是来源于固体、液体或气体的振动而产生的对人体健康有害的声音。从物理学观点讲，噪声是各种不同频率、不同声强的声音无规则的杂乱组合。如汽车的轰隆声、机器的尖叫声等，它的波形图是没有规则的非周期性的曲线。

噪声按物体振动的物理性质，可分为机械噪声、气体动力噪声、电磁性噪声。噪声按干扰区域，可分为城市环境噪声、农村环境噪声、海洋环境噪声。城市环境噪声分交通噪声、工业噪声、建筑施工噪声和社会生活噪声等。建筑施工噪声是构成城市环境噪声的主要来源之一。

(2) 特点

能引起人烦躁、或音量过强而危害人体健康的声音即噪声，具有以下特点：

第一，噪声是感觉性公害。噪声虽对人体健康产生危害，但就其性质而言属于感觉性公害，因此对其评价与其他公害有着不同的特点，即它取决于受害人的生理和心理等因素。这就决定了噪声污染测定标准的复杂性，同样响度的噪声，对不同的人可能反应不一样，因为人们所处的环境和各人的生理、心理状态是有差异的。因此，制定环境噪声标准时，就要根据不同的时间、不同地区和人所处的不同行为状态来确定。

第二，噪声是局部和多发性污染。这是对噪声影响范围上的局部性和噪声源分布既多又分散而言的。声源发出噪声，能量向周围传播，随着距离的增加和建筑物的阻挡逐渐衰减，所以除飞机噪声等特殊情形之外，噪声的危害具有一定的区域性，但噪声源的分布却是多而分散，给噪声污染的控制带来种种困难。

第三，噪声污染的暂时性。由于噪声污染是声音在空气中的物理变化而产生的，当噪声源一停止发声或声源经过之后，即停止污染，没有残留物质，不像其他污染源排出的污染物浓度是逐渐积累的。

2. 环境噪声污染的危害

《中华人民共和国环境噪声污染防治法》所称环境噪声，是指在工业生产、建筑施工、交通运输和社会生活中所产生的干扰周围生活环境的声音。近年来它成为环境污染中最大的污染问题，产生以下危害：

(1) 影响工作、休息和睡眠

超过八十分贝的噪声，会使人感到烦躁，精神不易集中，影响工作效率，妨碍休息和睡眠。六十分贝的突然噪声，会使大部分熟睡者惊醒。

(2) 损害听觉

长期接触九十分贝以上的噪声，会使人听力减退、听觉迟钝，甚至导致噪声性耳聋。据调查，一百四十分贝以上的噪声，能使人的感觉器官发生急性外伤，如鼓膜破裂，甚至双耳完全丧失听觉。

(3) 引起疾病和其他危害

噪声除对听觉发生影响之外，还能对人的神经系统、消化系统造成危害。长时间处于中等强度的噪声环境中，会影响人的神经系统，表现为头晕、失眠、易疲劳、记忆力减退，还会引起消化不良、恶心呕吐等。噪声对心血管系统的影响，表现为血压升高、心跳加快、心律不齐等。长期受强噪声危害的人，会导致人体持续紧张、全身疲乏或者健康水平下降，从而可能会诱发各种疾病。

此外，噪声会影响学习、生活、上课、开会等日常活动，强噪声还会损伤建筑物、机器设备，而且是交通、生产事故增多的一个重要原因。

3. 建筑施工噪声污染的防治规定

(1) 概念

所谓建筑施工噪声，是指在建筑施工过程中产生的干扰周围生活环境的声音。建筑施工噪声污染，是指所产生的建筑施工噪声超过国家规定的建筑施工噪声排放标准，并干扰他人正常生活、工作和学习的现象。

(2) 主要内容

第一，排放噪声申报、登记制度。《中华人民共和国环境噪声污染防治法》第29条规定："在城市市区范围内，建筑施工过程中使用机械设备，可能产生环境噪声污染的，施工单位必须在工程开工十五日以前向工程所在地县级以上地方人民政府环境保护行政主管部门申报该工程的项目名称、施工场所和期限、可能产生的环境噪声值以及所采取的环境噪声污染防治措施的情况。"

第二，排放噪声标准要求。《中华人民共和国环境噪声污染防治法》第28条规定："在城市市区范围内向周围生活环境排放建筑施工噪声的，应当符合国家规定的建筑施工场所环境噪声排放标准。"

第三，在夜间进行建筑施工作业过程中的噪声限制。《中华人民共和国环境噪声污染防治法》第30条规定："在城市市区噪声敏感建筑物集中区域内，禁止夜间进行产生环境噪声污染的建筑施工作业，但抢修、抢险作业和因生产工艺上要求或者特殊需要必须连续作业的除外。因特殊需要必须连续作业的，必须有县级以上人民政府或者其有关主管部门的证明。前款规定的夜间作业，必须公告附近居民。"在本条中的"噪声敏感建筑物"是指医院、学校、机关、科研单位、住宅等需要保持安静的建筑物。"噪声敏感建筑物集中区域"是指医疗区、文教科研区和机关或者居民住宅为主的区域。"夜间"是指晚二十二点至晨六点之间的期间。

(二) 防治固体废弃物污染的法律规定

1. 概念与分类

固体废弃物通常是指在生产建设、日常生活或其他活动中产生的污染环境的固态、半固态废弃物质，通俗地说，就是"垃圾"。未经处理的工厂废物废渣和生活垃圾简单露天堆放，占用土地、破坏景观，而且废物中的有害成分通过气流进行空气传播，通过雨水渗透入土壤、河流或地下水源，这个过程就是固体废弃物污染。

固体废弃物分类很多。按其组成、性质可分为有机废物和无机废物，按其形状可分为块状、粒状、粉状和半固体——泥状、浆状、糊状等废物，按其危害程度可分为一般性废弃物和危险性废弃物，按其来源分为城市生活固体废弃物、工业固体废弃物、农业废弃物和放射性废弃物四类。城市生活固体废弃物主要是指在城市日常生活中或者为城市日常生活提供服务的活动中产生的固体废弃物，即城市生活垃圾，主要包括居民生活垃圾、医院垃圾、商业垃圾、建筑垃圾（又称渣土）；工业固体废物是指在工业、交通等生产活动中产生的采矿废石、选矿尾矿、燃料废渣、冶炼废渣等固体废物，又称工业废渣或工业垃圾。农业废弃物，也称为农业垃圾，主要来自粪便以及植物秸秆类。

2. 特点

固体废物污染是指因对固体废物的处置不当而使其进入环境，从而导致危害人体健康或财产安全，以及破坏自然生态系统，造成环境质量恶化的现象。其特点突出表现为：

（1）可再利用性。固体废物品种繁多、成分复杂，尤其是工业废渣，不仅数量大，而且具备某些天然原料、能源所具有的物理、化学特性，易于收集、运输、加工和再利用。城市垃圾含有多种可再利用的物质，世界上已有许多国家实行城市垃圾分类包装，作"再生资源"或"二次资源"。

（2）污染的"特殊性"。固体废物不仅占用空间，还可通过水、气和土壤等媒介对环境造成污染，并由此产生新的"污染源"，如不再进行彻底治理，会往复循环，形成固体废物污染的特殊性。

（3）严重的危害性。固体废物堆积、占用大片土地造成环境污染，严重影响着生态环境。尤其是生活垃圾能孳生、繁殖和传播多种疾病并危害人畜健康，而危险废物的危害性更为严重。

3.《城市建筑垃圾管理规定》的内容

为了加强对城市建筑垃圾的管理，保障城市市容和环境卫生，根据《中华人民共和国固体废物污染环境防治法》、《城市市容和环境卫生管理条例》和《国务院对确需保留的行政审批项目设定行政许可的决定》，制定的《城市建筑垃圾管理规定》已于2005年3月1日经第53次原建设部常务会议讨论通过，自2005年6月1日起施行。城市规划区内建筑垃圾的倾倒、运输、中转、回填、消纳、利用等处置活动，都要遵循该规定。

（1）城市建筑垃圾概念

《城市建筑垃圾管理规定》所称建筑垃圾，是指建设单位、施工单位新建、改建、扩建和拆除各类建筑物、构筑物、管网等以及居民装饰装修房屋过程中所产生的弃土、弃料及其他废弃物。任何单位和个人不得在街道两侧和公共场地堆放物料。因建设等特殊需要，确需临时占用街道两侧和公共场地堆放物料的，应当征得城市人民政府市容环境卫生主管部门同意后，按照有关规定办理审批手续。

（2）城市建筑垃圾的管理

国务院建设主管部门负责全国城市建筑垃圾的管理工作。省、自治区建设主管部门负责本行政区域内城市建筑垃圾的管理工作。城市人民政府市容环境卫生主管部门负责本行政区域内建筑垃圾的管理工作。

建筑垃圾消纳、综合利用等设施的设置，应当纳入城市市容环境卫生专业规划。城市人民政府市容环境卫生主管部门应当根据城市内的工程施工情况，制定建筑垃圾处置计划，合理安排各类建设工程需要回填的建筑垃圾。

（3）城市建筑垃圾的处置

处置建筑垃圾的单位，应当向城市人民政府市容环境卫生主管部门提出申请，获得城市建筑垃圾处置核准后，方可处置。城市人民政府市容环境卫生主管部门应当在接到申请后的20日内作出是否核准的决定。予以核准的，颁发核准文件；不予核准的，应当告知申请人，并说明理由。

禁止涂改、倒卖、出租、出借或者以其他形式非法转让城市建筑垃圾处置核准文件。

任何单位和个人不得将建筑垃圾混入生活垃圾，不得将危险废物混入建筑垃圾，不得擅自设立弃置场受纳建筑垃圾。建筑垃圾储运消纳场不得受纳工业垃圾、生活垃圾和有毒有害垃圾。

居民应当将装饰装修房屋过程中产生的建筑垃圾与生活垃圾分别收集,并堆放到指定地点。装饰装修施工单位应当按照城市人民政府市容环境卫生主管部门的有关规定处置建筑垃圾。施工单位应当及时清运工程施工过程中产生的建筑垃圾,并按照城市人民政府市容环境卫生主管部门的规定处置,防止污染环境。

施工单位不得将建筑垃圾交给个人或者未经核准从事建筑垃圾运输的单位运输。处置建筑垃圾的单位在运输建筑垃圾时,应当随车携带建筑垃圾处置核准文件,按照城市人民政府有关部门规定的运输路线、时间运输,不得丢弃、遗撒建筑垃圾,不得超出核准范围承运建筑垃圾。

建筑垃圾处置实行收费制度,收费标准依据国家有关规定执行。

(4) 法律责任

城市人民政府市容环境卫生主管部门核发城市建筑垃圾处置核准文件,有该规定中所列情形之一的,由其上级行政机关或者监察机关责令纠正,对直接负责的主管人员和其他直接责任人员依法给予行政处分;构成犯罪的,依法追究刑事责任。城市人民政府市容环境卫生主管部门的工作人员玩忽职守、滥用职权、徇私舞弊的,依法给予行政处分;构成犯罪的,依法追究刑事责任。

将建筑垃圾混入生活垃圾的或者将危险废物混入建筑垃圾的或者擅自设立弃置场受纳建筑垃圾的,由城市人民政府市容环境卫生主管部门责令限期改正,给予警告,处以罚款。

施工单位未及时清运工程施工过程中产生的建筑垃圾,造成环境污染的,由城市人民政府市容环境卫生主管部门责令限期改正,给予警告,处 5000 元以上 5 万元以下罚款。施工单位将建筑垃圾交给个人或者未经核准从事建筑垃圾运输的单位处置的,由城市人民政府市容环境卫生主管部门责令限期改正,给予警告,处 1 万元以上 10 万元以下罚款。

处置建筑垃圾的单位在运输建筑垃圾过程中沿途丢弃、遗撒建筑垃圾的,由城市人民政府市容环境卫生主管部门责令限期改正,给予警告,处 5000 元以上 5 万元以下罚款。

涂改、倒卖、出租、出借或者以其他形式非法转让城市建筑垃圾处置核准文件的,由城市人民政府市容环境卫生主管部门责令限期改正,给予警告,处 5000 元以上 2 万元以下罚款。

未经核准擅自处置建筑垃圾的或处置超出核准范围的建筑垃圾的,由城市人民政府市容环境卫生主管部门责令限期改正,给予警告,对施工单位处 1 万元以上 10 万元以下罚款,对建设单位、运输建筑垃圾的单位处 5000 元以上 3 万元以下罚款。

任何单位和个人随意倾倒、抛撒或者堆放建筑垃圾的,由城市人民政府市容环境卫生主管部门责令限期改正,给予警告,并对单位处 5000 元以上 5 万元以下罚款,对个人处 200 元以下罚款。

复习思考题

1. 建设工程环境问题是如何产生的?建设工程环境保护的意义有哪些?
2. 如何全面理解环境影响评价制度?
3. "三同时"和排污许可证制度的概念及意义分别是什么?
4. 建筑施工噪声污染防治规定的内容有哪些?
5. 城市建筑垃圾管理规定的内容有哪些?

第十二章 建设工程争议处理法律制度

【本章提要】 由于建设活动具有投资巨大、生产周期长、技术要求高、不可预见因素多、受环境影响强、协作关系复杂以及政府监管严格等特点，建设工程争议不可避免地在当事人之间产生。建设工程纠纷由于性质不同而有不同的分类，其中最主要的也是最常见的一种分类，就是把建设工程争议分为民事争议和行政争议这两大类。这两类争议由于在性质上有着极大的差别，因而其解决的方式也有很大的区别。建设工程民事争议主要通过和解、调解、仲裁和民事诉讼这四种途径来解决，而建设工程行政争议则主要通过行政复议和行政诉讼这两种方式来解决。

第一节 建设工程争议概述

一、建设工程争议的概念

建设工程争议，也叫建设工程纠纷，是指建设工程当事人之间在建设过程中因行使权利和履行义务发生分歧而引起的争议。为了准确理解建设工程争议的概念，应注意以下几个问题：

（1）建设工程争议是产生在工程建设过程中的，即建设工程争议发生的前提是存在建设工程，若无建设工程，就不会产生建设工程争议。

（2）建设工程争议的当事人情况比较复杂，可能涉及的主体较多，例如建设工程勘察主体、设计主体、施工合同主体、监理主体、审计主体等，既有平等关系的民事主体，又有管理关系的不平等主体。

（3）建设工程争议的内容是当事人相互之间的权利和义务。这里的权利和义务有着丰富的内容，既有民事权利和民事义务，也包括行政法上的权利(力)和义务。所以，解决建设工程争议所依据的规范性法律文件，不仅包括民事法律规范，也包括行政法律规范。

二、建设工程争议的种类

（一）按照争议性质来划分

按照争议性质的不同，可以把建设工程争议分为民事争议和行政争议两大类。

1. 建设工程民事争议

所谓民事争议(也叫民事纠纷)，是指平等主体之间发生的，以民事权益、义务或民事责任为内容的法律争议。民事纠纷是私法纠纷，私法纠纷是指双方当事人基于法律上的平等权利地位而形成的民事法律关系。建设工程民事争议就是指平等的建设工程民事法律关系主体之间发生的民事权利义务争议，特别是发包人和承包人就有关工期、质量、造价等方面产生的建设工程合同争议，是工程建设领域最常见的争议形式。这种争议又可分为两大类：合同争议和侵权争议。前者是指当事人之间对合同是否成立、生效、对合同的履行情况和不履行的后果等产生的争议，如建设工程勘察设计合同争议、建设工程施工合同争议、建设工程委托监理合同争议、建材及设备采购合同争议等；后者是指由于一方当事人对另一方侵权而产生的争议，如工程施工中由于施工单位未采取安全措施而对他人造成损害而产生的争议等。其中，合同争议是建设活动中最常出现的争议。

2. 建设工程行政争议

这里的行政争议是狭义上的，它是指行政主体在实施行政管理活动中与行政管理相对人之间发生的争议。构成行政争议必须同时具备以下四个条件：

(1) 争议的双方，其中有一方是行政主体；

(2) 争议是由行政主体实施行政管理行为引起的；

(3) 行政争议是以行政主体依其职权，因其作为或不作为与公民、法人或其他组织形成行政法上权利义务的法律行为为前提，没有行政主体行使职权的行为，行政争议便不存在；

(4) 行政相对人不服行政主体的行政行为，提出复议或诉讼，是法律允许的，解决行政争议，必须依照法定程序进行。

建设工程行政争议是指建设工程行政管理主体在建设工程行政管理过程中，因作出具体行政行为而与被管理者包括公民、法人、其他组织（即行政相对人）之间所发生的行政法律关系争议，例如在办理施工许可证时符合办证条件而不予办理所导致的争议；在招投标过程中行政机关进行行政处罚而产生的争议等。其中既有因行政机关滥用职权、越权管理、不作为等产生的争议，也有因被管理人逃避监督管理、非法抗拒管理等产生的争议。

(二) 按照建设工程争议的具体内容来划分

按照建设工程争议的具体内容来划分，主要有施工合同主体争议、施工合同工程款争议、施工合同质量争议、施工合同分包与转包争议、施工合同变更和解除争议、施工合同竣工验收争议、施工合同审计争议、建设工程勘察、设计合同争议、建设工程监理合同争议、建设工程物资采购合同争议、相邻关系争议、建设项目施工对环境影响的争议等。

三、建设工程争议产生的原因

(一) 建设工程合同争议的成因

1. 建设工程勘察、设计合同以及监理合同争议的成因

建设工程勘察、设计合同争议主要是由建设工程勘察、设计质量，建设工程勘察、设计期限以及建设工程勘察、设计变更所引起的争议。建设工程监理合同争议主要是监理工作内容的争议、监理工作缺陷争议这两种。

2. 建设工程施工合同争议的成因

(1) 施工合同主体争议

施工合同主体争议的产生主要是因为承包商不具备相应的资质承包工程、联合体承包导致的纠纷、因无权代理与表见代理导致的争议、不具有资质的企业或个人挂靠而引起的争议。

(2) 施工合同工程款争议

施工合同工程款纠纷产生的主要原因有：承包商竞争过分激烈而竞相压价；"三边工程"引起的工程造价失控；施工合同调价与索赔条款的重合、合同约定不明、理解分歧、

合同缺项、内容冲突；工程款拖欠等。

(3) 施工合同质量争议

工程质量争议产生的主要原因有：施工单位不顾实际的降低造价，缩短工期，不按建设程序运作，在设计或施工中提出违反法律、行政法规和建筑工程质量、安全标准的要求，将工程发包给没有资质的单位或者将工程任意肢解进行发包，建设单位未将施工图设计文件报县级以上人民政府建设行政主管部门或者其他有关部门审查，建设单位采购的建筑材料、建筑构配件和设备不合格或给施工单位指定厂家，明示或暗示使用不合格的材料、构配件和设备，施工单位脱离设计图纸、违反技术规范以及在施工过程中偷工减料，施工单位未履行属于自己的在施工前产品检验的强化责任，施工单位对于在质量保修期内出现的质量缺陷不履行质量保修责任以及监理制度不严格等。

这类纠纷通常是发包人向承包人主张赔偿，或者要求承包人返修、重作，而承包人则一般会认为工程质量问题不大，可以改正从而拒绝赔偿，甚至认为质量问题是由于发包人的原因而产生的。

(4) 施工合同分包与转包争议

施工合同分包与转包纠纷主要是由合同各方履约责任不清，施工协调配合不力，合同违约的相互影响引起的罚款、索赔，业主超越权限指定分包，对分包商疏于管理等原因引起。

(5) 施工合同变更和解除争议

施工合同变更和解除争议的产生原因包括工程本身具有的不可预见性、设计与施工以及不同专业设计之间的脱节、"三边工程"导致大量变更产生、大量的口头变更导致事后责任无法分清、单方解除合同等。

(6) 施工合同竣工验收争议

施工合同验收纠纷主要由隐蔽工程验收和未经验收提前使用引起，尤其是未经验收提前使用引起的纠纷更为突出。尽管多部法律法规都规定未经验收的工程禁止交付使用，但未经验收交付使用的工程仍大量存在，由此引发的工程质量纠纷和工程款拖欠纠纷也时常发生。

(7) 施工合同审计争议

施工合同审计纠纷主要是有关各方对审计监督权的认识偏差造成的纠纷。很多建设单位为加强内部监督，尤其是国家投资工程都规定要经过内部审计或审计部门的审计方可进行竣工结算，支付竣工结算款，而工程审计又久拖未审，引起工程款的久拖未结；审计机关的独立性得不到保证，工程造价的技术性问题也是导致争议的原因。

3. 建设工程物资采购合同争议的成因

(1) 建设工程物资采购合同质量、数量争议的原因。具体包括合同约定不明确，检查验收不严格、不及时等。

(2) 引起建设工程物资采购合同履行期限、地点争议的原因。主要是合同约定不明确、不按合同约定履行等。

(3) 引起建设工程物资采购合同价款争议的原因。主要是合同约定不明确、履行期间价格变动等。

(二) 建设工程其他争议的成因

建设工程其他争议的成因主要有：

(1) 相邻关系争议的发生。主要是没有正确处理给水、排水、通行、通风、采光等方面的相邻关系。

(2) 建设项目施工对环境影响的争议。主要体现在两个方面：一是对自然环境造成破坏引发争议；二是施工产生的噪声、粉尘、振动等对周围生活居住区的污染和危害引发争议。

四、建设工程争议的防范

(一) 建设工程合同争议的防范

1. 建设工程勘察、设计合同以及监理合同争议防范

避免建设工程勘察、设计合同争议的措施有：严格建设工程勘察、设计质量与期限管理，避免和减少建设工程勘察、设计的变更。

建设工程监理合同争议的防范措施包括合同约定应当明确，应严格按照合同约定完成各自的职责，出现监理工作缺陷时，应当按照规定进行补救和承担相应的责任。

2. 施工合同争议的防范

(1) 施工合同主体争议的防范

防范主体纠纷的措施就是在施工招标时要严格对投标人的资质审查，必要时要进行实地考察和必要的调查，在签订合同前还要进一步核实施工企业资质，确保承包商具有承包的相应资质。

联合体投标要以联合企业资质最低等级来确定，在审查联合各方企业资质时要对所有企业全面审查，重点审查合同主要履行方的企业资质和实力。

"挂靠"是导致施工合同主体纠纷的重要方面，也是近来引发工程质量问题的主要原因，因此要从合同签订、考察和施工监理、设备建造以及财务方面制定相应对策。

加强对建筑市场承包商资质的监管和审查，避免与不具备相应资质的承包商订立合同。施工合同各方应加强对授权委托书的管理，避免无权代理和表见代理的产生，避免与无权代理人签订合同。

(2) 施工合同工程款争议的防范

防范对策就是要把好签订合同的环节，避免合同约定不明、理解分歧、合同缺项、内容冲突、调价条款与索赔条款重合等问题的发生。因此签订合同前要严格按照质量管理体系标准进行合同评审，聘请律师或法务人员介入进行合同分析，签订好施工合同是防止工程款纠纷的关键一环。

(3) 施工合同质量争议的防范

引起施工合同质量的纠纷有多种原因，但其防范措施主要体现在施工过程控制方面：严格按照施工规范和设计要求施工，严格施工监理；对造价和工期的要求应当符合客观规律；加强工程用建筑材料、建筑构配件和建筑设备采购的管理和监造工作；严格"三检"，尤其应加强隐蔽工程隐蔽前的检验，强化验收责任；完善质量保修制度等。

(4) 施工合同分包与转包争议的防范

防范措施主要有以下几种：在分包合同中明确各自的责任，做到责任明确；加强施工管理，加强施工过程中的协调配合；充分协商防患于未然，避免违约和罚款的发生；加强对分包商的管理，发包方不可越权指定分包商，严格履行合同，保障承包商施工权利的行使。

(5) 施工合同变更和解除争议防范

防范施工合同变更和解除争议的发生要做好工程的计划性、避免设计与施工以及不同专业设计之间的脱节、避免"三边工程"、规范口头变更、规范单方解除合同等。

(6) 施工合同竣工验收争议防范

要避免施工合同竣工验收争议，应严格按照规范和合同约定进行隐蔽工程竣工验收，严禁未经验收的工程交付使用。

(7) 施工合同审计争议防范

防范措施主要有两个方面：其一，在合同中明确必须经过有关部门的审计方可进行竣工结算，这样审计就对双方产生约束力；其二，约定审计的期限和逾期未审的责任，可以参照住房和城乡建设部有关工程结算的规定，约定建设单位逾期未能审计的，视为认可施工方的竣工结算报告，从而规范审计工作。

3. 建设工程物资采购合同争议的防范

建设工程物资采购合同争议的防范措施包括以下几种：合同约定应当明确，严格检查验收制度，到货后应及时验收，严格按照合同约定履行，按照合同法的规定处理履行期间价格的变动。

(二) 建设工程其他争议的防范

1. 相邻关系争议的防范

做好规划，严格按照有利生产、方便生活、团结互助、公平合理的精神来正确处理给水、排水、通行、通风、采光等方面的相邻关系。

2. 环境保护争议的防范

施工单位应当严格按照国家规定的标准、规范和合同的约定进行施工。

3. 施工中的安全措施不当产生的损害赔偿争议的防范

在施工过程中，按照需要设置明显标志、采取安全措施，严格管理搁置物和悬挂物，避免给他人造成损害。

第二节 建设工程民事争议处理方式

由于建设工程争议的性质不同，解决的方式也不同。根据我国民事法律规范的规定，当事人可以通过和解或者调解来解决民事争议。当事人不愿和解、调解或者和解、调解不成的，可以根据仲裁协议向仲裁机构申请仲裁。当事人没有订立仲裁协议或者仲裁协议无效的，可以向人民法院起诉。当事人应当履行发生法律效力的判决、仲裁裁决、调解书，拒不履行的，对方可以请求人民法院执行。因此，根据我国法律的规定，建设工程民事争议的处理方式主要有四种，包括和解、调解、仲裁和民事诉讼。

一、建设工程民事争议和解

(一) 建设工程民事争议和解的概念

和解，是指建设工程争议双方当事人在自愿、友好的基础上，自行协商、互相沟通、互相谅解，就争议的解决达成一致意见的处理方式。和解不受程序约束，也不具有程序法上的效力，当事人仍有申请调解、仲裁或诉讼的权利。和解在建设工程民事争议处理的任何阶段都可以进行。

建设工程争议发生时，当事人应首先考虑通过和解解决问题。诉讼不仅成本高，而且诉讼过程漫长而反复，单纯的诉讼，甚至仲裁都无法满足社会对司法救济制度多样化的需求。通过和解解决争议，理性的当事人可以积极寻求双方利益的平衡点，以最大限度地满足自己的需求，并化解矛盾争议，有效防止矛盾激化和事态扩大。事实上，在建设工程民事争议发生后，绝大多数的争议都可以通过和解来解决。

（二）和解的适用

和解的应用非常广泛，发生争议后，当事人即可自行和解，即使在申请仲裁或诉讼后仍然可以和解。当事人申请仲裁后，自行和解，达成和解协议的，可以请求仲裁庭根据和解协议作出裁决书，也可以撤回仲裁申请。当事人达成和解协议，撤回仲裁申请后反悔的，可以根据仲裁协议申请仲裁。和解可以发生在民事诉讼的任何阶段。当事人在诉讼中和解的，应由原告申请撤诉，经法院裁定撤诉后结束诉讼。当事人可以通过和解处理争议，但审判阶段的和解没有法律效力。当事人和解以后，可以请法院调解，制作调解书，产生法律效力。在执行中，双方当事人在自愿协商的基础上达成的和解协议，产生结束执行程序的效力。如果一方当事人不履行和解协议或者反悔的，对方当事人只可以申请人民法院按照原生效法律文书强制执行。

（三）建设工程民事争议和解的特点

建设工程民事争议和解具有如下特点：

（1）具有最高的自治性，即和解是依照纠纷主体自身力量解决纠纷，没有第三者协助或主持解决纠纷，和解的过程和结果均取决于当事人的意思自治。

（2）以和解来解决纠纷，往往不伤害纠纷主体之间的感情，有利于维持和发展建设工程民事纠纷双方的合作关系，而且经协商达成的协议，当事人一般也能自觉遵守。

（3）非严格的规范性，即和解的过程和结果不受也无需规范（尤其是法律规范）的严格制约，即是说，既不严格依据程序规范进行和解，也不严格依据实体规范达成和解协议。和解在形式和程序上具有通俗性和民间性，它通常是以民间习惯的方式或者纠纷主体自行约定的方式进行，甚至可以在请客吃饭、电话交谈中达成协议。

（4）由于和解不受任何法律规范的约束，当事人即可以在不违反法律、行政法规强制性规定的前提下，根据实际需要以多种方式进行磋商，以使争议得到灵活的解决，这样能够节省大量费用和时间，从而使当事人之间的争议得以较为经济和及时地解决。

二、建设工程民事争议调解

（一）建设工程民事争议调解的概念

建设工程民事争议调解，是指第三方（即调解人）应建设工程民事争议当事人的请求，在查清事实、分清是非的前提下，依据法律法规、政策的规定或依建设工程合同约定，通过说服、劝导、教育、斡旋等方法，促使双方当事人在平等协商、互谅互让的基础上自愿达成解决其争议的协议。

（二）建设工程民事争议调解的形式

调解包括法院调解与诉讼外调解，建设工程调解的形式因而也就包括了这两大类。法院调解，是指在建设工程民事诉讼中，人民法院审判人员对双方当事人进行说服劝导，促使其就民事争议自愿协商，达成协议，解决纠纷的活动。法院调解包括调解活动的进行和以调解的方式结案，无论是否达成调解协议，都是法院调解。法院调解是在诉讼中进行的，所以又称为诉讼中的调解。

诉讼外调解有以下几种：一是民间调解，即在建设工程民事争议当事人以外的第三人或组织的主持下，通过相互谅解，使争议得到稳妥的解决；二是行政调解，或称行政调处，是指在有关行政机关的主持下，依据相关法律、行政法规、规章及政策，处理争议的一种方式；三是仲裁调解，仲裁庭在作出裁决前，可以进行调解。当事人自愿调解的，仲裁庭应当调解。仲裁的调解达成协议，应当制作调解书或者裁决书。

（三）建设工程民事争议调解的特点

1. 诉讼外调解特征

诉讼外调解具有以下特征：

（1）第三者（调解人）可以是人民调解委员会、行政机关、仲裁机关、双方当事人所信赖的个人，但是在调解中他们都是中立的第三方。这一点使调解与和解区别开来，和解没有第三者。

（2）对于是否运用调解、调解协议的内容等，取决于纠纷主体的合意。而调解人只是以沟通、说服、协调等方式促成纠纷主体达成解决纠纷的合意。

（3）除仲裁机构和法院制作的调解书对建设工程民事争议的当事人有约束力外，其他机构或个人主持下达成调解协议而形成的调解书，均无约束力，当事人反悔的，可向人民法院起诉。

2. 法院调解的特征

法院调解具有如下特征：

（1）法院调解具有适用的广泛性

法院调解作为民事诉讼法的一项基本原则和人民法院审理民事案件的一种重要方式，在民事诉讼中具有广泛的适用性。从适用的法院看，各级各类人民法院审理民事案件都可以进行调解。从适用的程序看，在第一审普通程序、简易程序、第二审程序和审判监督程序中，均可以适用法院调解。从适用的审理阶段看，开庭审理前可以进行调解，开庭审理后、判决作出之前也可以进行调解。从适用的案件看，凡属于民事权益争议性质、具备调解可能的案件，在当事人自愿的基础上都可以进行调解。

（2）法院调解具有自愿性

这是法院调解与法院判决的重要区别之一。不论是调解程序的启动和进行，还是调解协议的达成，均应当本着双方当事人的自愿，法院不得强迫。

（四）建设工程民事调解的法律效力

除仲裁机构和法院制作的调解书对当事人有约束力外，其他机构或个人主持下达成调解协议而形成的调解书，均无约束力，当事人反悔的，可向人民法院起诉。

1. 法院调解协议生效的时间

建设工程调解协议生效的时间，因法院是否制作调解书而不同。

首先，关于调解书的生效时间。《民事诉讼法》第89条第3款规定："调解书经双方当事人签收后，即具有法律效力。"这一规定包括两个方面的要求：一是调解书必须送达双方当事人签收。据此，调解书应当直接送达当事人本人，不适用留置送达和公告送达的方式。二是调解书必须经双方当事人签收后才能生效。如果一方或双方当事人拒绝签收的，应当视为调解不成立，调解书不发生法律效力。

其次，是记入笔录的调解协议的生效时间。根据《民事诉讼法》第90条的规定，不需要制作调解书只记入笔录的调解协议，由双方当事人、审判人员、书记员签名或者盖章后，即具有法律效力。

2. 建设工程调解协议生效后产生的法律后果

调解书和只记入笔录的调解协议生效后，可以产生以下几个方面的法律后果：

(1) 结束诉讼程序。法院调解是人民法院的结案方式之一。调解协议生效，表明人民法院最终解决了双方当事人的纠纷，民事诉讼程序也因此而终结，人民法院不得对该案继续进行审理。

(2) 确认当事人之间的权利义务关系。调解协议生效后，当事人之间的权利义务关系在调解协议中得到确认，民事争议已得到解决，当事人不得对此法律关系再发生争议。

(3) 不得以同一诉讼标的、同一事实和理由再行起诉。调解协议生效后，民事纠纷已依法解决，当事人不得以同一诉讼标的、同一事实和理由，向人民法院再次提起民事诉讼。

(4) 不得对调解协议提出上诉。调解协议是在双方当事人自愿的前提下达成的，当事人一旦接受调解协议，就意味着放弃了上诉权。因此，无论是在一审、二审还是再审程序中达成的调解协议，均不能提起上诉。

(5) 有给付内容的调解协议书具有强制执行力。调解协议是双方当事人在人民法院主持下自愿达成的，一般情况下当事人都能自觉履行。如果具有给付内容的调解协议生效后，负有义务的一方当事人不履行义务时，对方当事人可以向人民法院申请强制执行。

三、建设工程民事争议仲裁

(一) 建设工程民事争议仲裁的概念

仲裁作为一个法律概念有其特定的含义，即指发生争议的当事人（申请人与被申请人），根据其达成的仲裁协议，自愿将该争议提交中立的第三者进行裁判的争议解决制度。建设工程民事争议仲裁，是建设工程争议当事人在争议发生前或者争议发生后达成仲裁协议，自愿将争议交给中立的第三者（仲裁机构），由第三者在事实上作出判断、在权利义务上作出裁决的一种处理方法。这种争议解决方式必须是自愿的，因此，必须有仲裁协议。如果当事人之间有仲裁协议，争议发生后又无法通过和解或者调解解决问题，则应及时将争议提交仲裁机构仲裁。

(二) 建设工程民事争议仲裁的适用范围

在我国，《中华人民共和国仲裁法》（以下简称《仲裁法》）是调整和规范仲裁制度的基本法律，但《仲裁法》的调整范围仅限于民商事仲裁，即"平等主体的公民、法人和其他组织之间发生的合同争议和其他财产权争议"适用仲裁，而在建设工程过程中发生的劳动争议则不适用该法规定的民事仲裁，而是适用《中华人民共和国劳动法》规定的劳动仲裁这一特殊解决方式。

(三) 建设工程民事争议仲裁的特点

仲裁是解决纠纷经常采用的一种方式，而且也是我国加入WTO以后解决商事争议的重要途径。当前，通过仲裁来解决建设工程合同纠纷，已经成为合同双方愿意选择的重要方式。仲裁主要有以下几个方面的特征：

1. 意思自治性

与民事诉讼相比，仲裁体现出当事人的高度意思自治。具体说，是否采用仲裁解决纠纷取决于当事人的合意（强制仲裁除外）；当事人自行商定值得信任并对纠纷处理较为便利的仲裁机构来处理他们之间的纠纷；当事人有权选定或约定仲裁员；当事人可以约定审理方式（开庭审理或书面审理）、开庭形式（公开或不公开）等；仲裁程序的继续进行以当事人自愿为前提，如当事人可撤回仲裁申请终结仲裁程序等；当事人在仲裁中可自愿达成和解或调解协议；在一定情形中，当事人可选择仲裁所依从的实体法律规范，也可选择适用程序性规范。

2. 专业性

专家裁案，是民商事仲裁的重要特点之一。民商事仲裁往往涉及到不同行业的专业知识，例如，建设工程的争议处理不仅涉及到与工程建设有关的法律法规，还常常需要运用大量的工程造价、工程质量方面的专业知识和熟悉建筑业自身特有的交易习惯和行业惯例。因此，仲裁由具有一定专业水平的专家担任仲裁员，是确保仲裁结果准确、公正的重要保障。

3. 独立性

仲裁中的第三者，在现代仲裁制度中是仲裁机构，可为永久性的，也可为临时性的，但是不管何种形式，均不是国家机关，而是民间组织或社团法人。仲裁员主要是由当事人选定或约定的专家，他们不是国家工作人员。因此，仲裁机构和仲裁员无权以国家强制力解决纠纷。仲裁机构和仲裁员的纠纷仲裁权来源于当事人的仲裁合意（特殊情况下来源于法律的规定）。在仲裁过程中，仲裁庭独立进行仲裁，不受任何行政机关、社会团体和个人的干涉，也不受其他仲裁机构的干涉，具有独立性。因而仲裁因其公正性、专业性、便捷性和低成本而赢得人们的青睐。

4. 保密性

仲裁以不公开审理为原则。同时，按照各仲裁规则的规定，当事人及其代理人、证人、翻译人员、仲裁员、仲裁庭咨询的专家和指定的鉴定人、仲裁委员会有关工作人员亦要遵守保密义务，不得对外界透露案件实体和程序的有关情况。因此，当事人之间的争议及有关的商业秘密，不会因仲裁活动而泄露。

5. 快捷性

《仲裁法》中对于结案时间没有规定，而是由各个仲裁机构在自己的仲裁规则中规定的。从仲裁规则和民事诉讼法的规定来看，仲裁的审理期限要比法院短。而且，仲裁是一裁终局制，而法院是两审终审制，相比之下，就更加显现出仲裁审理高效率的特点。对于建设工程合同纠纷而言，尽快结案，可以防止或减少工程进度被拖延、建设资金长期被占压等情形的出现。

（四）民事争议仲裁法律基本制度

1. 协议仲裁制度

这是当事人自愿仲裁得以实现的最基本的保证，仲裁法规定仲裁必须要有书面的仲裁协议，仲裁协议可以是合同中写明的仲裁条款，也可以是单独书写的仲裁协议书（包括可以确认的其他书面方式）。仲裁协议的内容应当包括请求仲裁的意思表示，约定的仲裁事项，以及选定的仲裁委员会。没有仲裁协议，一方申请仲裁的，仲裁委员会不予受理。

2. 或裁或审制度

或裁或审是尊重当事人选择解决争议途径的制度。其含义是，当事人达成书面仲裁协议的，应当向仲裁机构申请仲裁，不能向法院起诉。人民法院也不受理有仲裁协议的起诉。如果一方当事人出于自身的利益或者其他原因，没有信守仲裁协议或者有意回避仲裁而将争议起诉到法院，那么被诉方当事人可以依据仲裁协议向法院提出管辖权异议，要求法院驳回起诉，法院按照仲裁法的规定，将对有效仲裁协议的起诉予以驳回并让当事人将争议交付仲裁。因此，有效的仲裁协议即排除法院对案件的司法管辖权，只有在没有仲裁协议或者仲裁协议无效的情况下，法院才可以对当事人的争议予以受理。

3. 一裁终局制度

仲裁实行一裁终局的制度。裁决作出后，当事人就同一争议再申请仲裁或者向人民法院起诉的，仲裁委员会或者人民法院不予受理。一裁终局的基本含义在于，裁决作出后，即产生法律效力，即使当事人对裁决不服，也不能就同一案件向法院提出起诉。所以一裁终局，不仅排除了我国沿用多年的一裁二审的可能性，同时也排除了一裁一复议和二裁终局的可能性。

（五）建设工程仲裁协议

建设工程仲裁协议是指建设工程合同当事人自愿将已经发生或者可能发生的争议通过仲裁解决的书面协议。在民商事仲裁中，仲裁协议是仲裁的前提，没有仲裁协议，就不存在有效的仲裁。

1. 建设工程仲裁协议的形式

根据《仲裁法》第16条第1款的规定："仲裁协议包括合同中订立的仲裁条款和其他以书面形式在争议发生前或者争议发生后达成的请求仲裁的协议。"据此，建设工程仲裁协议应当采用书面形式，口头方式达成的仲裁意思表示无效。

书面仲裁协议有两种形式：一种是在争议发生之前订立的，它通常作为合同中的一项仲裁条款出现；另一种是在争议发生之后订立的，它是把已经发生的争议提交仲裁的协议。这两种形式的仲裁协议，其法律效力是相同的。所以，仲裁协议既可以表现为建设工程合同中的仲裁条款，也可以表现为独立于建设工程合同而存在的仲裁协议书。而在实践中，仲裁条款是最常见的仲裁协议形式。

2. 建设工程仲裁协议的内容

建设工程仲裁协议应当具有下列内容：

（1）请求仲裁的意思表示；

（2）仲裁事项；

（3）选定的仲裁委员会。

这三项内容必须同时具备，仲裁协议才能有效。其中，由于仲裁没有法定管辖的规定，因此当事人选择仲裁委员会可以不受地点的限制，但必须明确、具体。如果仲裁协议对仲裁事项或者仲裁委员会没有约定或约定不明确，且当事人达不成补充协议的，仲裁协议无效。

3. 建设工程仲裁协议的效力

建设工程仲裁协议的效力包括以下几个方面：

（1）对当事人的法律效力

这是仲裁协议效力的首要表现。首先，仲裁协议约定的特定法律关系发生争议后，当事人就该争议的起诉权受到限制，只能将争议提交仲裁机构解决，不得单方撤销协议而向法院起诉；其次，当事人必须依仲裁协议中确定的仲裁范围、仲裁地点、仲裁机构等内容进行，不得随意更改；此外任何一方当事人不能随意解除、变更已发生法律效力的仲裁协议，当事人应履行仲裁委员会依法作出的裁决。

(2) 对仲裁机构的法律效力

仲裁协议是仲裁委员会受理仲裁案件的基础，是仲裁庭审理和裁决仲裁案件的依据。没有有效的仲裁协议，仲裁委员会将不能获得仲裁案件的管辖权。同时，仲裁委员会还只能对当事人在仲裁协议中约定的争议事项进行仲裁，对超出仲裁协议约定范围的其他争议无权仲裁。

(3) 对法院的约束力

一方面，有效的仲裁协议排除了法院的管辖权，如选择了仲裁即排除了法院管辖。在我国，仲裁裁决被撤销或被拒绝执行，当事人如不能重新达成仲裁协议，只能向法院起诉。

另一方面，仲裁协议对法院的制约力还表现在，对仲裁机构基于有效仲裁协议所作出的有效裁决，法院负有执行职责，这体现了法院对仲裁的支持。

(4) 建设工程仲裁协议的独立性

建设工程仲裁协议独立于建设工程合同，建设工程合同的变更、解除、终止或者无效，不影响建设工程仲裁协议的效力。

(六) 建设工程民事争议仲裁程序

1. 申请与受理

(1) 申请仲裁的条件

当事人申请仲裁应当符合下列条件：首先要有仲裁协议，这是申请仲裁必备的首要条件，没有仲裁协议就不能申请仲裁；其次要有具体的仲裁请求和事实、理由；最后，申请仲裁的争议属于仲裁委员会的受理范围，即符合仲裁法规定的当事人申请仲裁的纠纷应当是平等主体的公民、法人和其他组织之间发生的合同纠纷和其他财产权益纠纷。

当事人申请仲裁，应当向仲裁委员会递交仲裁协议、仲裁申请书及副本。其中，仲裁申请书应当载明下列事项：当事人的姓名、性别、年龄、职业、工作单位和住所；法人或者其他组织的名称、住所和法定代表人或者主要负责人的姓名、职务；仲裁请求和所根据的事实、理由；证据和证据来源、证人姓名和住所。

(2) 审查与受理

仲裁委员会收到仲裁申请书之日起5日内，认为符合受理条件的应当受理，并通知当事人；认为不符合受理条件的，应当书面通知当事人不予受理，并说明理由。

仲裁委员会受理仲裁申请后，应当在仲裁规则规定的期限内将仲裁规则和仲裁员名册送达申请人，并将仲裁申请书副本和仲裁规则、仲裁员名册送达被申请人。被申请人收到仲裁申请书副本后，应当在仲裁规则规定的期限内向仲裁委员会提交答辩书。仲裁委员会收到答辩书后，应当在仲裁规则规定的期限内将答辩书副本送达申请人。被申请人未提交答辩书的，不影响仲裁程序的进行。被申请人有权提出反请求。

当事人申请财产保全的，仲裁委员会应当将当事人的申请依照民事诉讼法的有关规定提交人民法院。

2. 仲裁庭的组成

(1) 仲裁庭的组成方式

仲裁庭可以由三名仲裁员(合议仲裁庭)或者一名仲裁员(独任仲裁庭)组成。如果当事人约定由三名仲裁员组成仲裁庭的,应当各自选定或者各自委托仲裁委员会主任指定一名仲裁员,第三名仲裁员由当事人共同选定或者共同委托仲裁委员会主任指定,第三名仲裁员是首席仲裁员。如果当事人约定由一名仲裁员成立仲裁庭的,应当由当事人共同选定或者共同委托仲裁委员会主任指定仲裁员。

当事人如果没有在仲裁规定的期限内约定仲裁庭的组成方式或者选定仲裁员的,由仲裁委员会主任指定。

(2) 仲裁员的回避

仲裁员如果具有下列情形之一的,必须回避,当事人也有权提出回避申请:是本案当事人或者当事人、代理人的近亲属;与本案有利害关系;与本案当事人、代理人有其他关系,可能影响公正仲裁的;私自会见当事人、代理人,或者接受当事人、代理人的请客送礼的。

3. 审理和裁决

(1) 仲裁开庭和审理

仲裁应当开庭进行,当事人可以协议不开庭。当事人应当对自己的主张提供证据。仲裁庭认为有必要收集的证据,可以自行收集。证据应当在开庭时出示,当事人可以质证。当事人在仲裁过程中有权进行辩论。仲裁庭应当将开庭情况记入笔录。

(2) 仲裁中的和解、调解

当事人申请仲裁后,可以自行和解。达成和解协议的,可以请求仲裁庭根据和解协议作出裁决书,也可以撤回仲裁申请。

仲裁庭在作出裁决前,可以先行调解。当事人自愿调解的,仲裁庭应当调解。调解不成的,应当及时作出裁决。调解达成协议的,仲裁庭应当制作调解书或者根据协议的结果制作裁决书。调解书与裁决书具有同等法律效力。调解书经双方当事人签收后,即发生法律效力。如果在调解书签收前当事人反悔的,仲裁庭应当及时作出裁决。

(3) 仲裁裁决

仲裁裁决应当按照多数仲裁员的意见作出,少数仲裁员的不同意见可以记入笔录。仲裁庭不能形成多数意见时,裁决应当按照首席仲裁员的意见作出。裁决书自作出之日起发生法律效力,具体体现在:当事人不得就已经裁决的事项再申请仲裁,也不得就此提起诉讼;仲裁裁决具有强制执行力。

(七) 建设工程民事争议仲裁裁决的撤销

仲裁实行一裁终局制,仲裁裁决一经作出,即发生法律效力,当事人不能就同一纠纷再向仲裁委员会申请仲裁,也不能就同一纠纷向人民法院起诉或上诉。如果仲裁裁决发生错误就会使当事人的合法权益受到损害,因此《仲裁法》中设置了撤销仲裁裁决这种程序监督机制,对确保仲裁裁决的合法性和正确性,具有非常重要的意义。

1. 申请撤销建设工程民事争议仲裁裁决的理由和条件

当事人申请撤销仲裁裁决,必须具有法定理由。根据《仲裁法》的规定,有下列情形之一的,当事人可以申请撤销仲裁裁决:

(1) 没有仲裁协议的;

(2) 裁决的事项不属于仲裁协议的范围或者仲裁委员会无权仲裁的；
(3) 仲裁庭的组成或者仲裁的程序违反法定程序的；
(4) 裁决所依据的证据是伪造的；
(5) 对方当事人隐瞒了足以影响公正裁决的证据的；
(6) 仲裁员在仲裁该案时有索贿受贿、徇私舞弊、枉法裁决行为的。

当事人申请撤销仲裁裁决的，应当自收到裁决书之日起6个月内提出。

2. 建设工程仲裁裁决被撤销的法律后果

建设工程民事争议仲裁裁决被人民法院依法撤销后，当事人之间的争议并未解决。在这种情况下，当事人可以重新寻求解决纠纷的方法，当事人就该争议可以根据双方重新达成的仲裁协议申请仲裁，也可以向人民法院起诉。

（八）建设工程民事争议仲裁裁决的执行

1. 建设工程民事争议仲裁裁决的强制执行

仲裁裁决作出后，当事人应当履行裁决。一方当事人不履行的，另一方当事人可以依照民事诉讼法的有关规定，向人民法院申请执行。

2. 建设工程民事争议仲裁裁决的不予执行

被申请人提出证据证明裁决有下列情形之一的，经人民法院组成合议庭审查核实，裁定不予执行：

(1) 当事人在合同中没有仲裁条款或者事后没有达成书面仲裁协议的；
(2) 裁决的事项不属于仲裁协议的范围或者仲裁机构无权仲裁的；
(3) 仲裁庭的组成或者仲裁的程序违反法定程序的；
(4) 认定事实的主要证据不足的；
(5) 适用法律确有错误的；
(6) 仲裁员在仲裁该案时有索贿受贿、徇私舞弊、枉法裁决行为的。

仲裁裁决被人民法院依法裁定不予执行的，当事人就该争议可以重新达成仲裁协议，并依据该仲裁协议申请仲裁，也可以向人民法院提起诉讼。

四、建设工程民事诉讼

（一）建设工程民事诉讼概述

建设工程民事诉讼，是指人民法院在建设工程民事纠纷的当事人和其他诉讼参与人的参加下，按照一定程序和方式解决建设工程民事纠纷的活动，以及由此产生的各种诉讼关系的总和。

民事诉讼是国家利用公权力（审判权）解决私权纠纷的机制，与其他民事纠纷解决机制相比，民事诉讼表现出国家强制性和程序性。

1. 国家强制性

民事诉讼的国家强制性，具体表现为：法院利用审判权来确定或者宣告纠纷主体之间民事法律关系及民事法律责任的承担；又以国家强制执行权迫使法律责任承担者履行法律裁判。正因为如此，民事诉讼成为解决民事纠纷的最终方式。其他国家机关、社会团体和公民无权变更或撤销法院的民事判决。

2. 程序性

民事诉讼是依照法定程序进行的诉讼活动，无论是法院，还是当事人和其他诉讼参与人，均须按照民事诉讼法律规定的程序实施诉讼行为。与建设工程民事诉讼相比，建设工程民间调解通常没有严格的程序规则，建设工程仲裁虽然也要按照预先确定的程序进行，但相对灵活，当事人的选择权也较大。

民事诉讼是一种正式的、权威性的解决纠纷机制，但这种解决机制也有它自身的缺陷，它通过法官的裁判可以明确是非，但是判决缺乏柔和性，不能解决人们之间深层次的民事矛盾。也就是说双方表面的民事纠纷解决了，可能往往内心还处于一种对立状况，以后的相互合作是很难维系的。

在我国，《民事诉讼法》是调整和规范法院和诉讼参与人的各种民事诉讼活动的基本法律。本节仅就与解决建设工程纠纷相关的规定进行介绍。

（二）建设工程民事诉讼法律基本制度

人民法院审理建设工程民事纠纷案件，依照法律的规定实行合议、回避、公开审判和两审终审制度。

1. 公开审判制度

公开审判制度是指人民法院审理民事案件，除法律规定的情况外，审判过程及结果应当向社会公开，允许群众旁听庭审和宣判过程，允许新闻媒体对庭审过程进行采访、报道，并将案件向社会披露。公开审判制度的例外情况是凡涉及国家秘密、个人隐私或者法律规定不公开进行审理的，不得公开审理。

2. 回避制度

回避制度是指为了保证案件的公正审判，而要求与案件有一定利害关系的审判人员或其他有关人员，不得参与本案的审理活动或诉讼活动的审判制度。回避制度适用于审判人员、书记员、翻译人员、鉴定人、勘验人。他们有下列情形之一的，必须回避，当事人也有权用口头或者书面方式申请回避：是本案当事人或者当事人、诉讼代理人的近亲属；与本案有利害关系；与本案当事人有其他关系，可能影响对案件公正审理的。

当事人应在案件开始审理时提出回避申请，并且应当说明理由。回避事由在案件开始审理后知道的，也可以在法庭辩论终结前提出。被申请回避的人员在人民法院作出是否回避的决定前，应当暂停参与本案的工作。

3. 合议制度

合议制度是指由三人以上单数的审判人员组成审判庭，代表人民法院行使审判权，对民事案件进行审理并作出判决的制度。合议制度的组织形式为合议庭，合议庭评议案件，实行少数服从多数的原则。评议应当制作笔录，由合议庭成员签名，评议中的不同意见，必须如实记入笔录。实行合议制度，是为了发挥集体的力量，弥补个人能力的不足，以保证案件的审判质量。

4. 两审终审制度

两审终审制是指案件经过两级人民法院审判即告终结的制度。对于地方各级人民法院所作的一审判决和特定的裁定，如果当事人不服，可以按照法定程序向上一级人民法院提出上诉，如果人民检察院认为确有错误，应当向上一级人民法院提出抗诉。上一级人民法院对上诉和抗诉的案件所作的判决和裁定，是终审的判决和裁定。最高人民法院作为初审法院对案件所作的裁判，均为终审裁判。任何人民法院所作的终审裁判，在发生法律效力之后，还可以依照法定的审判监督程序，对可能发生的错误进行纠正。

（三）建设工程民事诉讼管辖

建设工程民事诉讼中的管辖，是指各级法院之间和同级法院之间受理第一审建设工程民事纠纷案件的分工和权限。

1. 建设工程民事案件级别管辖

建设工程民事纠纷案件级别管辖，是指按照一定的标准，划分上下级法院之间受理第一审建设工程民事纠纷案件的分工和权限。我国四级人民法院由于职能分工不同，受理第一审民事案件的权限范围也不同。确定不同级别的人民法院管辖第一审民事案件的主要依据是：案件的性质、案件影响的大小、诉讼标的的金额大小等。在实践中，建设工程民事案件的标的金额的大小，往往是确定级别管辖的重要依据。

2. 建设工程民事案件地域管辖

地域管辖，是指同级人民法院之间受理第一审民事案件的分工和权限。地域管辖与级别管辖不同。级别管辖从纵向划分上、下级人民法院之间受理第一审民事案件的权限和分工，解决某一民事案件应由哪一级人民法院管辖的问题；而地域管辖从横向划分同级人民法院之间受理第一审民事案件的权限和分工，解决某一民事案件应由哪一个人民法院管辖的问题。

地域管辖主要根据当事人住所地、诉讼标的物所在地或者法律事实所在地来确定，即当事人住所地、诉讼标的或者法律事实的发生地、结果地在哪个法院辖区，案件就由该地人民法院管辖。

根据《民事诉讼法》的规定，地域管辖分为一般地域管辖、特殊地域管辖、专属管辖、共同管辖和协议管辖。本节主要介绍下面几种地域管辖类型。

（1）一般地域管辖

一般地域管辖，是指以当事人住所地与法院辖区的关系来确定管辖法院，通常实行"原告就被告"的原则，即以被告住所地作为确定管辖的标准。对公民提起的建设工程民事诉讼，由被告住所地人民法院管辖；被告住所地与经常居住地不一致的，由经常居住地人民法院管辖。其中，公民的住所地是指该公民的户籍所在地，经常居住地是指公民离开住所至起诉时已连续居住满1年的地方，但公民住院就医的地方除外。对法人或者其他组织提起的建设工程民事诉讼，由被告住所地人民法院管辖。在这里，被告住所地是指法人或者其他组织的主要办事机构所在地或者主要营业地。

（2）特殊地域管辖

特殊地域管辖，是指以诉讼标的所在地或者引起民事法律关系发生、变更、消灭的法律事实所在地为标准确定的管辖。特殊地域管辖是相对于一般地域管辖而言的，是法律针对特别类型案件的诉讼管辖作出的规定。我国的民事诉讼法规定了九种特殊地域管辖的诉讼，其中与工程建设领域关系最为密切的是因合同争议提起的诉讼。

因合同争议提起的诉讼，由被告住所地或者合同履行地人民法院管辖。在这里，"合同履行地"是指合同约定的履行义务的地点，主要是指合同标的的交付地点。合同履行地应当在合同中明确约定，没有约定或约定不明的，当事人既不能协商确定，又不能按照合同有关条款和交易习惯确定的，按照《合同法》第62条的有关规定确定。对于建设工程施工合同争议，最高人民法院《关于审理建设工程施工合同争议案件适用法律问题的解释》第24条规定："建设工程施工合同争议以施工行为地为合同履行地。"

(3) 专属管辖

专属管辖，是指法律特别规定某些类型的案件只能由特定的法院行使管辖权的一种诉讼管辖。它是一种排它性的管辖，不仅排除了一般地域管辖和特殊地域管辖的适用，而且还排除了当事人以协议的方式选择其他法院管辖的可能性。它与一般地域管辖和特殊地域管辖的关系是，凡法律规定为专属管辖的诉讼一律适用专属管辖。

我国《民事诉讼法》第34条规定了三种适用专属管辖的案件。其中，因不动产争议提起的诉讼，由不动产所在地人民法院管辖。在这里应当注意的是，根据最高人民法院《关于审理建设工程施工合同争议案件适用法律问题的解释》的规定，建设工程施工合同争议不适用专属管辖，而应当适用合同争议的地域管辖原则，即由被告住所地或合同履行地人民法院管辖。发包人和承包人也可根据《民事诉讼法》第25条的规定，在发包人住所地、承包人住所地、合同签订地、施工行为地(工程所在地)的范围内，通过协议确定管辖法院。

(4) 协议管辖

发生合同争议的，我国《民事诉讼法》还规定了协议管辖制度。所谓协议管辖，是指双方当事人在纠纷发生之前或发生之后，以合意方式选择解决他们之间纠纷的管辖法院。合同的双方当事人可以在书面合同中协议选择被告住所地、合同履行地、合同签订地、原告住所地、标的物所在地人民法院管辖，但不得违反对级别管辖和专属管辖的规定。

3. 建设工程民事案件管辖权异议

建设工程民事案件管辖权异议，是指建设工程民事争议的当事人向受诉法院提出的该法院对案件无管辖权的主张。人民法院受理案件后，当事人对管辖权有异议的，应当在提交答辩状期间提出。受诉人民法院对当事人提出的异议应当进行审查。经过审查，认为当事人对管辖权的异议成立的，裁定将案件移送有管辖权的法院；异议不成立的，裁定驳回当事人的异议，当事人可以对该裁定在法定的期限内提起上诉。

(四) 建设工程民事诉讼参加人的规定

1. 当事人

建设工程民事诉讼中的当事人，是指因建设工程有关的民事权利和义务发生争议，以自己的名义进行诉讼，请求人民法院进行裁判并受其拘束的公民、法人或其他组织。当事人有广义和狭义之分：广义的当事人包括原告和被告、共同诉讼人、第三人；狭义的当事人专指原告和被告。原告，是指维护自己的权益或自己所管理的他人权益，以自己名义向法院起诉，从而引起民事诉讼程序的人。建设工程民事诉讼被告，是指原告诉称侵犯原告民事权益或与原告发生民事争议而由法院通知其应诉的人。

2. 诉讼代理人

建设工程诉讼代理人，是指根据法律规定或建设工程民事纠纷的当事人的委托，在民事诉讼中为当事人的利益进行诉讼活动的自然人。我国的民事诉讼法只规定了法定诉讼代理人和委托诉讼代理人两类代理人。在工程建设领域，最常见的代理人形式是委托诉讼代理人。

当事人、当事人的法定代理人可以委托一至二人作为诉讼代理人，委托诉讼代理人既可以是律师，也可以是当事人的近亲属、有关的社会团体或者所在单位推荐的人，以及经人民法院许可的其他公民。

委托他人代为诉讼的，必须向人民法院提交委托人签名或盖章的授权委托书，授权委托书必须记明委托事项和权限。诉讼代理人代为承认、放弃、变更诉讼请求，进行和解，提起反诉或者上诉，必须有委托人的特别授权。在实践中经常出现的授权委托书仅写"全权代理"而无具体授权的情形，最高人民法院特别规定，在这种情况下不能认定为诉讼代理人已获得特别授权，即诉讼代理人无权代为承认、放弃、变更诉讼请求，进行和解，提起反诉或者上诉。

（五）财产保全

1. 财产保全的概念和种类

财产保全，是指人民法院在利害关系人起诉前或者当事人起诉后，为保障将来的生效判决能够得到执行或者避免财产遭受损失，对当事人的财产或者争议的标的物，采取限制当事人处分的强制措施。

根据《民事诉讼法》第92条、第93条的规定，财产保全分为诉讼中财产保全和诉前财产保全。

（1）诉讼中财产保全

诉讼中财产保全，是指人民法院在受理案件之后、作出判决之前，对当事人的财产或者争执标的物采取限制当事人处分的强制措施。

采用诉讼中财产保全应当具备如下条件：第一，需要对争议的财产采取诉讼中财产保全的案件必须是给付之诉，即该案的诉讼请求具有财产给付内容；第二，将来的生效判决因为主观或者客观的因素导致不能执行或者难以执行；第三，诉讼中财产保全发生在民事案件受理后、法院尚未作出生效判决前。在一审或二审程序中，如果案件尚未审结，就可以申请财产保全。如果法院的判决已经生效，当事人可以申请强制执行，但是不得申请财产保全；第四，诉讼中财产保全一般应当由当事人提出书面申请。当事人没有提出申请的，人民法院在必要时也可以裁定采取财产保全措施。但是，人民法院一般很少以职权裁定财产保全，因为根据国家赔偿法的规定，人民法院依职权采取财产保全或者先予执行错误的，应当由人民法院依法承担赔偿责任；第五，人民法院可以责令当事人提供担保。人民法院依据申请人的申请，在采取诉讼中财产保全措施前，可以责令申请人提供担保。提供担保的数额应当相当于请求保全的数额。申请人不提供担保的，人民法院可以驳回申请。在发生诉讼中财产保全错误给申请人造成损失的情况下，被申请人可以直接从申请人提供担保的财产中得到赔偿。

（2）诉前财产保全

诉前财产保全，是指在紧急情况下，法院不立即采取财产保全措施，利害关系人的合法权利会受到难以弥补的损害，因此法律赋予利害关系人在起诉前有权申请人民法院采取财产保全措施。

诉前财产保全属于应急性的保全措施，目的是保护利害关系人不致遭受无法弥补的损失。由于从债权人起诉到法院受理需要一段时间，法律就有必要赋予利害关系人在情况紧急时，请求法院及时保全可能被转移的财产的权利。

诉前财产保全的适用条件是：

一是需要采取诉前财产保全的申请必须具有给付内容，即申请人将来提起案件的诉讼请求具有财产给付内容；

二是情况紧急，不立即采取相应的保全措施，可能使申请人的合法权益受到难以弥补的损失；

三是由利害关系人提出诉前财产保全申请。利害关系人，即与被申请人发生争议，或者认为权利受到被申请人侵犯的人；

最后，诉前财产保全申请人必须提供担保。申请人如不提供担保，人民法院驳回申请人在起诉前提出的财产保全申请。

根据《民事诉讼法》和最高人民法院《民事诉讼法适用意见》的规定，诉前财产保全和诉讼中财产保全都需要交纳保全费用，并依照《诉讼费用交纳办法》执行。

诉前财产保全的申请人即利害关系人必须在人民法院采取保全措施后15日内提起诉讼，使与被保全的财产的有关争议能够通过审判得到解决。如果利害关系人未在15日内向人民法院起诉，人民法院应当解除财产保全措施。

2. 财产保全的范围、措施和程序

（1）财产保全的范围

财产保全限于请求的范围，或者与本案有关的财物。人民法院采取财产保全措施时，保全的范围应当限于当事人争执的财产，或者被告的财产，对案外人的财产不得采取财产保全措施。对案外人善意取得的与案件有关的财产，一般也不得采取保全措施。所以，财产保全的范围，不能超过申请人请求的范围，或者不能超过争议财产的价额。采取保全措施，只能在当事人或者利害关系人的请求范围内，才能达到财产保全的目的，使申请人的权益得到实现，也避免给被申请人造成不应有的损失。

（2）财产保全的措施

财产保全可以采取查封、扣押、冻结或者法律规定的其他方法。最高人民法院有关执行工作的司法解释对财产保全的执行方法有十分明确具体的规定，财产保全措施可依照有关执行的规定进行。

（3）财产保全的程序

诉讼中财产保全应当由当事人提出申请，人民法院进行审查，作出财产保全的裁定，根据裁定采取财产保全措施。人民法院也可以根据案件的实际情况，依职权主动作出财产保全裁定，采取财产保全措施。人民法院接到申请后，对情况紧急的，必须在48小时内作出裁定，并开始执行。

诉前财产保全，一概由申请人提出申请，并且提供担保。人民法院对诉前财产保全申请，必须在接受申请后的48小时内作出裁定，并立即开始执行。财产保全裁定一旦作出立即生效，当事人或者利害关系人可以申请复议一次。复议期间，人民法院不停止财产保全裁定的执行。

3. 财产保全的解除

财产保全因下列原因而解除：

（1）被申请人提供担保；

（2）诉前财产保全的申请人在采取保全措施后15日内未起诉的；

（3）申请人撤回保全申请的。

人民法院根据利害关系人或者当事人的申请而采取财产保全措施的，如果由于申请人的错误而导致被申请人因财产保全而遭受损失的，应当由申请人负责赔偿。

（六）先予执行

1. 先予执行的概念

先予执行,是指在终局执行以前,为了权利人生活或者生产经营的急需,法院裁定义务人预先给付权利人一定数额的金钱或者财物的措施。

2. 先予执行的适用范围

先予执行是法院已经受理案件但是尚未作出判决,法院责令当事人预先履行义务,所以,它只适用于特定的案件。根据民事诉讼法第97条的规定,下列案件,可根据当事人的申请,裁定先予执行:追索赡养费、扶养费、抚育费、抚恤金、医疗费用的案件;追索劳动报酬的案件;因情况紧急需要先予执行的。

其中,第三种情况,主要适用于某些经济合同案件中以及需要立即制止某些行为或需要立即实施一定行为的场合。因情况紧急需要先予执行的案件包括:第一,需要立即停止侵害、排除妨害的;第二,需要立即制止某项行为的;第三,需要立即返还用于购置生产原料、生产工具货款的;第四,追索恢复生产、经营急需的保险理赔费的。

在先予执行的数额方面,应当限于当事人诉讼请求的范围,并以当事人的生产、生活的急需为限。

3. 先予执行的适用条件

先予执行是针对某些案件要求义务人提前履行法定义务而确立的一种诉讼制度。为避免损害被申请方当事人的利益,避免给法院判决的执行带来不必要的争议,人民法院作出先予执行裁定时,必须严格遵守法定条件。裁定先予执行的条件是:

首先,当事人之间事实基本清楚、权利义务关系明确,不先予执行将严重影响申请人的生活或生产经营的;

其次,申请人确有困难并提出申请,如法院不裁定先予执行,将严重影响原告的生活或生产经营,甚至原告无法维持生活或者不能生产经营,才符合先予执行条件;

再次,被申请人有履行能力。先予执行的目的是为了及时解决原告的实际困难。但是,如果被告根本就没有能力先行给付,裁定先予执行也无法执行。所以,在诉讼判决作出前,法院裁定先予执行,必须是在被申请人有履行能力的条件下作出的。

具备上述条件,人民法院就裁定先予执行。先予执行的裁定一经作出,即发生法律效力,并立即开始执行。如果当事人不服先予执行的裁定,不准上诉,但可以申请复议一次。复议期间,不停止先予执行裁定的执行。

4. 先予执行的担保和赔偿

先予执行是对当事人权利义务关系比较明确的案件,人民法院在作出判决前,即以裁定实现申请人的权利。由于先予执行的裁定不是人民法院对该案的最终判决,所以,在某些情况下,会发生先予执行裁定的内容与将来的判决结果不一致的情况。为了既能够达到解决申请人生活或者生产急需的目的,又能保证被申请人的合法正当权利,人民法院可以责令申请人提供担保,申请人不提供担保的,驳回申请。申请人败诉的,应当赔偿被申请人因先予执行遭受的财产损失。

(七)建设工程民事审判程序

民事审判程序是人民法院审理民事案件适用的程序,基于我国实行两审终审的审级制度,民事争议案件的审判程序,有一审程序和二审程序之分。此外,为了纠正已经发生法律效力的裁判中的错误,在审级制度之外又设立了特殊的救济程序,即再审程序。

1. 一审程序

第一审程序根据所审理的案件的类型不同，分为普通程序和简易程序。在建设工程民事诉讼中，较为常见的是普通程序。普通程序是指人民法院在审理第一审民事争议案件时通常适用的审判程序，也即人民法院审理第一审一般民事争议案件的正规审判程序。在第一审民事争议案件中，除了简单的民事案件外，其他案件都要依照普通程序进行审理。因此，普通程序在我国的民事审判程序中处于非常重要的地位，具有其他审判程序无法取代的功能和作用。

适用普通程序审理的案件，应当在立案之日起 6 个月内审结。有特殊情况需要延长的，由本院院长批准，可以延长 6 个月；还需要延长的，报请上级法院批准。

(1) 起诉

原告起诉必须符合下列条件：原告是与本案有直接利害关系的公民、法人和其他组织；有明确的被告；有具体的诉讼请求、事实和理由；属于人民法院受理民事诉讼的范围和受诉人民法院管辖。

起诉方式，应当以书面起诉为原则，口头起诉为例外。而在建设工程实践中，基本上采用书面起诉方式。原告起诉时应当向人民法院提交起诉状，并按照被告人数提出副本。起诉状应当记明下列事项：当事人的姓名、性别、年龄、民族、职业、工作单位和住所，法人或者其他组织的名称、住所和法定代表人或者主要负责人的姓名、职务；诉讼请求和所根据的事实和理由；证据和证据来源，证人姓名和住所。

(2) 审查与受理

人民法院收到起诉状后，必须在 7 日内完成对起诉的审查，并根据审查的结果确定受理或不予受理。经审查，认为符合起诉条件的，应当在 7 日内立案，并通知当事人；认为不符合起诉条件的，应当在 7 日内裁定不予受理；原告对裁定不服的，可以提起上诉。

(3) 审理前的主要准备工作

首先是送达起诉状副本和提出答辩状。人民法院应当在立案之日起 5 日内将起诉状副本发送被告，被告在收到之日起 15 日内提出答辩状。被告提出答辩状的，人民法院应当在收到之日起 5 日内将答辩状副本发送原告。被告不提出答辩状的，不影响人民法院审理。此外，当事人对管辖权有异议的，应当在提交答辩状期间提出。

其次，告知当事人诉讼权利义务及组成合议庭。人民法院对决定受理的案件，应当在受理案件通知书和应诉通知书中向当事人告知有关的权利和义务，或者口头告知。

普通程序的审判组织应当采用合议制。合议庭组成人员确定后，应当在 3 日内告知当事人。

(4) 审理与判决

开庭审理首先进行的是法庭调查程序。法庭调查，是在法庭上出示与案件有关的全部证据，对案件事实进行全面调查并由当事人进行质证的程序。法庭调查按照下列程序进行：当事人陈述；告知证人的权利义务，证人作证，宣读未到庭的证人证言；出示书证、物证和视听资料；宣读鉴定结论和宣读勘验笔录。

法庭调查完毕之后进入法庭辩论阶段。法庭辩论，是当事人及其诉讼代理人在法庭上行使辩论权，针对有争议的事实和法律问题进行辩论的程序。法庭辩论的目的，是通过当事人及其诉讼代理人的辩论，对有争议的问题逐一进行审查和核实，借此查明案件的真实情况和正确适用法律。

书记员应当将法庭审理的全部活动记入笔录,由审判人员和书记员签名。法庭笔录应当当庭宣读,也可以告知当事人和其他诉讼参与人当庭或者在5日内阅读。当事人和其他诉讼参与人认为对自己的陈述记录有遗漏或者差错的,有权申请补正。法庭笔录由当事人和其他诉讼参与人签名或者盖章。

法庭辩论终结后,应当依法作出判决。判决前能够调解的,还可以进行调解。调解书经双方当事人签收后,即具有法律效力。调解不成的,如调解未达成协议或者调解书送达前一方反悔的,人民法院应当及时判决。

原告经传票传唤,无正当理由拒不到庭的,或者未经法庭许可中途退庭的,可以按撤诉处理;被告反诉的,可以缺席判决。被告经传票传唤,无正当理由拒不到庭的,或者未经法庭许可中途退庭的,可以缺席判决。

人民法院一律公开宣告判决,同时必须告知当事人上诉权利、上诉期限和上诉的法院。最高人民法院的判决、裁定,以及超过上诉期没有上诉的判决、裁定,是发生法律效力的判决、裁定。

2. 第二审程序

第二审程序,是指由于民事诉讼的当事人不服地方各级人民法院尚未生效的第一审裁判,而在法定期间内向上一级人民法院提起上诉而引起的诉讼程序,是第二审级的人民法院审理上诉案件所适用的程序。由于我国实行两审终审制,当事人不服一审法院作出的裁判,可以向一审法院的上一级法院提起上诉,经上一级法院审理并作出裁判后,诉讼便告终结。所以第二审又称上诉审,第二审程序又称上诉再审程序或终审程序。

(1) 上诉期间

当事人不服地方人民法院第一审判决的,有权在判决书送达之日起15日内向上一级人民法院提起上诉;不服地方人民法院第一审裁定的,有权在裁定书送达之日起10日内向上一级人民法院提起上诉。

(2) 上诉状

《民事诉讼法》规定当事人提起上诉,应当递交上诉状。上诉状应当通过原审法院提出,并按照对方当事人的人数提出副本。

(3) 二审法院对上诉案件的处理

第二审人民法院对上诉案件,经过审理,按照下列情形,分别进行处理:原判决认定事实清楚,适用法律正确的,判决驳回上诉,维持原判决;原判决适用法律错误的,依法改判;原判决认定事实错误,或者原判决认定事实不清,证据不足,裁定撤销原判决,发回原审人民法院重审,或者查清事实后改判;原判决违反法定程序,可能影响案件正确判决的,裁定撤销原判决,发回原审人民法院重审。

第二审人民法院的判决、裁定,是终审的判决、裁定。第二审法院作出的具有给付内容的判决,具有强制执行力,如果有履行义务的当事人拒不履行,对方当事人有权向法院申请强制执行。

对于发回原审法院重审的案件,原审法院仍将按照一审程序进行审理。因此,当事人对重审案件的判决、裁定,仍然可以上诉。

3. 审判监督程序

审判监督程序，即再审程序，是指对已经发生法律效力的判决、裁定、调解书，人民法院认为确有错误，对案件再行审理的程序。审判监督程序不是独立审级，也不是案件审理的必经程序。

再审程序既可由法院系统内部主动提起，也可依人民检察院的抗诉而提起，还可以根据当事人的申请而提起。当事人申请再审，应当在判决、裁定发生法律效力后两年内提出。

（八）执行程序

执行是指人民法院的执行组织依照法定的程序，对发生法律效力并具有确定的给付内容的法律文书，以国家的强制力为后盾，依法采取强制措施，迫使义务人履行义务的行为。执行程序是指保证具有执行效力的法律文书得以实施的程序。

1. 执行的申请

（1）申请执行的根据

能够作为执行根据据以执行的法律文书主要有：法院制作的发生法律效力的民事判决书、裁定书以及生效的调解书；仲裁机构制作的依法由人民法院执行的仲裁裁决书、生效的仲裁调解书；公证机关依法赋予强制执行效力的债权文书等。

（2）申请执行的期限

根据修正后的《民事诉讼法》第215条的规定，申请执行的期限为二年。申请执行时效的中止、中断，适用法律有关诉讼时效中止、中断的规定。该期限，从法律文书规定履行期间的最后一日起计算；法律文书规定分期履行的，从规定的每次履行期间的最后一日起计算；法律文书未规定履行期间的，从法律文书生效之日起计算。

2. 执行措施

执行措施是法院依法强制执行生效法律文书的方法和手段。根据《民事诉讼法》第22章及相关司法解释规定，执行措施主要包括：

（1）查询、冻结、划拨被执行人的存款；

（2）扣留、提取被执行人的收入；

（3）查封、扣押、拍卖、变卖被执行人的财产；

（4）搜查被执行人隐匿的财产；

（5）强制被执行人和有关单位、公民交付法律文书指定的财产或票证；

（6）强制被执行人迁出房屋或退出土地；

（7）强制被执行人履行法律文书指定的行为；

（8）需办理有关财产权证照转移手续的，向有关单位发出协助执行通知书；

（9）强制被执行人支付迟延履行期间债务利息及迟延履行金。

第三节 建设工程行政争议处理方式

建设工程争议包括建设工程行政争议和建设工程民事争议，在上一节已经详细叙述了建设工程民事争议的解决方式，本节将对建设工程行政争议的解决进行介绍。这里的建设工程行政争议是狭义上的，是指建设工程行政管理主体在建设工程行政管理过程中，因作出具体行政行为而与被管理者包括公民、法人、其他组织（即行政相对人）之间所发生的行政法律关系争议。在我国，行政争议的解决主要有行政复议和行政诉讼两种方式。

一、建设工程行政争议处理方式——行政复议

（一）行政复议的概念

建设工程行政复议，是指公民、法人或其他组织（行政相对人）认为建设工程行政管理主体的具体行政行为侵犯其合法权益，按照法定的程序和条件向作出该具体行政行为的上一级行政机关（行政主体所属的人民政府或上一级主管部门）提出申请，受理申请的行政机关对该具体行政行为的合法性与适当性进行复查，并作出复议决定的行政行为。

行政复议具有以下几个特征：

（1）行政复议的目的是防止和纠正违法的或不当的具体行政行为；

（2）行政复议是一种依申请的行政行为；

（3）行政复议的范围较宽，可以一并审理部分抽象行政行为；

（4）行政复议以书面审查为主要方式。

在我国，行政复议的基本法律依据是《中华人民共和国行政复议法》（以下简称《行政复议法》）。

（二）建设工程行政复议范围

行政复议保护的是公民、法人或其他组织的合法权益。行政争议当事人认为行政机关的具体行政行为侵犯其合法权益的，有权依法提出行政复议申请。在工程建设领域，建设工程行政相对人可以申请复议的情形通常包括：

（1）行政处罚。即当事人对行政机关作出的警告、罚款、没收违法所得、没收非法财物、责令停产停业、暂扣或者吊销许可证、暂扣或者吊销执照、行政拘留等行政处罚决定不服的；

（2）行政强制措施。即当事人对行政机关作出的限制人身自由或者查封、扣押、冻结财产等行政强制措施决定不服的；

（3）行政许可。包括当事人对行政机关作出的有关许可证、执照、资质证、资格证等证书变更、中止、撤销的决定不服的，以及当事人认为符合法定条件，申请行政机关颁发许可证、执照、资质证、资格证等证书，或者申请行政机关审批、登记等有关事项，行政机关没有依法办理的；

（4）认为行政机关侵犯其合法的经营自主权的；

（5）认为行政机关违法集资、征收财物、摊派费用或者违法要求履行其他义务的；

（6）认为行政机关的其他具体行政行为侵犯其合法权益的等。

公民、法人或者其他组织认为行政机关的具体行政行为所依据的下列规定不合法，在对具体行政行为申请行政复议时，可以一并向行政复议机关提出对该规定的审查申请：

（1）国务院部门的规定；

（2）县级以上地方各级人民政府及其工作部门的规定；

（3）乡、镇人民政府的规定。

上述条款所列规定不含国务院部、委员会规章和地方人民政府规章，规章的审查依照法律、行政法规办理。

（三）建设工程行政复议参加人

1. 行政复议申请人

建设工程行政复议申请人是认为建设工程行政管理主体的具体行政行为侵害其合法权

益,以自己的名义向行政复议机关提出申请,要求对该具体行政行为进行复查并依法作出裁决的人。并不是所有的建设工程行政相对人都可以提起行政复议,而是必须具备一定的条件。建设工程行政复议申请人必须是认为具体行政行为侵犯其合法权益的公民、法人或其他组织。

复议申请人资格只是一种理论上的标准,实践中与具体行政行为存在着利害关系,可以成为行政复议申请人的情况较为复杂,经常有以下两种情况:

(1) 具体行政行为的直接对象,即具体行政行为所直接针对的公民、法人或其他组织,这是行政复议中最大量的,也是最直接的申请人。

(2) 具体行政行为的间接对象,即与具体行政行为有利害关系,但并非具体行政行为直接的对象。

复议申请权为申请人所享有,但在某些情况下,申请人资格可以转移。申请人资格的转移有两种情况:

(1) 有权申请行政复议的公民死亡,其近亲属可以申请行政复议。此时,申请人的权利可以由其近亲属继承,近亲属可以申请行政复议。

(2) 有权申请复议的法人或者其他组织终止,承受其权利的法人或其他组织可以申请复议。

2. 建设工程行政复议被申请人

复议被申请人指申请人认为其具体行政行为侵犯其合法权益而申请复议,由复议机关通知参加复议的行政主体(绝大多数情况下是行政机关),即指作出被申请复议的具体行政行为的行政主体。

行政主体绝大多数情况下是行政机关,行政机关是一个庞大组织系统,内部机关各种各样,在不同情况下,针对不同的具体行政行为,行政复议被申请人亦有不同,由此产生了复议被申请人的确认。不过复议被申请人的确认与行政诉讼被告的确认几乎相近,大致包括以下规则:

(1) 公民、法人或其他组织对行政机关的具体行政行为不服申请复议,作出该具体行政行为的行政机关是被申请人;

(2) 两个以上的行政机关以共同名义作出的具体行政行为,由共同作出具体行政行为的行政机关作为共同被申请人;

(3) 法律、法规授权的组织作出的具体行政行为,该组织作为复议被申请人;

(4) 行政机关委托特定组织和个人实施具体行政行为的,由作出委托的行政机关作为被申请人;

(5) 行政机关被撤销的,由继续行使其职权的行政机关作为被申请人;

(6) 对于派出组织所为的行为,如果是县级以上地方人民政府依法设立的派出机关作出的具体行政行为,该派出机关为复议被申请人;如果是政府工作部门依法设立的派出机构所作的具体行政行为,则由设立该派出机构的政府工作部门为被申请人。但是,如果法律、法规对派出机构有授权,该派出机构以自己的名义作出具体行政行为,则该派出机构为被申请人。

3. 行政复议机关

行政复议机关是承担复议职能,行使复议审查权的组织。依法履行复议职责的行政机关是行政复议机关，行政复议机关内部设立具体负责办理复议案件的机构是行政复议机构。复议机关是行政机关，对外行使行政管理职权，而复议机构只是复议机关的办事机构。复议机构复议案件时，只能以复议机关的名义进行。

我国采取复议机关与行政机关一致的原则，即具有行政管理职权的行政机关也是承担复议职能的机关。行政复议机构是其内设机构，具体承担复议职能。复议机构作出的复议决定经复议机关首长个人或集体讨论认可、批准后，要以复议机关的名义作出并送达。

（四）建设工程行政复议程序

根据《行政复议法》的有关规定，建设工程行政复议应当遵守如下程序规则：

1. 行政复议申请

当事人认为具体行政行为侵犯其合法权益的，可以自知道该具体行政行为之日起60日内提出行政复议申请，但法律规定的申请期限超过60日的除外。因不可抗力或者其他正当理由耽误法定申请期限的，申请期限自障碍消除之日起继续计算。

申请人对县级以上地方各级人民政府的建设工程主管部门的具体行政行为不服的，可以向该部门的本级人民政府申请行政复议，也可以向上一级主管部门申请行政复议。

2. 行政复议受理

行政复议机关收到复议申请后，应当在法定期限内进行审查。对不符合法律规定的行政复议申请，决定不予受理的，应书面告知申请人。根据《行政复议法》第21条规定，行政复议期间具体行政行为不停止执行。但是，有下列情形之一的，可以停止执行：

（1）被申请人认为需要停止执行的；

（2）行政复议机关认为需要停止执行的；

（3）申请人申请停止执行，行政复议机关认为其要求合理，决定停止执行的；

（4）法律规定停止执行的。

3. 行政复议决定

申请人可以查阅被申请人提出的书面答复，作出具体行政行为的证据、依据和其他有关材料，除法律规定不得公开的情形外，行政复议机关不得拒绝。行政复议过程中，被申请人不得自行向申请人和其他有关组织或者个人收集证据。

根据《行政复议法》第28条的规定，行政复议机关负责法制工作的机构应当对被申请人作出的具体行政行为进行审查，提出意见，经行政复议机关的负责人同意或者集体讨论通过后，按照下列规定作出行政复议决定：

（1）具体行政行为认定事实清楚，证据确凿，适用法律正确，程序合法，内容适当的，决定维持；

（2）被申请人不履行法定职责的，决定其在一定期限内履行；

（3）具体行政行为有下列情形之一的，决定撤销、变更或者确认该具体行政行为违法；决定撤销或者确认该具体行政行为违法的，可以责令被申请人在一定期限内重新作出具体行政行为：主要事实不清、证据不足的；适用依据错误的；违反法定程序的；超越或者滥用职权的；具体行政行为明显不当的；

（4）被申请人不按照法律规定提出书面答复、提交当初作出具体行政行为的证据、依据和其他材料的，视为该具体行政行为没有证据、依据，决定撤销该具体行政行为。

申请人在申请行政复议时，可以一并提出行政赔偿请求。行政复议机关对于符合法律规定的赔偿要求，在作出行政复议决定时，应当同时决定被申请人依法给予赔偿。

除非法律另有规定，行政复议机关一般应当自受理申请之日起60日内作出行政复议决定。行政复议决定书一经送达，即发生法律效力。申请人不服行政复议决定的，除法律规定为最终裁决的行政复议决定外，可以根据《行政诉讼法》的规定，在法定期间内提起行政诉讼。

4. 复议决定的执行

复议机关对复议案件必须作出书面复议决定书。行政复议决定书是行政复议机关对具体行政行为进行审查之后作出的结论性裁决的书面形式。复议机关受理案件后必须在60日的审结期限内作出复议决定；法律规定的行政复议期限少于60日的除外。情况复杂，不能在规定期限内作出复议决定的，经行政复议机关的负责人批准，可以适当延长，并告知申请人和被申请人，但是延长期限最多不得超过30日。复议机关未在法定期限内作出决定，将引起一定的法律后果。对复议申请人而言，可在复议期满15日内向人民法院提起行政诉讼。

二、建设工程行政争议处理方式——行政诉讼

（一）建设工程行政诉讼的概念

建设工程行政诉讼，是指建设工程行政相对人认为建设工程行政管理主体的具体行政行为侵犯其合法权益时，依法向法院起诉，法院依法受理并作出裁判的活动。在我国，建设工程行政诉讼的基本法律依据是《中华人民共和国行政诉讼法》（以下简称《行政诉讼法》）。行政诉讼和民事诉讼、刑事诉讼构成我国基本诉讼制度，被称为"三大诉讼"。

建设工程行政复议与建设工程行政诉讼的基本关系是：除法律、法规规定必须先申请行政复议的以外，行政争议当事人可以自由选择申请行政复议还是提起行政诉讼。行政争议当事人对行政复议决定不服的，除法律规定行政复议决定为最终裁决的以外，可以依照《行政诉讼法》的规定向人民法院提起行政诉讼。

（二）建设工程行政诉讼受理范围

根据《行政诉讼法》的相关规定，人民法院受理建设工程行政相对人对下列具体行政行为不服提起的诉讼：

(1) 对拘留、罚款、吊销许可证和执照、责令停产停业、没收财物等行政处罚不服的；

(2) 对限制人身自由或者对财产的查封、扣押、冻结等行政强制措施不服的；

(3) 认为行政机关侵犯法律规定的经营自主权的；

(4) 认为符合法定条件申请行政机关颁发许可证和执照，行政机关拒绝颁发或者不予答复的；

(5) 申请行政机关履行保护人身权、财产权的法定职责，行政机关拒绝履行或者不予答复的；

(6) 认为行政机关违法要求履行其他义务的；

(7) 认为行政机关侵犯其他人身权、财产权的。

（三）建设工程行政诉讼程序

1. 行政诉讼证据的特别规则

行政诉讼证据的规则与民事诉讼证据规则有相近之处，但也有其自身的特别规则，主要表现在：

（1）民事诉讼举证责任分配的基本规则是"谁主张，谁举证"。而在行政诉讼中，被告对其作出的具体行政行为负有举证责任，并应当提供该具体行政行为的证据和所依据的规范性文件。具体来说，行政诉讼被告要承担以下几种举证责任：与被诉具体行政行为合法性有关的事实；认为原告起诉超过起诉期限的有关事实；其他应当由被告承担举证责任的情形。行政诉讼原告要承担以下几种举证责任：提供证据证明起诉具有事实根据；在起诉被告不作为的案件中，提供证据证明其在行政程序中曾经提出过申请的事实；行政赔偿诉讼中，证明因受被诉具体行政行为侵害而遭受损失的事实；其他应当由原告承担的举证责任。

（2）在行政诉讼中，行政诉讼证据主要是在作出具体行政行为程序中已产生或确定的证据，并主要由被告提供。在诉讼过程中，被告不得自行向原告和证人收集证据。

2．起诉和受理

（1）起诉

公民、法人或者其他组织（原告）提起行政诉讼，应当在法定期间内进行。除法律另有规定的以外，行政复议申请人不服行政复议决定，可以在收到行政复议决定书之日起15日内向法院提起诉讼。行政复议机关逾期不作决定的，申请人可以在复议期满之日起15日内向法院提起诉讼。不申请行政复议，直接向法院提起行政诉讼的，除法律另有规定的以外，应当在知道作出具体行政行为之日起3个月内提出。

此外，根据《行政诉讼法》和《中华人民共和国国家赔偿法》的有关规定，原告认为其合法权益受到行政机关或其工作人员作出的具体行政行为侵犯造成损害的，有权在提起行政诉讼时一并提出行政赔偿要求。

（2）受理

根据《行政诉讼法》第42条及相关规定，人民法院接到起诉状，经审查，应当在7日内立案或者作出裁定不予受理。原告对裁定不服的，可以在裁定送达之日起10日内提起上诉。

3．审理和判决

根据《行政诉讼法》的规定，行政诉讼期间，除法律规定的情形外，不停止具体行政行为的执行。法院审理行政案件，不适用调解。

人民法院审理建设工程行政案件，应主要对具体行政行为是否合法进行审查。根据《行政诉讼法》第54条和最高人民法院关于《行政诉讼法》若干解释的规定，人民法院经过审理，根据不同情况，分别作出如下判决：

（1）维持判决

维持判决是指人民法院对被诉具体行政行为进行审查后，认为具体行政行为合乎法律的规定，从而予以维持的判决。维持判决应符合以下条件：具体行政行为证据确凿，适用法律、法规正确，符合法定程序。

（2）驳回诉讼请求判决

驳回诉讼请求判决是指人民法院经过审理对原告的实体请求不予满足的判决。最高人民法院关于行政诉讼法的若干解释中规定，有下列情形之一的，人民法院应当判决驳回原告的诉讼请求；起诉被告不作为理由不能成立的；被诉具体行政行为合法但存在合理性问题的；被诉具体行政行为合法，但因法律、政策变化需要变更或废止的；其他应当判决驳回诉讼请求的情形。

(3) 确认判决

所谓确认判决是指人民法院审理行政案件终结时，针对被诉具体行政行为的合法与否所作出确认的判决。有下列情形的，人民法院应当作出确认被诉具体行政行为违法或者无效的判决：被告不履行法定职责，但判决责令其履行法定职责已无实际意义的；被诉具体行为违法，但不具有可撤销内容的；被诉具体行政行为依法不成立或者无效的。被诉具体行政行为违法，但撤销该具体行政行为将会给国家利益或者公共利益造成重大损失的，人民法院应当作出确认被诉具体行政行为违法的判决，并责令被诉行政机关采取相应的补救措施；造成损害的，依法判决承担赔偿责任。

(4) 撤销判决

撤销判决是指人民法院经审查认定被诉具体行政行为违法，对其全部或部分予以撤销的判决。人民法院要作出撤销判决，必须符合以下几种情形之一：主要证据不足；适用法律法规错误；违反法定程序；超越职权；滥用职权。

(5) 履行判决

所谓履行判决是指人民法院经审查认定行政机关没有依法履行自己的法定职责的情况下，所作出的责令被告限期履行法定职责的判决。

(6) 变更判决

变更判决是指人民法院审理特定的行政案件时，运用国家审判权直接变更被诉的具体行政行为所作的判决。《行政诉讼法》第54条第1款第4项规定："行政处罚显失公正的，可以判决变更。"

当事人不服第一审判决的，有权在判决书送达之日起15日内提起上诉；第二审判决、裁定，是终审判决、裁定。当事人对已经发生法律效力的判决、裁定，认为确有错误的，可以提出申诉，申请再审，但判决、裁定不停止执行。

4. 执行

行政诉讼的双方当事人必须履行人民法院发生法律效力的判决、裁定。如原告拒绝履行判决、裁定的，被告行政机关可以向第一审法院申请强制执行，或者依法强制执行。如被告行政机关拒绝履行判决、裁定的，第一审法院可以采取以下措施：

(1) 对应当归还的罚款或者应当给付的赔偿金，通知银行从该行政机关的账户内划拨；

(2) 在规定期限内不履行的，从期满之日起，对该行政机关按日处以罚款；

(3) 向该行政机关的上一级行政机关或者监察、人事机关提出司法建议，接受司法建议的机关，根据有关规定进行处理，并将处理情况告知人民法院；

(4) 拒不履行判决、裁定，情节严重构成犯罪的，依法追究主管人员和直接责任人员的刑事责任。

复习思考题

1. 建设工程争议有哪些种类？其解决的途径是否相同？

2. 建设工程民事争议调解的概念、形式及其特点分别是什么？
3. 建设工程民事争议仲裁的概念、适用范围、特征分别是什么？
4. 在工程建设领域，行政争议当事人可以申请复议的情形通常包括哪些？
5. 根据《行政诉讼法》的相关规定，人民法院应当受理建设工程行政相对人对哪些具体行政行为不服提起的诉讼？

第十三章 建设工程法律责任

【本章提要】 法律责任是法律规定的行为人因违法，即不当行使权利(力)或违反法律义务所必须承担的具有强制性的不利的法律后果。法律权利(力)与义务不同，违法行为性质也不同，因而行为人所需要承担的法律责任形式也不同。法律责任的形式主要可分为民事责任、行政责任、刑事责任及违宪责任。其中，民事责任与其他三种法律责任相比较而言是最轻的，而刑事责任则是最严厉的一种制裁方式。在工程建设过程中，行为人因侵犯他人权利或违反法律义务而应依法承担的不利的法律后果主要是指前三种，而不包括违宪责任。

第一节 建设工程法律责任概述

一、建设工程法律责任概念

建设工程法律责任是指在工程建设过程中，行为人因侵犯他人权利或违反法律义务而应依法承担的不利的法律后果。

由于权利和义务的种类不同，行为人所需要承担法律责任的形式也不同。法律责任的形式主要可分为民事责任、行政责任、刑事责任和违宪责任。有时，法律关系主体的同一行为可能违反多项法律义务，而需承担多种形式的法律责任。如产品致人损害就有可能导致民事法律责任和行政法律责任的产生。

理解这一概念应注意以下几点：

(1) 法律责任的原因是行为人实施了侵犯他人权利或者违反建设工程法律法规的行为(包括法定义务和契约义务)，法律义务是认定法律责任的前提基础；

(2) 法律责任的内容表现为违法者必须承受的一种向违法行为相对人或者国家给付一定财物或其他利益的法律后果；

(3) 法律责任的实现方式必须是法律所要求或允许的方式；

(4) 法律责任具有国家强制性，表现在它是由国家强制力实施或潜在保证的。

在我国，因违反建设工程法律法规而承担法律责任的形式有三种，即建设工程民事责任、建设工程行政责任和建设工程刑事责任，将在下面的几节里详细叙述。

二、建设工程法律责任的归责原则

关于违反建设工程法律法规责任的归责原则，目前在此行业的规范性法律文件中并没有给予明确的说明。在司法实践中，建设工程法律责任的追究主要是依据民事法律规范、行政法律规范及刑事法律规范来进行的，所以，民事法律规范、行政法律规范以及刑事法律规范中现有的归责原则不可能不体现在建设工程法律责任的追究中。因此建设工程法律责任的归责原则主要有以下几种：过错责任原则、无过错责任原则、公平责任原则、违法责任原则。

（一）过错责任原则

1. 过错责任原则的概念

过错责任原则又称主观归责原则，是指只有在基于故意或过失侵害他人的权利和利益，并且造成了损害的情况下，行为人才承担损害赔偿责任。其实质在于以行为人的主观心理状态作为确定责任归属的根据。具体而言，就是有过错才有责任，无过错即无责任。

2. 过错责任原则的构成要件

过错责任原则的构成要件包括以下四个方面：

（1）损害事实，是指侵权行为给受害人造成的不利后果；

（2）违法行为，是指侵权行为具有违法性；

（3）因果关系，是指侵权人实施的违法行为和损害后果之间存在因果上的联系；

（4）主观过错，即当事人的故意和过失状态。故意，是指行为人已经预见到自己行为的损害后果，仍然积极地追求或者听任该后果的发生。过失，是指行为人因未尽合理的注意义务，疏忽大意或轻信可以避免而未能预见损害后果，并致损害后果发生。

（二）无过错责任原则

1. 无过错责任原则的概念

无过错责任原则，也称无过失责任原则，是指没有过错造成他人损害的，依据法律规定由与造成损害原因有关的人承担民事责任的归责原则。适用这一原则，主要不是根据行为人的过错，而是基于损害事实的客观存在，根据行为人的活动及所管理的人或物的危险性质与所造成损害后果的因果关系，由法律规定的特别加重责任。

民法通则第106条第3款规定："没有过错，但法律规定应当承担责任的，应当承担民事责任。"这是我国民法对无过错责任原则的承认。无过错责任原则适用于法律有特别规定的情况，具体的适用范围是民法通则第121条、第122条、第123条、第124条、第125条、第126第、第127条、第133条所规定的侵权行为。

2. 无过错责任原则的构成要件

无过错责任原则的构成要件包括以下四个方面：

（1）损害事实的客观存在；

（2）有法律条款的明文规定，才能构成无过错责任；

（3）特殊侵权行为与损害事实之间存在因果关系；

（4）行为人主观上不必存在过错。

3. 无过错责任原则的适用范围

无过错责任原则必须在法律规定的范围内适用，不能随意扩大或者缩小其适用范围。民法通则规定的典型的适用无过错责任的案件有：缺陷产品的侵权行为、高度危险作业的侵权行为、环境污染的侵权行为、地面施工引起的侵权行为、饲养的动物引起的侵权行为、国家机关工作人员执行职务中的侵权行为、无民事行为能力或限制民事行为能力人的侵权行为、法人工作人员的侵权行为、因建筑物等物件引起的侵权行为致人损害的赔偿案件。其中与工程建设有关的主要是：高度危险作业的侵权行为、污染环境的侵权行为、因地面施工引起的侵权行为、因建筑物等物件引起的侵权行为。

（三）公平责任原则

1. 公平责任原则的概念

公平的本意是公平合理。公平责任原则，是指加害人和受害人都没有过错，在损害事实已经发生的情况下，以公平考虑作为价值判断标准，根据实际情况和可能，由双方当事人公平地分担损失的归责原则。也称公正原则、正义原则、公道原则，是法律始终奉行和追求的一种价值观，也是民法的基本原则之一。我国《民法通则》中对公平责任原则作了明文规定。

2. 公平责任原则的特征

(1) 它不是从行为人的心理状态出发，即不以当事人的主观过错确定其赔偿责任，而是依据公平观念与和谐社会的要求；

(2) 在损害发生时，根据双方当事人的财产状况以及其他具体情形予以裁判。

3. 适用公平责任原则的条件

公平责任原则的适用应具备三个条件：

(1) 双方当事人都没有过错。民法通则第132条规定："当事人对损害的发生都没有过错的，可以根据实际情况，由当事人分担民事责任。""没有过错"应包含两层含义：首先，不能推定行为人有过错；其次，不能找到有过错的当事人；

(2) 有较严重的损害发生；

(3) 不由当事人双方分担损失，有违公平的民法理念。这就要求法官依据公平、正义的道德观念，形成内心确信，来合理确定当事人是否应当分担损失以及如何分担损失。

(四) 违法责任原则

这种归责原则是针对行政主体和行政工作人员侵犯行政相对人权益情形的，它是指行政主体和行政工作人员执行职务时的违法行为侵犯公民、法人或其他组织的合法权益造成损害的，国家应承担赔偿责任。违法责任原则是以职务行为是否违法为依据来确定责任承担的原则。违法原则以职务行为违法为归责的根本标准，而不论行为人有无过错。

第二节 建设工程民事责任

一、建设工程民事责任的概念

建设工程民事责任，是指建设工程民事法律关系的主体因违反民事法律上的约定或者不履行法定义务所应承担的对其不利的法律后果，其目的主要是恢复受害人的权利和补偿权利人的损失。民事责任主要有以下几个特征：

(1) 民事责任是以财产责任为主的法律责任；

(2) 民事责任是以等价、补偿为主的法律责任；

(3) 民事责任是以向相对特定的权利人或者受害者承担责任的法律责任。

建设工程民事责任作为整个民事责任的一部分，其适用要受到民事责任的一般规定的制约。

二、建设工程民事责任的种类

我国《民法通则》根据民事责任的承担原因将民事责任划分为两类，即违反合同的民事责任(违约责任)和侵权的民事责任(侵权责任)。在建设工程领域，因违法而承担的民事责任也就包括了这两类。

(一) 建设工程违约责任

1. 建设工程违约责任的概念

违约责任即违反了建设工程合同的民事责任，是指建设工程合同当事人一方不履行合同义务或者履行合同义务不符合约定时，依照法律规定或者合同的约定所应承担的法律责任。违约责任制度是保障债权实现及债务履行的重要措施，它与合同义务有密切联系，合同义务是违约责任产生的前提，违约责任则是合同义务不履行的结果。我国《合同法》第七章专设违约责任，规定了预期违约及实际违约等所应承担的法律责任。

2. 建设工程违约责任的构成要件

建设工程违约责任的构成要件，是指建设工程合同当事人因违约必须承担法律责任的法定要素。一般来说，构成法律责任或违约责任的要件包括两个方面，即主观要件和客观要件。建设工程合同中的违约责任的构成要件，与侵权的民事责任以及刑事法律责任或行政法律责任的构成要件有所不同。

依据《合同法》的规定，违约责任，除另有规定者外，总体上实行严格责任原则。依据该项原则，建设工程违约责任的构成要件包括主观要件和客观要件。

(1) 主观要件

是指作为建设工程合同当事人，在履行建设工程合同中不论其主观上是否有过错，即主观上有无故意或过失，只要造成违约的事实，均应承担违约法律责任。

《合同法》还规定，当事人一方因第三人的原因造成违约的，应向对方承担责任。当事人一方和第三人之间的纠纷，应当依照法律的规定或者按照约定解决。

依据《合同法》的规定违约责任采取严格责任原则，即无过错责任原则，只有不可抗力方可免责。至于缔约过失、无效合同或者可撤销合同，则采取过错责任原则。由有过错一方向受损害方承担赔偿损失责任。

(2) 客观要件

是指建设工程合同依法成立、生效后，合同当事人一方或者双方未按照法定或约定全面地履行应尽的义务，也即出现了客观的违约事实，即应承担违约的法律责任。此外，《合同法》还有关于预期违约责任制度的规定，当事人一方明确表示或者以自己的行为表明不履行合同义务的，对方可以在履行期限届满之前，请求其承担违约责任。

3. 建设工程违约责任的免除

所谓免责事由，是指免除违反建设工程合同义务的债务人承担违约责任的原因和理由。具体包括法定的免责事由和约定的免责事由。具体内容如下：

(1) 不可抗力

不可抗力，是指不能预见、不能避免并不能克服的客观情况。具体地说，不可抗力独立于人的意志和行为之外，且其影响到建设工程合同的正常履行。构成不可抗力的事件较多，但主要是指自然灾害和社会事件这两种。对于因不可抗力导致的建设工程合同不能履行，应当根据不可抗力的影响程度，部分或全部免除有关当事人的责任。

(2) 债权人过错

债权人的过错致使债务人不履行建设工程合同，债务人不负违约责任。

(3) 其他法定免责事由

其他法定免责事由主要有两类：一是对于标的物的自然损耗，债务人可免责。这一情形多发生在运输合同中；二是未违约一方未采取适当措施，导致损失扩大的，债务人对扩大的损失部分免责。

（二）建设工程侵权责任

1. 建设工程侵权责任的概念

侵权责任，是指在工程建设过程中，民事行为人不法侵害社会公共财产或者他人财产、人身权利而应承担的民事责任。建设工程侵权责任不同于建设工程违约责任，其区别主要体现在以下两个方面：

（1）建设工程侵权行为可以发生在一般的社会交往中，双方当事人之间不需要存在什么关系，只有当侵权行为发生时，当事人之间才能产生损害赔偿的法律关系。因此，侵权责任违反的是法定义务，不存在什么前提条件。而建设工程违约行为是违反有效合同的义务而承担的民事责任，即违反的是约定义务，它是以有效合同关系的存在为前提条件。

（2）侵权责任的形式包括停止侵害、返还财产、恢复原状、赔礼道歉、消除影响、恢复名誉、赔偿损失等，即侵权责任既包括财产责任，也包括非财产责任，而违约责任的形式主要有强制实际履行、支付违约金、赔偿损失等，因此违约责任主要是财产责任。

2. 建设工程领域较常见的侵权行为

根据《民法通则》及有关司法解释的有关规定，建设工程领域较常见的侵权行为有：

（1）侵害公民身体造成伤害的侵权行为

侵害公民身体造成伤害的，应当赔偿医疗费、因误工减少的收入、残废者生活补助费等费用；造成死亡的，并应当支付丧葬费、死者生前扶养的人必要的生活费等费用。

（2）环境污染致人损害的侵权行为

违反国家保护环境防止污染的规定，污染环境造成他人损害的，应当依法承担民事责任。

（3）地面施工致人损害的侵权行为

在公共场所、道旁或者通道上挖坑、修缮安装地下设施等，没有设置明显标志和采取安全措施造成他人损害的，施工人应当承担民事责任。

（4）建筑物及地上物致人损害的侵权行为

建筑物或者其他设施以及建筑物上的搁置物、悬挂物发生倒塌、脱落、坠落造成他人损害的，其所有人或者管理人应当承担民事责任，但能够证明自己没有过错的除外。道路、桥梁、隧道等人工建造的构筑物因维护、管理瑕疵致人损害的，也适用上述规定，而且如果是因设计、施工缺陷造成损害的，由所有人、管理人与设计、施工者承担连带责任。

3. 建设工程侵权责任的免除

对因侵权而产生的法律责任的免除事由只能基于法律的规定。根据我国《民法通则》的规定，民事责任的免责事由有正当防卫和紧急避险两种免责事由，除此之外受害人同意、自助行为、第三人过错等属于抗辩事由，除上述事由外，还有不可抗力、职务行为、意外事件、受害人过错和权利行使不当等也可以免除侵权民事责任。

三、建设工程民事责任的承担方式

建设工程民事责任的承担方式与其他民事责任的承担方式是一样的。根据民事法律规范的规定，承担建设工程民事责任的方式主要有以下几种：

（一）停止侵害

停止侵害，是指加害人正在实施侵害他人财产和人身的行为的，受害人可以依法请求其停止侵害行为，这实际上是要求侵害人终止其正在进行或者延续的损害他人合法权益的行为。其目的在于及时制止侵害行为，防止损失的扩大。

（二）排除妨碍

排除妨碍，是承担民事责任的方式之一，它是指责令侵害人排除其不法行为给权利人正常行使权利所造成的妨碍。任何妨碍他人正常行使权利的行为，无论侵害人是否有过错，也无论妨碍存在多久，侵害人都应当排除妨碍。排除妨碍是保障权利人正常行使权利的重要措施，在一般情况下单独适用。

（三）消除危险

消除危险，是指当行为人的行为对他人的人身财产安全造成威胁，或存在对他人人身、财产造成损害的危险时，处于危险中的人有权要求行为人采取措施消除危险，其目的在于防止损害或妨碍的发生。

（四）返还财产

返还财产，是指当侵权行为人没有合法依据，将他人财产据为己有时，受害人有权要求其返还财产。返还财产的适用条件包括：其一，只有对于被非法占有的财产才能要求返还；其二，被要求返还的财产应该客观存在。

（五）恢复原状

恢复原状，是指侵权行为致使他人的财产遭到损坏或形状改变，受害人有权要求加害人对受损财产进行修复或采取其他措施，使其恢复到原来状态。恢复原状应具备以下两个条件：其一，被损害的财产有恢复的可能；其二，被损害的财产有恢复的必要。

（六）修理、重作、更换

修理、重作、更换，主要适用于违反合同质量条款的民事责任形式。修理，是指使受损害的财产或者不符合合同约定质量的标的物具有应当具备的功能、质量。重作，是指重新加工、制作标的物。更换，是指以符合质量要求的标的物替代已交付的质量不符合要求的标的物。修理和重作可以适用于种类物或者特定物，而更换只能适用于种类物。

（七）赔偿损失

赔偿损失，是指行为人因违反民事义务致人损害，应以财产赔偿受害人所受的损失。对于违约责任，赔偿额应当相当于对方因违约造成的损失。对于侵权责任，包括对财产损失和精神损失的赔偿。

（八）支付违约金

违约金是指当事人违反建设工程合同义务后，按照法律规定或合同约定支付给对方的一定数量的货币。违约金是预先规定的货币支付，只要当事人因不履行建设工程合同或不完全履行建设工程合同等造成违约，不论违约是否给对方造成损失，都要按规定向对方支付违约金。

支付违约金的前提条件：建设工程合同为有效合同；有违约事实；违约方有过错。

（九）消除影响、恢复名誉

消除影响，是指行为人因为其侵权行为在一定范围内对受害人的人格权造成了不良影响，应该予以消除。所谓恢复名誉，是指侵权行为人因其侵权行为导致被害人人格评价降低的，应该使受害人的人格利益恢复至未受侵害前的状态。消除影响与恢复名誉是相辅相成的，消除影响的直接目的是恢复名誉，恢复名誉的前提条件是消除不良影响。

加害人拒不执行生效判决，不为受害人消除影响、恢复名誉的，人民法院可以采取公告、登报方式，将判决的内容和有关情况公布于众，达到消除影响、恢复名誉的目的。公告、登记的费用由加害人承担。

（十）赔礼道歉

赔礼道歉，是指侵权行为人通过向受害人承认错误、表达歉意、请求原谅的方式以弥补受害人心理上的创伤。赔礼道歉适用于对公民的姓名权、肖像权、名誉权、荣誉权的侵害及对法人的名称权、名誉权、荣誉权的侵害。

上述的侵权责任方式可以单独适用，也可以合并适用。一般而言，是单独适用还是合并适用，应根据各种侵权责任提供的救济手段的性质加以确定。除修理、重作、更换和支付违约金仅适用于违约责任外，其余八种均可适用于侵权责任。同时，因为停止侵害、排除妨碍、消除危险这三种责任方式的特殊性，最高人民法院在《关于贯彻执行〈中华人民共和国民法通则〉若干问题的意见》第162条第1款规定："在诉讼中遇有需要停止侵害、排除妨碍、消除危险的情况时，人民法院可以根据当事人的申请或者依职权先行作出裁定。先行裁定可以在实际损害尚未发生时，进行及时的阻止，或在侵害尚未扩大时，减小其后果，以保护权利人的利益，避免不应有的损失。"

第三节　建设工程行政责任

一、建设工程行政责任概述

（一）建设工程行政违法行为

行政违法有广义与狭义之分，狭义的行政违法仅指行政主体的违法，广义的行政违法还包括行政相对人违法，在这里采用广义的行政违法说。

建设工程行政违法行为是指建设工程行政法律关系的主体违反建设工程法律法规，侵害了建设工程行政法律规范保护的社会关系但尚未构成犯罪的行为。这类行为的主要特征是：

（1）建设工程行政违法行为的主体是建设工程行政法律关系的主体，包括建设工程行政管理主体、建设工程行政管理机关工作人员或者建设工程行政管理相对人（公民、法人或者其他组织）。只有以建设工程行政管理主体或建设工程行政管理相对人的法律身份出现时，其行为才有可能构成建设工程行政违法行为。

（2）建设工程行政违法行为是违反建设工程行政法律规范的行为。

（3）建设工程行政违法行为侵害的是建设工程行政法律关系，这种行为包括两大类：一是建设工程行政管理主体及其工作人员在建设工程行政管理过程中的违法行为；二是建设工程行政管理相对人在建设工程行政管理过程中的违法行为。

（4）建设工程行政违法行为是尚未构成犯罪的行为。行政违法在性质上属于一般违法，其社会危害性较小，尚未达到犯罪的程度。所以，这类违法行为由建设工程法律规范来调整，而不是依据刑事法律规范来处理。

（二）建设工程行政责任的概念

行政责任是与行政违法相对应的，因对行政违法存在不同的认识，同样对行政责任也存在不同的观点：有的认为行政责任是行政主体的责任；有的认为行政责任是行政相对方的责任；还有的认为行政责任是行政主体和公务员的责任。行政责任与行政违法相互对应、相互衔接，我们认为建设工程行政责任是指建设工程行政法律关系主体违反建设工程行政法律规范，侵害了建设工程行政法律规范保护的社会关系，并造成了一定的危害，而依法应承担的不利后果，即行政法律责任。

由于建设工程行政违法行为的主体是建设工程行政法律关系的主体，包括建设工程行政管理主体、建设工程行政管理机关工作人员或者是建设工程行政管理相对人（公民、法人或者其他组织），因而建设工程行政责任主要包括行政处罚、行政处分以及行政赔偿。

（三）建设工程行政责任的构成要件

行政违法的构成与行政责任的构成有因果关系，但它们还有明显的区别。承担行政责任必须有行政违法，但有行政违法不一定追究行政责任。为此建设工程行政责任的构成有其独有的要件，主要包括下列要件：

1. 建设工程行政法律关系主体的行为已构成行政违法

前面已提到，行政违法是行政责任的前提，如果建设工程行政法律关系主体的行为尚未构成行政违法，建设工程行政责任就无法产生。这就是说，并非建设工程行政法律关系主体的所有行为都产生行政责任，只有有行政违法存在时行政责任才会产生。

2. 建设工程行政法律关系主体承担行政责任必须有法律依据

现代法治社会，不仅要求权力（权利）、职责（义务）的法定，而且要求对责任的承担也必须有法律依据。因此，建设工程行政法律关系主体承担行政责任的方式、内容等都应当由法律规定，否则承担责任就很难做到。

3. 建设工程行政法律关系主体具有法定的责任能力

建设工程行政法律关系主体不具有法定的责任能力，即使其行为构成了行政违法，也不被追究或者承担行政责任。

对于是否要求建设工程行政法律关系主体主观上存在过错，因主体的不同要求也不一样。建设工程行政管理主体及其工作人员只要存在行政违法行为就应追究其行政责任，而不问其是否存在主观过错。

而对于建设工程行政相对人来说，行为的作出是主观和客观的统一，行为主体一般不承担主观上无过错的行为的法律责任。

（四）建设工程行政责任的追究

建设工程行政法律关系主体在违反建设工程行政法律规范以后，就应当承担相应的行政法律责任。关于建设工程行政法律责任的承担，一般表现为以下两种方式：一是当事人在违法后主动承担法律责任；二是在法定的组织追究下承担责任。但多数情况下，建设工程行政法律关系主体是在法定的组织追究下承担相应的法律责任的。

在我国，对建设工程行政管理主体享有行政责任追究权的法定机关包括权力机关、人民法院、各级人民政府、各级人民政府的建设工程行政主管机关和分管机关以及上级行政机关。建设工程行政相对人的行政责任则由法定的建设工程行政管理主体进行追究，包括各级人民政府的建设工程行政管理主体，例如建设行政机关等。

二、建设工程行政相对人违法的行政责任

（一）建设工程行政相对人违法的概念

建设工程行政相对人违法是指建设工程行政法律关系主体之一的行政相对人违反建设工程法律规范，尚未构成犯罪的行为。建设工程行政相对人违法具有如下特征：

(1) 建设工程行政违法行为人是建设工程行政相对人，在建设工程行政法律关系中处于被管理的地位；

(2) 建设工程行政相对人的违法行为不属于行政管理行为，而是其直接实施的侵害建设工程行政法律规范所保护的社会关系的行为；

(3) 建设工程行政相对人的违法行为既可以是个人的违法行为，也可以是组织实施的违法行为；

(4) 建设工程行政相对人违法的行为仅仅是指的违反建设工程行政法律规范的行为，不包括违反其他行政法律规范的行为；

(5) 建设工程行政相对人违法所承担的惩罚性法律后果主要是行政处罚。

(二) 建设工程行政相对人违法的种类

建设工程行政相对人违法行为的范围很广泛，没有也不可能有统一的法律加以规范。本文根据违法行为的具体实施主体，对建设工程行政相对人违法行为的种类作如下划分：

(1) 施工单位及其施工人员的行政违法行为。即在工程建设的施工过程中，施工单位及其施工人员实施的违反建设工程行政管理规范，应受行政处罚的行为，包括资质、承揽业务、工程质量、工程安全等方面的违法行为。

(2) 建设单位及其从业人员的行政违法行为。即是指建设单位及其从业人员实施的违反关于建设程序、招标发包、质量安全等建设工程行政管理规范，应当受到行政处罚的行为。

(3) 工程监理单位及其监理人员的行政违法行为。即是指工程监理单位及其监理人员实施的违反关于资质、业务承揽、质量安全等建设工程行政管理规范，应当受到行政处罚的行为。

(4) 勘察单位及其勘察人员的行政违法行为。即是指勘察单位及其勘察人员实施的违反关于资质、业务承揽、质量安全等建设工程行政管理规范，应当受到行政处罚的行为。

(5) 工程设计单位及其设计人员的行政违法行为。即是指工程设计单位及其设计人员实施的违反关于资质、业务承揽、质量安全、资格、招标代理等建设工程行政管理规范，应当受到行政处罚的行为。

(三) 建设工程行政相对人违法的行政责任

1. 建设工程行政处罚的概念

建设工程行政处罚是指建设工程行政管理机关及其他依法可以实施建设工程行政处罚权的组织，对违反建设工程行政管理法律规范，尚不构成犯罪的行政相对人（公民、法人及其他组织）实施的一种法律制裁。

在我国建设工程领域，对于建设单位、勘察、设计单位、施工单位、工程监理单位等参建单位而言，行政处罚是更为常见的行政责任承担形式。《行政处罚法》是规范和调整行政处罚的设定和实施的法律依据。

2. 建设工程行政处罚的种类

根据《行政处罚法》以及我国建设工程法律规范的规定，建设工程行政处罚的种类包括：

(1) 警告。它是由建设工程行政管理主体依法对有轻微违法行为的行政相对人提出的一种正式谴责和告诫,其是违法者承担的行政责任中最为轻微的一种,但必须使用书面形式送达被处罚人。

(2) 罚款。这是行政主体对违法者的一种经济制裁,是有行政处罚权的主体责令违法的相对人承担金钱给付义务,即在一定期限内交纳一定数额金钱的处罚形式。在违反工程建设法律规范的行政责任中,罚款是适用范围较为广泛的一种。

(3) 没收违法所得、没收非法财物。没收违法所得,是指没收相对人由于违法行为而获得的全部经营收入。没收非法财物,是指没收相对人用于进行违法活动的财物。

(4) 责令停产停业。它是建设工程行政管理主体对违反建设工程行政法律规范的企业,在一定期限内剥夺其从事生产或经营活动权利的一种行政处罚。责令停产停业有一定期限,责令违法企业在此期间整改。在违法企业整改并认识到自己的违法行为之后,应允许其恢复营业。

(5) 暂扣或者吊销许可证、暂扣或者吊销执照。它是指建设工程行政管理主体对于具有违法行为的相对人,暂时地扣留或者吊销其许可证或执照,从而停止或撤销了违法者从事某项活动或享有某项权利的一种处罚。这是一种比责令停产停业更为严厉的处罚,主要适用于比较严重的违法行为。例如,《建筑法》第 67 条规定:承包单位将承包的工程转包的,或者违反本法规定进行分包的,责令改正,没收违法所得,并处罚款,可以责令停业整顿,降低资质等级;情节严重的,吊销资质证书。

(6) 行政拘留。这是行政责任中一种较为严厉的责任形式,是公安机关短期剥夺违法者人身自由的行政责任形式。行政拘留的期限是 1 日以上,15 日以下。

(7) 法律、行政法规规定的其他行政处罚。

建设工程行政处罚在具体的建设工程法律法规中都有明确的规定,对不同的处罚形式,法律规范规定了不同的构成要件,建设工程行政管理主体必须严格依法实施,否则,也要承担相应的法律责任。

3. 建设工程行政处罚程序

《行政处罚法》明确规定,公民、法人或者其他组织违反行政管理秩序的行为,应当根据法律、法规或规章给予行政处罚的,行政机关应当依法定程序实施,没有法定依据或者不遵守法定程序的,行政处罚无效。

(1) 建设工程行政处罚实施的一般规则

对于公民、法人或者其他组织违反建设工程行政管理秩序的行为,依法应当给予行政处罚的,建设工程行政管理主体必须查明事实。违法事实不清的,不得给予行政处罚。

建设工程行政管理主体在作出行政处罚决定之前,应当告知当事人作出行政处罚决定的事实理由和依据,并告知当事人依法享有的权利。建设工程行政管理主体及其执法人员违反该规定,未向当事人告知行政处罚的事实、理由和依据的,行政处罚决定不能成立。

当事人有权进行陈述和申辩。建设工程行政管理主体必须充分听取当事人的意见,对当事人提出的事实、理由和证据,应当进行复核;当事人提出的事实、理由或者证据成立的,建设工程行政管理主体应当采纳。建设工程行政管理主体不得因当事人申辩而加重处罚。建设工程行政管理主体及其执法人员违反该规定,拒绝听取当事人的陈述、申辩的,行政处罚决定不成立。

(2) 建设工程行政处罚程序种类

《行政处罚法》规定了简易程序、一般程序和听证程序。

行政处罚的简易程序又称为当场处罚程序，指行政处罚主体对于事实清楚、情节简单、后果轻微的行政违法行为，当场作出行政处罚决定的程序。设置行政处罚的简易程序有助于提高行政管理的效率，但其适用的条件是很严格的。《行政处罚法》第33条规定：违法事实确凿并有法定依据，对公民处以50元以下罚款或警告、对法人或其他组织处以1000元以下罚款或者警告的行政处罚的，可以当场作出行政处罚决定。

行政执法人员当场作出行政处罚决定的，应当严格遵循以下程序：首先出示执法证件，表明执法人员的身份；告知作出行政处罚决定的事实、理由和根据；要听取当事人的陈述和申辩；填写预定格式、编有号码的行政处罚决定书，并将行政处罚决定书当场交付当事人。

一般程序是建设工程行政管理主体进行行政处罚的基本程序。根据行政处罚法的规定，建设工程行政管理主体通常是按照一般程序作出行政处罚决定，简易程序属于特殊情况。

一般程序的适用范围是指处罚较重的案件，即对个人处以警告和50元以下罚款以外的所有行政处罚，对组织处以警告和1000元以下罚款以外的所有行政处罚，或者是情节复杂的案件，即需要经过调查才能弄清楚的处罚案件以及当事人对于执法人员给予当场处罚的事实认定有分歧而无法作出行政处罚决定的案件。

一般程序的具体内容包括调查取证；告知处罚事实、理由、依据和有关权利；听取陈述、申辩或者举行听证会；作出行政处罚决定；制作并送达行政处罚决定书。

在建设工程领域中，主要是针对建设工程行政执法机关作出吊销资质证书、执业资格证书、责令停产停业、责令停业整顿(包括属于停业整顿性质的，责令在规定的时限内不得承接新的业务)、责令停止执业业务、没收违法建筑物及构筑物和其他设施以及处以较大数额罚款等行政处罚，而设定的行政处罚程序。对于适用听证程序的行政处罚，建设工程行政管理主体在作出行政处罚决定前，应当告知当事人有要求举行听证的权利；当事人要求听证的，建设工程行政管理主体应当组织听证。当事人不承担建设工程行政管理主体组织听证的费用。

(3) 行政处罚的执行程序

行政处罚的执行程序，是指确保行政处罚决定所确定的内容得以实现的程序。行政处罚决定一旦作出，就具有法律效力，当事人应当在行政处罚决定的期限内予以履行。当事人对行政处罚决定不服申请行政复议或者提起行政诉讼的，除法律另有规定的以外，行政处罚不停止执行。

三、建设工程行政主体违法的行政责任

(一) 建设工程行政主体违法的概念

建设工程行政主体违法是指建设工程行政法律关系主体之一的行政主体在建设工程具体管理过程中所实施的违反建设工程法律规范，尚未构成犯罪的行为。建设工程行政主体违法相较于建设工程行政相对人违法具有如下特征：

(1) 建设工程行政违法行为人是建设工程行政主体，是在建设工程行政法律关系中依法享有管理权的组织；

(2) 建设工程行政主体的违法行政行为必须发生在建设工程行政执法的过程中，包括违法的行政作为和行政不作为；

(3) 建设工程行政主体的违法行为是通过个人即建设工程行政主体的工作人员体现出来的，因为建设工程行政主体的执法行为是由具体人员实施的；

(4) 建设工程行政主体违法的行为不仅仅是指违反建设工程行政法律规范的行为，还包括违反与建设工程相关的其他行政法律规范的行为；

(5) 建设工程行政主体违法所承担的惩罚性法律后果主要是行政处分与行政赔偿。

（二）建设工程行政主体违法的行政责任

在我国，建设工程行政主体违法承担法律责任的主要形式有两种，一是行政处分，二是行政赔偿。

1. 行政处分

行政处分是行政机关内部，上级对有隶属关系的下级违反纪律的行为或者是对尚未构成犯罪的轻微违法行为所给予的纪律制裁。

《中华人民共和国公务员法》（以下简称《公务员法》）第56条规定："公务员因违法违纪行为应当承担纪律责任的，依照本法给予处分。"

依据《公务员法》第56条，行政处分分为：警告、记过、记大过、降级、撤职、开除。受撤职处分的，按照规定降低级别。受行政处分期间，不得晋升职务和级别；其中受到除警告以外的行政处分的，不得晋升工资档次。

2. 建设工程行政赔偿

建设工程行政赔偿即建设工程行政侵权赔偿，是指建设工程行政主体及其工作人员，在行使行政职权过程中，因其行为违法而侵犯了建设工程行政相对人（公民、法人或其他组织）的合法权益并造成了损害，由建设工程行政主体给予赔偿的法律制度。在我国，建设工程行政赔偿范围包括侵犯人身权的违法行政行为和侵犯财产权的违法行政行为两种，对上述两种违法行政行为所造成的损害，受害人有权请求国家赔偿。

(1) 侵犯人身权的违法行政行为

属于此类的违法行政行为主要包括以下几种：违法拘留或者违法采取限制公民人身自由的行政强制措施；非法拘禁或以其他方法非法剥夺公民人身自由的行为；以殴打等暴力行为或唆使他人以殴打等暴力行为造成公民身体伤害或者死亡的违法行为；违法使用武器、警械造成公民身体伤害与死亡的违法行为；造成公民身体伤害或死亡的其他违法行为。

(2) 侵犯财产权的违法行政行为

属于此类违法行为的情形有：违法实施罚款、吊销许可证和执照、责令停产停业、没收财物等行政处罚行为；违法对财产采取查封、扣押、冻结等行政强制措施的行为；违反国家规定征收财物，摊派费用的行为；违法侵犯财产权造成损害的其他行为。

第四节　建设工程刑事责任

一、建设工程刑事责任的概念

建设工程刑事责任，是指犯罪主体因违反刑法，故意或者过失实施的严重危害建设工程法律规范所保护的社会关系的行为，并造成或可能造成人身伤亡或公私财产的严重损失，已经构成犯罪所应承担的法律责任。刑事责任是法律责任中最严厉的一种，其承担方式主要是刑罚。刑事责任具有如下特征：

(1) 追究刑事责任的机关即判定行为人是否犯罪的只能是人民法院；
(2) 刑事责任的内容主要是限制或者剥夺行为人的人身权；
(3) 刑事责任注重于对行为人的惩罚。

二、承担建设工程刑事责任的要件

行为人严重违法，构成犯罪，就必须承担刑事责任。因此承担建设工程刑事责任的要件也就是犯罪构成的要件。犯罪构成则是指认定犯罪的具体法律标准，是我国刑法规定的某种行为构成犯罪所必须具备的主观要件和客观要件的总和。按照我国犯罪构成的一般理论，我国刑法规定的犯罪都必须具备犯罪客体、犯罪的客观方面、犯罪主体、犯罪的主观方面这四个共同要件：

(一) 犯罪客体

犯罪客体，是指我国刑法所保护的而被犯罪所侵害的社会关系。我国《刑法》第13条和分则的规定，具体指明了刑法所保护的社会关系的种类。

(二) 犯罪的客观方面

犯罪的客观方面，亦称犯罪客观要件，是指刑法规定的构成犯罪在客观活动方面所必须具备的条件，包括危害社会的行为和由这种行为所引起的危害社会的结果。该要件说明了犯罪客体在什么样的条件下，通过什么样的危害行为并受到什么样的侵害。因此，犯罪客观方面也是犯罪构成不可缺少的要件。

(三) 犯罪主体

犯罪主体是指实施了犯罪行为，依法应当承担刑事责任的人。包括实施了危害社会的行为，达到刑事责任年龄，具有刑事责任能力的自然人，以及实施了危害社会的行为，依法应当承担刑事责任的企事业单位、国家机关、社会团体等单位。在犯罪主体中，自然人可以成为各种犯罪的主体，但是，根据我国刑法目前的规定，单位只能成为特定犯罪的主体。

(四) 犯罪的主观方面

犯罪的主观方面，是指犯罪主体对自己实施的危害社会行为及其结果所持的心理态度。根据我国《刑法》规定，一个人只有在故意或过失地实施某种危害社会的行为时，才负刑事责任。所以，故意或过失作为犯罪的主观方面，也是构成犯罪必不可少的要件之一。

三、建设工程的刑事责任种类

建设工程刑事责任的承担方式主要是刑罚。根据我国《刑法》第32条规定，刑罚分为主刑和附加刑。主刑只能单独适用，不能附加适用。一个罪只能适用一个主刑，不能同时适用两个以上主刑。附加刑（从刑），是指补充主刑适用的刑罚方法。附加刑可以附加主刑适用，也可以单独适用。

(一) 主刑

主刑的种类如下：

1. 管制

管制是我国特有的一种刑事责任，它是指对罪犯不予关押，但限制其一定自由，由公安机关执行和群众监督改造的刑罚方法。管制的期限为3个月以上2年以下，数罪并罚时不得超过3年。管制的刑期从判决执行之日起计算，判决前先行羁押的，羁押1日折抵刑期2日。

2. 拘役

拘役是短期剥夺犯罪人自由，就近实行劳动改造的刑罚方法。拘役的期限为1个月以上6个月以下，数罪并罚时不得超过1年。拘役的刑期从判决执行之日起计算，判决执行前先行羁押的，羁押1日折抵刑期1日。拘役由公安机关在就近的拘役所、看守所或者其他监管场所执行。在执行期间，受刑人每月可以回家一天至两天。参加劳动的，可以酌量发给报酬。

3. 有期徒刑

有期徒刑是剥夺犯罪人一定期限的自由，实行强制劳动改造的刑罚方法。有期徒刑的犯罪人拘押于监狱或其他执行场所。有期徒刑的基本内容是对犯罪人实行劳动改造。《刑法》第46条规定，被判处有期徒刑的人凡有劳动能力的，都应当参加劳动，接受教育和改造。

有期徒刑的刑期为6个月以上15年以下，数罪并罚时不得超过20年。刑期从判决执行之日起计算，判决执行以前先行羁押的，羁押1日折抵刑期1日。

4. 无期徒刑

无期徒刑是剥夺犯罪人终身自由，实行强迫劳动改造的刑罚方法。无期徒刑的基本内容也是对犯罪人实施劳动改造。无期徒刑不可能孤立适用，即对于被判处无期徒刑的犯罪分子，应当附加剥夺政治权利终身。而对于被判处管制、拘役、有期徒刑的犯罪分子，不是必须附加剥夺政治权利。

5. 死刑

死刑是剥夺犯罪人生命的刑罚方法，包括立即执行与缓期二年执行两种情况。死刑是刑罚体系中最为严厉的刑罚方法。

（二）附加刑

附加刑有如下几种：

1. 罚金

罚金是人民法院判处犯罪分子向国家交纳一定数额金钱的刑罚方法。《刑法》第52条规定，判处刑罚，应当根据犯罪情节决定罚金数额。

2. 剥夺政治权利

剥夺政治权利，是指剥夺犯罪人参加管理国家和政治活动的权利的刑罚方法。剥夺政治权利是同时剥夺下列权利：

（1）选举权与被选举权；

（2）言论、出版、集会、结社、游行、示威自由的权利；

（3）担任国家机关职务的权利；

（4）担任国有公司、企业、事业单位和人民团体领导职务权利。

3. 没收财产

没收财产是将犯罪人所有财产的一部分或者全部强制无偿收归国有的刑罚方法。没收财产与没收犯罪物品有本质区别，没收财产是没收犯罪人合法所有并且没有用于犯罪的财产。

判处没收财产时，既可以判处没收犯罪人的全部财产，也可以判处没收犯罪人所有的部分财产。没收全部财产的，应当对犯罪分子个人及其抚养的家属保留必要的生活费用。

附加刑可以与主刑合并适用，也可以独立适用。

四、建设工程领域常见犯罪类型及其刑事责任

(一)重大责任事故罪

根据《刑法》第134条及《刑法修正案》(六)的规定,重大责任事故罪,是指在生产、作业中违反有关安全管理的规定,或者强令他人违章冒险作业,因而发生重大伤亡事故或者造成其他严重后果的行为。

1. 重大责任事故罪的构成要件

(1)本罪的客观方面主要表现在两个方面:一是行为人在生产、作业中违反有关安全管理的规定,因而发生重大伤亡事故或者造成其他严重后果;二是强令工人违章冒险作业,因而发生重大伤亡事故或者造成其他严重后果。所谓"强令工人违章冒险作业",主要是指在本单位中负责管理生产、施工、作业等工作的管理人员,明知自己的决定是违反规章制度,可能出现危险,造成安全事故,却心怀侥幸,自认为不会出事,强令工人违章冒险作业。

(2)构成本罪的主体是特殊主体,包括建筑企业的安全生产从业人员、安全生产管理人员以及对安全事故负有责任的包工头、无证从事生产与作业的人员等。

(3)本罪的主观方面表现为过失。这种过失不论是表现为疏忽大意,还是表现为过于自信,行为人在主观上的心理状态都是一样的,即在主观上都不希望发生危害社会的严重后果。但行为人对于在生产、作业中违反有关安全管理的规定,或者强令他人违章冒险作业行为本身,则可能是故意的。

(4)行为人的行为必须是导致重大伤亡事故或者造成其他严重后果。

2. 重大责任事故罪的刑事责任

《刑法修正案》(六)规定:"在生产、作业中违反有关安全管理的规定,因而发生重大伤亡事故或者造成其他严重后果的,处三年以下有期徒刑或者拘役;情节特别恶劣的,处三年以上七年以下有期徒刑。

强令他人违章冒险作业,因而发生重大伤亡事故或者造成其他严重后果的,处五年以下有期徒刑或者拘役;情节特别恶劣的,处五年以上有期徒刑。"

(二)重大劳动安全事故罪

根据《刑法》第135条及《刑法修正案》(六)的规定,重大劳动安全事故罪,主要指安全生产设施或者安全生产条件不符合国家规定,因而发生重大伤亡事故或者造成其他严重后果的行为。

1. 重大劳动安全事故罪的构成要件

(1)本罪的客观方面,表现为工程建设单位的安全生产设施或者安全生产条件不符合国家规定,经有关部门或者单位职工提出后,对事故隐患仍不采取措施,因而发生重大伤亡事故或者造成其他严重后果的行为。

(2)本罪的主体是特殊主体,即工程建设单位及其直接负责的主管人员和其他直接责任人员。其中,"直接负责的主管人员"包括生产经营单位的负责人、生产经营的指挥人员、实际控制人、投资人。"其他直接责任人员"包括对安全生产设施、安全生产条件负有提供、维护、管理职责的人。

(3)本罪的主观方面表现为过失,即在主观上都不希望发生危害社会的严重后果。但行为人对安全生产设施或者安全生产条件不符合国家规定,则可能是故意的,也可能是过失。

2. 重大劳动安全事故罪的刑事责任

《刑法修正案》(六)规定:"安全生产设施或者安全生产条件不符合国家规定,因而发生重大伤亡事故或者造成其他严重后果的,对直接负责的主管人员和其他直接责任人员,处三年以下有期徒刑或者拘役;情节特别恶劣的,处三年以上七年以下有期徒刑。"

(三)工程重大安全事故罪

根据《刑法》第137条的规定,工程重大安全事故罪,是指建设单位、设计单位、施工单位、工程监理单位违反国家规定,降低工程质量标准,造成重大安全事故的行为。

1. 工程重大安全事故罪的构成要件

(1)本罪的客观方面,表现为违反国家规定,降低工程质量标准,造成重大安全事故的行为。

(2)本罪的主体是特殊主体,仅限于建设单位、设计单位、施工单位和工程监理单位。

(3)本罪的主观方面表现为过失。但行为人违反国家规定、降低质量标准则可能是故意,也可能是过失。

2. 工程重大安全事故罪的刑事责任

《刑法》第137条规定:"建设单位、设计单位、施工单位、工程监理单位违反国家规定,降低工程质量标准,造成重大安全事故的,对直接责任人员,处五年以下有期徒刑或者拘役,并处罚金;后果特别严重的,处五年以上十年以下有期徒刑,并处罚金。"

(四)串通投标罪

根据《刑法》第223条规定,串通投标罪,是指投标人相互串通投标报价,损害招标人或者其他投标人利益,情节严重的行为,以及投标人与招标人串通投标,损害国家、集体、公民的合法利益的行为。

1. 串通投标罪的构成要件

(1)本罪的客观方面,表现为投标人相互串通投标报价,损害招标人或者其他投标人利益,或者投标人与招标人串通投标,损害国家、集体、公民的合法权益的行为。

(2)本罪的犯罪主体,是投标人(两个以上)或者投标人与招标人。

(3)本罪的主观方面,表现为故意。

2. 串通投标罪的刑事责任

《刑法》第223条规定:"投标人相互串通投标报价,损害招标人或者其他投标人利益,情节严重的,处三年以下有期徒刑或者拘役,并处或者单处罚金。投标人与招标人串通投标,损害国家、集体、公民的合法利益的,依照前款的规定处罚。"

(五)行贿罪

根据《刑法》第389条规定,行贿罪,是指为谋取不正当利益,给予国家工作人员以财物的行为。

1. 行贿罪的构成要件

(1)本罪的客观方面,表现为行为人为谋取不正当利益,给予国家工作人员以财物的行为,或在经济往来中,违反国家规定,给予国家工作人员以财物,数额较大的以及在经济往来中,违反国家规定,给予国家工作人员以各种名义的回扣、手续费的。

(2)本罪的犯罪主体是一般主体,包括工程建设单位及其工作人员。

(3) 本罪的主观方面为故意，犯罪目的为"谋取不正当利益"。

2. 行贿罪的刑事责任

《刑法》第390条规定："对犯行贿罪的，处五年以下有期徒刑或者拘役；因行贿谋取不正当利益，情节严重的，或者使国家利益遭受重大损失的，处五年以上十年以下有期徒刑；情节特别严重的，处十年以上有期徒刑或者无期徒刑，可以并处没收财产。

行贿人在被追诉前主动交待行贿行为的，可以减轻处罚或者免除处罚。

单位为谋取不正当利益而行贿，或者违反国家规定，给予国家工作人员以回扣、手续费，情节严重的，对单位判处罚金，并对其直接负责的主管人员和其他直接责任人员，处五年以下有期徒刑或者拘役。"

(六) 受贿罪

根据《刑法》第385条的规定，受贿罪，是指国家工作人员利用职务上的便利，索取他人财物的，或者非法收受他人财物的，为他人谋取利益的行为。

1. 受贿罪的构成要件

(1) 本罪的客观方面，表现为行为人利用职务上的便利，索取他人财物的行为；或利用职务上的便利，非法收受他人财物的，为他人谋取利益的行为。所谓的"利用职务上的便利"，是指利用本人职务范围内的权力，即自己职务上主管、负责或承办某种建设工程事务的职权所造成的便利条件。所谓的"索取他人财物"，是指行为人在职务活动中主动向他人索要财物。在经济往来中，违反国家规定，收受各种名义的回扣、手续费，归个人所有的；利用本人职权或者地位形成的便利条件，通过其他国家工作人员职务上的行为，为请托人谋取不正当利益，索取请托人财物或者收受请托人财物的行为，以受贿罪论。

(2) 本罪的犯罪主体是特殊主体，专指国家机关、国有公司、企业、事业单位、人民团体或者国家工作人员个人。

(3) 本罪的主观方面，表现为故意。

2. 受贿罪的刑事责任

对犯受贿罪的，根据受贿所得数额及情节，分别依照下列规定处罚：

(1) 个人受贿数额在十万元以上的，处十年以上有期徒刑或者无期徒刑，可以并处没收财产；情节特别严重的，处死刑，并处没收财产。

(2) 个人受贿数额在五万元以上不满十万元的，处五年以上有期徒刑，可以并处没收财产；情节特别严重的，处无期徒刑，并处没收财产。

(3) 个人受贿数额在五千元以上不满五万元的，处一年以上七年以下有期徒刑；情节严重的，处七年以上十年以下有期徒刑。个人受贿数额在五千元以上不满一万元，犯罪后有悔改表现、积极退赃的，可以减轻处罚或者免予刑事处罚，由其所在单位或者上级主管机关给予行政处分。

(4) 个人受贿数额不满五千元，情节较重的，处二年以下有期徒刑或者拘役；情节较轻的，由其所在单位或者上级主管机关酌情给予行政处分。对多次贪污未经处理的，按照累计受贿数额处罚。索贿的，从重处罚。

(5) 国家机关、国有公司、企业、事业单位、人民团体，索取、非法收受他人财物，为他人谋取利益，情节严重的，对单位判处罚金，并对其直接负责的主管人员和其他直接责任人员，处五年以下有期徒刑或者拘役。

（七）贪污罪

根据《刑法》第382条规定，贪污罪，是指国家工作人员利用职务上的便利，侵吞、窃取、骗取或者以其他手段非法占有公共财物的行为。受国家机关、国有公司、企业、事业单位、人民团体委托管理、经营国有财产的人员，利用职务上的便利，侵吞、窃取、骗取或者以其他手段非法占有国有财物的，以贪污论。

1. 贪污罪的构成要件

（1）本罪的客观方面，表现为利用职务上的便利，侵吞、窃取、骗取或者以其他手段非法占有公共财物的行为。

（2）本罪的犯罪主体是特殊主体，专指国家工作人员以及受国家机关、国有公司、企业、事业单位、人民团体委托管理、经营国有财产的人员。其中，所谓国家工作人员，根据《刑法》第93条的规定包括：国家机关中从事公务的人员；国有公司、企业、事业单位、人民团体中从事公务的人员；国家机关、国有公司、企业、事业单位委派到非国有公司、企业、事业单位、社会团体中从事公务的人员；其他依照法律从事公务的人员。

（3）本罪的主观方面，表现为故意。

2. 贪污罪的刑事责任

根据《刑法》第383条的规定，对犯贪污罪的，根据情节轻重，分别依照下列规定处罚：

（1）个人贪污数额在十万元以上的，处十年以上有期徒刑或者无期徒刑，可以并处没收财产；情节特别严重的，处死刑，并处没收财产。

（2）个人贪污数额在五万元以上不满十万元的，处五年以上有期徒刑，可以并处没收财产；情节特别严重的，处无期徒刑，并处没收财产。

（3）个人贪污数额在五千元以上不满五万元的，处一年以上七年以下有期徒刑；情节严重的，处七年以上十年以下有期徒刑。个人贪污数额在五千元以上不满一万元，犯罪后有悔改表现、积极退赃的，可以减轻处罚或者免予刑事处罚，由其所在单位或者上级主管机关给予行政处分。

（4）个人贪污数额不满五千元，情节较重的，处二年以下有期徒刑或者拘役；情节较轻的，由其所在单位或者上级主管机关酌情给予行政处分。

（5）对多次贪污未经处理的，按照累计贪污数额处罚。

复习思考题

1. 建设工程法律责任的含义是什么？其归责原则是如何规定的？
2. 工程建设领域比较常见的侵权行为有哪些？
3. 根据民事法律规范的规定，承担建设工程民事责任的方式主要有哪几种？
4. 建设工程行政处罚的种类及其程序是如何规定的？
5. 建设工程刑事责任的含义及其构成要件是什么？

附　录

附录一　案　例

一、执业资格考试案例分析

案例一：

背景材料：

监理单位承担了某工程的施工阶段监理任务，该工程由甲施工单位总承包。甲施工前段时间选择了经建设单位同意并经监理单位进行资质审查合格的乙施工单位作为分包。施工过程中发生了以下事件：

事件1：专业监理工程师在熟悉图纸时发现，基础工程部分设计内容不符合国家有关工程质量标准和规范。总监理工程师随即致函设计单位要求改正并提出更改建议方案。设计单位研究后，口头同意了总监理工程师的更改方案，总监理工程师随即将更改的内容写成监理指令通知甲施工单位执行。

事件2：施工过程中，专业监理工程师发现乙施工前段时间施工的分包工程部分存在质量隐患，为此，总监理工程师同时向甲、乙两施工单位前段时间发出了整改通知。甲施工单位回函称：乙施工单位施工的工程是经建设单位同意进行分包的，所以本单位不承担该部分工程的质量责任。

事件3：专业监理工程师在巡视时发现，甲施工前段时间在施工中使用未经报验的建筑材料，若继续施工，该部位将被隐蔽。因此，立即向甲施工单位下达了暂停施工的指令（因甲施工单位的工作对乙施工单位有影响，乙施工单位也被迫停工）。同时，指示甲施工单位将该材料进行检验，并报告了总监理工程师。总监理工程师对该工序停工予以确认，并在合同约定的时间内报告了建设单位。检验报告出来后，证实材料合格，可以使用，总监理工程师随即指令施工单位恢复了正常施工。

事件4：乙施工单位就上述停工自身遭受的损失向甲施工前段时间提出补偿要求，而甲施工单位称：此次停工是执行监理工程师的指令，乙施工单位应向建设单位提出索赔。

事件5：对上述施工单位的索赔，建设单位称：本次停工是监理工程师失职造成，且事先未经建设单位同意。因此，建设单位不承担任何责任，由于停工造成施工单位的损失应由监理单位承担。

问题:

1. 请指出总监理工程师上述行为的不妥之处并说明理由。总监理工程师应如何正确处理?

2. 甲施工单位的答复是否妥当?为什么?总监理工程师签发的整改通知是否妥当?为什么?

3. 专业监理工程师是否有权签发本次暂停令?为什么?下达工程暂停令的程序有无不妥之处?请说明理由。

4. 甲施工单位的说法是否正确?为什么?乙施工单位的损失应由谁承担?

5. 建设单位的说法是否正确?为什么?

参考答案:

1. 总监理工程师不应直接致函设计单位。因为监理人员无权进行设计变更。

正确处理:发现问题应向建设单位报告,由建设单位向设计单位提出变更要求。

2. 甲施工单位回函所称,不妥。因为分包单位的任何违约行为导致工程损害或给建设单位造成的损失,总承包单位承担连带责任。

总监理工程师签发的整改通知,不妥,因为整改通知应签发给甲施工单位,因乙施工单位与建设单位没有合同关系。

3. 专业监理工程师无权签发《工程暂停令》。因为这是总监理工程师的权力。

下达工程暂停令的程序有不妥之处。理由是专业监理工程师应报告总监理工程师,由总监理工程师签发工程暂停令。

4. 甲施工单位的说法不正确。因为乙施工单位与建设单位没有合同关系,乙施工单位的损失应由甲施工单位承担。

5. 建设单位的说法不正确。因为监理工程师是在合同授权内履行职责,施工单位所受的损失不应由监理单位承担。

案例二:

背景材料:

某工程项目,建设单位通过招标选择了一具有相应资质的监理单位承担施工招标代理和施工阶段监理工作,并在监理中标通知书发出后第45天,与该监理单位签订了委托监理合同。之后双方又另行签订了一份监理酬金比监理中标价降低10%的协议。

在施工公开招标中,有A、B、C、D、E、F、G、H等施工单位报名投标,经监理单位资格预审均符合要求,但建设单位以A施工单位是外地企业为由不同意其参加投标,而监理单位坚持认为A施工单位有资格参加投标。

评标委员会由5人组成,其中当地建设行政管理部门的招投标管理办公室主任1人、建设单位代表1人、政府提供的专家库中抽取的技术经济专家3人。

评标时发现,B施工单位投标报价明显低于其他投标单位报价且未能合理说明理由;D施工单位投标报价大写金额小于小写金额;F施工单位投标文件提供的检验标准和方法不符合招标文件的要求;H施工单位投标文件中某分项工程的报价有个别漏项;其他施工单位的投标文件均符合招标文件要求。

建设单位最终确定G施工单位中标,并按照《建设工程施工合同(示范文本)》与该施工单位签订了施工合同。

工程按期进入安装调试阶段后,由于雷电引发了一场火灾。火灾结束后48小时内,G施工单位向项目监理机构通报了火灾损失情况:工程本身损失150万元;总价值100万元的待安装设备彻底报废;G施工单位人员烧伤所需医疗费及补偿费预计15万元,租赁的施工设备损坏赔偿10万元;其他单位临时停放在现场的一辆价值25万元的汽车被烧毁。另外,大火扑灭后G施工单位停工5天,造成其他施工机械闲置损失2万元以及必要的管理保卫人员费用支出1万元,并预计工程所需清理、修复费用200万元。损失情况经项目监理机构审核属实。

问题:

1. 指出建设单位在监理招标和委托监理合同签订过程中的不妥之处,并说明理由。
2. 在施工招标资格预审中,监理单位认为A施工单位有资格参加投标是否正确?说明理由。
3. 指出施工招标评标委员会组成的不妥之处,说明理由,并写出正确作法。
4. 判别B、D、F、H四家施工单位的投标是否为有效标?说明理由。
5. 安装调试阶段发生的这场火灾是否属于不可抗力?指出建设单位和G施工单位应各自承担哪些损失或费用(不考虑保险因素)?

参考答案:

1. 在监理中标通知书发出后第45天签订委托监理合同不妥,依照招投标法,应于30天内签订合同。在签订委托监理合同后双方又另行签订了一份监理酬金比监理中标价降低10%的协议不妥。依照招投标法,招标人和中标人不得再行订立背离合同实质性内容的其他协议。

2. 监理单位认为A施工单位有资格参加投标是正确的。以所处地区作为确定投标资格的依据是一种歧视性的依据,这是招投标法明确禁止的。

3. 评标委员会组成不妥,不应包括当地建设行政管理部门的招投标管理办公室主任。正确组成应为:评标委员会由招标人或其委托的招标代理机构熟悉相关业务的代表以及有关技术、经济等方面的专家组成,成员人数为五人以上单数,其中技术、经济等方面的专家不得少于成员总数的三分之二。

4. B、F两家施工单位的投标不是有效标。B单位的情况可以认定为低于成本,F单位的情况可以认定为是明显不符合技术规格和技术标准的要求,属重大偏差。D、H两家单位的投标是有效标,他们的情况不属于重大偏差。

5. 安装调试阶段发生的火灾属于不可抗力。建设单位应承担的费用包括工程本身损失150万元,其他单位临时停放在现场的汽车损失25万元,待安装的设备的损失100万元,工程所需清理、修复费用200万元。施工单位应承担的费用包括G施工单位人员烧伤所需医疗费及补偿费预计15万元,租赁的施工设备损坏赔偿10万元,大火扑灭后G施工单位停工5天,造成其他施工机械闲置损失2万元以及必要的管理保卫人员费用支出1万元。

案例三:

背景材料:

某工程,建设单位与甲施工单位按照《建设工程施工合同(示范文本)》签订了施工合同。经建设单位同意，甲施工单位选择了乙施工单位作为分包单位。在合同履行中，发生了如下事件。

事件1：在合同约定的工程开工日前，建设单位收到甲施工单位报送的《工程开工报审表》后即予处理：考虑到施工许可证已获政府主管部门批准且甲施工单位的施工机具和施工人员已经进场，便审核签发了《工程开工报审表》并通知了项目监理机构。

事件2：在施工过程中，甲施工单位的资金出现困难，无法按分包合同约定支付乙施工单位的工程款。乙施工单位向项目监理机构提出了支付申请。项目监理机构受理并征得建设单位同意后，即向乙施工单位签发了付款凭证。

事件3：专业监理工程师在巡视中发现，乙施工单位施工的某部位存在质量隐患，专业监理工程师随即向甲施工单位签发了整改通知。甲施工单位回函称，建设单位已直接向乙施工单位付款，因而本单位对乙施工单位施工的工程质量不承担责任。

事件4：甲施工单位向建设单位提交了工程竣工验收报告后，建设单位于2003年9月20日组织勘察、设计、施工、监理等单位竣工验收，工程竣工验收通过，各单位分别签署了质量合格文件。建设单位于2004年3月办理了工程竣工备案。因使用需要，建设单位于2003年10月初要求乙施工单位按其示意图在已验收合格的承重墙上开车库门洞，并于2003年10月底正式将该工程投入使用。2005年2月该工程给水排水管道大量漏水，经监理单位组织检查，确认是开车库门洞施工时破坏了承重结构所致。建设单位认为工程还在保修期，要求甲施工单位无偿修理。建设行政主管部门对责任单位进行了处罚。

问题：
1. 指出事件1中建设单位做法的不妥之处，说明理由。
2. 指出事件2中项目监理机构做法的不妥之处，说明理由。
3. 在事件3中甲施工单位的说法是否正确？为什么？
4. 根据《建设工程质量管理条例》，指出事件4中建设单位做法的不妥之处，说明理由。
5. 根据《建设工程质量管理条例》，建设行政主管部门是否应该对建设单位、监理单位、甲施工单位和乙施工单位进行处罚？并说明理由。

参考答案：
1. 不妥之处：建设单位接受并签发甲施工单位报送的开工报审表；
理由：开工报审表应报项目监理机构，由总监理工程师签发，并报建设单位。
2. 不妥之处：项目监理机构受理乙施工单位的支付申请，并签发付款凭证；
理由：乙施工单位和建设单位没有合同关系。
3. 不正确，分包单位的任何违约行为或疏忽影响了工程质量，总承包单位承担连带责任。
4. (1) 不妥之处：未按时限备案；理由：应在验收合格后15日内备案。
(2) 不妥之处：要求乙施工单位在承重墙上按示意图开车库门洞；
理由：开车库门洞应经原设计单位或具有相应资质等级的设计单位提出设计方案。
5. (1) 对建设单位应予处罚；理由：未按时备案，擅自在承重墙上开车库门洞。
(2) 对监理单位不应处罚；理由：监理单位无过错。

(3) 对甲施工单位不应处罚；理由：甲施工单位无过错。
(4) 对乙施工单位应予处罚；理由：无设计方案施工。

二、最高人民法院典型案例

案件一：拖欠工程款、工程质量纠纷案

上诉人（原审被告、反诉原告）：甘肃省敦煌国际大酒店有限公司
上诉人（原审第三人）：中国建筑西北设计研究院
被上诉人（原审原告、反诉被告）：甘肃省第四建筑工程公司
原审第三人：甘肃省地质矿产局第三水文地质工程地质队

甘肃省敦煌国际大酒店（以下简称敦煌大酒店）、中国建筑西北设计研究院（以下简称西北设计院）为与甘肃省第四建筑工程公司（以下简称省四建）、原审第三人甘肃省地质矿产局第三水文地质工程地质队（以下简称地质队）拖欠工程款、工程质量纠纷一案，不服甘肃省高级人民法院（1998）甘民初字第22号民事判决，向本院（最高人民法院）提起上诉。本院依法组成合议庭对本案进行了审理，现已审理终结。

经审理查明：1993年5月8日，敦煌大酒店筹建处与省四建签订《建设工程施工合同》，约定：省四建承包建设敦煌大酒店的全部建筑安装工程、室外配套设施及附属工程等，1993年5月8日开工，1994年8月1日竣工；合同价款暂定人民币1200万元（以中国建设银行审定价为准），工程款委托建设银行按工程进度贷款支付；工程质量等级达到省优，奖励5万元。工程如期开工后，因在组织验槽钎探中发现地质资料与实际不符、需修改设计，于同年6月1日停工，直至10月下旬恢复施工。工程施工过程中，敦煌大酒店未能及时按约定拨付工程款，加之多次变更局部设计造成反复施工，工期受到严重影响。

1995年4月28日，敦煌大酒店筹建处与省四建六分公司签订《建设工程施工合同》，敦煌大酒店以一次性包死价456.4万元将客房部分的装潢工程承包给省四建六分公司，自合同签订之日起开工，同年7月31日竣工，保修期限三个月。同年8月29日，敦煌大酒店筹建处与省四建六分公司签订《装修工程合同书》，敦煌大酒店以一次性包死价400万元将客房以外的装修工程承包给省四建六分公司，工程于同年9月1日开工，1996年1月28日竣工，保修期一年。同年10月10日，敦煌大酒店又与省四建六分公司签订《协议书》，将从原预算中剔除的部分项目以10万元包死价交回省四建施工，室外竖向工程按现有的马路、围墙、场地、大门一次性70万元包死。

1996年1月，上述各项工程全部完工。敦煌大酒店和省四建根据合同的约定，经敦煌大酒店委托，由中国建设银行敦煌市支行于1995年1月18日和1996年8月19日对建筑安装工程造价进行结算，经会同省四建、敦煌大酒店三方工程技术人员现场丈量核实，确认工程造价为31075464元，并由三方共同签字盖章。同时敦煌大酒店和省四建双方于1996年1月6日和29日签字确认原预算中剔除部分及室外工程造价为800095元，装潢工程造价为5070139元；装修工程造价按合同约定为400万元。以上合计敦煌大酒店工程总造价为40945698元。同年4月17日，省四建与敦煌大酒店双方财务人员对已付工程款、欠款进行核对，确认敦煌大酒店已付工程款35144392.40元（其中包括设备款

1674553元),尚欠5801305.60元,其中省四建未做工程造价为24826元。

此前,敦煌大酒店于1995年12月26日对土建安装工程组织了竣工验收,意见是"符合设计要求,充分体现了设计意图,工程质量优良"。1996年1月18日,该工程经敦煌市质量监督站核验为优良工程,后又经甘肃省工程质量监督总站复验,被甘肃省建设委员会评定为省优质样板工程。同年1月29日,敦煌大酒店对装修工程进行了验收,意见是"符合设计要求,主要项目质量优良,设备及家具完好无损,同意验收";同月31日,敦煌大酒店对装潢工程进行了验收,意见为"平整洁净,整洁完好"。对验收中提出的问题,省四建均做了维修整改。同年6月4日,敦煌大酒店监理工程师刘国瑞在省四建关于《敦煌国际大酒店回访和质量问题整改工作报告》上签署了"以上问题作了认真整改"的意见,并加盖了敦煌大酒店的公章;同日敦煌大酒店接管整个工程;7月11日,敦煌大酒店向敦煌市城建局递交了《竣工验收报告》,请求对敦煌大酒店工程给予验收,后因敦煌大酒店未交纳相关费用,验收工作未能如期进行。此间,敦煌大酒店又多次要求省四建对竣工工程中存在的问题进行维修整改,省四建依合同约定的保修条款多次派人对排水、客房家具、装修等方面存在的问题进行了整改。1997年1月22日,敦煌大酒店原工程部负责人薛永申签认"维修整改完毕"。

1997年3月,敦煌大酒店开始试营业。省四建为此于同年3月26日、4月2日、4月3日先后三次致函敦煌大酒店,告知该工程未经国家工程质量监督部门验收,不得投入使用,并督促其尽快与质检部门联系组织验收。但敦煌大酒店仍将未经验收的工程全面投入经营、使用至今。

1997年6月,敦煌大酒店主楼客房部一楼非承重墙局部开始出现裂缝。同年7月21日,甘肃省质量监督总站针对敦煌大酒店工程质量问题,召集各有关部门在现场勘验调查的基础上,形成了《关于敦煌国际大酒店工程质量问题会议纪要》(以下简称《纪要》),认定一楼非承重墙裂缝是由于地基不均匀压缩变形和湿陷下沉引起的。同时认为设计单位、施工单位、勘察单位、建设单位均存在问题,并提出了处理意见。省四建对该《纪要》中与其有关的责任表示认可和愿意执行,但因设计单位西北设计院提出异议,问题未能得到解决。

1997年10月18日,省四建以拖欠工程款为由向法院提起诉讼,请求敦煌大酒店支付拖欠工程款5801305.60元及滞纳金等。1998年12月7日,敦煌大酒店以省四建为被告,西北设计院、地质队为第三人提起反诉,请求赔偿因一楼工程质量问题造成的损失5355640元及工期延误违约金等。

本案一审中,一审法院根据敦煌大酒店的请求,委托甘肃省工程质量监督总站对敦煌大酒店工程质量进行鉴定和复核,结论认为造成一楼非承重墙体裂缝的主要原因是:西北设计院设计的一层自承重的内纵横墙(240mm、120mm厚砖墙)均没有设置基础梁,外墙(370mm厚砖墙)虽原设计有基础梁,后又同意取消;排水管道埋设标准偏低(室内直埋排水管);设计4.2m厚的回填垫层且又用作自重墙地基;内纵墙基础与地沟墙之间的间隙小于10cm等问题与国家颁布的标准不符,"对此质量问题的产生应负重要责任"。省四建在施工时对回填土夯压不密实和自己订购使用的排水铸铁管个别管壁厚偏薄,使用不久出现破裂跑水,是造成墙体严重开裂的直接原因;框架柱与隔墙、内纵墙与隔墙拉结质量差,是造成隔墙与框架之间竖向裂缝和卫生间隔墙裂缝的原因之一,"对此质量问题的产生应负直接责任"。敦煌大酒店在大楼散水坡旁边没有防水措施，将楼前楼后草坪花池土层进行翻松处理、浇水，使部分土层处于饱和状态，导致部分水侵入墙基、软化基土，加快基土沉陷；未经设计单位同意，擅自决定取消客房壁柜砖隔墙，造成部分走廊纵墙内倾斜，顶棚受压拱形变位，"对墙体裂缝负有一定责任"。地质队在该大楼的地基勘探中对地基土工程性质未作全面试验与深入的评价，给设计、施工对回填土的质量控制造成模糊概念，"对墙体裂缝原因负有一定责任"。对此鉴定意见，敦煌大酒店、西北设计院、地质队均认为敦煌大酒店的工程质量问题与已无关；省四建对与其有关的部分责任予以认可。

1999年8月5日，甘肃省建设委员会因省四建对敦煌大酒店主楼一层非承重墙体裂缝负有直接责任，撤销了敦煌大酒店为省优质样板工程称号的决定。

本院二审期间，合议庭会同敦煌大酒店、省四建、西北设计院三方一同查看了敦煌大酒店一楼工程质量情况。由于基土下沉，一楼客房部部分内隔墙出现倾斜，敦煌大酒店已将一层客房关闭，二层以上继续营业。另据三方介绍，敦煌大酒店工程采用的是框架结构，因地面下沉，一楼非承重墙出现裂缝、倾斜，不至影响二层以上的使用。

一审法院经审理认为，省四建与敦煌大酒店签订的四份合同（协议）均合法、有效，双方的合法权益理应受到法律的保护。省四建请求敦煌大酒店偿还工程欠款和赔偿银行利息的诉讼请求，有双方签订的合同（协议）、工程竣工验收单、双方签字盖章认可的由敦煌市建设银行审计核定的工程价款结算书和1996年4月17日双方财务人员核对工程已付款、欠款的材料等证据所证实，依法应予支持。但对未施工项目的工程款应从工程欠款额中予以扣除。敦煌大酒店辩称的建设银行审计核定的工程结算款不实，应以其委托审计的工程结算款作为工程款结算的唯一、合法、有效凭据，并以此为由认为超付了工程款，要求省四建返还，因大酒店单方委托审计，违背了双方所签订合同的约定条款，理由不能成立，不予采信。省四建要求敦煌大酒店支付省优工程奖的诉讼主张，虽然有合同约定，但因甘肃省建设委员会已于1999年8月5日撤销了敦煌大酒店工程为1995年度省优一级样板工程，因此，这一诉讼请求不予支持。省四建要求敦煌大酒店支付催要欠款人员差旅费的诉讼主张，双方合同中没有约定，不予支持。

敦煌大酒店反诉要求省四建对土建工程施工中未按设计图和设计要求施工的四处工程返工重作的主张，质证中未能举出相关的直接证据，而省四建在质证中提供了与此反诉请求相关的、由敦煌大酒店下达的变更施工通知、变更施工会议纪要、设计变更图纸等证据，因此其反诉请求不予支持。敦煌大酒店要求省四建对一楼客房、冷冻机房、厨房等处墙体下沉、倾斜、裂缝等重大质量问题从基础予以彻底排除的反诉主张，根据其申请，为了查明敦煌大酒店工程一楼非承重墙墙体产生裂缝的原因和有关当事人的责任，法院依法委托甘肃省工程质量监督总站对敦煌大酒店工程质量进行鉴定。依据该站作出的鉴定意见及各方当事人提出的意见和相关证据说明：敦煌大酒店工程在建设单位投入使用15个月就发生一楼非承重墙体下沉裂缝，不是施工单位省四建一方造成的。首先，设计单位西北设计院对该工程的个别部位设计违反了国家颁布实施的规范标准，而且对甘肃省建设委员会1993年1月31日甘建发（1992）441号《关于敦煌国际大酒店工程初步设计审查的批复》中第三个问题曾明确指出设计"应考虑不均匀沉降对建筑物的影响"的批复意见，未给予足够的重视，诸如一楼墙体应设计基础梁而未设计，将砌墙体直接坐落在回填土薄厚不等的垫层上，一楼地基下直埋管道而不设置检漏地沟等，因而未能有效解决地基的"不均匀沉降对建筑的影响"，为一楼墙体下沉裂缝埋下了无法回避的隐患；因填土夯压不实和地表水的渗漏等，只是加速了问题的暴露。因此，设计单位对此质量问题应承担重要的责任。施工单位省四建在施工过程中，回填土的压实系数未达到设计要求；自购的排水管个别管壁厚度偏薄，加之个别地段管道埋置的设计违反规范标准，导致使用不久出现破裂、跑水等问题，对造成地基下沉，墙体开裂应负直接责任。建设单位敦煌大酒店违反国家有关规范标准，在未采取任何防水措施的情况下，在大楼周围6m内种植草坪、花坛，并采用漫灌式浇水，致使大量排水渗入楼体地基下；由于一楼未设计基础地梁，加速了地基下沉，恶化了一楼墙体的裂缝；对此质量问题负有不可推卸的责任。地质勘察单位地质队提供的地质勘探报告虽然存在着几处资料不完善的地方，而作为使用该勘探资料的设计单位，并未对勘察报告提出任何异议，反诉原告也未提出赔偿请求，因此地质队对敦煌大酒店工程一楼部分墙体下沉裂缝不应承担责任。这一反诉请求根据有关法律规定已超过诉讼时效，但鉴于省四建已认可，并经有关部门鉴定，要求尽快加固整改，根据实际情况，西北设计院、省四建、敦煌大酒店均应承担相应责任。敦煌大酒店要求省四建对客房装潢质量和两项未完工程完成整改的反诉请求，因省四建均已作了维修整改，并有敦煌大酒店相关人员签验的证据证实，且根据双方合同约定和法律规定的工程质量保修期限均已超过；同时敦煌大酒店在工程未经国家职能部门验收的情况下即投入使用，违反了有关法律规定。关于两项未完工程中的发电机房隔声板未施工，是因当初约定由敦煌大酒店负责购回材料后通知施工单位施工，但是至今未接到购回材料并进行施工的通知；院内喷水池喷砂未做，是因为敦煌大酒店决定喷砂改贴瓷砖，但对贴什么规格和颜色的瓷砖，敦煌大酒店领导意见不一致，至今施工单位未接到通知，对这两项未施工的项目有省四建在庭审中当庭递交的未完工程项目款24826元的退款结算书所证。敦煌大酒店对退款结算书既未举出反证，也未提出异议，该未完工程款应从工程欠款中扣除。敦煌大酒店要求省四建赔偿工程质量未达优良的违约金9万元的反诉请求，因造成一楼墙体工程质量问题的责任不是省四建一方所为，故这一反诉主张不予支持；敦煌大酒店要求省四建赔偿工期延误违约金7932494元的反诉请求，由于其多次修改设计、工程款未按合同约定及时拨付，造成停工，使工程不能按期竣工，责任不在省四建；且工程已投入使用近三年才提出反诉，已超过法律规定的诉讼时效，该反诉请求不予支持；敦煌大酒店要求省四建赔偿因工程质量造成的损失5355640元的反诉请求，因其未提供造成损失的具体构成和相关合法证据，且该工程未经国家职能部门验收就投入使用，根据《中华人民共和国经济合同法》第三十四条第二款第4项和国务院《建筑安装工程承包合同条例》第十三条第二款第3项的规定，其责任应由自己承担，该反诉请求不予支持；敦煌大酒店要求确认1995年10月10日与省四建签订的80万元《协议书》为无效合同，因该协议符合1993年5月双方签订的第一份合同的精神范围，是双方自愿基础上达成的，应认定合法有效，对这一反诉请求不予支持；敦煌大酒店要求省四建返还已超付的工程款771359元及利息231408元、保修金1550815元的反诉请求，因中国建设银行敦煌市支行的结算书由三方共同签字盖章给予了认可，而且工程款结算审核单位是大酒店自己委托的，该反诉理由不能成立；敦煌大酒店要求省四建赔偿审计支出682995元的反诉清求，因敦煌大酒店未向法庭提供支出审计费的任何票据，且该项工程价款已由建行审计核定，敦煌大酒店单方再审计，违反双方合同约定的有关条款，其审计费用应自己承担。据此判决：一、省四建与敦煌大酒店所签订的

《建设工程施工合同协议条款》、《装修工程施工合同》、《建设工程施工合同》及《协议书》均为有效；二、敦煌大酒店给付省四建工程款 5776479.60 元及利息（按银行同期同类贷款利率计算至付清之日止），于判决生效十日内付清；三、省四建的其他诉讼请求予以驳回；四、敦煌大酒店工程一楼非承重墙体裂缝问题，应增设墙基地梁，进行加固，在判决生效二十日内，省四建做好加固维修施工的准备工作，承担全部加固费用的 30%；敦煌大酒店做好施工队伍进场前的有关准备工作，承担全部加固费用的 30%；第三人西北设计院拿出加固整改设计图，承担全部加固费用的 40%；五、敦煌大酒店其他反诉请求予以驳回。案件受理费 69835 元由省四建负担 13967 元，敦煌大酒店负担 55868 元；反诉费 97000 元，由省四建负担 19400 元，敦煌大酒店负担 77600 元；鉴定费 85748.94 元，由西北设计院负担 34299.58 元，省四建负担 25724.68 元，敦煌大酒店负担 25724.68 元。

  敦煌大酒店和西北设计院均不服一审判决，向本院提起上诉。敦煌大酒店上诉称：敦煌大酒店主楼一楼墙体出现变形、开裂、地基下陷等严重质量问题完全是由省四建施工中造成的；一审法院委托的鉴定人甘肃省工程质量监督总站与省四建共同属于甘肃省建设委员会，敦煌大酒店工程是经其复验、推荐，才被评为省优质工程的，其与本案有直接的利害关系，请求对工程的质量问题和责任重新委托中国质量检测中心予以鉴定；一审法院对工程重大质量问题最重要、最直接的原因予以回避，依据甘肃省质量监督总站的错误鉴定结论由相关各方分摊责任，违背事实和法律；根据甘肃省审计事务所的审计报告，证明建设银行的工程款结算违背客观事实，是虚假的，请求重新委托有关部门据实进行结算；一审判决主文的第四项缺乏可执行性。

  西北设计院上诉称：甘肃省质量监督总站与本案有直接的利害关系，其鉴定内容不真实；敦煌大酒店质量事故的真正原因是省四建施工质量达不到设计要求，并使用了不合格产品造成的，与设计无关，一审判决对于设计部门责任的认定和判决是错误的；一审判决适用法律错误，既然认定敦煌大酒店的反诉请求已超过诉讼时效，又基于省四建的认可，由相关各方承担责任，不但相互矛盾，而且省四建的认可不能表明西北设计院也认可；敦煌大酒店工程未经验收即投入使用，根据相关法律法规的规定，发现质量问题，责任应由敦煌大酒店自行承担；敦煌大酒店与西北设计院之间是委托设计合同关系，应依设计合同约定。

  省四建答辩称：省四建依据合理、合法的结算向敦煌大酒店索要工程款是正当的；甘肃省建设委员会、甘肃省工程质量监督总站与省四建属于不同的政府部门、职能机构和企业，没有任何隶属关系；根据《经济合同法》和国务院《建筑安装条例》的规定，敦煌大酒店将未经验收的工程投入使用，质量责任应由自己承担；鉴定意见是甘肃省工程质量监督总站根据一审法院的依法委托，组织在甘肃的建筑行业的专家、学者、工程技术权威人士，依照建筑设计规范及法规，通过实地检测、分析论证后得出的科学结论；敦煌大酒店要求省四建赔偿 22613105 元损失的上诉请求没有事实和法律依据；省四建对于鉴定结论中自身责任的认可与敦煌大酒店反诉请求超过诉讼时效是两回事；请求维持一审判决。

  本院认为：省四建与敦煌大酒店签订的四份合同（协议）均是双方真实意思表示，不违反法律，应认定有效；敦煌大酒店主张双方于 1995 年 10 月 10 日签订的协议书无效，没有依据。根据双方 1993 年 5 月 8 日签订的《建设工程施工合同》，工程款结算以建设银行审定价为准；中国建设银行敦煌市支行会同省四建、敦煌大酒店对建筑安装工程造价所作的结算符合双方合同的约定，应认定有效；敦煌大酒店应按双方合同约定及签字认可的工程款额支付拖欠工程款 5776479.60 元及利息；敦煌大酒店以自己单方委托甘肃省审计事务所的审计报告为依据，主张建设银行的工程款结算是虚假的，证据不足，重新委托结算的请求违反双方合同约定，不予支持。省四建将敦煌大酒店工程交付后，敦煌大酒店应依法履行其申请验收义务，但由于其不交纳相关费用，致使工程未能验收，对此敦煌大酒店应负完全责任。由于敦煌大酒店采用框架结构，目前出现的质量问题仅限于一楼，对此敦煌大酒店、省四建、西北设计院均予以认可。敦煌大酒店请求省四建、西北设计院、地质队赔偿因严重工程质量特别是一楼客房部非承重墙裂缝问题造成的损失等，由于敦煌大酒店工程未经验收即投入使用至今，根据《中华人民共和国经济合同法》"工程未经验收，提前使用，发现质量问题，自己承担责任"和国务院《建筑安装条例》"工程未验收，发包方提前使用或擅自动用，由此而发生的质量或其他问题，由发包方承担责任"的规定，敦煌大酒店工程出现的质量问题应由发包方和使用方敦煌大酒店自行承担责任。但鉴于省四建对于甘肃省工程质量监督总站鉴定结论中属于自己的部分责任予以认可，且对于一审判决其承担敦煌大酒店工程一楼非承重墙体裂缝加固费用的 30% 未予上诉，可准予省四建对于敦煌大酒店一楼的整改工作承担相应的费用。敦煌大酒店一审中以省四建为被告，西北设计院、地质队为第三人提起的反诉，因其与西北设计院、地质队属另外的法律关系，其对西北设计院、地质队的诉讼请求超出本案的反诉范围，一审法院将其作为反诉一并审理不当，敦煌大酒店可依据委托设计合同和委托勘探合同另行对西北设计院、地质队提起诉讼。据此，依据《中华人民共和国经济合同法》第三十四条第二款第 4 项、国务院《建筑安装工程承包条例》第十三条第二款第 3 项、《中华人民共和国民事诉讼法》第一百二十六条、第一百五十三条第一款第（二）项之规定，判决如下：

一、维持甘肃省高级人民法院(1998)甘民初字第 22 号民事判决第一项、第二项、第三项、第五项；

二、变更甘肃省高级人民法院(1998)甘民初字第 22 号民事判决第四项为：敦煌大酒店自行承担一楼非承重墙体裂缝的整改加固，省四建承担其费用的 30%；

一审案件受理费 69835 元由敦煌大酒店承担，反诉费 97000 元由敦煌大酒店承担 67900 元，省四建承担 29100 元，鉴定费 85748.94 元，由敦煌大酒店与省四建各承担 42874.47 元；二审案件受理费 165935 元由敦煌大酒店承担。

案件二：建筑工程承包合同纠纷案

上诉人（原审被告）：安徽南洋国际大酒店有限公司

被上诉人（原审原告）：常州第二园林建设工程总公司

上诉人安徽南洋国际大酒店有限公司为与被上诉人常州第二园林建设工程总公司建筑工程承包合同纠纷一案，不服安徽省高级人民法院(1997)经初字第 11 号民事判决，向本院（最高人民法院）提起上诉。本院依法组成由审判员周帆担任审判长，审判员于松波、刘贵祥参加的合议庭进行了审理，书记员沙玲（代）担任记录。本案现已审理终结。

原审查明：1994 年 7 月 8 日，海南京燕置业发展总公司（以下简称京燕公司）与常州第二园林建设工程总公司（以下简称园林公司）签订一份《建设工程施工合同协议条款》，约定：由园林公司承建京区美食娱乐城（后更名为南洋酒店美食娱乐城）二层框架结构土建工程，工程价款为 1010296.41 元，工期为 1994 年 7 月 18 日至同年 9 月 28 日；在基础工程完成三分之一时，京燕公司应向园林公司支付工程款的40%，在一层楼面完成时，支付工程款的25%，在二层楼面完成时支付工程款的25%，工程竣工验收后支付工程款的10%。合同签订后，在实际施工过程中，根据京燕公司的要求，主体工程变为三层，并增加了门楼接建、舞厅接建、厨房接建等工程。

1995年3月18日，京燕公司与港商签订中外合资合同，约定成立安徽省南洋国际大酒店有限公司（以下简称南洋酒店）。事后，南洋酒店作为发包方对园林公司承建的土建工程进行签证，承担发包方的权利义务。同年3月20日，园林公司与南洋酒店筹备处签订一份《装饰工程承包协议书》，约定：南洋酒店将南洋酒店美食娱乐城装饰工程发包给园林公司，装饰标准按三星级宾馆标准；工程原则上按安徽现行装饰定额和实际工程量进行结算，园林公司主动降低一级收费费率，按二类工程费用定额综合系数25.98%收取。概算工程总造价为600万元，不执行预算包干，只作为预拨款的依据；工程保修期为半年，保修期内非人为因素造成的损失由园林公司负责维修，并承担南洋酒店在返工过程中的经济损失；开工日期为1995年3月20日，竣工日期为同年7月18日，如工程延期每日向南洋酒店支付罚款2万元，因南洋酒店原因造成的延期则按实际情况延长；园林公司为南洋酒店垫资150万元（含土建工程原垫资款50万元），在双方商定日期内，不计银行利息（自园林公司为南洋酒店垫资时起至工程竣工验收后一个月止），如南洋酒店逾期偿还垫资款，则处以每日千分之五的罚款。施工过程中，双方于同年10月11日签订了《南洋酒店美食娱乐城装饰工程补充协议书》，约定：因多方面原因，致使装饰工程逾期未能竣工，自1995年10月15日起园林公司复工，至同年11月26日工程全部竣工，在西侧"香港美食城"及外立面玻璃幕墙、铝塑板装饰工程完工之日起6日内，南洋酒店一次性拨付工程款60万元，逾期付款按日万分之五支付违约金。工程全部竣工经验收合格后，双方委托阜阳地区建设银行进行工程竣工决算。工程决算经确认后6日内，南洋酒店一次性支付总工程款的70%，余款分两次付清（扣除园林公司5%的维修保证金），30日内付余款的50%，60日内全部付清。

1995年12月28日，双方对园林公司承建的全部工程进行竣工验收。1996年2月12日，园林公司将南洋酒店美食娱乐城土建、水暖、装饰、电气施工决算书交南洋酒店。次日，双方委托阜阳会计师事务所对南洋酒店美食娱乐城装饰工程进行审计，约定审计时间20天，委托方预付工程总造价3‰的审计费。同年2月15日，园林公司预付审计费1.2万元，南洋酒店没有按其与园林公司的约定支付另一半审计费，审计未能进行。同年4月6日，南洋酒店在双方未办理工程交付手续的情况下，强行撬锁使用南洋酒店美食娱乐城西楼美食城。截止1997年1月16日，南洋酒店向园林公司陆续支付了525.5万元工程款，园林公司经多次向南洋酒店催要剩余的工程款未成，遂向安徽省高级人民法院提起诉讼，请求判令南洋酒店支付工程款、工程垫资款及逾期罚息等共计8441257.05元。

原审另查明：园林公司在承建南洋酒店期间持有江苏省建设委员会核发的建筑业企业资质证书，资质等级为园林古建筑施工二级，其承建的南洋酒店美食娱乐城土建、装饰工程均在其经营范围之内。1995年9月28日，园林公司领取了阜阳地区工商行政管理局核发的园林公司阜阳地区办事处营业执照。同年10月3日，园林公司在阜阳市建筑管理局领取了安徽省跨区施工许可证，核定其资质等级为国营施工二级。

在本案一审期间，原审法院依法将南洋酒店美食娱乐城土建、装饰、安装、给水排水工程造价委托中国建设银行安徽省分行进行审计鉴定。1997年8月20日，鉴定单位作出(1997)第005号初步鉴定结论，认定工程总造价为9057427.64元。原审法院将该鉴定结论送达双方当事人，并进行开庭质证。双方对鉴定结论提出不同意见，鉴定单位逐一核对后作出的鉴定结论为：土建工程造价2460946.64元，水、电、空调安装工程造价1717109元，装饰工程造价4547260元，全部工程总造价8725315.64元；南洋酒店共支付工程款525.5万元，尚欠3470315.64元。

安徽省高级人民法院经审理认为：园林公司具有承包南洋酒店建设工程的资格，并办理了跨地区施工许可证，符合签订建筑工程承包合同的条件，故其与京燕公司签订的《建设工程施工合同协议条款》合法有效，其与南洋酒店签订的《装饰工程承包协议书》及补充协议，除协议中关于逾期偿还垫资款处以每日千分之五的罚息的约定不符合有关法律规定应确认无效外，其余部分内容均有效。南洋酒店土建工程合同虽由园林公司与京燕公司签订，但在实际履行过程中，京燕公司已将该合同转让给南洋酒店，且得到园林公司认可，故土建工程款应由南洋酒店承担。南洋酒店在没有组织质监机构对整个承发包工程的工程质量进行检查的情况下，自行办理竣工验收手续且擅自使用，应对工程质量问题承担责任。鉴定单位出具的鉴定结论客观、合法，应作为定案依据。南洋酒店未经交付于1996年4月6日强行使用南洋酒店美食娱乐城西楼美食城，造成工程结算未能进行，从其实际使用之日起，应承担迟延支付工程款的违约责任。园林公司主张南洋酒店支付后楼改造设计费7万元，证据不足，不予支持。该院依照《中华人民共和国经济合同法》第七条第二款、第三十四条第一款第二项第四、五目、《建筑安装工程承包合同条例》第八条第一款第一项第八目、第十三条第一款第二项第三、五目之规定，判决：一、京燕公司与园林公司签订的《建设工程施工合同协议条款》合法有效；园林公司与南洋酒店签订的《装饰工程承包协议书》及补充协议，除逾期偿还垫资款处以每日千分之五的罚息的约定无效外，其余部分均有效；二、南洋酒店偿还园林公司工程款3470315.64元人民币及逾期付款利息（1996年4月6日至同年5月15日按每日万分之三计算，1996年5月16日至实际还款日按每日万分之五计算）。三、驳回园林公司的其他诉讼请求。一审案件受理费52210元，其他诉讼费10442元，财产保全费42200元，合计104852元，园林公司承担31455.60元，南洋酒店承担73396.40元，鉴定费4万元，由园林公司承担1.2万元，南洋酒店承担2.8万元。

南洋酒店不服安徽省高级人民法院上述民事判决，向本院提起上诉称：园林公司在施工期间没有依据有关规定办理取费资格证书，其所提供的1996年6月8日补办的取费资格证书系伪证，原审鉴定结论计取间接费不当；双方签订的《装饰工程承包协议书》约定园林公司主动降一级收费费率，按二类工程费用定额综合系数25.98%取费，但按安徽省装饰工程取费定额，装饰工程甲类取费标准为24.01%，如按双方约定降一级取费，标准应为21.31%，鉴定结论按协议约定的25.98%的综合费率计算工程款，显然既违反装饰工程取费定额，亦违背南洋酒店的真实意愿；鉴定结论采用的材料价格，有的远远超过园林公司提供的购货发票价格，有的将园林公司提供的虚假购货发票作为依据，导致多计算工程款；南洋酒店提供的付款凭证证明已付工程款为538.5万元，鉴定报告书认定南洋酒店支付工程款525.5万元，与事实不符；原审判决对工程质量存在的问题不予认定，对园林公司因施工质量不合格给南洋酒店造成的损失不予判处显属错误；在双方对工程决算存在分歧的情况下，南洋酒店不可能支付尚欠的工程款，原审判令南洋酒店支付逾期付款利息不当；园林公司将一审诉讼请求提高为844万元，由此增加的诉讼费用应由园林公司承担。原审判决是依据严重失实的鉴定结论作出的，故原审判决认定事实不清，适用法律不当，请求在对南洋酒店所欠园林公司的工程款进行重新鉴定的基础上依法改判。园林公司答辩称：原审鉴定结论客观、公正，应作为认定本案工程款的合法依据；园林公司在一审期间补办了取费资格证书，有权收取工程间接费；园林公司施工质量合格，南洋酒店拖欠工程款应承担违约责任。原审判决认定事实清楚，适用法律正确，请求予以维持。

本院查明：1997年4月，园林公司补办了安徽省施工企业取费资格证书，该证书加盖有安徽省工程建设标准定额站的印章及阜阳市工程建设标准定额站的年检章，所载明的核发日期是1996年6月8日。阜阳市工程建设标准定额站于1998年4月6日书面通知园林公司：该定额站为园林公司办理的阜96048号取费资格证书有误，决定予以撤销，该取费资格证书作废。

原审鉴定结论对南洋酒店外墙面砖是按照园林公司提供的发票载明的价格计价的，但园林公司提供的发票并非增值税发票，该发票载明的价格为每平方米45元，阜阳地区基本建设定额站发布的1995年建筑材料市场信息价则为每平方米32.5元，外墙面砖使用量为2278m^2，二者差价共为28475元。

原审鉴定结论认定南洋酒店已向园林公司支付工程款525.5万元，南洋酒店提供证据证明南洋酒店分别于1996年2月9日、同年11月30日、1997年1月16日向园林公司支付2万元、2万元、10万元的工程款，原审鉴定结论没有将该14万元计入南洋酒店已付工程款。南洋酒店与园林公司在进行工程验收时，没有通知有关质量监督检查机构参加验收及核定工程质量等级。本案一审期间，南洋酒店单方向阜阳地区建设工程质量监督站申请工程质量等级核验，该站于1997年4月18日以阜地质监字(97)013号文将南洋酒店餐饮、娱乐区的土建、水电工程认定为不合格工程。在本院对本案进行审理期间，南洋酒店向阜阳市颍泉区法院提起诉讼，请求园林公司赔偿因南洋酒店工程质量不合格给其造成的损失，并于2000年6月5日向本院提出，因其对南洋酒店工程的施工质量问题已另行提起诉讼，撤回该部分上诉请求。

本院认为：园林公司与京燕公司签订的《建设工程施工合同协议条款》，与南洋酒店签订的《装饰工程承包协议》及补充协议，系各方真实意思表示，除关于南洋酒店逾期向园林公司支付垫资款处以日千分之五的罚息的约定不符合中国人民银行有关逾期罚息的规定而应认定无效外，其余内容不违反法律法规规定，应认定合法有效。南洋酒店土建工程部分虽由京燕公司与园林公司签订工程承包合同，但因京燕公司与港商合资经营，该合同的权利义务已全部转让给了合资企业南洋酒店，且得到园林公司的认可，故原审判令南洋酒店土建部分的工程款由南洋酒店承担并无不当，应予维持。

南洋酒店在对园林公司承包的工程进行验收时，没有通知有关质量监督检查机构对工程质量进行核验，且在双方未办理工程移交手续的情况下，擅自使用部分工程，原审判决据此认定南洋酒店对工程质量出现的问题自行承担责任。南洋酒店对此虽然提起上诉，请求认定工程质量不合格，判令由园林公司承担赔偿责任，但其在本院审理期间对工程质量争议已另行提起诉讼，并向本院提出撤回关于工程质量部分的上诉请求。鉴于南洋酒店在一审期间未就工程质量问题提起反诉，其另行提起诉讼，撤回此节上诉请求不违反法律法规规定，且园林公司亦未提出异议，故本院对双方关于工程质量的争议不予审理。

南洋酒店在双方未办理工程交付手续的情况下，于1996年4月6日强行使用南洋酒店美食娱乐城西楼美食城，应自实际使用之日起向园林公司支付尚欠的工程款，其逾期支付工程款构成违约，应按照中国人民银行规定的逾期罚息计算标准承担延迟支付工程款的违约责任。在园林公司与南洋酒店对工程决算存在争议的情况下，原审法院委托中国建设银行安徽省分行对工程造价进行鉴定，并对鉴定结论进行了开庭质证，该鉴定结论应作为认定南洋酒店尚欠园林公司工程款数额的基本依据。虽然园林公司在施工期间未办理取费资格证书，但其在本案一审期间补办了取费资格证书，应视为有关行政主管部门对其取费资格已予以追认。因该取费资格证书的发证机关系安徽省基本建设标准定额总站，阜阳市基本建设标准定额站作为年检机关在本院二审期间作出的撤销该取费资格证书的决定不能作为认定园林公司不具有取费资格的依据。工程间接费是工程建设单位向工程施工单位应支付的工程款的主要组成部分，在园林公司具有承包南洋酒店建设工程的资格，办理了跨地区施工许可证，并依照工程承包合同的约定完成了所承包的工程的情况下，如果仅因其未在施工期间办理取费资格证书而免除南洋酒店支付工程间接费的责任，有失公平。故南洋酒店关于园林公司未办理取费资格证书，原审鉴定结论计取工程间接费不当的上诉理由不能成立，本院不予支持。依照安徽省工程建设标准定额站颁布的建筑安装工程费用定额规定，一级、二级的国有建筑企业，在承包方仅承包装饰工程的情况下，装饰工程一类取费综合费率为24.01%，二类取费综合费率为21.31%。在工程主体结构与装饰工程一体承包的情况下，装饰工程一类取费综合费率为31.49%，二类取费综合费率为27.64%。因园林公司系二级国有建筑企业，其对南洋美食娱乐城工程的主体结构及装饰工程又系一体承包，其有资格按31.49%的综合费率取费。如果降一级取费，取费综合费率应为27.64%。因此，双方关于园林公司降一级依二类取费综合费率25.98%收取工程费的约定低于二类取费综合费率定额，原审鉴定结论按照合同约定的取费综合费率计取工程款并无不当。南洋酒店关于原审鉴定结论按照双方约定的25.98%的综合费率计算工程款，既违反装饰工程取费定额，又违背南洋酒店的真实意愿的上诉理由与事实不符，本院不予支持。原审鉴定结论计算南洋美食娱乐城工程外墙面砖价款，是依据园林公司提供的购货发票，但该发票载明的外墙面砖每平方米45元的价格明显高于阜阳市工程建设标准定额站发布的每平方米32.5元的市场信息价，且该发票并非增值税发票，对其真实性无法认定，故应以该定额站发布的同期市场信息价计算外墙面砖价款。原审鉴定结论认定本案工程总造价为8725315.64元，扣除原审鉴定结论依据购货发票多计算的28475元外墙面砖的价款，应认定工程总造价为8696840.64元；原审鉴定结论认定南洋酒店已付工程款525.5万元，但南洋酒店提供的证据证明，其于1996年2月9日、同年11月30日及1997年1月16日另向园林公司分别支付2万元、2万元、10万元，共计14万元，原审鉴定结论未将该14万元计入南洋酒店已付工程款，且对其他已付款项计算时多计入1万元，故南洋酒店已付工程款应为538.5万元。南洋酒店此节上诉理由成立，本院予以支持。

综上，南洋酒店应付工程款为8696840.64元，已付工程款为538.5万元，故南洋酒店尚欠园林公司工程款应为3311840.64元。原审判决认定事实基本清楚，适用法律正确，唯对南洋酒店尚欠园林公司工程款的数额计算存在误差，应予纠正。本院根据《中华人民共和国民事诉讼法》第一百五十三条第一款第一项、第二项之规定判决如下：

一、维持安徽省高级人民法院(1997)经初字第 11 号民事判决主文第一项、第三项及一审案件受理费、其他诉讼费、财产保全费、鉴定费承担部分。

二、变更该判决主文第二项为：安徽南洋国际大酒店有限公司向常州第二园林建设工程总公司支付工程款 3311840.64 万元及逾期罚息(自 1996 年 4 月 6 日起至付清之日止，按中国人民银行规定的同期逾期罚息计算标准计付)。

上列应付款项限本判决送达之次日起 10 日内付清，逾期支付按《中华人民共和国民事诉讼法》第二百三十二条之规定办理。

二审案件受理费 52210 元，安徽南洋国际大酒店有限公司承担 46989 元，常州第二园林建设工程总公司承担 5221 元。

案件三：房地产合同纠纷案

上诉人(原审被告)：福建祥企房地产开发有限公司

被上诉人(原审原告)：香港壮昌发展有限公司

原审被告：香港祥业投资有限公司

上诉人福建祥企房地产开发有限公司(以下简称祥企公司)为与被上诉人香港壮昌发展有限公司(以下简称壮昌公司)、原审被告香港祥业投资有限公司(以下简称祥业公司)合作开发房地产合同纠纷一案，不服福建省高级人民法院(1999)闽民初字第 7 号民事判决，向本院(最高人民法院)提起上诉。本院依法组成合议庭进行了审理，现已审理终结。

经审理查明：1993 年 2 月 3 日，祥业公司与中共福建省委统战部(以下简称统战部)、福建省人民政府侨务办公室(以下简称侨办)、福建省归国华侨联合会(以下简称侨联)订立《合作兴建"闽侨大厦"协议书》，约定由福建省统战部、侨办、侨联提供位于福州市五四路三号大院南侧 7728m² 的土地，祥业公司提供资金，双方合建闽侨大厦。同年 8 月 5 日，祥业公司在福建省福州市独资设立祥企公司，其经营范围为在福州市五四路三号规划部门划定的红线内建造、出租、出售高层综合楼商品房。

1993 年 8 月 26 日，祥业公司与壮昌公司订立《项目合作协议书》，约定：祥业公司提供将从福建省统战部、侨办、侨联有偿取得土地商品房开发权的地块作为双方合作投资的用地；双方合作项目为单项目的合作投资项目，其中祥业公司占股 65%，壮昌公司占股 35%，项目的投资按此比例每方自筹资金注入，共享效益，共担风险；壮昌公司按项目实际投资总额的 35%投入资金 3500~4200 万元，并应分别于 1993 年 9 月和 12 月各投入 1000 万元，余款根据工程进度在 1994 年内按通知及时到位；项目所需其他资金由祥业公司负责筹措。该协议未向有关部门申请批准及办理有关手续。

合同签订后，壮昌公司及其母公司福建华闽(集团)有限公司的其他子公司于 1994 年 11 月 23 日、1995 年 4 月 3 日、1996 年 2 月 13 日、7 月 10 日分四次各付给祥企公司人民币 500 万元，共计 2000 万元；1995 年 6 月 2 日，祥企公司接收华闽和声工业园福州和声钢琴有限公司物业部移交的 3525.0476t 日本进口钢材；1995 年 6 月 7 日，壮昌公司通过交通银行香港分行汇付 PraiseProfit 投资有限公司 50 万美元。1996 年 12 月 31 日，祥企公司在壮昌公司结算单上盖章，确认上述款项中人民币 2000 万元为壮昌公司投资款；3525.0476t 钢材为壮昌公司于 1995 年 6 月 5 日的投资款，计港币 10029286.54 元，50 万美元为壮昌公司于 1995 年 6 月 7 日的投资款，折合港币 3868000 元，以上两项合计港币

13897286.54元。

1996年7月18日，祥企公司取得福州市土地管理局颁发的上述地块的土地使用权证。1999年2月，壮昌公司以祥业公司未办妥合作项目的报批手续，未按协议约定投入资金，且挪用壮昌公司已投入的资金，致使合作项目迟迟未能建成为由，诉至法院，请求确认双方协议无效，祥业公司返还已投入的资金，并赔偿损失。后壮昌公司追加祥企公司为共同被告。

1999年9月2日（一审审理期间），颜章根以祥业公司法定代表人和担保人的名义向壮昌公司出示承诺函，载明：经核对，祥业公司确认至1999年8月31日应偿还壮昌公司闽侨大厦项目投资本金港币13897286.54元和人民币2000万元（包括祥企公司的款项），应支付的利息按协议计算；若壮昌公司撤诉，祥业公司无力偿还上述债务时，颜章根对上述壮昌公司投资本息承担个人担保及连带偿还保证责任。

一审审理期间，法院裁定查封祥企公司名下闽侨大厦项目用地的使用权，未经法院许可，不得转让、出租、抵押。

一审法院审理认为，祥业公司与壮昌公司签订的《项目合作协议书》内容符合合作建房合同的法律特征；但协议中，祥业公司所提供的合作建房用地的使用权属于具有独立法律地位的祥企公司享有，且祥业公司与壮昌公司均为在香港登记设立的公司，其在内地投资未向投资地区审批机关申请，也未依法办理合建审批手续及土地使用权变更登记手续，违反有关法律规定，故《项目合作协议书》应认定无效。祥企公司虽不是《项目合作协议书》的当事人，但因祥业公司与壮昌公司间的合作地块系祥企公司的经营用地，且双方合作是单项目合作开发，祥企公司也确认收取壮昌公司的该项目投资款人民币2000万元及港币13897286.54元，故依法应当偿还壮昌公司对该项目的投资款并偿付上述款项的资金占用费。壮昌公司请求祥企公司返还投资款本息有理，应予支持。祥企公司辩称其不应作为本案被告承担还款责任的理由不能成立。本案一审诉讼期间，颜章根作为祥业公司的法定代表人，以祥业公司名义向壮昌公司出具的承诺函虽没有祥业公司的盖章，但各方当事人对该承诺函系祥业公司的真实意思表示均不持异议，因此祥业公司对壮昌公司的投资款本息负有还款责任。壮昌公司要求祥业公司偿还投资款本息的诉讼请求成立。祥业公司辩称壮昌公司请求其返还投资款本金港币13897286.54元缺乏事实依据的理由不能成立。因合作建房合同无效，当事人依据合同收取的款项应当返还；利息是法定孳息，属于返还范畴，祥业公司认为利息是壮昌公司未如约支付投资款所造成的损失，应由壮昌公司承担的答辩理由缺乏法律依据。据此判决：（一）祥业公司与壮昌公司签定的《项目合作协议书》无效；（二）祥业公司、祥企公司于本判决生效之日起十日内偿付壮昌公司投资款本金人民币2000万元和港币13897286.54元及其利息（其中四笔人民币500万元分别自1994年11月23日、1995年4月3日、1996年2月13日、1996年7月10日、港币10029286.54元自1995年6月5日起、港币3868000元自1995年6月7日起至本判决确定还款之日止，按中国人民银行同期贷款利率计算），祥业公司、祥企公司对上述债务互负连带责任。案件受理费人民币183665元、诉讼保全费173665元由祥业公司、祥企公司负担。

祥企公司不服一审判决，向本院提起上诉，理由为：一审判决对各方当事人的责任划分不当；祥业公司已确认壮昌公司支付的人民币2000万元由其收取，一审判决由祥企公司与祥业公司共同偿还是错误的；壮昌公司用美元、钢材折抵投资款一事证据不足。壮昌公司未作书面答辩。

本院认为：祥业公司未取得合作开发项目土地的使用权，与壮昌公司合作开发房地产的行为，违反了国家法律法规的规定，双方签订的《项目合作协议书》应认定无效。1996年12月31日祥企公司确认收取壮昌公司投资款人民币2000万元和港币13897286.54元后，颜章根于1999年9月20日以祥业公司的名义出具承诺函，表示上述款项由祥业公司向壮昌公司偿还，因此祥业公司对于壮昌公司依据双方的协议对讼争项目投入的人民币2000万元应予返还；壮昌公司用交付祥企公司的美元、钢材折抵对讼争项目的投资款，由于祥企公司在壮昌公司的结账单上对此予以确认，证据确凿，应予认定，祥业公司亦应予以返还。祥企公司作为祥业公司在内地的项目公司，及人民币2000万元和折抵港币13897286.54元的美元、钢材的实际收取人，应对祥业公司的返还承担连带赔偿责任；一审判决由祥业公司、祥企公司共同偿还并互负连带责任，属责任不清。祥业公司对合同无效负有主要责任，但壮昌公司在合同订立时，知道祥业公司没有取得讼争土地的使用权，其对合同无效亦有一定的过错，故对造成合同无效的后果亦应承担相应的责任；一审判决由祥业公司、祥企公司承担合同无效的全部责任不当，应予调整。据此，依据《中华人民共和国民事诉讼法》第一百五十三条第一款第（二）项之规定，判决如下：

一、维持福建省高级人民法院(1999)闽民初字第7号民事判决第一项；

二、变更福建省高级人民法院(1999)闽民初字第7号民事判决第二项为：祥业公司于本判决生效之日起十日内返还壮昌公司投资款人民币2000万元和港币13897286.54元及利息的65%（其中四笔人民币500万元分别自1994年11月23日、1995年4月3日、1996年2月13日、1996年7月10日起、港币10029286.54元自1995年6月5日起、港币3868000元自1995年6月7日起至本判决确定还款之日止，按中国人民银行同期同类贷款利率计算），祥企公司对上述债务承担连带赔偿责任。

一审、二审案件受理费共计人民币367330元，由祥业公司、祥企公司共同承担238764.5元，壮昌公司承担128565.5元，诉讼保全费173665元由祥业公司、祥企公司负担。

案件四：建筑工程承包合同纠纷上诉案

上诉人（原审原告）：义乌市伟业房地产开发公司

上诉人（原审被告）：义乌市建筑工程有限公司

上诉人义乌市伟业房地产开发公司（以下简称伟业公司）与上诉人义乌市建筑工程有限公司（以下简称建筑公司）因建筑工程承包合同纠纷一案，不服浙江省高级人民法院(1998)浙法民初字第14号民事判决，向本院提起上诉。本院依法组成合议庭公开开庭审理了本案，伟业公司的法定代表人王用伟、委托代理人叶智兴、陈贻身，建筑公司的委托代理人陈小明、赵箭冰到庭参加诉讼，现已审理终结。

经审理查明：1994年4月20日，伟业公司与建筑公司签订《建筑安装工程承包合同》，约定：建筑公司承建位于义乌市城北良种场内的伟业大厦，工程建筑面积为5680.90m²，工程造价为239万元，工程质量达到国家标准合格以上，工期自1994年5月至1995年1月10日，每延误一天由承包方按合同总造价的0.5%向发包方支付违约金，合格工程不奖不罚，经修补后合格工程，包括加固处理经鉴定可投入使用工程按1%

罚承包方，发包方如需设计变更，必须由原设计单位作出正式修改通知书和修改图纸，承包方才予实施。合同签订后，建筑公司即开始施工。在大楼桩基工程施工期间，浙江省煤田地质测试中心桩基动态测试室分别于1994年5月7日、5月20日、6月22日作出工程桩基检测报告，指出伟业大厦桩基中部分桩存在夹泥、软泥物、混凝土强度不均匀、偏低等质量问题。义乌市建筑工程质量监督站向建筑公司发出《质量问题通知书》，指出桩基施工存在质量问题，要求暂停施工，请设计单位提出处理意见。1994年7月6日东阳市建筑设计院变更了设计图纸，义乌市建筑工程质量监督站向伟业公司发出《复工通知书》，同意复工。因伟业大厦增加建筑面积，伟业公司与建筑公司又签订《建筑施工补充协议》，约定：建筑公司垫资40万元，伟业大厦工程竣工验收合格后一个月归还，不计息。伟业大厦工程预算300万元，本工程按四级企业等级收取管理费，工程竣工时间为1995年3月30日（按验收报告为准）。以后伟业公司向有关部门办理了建设工程规划许可证及有关审批手续并领取了《商品房预售证》。在施工过程中，伟业公司未按会审图纸的要求，经东阳市建筑设计院变更了部分图纸后，又将审批建筑层数六层（局部七层）改建为七层（局部八层），伟业大厦实际建筑面积达到9043.09m^2，违法超建1311.95m^2。1995年2月28日，义乌市城乡建设委员会向伟业公司发出《限期拆除违法建筑物通知书》，责令伟业公司在同年3月10日前将违法建筑物自行拆除。同年8月10日，该委员会又作出《城市规划违法案件行政处罚决定书》，认为伟业公司未取得建设工程规划许可证的情况下进行建设，且不按会审图纸施工，擅自加层，其行为违法，决定处以罚款并补办建设工程规划许可证。1995年8月18日，伟业公司按处罚决定缴纳罚款后，义乌市城建监察大队通知伟业公司取得建设用地许可证和建设工程规划许可证后，同意工程扫尾施工。1995年8月25日，伟业公司重新补办了《建设工程规划许可证》（建设规模层数七层局部八层，占地1222m^2）。1996年2月，伟业大厦竣工。同年5月，伟业公司搬入伟业大厦八楼办公并出卖了部分房屋。同年9月16日，义乌市建筑工程质量监督站向双方当事人发出通知指出：伟业大厦不少梁及墙体有裂缝，该工程经多次图纸变更、增加间数及层数，且未正式验收即交付使用。通知要求立即停止使用伟业大厦，请法定检测机构提出加固方案。1996年12月18日浙江省建筑科学设计院（以下简称省建科院）根据伟业公司、建筑公司、东阳市建筑设计院、义乌市建筑工程质量监督站的要求对伟业大厦作出《结构检测及结构复算》，认为由于加层和增加较大吨位水箱和电梯，致使第三层框架承受的荷载比原设计增加较多，房屋装修后超出的荷载是可观的。升层后超载是梁上出现裂缝的基本原因，混凝土没有达到设计强度等级对裂缝的产生也有一定的影响。1997年1月6日，义乌市建筑工程质量监督站向双方发出《工程质量问题通知书》。同年2月27日，义乌市建设局向伟业公司发出《关于要求立即腾空伟业大厦的通知》。同年5月18日，省建科院受伟业公司委托又提出伟业大厦结构复算与结构处理的具体方案。同年6月23日，义乌市建筑工程质量监督站向建筑公司发出了《质量问题通知书》，指出鉴于该工程保证资料严重不足，无法证明工程合格，不准交付使用。1997年7月22日，义乌市建设局发出通知责令伟业公司停止使用伟业大厦。7月23日，义乌市建筑工程质量监督站向伟业公司发出《关于建筑工程未经验收不得交付使用的通知》。9月22日，义乌市建筑工程质量监督站作出《伟业大厦工程质量等级核定通知书》，核定讼争工程为不合格工程。9月29日，义乌市建设局对伟业公司作出《义乌市建设局行政处罚决定书》，决定限伟业公司在接到处罚决定之日起十日内把擅自投入使用的房屋腾空拆除加层建筑物并对其他建筑物返修加固。伟业公司对处罚决定不服向义乌市人民法院提起行政诉讼,金华市中级人民法院于1998年2月6日作出终审判决认为,1996年5月伟业公司搬入伟业大厦办公,伟业大厦出现的第三层框架梁裂缝,基本原因是升层和增设较大吨位水箱及电梯,加固可否保障质量,尚无定论,义乌市建设局行政处罚决定并无不当,维持义乌市建设局处罚决定。以后,双方当事人对造成不合格工程的原因、拆除及加固责任和费用、工程造价等一系列问题发生争议。1998年9月4日,伟业公司向一审法院起诉,请求解除双方签订的伟业大厦建筑工程承包合同,由建筑公司支付工程款及利息、施工过程中存在质量问题而增加支付的各种费用,向伟业大厦商品房预购方支付赔偿金共计1027.5159万元。以后伟业公司又变更了诉讼请求,要求建筑公司拆除升层部分1312m²、对伟业大厦立即返修加固、支付违约金、罚金、维修费、检测费、多收工程款、赔偿损失共计1002.1946万元。

另查明,一审审理期间,经伟业公司申请,一审法院委托中国建设银行浙江省分行对伟业大厦工程(包括七层、局部八层)造价进行鉴定,结论为3717070元。伟业公司未经检验使用伟业大厦后至今未按金华市中级人民法院行政判决书内容履行拆除伟业大厦七层、局部八层的处罚决定。自1994年1月7日至1996年7月18日,伟业公司先后向建筑公司支付工程款3443645.30元。在伟业大厦施工期间城建部门因工程质量问题责令1995年2月28日至1995年8月18日期间停工,停工时间计171天。1993年12月3日,吴昕生给伟业公司出具了收据,载明收到伟业公司钢筋共403t,计人民币141万元,以上钢筋抵伟业大厦工程款,义乌市稠城城西建筑工程队加盖了印鉴。吴昕生在伟业公司与建筑公司订立建筑工程承包合同时为建筑公司的签约代表。1999年5月3日吴昕生向一审法院出具书面证明:其向伟业公司写收据时不代表建筑公司。1998年11月24日义乌市人民政府发文决定对建筑公司改制,建筑公司更名为义乌市建筑工程有限公司,原公司的债权、债务由改制后的有限公司承担。1999年2月12日,改制后的有限公司领取了营业执照。

一审法院认为,伟业公司与建筑公司签订的《建筑安装工程承包合同》和《建筑施工补充协议书》为有效合同。建筑公司按约定完成伟业大厦工程后,伟业公司未经验收即实际使用伟业大厦,应视为工程已竣工交付,由此产生的质量问题或其他问题,应由伟业公司承担责任。伟业公司主张其入住伟业大厦后自行对工程进行了维修、检测,所支出的费用由建筑公司承担,其主张缺乏事实和法律依据,不予支持。依合同约定的工程期限,扣除合同未约定的伟业大厦升层的施工时间和有关部门责令补办手续的时间,建筑实际完工时间比合同约定的工期逾期105天,建筑公司应向伟业公司支付违约金。根据金华市中级人民法院终审的行政判决书认定的事实,伟业公司应对伟业大厦工程存在的质量问题承担主要责任,建筑公司承担次要责任。按一审法院委托的中国建设银行浙江省分行对伟业大厦工程造价鉴定的结论,伟业公司未多付工程款,伟业公司提交的向建筑公司交付价值141万元钢筋折抵工程款的证据,经庭审质证不能认定这批钢筋已交付给建筑公司。伟业公司请求建筑公司退还多收100万元工程款的理由不充分,不予支持。据此判决:一、建筑公司应在伟业公司按金华市中级人民法院(1998)金中法行终字第1号行政判决履行拆除伟业大厦七层局部八层建筑物第二天起三个月内,修复、加固伟业大厦其余工程,交付合格工程。所需费用由伟业公司负担70%,建筑公司负担30%;二、建筑公司应向伟业公司支付延期交付承建工程的违约金1575000元(于判决生效后十日内付清);三、驳回伟业公司的其他诉讼请求。一审案件受理费61385元、鉴定费15000元，合计76385元，由伟业公司负担53469元，建筑公司负担22916元。

伟业公司和建筑公司均不服一审判决，向我院提起上诉。伟业公司上诉称：伟业大厦工程质量问题是由于建筑公司违规施工造成的，应由建筑公司承担拆除加层的责任，承担修复、加固的费用并依合同约定承担合同总标的造价1%的罚金。建筑公司应退还多收的工程款并承担退款利息。一审判决对建筑公司延期交工的违约时间计算有误，应延长至1996年5月。同时申请追加东阳市设计院为本案共同被告。伟业公司向建筑公司交付的价值为141万元的钢筋应折抵工程款。由建筑公司承担一审、二审的诉讼费。建筑公司上诉称：其在约定的工期内完工，不存在延期交工。伟业公司应向其返还垫资款40万元。合同约定建筑公司延期交房的违约责任为总造价的0.5%，违约金比例过高且权利义务不对等，为此请求二审法院予以撤销或变更。由伟业公司承担一审、二审诉讼费。

本院认为，伟业公司与建筑公司签订的《建筑安装工程承包合同》有效，《建筑施工补充协议书》中由建筑公司垫资40万元的约定违反了反不正当竞争的法律规定而无效，补充协议的其他部分有效。以浙江省金华市中级人民法院生效法律文书确认的事实、浙江省建科院《义乌伟业大厦结构检测与结构复算》、浙江省义乌市质检站《伟业大厦等级核定通知书》作为一审判决认定伟业大厦工程质量责任分担的依据是正确的，伟业公司应对伟业大厦工程不合格承担主要责任，建筑公司也应承担一定的责任；伟业公司上诉主张讼争工程不合格是建筑公司违规施工造成缺乏事实依据，本院不予支持。伟业公司使用伟业大厦的时间应以浙江省金华市中级人民法院生效的法律文书确认的时间为准，一审判决认定伟业公司使用伟业大厦的时间应予变更，对建筑公司延期交房的违约金数额亦作相应调整。根据合同总价款等本案实际情况，按双方在合同中约定违约金标准计算的违约金数额过高，依据民法的公平原则予以调整，一审判决确定的建筑公司向伟业公司支付的违约金数额是合适的，对伟业公司要求建筑公司增加支付违约金数额的上诉请求不予支持。建筑公司上诉主张其在合同约定工期内完工，未违约缺乏事实依据，本院不予支持。案外人吴昕生给伟业公司出具的收据所载的内容不能认定价值141万元的钢筋已由建筑公司接收并折抵工程款，故收货收据所产生的法律关系的权利人有权另行提起诉讼。一审法院委托鉴定机构对伟业大厦工程造价鉴定的数额与伟业公司向建筑公司支付工程款数额间的差额，应视为建筑公司垫资款由伟业公司返还并支付50%利息。伟业公司申请追加案外人东阳市建筑设计院为本案被告，因伟业公司与设计单位间的委托设计关系与本案的建筑工程承包合同纠纷不是一个法律关系，其提出的追加申请缺乏法律依据，本院不予支持。据此，依据《中华人民共和国民法通则》第四条、第五十七条、第五十八条第一款第（五）项、第六十条、第六十一条第一款，《中华人民共和国民事诉讼法》第一百五十三条第一款第（二）项之规定，判决如下：

一、维持浙江省高级人民法院(1998)浙法民初字第14号民事判决第一、二、三项；

二、在本判决生效之日起10日内伟业公司返还建筑公司垫资款273424.7元及该款50%利息(自1994年7月14日起算至还款之日止，按中国人民银行公布的同期储蓄存款利率计算)。

一审案件受理费61385元，鉴定费15000元，合计76385元，由伟业公司负担53469元，建筑公司负担22916元；二审案件受理费61385元，由伟业公司、建筑公司各半分担。

案件五：建设工程规划行政处罚纠纷案

上诉人：(原审被告)黑龙江省哈尔滨市规划局

被上诉人：(原审原告)哈尔滨市汇丰实业发展有限责任公司

上诉人黑龙江省哈尔滨市规划局不服黑龙江省高级人民法院对被上诉人哈尔滨市汇丰实业发展有限责任公司诉黑龙江省哈尔滨市规划局行政处罚一案作出的(1996)黑行初字第1号行政判决，向本院提出上诉。本院依法组成合议庭，公开开庭审理了本案。上诉人委托代理人刘凌昌、于逸生，被上诉人法定代表人吴慧敏和委托代理人张文宏、湛中乐到庭参加诉讼。本案现已审理终结。

经审理查明：被上诉人哈尔滨市汇丰实业发展有限责任公司(以下简称汇丰公司)所建9层商服楼，位于哈尔滨市道里区中央大街108号(原138号)院，院内原有两栋楼房，总建筑面积为1981.97m^2，其中：临中央大街一栋为地下1层、地上3层，建筑面积1678.21m^2；院内一栋为地下1层、地上2层，建筑面积303.76m^2，该两栋楼房所有权原属哈尔滨市同利实业公司(以下简称同利公司)，两楼占地547m^2，土地使用面积1031.60m^2。1993年4月，同利公司向哈尔滨市规划土地管理局(1995年10月分为土地管理局和规划局)申请翻扩建院内2层楼房。同年6月17日，同利公司与汇丰公司达成房屋买卖协议，签定了《房屋产权有偿转让协议书》，以人民币1000万元的价格将中央大街108号两栋楼房卖给了汇丰公司，汇丰公司付清了房款，交纳了房屋买卖有关契税费用，领取了房屋产权证。同年12月7日，哈尔滨市规划土地管理局颁发93(地)字246号建设用地规划许可证，同意同利公司翻建道里区中央大街108号楼，用地面积339.20m^2。1994年1月6日，哈尔滨市规划土地管理局以哈规土(94拨)字第2号建设用地许可证批准建设用地211.54m^2，建筑面积680m^{2}的3层建筑。同年5月9日，哈尔滨市规划土地管理局核发给同利公司94(审)1004号《建设工程规划许可证》，批准建筑面积588m^2。同年6月24日，同利公司与汇丰公司共同向规划土地局申请扩建改造中央大街108号楼。申请增建4层，面积为1200m^2。在没有得到哈尔滨市规划土地管理局答复的情况下，汇丰公司依据同利公司取得的《建设工程规划许可证》，于1994年7月末开始组织施工。至1996年8月12日哈尔滨市规划局(以下简称规划局)作出处罚决定时，汇丰公司将中央大街108号院内原有2层建筑(建筑面积303.76m^2)拆除，建成地下1层、地面9层(建筑面积3800m^2)的建筑物，将中央大街108号临街原有3层建筑(建筑面积1678.21m^2)拆除，建成地下1层、地面临中央大街为6层、后退2.2m为7、8层、从8层再后退4.4m为9层(建筑面积6164m^2)的建筑物，两建筑物连为一体。

汇丰公司在施工中，相邻的哈尔滨市音乐厅因墙壁裂缝与汇丰公司发生纠纷。哈尔滨市建委领导主持了解决纠纷的现场办公会，并于1994年8月11日以哈建纪字［1994］20号文件发出解决纠纷的会议纪要。规划局于同年9月14日派员到施工现场检查并作"建设工程现场记实"。现场记实载明："被检查单位是汇丰公司，建楼地址是中央大街108号，建设形象进度7层半"。同时还载明："由于音乐厅上访，该工程暂时停工"。同年11月28日，规划局作出哈规土罚字(1994)第002号行政处罚决定，认定：汇丰公司经规划土地管理部门批准翻建588m^{2}工程，未经再批准，擅自超面积2388m^2，违反了《中华人民共和国城市规划法》第四十条的规定,决定处罚:(1)限期补办手续;(2)处理好四邻矛盾,出现问题自负;(3)超建面积罚款处理;(4)罚款额83580元。其后汇丰公司交罚款33580元。1995年4月7日,规划局下达了哈规土(1995)第36号文件,以1994年11月28日哈规土罚字(1994)第002号行政处罚决定存在被处罚单位与建设单位不符为由,决定予以撤销并返还对汇丰公司的罚款。1995年7月20日规划局又下达哈城规罚决字(1995)第018号行政处罚决定书,决定处罚同利公司,该处罚内容是:被处罚人同利公司严重影响中央大街景观,擅自将2层建筑扩建为7层半,超面积2338m²(实为2388m²),违反了《中华人民共和国城市规划法》第三十二条、《黑龙江省实施〈中华人民共和国城市规划法〉办法》第二十六条规定,决定:(1)将超层部分拆除2层半,保留3层;(2)保留部分给予罚款处理并要重新办理审批手续,补交各种税费。此决定因同利公司申明不是建设单位,不接受处罚,未实际执行。1996年3月5日,规划局下达(96)哈城规监字第1-1号《停工通知书》,汇丰公司不服该停工决定,于1996年3月18日向哈尔滨市人民政府申请复议,要求撤销停工通知和办理批准手续。哈尔滨市人民政府复议后,以哈政复决字(1996)2号复议决定维持规划局(96)哈城规监字第1-1号停工通知。1996年8月12日,规划局对汇丰公司作出哈规罚决字(1996)第1号行政处罚决定。认定:一、汇丰公司未经市规划管理部门批准,未取得《建设工程规划许可证》,于1995年8月,将中央大街108号(原为138号)临街原有3层建筑(建筑面积1678.21m²)拆除,建成地下1层、地面临中央大街为6层、后退2.2m为8层、从8层再后退4.4m为9层(建筑面积6164m²)的建筑物,违反了《中华人民共和国城市规划法》第二十九条、第三十二条和《黑龙江省实施〈中华人民共和国城市规划法〉办法》第二十三条规定。依据《中华人民共和国城市规划法》第四十条和《黑龙江省实施〈中华人民共和国城市规划法〉办法》第四十一条规定,作如下处理:1.拆除地面工程5、6、7、8、9层、拆除部分合计建筑面积为2964m²。2.地下1层、地面1、2、3、4层部分予以罚款保留,处罚建筑面积3200m²,罚款192000元。二、汇丰公司在1994年6月将中央大街108号(原为138号)院内原有2层建筑(建筑面积303.76m²)拆除,建成地下1层、地面9层(建筑面积3800m²),违反了《中华人民共和国城市规划法》第二十九条、第三十二条和《黑龙江省实施〈中华人民共和国城市规划法〉办法》第二十三条规定。依据《中华人民共和国城市规划法》第四十条和《黑龙江省实施〈中华人民共和国城市规划法〉办法》第四十一条规定,作如下处理:1.拆除地面工程8、9层,拆除部分建筑面积为760m²。2.对地下1层,地面1、2、3、4、5、6、7层予以罚款保留,处罚建筑面积3040m²,罚款182400元。处罚决定履行后,汇丰公司可补办有关手续,补交有关费用。

汇丰公司不服上述处罚决定,向黑龙江省高级人民法院提起行政诉讼。

原审法院经审理认为,汇丰公司在哈尔滨市中央大街108号所建商服楼房,开工依据是原同利公司得到批准的对中央大街108号院内楼房的改建588m²的建设规划许可。对中央大街108号临街楼房的翻建没有批准手续,未取得建设规划许可。汇丰公司现已建成的面积为9964m²的9层楼房,部分是违反建设工程规划许可的建筑,部分是未取得规划许可的建筑,应认定是违反《中华人民共和国城市规划法》的建设行为,应予处罚。规划局对原告汇丰公司申请建设过程中违反了《黑龙江省实施〈中华人民共和国城市规划法〉办法》第三十条"城市规划行政主管部门核发建设项目选址意见书、建设用地规划许可证和建设工程规划许可证,应当在接到申请之日起十五日内决定批准或不批准。情况复杂的,经上一级城市规划行政主管部门批准,可延长十五日,但不得对建设单位和个人刁难、勒卡"的规定,应承担责任。规划局在汇丰公司建楼与哈尔滨市音乐厅发生纠纷时就派员到现场并作"建设工程现场记实"。规划局下达了哈规土罚字(1994)第002号行政处罚决定后,又以主体不符及内部管理等问题为由,下达了哈城规罚字(1995)第018号行政处罚决定,且该决定认定"严重影响了中央大街景观"法律依据不足,处罚混乱、不严肃。经规划局批准在同处中央大街位置上的多处建筑均属高层,其高度与汇丰公司所建楼房高度超过12m性质相同。另有经批准而超高建筑给予罚款保留处理,还有未经批准而超高的建筑至今未作处理,规划局对在中央大街上的违法建筑存在同责不同罚的现象。规划局确定了中央大街保护建筑"外文书店"为影响中央大街景观的参照标准,就应以汇丰公司建筑物遮挡该书店多少,就决定拆除多少是正确的。经勘验规划局所作的处罚拆除面积超过遮挡面积,故对汇丰公司的违建行为处罚显失公正。规划局举证对汇丰公司处罚依据是1986年经国务院批准的"哈尔滨市城市总体规划",此规划对中央大街的要求仅限于管理和保护,没有对中央大街建筑物规模、体量和高度作规定。规划局又举证1996年10月规划文本,其中第十一章第三节第七十七条、第七十九条第二款、第三款有对中央大街建筑物的体量、高度的规定,但此规划制定、报审时,汇丰公司楼已建成。且该规划依照《中华人民共和国城市规划法》第二十一条第三款规定"省和自治区人民政府所在地城市、城市人口在一百万以上的城市及国务院指定的其他城市的总体规划由省、自治区人民政府审查同意后,报国务院审批"。该规划第一百二十条本身就明确规定"本规定自国务院批准之日起实施"。现查明规划局提交的规划文本至今未经国务院批准,不具有法律效力。且是在汇丰公司建楼之后制定,不能作为对汇丰公司处罚的依据。《中华人民共和国城市规划法》第三十七条规定"城市规划行政主管部门有权对城市规划区内的建设工程是否符合规划要求进行检查"。《黑龙江省实施〈中华人民共和国城市规划法〉办法》第十条第二款也做了同样规定,规划局在1994年11月28日送达哈规土罚字(1994)第002号行政处罚决定时,汇丰公司建楼已达7层半。1996年3月5日下达停工通知书时,该建筑主体工程已完工并开始装修。规划局没有依法履行职责,造成既成事实,给处理增加了难度。鉴于汇丰公司建楼系违法建筑,规划局处罚显失公正,对规划局具体行政行为应予变更,依照《中华人民共和国城市规划法》第三十二条、第四十条,《黑龙江省实施〈中华人民共和国城市规划法〉办法》第四十一条第一款、《中华人民共和国行政诉讼法》第五十四条第(四)项规定,判决:一、撤销哈尔滨市规划局哈规罚决字(1996)第1号行政处罚决定中第一部分第1项和第2项的罚款部分;撤销第二部分第1项和第2项的罚款部分(即拆除中央大街临街建筑部分的5、6、7、8、9层,拆除面积2964m²,罚款192000元;拆除中央大街院内建筑部分8、9层,拆除面积760m²,罚款182400元);二、维持哈尔滨市规划局哈规罚决字(1996)第1号行政处罚决定第一部分第2项的保留部分;维持第二部分第2项的保留部分(即中央大街108号临街建筑地下1层,地上1、2、3、4层部分予以罚款保留;中央大街108号院内建筑地下1层,地面1、2、3、4、5、6、7层予以罚款保留);三、变更哈尔滨市规划局哈规罚决字(1996)第1号行政处罚决定对该楼的拆除部分,变更为:该楼第七层由中央大街方向向后平行拆至第3/2支撑柱;第八层从中央大街方向向后平行拆至第3支撑柱;第九层从中央大街方向向后拆至第4支撑柱;第七、八、九层电梯间予以保留,电梯间门前保留一个柱距面积通行道(上列所提柱距依哈尔滨市纺织建筑设计院1999年3月18日现场实测汇丰楼七至九层平面图纸和规划局、汇丰公司现场认同立面图为准),对该违章建筑罚款398480元。上述罚款于本判决发生法律效力后一个月内履行,上述罚款履行后汇丰公司、规划局于一个月内补办有关手续。

上诉人规划局不服一审判决,向本院提出上诉。

上诉人称:被上诉人汇丰公司违法建设工程,从来没有办理过规划审批手续,该违法工程破坏了中央大街的景观,严重影响城市规划,违反了城市规划法的有关规定。上诉人依据法律,作出了哈规罚决字(1996)第1号行政处罚决定,该处罚决定合法、公正。原审法院认定上诉人对被上诉人申报的工程建设申请在法定期内未作答复,应当承担责任,与事实不符;原审判决还认定上诉人下达停工通知时,被上诉人违法建设工程已主体完工并开始装修,由于上诉人没有依法履行职责,造成既成事实,增加了处理难度,这一认定是不客观的。上诉人哈规罚决字(1996)第1号行政处罚决定是根据被上诉人违法建设工程的性质、情节及其对社会的危害程度依法作出的,该处罚决定合法公正,不存在处罚显失公正的问题。原审判决以行政处罚显失公正为由,判决对上诉人哈规罚决字(1996)第1号行政处罚决定予以变更,未能达到保护中央大街景观的目的。请求二审法院依法撤销原审判决,对本案作出公正判决。

被上诉人称:哈尔滨市规划局哈规罚决字(1996)第1号行政处罚决定内容存在明显的滥用职权和显失公正问题。原审判决事实清楚,适用法律法规正确。请求二审法院驳回上诉人的上诉,维持一审判决。

以上事实有上诉人上诉状、被上诉人答辩状、同利公司与汇丰公司房屋产权有偿转让协议书、国有土地使用证、93(地)字246号建设用地规划许可证、哈规土(94拨)字第2号建设用地许可证、94(审)1004号建设工程规划许可证、房屋所有权证;哈尔滨市建委哈建纪发〔1994〕20号会议纪要、建设工程现场记实、规划局哈规土罚字〔1994〕第002号行政处罚决定、哈规土〔1995〕第36号文件、哈城规罚字〔1995〕第018行政处罚决定、1995年7月20日汇款复印件、(96)哈城规监字第1-1号《停工通知书》、哈规罚决字(1996)第1号行政处罚决定、行政复议答辩书、相关建筑物照片、惠鸿广场地理位置形象平面图、哈尔滨市人民政府哈政复决字〔1996〕2号复议决定书、1994年11月22日询问笔录、建筑安装工程承包协议等证据证明,足以认定。

本院认为,被上诉人汇丰公司未全部取得建设工程规划许可证即在哈尔滨市中央大街108号地段建成面积为9964m^2的9层商服用房,违反了《中华人民共和国城市规划法》第二十九条、第三十二条和《黑龙江省实施〈中华人民共和国城市规划法〉办法》第二十三条的规定,应予处罚。被上诉人提出其没有办理有关规划手续与上诉人未依法在法定期限内对被上诉人提出的规划申请作出答复有关,但上诉人是否存在不履行法定职责的问题,不是本案审查的内容,且上诉人是否存在不履行法定职责的事实,不影响被上诉人违法建设的性质。根据《中华人民共和国城市规划法》第三十七条、第四十条的规定,上诉人有权对汇丰公司违法建设行为进行查处。上诉人作出的哈规罚决字(1996)第1号行政处罚决定中,虽然没有明确认定被上诉人违法建设行为属于对城市规划有一定影响尚可采取改正措施的情形,但从其作出部分拆除部分罚款保留的处罚内容看,上诉人已在事实上认定汇丰公司违法建设行为,属于城市规划法第四十条规定的对城市规划有一定影响尚可采取改正措施的情形。诉讼中上诉人称汇丰公司所建商服楼严重影响城市规划，与其处罚决定自相矛盾，且未提供足够的证据证明。"哈尔滨市城市总体规划"中对中央大街规划的要求是："在建设中，要从整体环境出发，使新旧建筑互相协调，保证完美的风貌"，该规划中没有关于中央大街建筑物规模、体量和高度的规定。规划局提供的1996年10月修编后的哈尔滨市总体规划，有对中央大街建筑物的体量、高度的具体规定，但该规划尚未经国务院批准，根据《中华人民共和国城市规划法》第二十一条第三款的规定，不具有法律效力。诉讼中，上诉人提出汇丰公司建筑物遮挡中央大街保护建筑新华书店（原外文书店）顶部，影响了中央大街的整体景观，按国务院批准的"哈尔滨市总体规划"中关于中央大街规划的原则规定和中央大街建筑风貌的实际情况，本案可以是否遮挡新华书店顶部为影响中央大街景观的参照标准。规划局所作的处罚决定应针对影响的程度，责令汇丰公司采取相应的改正措施，既要保证行政管理目标的实现，又要兼顾保护相对人的权益，应以达到行政执法目的和目标为限，尽可能使相对人的权益遭受最小的侵害。而上诉人所作的处罚决定中，拆除的面积明显大于遮挡的面积，不必要地增加了被上诉人的损失，给被上诉人造成了过度的不利影响。原审判决认定该处罚决定显失公正是正确的。原审判决将上诉人所作的处罚决定予以变更，虽然减少了拆除的面积和变更了罚款数额，但同样达到了不遮挡新华书店顶部和制裁汇丰公司违法建设行为的目的，使汇丰公司所建商服楼符合哈尔滨市总体规划中对中央大街的规划要求，达到了执法的目的，原审所作变更处罚并无不当。原审判决认定事实基本清楚，适用法律、法规正确。上诉人的上诉理由不能成立，本院不予支持。依照《中华人民共和国行政诉讼法》第五十四条第（四）项、第六十一条第（一）项的规定，判决如下：

驳回上诉，维持原判。

二审诉讼费69560元，由上诉人负担。

案件六：建设工程施工合同纠纷案 ❶

上诉人（原审被告）：义乌市医疗投资有限公司
被上诉人（原审原告）：浙江省二建建设集团有限公司

经审查，上诉人义乌市医疗投资有限公司（以下简称医疗投资公司）与被上诉人浙江省二建建设集团有限公司（以下简称省二建公司）于2000年6月30日签订《建设工程施工合同》约定，省二建公司承建医疗投资公司浙江省义乌市中心医院医技病房楼土建工程。合同第三部分第10条37.1款约定："双方约定，在履行合同过程中产生争议时：(1)请当地仲裁委员会调解；(2)采取第一种方式解决，并约定向＿＿＿仲裁委员会提请仲裁或＿＿＿人民法院提起诉讼。"此前，在该工程的《施工招标文件》第三章第12条附则3述明："本合同发生争议，双方有权向有关部门申请调解。调解不成向商定的仲裁机构申请仲裁。"此后，双方当事人在履行合同中发生争议，省二建公司于2004年3月26日向一审法院提起诉讼，请求判令医疗投资公司支付拖欠的工程款及利息、赔偿违约损失并返还工期保证金。医疗投资公司在提交答辩状期间，向一审法院提出管辖权异议，认为本案应由金华仲

---

❶ 案例摘自最高人民法院民事审判第一庭编：《民事审判指导与参考》2004年第4集（总第20集），法律出版社2005年版，第162页。

裁委员会仲裁，而不应由法院受理。

另，2002年11月5日，金华仲裁委员会作出(2002)金裁经字第031号裁决书，对双方当事人关于该工程病房楼层面(3)普通屋面工程的施工义务争议作出裁决。该裁决确认省二建公司对上述争议部分工程负有施工义务，并由其自行承担工程费用。

一审情况：

浙江省高级人民法院经审查认为，医疗投资公司提出本案应由金华仲裁委员会仲裁的主要依据是《施工招标文件》、《建设工程施工合同》和金华仲裁委员会(2002)金裁经字第031号裁决书。《施工招标文件》的性质属于要约邀请，双方是否达成仲裁协议、协议是否有效应以正式的合同文本为准。双方于2000年6月30日签订了《建设工程施工合同》，合同第三部分第10条37.1款约定："在履行合同过程中产生争议时：(1)请当地仲裁委员会调解；(2)采取第一种方式解决，并约定向____仲裁委员会提请仲裁或____人民法院提起诉讼。"此种约定表明，对合同履行中争议的解决有两种方式可供选择，而从合同内容看双方并未作出具体的选择，属约定不明。而且省二建公司向一审法院提起诉讼，表明其不愿由仲裁机构调解，因此本案不可能适用第一种方式解决争议。而第二种方式约定或仲裁或向法院起诉，且未明确具体的仲裁机构，亦属约定不明。至于省二建公司对金华仲裁委员会受理的因双方之间就合同有关的义乌市中心医院医技病房楼屋面(3)部分合同纠纷仲裁案件予以应诉，只能说明就该案件所涉纠纷，省二建公司同意由仲裁委员会仲裁。综上，因双方在合同中约定的仲裁条款不明确，在发生纠纷后又未达成新的仲裁协议。故医疗投资公司对管辖权提出的异议不成立，一审法院有权管辖。依照最高人民法院《关于适用〈中华人民共和国民事诉讼法〉若干问题意见》第145条之规定，裁定：驳回医疗投资公司对本案管辖权提出的异议。

二审情况：

医疗投资公司不服一审裁定，向最高人民法院提起上诉称：（一）原审裁定程序违法。本案双方当事人之间约定的仲裁条款效力，已经由金华仲裁委员会于2002年11月5日作出(2002)金裁经字第031号《金华仲裁委员会裁决书》予以确认。在对双方建设工程合同纠纷的仲裁过程中，省二建公司既未对仲裁协议的效力在金华仲裁委员会仲裁庭首次开庭前提出异议，更未向人民法院提起仲裁协议异议的上诉。金华仲裁委员会根据合同的仲裁条款取得对双方建设工程合同纠纷的管辖权。金华仲裁委员会作出的裁决与本案案由相同。一审法院应当对省二建公司的起诉作出不予受理的规定。（二）一审裁定认定仲裁条款相关事实错误、适用法律不当。1. 双方当事人对合同纠纷的解决有明确的请求仲裁的意思表示。首先，在《施工招标文件》中述明"本合同发生争议，双方有权向有关部门申请调解，调解不成向商定的仲裁机构申请仲裁……"。对此，省二建公司在《投标书》中明确表示"同意并未接受招标文件的全部要约条件，并按此确定接受本工程投标的各项承诺内容"。可见，对双方的合同争议最终通过仲裁方式解决，双方达成了一致的意见。其次，双方发生纠纷后，医疗投资公司依据合同约定向金华仲裁委员会申请仲裁，省二建公司并未提出管辖权异议。2. 双方对合同纠纷的解决有明确约定的仲裁机构。双方签订的建设工程施工合同专用条款中约定："在履行合同过程中产生争议时，请当地仲裁委员会调解。"进一步明确约定合同纠纷的仲裁机构，是当地仲裁委员会即金华仲裁委员会。在金华仲裁委员会仲裁过程中，由双方的实际行动履行了上述仲裁条款。一审裁定认为《施工

《招标文件》的性质属要约邀请，双方是否达成仲裁协议、协议是否有效应以正式的合同文本为准，实际是认为《施工招标文件》不是合同组成部分，该观点是不能成立的，组成本合同的文件包括：1. 本合同协议书；2. 中标通知书；3. 招标文件、答疑纪要、补充答疑纪要、询标纪要；4. 投标书及其附件。故《施工招标文件》已经成为约束双方当事人的生效的合同不可分割的组成部分，对双方当事人都有法律效力。另外，合同约定："在履行合同过程中产生争议时，请当地仲裁委员会调解"。该"当地仲裁委员会"即指金华仲裁委员会，"调解"即为"仲裁"。从"有效解释"的解释原则出发也只能得出"调解"即为"仲裁"的解释。（三）一审裁定先是认定双方的仲裁条款不明确，金华仲裁委员会对该案无权仲裁，同时又认定金华仲裁委员会对该案无权仲裁因"省二建公司同意由该仲裁委员会仲裁"而有管辖权，自相矛盾。综上，请求依法撤销一审裁定，驳回省二建公司的起诉。

省二建公司答辩称：（一）医疗投资公司以省二建公司未在金华仲裁案中提出管辖异议为由否认人民法院的管辖权缺乏依据。首先，作为仲裁成立前提的仲裁协议必须是书面的、明示的，省二建公司未在金华仲裁案中提出管辖异议并不意味着以默示方式接受了仲裁管辖，更不意味着双方因此达成了补充仲裁条款。其次，在金华仲裁案中双方并未申请确认仲裁条款的效力，金华仲裁委员会的裁决也没有明确地确认合同中仲裁条款的效力。再次，（2002）金裁经字第031号仲裁案的请求是确认屋面（3）属于省二建公司的施工范围，本案的请求是支付工程款以及延期损失，二者完全不同，没有任何重叠或交叉。因此，省二建公司未在金华仲裁案中提出管辖异议不影响人民法院受理本案。（二）本案中合同未约定仲裁机构，医疗投资公司将合同约定的调解机构曲解为仲裁机构显系不当。合同只约定"请当地仲裁委员会调解"。首先，调解和仲裁本就是两个基本点截然不同的法律概念。其次，在合同约定的争议解决方式中，约定仲裁或者诉讼的同时约定调解符合交易习惯，而不宜将"调解"强行解释为"仲裁"。再次，"请当地仲裁委员会调解"并非完全没有操作性，法律并未禁止仲裁委员会在仲裁之外进行调解。由于合同没有约定仲裁机构，根据《中华人民共和国仲裁法》的规定，一审法院受理本案并无不当。

医疗投资公司认为招标文件优先于合同专用条款、双方申请仲裁的意思表示明确观点不能成立。首先，根据合同法理论，招标文件为要约邀请，投标书是要约，合同书是双方最终的承诺。因而，合同专用条款效力优先于招标文件。其次，时间在后的合同文件更能准确表达当事人的意思，因而时间在后的合同专用条款优先。再次，合同专用条款系对招标文件的适当补充和完善，在此基础上当然优先于招标文件，这并不违背招投标法有关合同应该按招标文件和投标文件签订、不得作实质性修改的规定。因此，一审法院在未否认招标文件作为合同组成部分和二者预定的争议解决方式相互矛盾的情况下，认为应该按照合同专用条款处理本案，并无不当。综上所述，请求驳回申诉，维持原裁定。

最高人民法院认为，本案争议的问题是双方当事人之间的纠纷是应由仲裁机构进行仲裁，还是由人民法院进行审理。金华仲裁委员会于2002年11月5日作出的（2002）金裁经字第031号裁决书，是针对医疗投资公司与省二建公司施工范围纠纷作出裁决，而本案双方当事人是就工程款的支付及违约赔偿而发生的纠纷。两者争议的事项是不同的，且纠纷的性质亦不相同，即前者为确认之诉，后者为给付之诉。医疗投资公司以金华仲裁委员会已就双方在履行合同中的部分争议作出裁决，据此认为本案纠纷亦应由双方通过仲裁方式解决，理据不足，不予支持。双方当事人之间发生纠纷后是否应通过明确的仲裁方式解决，取决于当事人是否有明确的仲裁协议或仲裁条款。双方当事人认可的《施工招标文件》第三章第 12 条附则 3 约定：本合同发生争议，双方有权向有关部门申请调解，调解不成向商定的仲裁机构申请仲裁。但未约定具体明确的仲裁机构，因此属约定不明。此后双方于 2000 年 6 月 30 日签订《建筑工程施工合同》第二部分第 10 条 37.1 款约定在履行合同过程中产生争议时：(1)请当地仲裁委员会调解；(2)采取第___种方式解决，并约定向仲裁委员会提请仲裁或人民法院提起诉讼。此处双方只约定了纠纷的调解问题，而调解不成后采取何种方式解决纠纷的条款中，是空白事项，故应认定双方未明确约定发生纠纷是提请仲裁机构仲裁，还是向人民法院提起诉讼。因此，不能只认定双方当事人约定排除人民法院对纠纷的管辖。在发生纠纷后，双方亦未达成新的仲裁协议，故省二建公司向一审法院提起诉讼，请求通过诉讼方式解决纠纷，一审法院对本案行使管辖权，并无不当。医疗投资公司对本案管辖权提出的异议不能成立。综上，根据《中华人民共和国民事诉讼法》第 154 条之规定，裁定如下：

驳回上诉，维持原裁定。

二审案件受理费 50 元，由医疗投资公司负担。

附录二 相关执业资格考试介绍

(说明:本部分内容仅供参考,如需参加考试请以当年文件为准。)

注册建筑师考试

根据《中华人民共和国注册建筑师条例》(国务院令第184号)和《中华人民共和国注册建筑师条例实施细则》(建设部第52号令)文件精神,从1995年起,国家开始施行注册建筑师执业资格制度。

注册建筑师,是指依法取得注册建筑师证书并从事房屋建筑设计及相关业务的人员。注册建筑师分为一级注册建筑师和二级注册建筑师。

一、组织领导

注册建筑师全国统一考试办法由国务院建设行政主管部门会同国务院人事行政主管部门商国务院其他有关行政主管部门共同制定,由全国注册建筑师管理委员会组织实施。

二、适用范围

适用于从事房屋建筑设计及相关业务的人员。

房屋建筑设计,是指为人类生活与生产服务的各种民用与工业房屋及其群体的综合性设计。

相关业务,是指规划设计、室内外环境设计、建筑装饰装修设计、古建筑修复、建筑雕塑、有特殊建筑要求的构筑物的设计,以及建筑设计技术咨询、建筑物调查与鉴定、对本人主持设计的项目进行施工指导和监督等。

三、考试时间及科目设置

注册建筑师考试分为一级注册建筑师考试和二级注册建筑师考试。注册建筑师考试实行全国统一考试,原则上每年进行一次。

级别	考试时间	考试科目
一级	3.5小时	建筑设计
	2小时	建筑经济、施工与设计业务管理
	2小时	设计前期与场地设计
	3.5小时	场地设计(作图题)
	4小时	建筑结构
	2.5小时	建筑材料与构造
	6小时	建筑方案设计(作图题)
	2.5小时	建筑物理与建筑设备
	6小时	建筑技术设计(作图题)
二级	3.5小时	建筑构造与详图(作图题)
	3小时	法律、法规、经济与施工
	3.5小时	建筑结构与设备
	6小时	场地与建筑设计(作图题)

四、报考条件

企事业单位及军队中从事房屋建筑设计及相关业务的人员，符合规定报考条件的，均可报名参加全国一、二级注册建筑师资格考试。

（一）报考全国一级注册建筑师资格考试人员需满足下列条件：

1. 专业、学历及工作时间要求

（1）下表所列学位或学历毕业人员按该表要求执行。

专　业	学位或学历		从事建筑设计的最少时间
建筑学 建筑设计	本科及以上	建筑学硕士或以上毕业	2年
		建筑学学士	3年
		五年制工学士或毕业	5年
		四年制工学士或毕业	7年
	专科	三年制毕业	9年
		二年制毕业	10年
城市规划 城乡规划 建筑工程 房屋建筑工程 风景园林 建筑装饰技术 环境艺术	本科及以上	工学博士毕业	2年
		工学硕士或研究生毕业	6年
		五年制工学士或毕业	7年
		四年制工学士或毕业	8年
	专科	三年制毕业	10年
		二年制毕业	11年
其他工科	本科及以上	工学硕士或研究生毕业	7年
		五年制工学士或毕业	8年
		四年制工学士或毕业	9年

（2）不具备规定学历人员应从事工程设计工作满15年且具备下列条件之一：

a. 作为项目负责人或专业负责人，完成民用建筑设计三级及以上项目四项全过程设计，其中二级以上项目不少于一项。

b. 作为项目负责人或专业负责人，完成其他类型建筑设计中型及以上项目四项全过程设计，其中大型项目或特种建筑项目不少于一项。

说明："民用建筑设计"、"其他类型建筑设计"等级的划分参见原国家物价局、建设部《关于发布工程勘察和工程设计收费标准的通知》（［1992］价费字375号）及《工程设计收费标准(1992年修订本)》中的工程等级划分。

2. 职业实践要求

按照一级注册建筑师职业实践标准，申请报名考试人员应完成不少于700个单元的职业实践训练。报考人员待全部科目考试合格后，在领取资格证书时需提供本人首次报名当年的《一级注册建筑师职业实践登记手册》，以供审查。

（二）报考全国二级注册建筑师资格考试人员需满足下列条件之一：

1. 专业、学历及工作时间按下表要求执行。

专业		学历	从事建筑设计的最少时间
中专(不含职业中专)	建筑学(建筑设计技术)	四年制(含高中起点三年制)毕业	5 年
	建筑学(建筑设计技术)	三年制(含高中起点二年制)毕业	7 年
	相近专业	四年制(含高中起点三年制)毕业	8 年
	相近专业	三年制(含高中起点二年制)毕业	10 年
	建筑学(建筑设计技术)	三年制成人中专毕业	8 年
	相近专业	三年制成人中专毕业	10 年
大专	建筑学(建筑设计)	毕业	3 年
	相近专业	毕业	4 年
本科及以上	建筑学	大学本科(含以上)毕业	2 年
	相近专业	大学本科(含以上)毕业	3 年

注：(1)"相近专业"：本科及以上为城市规划、建筑工程、环境艺术；大专为城乡规划、风景园林、建筑装饰技术、房屋建筑工程、环境艺术；中专为建筑装饰、城镇规划、工业与民用建筑、村镇建设。

(2)根据《中华人民共和国注册建筑师条例实施细则》(建设部令第167号)，本表本科及以上和大专的相近专业中加入了"环境艺术"。

2. 具有助理建筑师、助理工程师以上专业技术职称，并从事建筑设计或者相关业务3年(含3年)以上的人员。

3. 不具备规定学历人员应从事工程设计工作满13年且具备下列条件之一：

(1) 作为项目负责人或专业负责人，完成民用建筑设计四级及以上项目四项全过程设计，其中三级以上项目不少于一项。

(2) 作为项目负责人或专业负责人，完成其他类型建筑设计小型及以上项目四项全过程设计，其中中型项目不少于一项。

(三) 符合报名条件的香港、澳门居民，可按照原人事部《关于做好香港、澳门居民参加内地统一举行的专业技术人员资格考试有关问题的通知》(国人部发[2005]9号)有关要求，申请参加全国一、二级注册建筑师执业资格考试。香港、澳门居民在全部科目考试合格领取资格证书时须提供本人身份证明、国务院教育行政部门认可的相应专业学历或学位证书，以及相应专业机构从事相关专业工作年限的证明。报考一级注册建筑师执业资格考试人员还须提供《一级注册建筑师职业实践登记手册》。

(四) 符合报名条件的台湾地区居民，可按照全国注册建筑师管理委员会《关于台湾地区居民参加全国注册建筑师执业资格考试有关问题的通知》(注建[2007]2号)有关要求，申请参加全国一、二级注册建筑师执业资格考试。报名条件如下：

1. 报名一级注册建筑师执业资格考试须符合下列条件：

(1) 获得教育部承认的高等学校五年制建筑学学士学位或五年制建筑学学历及以上学历、学位。

(2) 从事建筑设计工作最少时间为：五年制建筑学本科毕业需5年；五年制建筑学学士需3年；建筑学硕士及以上需2年。

(3) 职业实践要求：满足《一级注册建筑师职业实践登记手册》的有关要求，《一级注册建筑师职业实践登记手册》的使用说明见附件3。

2. 报名二级注册建筑师执业资格考试须符合下列条件：

(1) 获得教育部承认的高等学校建筑学专科毕业及以上学历或学位。

(2) 从事建筑设计工作最少时间为：建筑学专科毕业需3年；建筑学本科及以上学位或学历需2年。

五、考试报名

符合条件的报考人员，可在规定时间内登陆各省、区、市人事考试网在线提交报考申请并办理缴费（具体报名安排详见当次的报考文件）。

六、考试成绩及合格管理

根据原人事部办公厅、建设部办公厅《关于注册建筑师资格考试成绩管理有关问题的通知》（国人厅发〔2008〕31号）文件要求，考试成绩的管理办法作如下调整：

（一）一级注册建筑师执业资格考试成绩的有效期限由原5年调整为8年。2004至2007年各年度各科目考试成绩的有效期限分别延长到8个考试年度。

二级注册建筑师执业资格考试成绩的有效期限由原2年调整为4年。2007年度各科目考试成绩的有效期限延长到4个考试年度。

（二）自2008年起，符合一级注册建筑师执业资格考试报名条件的人员，在连续的8个考试年度内，参加本级别全部科目考试并合格，方可获得一级注册建筑师执业资格证书；符合二级注册建筑师执业资格考试报名条件的人员，在连续的4个考试年度内，参加本级别全部科目考试并合格，方可获得二级注册建筑师执业资格证书。

七、注册

一级注册建筑师的注册，由全国注册建筑师管理委员会负责；二级注册建筑师的注册，由省、自治区、直辖市注册建筑师管理委员会负责。注册建筑师注册的有效期为二年。有效期届满需要继续注册的，按有关规定办理继续注册手续。

一级建造师执业资格考试

根据《关于印发〈建造师执业资格制度暂行规定〉的通知》（人发〔2002〕111号）、《关于印发〈建造师执业资格考试实施办法〉和〈建造师执业资格考核认定办法〉的通知》（国人部发〔2004〕16号）文件精神，从2002年起，国家施行建造师执业资格制度。

一级建造师，英文译名：Constructor，是指通过考试获得《中华人民共和国一级建造师执业资格证书》，从事建设工程项目总承包、施工管理的专业技术人员。

一、组织领导

人力资源和社会保障部、住房和城乡建设部共同成立建造师执业资格考试办公室（办公室设在住房和城乡建设部），负责研究建造师执业资格考试相关政策。一级建造师执业资格考试的考务工作由人力资源和社会保障部人事考试中心负责。

二、适用范围

适用于从事建设工程项目总承包、施工管理的专业技术人员。

三、考试时间及科目设置

一级建造师执业资格考试实行统一大纲、统一命题、统一组织考试的制度，原则上每年举行一次。

考试设《建设工程经济》、《建设工程法规及相关知识》、《建设工程项目管理》和《专业工程管理与实务》4个科目。

考试分4个半天,以纸笔作答方式进行。《建设工程经济》科目的考试时间为2小时,《建设工程法规及相关知识》和《建设工程项目管理》科目的考试时间均为3小时,为客观题,《专业工程管理与实务》科目的考试时间为4小时。

四、报考条件

(一)凡遵守国家法律、法规,具备下列条件之一者,可以申请参加一级建造师执业资格考试:

1. 取得工程类或工程经济类大学专科学历,工作满6年,其中从事建设工程项目施工管理工作满4年。

2. 取得工程类或工程经济类大学本科学历,工作满4年,其中从事建设工程项目施工管理工作满3年。

3. 取得工程类或工程经济类双学士学位或研究生班毕业,工作满3年,其中从事建设工程项目施工管理工作满2年。

4. 取得工程类或工程经济类硕士学位,工作满2年,其中从事建设工程项目施工管理工作满1年。

5. 取得工程类或工程经济类博士学位,从事建设工程项目施工管理工作满1年。

(二)符合上述(一)的报考条件,于2003年12月31日前,取得原建设部颁发的《建筑业企业一级项目经理资质证书》,并符合下列条件之一的人员,可免试《建设工程经济》和《建设工程项目管理》两个科目,只参加《建设工程法规及相关知识》和《专业工程管理与实务》两个科目的考试:

1. 受聘担任工程或工程经济类高级专业技术职务。

2. 具有工程类或工程经济类大学专科以上学历并从事建设项目施工管理工作满20年。

(三)从2007年度考试开始,已取得一级建造师执业资格证书的人员,也可根据实际工作需要,选择《专业工程管理与实务》科目的相应专业,报名参加"一级建造师相应专业考试",报考人员须提供资格证书等有关材料方能报考。考试合格后核发国家统一印制的相应专业合格证明。该证明作为注册时增加执业专业类别的依据。

(四)上述报考条件中有关学历或学位的要求是指经国家教育行政主管部门承认的正规学历或学位,从事建设工程项目施工管理工作年限是指取得规定学历前、后从事该项工作的时间总和,其截止日期为考试报名年度当年年底。

五、考试报名

符合条件的报考人员,可在规定时间内登录各省、区、市人事考试网在线填写提交报考信息,并按有关规定办理资格审查及网上缴费手续(具体报名安排详见当次的报考文件)。

六、成绩管理

"一级建造师执业资格考试"成绩实行两年为一个周期的滚动管理办法,参加全部4个科目考试的人员须在连续的两个考试年度内通过全部科目;免试部分科目的人员须在当年通过应试科目。

"一级建造师相应专业考试"成绩按非滚动形式进行管理,参加该考试的人员必须在当年通过应试科目。

七、合格证书

参加一级建造师执业资格考试合格，由各省、自治区、直辖市人事部门颁发人力资源和社会保障部统一印制，人力资源和社会保障部、住房和城乡建设部用印的《中华人民共和国一级建造师执业资格证书》。该证书在全国范围内有效。

八、注册

建造师执业资格实行定期注册登记制度，注册有效期一般为3年。有效期满前3个月，资格证书持有者应按有关规定到各地建设行政主管部门或其指定的机构办理注册登记手续。

注册城市规划师执业资格考试

根据《人事部、建设部关于印发〈注册城市规划师执业资格制度暂行规定〉及〈注册城市规划师执业资格认定办法〉的通知》（当时的人发［1999］39号）文件精神，国家开始实施城市规划师执业资格制度。2000年2月，当时的人事部、建设部下发了《人事部、建设部关于印发〈注册城市规划师执业资格考试实施办法〉的通知》（人发［2000］20号），2001年5月当时的人事部、建设部办公厅下发了《关于注册城市规划师执业资格考试报名条件补充规定的通知》（人办发［2001］38号）。

城市规划师是指经全国统一考试合格，取得《城市规划师执业资格证书》并经注册登记后，从事城市规划业务工作的专业技术人员。

一、组织领导

考试工作由人力资源和社会保障部、住房和城乡建设部共同负责，日常工作委托全国城市规划执业制度管理委员会办公室承担，具体考务工作由人力资源和社会保障部人事考试中心负责。

二、考试时间及科目设置

考试每年举行一次，考试时间一般安排在10月中旬。

考试设《城市规划原理》、《城市规划相关知识》、《城市规划管理与法规》、《城市规划实务》4个科目。其中，《城市规划实务》为主观题，在答题纸上作答；其余3科均为客观题，在答题卡上作答。

考试分4个半天进行，《城市规划实务》的考试时间为3个小时，其余3个科目的考试时间均为2个半小时。

三、报考条件

凡在住房和城乡建设部批准的、具有城市规划工作资质的单位从事城市规划工作的专业技术人员，且符合下列条件之一者，均可申请参加注册城市规划师执业资格考试：

（一）1980年底前取得城市规划专业中专学历，从事城市规划工作满15年。

（二）1982年底前取得非规划专业大专学历，从事城市规划工作满10年。

（三）取得城市规划专业大专学历，并从事城市规划工作满6年。

（四）取得城市规划专业大学本科学历，并从事城市规划工作满4年；或取得城市规划相近专业大学本科学历，并从事城市规划工作满5年。

（五）取得通过评估的城市规划专业大学本科学历，并从事城市规划工作满3年。

（六）取得城市规划相近专业硕士学位，并从事城市规划工作满3年。

（七）取得城市规划专业硕士学位或相近专业博士学位，并从事城市规划工作满2年。

（八）取得城市规划专业博士学位，并从事城市规划工作满1年。
（九）免试条件

1. 在《注册城市规划师执业资格制度暂行规定》下发之日前（即1999年4月7日前），已受聘担任高级专业技术职务并具备下列条件之一者，可免试《城市规划原理》和《城市规划相关知识》两个科目，只参加《城市规划管理与法规》和《城市规划实务》两个科目的考试：

（1）1987年以前（含1987年），取得城市规划专业硕士学位，从事城市规划工作满10年或取得相近专业硕士学位，从事城市规划工作满12年。

（2）1984年以前（含1984年），取得城市规划专业大学本科学历，从事城市规划工作满15年或取得相近专业大学本科学历，从事城市规划工作满17年。

2. 具备下列条件之一者，可免试《城市规划原理》和《城市规划相关知识》两个科目，只参加《城市规划管理与法规》和《城市规划实务》两个科目的考试：

（1）1970年底前，取得城市规划专业大专学历，从事城市规划工作累计满15年；或非规划专业大专学历，从事城市规划工作累计满20年。

（2）1970年底前，取得城市规划专业中专学历，从事城市规划工作累计满20年；或非规划专业中专学历，从事城市规划工作累计满25年。

上述报考条件中有关学历的要求是指经国家教育行政主管部门承认的正规学历或学位；从事城市规划专业工作年限是指取得规定学历前、后从事该项工作时间的总和，其截止日期为考试报名年度当年年底。

（十）根据原人事部《关于做好香港、澳门居民参加内地统一举行的专业技术人员资格考试有关问题的通知》（国人部发[2005]9号）文件精神，自2005年度起，凡符合注册城市规划师执业资格考试有关规定的香港、澳门居民，均可按照规定的程序和要求，报名参加相应专业考试。

四、考试报名

符合条件的报考人员，可在规定时间内登录各省、区、市人事考试网在线填写提交报考信息并办理缴费（具体报名安排详见当次的报考文件）。

五、成绩管理

注册城市规划师执业资格考试成绩实行两年为一个周期的滚动管理办法。参加全部四个科目考试的人员必须在连续两个考试年度内通过全部科目；免试部分科目的人员必须在一个考试年度内通过应试科目。

六、合格证书

注册城市规划师执业资格考试合格者，由各省、自治区、直辖市人事部门颁发人力资源和社会保障部统一印制，人力资源和社会保障部、住房和城乡建设部用印的《中华人民共和国注册城市规划师执业资格证书》。

七、注册

注册城市规划师每次注册有效期为三年。

造价工程师执业资格考试

根据《关于实施造价工程师执业资格考试有关问题的通知》（人发[1998]8号）和

《关于印发《造价工程师执业资格制度暂行规定》的通知》(人发〔1996〕77号)文件精神,从1996年起,国家在工程造价领域实施造价工程师执业资格制度。

造价工程师,是指经全国统一考试合格,取得造价工程师执业资格证书,并经注册从事建设工程造价业务活动的专业技术人员。造价工程师执业资格考试实行全国统一大纲、统一命题、统一组织的办法。

一、组织领导

人力资源和社会保障部、住房和城乡建设部共同负责全国造价工程师执业资格制度的政策制定、组织协调、资格考试、注册登记和监督管理工作。

二、适用范围

国家在工程造价领域实施造价工程师执业资格制度。凡从事工程建设活动的建设、设计、施工、工程造价咨询、工程造价管理等单位和部门,必须在计价、评估、审查(核)、控制及管理等岗位配备有造价工程师执业资格的专业技术人员。

三、科目设置

考试科目为《工程造价管理相关知识》、《工程造价的确定与控制》、《建设工程技术与计量》(本科目分土建工程专业和安装工程专业,报名时考试可选择其一)、《工程造价案例分析》。各科目考试成绩合格者,方能获得造价工程师执业资格。

四、考试时间

造价工程师执业资格考试自1998年起在全国举行。造价工程师执业资格考试原则上每年进行一次,考试时间为每年10月份,分四个半天进行。

五、报考条件

(一)凡中华人民共和国公民,遵纪守法并具备以下条件之一者,均可申请参加造价工程师执业资格考试:

1. 工程造价专业大专毕业,从事工程造价业务工作满5年;工程或工程经济类大专毕业,从事工程造价业务工作满6年。

2. 工程造价专业本科毕业,从事工程造价业务工作满4年;工程或工程经济类本科毕业,从事工程造价业务工作满5年。

3. 获上述专业第二学士学位或研究生班毕业和获硕士学位,从事工程造价业务工作满3年。

4. 获上述专业博士学位,从事工程造价业务工作满2年。

(二)凡符合造价工程师执业资格考试报考条件,且在《造价工程师执业资格制度暂行规定》下发之日(1996年8月26日)前,已受聘担任高级专业技术职务并具备下列条件之一者,可免试《工程造价管理基础理论与相关法规》和《建设工程技术与计量》两个科目,只参加《工程造价计价与控制》和《工程造价案例分析》两个科目的考试。

1. 1970年(含1970年,下同)以前工程或工程经济类本科毕业,从事工程造价业务满15年。

2. 1970年以前工程或工程经济类大专毕业,从事工程造价业务满20年。

3. 1970年以前工程或工程经济类中专毕业,从事工程造价业务满25年。

上述报考条件中有关学历的要求是指经国家教育行政主管部门承认的正规学历,从事相关工作年限要求是指取得规定学历前、后从事该相关工作时间的总和,其截止日期为考试报名年度当年年底。

（三）根据原人事部《关于做好香港、澳门居民参加内地统一举行的专业技术人员资格考试有关问题的通知》（国人部发〔2005〕9号）文件精神，自2005年度起，凡符合造价工程师执业资格考试有关规定的香港、澳门居民，均可按照规定的程序和要求，报名参加相应专业考试。

香港、澳门居民申请参加造价工程师执业资格考试，在报名时应向报名点提交本人身份证明、国务院教育行政部门认可的相应专业学历或学位证书，以及相应专业机构从事相关专业工作年限的证明。

六、考试报名

符合条件的报考人员，可在规定时间内登录各省、区、市人事考试网在线填写提交报考信息，并按有关规定办理资格审查及网上缴费手续（具体报名安排详见当次的报考文件）。

七、成绩管理

造价工程师执业资格考试成绩实行两年为一个周期的滚动管理办法。参加四个科目考试的人员必须在连续两个考试年度内通过全部科目；免试部分科目的人员必须在一个考试年度内通过应试科目。

八、合格证书

通过造价工程师执业资格考试的合格者，由省、自治区、直辖市人事（职改）部门颁发人力资源和社会保障部统一印制、人力资源和社会保障部及住房和城乡建设部共同用印的造价工程师执业资格证书，该证书全国范围有效。

九、注册

造价工程师执业资格实行注册登记制度。住房和城乡建设部及各省、自治区、直辖市和国务院有关部门的建设行政主管部门为造价工程师的注册管理机构，注册有效期为三年。

注册土木工程师（岩土）执业资格考试

根据《关于印发〈注册土木工程师（岩土）执业资格制度暂行规定〉、〈注册土木工程师（岩土）执业资格考试实施办法〉和〈注册土木工程师（岩土）执业资格考核认定办法〉的通知》（人发〔2002〕35号）文件精神，从2002年起，国家对从事岩土工程工作的专业技术人员施行注册土木工程师（岩土）执业资格制度。

注册土木工程师（岩土），是指取得《中华人民共和国注册土木工程师（岩土）执业资格证书》和《中华人民共和国注册土木工程师（岩土）执业资格注册证书》，从事岩土工程工作的专业技术人员。

一、组织领导

注册土木工程师（岩土）执业资格制度纳入国家专业技术人员执业资格制度，由人力资源和社会保障部、住房和城乡建设部批准建立。

住房和城乡建设部、人力资源和社会保障部共同负责注册土木工程师（岩土）执业资格考试工作。全国勘察设计注册工程师岩土工程专业管理委员会（以下简称岩土工程专业委员会）负责具体组织实施考试工作。考务工作委托人力资源和社会保障部人事考试中心负责。

二、适用范围

适用于从事岩土工程工作的专业技术人员。

三、考试时间及科目设置

注册土木工程师（岩土）执业资格考试实行全国统一大纲、统一命题、统一组织的办法，原则上每年举行一次。

考试分为基础考试和专业考试。参加基础考试合格并按规定完成职业实践年限者，方能报名参加专业考试。专业考试合格后，方可获得《中华人民共和国注册土木工程师（岩土）执业资格证书》。

基础考试为闭卷考试，考试时只允许使用统一配发的《考试手册》（考后收回），禁止携带其他参考资料；专业考试为开卷考试，考试时允许携带正规出版社出版的各种专业规范和参考书。

四、报考条件

（一）凡中华人民共和国公民，遵守国家法律、法规，恪守职业道德，并具备相应专业教育和职业实践条件者，均可申请参加注册土木工程师（岩土）执业资格考试。

（二）考试分为基础考试和专业考试。参加基础考试合格并按规定完成职业实践年限者，方能报名参加专业考试。

（三）符合报考条件第（一）条规定的要求，并具备下列条件之一者，可申请参加基础考试：

1. 取得本专业或相近专业大学本科及以上学历或学位。
2. 取得本专业或相近专业大学专科学历，从事岩土工程专业工作满1年。
3. 取得其他工科专业大学本科及以上学历或学位，从事岩土工程专业工作满1年。

（四）基础考试合格，并具备以下条件之一者，可申请参加专业考试：

1. 取得本专业博士学位，累计从事岩土工程专业工作满2年；或取得相近专业博士学位，累计从事岩土工程专业工作满3年。
2. 取得本专业硕士学位，累计从事岩土工程专业工作满3年；或取得相近专业硕士学位，累计从事岩土工程专业工作满4年。
3. 取得本专业双学士学位或研究生班毕业，累计从事岩土工程专业工作满4年；或取得相近专业双学士学位或研究生班毕业，累计从事岩土工程专业工作满5年。
4. 取得本专业大学本科学历，累计从事岩土工程专业工作满5年；或取得相近专业大学本科学历，累计从事岩土工程专业工作满6年。
5. 取得本专业大学专科学历，累计从事岩土工程专业工作满6年；或取得相近专业大学专科学历，累计从事岩土工程专业工作满7年。
6. 取得其他工科专业大学本科及以上学历或学位，累计从事岩土工程专业工作满8年。

（五）符合报考条件第（一）条规定的要求并符合下列条件之一者，可免试基础考试，只需参加专业考试：

1. 1991年及以前，取得本专业硕士及以上学位，累计从事岩土工程专业工作满6年；或取得相近专业硕士及以上学位，累计从事岩土工程专业工作满7年。

2. 1991年及以前，取得本专业双学士学位或研究生班毕业，累计从事岩土工程专业工作满7年；或取得相近专业双学士学位或研究生班毕业，累计从事岩土工程专业工作满8年。

3. 1989年及以前，取得本专业大学本科学历，累计从事岩土工程专业工作满8年；或取得相近专业大学本科学历，累计从事岩土工程专业工作满9年。

4. 1987年及以前，取得本专业大学专科学历，累计从事岩土工程专业工作满9年；或取得相近专业大学专科学历，累计从事岩土工程专业工作满10年。

5. 1985年及以前，取得其他工科专业大学本科及以上学历或学位，累计从事岩土工程专业工作满12年。

6. 1982年及以前，取得其他工科专业大学专科及以上学历，累计从事岩土工程专业工作满9年。

7. 1977年及以前，取得本专业中专学历或1972年及以前取得相近专业中专学历，累计从事岩土工程专业工作满10年。

（六）上述报考条件中有关学历的要求是指国家教育行政主管部门承认的正规学历或学位，报考条件中从事岩土工程专业工作年限要求是指取得规定学历前、后从事该工作时间的总和，其截止日期为考试报名年度当年年底。

（七）经国务院有关部门同意，获准在中华人民共和国境内就业的外籍人员及港、澳、台地区的专业人员，符合《注册土木工程师（岩土）执业资格制度暂行规定》、《注册土木工程师（岩土）执业资格考试实施办法》的规定，也可按规定程序申请参加考试。

（八）报考人员应参照规定的报考条件，结合自身情况，自行确定是否符合报考条件。确认符合报考条件的人员，须经所在单位审查同意后，方可报名。凡不符合基础考试报考条件的人员，其考试成绩无效。专业考试成绩合格后，报考人员须持符合相关报考条件的证件（原件）进行资格复审，复审合格者方可获得相应执业资格证书。

五、考试报名

符合条件的报考人员，可在规定时间内登录各省、区、市人事考试网在线填写提交报考信息并办理缴费（具体报名安排详见当次的报考文件）。

六、成绩管理

参加注册土木工程师（岩土）考试的人员，须在1个考试年度内通过全部科目的考试。

七、合格证书

注册土木工程师（岩土）执业资格考试合格者，颁发人力资源和社会保障部统一印制，人力资源和社会保障部、住房和城乡建设部用印的《中华人民共和国注册土木工程师（岩土）执业资格证书》。

八、注册

注册土木工程师（岩土）执业资格证书实行定期注册登记制度，注册有效期为2年。

注册监理工程师执业资格考试

1996年8月，原建设部、人事部下发了《建设部、人事部关于全国监理工程师执业资格考试工作的通知》（建监［1996］462号），从1997年起，全国正式举行监理工程师执业资格考试。

2006年原建设部颁发《注册监理工程师管理规定》(建设部令第147号),新的规定自2006年4月1日起施行。1992年6月4日原建设部颁布的《监理工程师资格考试和注册试行办法》(建设部令第18号)同时废止。

注册监理工程师,是指经考试取得中华人民共和国监理工程师资格证书(以下简称资格证书),并按照有关规定注册,取得中华人民共和国注册监理工程师注册执业证书(以下简称注册证书)和执业印章,从事工程监理及相关业务活动的专业技术人员。

一、组织领导

考试工作由住房和城乡建设部、人力资源和社会保障部共同负责,日常工作委托住房和城乡建设部建筑监理协会承担,具体考务工作由人力资源和社会保障部人事考试中心负责。

二、考试时间及科目设置

考试每年举行一次,考试时间一般安排在5月中旬。

考试设《建设工程监理基本理论与相关法规》、《建设工程合同管理》、《建设工程质量、投资、进度控制》、《建设工程监理案例分析》共4个科目。其中,《建设工程监理案例分析》为主观题,在试卷上作答;其余3科均为客观题,在答题卡上作答。

考试分4个半天进行,《工程建设合同管理》、《工程建设监理基本理论与相关法规》的考试时间为2个小时;《工程建设质量、投资、进度控制》的考试时间为3个小时;《工程建设监理案例分析》的考试时间为4个小时。

三、报考条件

(一)凡中华人民共和国公民,遵纪守法并具备以下条件之一者,均可申请参加全国监理工程师执业资格考试。

1. 工程技术或工程经济专业大专(含大专)以上学历,按照国家有关规定,取得工程技术或工程经济专业中级职务,并任职满3年;

2. 按照国家有关规定,取得工程技术或工程经济专业高级职务;

3. 1970年(含1970年)以前工程技术或工程经济专业中专毕业,按照国家有关规定,取得工程技术或工程经济专业中级职务,并任职满3年。

(二)对于从事工程建设监理工作且同时具备下列四项条件的报考人员,可免试《建设工程合同管理》和《建设工程质量、投资、进度控制》两个科目,只参加《建设工程监理基本理论与相关法规》和《建设工程监理案例分析》两个科目的考试。

1. 1970年(含1970年)以前工程技术或工程经济专业中专(含中专)以上毕业。

2. 按照国家有关规定,取得工程技术或工程经济专业高级职务。

3. 从事工程设计或工程施工管理工作满15年。

4. 从事监理工作满1年。

上述报考条件中有关学历的要求是指经国家教育主管部门承认的正规学历,从事相关专业工作年限的计算截止日期为考试报名年度当年年底。

(三)根据原人事部《关于做好香港、澳门居民参加内地统一举行的专业技术人员资格考试有关问题的通知》(国人部发〔2005〕9号)文件精神,自2005年度起,凡符合全国监理工程师执业资格考试有关规定的香港、澳门居民,均可按照规定的程序和要求,报名参加相应专业考试。

香港、澳门居民申请参加全国监理工程师执业资格考试,在资格审核时应提交本人身份证明、国务院教育行政部门认可的相应专业学历或学位证书，以及相应专业机构从事相关专业工作年限的证明。

四、考试报名

符合条件的报考人员，可在规定时间内登录各省、区、市人事考试网在线填写提交报考信息，并按有关规定办理资格审查及网上缴费手续（具体报名安排详见当次的报考文件）。

五、成绩管理

考试成绩实行两年为一个周期的滚动管理办法，参加全部四个科目考试的人员必须在连续两个考试年度内通过全部科目；免试部分科目的人员必须在当年通过应试科目。

六、合格证书

在规定时间内全部考试科目合格，颁发《中华人民共和国监理工程师资格证书》。

七、注册

注册监理工程师每一注册有效期为3年，注册有效期满需继续执业的，应当在注册有效期满30日前，按照规定的程序申请延续注册，延续注册有效期3年。

注册安全工程师执业资格考试

注册安全工程师（英文译称 Certified Safety Engineer），是指取得中华人民共和国注册安全工程师执业资格证书（以下简称资格证书），在生产经营单位从事安全生产管理、安全技术工作或者在安全生产中介机构从事安全生产专业服务工作，并按照规定注册取得中华人民共和国注册安全工程师执业证（以下简称执业证）和执业印章的人员。

一、组织领导

注册安全工程师执业资格实行全国统一大纲、统一命题、统一组织的考试制度，原则上每年举行一次。国家安全生产监督管理总局负责拟定考试科目、编制考试大纲、编写考试用书、组织命题工作，统一规划考前培训等有关工作。人力资源和社会保障部负责审定考试科目、考试大纲和考试试题，组织实施考务工作，会同国家安全生产监督管理总局对注册安全工程师执业资格考试进行检查、监督、指导和确定合格标准。

二、适用范围

本规定适用于生产经营单位中从事安全生产管理、安全工程技术工作和为安全生产提供技术服务的中介机构的专业技术人员。

三、报考条件

（一）凡中华人民共和国公民，遵守国家法律、法规，并具备下列条件之一者，均可申请参加注册安全工程师执业资格考试：

1. 取得安全工程、工程经济类专业中专学历，从事安全生产相关业务满7年；或取得其他专业中专学历，从事安全生产相关业务满9年。

2. 取得安全工程、工程经济类大学专科学历，从事安全生产相关业务满5年；或取得其他专业大学专科学历，从事安全生产相关业务满7年。

3. 取得安全工程、工程经济类大学本科学历，从事安全生产相关业务满3年；或取得其他专业大学本科学历，从事安全生产相关业务满5年。

4. 取得安全工程、工程经济类第二学士学位或研究生班毕业，从事安全生产相关业务满2年；或取得其他专业第二学士学位或研究生班毕业，从事安全生产相关业务满3年。

5. 取得安全工程、工程经济类硕士学位，从事安全生产相关业务满1年；或取得其他专业硕士学位，从事安全生产相关业务满2年。

6. 取得安全工程、工程经济类博士学位；或取得其他专业博士学位，从事安全生产相关业务满1年。

（二）凡符合注册安全工程师执业资格考试报考条件，且在2002年底前已评聘高级专业技术职务，并从事安全生产相关业务工作满10年的专业人员，可免试《安全生产管理知识》和《安全生产技术》两个科目，只参加《安全生产法及相关法律知识》和《安全生产事故案例分析》两个科目的考试。

（三）根据原人事部《关于做好香港、澳门居民参加内地统一举行的专业技术人员资格考试有关问题的通知》（国人部发〔2005〕9号）文件精神，自2005年度起，凡符合注册安全工程师执业资格考试有关规定的香港、澳门居民，均可按照规定的程序和要求，报名参加相应专业考试。

香港、澳门居民申请参加注册安全工程师执业资格考试，在资格审核时应提交本人身份证明、国务院教育行政部门认可的相应专业学历或学位证书，以及相应专业机构从事相关专业工作年限的证明。

（四）上述报考条件中有关学历的要求是指经国家教育行政主管部门承认的正规学历或学位；从事相关业务工作的年限要求是指取得规定学历前、后从事该相关业务工作时间的总和，其截止日期为考试报名年度当年年底。

四、考试报名

符合条件的报考人员，可在规定时间内登录各省、区、市人事考试网在线填写提交报考信息，并按有关规定办理资格审查及网上缴费手续（具体报名安排详见当次的报考文件）。

五、成绩管理

注册安全工程师执业资格考试成绩实行两年为一个周期的滚动管理办法。参加全部四个科目考试的人员必须在连续两个考试年度内通过全部科目；免试部分科目的人员必须在一个考试年度内通过应试科目。

六、合格证书

注册安全工程师执业资格考试合格者，颁发人力资源和社会保障部统一印制，人力资源和社会保障部和国家安全生产监督管理总局用印的《中华人民共和国注册安全工程师执业资格证书》。

环境影响评价工程师职业资格考试

环境影响评价工程师，英文名称：Environmental Impact Assessment Engineer，是指取得《中华人民共和国环境影响评价工程师职业资格证书》，并经登记后，从事环境影响评价工作的专业技术人员。

根据《关于印发〈环境影响评价工程师职业资格暂行规定〉、〈环境影响评价工程师职业资格考试实施办法〉和〈环境影响评价工程师职业资格考核认定办法〉的通知》（国人部发〔2004〕13号)文件精神，从2004年4月1日起，国家对从事环境影响评价工作的专业技术人员实行职业资格制度，纳入全国专业技术人员职业资格证书制度统一管理。

一、组织领导

人力资源和社会保障部、环境保护部共同负责环境影响评价工程师职业资格制度的实施工作。

环境保护部组织成立"环境影响评价工程师职业资格考试专家委员会"。环境影响评价工程师职业资格考试专家委员会负责拟定考试科目、编写考试大纲、组织命题，研究建立考试题库等工作。环境保护部组织专家对考试科目、考试大纲、考试试题进行初审，统筹规划培训工作。

人力资源和社会保障部组织专家审定考试科目、考试大纲和试题，会同环境保护部对考试进行监督、检查、指导和确定考试合格标准。

二、适用范围

适用于从事规划和建设项目环境影响评价、技术评估和环境保护验收等工作的专业技术人员。

三、考试时间及科目设置

环境影响评价工程师职业资格实行全国统一大纲、统一命题、统一组织的考试制度。原则上每年举行1次，考试时间定于每年的第2季度。

环境影响评价工程师考试设《环境影响评价相关法律法规》、《环境影响评价技术导则与标准》、《环境影响评价技术方法》和《环境影响评价技术案例分析》4个科目。前3科为客观题，在答题卡上作答，《环境影响评价案例分析》为主观题。考试分4个半天进行，各科目的考试时间均为3个小时，采用闭卷笔答方式。

四、报考条件

(一)凡遵守国家法律、法规，恪守职业道德，并具备下列条件之一者，可申请参加环境影响评价工程师职业资格考试：

1. 取得环境保护相关专业大专学历，从事环境影响评价工作满7年；或取得其他专业大专学历，从事环境影响评价工作满8年。

2. 取得环境保护相关专业学士学位，从事环境影响评价工作满5年；或取得其他专业学士学位，从事环境影响评价工作满6年。

3. 取得环境保护相关专业硕士学位，从事环境影响评价工作满2年；或取得其他专业硕士学位，从事环境影响评价工作满3年。

4. 取得环境保护相关专业博士学位，从事环境影响评价工作满1年；或取得其他专业博士学位，从事环境影响评价工作满2年。

(二)截止2003年12月31日前，长期在环境影响评价岗位上工作，并符合下列条件之一者，可免试《环境影响评价技术导则与标准》和《环境影响评价技术方法》两个科目，只参加《环境影响评价相关法律法规》和《环境影响评价案例分析》两个科目的考试。

1. 受聘担任工程类高级专业技术职务满3年，累计从事环境影响评价相关业务工作满15年。

2. 受聘担任工程类高级专业技术职务，并取得原国家环境保护总局核发的《环境影响评价上岗培训合格证书》。

（三）上述报考条件中有关学历或学位的要求是指经国家教育行政主管部门承认的正规学历或学位；从事相关业务工作的年限要求是指取得规定学历前、后从事该相关业务工作时间的总和，其截止日期为考试年度前一年年底。

（四）港、澳、台地区专业人员及获准在中华人民共和国境内就业的外籍人员，符合国家有关规定和本考试规定要求的，也可按照规定的程序申请报名参加相应专业考试。港、澳、台地区专业人员及获准在中华人民共和国境内就业的外籍人员申请参加环境影响评价工程师职业资格考试，在资格审核时应提交本人身份证明、国务院教育行政部门认可的相应专业学历或学位证书，以及相应专业机构从事相关专业工作年限的证明。

五、考试报名

符合条件的报考人员，可在规定时间内登录各省、区、市人事考试网在线提交报考申请，并按有关规定进行资格审查及办理网上缴费（具体报名安排详见当次的报考文件）。

六、成绩管理

环境影响评价工程师职业资格考试成绩实行两年为一个周期的滚动管理办法。参加全部四个科目考试的人员须在连续的两个考试年度内通过全部科目；免试部分科目的人员须在一个考试年度内通过应试科目。

七、合格证书

环境影响评价工程师职业资格考试合格，颁发人力资源和社会保障部统一印制，人力资源和社会保障部、环境保护部用印的《中华人民共和国环境影响评价工程师职业资格证书》。

八、登记

环境影响评价工程师职业资格实行定期登记制度。登记有效期为3年，有效期满前，应按有关规定办理再次登记。环境保护部或其委托机构为环境影响评价工程师职业资格登记管理机构。人力资源和社会保障部对环境影响评价工程师职业资格的登记和从事环境影响评价业务情况进行检查、监督。

附录三 合同示范文本

建设工程勘察合同(一)(GF—2000—0203)(示范文本)
[岩土工程勘察、水文地质勘察(含凿井)工程测量、工程物探]

发包人：
勘察人：
　　发包人委托勘察人承担_____任务。
　　根据《中华人民共和国合同法》及国家有关法规规定，结合本工程的具体情况，为明确责任，协作配合，确保工程勘察质量，经发包人、勘察人协商一致，签订本合同，共同遵守。

　　第一条　工程概况
　　1.1　工程名称：
　　1.2　工程建设地点：
　　1.3　工程规模、特征：
　　1.4　工程勘察任务委托文号、日期：
　　1.5　工程勘察任务(内容)与技术要求：
　　1.6　承接方式：
　　1.7　预计勘察工作量：
　　第二条　发包人应及时向勘察人提供下列文件资料，并对其准确性、可靠性负责。
　　2.1　提供本工程批准文件(复印件)，以及用地(附红线范围)、施工、勘察许可等批件(复印件)。
　　2.2　提供工程勘察任务委托书、技术要求和工作范围的地形图、建筑总平面布置图。
　　2.3　提供勘察工作范围已有的技术资料及工程所需的坐标与标高资料。
　　2.4　提供勘察工作范围地下已有埋藏物的资料(如电力、电信电缆、各种管道、人防设施、洞室等)及具体位置分布图。
　　2.5　发包人不能提供上述资料，由勘察人收集的，发包人需向勘察人支付相应费用。
　　第三条　勘察人向发包人提交勘察成果资料并对其质量负责。
　　勘察人负责向发包人提交勘察成果资料四份，发包人要求增加的份数另行收费。
　　第四条　开工及提交勘察成果资料的时间和收费标准及付费方式
　　4.1　开工及提交勘察成果资料的时间
　　4.1.1　本工程的勘察工作定于_____年_____月_____日开工，_____年_____月_____日提交勘察成果资料，由于发包人或勘察人的原因未能按期开工或提交成果资料时，按本合同第六条规定办理。
　　4.1.2　勘察工作有效期限以发包人下达的开工通知书或合同规定的时间为准，如遇特殊情况(设计变更、工作量变化、不可抗力影响以及非勘察人原因造成的停、窝工等)时,工期顺延。

4.2 收费标准及付费方式

4.2.1 本工程勘察按国家规定的现行收费标准_____计取费用;或以"预算包干"、"中标价加签证"、"实际完成工作量结算"等方式计取收费。国家规定的收费标准中没有规定的收费项目,由发包人、勘察人另行议定。

4.2.2 本工程勘察费预算为_____元(大写_____),合同生效后3天内,发包人应向勘察人支付预算勘察费的20%作为定金、计_____元(本合同履行后,定金抵作勘察费);勘察规模大、工期长的大型勘察工程,发包人还应按实际完成工程进度_____%时,向勘察人支付预算勘察费的_____%的工程进度款,计_____元;勘察工作外业结束后_____天内,发包人向勘察人支付预算勘察费的_____%,计_____元;提交勘察成果资料后10天内,发包人应一次付清全部工程费用。

第五条 发包人、勘察人责任

5.1 发包人责任

5.1.1 发包人委托任务时,必须以书面形式向勘察人明确勘察任务及技术要求,并按第二条规定提供文件资料。

5.1.2 在勘察工作范围内,没有资料、图纸的地区(段),发包人应负责查清地下埋藏物,若因未提供上述资料、图纸,或提供的资料图纸不可靠、地下埋藏物不清,致使勘察人在勘察工作过程中发生人身伤害或造成经济损失时,由发包人承担民事责任。

5.1.3 发包人应及时为勘察人提供并解决勘察现场的工作条件和出现的问题(如:落实土地征用、青苗树木赔偿、拆除地上地下障碍物、处理施工扰民及影响施工正常进行的有关问题、平整施工现场、修好通行道路、接通电源水源、挖好排水沟渠以及水上作业用船等),并承担其费用。

5.1.4 若勘察现场需要看守,特别是在有毒、有害等危险现场作业时,发包人应派人负责安全保卫工作,按国家有关规定,对从事危险作业的现场人员进行保健防护,并承担费用。

5.1.5 工程勘察前,若发包人负责提供材料的,应根据勘察人提出的工程用料计划,按时提供各种材料及其产品合格证明,并承担费用和运到现场,派人与勘察人的人员一起验收。

5.1.6 勘察过程中的任何变更,经办理正式变更手续后,发包人应按实际发生的工作量支付勘察费。

5.1.7 为勘察人的工作人员提供必要的生产、生活条件,并承担费用;如不能提供时,应一次性付给勘察人临时设施费_____元。

5.1.8 由于发包人原因造成勘察人停、窝工,除工期顺延外。发包人应支付停、窝工费(计算方法见6.1);发包人若要求在合同规定时间内提前完工(或提交勘察成果资料)时,发包人应按每提前一天向勘察人支付_____元计算加班费。

5.1.9 发包人应保护勘察人的投标书、勘察方案、报告书、文件、资料图纸、数据、特殊工艺(方法)、专利技术和合理化建议,未经勘察人同意,发包人不得复制、不得泄露、不得擅自修改、传送或向第三人转让或用于本合同外的项目;如发生上述情况,发包人应负法律责任，勘察人有权索赔。

5.1.10　本合同有关条款规定和补充协议中发包人应负的其他责任。

5.2　勘察人责任

5.2.1　勘察人应按国家技术规范、标准、规程和发包人的任务委托书及技术要求进行工程勘察，按本合同规定的时间提交质量合格的勘察成果资料，并对其负责。

5.2.2　由于勘察人提供的勘察成果资料质量不合格，勘察人应负责无偿给予补充完善使其达到质量合格；若勘察人无力补充完善，需另委托其他单位时，勘察人应承担全部勘察费用；或因勘察质量造成重大经济损失或工程事故时，勘察人除应负法律责任和免收直接受损失部分的勘察费外，并根据损失程度向发包人支付赔偿金，赔偿金由发包人、勘察人商定为实际损失的＿＿＿＿％。

5.2.3　在工程勘察前，提出勘察纲要或勘察组织设计，派人与发包人的人员一起验收发包人提供的材料。

5.2.4　勘察过程中，根据工程的岩土工程条件（或工作现场地形地貌、地质和水文地质条件）及技术规范要求，向发包人提出增减工作量或修改勘察工作的意见，并办理正式变更手续。

5.2.5　在现场工作的勘察人的人员，应遵守发包人的安全保卫及其他有关的规章制度，承担其有关资料保密义务。

5.2.6　本合同有关条款规定和补充协议中勘察人应负的其他责任。

第六条　违约责任

6.1　由于发包人未给勘察人提供必要的工作生活条件而造成停、窝工或来回进出场地，发包人除应付给勘察人停、窝工费（金额按预算的平均工日产值计算），工期按实际工日顺延外，还应付给勘察人来回进出场费和调遣费。

6.2　由于勘察人原因造成勘察成果资料质量不合格，不能满足技术要求时，其勘察费用由勘察人承担。

6.3　合同履行期间，由于工程停建而终止合同或发包人要求解除合同时，勘察人未进行勘察工作的，不退还发包人已付定金；已进行勘察工作的；完成的工作量在50％以内时，发包人应向勘察人支付预算额50％的勘察费计＿＿＿＿元；完成的工作量超过50％时，则应向勘察人支付预算额100％的勘察费。

6.4　发包人未按合同规定时间（日期）拨付勘察费，每超过一日，应偿付未支付勘察费的千分之一逾期违约金。

6.5　由于勘察人原因未按合同规定时间（日期）提交勘察成果资料，每超过一日，应减收勘察费千分之一。

6.6　本合同签订后，发包人不履行合同时，无权要求退还定金；勘察人不履行合同时，双倍返还定金。

第七条　本合同未尽事宜，经发包人与勘察人协商一致，签订补充协议，补充协议与本合同具有同等效力。

第八条　其他约定事项：

第九条　本合同发生争议，发包人、勘察人应及时协商解决，也可由当地建设行政主管部门调解，协商或调解不成时，发包人、勘察人同意由＿＿＿＿仲裁委员会仲裁。发包人、勘察人未在本合同中约定仲裁机构，事后又未达成书面仲裁协议的，可向人民法院起诉。

第十条 本合同自发包人、勘察人签字盖章后生效；按规定到省级建设行政主管部门规定的审查部门备案；发包人、勘察人认为必要时，到项目所在地工商行政管理部门申请鉴证。发包人、勘察人履行完合同规定的义务后，本合同终止。

本合同一式_____份，发包人_____份、勘察人_____份。

发包人名称： 勘察人名称：

（盖章） （盖章）

法定代表人：（签字） 法定代表人：（签字）
委托代理人：（签字） 委托代理人：（签字）
住　　所： 住　　所：
邮政编码： 邮政编码：
电　　话： 电　　话：
传　　真： 传　　真：
开户银行： 开户银行：
银行账号： 银行账号：
建设行政主管部门备案： 鉴证意见：

（盖章） （盖章）

备案号： 经办人：
备案日期：　年　月　日 鉴证日期：　年　月　日

建设工程勘察合同（二）(GF—2000—0204)（示范文本）
[岩土工程设计、治理、监测]

发包人：
承包人：

发包人委托承包人承担_____工程项目的岩土工程任务，根据《中华人民共和国合同法》及国家有关法规，经发包人、承包人协商一致签订本合同。

第一条 工程概况

1.1 工程名称：
1.2 工程地点：
1.3 工程立项批准文件号、日期：
1.4 岩土工程任务委托文号、日期：
1.5 工程规模、特征：
1.6 岩土工程任务（内容）与技术要求：
1.7 承接方式：
1.8 预订的岩土工程工作量：

第二条 发包人向承包人提供的有关资料文件

序　号	资料文件名称	份　数	内容要求	提交时间

第三条　承包人应向发包人交付的报告、成果、文件

序　号	资料文件名称	份　数	内容要求	提交时间

第四条　工期

本岩土工程自＿＿＿＿年＿＿＿＿月＿＿＿＿日开工至＿＿＿＿年＿＿＿＿月＿＿＿＿日完工，工期为＿＿＿＿天。由于发包人或承包人的原因，未能按期开工、完工或交付成果资料时，按本合同第八条规定执行。

第五条　收费标准及支付方式

5.1 本岩土工程收费按国家规定的现行收费标准＿＿＿＿＿＿＿＿＿＿＿＿＿＿计取；或以"预算包干"、"中标价加签证"、"实际完成工作量结算"等方式计取收费。国家规定的收费标准中没有规定的收费项目，由发包人、承包人另行议定。

5.2 本岩土工程费总额为＿＿＿＿＿元(大写＿＿＿＿＿＿＿＿＿＿＿＿)，合同生效后3天内，发包人应向承包人支付预算工程费总额的20％，计＿＿＿＿＿元作为定金(本合同履行后，定金抵作工程费)。

5.3 本合同生效后，发包人按下表约定分＿＿＿＿＿次向承包人预付(或支付)工程费，发包人不按时向承包人拨付工程费，从应拨付之日起承担应拨付工程费的滞纳金。

拨付工程费时间(工程进度)	占合同总额百分比	金额　人民币(元)

第六条　变更及工程费的调整

6.1 本岩土工程进行中，发包人对工程内容与技术要求提出变更，发包人应在变更前＿＿＿＿＿天向承包人发出书面变更通知，否则承包人有权拒绝变更；承包人接通知后于＿＿＿＿＿天内，提出变更方案的文件资料，发包人收到该文件资料之日起＿＿＿＿＿天内予以确认，如不确认或不提出修改意见的，变更文件资料自送达之日起第＿＿＿＿＿天自行生效，由此延误的工期顺延外，因变更导致承包人经济支出和损失，由发包人承担。

6.2 变更后，工程费按如下方法（或标准）进行调整：

第七条 发包人、承包人责任

7.1 发包人责任

7.1.1 发包人按本合同第二条规定的内容，在规定的时间内向承包人提供资料文件，并对其完整性、正确性及时限性负责；发包人提供上述资料、文件超过规定期限15天以内，承包人按合同规定交付报告、成果、文件的时间顺延，规定期限超过15天以上时，承包人有权重新确定交付报告、成果、文件的时间。

7.1.2 发包人要求承包人在合同规定时间内提前交付报告、成果、文件时，发包人应按每提前一天向承包人支付_____元计算加班费。

7.1.3 发包人应为承包人现场工作人员提供必要的生产、生活条件；如不能提供时，应一次性付给承包人临时设施费_____元。

7.1.4 开工前，发包人应办理完毕开工许可、工作场地使用、青苗、树木赔偿、坟地迁移、房屋构筑物拆迁、障碍物清除等工作，及解决扰民和影响正常工作进行的有关问题，并承担费用；

发包人应向承包人提供工作现场地下已有埋藏物（如电力、电信电缆、各种管道、人防设施、洞室等）的资料及其具体位置分布图，若因地下埋藏物不清，致使承包人在现场工作中发生人身伤害或造成经济损失时，由发包人承担民事责任；

在有毒、有害环境中作业时，发包人应按有关规定，提供相应的防护措施，并承担有关的费用；

以书面形式向承包人提供水准点和坐标控制点；

发包人应解决承包人工作现场的平整，道路通行和用水用电，并承担费用。

7.1.5 发包人应对工作现场周围建筑物、构筑物、古树名木和地下管道、线路的保护负责，对承包人提出书面具体保护要求（措施），并承担费用。

7.1.6 发包人应保护承包人的投标书、报告书、文件、设计成果、专利技术、特殊工艺和合理化建议，未经承包人同意，发包人不得复制泄露或向第三人转让或用于本合同外的项目，如发生以上情况，发包人应负法律责任，承包人有权索赔。

7.1.7 本合同中有关条款规定和补充协议中发包人应负的责任。

7.2 承包人责任

7.2.1 承包人按本合同第三条规定的内容、时间、数量向发包人交付报告、成果、文件，并对其质量负责。

7.2.2 承包人对报告、成果、文件出现的遗漏或错误负责修改补充；由于承包人的遗漏、错误造成工程质量事故，承包人除负法律责任和负责采取补救措施外，应减收或免收直接受损失部分的岩土工程费，并根据受损失程度向发包人支付赔偿金，赔偿金额由发包人、承包人商定为实际损失的_____％。

7.2.3 承包人不得向第三人扩散、转让第二条中发包人提供的技术资料、文件。发生上述情况，承包人应负法律责任，发包人有权索赔。

7.2.4 遵守国家及当地有关部门对工作现场的有关管理规定，做好工作现场保卫和环卫工作，并按发包人提出的保护要求（措施），保护好工作现场周围的建、构筑物，古树、名木和地下管线（管道）、文物等。

7.2.5 本合同有关条款规定和补充协议中承包人应负的责任。

第八条 违约责任

8.1 由于发包人提供的资料、文件错误、不准确，造成工期延误或返工时，除工期顺延外，发包人应向承包人支付停工费或返工费，造成质量、安全事故时，由发包人承担法律责任和经济责任。

8.2 在合同履行期间，发包人要求终止或解除合同，承包人未开始工作的，不退还发包人已付的定金；已进行工作的，完成的工作量在50%以内时，发包人应支付承包人工程费的50%的费用；完成的工作量超过50%时，发包人应支付承包人工程费的100%的费用。

8.3 发包人不按时支付工程费(进度款)，承包人在约定支付时间10天后，向发包人发出书面催款的通知，发包人收到通知后仍不按要求付款，承包人有权停工，工期顺延，发包人还应承担滞纳金。

8.4 由于承包人原因延误工期或未按规定时间交付报告、成果、文件，每延误一天应承担以工程费千分之一计算的违约金。

8.5 交付的报告、成果、文件达不到合同约定条件的部分，发包人可要求承包人返工，承包人按发包人要求的时间返工，直到符合约定条件，因承包人原因达不到约定条件，由承包人承担返工费，返工后仍不能达到约定条件，承包人承担违约责任，并根据因此造成的损失程度向发包人支付赔偿金，赔偿金额最高不超过返工项目的收费。

第九条 材料设备供应

9.1 发包人、承包人应对各自负责供应的材料设备负责，提供产品合格证明，并经发包人、承包人代表共同验收认可，如与设计和规范要求不符的产品，应重新采购符合要求的产品，并经发包人、承包人代表重新验收认定，各自承担发生的费用。若造成停、窝工的，原因是承包人的，则责任自负；原因是发包人的，则应向承包人支付停、窝工费。

9.2 承包人需使用代用材料时，须经发包人代表批准方可使用，增减的费用由发包人、承包人商定。

第十条 报告、成果、文件检查验收

10.1 由发包人负责组织对承包人交付的报告、成果、文件进行检查验收。

10.2 发包人收到承包人交付的报告、成果、文件后_____天内检查验收完毕，并出具检查验收证明，以示承包人已完成任务，逾期未检查验收的，视为接受承包人的报告、成果、文件。

10.3 隐蔽工程工序质量检查，由承包人自检后，书面通知发包人检查；发包人接通知后，当天组织质检，经检验合格，发包人、承包人签字后方能进行下一道工序；检验不合格，承包人在限定时间内修补后重新检验，直至合格；若发包人接通知后24小时内仍未能到现场检验，承包人可以顺延工程工期，发包人应赔偿停、窝工的损失。

10.4 工程完工，承包人向发包人提交岩土治理工程的原始记录、竣工图及报告、成果、文件，发包人应在_____天内组织验收，如有不符合规定要求及存在质量问题，承包人应采取有效补救措施。

10.5 工程未经验收，发包人提前使用和擅自动用，由此发生的质量、安全问题，由发包人承担责任，并以发包人开始使用日期为完工日期。

10.6 完工工程经验收符合合同要求和质量标准,自验收之日起_____天内,承包人向发包人移交完毕,如发包人不能按时接管,致使已验收工程发生损失,应由发包人承担,如承包人不能按时交付,应按逾期完工处理,发包人不得因此而拒付工程款。

第十一条 本合同未尽事宜,经发包人与承包人协商一致,签订补充协议,补充协议与本合同具有同等效力。

第十二条 其他约定事项

第十三条 争议解决办法

本合同发生争议时,发包人、承包人应及时协商解决,也可由当地建设行政主管部门调解,协商或调解不成时,发包人、承包人同意由_____仲裁委员会仲裁。发包人、承包人未在本合同中约定仲裁机构,事后又未达成书面仲裁协议的,可向人民法院起诉。

第十四条 合同生效与终止

本合同自发包人、承包人签字盖章后生效;按规定到省级建设行政主管部门规定的审查部门备案;发包人、承包人认为必要时,到项目所在地工商行政管理部门申请鉴证。发包人、承包人履行完合同规定的义务后,本合同终止。

本合同一式_____份,发包人_____份、承包人_____份。

发包人名称:　　　　　　　　承包人名称:

　　　　（盖章）　　　　　　　　　　（盖章）
法定代表人:（签字）　　　　法定代表人:（签字）
委托代理人:（签字）　　　　委托代理人:（签字）
住　　　所:　　　　　　　　住　　　所:
邮政编码:　　　　　　　　　邮政编码:
电　　　话:　　　　　　　　电　　　话:
传　　　真:　　　　　　　　传　　　真:
开户银行:　　　　　　　　　开户银行:
银行账号:　　　　　　　　　银行账号:
建设行政主管部门备案:　　　鉴证意见:

　　　　（盖章）　　　　　　　　　　（盖章）
备案号:　　　　　　　　　　经办人:
备案日期:　　年　月　日　　鉴证日期:　　年　月　日

建设工程设计合同(一)(GF—2000—0209)(示范文本)
(民用建设工程设计合同)

发包人:

设计人:

　　发包人委托设计人承担_____工程设计,经双方协商一致,签订本合同。

第一条 本合同依据下列文件签订：

1.1 《中华人民共和国合同法》、《中华人民共和国建筑法》、《建设工程勘察设计市场管理规定》。

1.2 国家及地方有关建设工程勘察设计管理法规和规章。

1.3 建设工程批准文件。

第二条 本合同设计项目的内容：名称、规模、阶段、投资及设计费等见下表。

序号	分项目名称	建设规模		设计阶段及内容			估算总投资（万元）	费率%	估算设计费（元）
		层数	建筑面积(m²)	方案	初步设计	施工图			

第三条 发包人应向设计人提交的有关资料及文件：

序 号	资料及文件名称	份 数	提交日期	有关事宜

第四条 设计人应向发包人交付的设计资料及文件：

序 号	资料及文件名称	份 数	提交日期	有关事宜

第五条 本合同设计收费估算为_____元人民币。设计费支付进度详见下表。

付费次序	占总设计费%	付费额(元)	付费时间(由交付设计文件所决定)
第一次付费	20%定金		本合同签订后三日内
第二次付费			
第三次付费			
第四次付费			

说明：

1. 提交各阶段设计文件的同时支付各阶段设计费。

2. 在提交最后一部分施工图的同时结清全部设计费，不留尾款。

3. 实际设计费按初步设计概算（施工图设计概算）核定，多退少补。实际设计费与估算设计费出现差额时，双方另行签订补充协议。

4. 本合同履行后，定金抵作设计费。

第六条 双方责任

6.1 发包人责任

6.1.1 发包人按本合同第三条规定的内容,在规定的时间内向设计人提交资料及文件,并对其完整性、正确性及时限性负责,发包人不得要求设计人违反国家有关标准进行设计。

发包人提交上述资料及文件超过规定期限15天以内,设计人按合同第四条规定交付设计文件时间顺延;超过规定期限15天以上时,设计人员有权重新确定提交设计文件的时间。

6.1.2 发包人变更委托设计项目、规模、条件或因提交的资料错误,或所提交资料作较大修改,以致造成设计人设计需返工时,双方除需另行协商签订补充协议(或另订合同)、重新明确有关条款外,发包人应按设计人所耗工作量向设计人增付设计费。

在未签合同前发包人已同意,设计人为发包人所做的各项设计工作,应按收费标准,相应支付设计费。

6.1.3 发包人要求设计人比合同规定时间提前交付设计资料及文件时,如果设计人能够做到,发包人应根据设计人提前投入的工作量,向设计人支付赶工费。

6.1.4 发包人应为派赴现场处理有关设计问题的工作人员,提供必要的工作生活及交通等方便条件。

6.1.5 发包人应保护设计人的投标书、设计方案、文件、资料图纸、数据、计算软件和专利技术。未经设计人同意,发包人对设计人交付的设计资料及文件不得擅自修改、复制或向第三人转让或用于本合同外的项目,如发生以上情况,发包人应负法律责任,设计人有权向发包人提出索赔。

6.2 设计人责任

6.2.1 设计人应按国家技术规范、标准、规程及发包人提出的设计要求,进行工程设计,按合同规定的进度要求提交质量合格的设计资料,并对其负责。

6.2.2 设计人采用的主要技术标准是:

6.2.3 设计合理使用年限为_____年。

6.2.4 设计人按本合同第二条和第四条规定的内容、进度及份数向发包人交付资料及文件。

6.2.5 设计人交付设计资料及文件后,按规定参加有关的设计审查,并根据审查结论负责对不超出原定范围的内容做必要调整补充。设计人按合同规定时限交付设计资料及文件,本年内项目开始施工,负责向发包人及施工单位进行设计交底、处理有关设计问题和参加竣工验收。在一年内项目尚未开始施工,设计人仍负责上述工作,但应按所需工作量向发包人适当收取咨询服务费,收费额由双方商定。

6.2.6 设计人应保护发包人的知识产权,不得向第三人泄露、转让发包人提交的产品图纸等技术经济资料。如发生以上情况并给发包人造成经济损失,发包人有权向设计人索赔。

第七条 违约责任

7.1 在合同履行期间,发包人要求终止或解除合同,设计人未开始设计工作的,不退还发包人已付的定金;已开始设计工作的,发包人应根据设计人已进行的实际工作量,不足一半时，按该阶段设计费的一半支付；超过一半时，按该阶段设计费的全部支付。

7.2 发包人应按本合同第五条规定的金额和时间向设计人支付设计费，每逾期支付一天，应承担支付金额千分之二的逾期违约金。逾期超过30天以上时，设计人有权暂停履行下阶段工作，并书面通知发包人。发包人的上级或设计审批部门对设计文件不审批或本合同项目停缓建，发包人均按7.1条规定支付设计费。

7.3 设计人对设计资料及文件出现的遗漏或错误负责修改或补充。由于设计人员错误造成工程质量事故损失，设计人除负责采取补救措施外，应免收直接受损失部分的设计费。损失严重的根据损失的程度和设计人责任大小向发包人支付赔偿金，赔偿金由双方商定为实际损失的_____%。

7.4 由于设计人自身原因，延误了按本合同第四条规定的设计资料及设计文件的交付时间，每延误一天，应减收该项目应收设计费的千分之二。

7.5 合同生效后，设计人要求终止或解除合同，设计人应双倍返还定金。

第八条 其他

8.1 发包人要求设计人派专人留驻施工现场进行配合与解决有关问题时，双方应另行签订补充协议或技术咨询服务合同。

8.2 设计人为本合同项目所采用的国家或地方标准图，由发包人自费向有关出版部门购买。本合同第四条规定设计人交付的设计资料及文件份数超过《工程设计收费标准》规定的份数，设计人另收工本费。

8.3 本工程设计资料及文件中，建筑材料、建筑构配件和设备，应当注明其规格、型号、性能等技术指标，设计人不得指定生产厂、供应商。发包人需要设计人的设计人员配合加工定货时，所需要费用由发包人承担。

8.4 发包人委托设计配合引进项目的设计任务，从询价、对外谈判、国内外技术考察直至建成投产的各个阶段，应吸收承担有关设计任务的设计人参加。出国费用，除制装费外，其他费用由发包人支付。

8.5 发包人委托设计人承担本合同内容之外的工作服务，另行支付费用。

8.6 由于不可抗力因素致使合同无法履行时，双方应及时协商解决。

8.7 本合同发生争议，双方当事人应及时协商解决。也可由当地建设行政主管部门调解，调解不成时，双方当事人同意由_____仲裁委员会仲裁。双方当事人未在合同中约定仲裁机构，事后又未达成仲裁书面协议的，可向人民法院起诉。

8.8 本合同一式_____份，发包人_____份，设计人_____份。

8.9 本合同经双方签章并在发包人向设计人支付订金后生效。

8.10 本合同生效后，按规定到项目所在省级建设行政主管部门规定的审查部门备案。双方认为必要时，到项目所在地工商行政管理部门申请鉴证。双方履行完合同规定的义务后，本合同即行终止。

8.11 本合同未尽事宜，双方可签订补充协议，有关协议及双方认可的来往电报、传真、会议纪要等，均为本合同组成部分，与本合同具有同等法律效力。

8.12 其他约定事项：

发包人名称： 设计人名称：

（盖章） （盖章）

法定代表人：（签字）	法定代表人：（签字）
委托代理人：（签字）	委托代理人：（签字）
住　　所：	住　　所：
邮政编码：	邮政编码：
电　　话：	电　　话：
传　　真：	传　　真：
开户银行：	开户银行：
银行账号：	银行账号：
建设行政主管部门备案：	鉴证意见：
（盖章）	（盖章）
备案号：	经办人：
备案日期：　年　月　日	鉴证日期：　年　月　日

建设工程设计合同（二）（GF—2000—0210）（示范文本）
（专业建设工程设计合同）

发包人：
设计人：
　　发包人委托设计人承担 ＿＿＿＿＿＿＿＿＿＿＿＿＿＿＿ 工程设计，工程地点为＿＿＿＿＿＿＿＿＿＿＿＿＿＿＿，经双方协商一致，签订本合同，共同执行。

第一条　本合同签订依据

1.1　《中华人民共和国合同法》、《中华人民共和国建筑法》和《建设工程勘察设计市场管理规定》。

1.2　国家及地方有关建设工程勘察设计管理法规和规章。

1.3　建设工程批准文件。

第二条　设计依据

2.1　发包人给设计人的委托书或设计中标文件

2.2　发包人提交的基础资料

2.3　设计人采用的主要技术标准是：

第三条　合同文件的优先次序

构成本合同的文件可视为是能互相说明的，如果合同文件存在歧义或不一致，则根据如下优先次序来判断：

3.1　合同书

3.2　中标函（文件）

3.3　发包人要求及委托书

3.4　投标书

第四条　本合同项目的名称、规模、阶段、投资及设计内容（根据行业特点填写）

第五条　发包人向设计人提交的有关资料、文件及时间

第六条　设计人向发包人交付的设计文件、份数、地点及时间

第七条　费用

7.1 双方商定，本合同的设计费为_____万元。收费依据和计算方法按国家和地方有关规定执行，国家和地方没有规定的，由双方商定。

7.2 如果上述费用为估算设计费，则双方在初步设计审批后，按批准的初步设计概算核算设计费。工程建设期间如遇概算调整，则设计费也应做相应调整。

第八条 支付方式

8.1 本合同生效后三天内，发包人支付设计费总额的20%，计_____万元作为定金（合同结算时，定金抵作设计费）。

8.2 设计人提交_____设计文件后三天内，发包人支付设计费总额的30%，计_____万元；之后，发包人应按设计人所完成的施工图工作量比例，分期分批向设计人支付总设计费的50%，计_____万元，施工图完成后，发包人结清设计费，不留尾款。

8.3 双方委托银行代付代收有关费用。

第九条 双方责任

9.1 发包人责任

9.1.1 发包人按本合同第五条规定的内容，在规定的时间内向设计人提交基础资料及文件，并对其完整性、正确性及时限负责。发包人不得要求设计人违反国家有关标准进行设计。

发包人提交上述资料及文件超过规定期限15天以内，设计人按本合同第六条规定的交付设计文件时间顺延；发包人交付上述资料及文件超过规定期限15天以上时，设计人有权重新确定提交设计文件的时间。

9.1.2 发包人变更委托设计项目、规模、条件或因提交的资料错误，或所提交资料作较大修改，以致造成设计人设计返工时，双方除另行协商签订补充协议（或另订合同）、重新明确有关条款外，发包人应按设计人所耗工作量向设计人支付返工费。

在未签订合同前发包人已同意，设计人为发包人所做的各项设计工作，发包人应支付相应设计费。

9.1.3 在合同履行期间，发包人要求终止或解除合同，设计人未开始设计工作的，不退还发包人已付的定金；已开始设计工作的，发包人应根据设计人已进行的实际工作量，不足一半时，按该阶段设计费的一半支付；超过一半时，按该阶段设计费的全部支付。

9.1.4 发包人必须按合同规定支付定金，收到定金作为设计人设计开工的标志。未收到定金，设计人有权推迟设计工作的开工时间，且交付文件的时间顺延。

9.1.5 发包人应按本合同规定的金额和日期向设计人支付设计费，每逾期支付一天，应承担应支付金额千分之二的逾期违约金，且设计人提交设计文件的时间顺延。逾期超过30天以上时，设计人有权暂停履行下阶段工作，并书面通知发包人。发包人的上级或设计审批部门对设计文件不审批或本合同项目停缓建，发包人均应支付应付的设计费。

9.1.6 发包人要求设计人比合同规定时间提前交付设计文件时，须征得设计人同意，不得严重背离合理设计周期，且发包人应支付赶工费。

9.1.7 发包人应为设计人派驻现场的工作人员提供工作、生活及交通等方面的便利条件及必要的劳动保护装备。

9.1.8 设计文件中选用的国家标准图、部标准图及地方标准图由发包人负责解决。

9.1.9 承担本项目外国专家来设计人办公室工作的接待费(包括传真、电话、复印、办公等费用)。

9.2 设计人责任

9.2.1 设计人应按国家规定和合同约定的技术规范、标准进行设计,按本合同第六条规定的内容、时间及份数向发包人交付设计文件(出现9.1.1、9.1.2、9.1.4、9.1.5规定有关交付设计文件顺延的情况除外)。并对提交的设计文件的质量负责。

9.2.2 设计合理使用年限为_____年。

9.2.3 负责对外商的设计资料进行审查,负责该合同项目的设计联络工作。

9.2.4 设计人对设计文件出现的遗漏或错误负责修改或补充。由于设计人设计错误造成工程质量事故损失,设计人除负责采取补救措施外,应免收受损失部分的设计费,并根据损失程度向发包人支付赔偿金,赔偿金数额由双方商定为实际损失的_____%。

9.2.5 由于设计人原因,延误了设计文件交付时间,每延误一天,应减收该项目应收设计费的千分之二。

9.2.6 合同生效后,设计人要求终止或解除合同,设计人应双倍返还发包人已支付的定金。

9.2.7 设计人交付设计文件后,按规定参加有关上级的设计审查,并根据审查结论负责不超出原定范围的内容做必要调整补充。设计人按合同规定时限交付设计文件一年内项目开始施工,负责向发包人及施工单位进行设计交底、处理有关设计问题和参加竣工验收。在一年内项目尚未开始施工,设计人仍负责上述工作,可按所需工作量向发包人适当收取咨询服务费,收费额由双方商定。

第十条 保密

双方均应保护对方的知识产权,未经对方同意,任何一方均不得对对方的资料及文件擅自修改、复制或向第三人转让或用于本合同项目外的项目。如发生以上情况,泄密方承担一切由此引起的后果并承担赔偿责任。

第十一条 仲裁

本建设工程设计合同发生争议,发包人与设计人应及时协商解决。也可由当地建设行政主管部门调解,调解不成时,双方当事人同意由_____仲裁委员会仲裁。双方当事人未在合同中约定仲裁机构,当事人又未达成仲裁书面协议的,可向人民法院起诉。

第十二条 合同生效及其他

12.1 发包人要求设计人派专人长期驻施工现场进行配合与解决有关问题时,双方应另行签订技术咨询服务合同。

12.2 设计人为本合同项目的服务至施工安装结束为止。

12.3 本工程项目中,设计人不得指定建筑材料、设备的生产厂或供货商。发包人需要设计人配合建筑材料、设备的加工订货时,所需费用由发包人承担。

12.4 发包人委托设计人配合引进项目的设计任务,从询价、对外谈判、国内外技术考察直至建成投产的各个阶段,应吸收承担有关设计任务的设计人员参加。出国费用,除制装费外,其他费用由发包人支付。

12.5 发包人委托设计人承担本合同内容以外的工作服务,另行签订协议并支付费用。

12.6 由于不可抗力因素致使合同无法履行时,双方应及时协商解决。

12.7 本合同双方签字盖章即生效,一式_____份,发包人_____份,设计人_____份。

12.8 本合同生效后,按规定应到项目所在地省级建设行政主管部门规定的审查部门备案;双方认为必要时,到工商行政管理部门鉴证。双方履行完合同规定的义务后,本合同即行终止。

12.9 双方认可的来往传真、电报、会议纪要等,均为合同的组成部分,与本合同具有同等法律效力。

12.10 未尽事宜,经双方协商一致,签订补充协议,补充协议与本合同具有同等效力。

发包人名称:	设计人名称:
（盖章）	（盖章）
法定代表人：（签字）	法定代表人：（签字）
委托代理人：（签字）	委托代理人：（签字）
项目经理：（签字）	项目经理：（签字）
住　　所：	住　　所：
邮政编码：	邮政编码：
电　　话：	电　　话：
传　　真：	传　　真：
开户银行：	开户银行：
银行账号：	银行账号：
建设行政主管部门备案：	鉴证意见：
（盖章）	（盖章）
备案号：	经办人：
备案日期：　　年　月　日	鉴证日期：　　年　月　日

建设工程造价咨询合同(GF—2002—0212)(示范文本)
第一部分　建设工程造价咨询合同

_____(以下简称委托人)与_____(以下简称咨询人)经过双方协商一致,签订本合同。

一、委托人委托咨询人为以下项目提供建设工程造价咨询服务:

1. 项目名称：

2. 服务类别：

二、本合同的措词和用语与所属建设工程造价咨询合同条件及有关附件同义。

三、下列文件均为本合同的组成部分:

1. 建设工程造价咨询合同标准条件;

2. 建设工程造价咨询合同专用条件;

3. 建设工程造价咨询合同执行中共同签署的补充与修正文件。

四、咨询人同意按照本合同的规定,承担本合同专用条件中议定范围内的建设工程造价咨询业务。

五、委托人同意按照本合同规定的期限、方式、币种、额度向咨询人支付酬金。

六、本合同的建设工程造价咨询业务自　年　月　日开始实施,至　年　月　日终结。

七、本合同一式四份,具有同等法律效力,双方各执两份。

委　托　人:(盖章)　　　　　　　　咨　询　人:(盖章)

法定代表人:(签字)　　　　　　　　法定代表人:(签字)

委托代理人:(签字)　　　　　　　　委托代理人:(签字)

住　　　所:　　　　　　　　　　　住　　　所:
开户银行:　　　　　　　　　　　　开户银行:
账　　　号:　　　　　　　　　　　账　　　号:
邮政编码:　　　　　　　　　　　　邮政编码:
电　　　话:　　　　　　　　　　　电　　　话:
传　　　真:　　　　　　　　　　　传　　　真:
电子信箱:　　　　　　　　　　　　电子信箱:

　　　　　年　月　日　　　　　　　　　　　　年　月　日

第二部分　建设工程造价咨询合同标准条件词语定义、适用语言和法律、法规

第一条　下列名词和用语,除上下文另有规定外具有如下含义。

1."委托人"是指委托建设工程造价咨询业务和聘用工程造价咨询单位的一方,以及其合法继承人。

2."咨询人"是指承担建设工程造价咨询业务和工程造价咨询责任的一方,以及其合法继承人。

3."第三人"是指除委托人、咨询人以外与本咨询业务有关的当事人。

4."日"是指任何一天零时至第二天零时的时间段。

第二条　建设工程造价咨询合同适用的是中国的法律、法规,以及专用条件中议定的部门规章、工程造价有关计价办法和规定或项目所在地的地方法规、地方规章。

第三条　建设工程造价咨询合同的书写、解释和说明,以汉语为主导语言。当不同语言文本发生不同解释时,以汉语合同文本为准。

咨询人的义务

第四条　向委托人提供与工程造价咨询业务有关的资料,包括工程造价咨询的资质证书及承担本合同业务的专业人员名单、咨询工作计划等，并按合同专用条件中约定的范围实施咨询业务。

第五条　咨询人在履行本合同期间，向委托人提供的服务包括正常服务、附加服务和额外服务。

1．"正常服务"是指双方在专用条件中约定的工程造价咨询工作；

2．"附加服务"是指在"正常服务"以外，经双方书面协议确定的附加服务；

3．"额外服务"是指不属于"正常服务"和"附加服务"，但根据合同标准条件第十三条、第二十条和二十二条的规定，咨询人应增加的额外工作量。

第六条　在履行合同期间或合同规定期限内，不得泄露与本合同规定业务活动有关的保密资料。

委托人的义务

第七条　委托人应负责与本建设工程造价咨询业务有关的第三人的协调，为咨询人工作提供外部条件。

第八条　委托人应当在约定的时间内，免费向咨询人提供与本项目咨询业务有关的资料。

第九条　委托人应当在约定的时间内就咨询人书面提交并要求做出答复的事宜做出书面答复。咨询人要求第三人提供有关资料时，委托人应负责转达及资料转送。

第十条　委托人应当授权胜任本咨询业务的代表，负责与咨询人联系。

咨询人的权利

第十一条　委托人在委托的建设工程造价咨询业务范围内，授予咨询人以下权利：

1．咨询人在咨询过程中，如委托人提供的资料不明确时可向委托人提出书面报告。

2．咨询人在咨询过程中，有权对第三人提出与本咨询业务有关的问题进行核对或查问。

3．咨询人在咨询过程中，有到工程现场勘察的权利。

委托人的权利

第十二条　委托人有下列权利：

1．委托人有权向咨询人询问工作进展情况及相关的内容。

2．委托人有权阐述对具体问题的意见和建议。

3．当委托人认定咨询专业人员不按咨询合同履行其职责，或与第三人串通给委托人造成经济损失的，委托人有权要求更换咨询专业人员，直至终止合同并要求咨询人承担相应的赔偿责任。

咨询人的责任

第十三条　咨询人的责任期即建设工程造价咨询合同有效期。如因非咨询人的责任造成进度的推迟或延误而超过约定的日期，双方应进一步约定相应延长合同有效期。

第十四条　咨询人责任期内，应当履行建设工程造价咨询合同中约定的义务，因咨询人的单方过失造成的经济损失，应当向委托人进行赔偿。累计赔偿总额不应超过建设工程造价咨询酬金总额(除去税金)。

第十五条　咨询人对委托人或第三人所提出的问题不能及时核对或答复，导致合同不能全部或部分履行，咨询人应承担责任。

第十六条　咨询人向委托人提出赔偿要求不能成立时，则应补偿由于该赔偿或其他要求所导致委托人的各种费用的支出。

委托人的责任

第十七条　委托人应当履行建设工程造价咨询合同约定的义务，如有违反则应当承担违约责任，赔偿给咨询人造成的损失。

第十八条　委托人如果向咨询人提出赔偿或其他要求不能成立时，则应补偿由于该赔偿或其他要求所导致咨询人的各种费用的支出。

合同生效，变更与终止

第十九条　本合同自双方签字盖章之日起生效。

第二十条　由于委托人或第三人的原因使咨询人工作受到阻碍或延误以致增加了工作量或持续时间，则咨询人应当将此情况与可能产生的影响及时书面通知委托人。由此增加的工作量视为额外服务，完成建设工程造价咨询工作的时间应当相应延长，并得到额外的酬金。

第二十一条　当事人一方要求变更或解除合同时，则应当在 14 日前通知对方；因变更或解除合同使一方遭受损失的，应由责任方负责赔偿。

第二十二条　咨询人由于非自身原因暂停或终止执行建设工程造价咨询业务，由此而增加的恢复执行建设工程造价咨询业务的工作，应视为额外服务，有权得到额外的时间和酬金。

第二十三条　变更或解除合同的通知或协议应当采取书面形式，新的协议未达成之前，原合同仍然有效。

咨询业务的酬金

第二十四条　正常的建设工程造价咨询业务，附加工作和额外工作的酬金，按照建设工程造价咨询合同专用条件约定的方法计取，并按约定的时间和数额支付。

第二十五条　如果委托人在规定的支付期限内未支付建设工程造价咨询酬金，自规定支付之日起，应当向咨询人补偿应支付的酬金利息。利息额按规定支付期限最后一日银行活期贷款乘以拖欠酬金时间计算。

第二十六条　如果委托人对咨询人提交的支付通知书中酬金或部分酬金项目提出异议，应当在收到支付通知书两日内向咨询人发出异议的通知，但委托人不得拖延其无异议酬金项目的支付。

第二十七条　支付建设工程造价咨询酬金所采取的货币币种、汇率由合同专用条件约定。

其　他

第二十八条　因建设工程造价咨询业务的需要，咨询人在合同约定外的外出考察，经委托人同意，其所需费用由委托人负责。

第二十九条　咨询人如需外聘专家协助，在委托的建设工程造价咨询业务范围内其费用由咨询人承担；在委托的建设工程造价咨询业务范围以外经委托人认可其费用由委托人承担。

第三十条　未经对方的书面同意，各方均不得转让合同约定的权利和义务。

第三十一条　除委托人书面同意外，咨询人及咨询专业人员不应接受建设工程造价咨询合同约定以外的与工程造价咨询项目有关的任何报酬。

咨询人不得参与可能与合同规定的与委托人利益相冲突的任何活动。

合同争议的解决

第三十二条 因违约或终止合同而引起的损失和损害的赔偿，委托人与咨询人之间应当协商解决；如未能达成一致，可提交有关主管部门调解；协商或调解不成的，根据双方约定提交仲裁机关仲裁，或向人民法院提起诉讼。

第三部分 建设工程造价咨询合同专用条件

第二条 本合同适用的法律、法规及工程造价计价办法和规定：

第四条 建设工程造价咨询业务范围：

"建设工程造价咨询业务"是指以下服务类别的咨询业务：

(A类)建设项目可行性研究投资估算的编制、审核及项目经济评价；

(B类)建设工程概算、预算、结算、竣工结(决)算的编制、审核；

(C类)建设工程招标标底、投标报价的编制、审核；

(D类)工程洽商、变更及合同争议的鉴定与索赔；

(E类)编制工程造价计价依据及对工程造价进行监控和提供有关工程造价信息资料等。

第八条 双方约定的委托人应提供的建设工程造价咨询材料及提供时间：

第九条 委托人应在____日内对咨询人书面提交并要求做出答复的事宜做出书面答复。

第十四条 咨询人在其责任期内如果失职，同意按以下办法承担因单方责任而造成的经济损失。

赔偿金＝直接经济损失_____酬金比率(扣除税金)

第二十四条 委托人同意按以下的计算方法、支付时间与金额，支付咨询人的正常服务酬金：

委托人同意按以下计算方法、支付时间与金额，支付附加服务酬金：

委托人同意按以下计算方法、支付时间与金额，支付额外服务酬金：

第二十七条 双方同意用_____支付酬金，按_____汇率计付。

第三十二条 建设工程造价咨询合同在履行过程中发生争议，委托人与咨询人应及时协商解决；如未能达成一致，可提交有关主管部门调解；协商或调解不成的，按下列第____种方式解决：

（一）提交_____仲裁委员会仲裁；

（二）依法向人民法院起诉。

附加协议条款：

_____
_____
_____
_____

《建设工程造价咨询合同》使用说明

《建设工程造价咨询合同》包括《建设工程造价咨询合同标准条件》和《建设工程造

价咨询合同专用条件》(以下简称《标准条件》、《专用条件》)。

《标准条件》适用于各类建设工程项目造价咨询委托,委托人和咨询人都应当遵守。《专用条件》是根据建设工程项目特点和条件,由委托人和咨询人协商一致后进行填写。双方如果认为需要,还可在其中增加约定的补充条款和修正条款。

《专用条件》的填写说明:

《专用条件》应当对应《标准条件》的顺序进行填写。例如:第二条要根据建设工程的具体情况,如工程类别、建设地点等填写所适用的部门或地方法律法规及工程造价有关办法和规定。

第四条在协商和写明"建设工程造价咨询业务范围"时首先应明确项目范围如工程项目、单项工程或单位工程以及所承担咨询业务与工程总承包合同或分包合同所涵盖工程范围相一致。其次应明确项目建设不同阶段如可行性研究、设计,招投标阶段或全过程工程造价咨询中投资估算、概算或预算的内容等。

在填写建设工程造价咨询酬金标准时应根据委托人委托的建设工程项目内容繁简程度、工作量大小、双方约定,一般应当在签订合同时预付30%预付款____元,当工作量完成70%时,预付70%的工程款____元,剩余部分待咨询结果定案时一次付清。如果由于委托人及第三人的阻碍或延误而使咨询人发生额外服务也应当支付酬金,并应约定好酬金的计算方法及支付时间,在写明其支付时间时应写明其后的多少天内支付。

如果经双方协商同意,可以设立奖罚条款,但必须是对等的。

建设工程施工合同(GF—1999—0201)(示范文本)
第一部分　协　议　书

发包人(全称):
承包人(全称):
　　依照《中华人民共和国合同法》、《中华人民共和国建筑法》及其他有关法律、行政法规,遵循平等、自愿、公平和诚实信用的原则,双方就本建设工程施工项目协商一致,订立本合同。

　　一、工程概况
　　工程名称:
　　工程地点:
　　工程内容:
　　群体工程应附承包人承揽工程项目一览表(附件1)
　　工程立项批准文号:
　　资金来源:
　　二、工程承包范围
　　承包范围:
　　三、合同工期
　　开工日期:
　　竣工日期:

合同工期总日历天数_____天

四、质量标准
工程质量标准：

五、合同价款
金额(大写)：_____元(人民币)

￥：_____元

六、组成合同的文件
组成本合同的文件包括：

1. 本合同协议书

2. 中标通知书

3. 投标书及其附件

4. 本合同专用条款

5. 本合同通用条款

6. 标准、规范及有关技术文件

7. 图纸

8. 工程量清单

9. 工程报价单或预算书

双方有关工程的洽商、变更等书面协议或文件视为本合同的组成部分。

七、本协议书中有关词语含义与本合同第二部分《通用条款》中分别赋予它们的定义相同。

八、承包人向发包人承诺按照合同约定进行施工、竣工并在质量保修期内承担工程质量保修责任。

九、发包人向承包人承诺按照合同约定的期限和方式支付合同价款及其他应当支付的款项。

十、合同生效
合同订立时间：_____年_____月_____日

合同订立地点：_____

本合同双方约定_____后生效。

发包人：(公章)_____   承包人：(公章)_____

住所：_____   住所：_____

法定代表人：_____   法定代表人：_____

委托代表人：_____   委托代表人：_____

电话：_____   电话：_____

传真：_____   传真：_____

开户银行：_____   开户银行：_____

账号：_____   账号：_____

邮政编码：_____   邮政编码：_____

第二部分 通 用 条 款

一、词语定义及合同文件

1 词语定义

下列词语除专用条款另有约定外，应具有本条所赋予的定义：

1.1 通用条款：是根据法律、行政法规规定及建设工程施工的需要订立，通用于建设工程施工的条款。

1.2 专用条款：是发包人与承包人根据法律、行政法规规定，结合具体工程实际，经协商达成一致意见的条款，是对通用条款的具体化、补充或修改。

1.3 发包人：指在协议书中约定，具有工程发包主体资格和支付工程价款能力的当事人以及取得该当事人资格的合法继承人。

1.4 承包人：指在协议书中约定，被发包人接受的具有工程施工承包主体资格的当事人以及取得该当事人资格的合法继承人。

1.5 项目经理：指承包人在专用条款中指定的负责施工管理和合同履行的代表。

1.6 设计单位：指发包人委托的负责本工程设计并取得相应工程设计资质等级证书的单位。

1.7 监理单位：指发包人委托的负责本工程监理并取得相应工程监理资质等级证书的单位。

1.8 工程师：指本工程监理单位委派的总监理工程师或发包人指定的履行本合同的代表，其具体身份和职权由发包人承包人在专用条款中约定。

1.9 工程造价管理部门：指国务院有关部门、县级以上人民政府建设行政主管部门或其委托的工程造价管理机构。

1.10 工程：指发包人承包人在协议书中约定的承包范围内的工程。

1.11 合同价款：指发包人承包人在协议书中约定，发包人用以支付承包人按照合同约定完成承包范围内全部工程并承担质量保修责任的款项。

1.12 追加合同价款：指在合同履行中发生需要增加合同价款的情况，经发包人确认后按计算合同价款的方法增加的合同价款。

1.13 费用：指不包含在合同价款之内的应当由发包人或承包人承担的经济支出。

1.14 工期：指发包人承包人在协议书中约定，按总日历天数（包括法定节假日）计算的承包天数。

1.15 开工日期：指发包人承包人在协议书中约定，承包人开始施工的绝对或相对的日期。

1.16 竣工日期：指发包人承包人在协议书中约定，承包人完成承包范围内工程的绝对或相对的日期。

1.17 图纸：指由发包人提供或由承包人提供并经发包人批准，满足承包人施工需要的所有图纸（包括配套说明和有关资料）。

1.18 施工场地：指由发包人提供的用于工程施工的场所以及发包人在图纸中具体指定的供施工使用的任何其他场所。

1.19 书面形式：指合同书、信件和数据电文（包括电报、电传、传真、电子数据交换和电子邮件)等可以有形地表现所载内容的形式。

1.20 违约责任:指合同一方不履行合同义务或履行合同义务不符合约定所应承担的责任。

1.21 索赔:指在合同履行过程中,对于并非自己的过错,而是应由对方承担责任的情况造成的实际损失,向对方提出经济补偿和(或)工期顺延的要求。

1.22 不可抗力:指不能预见、不能避免并不能克服的客观情况。

1.23 小时或天:本合同中规定按小时计算时间的,从事件有效开始时计算(不扣除休息时间);规定按天计算时间的,开始当天不计入,从次日开始计算。时限的最后一天是休息日或者其他法定节假日的,以节假日次日为时限的最后一天,但竣工日期除外。时限的最后一天的截止时间为当日 24 时。

2 合同文件及解释顺序

2.1 合同文件应能相互解释,互为说明。除专用条款另有约定外,组成本合同的文件及优先解释顺序如下:

(1) 本合同协议书
(2) 中标通知书
(3) 投标书及其附件
(4) 本合同专用条款
(5) 本合同通用条款
(6) 标准、规范及有关技术文件
(7) 图纸
(8) 工程量清单
(9) 工程报价单或预算书

合同履行中,发包人承包人有关工程的洽商、变更等书面协议或文件视为本合同的组成部分。

2.2 当合同文件内容含糊不清或不相一致时,在不影响工程正常进行的情况下,由发包人承包人协商解决。双方也可以提请负责监理的工程师作出解释。双方协商不成或不同意负责监理的工程师的解释时,按本通用条款第 37 条关于争议的约定处理。

3 语言文字和适用法律、标准及规范

3.1 语言文字

本合同文件使用汉语语言文字书写、解释和说明。如专用条款约定使用两种以上(含两种)语言文字时,汉语应为解释和说明本合同的标准语言文字。

在少数民族地区,双方可以约定使用少数民族语言文字书写和解释、说明本合同。

3.2 适用法律和法规

本合同文件适用国家的法律和行政法规。需要明示的法律、行政法规,由双方在专用条款中约定。

3.3 适用标准、规范

双方在专用条款内约定适用国家标准、规范的名称;没有国家标准、规范但有行业标准、规范的,约定适用行业标准、规范的名称;没有国家和行业标准、规范的,约定适用工程所在地地方标准、规范的名称。发包人应按专用条款约定的时间向承包人提供一式两份约定的标准、规范。

国内没有相应标准、规范的，由发包人按专用条款约定的时间向承包人提出施工技术要求，承包人按约定的时间和要求提出施工工艺，经发包人认可后执行。发包人要求使用国外标准、规范的，应负责提供中文译本。

本条所发生的购买、翻译标准、规范或制定施工工艺的费用，由发包人承担。

4　图纸

4.1　发包人应按专用条款约定的日期和套数，向承包人提供图纸。承包人需要增加图纸套数的，发包人应代为复制，复制费用由承包人承担。发包人对工程有保密要求的，应在专用条款中提出保密要求，保密措施费用由发包人承担，承包人在约定保密期限内履行保密义务。

4.2　承包人未经发包人同意，不得将本工程图纸转给第三人。工程质量保修期满后，除承包人存档需要的图纸外，应将全部图纸退还给发包人。

4.3　承包人应在施工现场保留一套完整图纸，供工程师及有关人员进行工程检查时使用。

二、双方一般权利和义务

5　工程师

5.1　实行工程监理的，发包人应在实施监理前将委托的监理单位名称、监理内容及监理权限以书面形式通知承包人。

5.2　监理单位委派的总监理工程师在本合同中称工程师，其姓名、职务、职权由发包人承包人在专用条款内写明。工程师按合同约定行使职权，发包人在专用条款内要求工程师在行使某些职权前需要征得发包人批准的，工程师应征得发包人批准。

5.3　发包人派驻施工场地履行合同的代表在本合同中也称工程师，其姓名、职务、职权由发包人在专用条款内写明，但职权不得与监理单位委派的总监理工程师职权相互交叉。双方职权发生交叉或不明确时，由发包人予以明确，并以书面形式通知承包人。

5.4　合同履行中，发生影响发包人承包人双方权利或义务的事件时，负责监理的工程师应依据合同在其职权范围内客观公正地进行处理。一方对工程师的处理有异议时，按本通用条款第37条关于争议的约定处理。

5.5　除合同内有明确约定或经发包人同意外，负责监理的工程师无权解除本合同约定的承包人的任何权利与义务。

5.6　不实行工程监理的，本合同中工程师专指发包人派驻施工场地履行合同的代表，其具体职权由发包人在专用条款内写明。

6　工程师的委派和指令

6.1　工程师可委派工程师代表，行使合同约定的自己的职权，并可在认为必要时撤回委派。委派和撤回均应提前7天以书面形式通知承包人，负责监理的工程师还应将委派和撤回通知发包人。委派书和撤回通知作为本合同附件。

工程师代表在工程师授权范围内向承包人发出的任何书面形式的函件，与工程师发出的函件具有同等效力。承包人对工程师代表向其发出的任何书面形式的函件有疑问时，可将此函件提交工程师，工程师应进行确认。工程师代表发出指令有失误时，工程师应进行纠正。

除工程师或工程师代表外,发包人派驻工地的其他人员均无权向承包人发出任何指令。

6.2 工程师的指令、通知由其本人签字后,以书面形式交给项目经理,项目经理在回执上签署姓名和收到时间后生效。确有必要时,工程师可发出口头指令,并在48小时内给予书面确认,承包人对工程师的指令应予执行。工程师不能及时给予书面确认的,承包人应于工程师发出口头指令后7天内提出书面确认要求。工程师在承包人提出确认要求后48小时内不予答复的,视为口头指令已被确认。

承包人认为工程师指令不合理,应在收到指令后24小时内向工程师提出修改指令的书面报告,工程师在收到承包人报告后24小时内作出修改指令或继续执行原指令的决定,并以书面形式通知承包人。紧急情况下,工程师要求承包人立即执行的指令或承包人虽有异议,但工程师决定仍继续执行的指令,承包人应予执行。因指令错误发生的追加合同价款和给承包人造成的损失由发包人承担,延误的工期相应顺延。

本款规定同样适用于由工程师代表发出的指令、通知。

6.3 工程师应按合同约定,及时向承包人提供所需指令、批准并履行约定的其他义务。由于工程师未能按合同约定履行义务造成工期延误,发包人应承担延误造成的追加合同价款,并赔偿承包人有关损失,顺延延误的工期。

6.4 如需更换工程师,发包人应至少提前7天以书面形式通知承包人,后任继续行使合同文件约定的前任的职权,履行前任的义务。

7 项目经理

7.1 项目经理的姓名、职务在专用条款内写明。

7.2 承包人依据合同发出的通知,以书面形式由项目经理签字后送交工程师,工程师在回执上签署姓名和收到时间后生效。

7.3 项目经理按发包人认可的施工组织设计(施工方案)和工程师依据合同发出的指令组织施工。在情况紧急且无法与工程师联系时,项目经理应当采取保证人员生命和工程、财产安全的紧急措施,并在采取措施后48小时内向工程师提交报告。责任在发包人或第三人,由发包人承担由此发生的追加合同价款,相应顺延工期;责任在承包人,由承包人承担费用,不顺延工期。

7.4 承包人如需要更换项目经理,应至少提前7天以书面形式通知发包人,并征得发包人同意。后任继续行使合同文件约定的前任的职权,履行前任的义务。

7.5 发包人可以与承包人协商,建议更换其认为不称职的项目经理。

8 发包人工作

8.1 发包人按专用条款约定的内容和时间完成以下工作:

(1)办理土地征用、拆迁补偿、平整施工场地等工作,使施工场地具备施工条件,在开工后继续负责解决以上事项遗留问题;

(2)将施工所需水、电、电信线路从施工场地外部接至专用条款约定地点,保证施工期间的需要;

(3)开通施工场地与城乡公共道路的通道,以及专用条款约定的施工场地内的主要道路,满足施工运输的需要,保证施工期间的畅通;

(4)向承包人提供施工场地的工程地质和地下管线资料,对资料的真实准确性负责;

(5) 办理施工许可证及其他施工所需证件、批件和临时用地、停水、停电、中断道路交通、爆破作业等的申请批准手续(证明承包人自身资质的证件除外)；

(6) 确定水准点与坐标控制点，以书面形式交给承包人，进行现场交验；

(7) 组织承包人和设计单位进行图纸会审和设计交底；

(8) 协调处理施工场地周围地下管线和邻近建筑物、构筑物(包括文物保护建筑)、古树名木的保护工作、承担有关费用；

(9) 发包人应做的其他工作，双方在专用条款内约定。

8.2 发包人可以将8.1款部分工作委托承包人办理，双方在专用条款内约定，其费用由发包人承担。

8.3 发包人未能履行8.1款各项义务，导致工期延误或给承包人造成损失的，发包人赔偿承包人有关损失，顺延延误的工期。

9 承包人工作

9.1 承包人按专用条款约定的内容和时间完成以下工作：

(1) 根据发包人委托，在其设计资质等级和业务允许的范围内，完成施工图设计或与工程配套的设计，经工程师确认后使用，发包人承担由此发生的费用；

(2) 向工程师提供年、季、月度工程进度计划及相应进度统计报表；

(3) 根据工程需要，提供和维修非夜间施工使用的照明、围栏设施，并负责安全保卫；

(4) 按专用条款约定的数量和要求，向发包人提供施工场地办公和生活的房屋及设施，发包人承担由此发生的费用；

(5) 遵守政府有关主管部门对施工场地交通、施工噪声以及环境保护和安全生产等的管理规定，按规定办理有关手续，并以书面形式通知发包人，发包人承担由此发生的费用，因承包人责任造成的罚款除外；

(6) 已竣工工程未交付发包人之前，承包人按专用条款约定负责已完工程的保护工作，保护期间发生损坏，承包人自费予以修复；发包人要求承包人采取特殊措施保护的工程部位和相应的追加合同价款，双方在专用条款内约定；

(7) 按专用条款约定做好施工场地地下管线和邻近建筑物、构筑物(包括文物保护建筑)、古树名木的保护工作；

(8) 保证施工场地清洁符合环境卫生管理的有关规定，交工前清理现场达到专用条款约定的要求，承担因自身原因违反有关规定造成的损失和罚款；

(9) 承包人应做的其他工作，双方在专用条款内约定。

9.2 承包人未能履行9.1款各项义务，造成发包人损失的，承包人赔偿发包人有关损失。

三、施工组织设计和工期

10 进度计划

10.1 承包人应按专用条款约定的日期，将施工组织设计和工程进度计划提交修改意见，逾期不确认也不提出书面意见的，视为同意。

10.2 群体工程中单位工程分期进行施工的，承包人应按照发包人提供图纸及有关资料的时间，按单位工程编制进度计划，其具体内容双方在专用条款中约定。

10.3 承包人必须按工程师确认的进度计划组织施工,接受工程师对进度的检查、监督。工程实际进度与经确认的进度计划不符时,承包人应按工程师的要求提出改进措施,经工程师确认后执行。因承包人的原因导致实际进度与进度计划不符,承包人无权就改进措施提出追加合同价款。

11 开工及延期开工

11.1 承包人应当按照协议书约定的开工日期开工。承包人不能按时开工,应当不迟于协议书约定的开工日期前7天,以书面形式向工程师提出延期开工的理由和要求。工程师应当在接到延期开工申请后48小时内以书面形式答复承包人。工程师在接到延期开工申请后48小时内不答复,视为同意承包人要求,工期相应顺延。工程师不同意延期要求或承包人未在规定时间内提出延期开工要求,工期不予顺延。

11.2 因发包人原因不能按照协议书约定的开工日期开工,工程师应以书面形式通知承包人,推迟开工日期。发包人赔偿承包人因延期开工造成的损失,并相应顺延工期。

12 暂停施工

工程师认为确有必要暂停施工时,应当以书面形式要求承包人暂停施工,并在提出要求后48小时内提出书面处理意见。承包人应当按工程师要求停止施工,并妥善保护已完工程。承包人实施工程师作出的处理意见后,可以书面形式提出复工要求,工程师应当在48小时内给予答复。工程师未能在规定时间内提出处理意见,或收到承包人复工要求后48小时内未予答复,承包人可自行复工。因发包人原因造成停工的,由发包人承担所发生的追加合同价款,赔偿承包人由此造成的损失,相应顺延工期;因承包人原因造成停工的,由承包人承担发生的费用,工期不予顺延。

13 工期延误

13.1 因以下原因造成工期延误,经工程师确认,工期相应顺延:
(1)发包人未能按专用条款的约定提供图纸及开工条件;
(2)发包人未能按约定日期支付工程预付款、进度款,致使施工不能正常进行;
(3)工程师未按合同约定提供所需指令、批准等,致使施工不能正常进行;
(4)设计变更和工程量增加;
(5)一周内非承包人原因停水、停电、停气造成停工累计超过8小时;
(6)不可抗力;
(7)专用条款中约定或工程师同意工期顺延的其他情况。

13.2 承包人在13.1款情况发生后14天内,就延误的工期以书面形式向工程师提出报告。工程师在收到报告后14天内予以确认,逾期不予确认也不提出修改意见,视为同意顺延工期。

14 工程竣工

14.1 承包人必须按照协议书约定的竣工日期或工程师同意顺延的工期竣工。

14.2 因承包人原因不能按照协议书约定的竣工日期或工程师同意顺延的工期竣工的,承包人承担违约责任。

14.3 施工中发包人如需提前竣工,双方协商一致后应签订提前竣工协议,作为合同文件组成部分。提前竣工协议应包括承包人为保证工程质量和安全采取的措施、发包人为提前竣工提供的条件以及提前竣工所需的追加合同价款等内容。

四、质量与检验

15　工程质量

15.1　工程质量应当达到协议书约定的质量标准,质量标准的评定以国家或行业的质量检验评定标准为依据。因承包人原因工程质量达不到约定的质量标准,承包人承担违约责任。

15.2　双方对工程质量有争议,由双方同意的工程质量检测机构鉴定,所需费用及因此造成的损失,由责任方承担。双方均有责任,由双方根据其责任分别承担。

16　检查和返工

16.1　承包人应认真按照标准、规范和设计图纸要求以及工程师依据合同发出的指令施工,随时接受工程师的检查检验,为检查检验提供便利条件。

16.2　工程质量达不到约定标准的部分,工程师应要求拆除和重新施工,直到符合约定标准。因承包人原因达不到约定标准,由承包人承担拆除和重新施工的费用,工期不予顺延。

16.3　工程师的检查检验不应影响施工正常进行。如影响施工正常进行,检查检验不合格时,影响正常施工的费用由承包人承担。除此之外影响正常施工的追加合同价款由发包人承担,相应顺延工期。

16.4　因工程师指令失误或其他非承包人原因发生的追加合同价款,由发包人承担。

17　隐蔽工程和中间验收

17.1　工程具备隐蔽条件或达到专用条款约定的中间验收部位,承包人进行自检,并在隐蔽或中间验收前48小时以书面形式通知工程师验收。通知包括隐蔽和中间验收的内容、验收时间和地点。承包人准备验收记录,验收合格,工程师在验收记录上签字后,承包人可进行隐蔽和继续施工。验收不合格,承包人在工程师限定的时间内修改后重新验收。

17.2　工程师不能按时进行验收,应在验收前24小时以书面形式向承包人提出延期要求,延期不能超过48小时。工程师未能按以上时间提出延期要求,不进行验收,承包人可自行组织验收,工程师应承认验收记录。

17.3　经工程师验收,工程质量符合标准、规范和设计图纸等要求,验收24小时后,工程师不在验收记录上签字,视为工程师已经认可验收记录,承包人可进行隐蔽或继续施工。

18　重新检验

无论工程师是否进行验收,当其要求对已经隐蔽的工程重新检验时,承包人应按要求进行剥离或开孔,并在检验后重新覆盖或修复。检验合格,发包人承担由此发生的全部追加合同价款,赔偿承包人损失,并相应顺延工期。检验不合格,承包人承担发生的全部费用,工期不予顺延。

19　工程试车

19.1　双方约定需要试车的,试车内容应与承包人承包的安装范围相一致。

19.2　设备安装工程具备单机无负荷试车条件,承包人组织试车,并在试车前48小时以书面形式通知工程师。通知包括试车内容、时间、地点。承包人准备试车记录,发包人根据承包人要求为试车提供必要条件。试车合格,工程师在试车记录上签字。

19.3 工程师不能按时参加试车，须在开始试车前 24 小时以书面形式向承包人提出延期要求，不参加试车，应承认试车记录。

19.4 设备安装工程具备无负荷联动试车条件，发包人组织试车，并在试车内容、时间、地点和对承包人的要求，承包人按要求做好准备工作。试车合格，双方在试车记录上签字。

19.5 双方责任

（1）由于设计原因试车达不到验收要求，发包人应要求设计单位修改设计，承包人按修改后的设计重新安装。发包人承担修改设计、拆除及重新安装的全部费用和追加合同价款，工期相应顺延。

（2）由于设备制造原因试车达不到验收要求，由该设备采购一方负责重新购置或修理，承包人负责拆除和重新安装。设备由承包人采购的，由承包人承担修理或重新购置、拆除及重新安装的费用，工期不予顺延；设备由发包人采购的，发包人承担上述各项追加合同价款，工期相应顺延。

（3）由于承包人施工原因试车达不到验收要求，承包人按工程师要求重新安装和试车，并承担重新安装和试车的费用，工期不予顺延。

（4）试车费用除已包括在合同价款之内或专用条款另有约定外，均由发包人承担。

（5）工程师在试车合格后不在试车记录上签字，试车结束 24 小时后，视为工程师已经认可试车记录，承包人可继续施工或办理竣工手续。

19.6 投料试车应在工程竣工验收后由发包人负责，如发包人要求在工程竣工验收前进行或需要承包人配合时，应征得承包人同意，另行签订补充协议。

五、安全施工

20 安全施工与检查

20.1 承包人应遵守工程建设安全生产有关管理规定，严格按安全标准组织施工，并随时接受行业安全检查人员依法实施的监督检查，采取必要的安全防护措施，消除事故隐患。由于承包人安全措施不力造成事故的责任和因此发生的费用，由承包人承担。

20.2 发包人应对其在施工场地的工作人员进行安全教育，并对他们的安全负责。发包人不得要求承包人违反安全管理的规定进行施工。因发包人原因导致的安全事故，由发包人承担相应责任及发生的费用。

21 安全防护

21.1 承包人在动力设备、输电线路、地下管道、密封防振车间、易燃易爆地段以及临街交通要道附近施工时，施工开始前应向工程师提出安全防护措施，经工程师认可后实施，防护措施费用由发包人承担。

21.2 实施爆破作业，在放射、毒害性环境中施工（含储存、运输、使用）及使用毒害性、腐蚀性物品施工时，承包人应在施工前 14 天以书面通知工程师，并提出相应的安全防护措施，经工程师认可后实施，由发包人承担安全防护措施费用。

22 事故处理

22.1 发生重大伤亡及其他安全事故，承包人应按有关规定立即上报有关部门并通知工程师，同时按政府有关部门要求处理，由事故责任方承担发生的费用。

22.2 发包人承包人对事故责任有争议时，应按政府有关部门的认定处理。

六、合同价款与支付

23 合同价款及调整

23.1 招标工程的合同价款由发包人承包人依据中标通知书中的中标价格在协议书内约定。非招标工程的合同价款由发包人承包人依据工程预算书在协议书内约定。

23.2 合同价款在协议书内约定后，任何一方不得擅自改变。下列三种确定合同价款的方式，双方可在专用条款内约定采用其中一种：

（1）固定价格合同。双方在专用条款内约定合同价款包含的风险范围和风险费用的计算方法，在约定的风险范围内合同价款不再调整。风险范围以外的合同价款调整方法，应当在专用条款内约定。

（2）可调价格合同。合同价款可根据双方的约定而调整，双方在专用条款内约定合同价款调整方法。

（3）成本加酬金合同。合同价款包括成本和酬金两部分，双方在专用条款内约定成本构成和酬金的计算方法。

23.3 可调价格合同中合同价款的调整因素包括：

（1）法律、行政法规和国家有关政策变化影响合同价款；

（2）工程造价管理部门公布的价格调整；

（3）一周内非承包人原因停水、停电、停气造成停工累计超过 8 小时；

（4）双方约定的其他因素。

23.4 承包人应当在 23.3 款情况发生后 14 天内，将调整原因、金额以书面形式通知工程师，工程师确认调整金额后作为追加合同价款，与工程款同期支付。工程师收到承包人通知后 14 天内不予确认也不提出修改意见，视为已经同意该项调整。

24 工程预付款

实行工程预付款的，双方应当在专用条款内约定发包人向承包人预付工程款的时间和数额，开工后按约定的时间和比例逐次扣回。预付时间应不迟于约定的开工日期前 7 天。发包人不按约定预付，承包人在约定预付时间 7 天后向发包人发出要求预付的通知，发包人收到通知后仍不能按要求预付，承包人可在发出通知后 7 天停止施工，发包人应从约定应付之日起向承包人支付应付款的贷款利息，并承担违约责任。

25 工程量的确认

25.1 承包人应按专用条款约定的时间，向工程师提交已完工程量的报告。工程师接到报告后 7 天内按设计图纸核实已完工程量（以下称计量），并在计量前 24 小时通知承包人，承包人为计量提供便利条件并派人参加。承包人收到通知后不参加计量，计量结果有效，作为工程价款支付的依据。

25.2 工程师收到承包人报告后 7 天内未进行计量，从第 8 天起，承包人报告中开列的工程量即视为被确认，作为工程价款支付的依据。工程师不按约定时间通知承包人，致使承包人未能参加计量，计量结果无效。

25.3 对承包人超出设计图纸范围和因承包人原因造成返工的工程量，工程师不予计量。

26 工程款（进度款）支付

26.1 在确认计量结果后 14 天内，发包人应向承包人支付工程款（进度款）。按约定时间发包人应扣回的预付款，与工程款(进度款)同期结算。

26.2 本通用条款第23条确定调整的合同价款，第31条工程变更调整的合同价款及其他条款中约定的追加合同价款，应与工程款(进度款)同期调整支付。

26.3 发包人超过约定的支付时间不支付工程款(进度款)，承包人可向发包人发出要求付款的通知，发包人收到承包人通知后仍不能按要求付款，可与承包人协商签订延期付款协议，经承包人同意后可延期支付。协议应明确延期支付的时间和从计量结果确认后第15天起应付款的贷款利息。

26.4 发包人不按合同约定支付工程款(进度款)，双方又未达成延期付款协议，导致施工无法进行，承包人可停止施工，由发包人承担违约责任。

七、材料设备供应

27 发包人供应材料设备

27.1 实行发包人供应材料设备的，双方应当约定发包人供应材料设备的一览表，作为本合同附件(附件2)。一览表包括发包人供应材料设备的品种、规格、型号、数量、单价、质量等级、提供时间和地点。

27.2 发包人按一览表约定的内容提供材料设备，并向承包人提供产品合格证明，对其质量负责。发包人在所供材料设备到货前24小时，以书面形式通知承包人，由承包人派人与发包人共同清点。

27.3 发包人供应的材料设备，承包人派人参加清点后由承包人妥善保管，发包人支付相应保管费用。因承包人原因发生丢失损坏，由承包人负责赔偿。

发包人未通知承包人清点，承包人不负责材料设备的保管，丢失损坏由发包人负责。

27.4 发包人供应的材料设备与一览表不符时，发包人承担有关责任。发包人应承担责任的具体内容，双方根据下列情况在专用条款内约定：

(1) 材料设备单价与一览表不符，由发包人承担所有价差；

(2) 材料设备的品种、规格、型号、质量等级与一览表不符，承包人可拒绝接收保管，由发包人运出施工场地并重新采购；

(3) 发包人供应的材料规格、型号与一览表不符，经发包人同意，承包人可代为调剂串换，由发包人承担相应费用；

(4) 到货地点与一览表不符，由发包人负责运至一览表指定地点；

(5) 供应数量少于一览表约定的数量时，由发包人补齐，多于一览表约定数量时，发包人负责将多出部分运出施工场地；

(6) 到货时间早于一览表约定时间，由发包人承担因此发生的保管费用；到货时间迟于一览表约定的供应时间，发包人赔偿由此造成的承包人损失，造成工期延误的，相应顺延工期；

27.5 发包人供应的材料设备使用前，由承包人负责检验或试验，不合格的不得使用，检验或试验费用由发包人承担。

27.6 发包人供应材料设备的结算方法，双方在专用条款内约定。

28 承包人采购材料设备

28.1 承包人负责采购材料设备的，应按照专用条款约定及设计和有关标准要求采购，并提供产品合格证明，对材料设备质量负责。承包人在材料设备到货前24小时通知工程师清点。

28.2 承包人采购的材料设备与设计标准要求不符时，承包人应按工程师要求的时间运出施工场地，重新采购符合要求的产品，承担由此发生的费用，由此延误的工期不予顺延。

28.3 承包人采购的材料设备在使用前，承包人应按工程师的要求进行检验或试验，不合格的不得使用，检验或试验费用由承包人承担。

28.4 工程师发现承包人采购并使用不符合设计和标准要求的材料设备时，应要求承包人负责修复、拆除或重新采购，由承包人承担发生的费用，由此延误的工期不予顺延。

28.5 承包人需要使用代用材料时，应经工程师认可后才能使用，由此增减的合同价款双方以书面形式议定。

28.6 由承包人采购的材料设备，发包人不得指定生产厂或供应商。

八、工程变更

29 工程设计变更

29.1 施工中发包人需对原工程设计变更，应提前14天以书面形式向承包人发出变更通知。变更超过原设计标准或批准的建设规模时，发包人应报规划管理部门和其他有关部门重新审查批准，并由原设计单位提供变更的相应图纸和说明。承包人按照工程师发出的变更通知及有关要求，进行下列需要的变更：

（1）更改工程有关部分的标高、基线、位置和尺寸；

（2）增减合同中约定的工程量；

（3）改变有关工程的施工时间和顺序；

（4）其他有关工程变更需要的附加工作。

因变更导致合同价款的增减及造成的承包人损失，由发包人承担，延误的工期相应顺延。

29.2 施工中承包人不得对原工程设计进行变更。因承包人擅自变更设计发生的费用和由此导致发包人的直接损失，由承包人承担，延误的工期不予顺延。

29.3 承包人在施工中提出的合理化建议涉及到对设计图纸或施工组织设计的更改及对材料、设备的换用，须经工程师同意。未经同意擅自更改或换用时，承包人承担由此发生的费用，并赔偿发包人的有关损失，延误的工期不予顺延。

工程师同意采用承包人合理化建议，所发生的费用和获得的收益，发包人承包人另行约定分担或分享。

30 其他变更

合同履行中发包人要求变更工程质量标准及发生其他实质性变更，由双方协商解决。

31 确定变更价款

31.1 承包人在工程变更确定后14天内，提出变更工程价款的报告，经工程师确认后调整合同价款。变更合同价款按下列方法进行：

（1）合同中已有适用于变更工程的价格，按合同已有的价格变更合同价款；

（2）合同中只有类似于变更工程的价格，可以参照类似价格变更合同价款；

（3）合同中没有适用或类似于变更工程的价格，由承包人提出适当的变更价格，经工程师确认后执行。

31.2 承包人在双方确定变更后14天内不向工程师提出变更工程价款报告时，视为该项变更不涉及合同价款的变更。

31.3 工程师应在收到变更工程价款报告之日起14天内予以确认，工程师无正当理由不确认时，自变更工程价款报告送达之日起14天后视为变更工程价款报告已被确认。

31.4 工程师不同意承包人提出的变更价款，按本通用条款第37条关于争议的约定处理。

31.5 工程师确认增加的工程变更价款作为追加合同价款，与工程款同期支付。

31.6 因承包人自身原因导致的工程变更，承包人无权要求追加合同价款。

九、竣工验收与结算

32 竣工验收

32.1 工程具备竣工验收条件，承包人按国家工程竣工验收有关规定，向发包人提供完整竣工资料及竣工验收报告。双方约定由承包人提供竣工图的，应当在专用条款内约定提供的日期和份数。

32.2 发包人收到竣工验收报告后28天内组织有关单位验收，并在验收后14天内给予认可或提出修改意见。承包人按要求修改，并承担由自身原因造成修改的费用。

32.3 发包人收到承包人送交的竣工验收报告后28天内不组织验收，或验收后14天内不提出修改意见，视为竣工验收报告已被认可。

32.4 工程竣工验收通过，承包人送交竣工验收报告的日期为实际竣工日期。工程按发包人要求修改后通过竣工验收的，实际竣工日期为承包人修改后提请发包人验收的日期。

32.5 发包人收到承包人竣工验收报告后28天内不组织验收，从第29天起承担工程保管及一切意外责任。

32.6 中间交工工程的范围和竣工时间，双方在专用条款内约定，其验收程序按本通用条款32.1款至32.4款办理。

32.7 因特殊原因，发包人要求部分单位工程或工程部位甩项竣工的，双方另行签订甩项竣工协议，明确双方责任和工程价款的支付方法。

32.8 工程未经竣工验收或竣工验收未通过的，发包人不得使用。发包人强行使用时，由此发生的质量问题及其他问题，由发包人承担责任。

33 竣工结算

33.1 工程竣工验收报告经发包人认可后28天内，承包人向发包人递交竣工结算报告及完整的结算资料，双方按照协议书约定的合同价款及专用条款约定的合同价款调整内容，进行工程竣工结算。

33.2 发包人收到承包人递交的竣工结算报告及结算资料后28天内进行核实，给予确认或者提出修改意见。发包人确认竣工结算报告通知经办银行向承包人支付工程竣工结算价款。承包人收到竣工结算价款后14天内将竣工工程交付发包人。

33.3 发包人收到竣工结算报告及结算资料后28天内无正当理由不支付工程竣工结算价款，从第29天起按承包人同期向银行贷款利率支付拖欠工程价款的利息，并承担违约责任。

33.4 发包人收到竣工结算报告及结算资料后28天内不支付工程竣工结算价款，承包人可以催告发包人支付结算价款。发包人在收到竣工结算报告及结算资料后56天内仍不支付的，承包人可以与发包人协议将该工程折价，也可以由承包人申请人民法院将该工程依法拍卖，承包人就该工程折价或者拍卖的价款优先受偿。

33.5 工程竣工验收报告经发包人认可后28天内，承包人未能向发包人递交竣工结算报告及完整的结算资料，造成工程竣工结算不能正常进行或工程竣工结算价款不能及时支付，发包人要求交付工程的，承包人应当交付；发包人不要求交付工程的，承包人承担保管责任。

33.6 发包人承包人对工程竣工结算价款发生争议时，按本通用条款第37条关于争议的约定处理。

34 质量保修

34.1 承包人应按法律、行政法规或国家关于工程质量保修的有关规定，对交付发包人使用的工程在质量保修期内承担质量保修责任。

34.2 质量保修工作的实施。承包人应在工程竣工验收之前，与发包人签订质量保修书，作为本合同附件（附件3）。

34.3 质量保修书的主要内容包括：

(1) 质量保修项目内容及范围；

(2) 质量保修期；

(3) 质量保修责任；

(4) 质量保修金的支付方法。

十、违约、索赔和争议

35 违约

35.1 发包人违约。当发生下列情况时：

(1) 本通用条款第24条提到的发包人不按时支付工程预付款；

(2) 本通用条款第26.4款提到的发包人不按合同约定支付工程款，导致施工无法进行；

(3) 本通用条款第33.3款提到的发包人无正当理由不支付工程竣工结算价款；

(4) 发包人不履行合同义务或不按合同约定履行义务的其他情况。

发包人承担违约责任，赔偿因其违约给承包人造成的经济损失，顺延延误的工期。双方在专用条款内约定发包人赔偿承包人损失的计算方法或者发包人应当支付违约金的数额或计算方法。

35.2 承包人违约。当发生下列情况时：

(1) 本通用条款第14.2款提到的因承包人原因不能按照协议书约定的竣工日期或工程师同意顺延的工期竣工；

(2) 本通用条款第15.1款提到的因承包人原因工程质量达不到协议书约定的质量标准；

(3) 承包人不履行合同义务或不按合同约定履行义务的其他情况。

承包人承担违约责任，赔偿因其违约给发包人造成的损失。双方在专用条款内约定承包人赔偿发包人损失的计算方法或者承包人应当支付违约金的数额和计算方法。

35.3 一方违约后，另一方要求违约方继续履行合同时，违约方承担上述违约责任后仍应继续履行合同。

36 索赔

36.1 当一方向另一方提出索赔时，要有正当索赔理由，且有索赔事件发生时的有效证据。

36.2 发包人未能按合同约定履行自己的各项义务或发生错误以及应由发包人承担责任的其他情况，造成工期延误和(或)承包人不能及时得到合同价款及承包人的其他经济损失，承包人可按下列程序以书面形式向发包人索赔：

(1) 索赔事件发生后28天内，向工程师发出索赔意向通知；

(2) 发出索赔意向通知后28天内，向工程师提出延长工期和(或)补偿经济损失的索赔报告及有关资料；

(3) 工程师在收到承包人送交的索赔报告和有关资料后，于28天内给予答复，或要求承包人进一步补充索赔理由和证据；

(4) 工程师在收到承包人送交的索赔报告和有关资料后28天内未予答复或未对承包人作进一步要求，视为该项索赔已经认可；

(5) 当该索赔事件持续进行时，承包人应当阶段性向工程师发出索赔意向，在索赔事件终了后28天内，向工程师送交索赔的有关资料和最终索赔报告。索赔答复程序与(3)、(4)规定相同。

36.3 承包人未能按合同约定履行自己的各项义务或发生错误，给发包人造成经济损失，发包人可按36.2款确定的时限向承包人提出索赔。

37 争议

37.1 发包人承包人在履行合同时发生争议，可以和解或者要求有关主管部门调解。当事人不愿和解、调解或者和解、调解不成的，双方可以在专用条款内约定以下一种方式解决争议：

第一种解决方式：双方达成仲裁协议，向约定的仲裁委员会申请仲裁；

第二种解决方式：向有管辖权的人民法院起诉。

37.2 发生争议后，除非出现下列情况的，双方都应继续履行合同，保持施工连续，保护好已完工程：

(1) 单方违约导致合同确已无法履行，双方协议停止施工；

(2) 调解要求停止施工，且为双方接受；

(3) 仲裁机构要求停止施工；

(4) 法院要求停止施工。

十一、其他

38 工程分包

38.1 承包人按专用条款的约定分包所承包的部分工程，并与分包单位签订分包合同。非经发包人同意，承包人不得将承包工程的任何部分分包。

38.2 承包人不得将其承包的全部工程转包给他人，也不得将其承包的全部工程肢解以后以分包的名义分别转包给他人。

38.3 工程分包不能解除承包人任何责任与义务。承包人应在分包场地派驻相应管理人员，保证本合同的履行。分包单位的任何违约行为或疏忽导致工程损害或给发包人造成其他损失，承包人承担连带责任。

38.4 分包工程价款由承包人与分包单位结算。发包人未经承包人同意不得以任何形式向分包单位支付各种工程款项。

39 不可抗力

39.1 不可抗力包括因战争、动乱、空中飞行物体坠落或其他非发包人承包人责任造成的爆炸、火灾，以及专用条款约定的风雨、雪、洪、震等自然灾害。

39.2 不可抗力事件发生后，承包人应立即通知工程师，并在力所能及的条件下迅速采取措施，尽力减少损失，发包人应协助承包人采取措施。不可抗力事件结束后48小时内承包人向工程师通报受害情况和损失情况，及预计清理和修复的费用。不可抗力事件持续发生，承包人应每隔7天向工程师报告一次受害情况。不可抗力事件结束后14天内，承包人向工程师提交清理和修复费用的正式报告及有关资料。

39.3 因不可抗力事件导致的费用及延误的工期由双方按以下方法分别承担：

（1）工程本身的损害、因工程损害导致第三人人员伤亡和财产损失以及运至施工场地用于施工的材料和待安装的设备的损害，由发包人承担；

（2）发包人承包人人员伤亡由其所在单位负责，并承担相应费用；

（3）承包人机械设备损坏及停工损失，由承包人承担；

（4）停工期间，承包人应工程师要求留在施工场地的必要的管理人员及保卫人员的费用由发包人承担；

（5）工程所需清理、修复费用，由发包人承担；

（6）延误的工期相应顺延。

39.4 因合同一方迟延履行合同后发生不可抗力的，不能免除迟延履行方的相应责任。

40 保险

40.1 工程开工前，发包人为建设工程和施工场内的自有人员及第三人人员生命财产办理保险，支付保险费用。

40.2 运至施工场地内用于工程的材料和待安装设备，由发包人办理保险，并支付保险费用。

40.3 发包人可以将有关保险事项委托承包人办理，费用由发包人承担。

40.4 承包人必须为从事危险作业的职工办理意外伤害保险，并为施工场地内自有人员生命财产和施工机械设备办理保险，支付保险费用。

40.5 保险事故发生时，发包人承包人有责任尽力采取必要的措施，防止或者减少损失。

40.6 具体投保内容和相关责任，发包人承包人在专用条款中约定。

41 担保

41.1 发包人承包人为了全面履行合同，应互相提供以下担保：

（1）发包人向承包人提供履约担保，按合同约定支付工程价款及履行合同约定的其他义务。

（2）承包人向发包人提供履约担保，按合同约定履行自己的各项义务。

41.2 一方违约后，另一方可要求提供担保的第三人承担相应责任。

41.3 提供担保的内容、方式和相关责任,发包人承包人除在专用条款中约定外,被担保方与担保方还应签订担保合同,作为本合同附件。

42 专利技术及特殊工艺

42.1 发包人要求使用专利技术或特殊工艺,应负责办理相应的申报手续,承担申报、试验、使用等费用;承包人提出使用专利技术或特殊工艺,应取得工程师认可,承包人负责办理申报手续并承担有关费用。

42.2 擅自使用专利技术侵犯他人专利权的,责任者依法承担相应责任。

43 文物和地下障碍物

43.1 在施工中发现古墓、古建筑遗址等文物及化石或其他有考古、地质研究等价值的物品时,承包人应立即保护好现场并于4小时内以书面形式通知工程师,工程师应于收到书面通知后24小时内报告当地文物管理部门,发包人承包人按文物管理部门的要求采取妥善保护措施。发包人承担由此发生的费用,顺延延误的工期。

如发现后隐瞒不报,致使文物遭受破坏,责任者依法承担相应责任。

43.2 施工中出现影响施工的地下障碍物时,承包人应于8小时内以书面形式通知工程师,同时提出处置方案,工程师收到处置方案后24小时内予以认可或提出修正方案。发包人承担由此发生的费用,顺延延误的工期。

所发现的地下障碍物有归属单位时,发包人应报请有关部门协同处置。

44 合同解除

44.1 发包人承包人协商一致,可以解除合同。

44.2 发生本通用条款第26.4款情况,停止施工超过56天,发包人仍不支付工程款(进度款),承包人有权解除合同。

44.3 发生本通用条款第38.2款禁止的情况,承包人将其承包的全部工程转包给他人或者肢解以后以分包的名义分别转包给他人,发包人有权解除合同。

44.4 有下列情形之一的,发包人承包人可以解除合同:

(1) 因不可抗力致使合同无法履行;

(2) 因一方违约(包括因发包人原因造成工程停建或缓建)致使合同无法履行。

44.5 一方依据44.2、44.3、44.4款约定要求解除合同的,应以书面形式向对方发出解除合同的通知,并在发出通知前7天告知对方,通知到达对方时合同解除。对解除合同有争议的,按本通用条款第37条关于争议的约定处理。

44.6 合同解除后,承包人应妥善做好已完工程和已购材料、设备的保护和移交工作,按发包人要求将自有机械设备和人员撤出施工场地。发包人应为承包人撤出提供必要条件,支付以上所发生的费用,并按合同约定支付已完工程价款。已经订货的材料、设备由订货方负责退货或解除订货合同,不能退还的货款和因退货、解除订货合同发生的费用,由发包人承担,因未及时退货造成的损失由责任方承担。除此之外,有过错的一方应当赔偿因合同解除给对方造成的损失。

44.7 合同解除后,不影响双方在合同中约定的结算和清理条款的效力。

45 合同生效与终止

45.1 双方在协议书中约定合同生效方式。

45.2 除本通用条款第34条外,发包人承包人履行合同全部义务,竣工结算价款支付完毕，承包人向发包人交付竣工工程后，本合同即告终止。

45.3 合同的权利义务终止后，发包人承包人应当遵循诚实信用原则，履行通知、协助、保密等义务。

46 合同份数

46.1 本合同正本两份，具有同等效力，由发包人承包人分别保存一份。

46.2 本合同副本份数，由双方根据需要在专用条款内约定。

47 补充条款

双方根据有关法律、行政法规规定，结合工程实际经协商一致后，可对本通用条款内容具体化、补充或修改，在专用条款内约定。

第三部分 专 用 条 款

一、词语定义及合同文件

2 合同文件及解释顺序

合同文件组成及解释顺序：

3 语言文字和适用法律、标准及规范

3.1 本合同除使用汉语外，还使用＿＿＿语言文字。

3.2 适用法律和法规需要明示的法律、行政法规：

3.3 适用标准、规范

适用标准、规范的名称：

发包人提供标准、规范的时间：

国内没有相应标准、规范时的约定：

4 图纸

4.1 发包人向承包人提供图纸日期和套数：

发包人对图纸的保密要求：

使用国外图纸的要求及费用承担：

二、双方一般权利和义务

5 工程师

5.2 监理单位委派的工程师

姓名：＿＿＿＿＿ 职务：＿＿＿＿＿＿＿ 发包人委托的职权：＿＿＿＿＿＿＿＿＿＿＿＿＿＿

需要取得发包人批准才能行使的职权：＿＿＿＿＿＿＿＿＿＿＿＿＿＿＿＿＿＿

5.3 发包人派驻的工程师

姓名：＿＿＿＿＿ 职务：＿＿＿＿＿＿＿

职权：＿＿＿＿＿＿＿＿＿＿＿＿＿＿＿＿＿＿

5.6 不实行监理的，工程师的职权：＿＿＿＿＿＿＿＿＿＿＿＿＿＿

7 项目经理

姓名：＿＿＿＿＿ 职务：＿＿＿＿＿＿＿

8 发包人工作

8.1 发包人应按约定的时间和要求完成以下工作：

（1）施工场地具备施工条件的要求及完成的时间：

(2) 将施工所需的水、电、电信线路接至施工场地的时间、地点和供应要求：
(3) 施工场地与公共道路的通道开通时间和要求：
(4) 工程地质和地下管线资料的提供时间：
(5) 由发包人办理的施工所需证件、批件的名称和完成时间：
(6) 水准点与坐标控制点交验要求：
(7) 图纸会审和设计交底时间：
(8) 协调处理施工场地周围地下管线和邻近建筑物、构筑物（含文物保护建筑）、古树名木的保护工作：
(9) 双方约定发包人应做的其他工作：

8.2 发包人委托承包人办理的工作：

9 承包人工作

9.1 承包人应按约定时间和要求，完成以下工作：
(1) 需由设计资质等级和业务范围允许的承包人完成的设计文件提交时间：
(2) 应提供计划、报表的名称及完成时间：
(3) 承担施工安全保卫工作及非夜间施工照明的责任和要求：
(4) 向发包人提供的办公和生活房屋及设施的要求：
(5) 需承包人办理的有关施工场地交通、环卫和施工噪声管理等手续：
(6) 已完工程成品保护的特殊要求及费用承担：
(7) 施工场地周围地下管线和邻近建筑物、构筑物（含文物保护建筑）、古树名木的保护要求及费用承担：
(8) 施工场清洁卫生的要求：
(9) 双方约定承包人应做的其他工作：

三、施工组织设计和工期

10 进度计划

10.1 承包人提供施工组织设计（施工方案）和进度计划的时间：
工程师确认的时间：

10.2 群体工程中有关进度计划的要求：

13 工期延误

13.1 双方约定工期顺延的其他情况：

四、质量与验收

17 隐蔽工程和中间验收

17.1 双方约定中间验收部位：

19 工程试车

19.5 试车费用的承担：

五、安全施工

六、合同价款与支付

23 合同价款及调整

23.2 本合同价款采用_____方式确定。
(1) 采用固定价格合同，合同价款中包括的风险范围：

风险费用的计算方法：

风险范围以外合同价款调整方法：

(2) 采用可调价格合同，合同价款调整方法：

(3) 采用成本加酬金合同，有关成本和酬金的约定：

23.3　双方约定合同价款的其他调整因素：

24　工程预付款

发包人向承包人预付工程款的时间和金额或占合同价款总额的比例：

扣回工程款的时间、比例：

25　工程量确认

25.1　承包人向工程师提交已完工程量报告的时间：

26　工程款（进度款）支付

双方约定的工程款（进度款）支付的方式和时间：

七、材料设备供应

27　发包人供应

27.4　发包人供应的材料设备与一览表不符时，双方约定发包人承担责任如下：

(1) 材料设备单价与一览表不符：

(2) 材料设备的品种、规格、型号、质量等级与一览表不符：

(3) 承包人可代为调剂串换的材料：

(4) 到货地点与一览表不符：

(5) 供应数量与一览表不符：

(6) 到货时间与一览表不符：

27.6　发包人供应材料设备的结算方法：

28　承包人采购材料设备

28.1　承包人采购材料设备的约定：

八、工程变更

九、竣工验收与结算

32　竣工验收

32.1　承包人提供竣工图的约定：

32.6　中间交工工程的范围和竣工时间：

十、违约、索赔和争议

35　违约

35.1　本合同中关于发包人违约的具体责任如下：

本合同通用条款第 24 条约定发包人违约应承担的违约责任：

本合同通用条款第 26.4 款约定发包人违约应承担的违约责任：

本合同通用条款第 33.3 款约定发包人违约应承担的违约责任：

双方约定的发包人其他违约责任：

35.2　本合同中关于承包人违约的具体责任如下：

本合同通用条款第 14.2 款约定承包人违约应承担的违约责任：

本合同通用条款第 15.1 款约定承包人违约应承担的违约责任：

双方约定的承包人其他违约责任：

37　争议

37.1　双方约定，在履行合同过程中产生争议时：

（1）请_____调解；

（2）采取第___种方式解决，并约定向_____仲裁委员会提请仲裁或向_____人民法院提起诉讼。

十一、其他

38　工程分包

38.1　本工程发包人同意承包人分包的工程：

分包施工单位为：

39　不可抗力

39.1　双方关于不可抗力的约定：

40　保险

40.6　本工程双方约定投保内容如下：

（1）发包人投保内容：

发包人委托承包人办理的保险事项：

（2）承包人投保内容：

41　担保

41.3　本工程双方约定担保事项如下：

（1）发包人向承包人提供履约担保，担保方式为：担保合同作为本合同附件。

（2）承包人向发包人提供履约担保，担保方式为：担保合同作为本合同附件。

（3）双方约定的其他担保事项：

46　合同份数

46.1　双方约定合同副本份数：

47　补充条款

附件1：承包人承揽工程项目一览表（略）

附件2：发包人供应材料设备一览表（略）

附件3：工程质量保修书（略）

建设工程委托监理合同(GF—2000—0202)(示范文本)

第一部分　建设工程委托监理合同

委托人_____与监理人_____经双方协商一致，签订本合同。

一、委托人委托监理人监理的工程（以下简称"本工程"）概况如下：

工程名称：

工程地点：

工程规模：

总投资：

二、本合同中的有关词语含义与本合同第二部分《标准条件》中赋予它们的定义相同。

三、下列文件均为本合同的组成部分：

① 监理投标书或中标通知书；

② 本合同标准条件；

③ 本合同专用条件；

④ 在实施过程中双方共同签署的补充与修正文件。

四、监理人向委托人承诺，按照本合同的规定，承担本合同专用条件中议定范围内的监理业务。

五、委托人向监理人承诺按照本合同注明的期限、方式、币种，向监理人支付报酬。

本合同自_____年_____月_____日开始实施，至_____年_____月_____日完成。

本合同一式_____份，具有同等法律效力，双方各执_____份。

委托人：（签章）	监理人：（签章）
住所：	住所：
法定代表人：（签章）	法定代表人：（签章）
开户银行：	开户银行：
账号：	账号：
邮编：	邮编：
电话：	电话：

本合同签订于：_____年_____月_____日

第二部分 标 准 条 件

词语定义、适用范围和法规

第一条 下列名词和用语，除上下文另有规定外，有如下含义：

(1) "工程"是指委托人委托实施监理的工程。

(2) "委托人"是指承担直接投资责任和委托监理业务的一方以及其合法继承人。

(3) "监理人"是指承担监理业务和监理责任的一方，以及其合法继承人。

(4) "监理机构"是指监理人派驻本工程现场实施监理业务的组织。

(5) "总监理工程师"是指经委托人同意，监理人派到监理机构全面履行本合同的全权负责人。

(6) "承包人"是指除监理人以外，委托人就工程建设有关事宜签订合同的当事人。

(7) "工程监理的正常工作"是指双方在专用条件中约定，委托人委托的监理工作范围和内容。

(8) "工程监理的附加工作"是指：①委托人委托监理范围以外，通过双方书面协议另外增加的工作内容；②由于委托人或承包人原因，使监理工作受到阻碍或延误，因增加工作量或持续时间而增加的工作。

(9) "工程监理的额外工作"是指正常工作和附加工作以外，根据第三十八条规定监理人必须完成的工作，或非监理人自己的原因而暂停或终止监理业务，其善后工作及恢复监理业务的工作。

(10)"日"是指任何一天零时至第二天零时的时间段。

(11)"月"是指根据公历从一个月份中任何一天开始到下一个月相应日期的前一天的时间段。

第二条 建设工程委托监理合同适用的法律是指国家的法律、行政法规,以及专用条件中议定的部门规章或工程所在地的地方法规、地方规章。

第三条 本合同文件使用汉语语言文字书写、解释和说明。如专用条件约定使用两种以上(含两种)语言文字时,汉语应为解释和说明本合同的标准语言文字。

监理人义务

第四条 监理人按合同约定派出监理工作需要的监理机构及监理人员,向委托人报送委派的总监理工程师及其监理机构主要成员名单、监理规划,完成监理合同专用条件中约定的监理工程范围内的监理业务。在履行合同义务期间,应按合同约定定期向委托人报告监理工作。

第五条 监理人在履行本合同的义务期间,应认真、勤奋地工作,为委托人提供与其水平相适应的咨询意见,公正维护各方面的合法权益。

第六条 监理人使用委托人提供的设施和物品属委托人的财产。在监理工作完成或中止时,应将其设施和剩余的物品按合同约定的时间和方式移交给委托人。

第七条 在合同期内或合同终止后,未征得有关方同意,不得泄露与本工程、本合同业务有关的保密资料。

委托人义务

第八条 委托人在监理人开展监理业务之前应向监理人支付预付款。

第九条 委托人应当负责工程建设的所有外部关系的协调,为监理工作提供外部条件。根据需要,如将部分或全部协调工作委托监理人承担,则应在专用条件中明确委托的工作和相应的报酬。

第十条 委托人应当在双方约定的时间内免费向监理人提供与工程有关的为监理工作所需要的工程资料。

第十一条 委托人应当在专用条款约定的时间内就监理人书面提交并要求作出决定的一切事宜作出书面决定。

第十二条 委托人应当授权一名熟悉工程情况、能在规定时间内作出决定的常驻代表(在专用条款中约定),负责与监理人联系。更换常驻代表,要提前通知监理人。

第十三条 委托人应当将授予监理人的监理权利,以及监理人主要成员的职能分工、监理权限及时书面通知已选定的承包合同的承包人,并在与第三人签订的合同中予以明确。

第十四条 委托人应在不影响监理人开展监理工作的时间内提供如下资料:

(1)与本工程合作的原材料、构配件、机械设备等生产厂家名录。

(2)提供与本工程有关的协作单位、配合单位的名录。

第十五条 委托人应免费向监理人提供办公用房、通信设施、监理人员工地住房及合同专用条件约定的设施,对监理人自备的设施给予合理的经济补偿(补偿金额=设施在工程使用时间占折旧年限的比例×设施原值+管理费)。

第十六条 根据情况需要,如果双方约定,由委托人免费向监理人提供其他人员,应在监理合同专用条件中予以明确。

监理人权利

第十七条 监理人在委托人委托的工程范围内,享有以下权利:

(1) 选择工程总承包人的建议权。

(2) 选择工程分包人的认可权。

(3) 对工程建设有关事项包括工程规模、设计标准、规划设计、生产工艺设计和使用功能要求,向委托人的建议权。

(4) 对工程设计中的技术问题,按照安全和优化的原则,向设计人提出建议;如果拟提出的建议可能会提高工程造价,或延长工期,应当事先征得委托人的同意。当发现工程设计不符合国家颁布的建设工程质量标准或设计合同约定的质量标准时,监理人应当书面报告委托人并要求设计人更正。

(5) 审批工程施工组织设计和技术方案,按照保质量、保工期和降低成本的原则,向承包人提出建议,并向委托人提出书面报告。

(6) 主持工程建设有关协作单位的组织协调,重要协调事项应当事先向委托人报告。

(7) 征得委托人同意,监理人有权发布开工令、停工令、复工令,但应当事先向委托人报告。如在紧急情况下未能事先报告时,则应在24小时内向委托人作出书面报告。

(8) 工程上使用的材料和施工质量的检验权。对于不符合设计要求和合同约定及国家质量标准的材料、构配件、设备,有权通知承包人停止使用;对于不符合规范和质量标准的工序、分部分项工程和不安全施工作业,有权通知承包人停工整改、返工。承包人得到监理机构复工令后才能复工。

(9) 工程施工进度的检查、监督权,以及工程实际竣工日期提前或超过工程施工合同规定的竣工期限的签认权。

(10) 在工程施工合同约定的工程价格范围内,工程款支付的审核和签认权,以及工程结算的复核确认权与否决权。未经总监理工程师签字确认,委托人不支付工程款。

第十八条 监理人在委托人授权下,可对任何承包人合同规定的义务提出变更。如果由此严重影响了工程费用或质量、或进度,则这种变更须经委托人事先批准。在紧急情况下未能事先报委托人批准时,监理人所做的变更也应尽快通知委托人。在监理过程中如发现工程承包人人员工作不力,监理机构可要求承包人调换有关人员。

第十九条 在委托的工程范围内,委托人或承包人对对方的任何意见和要求(包括索赔要求),均必须首先向监理机构提出,由监理机构研究处置意见,再同双方协商确定。当委托人和承包人发生争议时,监理机构应根据自己的职能,以独立的身份判断,公正地进行调解。当双方的争议由政府建设行政主管部门调解或仲裁机关仲裁时,应当提供作证的事实材料。

委托人权利

第二十条 委托人有选定工程总承包人,以及与其订立合同的权利。

第二十一条 委托人有对工程规模、设计标准、规划设计、生产工艺设计和设计使用功能要求的认定权,以及对工程设计变更的审批权。

第二十二条 监理人调换总监理工程师须事先经委托人同意。

第二十三条 委托人有权要求监理人提交监理工作月报及监理业务范围内的专项报告。

第二十四条 当委托人发现监理人员不按监理合同履行监理职责,或与承包人串通给委托人或工程造成损失的,委托人有权要求监理人更换监理人员,直到终止合同并要求监理人承担相应的赔偿责任或连带赔偿责任。

监理人责任

第二十五条 监理人的责任期即委托监理合同有效期。在监理过程中,如果因工程建设进度的推迟或延误而超过书面约定的日期,双方应进一步约定相应延长的合同期。

第二十六条 监理人在责任期内,应当履行约定的义务,如果因监理人过失而造成了委托人的经济损失,应当向委托人赔偿。累计赔偿总额(除本合同第二十四条规定以外)不应超过监理报酬总额(除去税金)。

第二十七条 监理人对承包人违反合同规定的质量要求和完工(交图、交货)时限,不承担责任。因不可抗力导致委托监理合同不能全部或部分履行,监理人不承担责任。但对违反第五条规定引起的与之有关的事宜,向委托人承担赔偿责任。

第二十八条 监理人向委托人提出赔偿要求不能成立时,监理人应当补偿由于该索赔所导致委托人的各种费用支出。

委托人责任

第二十九条 委托人应当履行委托监理合同约定的义务,如有违反则应当承担违约责任,赔偿给监理人造成的经济损失。

监理人处理委托业务时,因非监理人原因的事由受到损失的,可以向委托人要求补偿损失。

第三十条 委托人如果向监理人提出赔偿的要求不能成立,则应当补偿由该索赔所引起的监理人的各种费用支出。

合同生效、变更与终止

第三十一条 由于委托人或承包人的原因使监理工作受到阻碍或延误,以致发生了附加工作或延长了持续时间,则监理人应当将此情况与可能产生的影响及时通知委托人。完成监理业务的时间相应延长,并得到附加工作的报酬。

第三十二条 在委托监理合同签订后,实际情况发生变化,使得监理人不能全部或部分执行监理业务时,监理人应当立即通知委托人。该监理业务的完成时间应予延长。当恢复执行监理业务时,应当增加不超过 42 日的时间用于恢复执行监理业务,并按双方约定的数量支付监理报酬。

第三十三条 监理人向委托人办理完竣工验收或工程移交手续,承包人和委托人已签订工程保修责任书,监理人收到监理报酬尾款,本合同即终止。保修期间的责任,双方在专用条款中约定。

第三十四条 当事人一方要求变更或解除合同时,应当在 42 日前通知对方,因解除合同使一方遭受损失的,除依法可以免除责任的外,应由责任方负责赔偿。

变更或解除合同的通知或协议必须采取书面形式,协议未达成之前,原合同仍然有效。

第三十五条 监理人在应当获得监理报酬之日起 30 日内仍未收到支付单据,而委托人又未对监理人提出任何书面解释时,或根据第三十三条及第三十四条已暂停执行监理业务时限超过六个月的,监理人可向委托人发出终止合同的通知,发出通知后14日内仍未得到委托人答复,可进一步发出终止合同的通知,如果第二份通知发出后42日内仍未得到委托人答复,可终止合同或自行暂停或继续暂停执行全部或部分监理业务。委托人承担违约责任。

第三十六条 监理人由于非自己的原因而暂停或终止执行监理业务,其善后工作以及恢复执行监理业务的工作,应当视为额外工作,有权得到额外的报酬。

第三十七条 当委托人认为监理人无正当理由而又未履行监理义务时,可向监理人发出指明其未履行义务的通知。若委托人发出通知后21日内没有收到答复,可在第一个通知发出后35日内发出终止委托监理合同的通知,合同即行终止。监理人承担违约责任。

第三十八条 合同协议的终止并不影响各方应有的权利和应当承担的责任。

监 理 报 酬

第三十九条 正常的监理工作、附加工作和额外工作的报酬,按照监理合同专用条件中第四十条的方法计算,并按约定的时间和数额支付。

第四十条 如果委托人在规定的支付期限内未支付监理报酬,自规定之日起,还应向监理人支付滞纳金。滞纳金从规定支付期限最后一日起计算。

第四十一条 支付监理报酬所采取的货币币种、汇率由合同专用条件约定。

第四十二条 如果委托人对监理人提交的支付通知中报酬或部分报酬项目提出异议,应当在收到支付通知书24小时内向监理人发出表示异议的通知,但委托人不得拖延其他无异议报酬项目的支付。

其 他

第四十三条 委托的建设工程监理所必要的监理人员出外考察、材料设备复试,其费用支出经委托人同意的,在预算范围内向委托人实报实销。

第四十四条 在监理业务范围内,如需聘用专家咨询或协助,由监理人聘用的,其费用由监理人承担;由委托人聘用的,其费用由委托人承担。

第四十五条 监理人在监理工作过程中提出的合理化建议,使委托人得到了经济效益,委托人应按专用条件中的约定给予经济奖励。

第四十六条 监理人驻地监理机构及其职员不得接受监理工程项目施工承包人的任何报酬或者经济利益。

监理人不得参与可能与合同规定的与委托人的利益相冲突的任何活动。

第四十七条 监理人在监理过程中,不得泄露委托人申明的秘密,监理人亦不得泄露设计人、承包人等提供并申明的秘密。

第四十八条 监理人对于由其编制的所有文件拥有版权,委托人仅有权为本工程使用或复制此类文件。

争 议 的 解 决

第四十九条 因违反或终止合同而引起的对对方损失和损害的赔偿,双方应当协商解决,如未能达成一致,可提交主管部门协调,如仍未能达成一致时,根据双方约定提交仲裁机关仲裁,或向人民法院起诉。

第三部分 专用条件

第二条　本合同适用的法律及监理依据：

第四条　监理范围和监理工作内容：

第九条　外部条件包括：

第十条　委托人应提供的工程资料及提供时间：

第十一条　委托人应在_____天内对监理人书面提交并要求作出决定的事宜作出书面答复。

第十二条　委托人的常驻代表为_____

第十五条　委托人免费向监理机构提供如下设施：

监理人自备的、委托人给予补偿的设施如下：

补偿金额＝

第十六条　在监理期间，委托人免费向监理机构提供_____名工作人员，由总监理工程师安排其工作，凡涉及服务时，此类职员只应从总监理工程师处接受指示。并免费提供_____名服务人员。监理机构应与此类服务的提供者合作，但不对此类人员及其行为负责。

第二十六条　监理人在责任期内如果失职，同意按以下办法承担责任，赔偿损失［累计赔偿额不超过监理报酬总数(扣税)］：

$$赔偿金＝直接经济损失×报酬比率(扣除税金)$$

第三十九条　委托人同意按以下的计算方法、支付时间与金额，支付监理人的报酬：

委托人同意按以下的计算方法、支付时间与金额，支付附加工作报酬：（报酬＝附加工作日数×合同报酬/监理服务日）

委托人同意按以下的计算方法、支付时间与金额，支付额外工作报酬：

第四十一条　双方同意用_____支付报酬，按_____汇率计付。

第四十五条　奖励办法：

奖励金额＝工程费用节省额×报酬比率

第四十九条　本合同在履行过程中发生争议时，当事人双方应及时协商解决。协商不成时，双方同意由仲裁委员会仲裁（当事人双方不在本合同中约定仲裁机构，事后又未达成书面仲裁协议的，可向人民法院起诉）。

附加协议条款：

附录四　建设工程领域部分法规索引

法律：
1. 中华人民共和国节约能源法
（中华人民共和国主席令第 77 号，2007 年 10 月 28 日公布，2008 年 04 月 01 日施行。）
2. 中华人民共和国城乡规划法
（中华人民共和国主席令第 74 号，2007 年 10 月 28 日公布，2008 年 01 月 01 日施行。）
3. 中华人民共和国城市房地产管理法
（中华人民共和国主席令第 72 号，2007 年 08 月 30 日公布，2007 年 08 月 30 日施行。）
4. 中华人民共和国物权法
（中华人民共和国主席令第 62 号，2007 年 03 月 16 日公布，2007 年 10 月 01 日施行。）
5. 中华人民共和国可再生能源法
（中华人民共和国主席令第 33 号，2005 年 02 月 28 日公布，2006 年 01 月 01 日施行。）
6. 中华人民共和国固体废物污染环境防治法
（中华人民共和国主席令第 31 号，2004 年 12 月 29 日公布，2005 年 04 月 01 日施行。）
7. 中华人民共和国土地管理法
（中华人民共和国主席令第 28 号，2004 年 08 月 28 日公布，2004 年 08 月 28 日施行。）
8. 中华人民共和国港口法
（中华人民共和国主席令第 5 号，2003 年 06 月 28 日公布，2004 年 01 月 01 日施行。）
9. 中华人民共和国环境影响评价法
（中华人民共和国主席令第 77 号，2002 年 10 月 28 日公布，2003 年 09 月 01 日施行。）
10. 中华人民共和国测绘法
（中华人民共和国主席令第 75 号，2002 年 08 月 29 日公布，2002 年 12 月 01 日施行。）
11. 中华人民共和国水法
（中华人民共和国主席令第 47 号，2002 年 08 月 29 日公布，2002 年 10 月 01 日施行。）

12. 中华人民共和国安全生产法

（中华人民共和国主席令第 70 号，2002 年 06 月 29 日公布，2002 年 11 月 01 日施行。）

13. 中华人民共和国招标投标法

（中华人民共和国主席令第 21 号，1999 年 08 月 30 日公布，2000 年 01 月 01 日施行。）

14. 中华人民共和国行政复议法

（中华人民共和国主席令第 16 号，1999 年 04 月 29 日公布，1999 年 10 月 01 日施行。）

15. 中华人民共和国合同法

（中华人民共和国主席令第 15 号，1999 年 03 月 15 日公布，1999 年 10 月 01 日施行。）

16. 中华人民共和国防震减灾法

（中华人民共和国主席令第 94 号，1997 年 12 月 29 日公布，1998 年 03 月 01 日施行。）

17. 中华人民共和国建筑法

（中华人民共和国主席令第 91 号，1997 年 11 月 01 日公布，1998 年 03 月 01 日施行。）

18. 中华人民共和国节约能源法

（中华人民共和国主席令第 90 号，1997 年 11 月 01 日公布，1998 年 01 月 01 日施行。）

19. 中华人民共和国行政处罚法

（中华人民共和国主席令第 63 号，1996 年 03 月 17 日公布，1996 年 10 月 01 日施行。）

20. 中华人民共和国仲裁法

（中华人民共和国主席令第 31 号，1994 年 08 月 31 日公布，1995 年 09 月 01 日施行。）

21. 中华人民共和国劳动法

（中华人民共和国主席令第 28 号，1994 年 07 月 05 日公布，1995 年 01 月 01 日施行。）

22. 中华人民共和国产品质量法

（中华人民共和国主席令第 33 号，1993 年 02 月 23 日公布，1993 年 09 月 01 日施行。）

23. 中华人民共和国环境保护法

（中华人民共和国主席令第 22 号，1989 年 12 月 26 日公布，1989 年 12 月 26 日施行。）

24. 中华人民共和国标准化法

（中华人民共和国主席令第 11 号，1988 年 12 月 29 日公布，1989 年 04 月 01 日施行。）

25. 中华人民共和国档案法

（中华人民共和国主席令第 71 号，1987 年 09 月 05 日公布，1988 年 01 月 01 日施行。）

行政法规：

1. 国务院关于修改《物业管理条例》的决定

（中华人民共和国国务院令第 504 号，2007 年 08 月 26 日公布，2007 年 10 月 01 日施行。）

2. 生产安全事故报告和调查处理条例

（中华人民共和国国务院令第 493 号，2007 年 04 月 09 日公布，2007 年 06 月 01 日施行。）

3. 风景名胜区条例

（中华人民共和国国务院令第 474 号，2006 年 09 月 19 日公布，2006 年 12 月 01 日施行。）

4. 中华人民共和国测绘成果管理条例

（中华人民共和国国务院令第 469 号，2006 年 05 月 27 日公布，2006 年 09 月 01 日施行。）

5. 取水许可和水资源费征收管理条例

（中华人民共和国国务院令第 460 号，2006 年 02 月 21 日公布，2006 年 04 月 15 日施行。）

6. 安全生产许可证条例

（中华人民共和国国务院令第 397 号，2004 年 01 月 13 日公布，2004 年 01 月 13 日施行。）

7. 建设工程安全生产管理条例

（中华人民共和国国务院令第 393 号，2003 年 11 月 24 日公布，2004 年 02 月 01 日施行。）

8. 国务院关于修改《住房公积金管理条例》的决定

（中华人民共和国国务院令第 350 号，2002 年 03 月 24 日公布，2002 年 03 月 24 日施行。）

9. 城市房屋拆迁管理条例

（中华人民共和国国务院令第 305 号，2001 年 06 月 13 日公布，2001 年 11 月 01 日施行。）

10. 国务院关于特大安全事故行政责任追究的规定

（中华人民共和国国务院令第 302 号，2001 年 04 月 21 日公布，2001 年 04 月 21 日施行。）

11. 建设工程勘察设计管理条例

（中华人民共和国国务院令第 293 号，2000 年 09 月 25 日公布，2000 年 09 月 25 日施行。）

12. 建设工程质量管理条例

（中华人民共和国国务院令第 279 号，2000 年 01 月 30 日公布，2000 年 01 月 30 日施行。)

13. 基本农田保护条例

(中华人民共和国国务院令第257号,1998年12月27日公布,1998年12月27日施行。)

14. 中华人民共和国土地管理法实施条例

(中华人民共和国国务院令第256号,1999年01月01日公布,1999年01月01日施行。)

15. 建设项目环境保护管理条例

(中华人民共和国国务院令第253号,1998年11月29日公布,1998年11月29日施行。)

16. 城市房地产开发经营管理条例

(中华人民共和国国务院令第248号,1998年07月20日公布,1998年07月20日施行。)

17. 中华人民共和国测量标志保护条例

(中华人民共和国国务院令第203号,1996年09月04日公布,1997年01月01日施行。)

18. 城市道路管理条例

(中华人民共和国国务院令第198号,1996年06月04日公布,1996年10月01日施行。)

19. 中华人民共和国水土保持法实施条例

(中华人民共和国国务院令第120号,1993年08月01日公布,1993年08月01日施行。)

20. 村庄和集镇规划建设管理条例

(中华人民共和国国务院令第116号,1993年06月29日公布,1993年11月01日施行。)

21. 城市市容和环境卫生管理条例

(中华人民共和国国务院令第101号,1992年06月28日公布,1992年08月01日施行。)

22. 中华人民共和国城镇国有土地使用权出让和转让暂行条例

(中华人民共和国国务院令第55号,1990年05月19日公布,1990年05月19日施行。

23. 中华人民共和国标准化法实施条例

(中华人民共和国国务院令第53号,1990年04月06日公布,1990年04月06日施行。)

住房和城乡建设部规章:

1. 中华人民共和国注册建筑师条例实施细则

(中华人民共和国建设部令第167号,2008年01月29日公布,2008年03月15日施行。)

2. 建筑起重机械安全监督管理规定

(中华人民共和国建设部令第166号,2008年01月28日公布,2008年06月01日施行。)

3. 住宅专项维修资金管理办法

(中华人民共和国建设部 中华人民共和国财政部令第165号,2007年12月04日公布,2007年12月04日施行。)

4. 建设部关于修改《物业管理企业资质管理办法》的决定

(中华人民共和国建设部令第164号,2007年11月26日公布,2007年11月26日施行。)

5. 建设部关于修改《建设工程勘察质量管理办法》的决定

(中华人民共和国建设部令第163号,2007年11月22日公布,2007年11月22日施行。)

6. 廉租住房保障办法

(中华人民共和国建设部 中华人民共和国国家发展和改革委员会 中华人民共和国监察部 中华人民共和国民政部 中华人民共和国财政部 中华人民共和国国土资源部 中国人民银行 国家税务总局 国家统计局令第162号,2007年11月08日公布,2007年12月01日施行。)

7. 建设工程勘察设计资质管理规定

(中华人民共和国建设部令第160号,2007年06月26日公布,2007年09月01日施行。)

8. 建筑业企业资质管理规定

(中华人民共和国建设部令第159号,2007年06月26日公布,2007年09月01日施行。)

9. 工程监理企业资质管理规定

(中华人民共和国建设部令第158号,2007年06月26日公布,2007年08月01日施行。)

10. 工程建设项目招标代理机构资格认定办法

(中华人民共和国建设部令第154号,2007年01月11日公布,2007年03月01日施行。)

11. 注册建造师管理规定

(中华人民共和国建设部令第153号,2006年12月28日公布,2007年03月01日施行。)

12. 注册房地产估价师管理办法

(中华人民共和国建设部令第151号,2006年12月25日公布,2007年03月01日施行。)

13. 注册造价工程师管理办法

(中华人民共和国建设部令第150号,2006年12月25日公布,2007年03月01日施行。)

14. 工程造价咨询企业管理办法

(中华人民共和国建设部令第149号,2006年03月22日公布,2006年07月01日施行。）

15. 房屋建筑工程抗震设防管理规定

（中华人民共和国建设部令第 148 号，2006 年 01 月 27 日公布，2006 年 04 月 01 日施行。）

16. 注册监理工程师管理规定

（中华人民共和国建设部令第 147 号，2006 年 01 月 26 日公布，2006 年 04 月 01 日施行。）

17. 城市规划编制办法

（中华人民共和国建设部令第 146 号，2005 年 12 月 31 日公布，2006 年 04 月 01 日施行。）

18. 城市蓝线管理办法

（中华人民共和国建设部令第 145 号，2005 年 12 月 20 日公布，2006 年 03 月 01 日施行。）

19. 城市黄线管理办法

（中华人民共和国建设部令第 144 号，2005 年 12 月 20 日公布，2006 年 03 月 01 日施行。）

20. 民用建筑节能管理规定

（中华人民共和国建设部令第 143 号，2005 年 11 月 10 日公布，2006 年 01 月 01 日施行。）

21. 房地产估价机构管理办法

（中华人民共和国建设部令第 142 号，2005 年 10 月 12 日公布，2005 年 12 月 01 日施行。）

22. 建设工程质量检测管理办法

（中华人民共和国建设部令第 141 号，2005 年 09 月 28 日公布，2005 年 11 月 01 日施行。）

23. 城市建筑垃圾管理规定

（中华人民共和国建设部令第 139 号，2005 年 03 月 23 日公布，2005 年 06 月 01 日施行。）

24. 勘察设计注册工程师管理规定

（中华人民共和国建设部令第 137 号，2005 年 02 月 04 日公布，2005 年 04 月 01 日施行。）

25. 城市地下管线工程档案管理办法

（中华人民共和国建设部令第 136 号，2005 年 01 月 07 日公布，2005 年 05 月 01 日施行。）

26. 房屋建筑和市政基础设施工程施工图设计文件审查管理办法

（中华人民共和国建设部令第 134 号，2004 年 08 月 23 日公布，2004 年 08 月 23 日施行。）

27. 建设部关于修改《城市商品房预售管理办法》的决定

（中华人民共和国建设部令第 131 号，2004 年 07 月 20 日公布，2004 年 07 月 20 日施行。）

28. 建设部关于修改《城市危险房屋管理规定》的决定

（中华人民共和国建设部令第 129 号，2004 年 07 月 20 日公布，2004 年 07 月 20 日施行。）

29. 建筑施工企业安全生产许可证管理规定

（中华人民共和国建设部令第 128 号，2004 年 07 月 05 日公布，2004 年 07 月 05 日施行。）

30. 房屋建筑和市政基础设施工程施工分包管理办法

（中华人民共和国建设部令第 124 号，2004 年 02 月 03 日公布，2004 年 04 月 01 日施行。）

31. 城镇最低收入家庭廉租住房管理办法

（中华人民共和国建设部 中华人民共和国财政部 中华人民共和国民政部 中华人民共和国国土资源部 国家税务总局令第 120 号，2003 年 12 月 31 日公布，2004 年 03 月 01 日施行。）

32. 城市紫线管理办法

（中华人民共和国建设部令第 119 号，2003 年 12 月 17 日公布，2004 年 02 月 01 日施行。）

33. 城市桥梁检测和养护维修管理办法

（中华人民共和国建设部令第 118 号，2003 年 10 月 10 日公布，2004 年 01 月 01 日施行。）

34. 城市抗震防灾规划管理规定

（中华人民共和国建设部令第 117 号，2003 年 09 月 19 日公布，2003 年 11 月 01 日施行。）

35. 城市绿线管理办法

（中华人民共和国建设部令第 112 号，2002 年 09 月 13 日公布，2002 年 11 月 01 日施行。）

36. 超限高层建筑工程抗震设防管理规定

（中华人民共和国建设部令第 111 号，2002 年 07 月 25 日公布，2002 年 09 月 01 日施行。）

37. 住宅室内装饰装修管理办法

（中华人民共和国建设部令第 110 号，2002 年 03 月 05 日公布，2002 年 05 月 01 日施行。）

38. 建设领域推广应用新技术管理规定

（中华人民共和国建设部令第 109 号，2001 年 11 月 29 日公布，2001 年 11 月 29 日施行。）

39. 建设部关于修改《城市地下空间开发利用管理规定》的决定

（中华人民共和国建设部令第 108 号，2001 年 11 月 20 日公布，2001 年 11 月 20 日施行。）

40. 建筑工程施工发包与承包计价管理办法

(中华人民共和国建设部令第107号,2001年11月05日公布,2001年12月01日施行。)

41. 城市房地产权属档案管理办法

(中华人民共和国建设部令第101号,2001年08月29日公布,2001年12月01日施行。)

42. 建设部关于修改《城市房屋权属登记管理办法》的决定

(中华人民共和国建设部令第99号,2001年08月15日公布,2001年08月15日施行。)

43. 建设部关于修改《城市房地产抵押管理办法》的决定

(中华人民共和国建设部令第98号,2001年08月15日公布,2001年08月15日施行。)

44. 建设部关于修改《城市房地产中介服务管理规定》的决定

(中华人民共和国建设部令第97号,2001年08月15日公布,2001年08月15日施行。)

45. 建设部关于修改《城市房地产转让管理规定》的决定

(中华人民共和国建设部令第96号,2001年08月15日公布,2001年08月15日施行。)

46. 建设部关于修改《建筑工程施工许可管理办法》的决定

(中华人民共和国建设部令第91号,2001年07月04日公布,2001年07月04日施行。)

47. 建设部关于修改《城市建设档案管理规定》的决定

(中华人民共和国建设部令第90号,2001年07月04日公布,2001年07月04日施行。)

48. 房屋建筑和市政基础设施工程施工招标投标管理办法

(中华人民共和国建设部令第89号,2001年06月01日公布,2001年06月01日施行。)

49. 商品房销售管理办法

(中华人民共和国建设部令第88号,2001年04月04日公布,2001年06月01日施行。)

50. 建设工程监理范围和规模标准规定

(中华人民共和国建设部令第86号,2001年01月17日公布,2001年01月17日施行。)

51. 城市规划编制单位资质管理规定

(中华人民共和国建设部令第84号,2001年01月23日公布,2001年03月01日施行。)

52. 房产测绘管理办法

(中华人民共和国建设部 国家测绘局令第83号,2000年12月28日公布,2001年05月01日施行。)

53. 建筑工程设计招标投标管理办法

（中华人民共和国建设部令第 82 号，2000 年 10 月 18 日公布，2000 年 10 月 18 日施行。）

54. 实施工程建设强制性标准监督规定

（中华人民共和国建设部令第 81 号，2000 年 08 月 25 日公布，2000 年 08 月 25 日施行。）

55. 房屋建筑工程质量保修办法

（中华人民共和国建设部令第 80 号，2000 年 06 月 30 日公布，2000 年 06 月 30 日施行。）

56. 房屋建筑工程和市政基础设施工程竣工验收备案管理暂行办法

（中华人民共和国建设部令第 78 号，2000 年 04 月 07 日公布，2000 年 04 月 07 日施行。）

57. 房地产开发企业资质管理规定

（中华人民共和国建设部令第 77 号，2000 年 03 月 29 日公布，2000 年 03 月 29 日施行。）

58. 已购公有住房和经济适用住房上市出售管理暂行办法

（中华人民共和国建设部令第 69 号，1999 年 04 月 22 日公布，1999 年 05 月 01 日施行。）

59. 建设行政处罚程序暂行规定

（中华人民共和国建设部令第 66 号，1999 年 02 月 03 日公布，1999 年 02 月 03 日施行。）

60. 建设部关于修改《城建监察规定》的决定

（中华人民共和国建设部令第 55 号，1996 年 09 月 22 日公布，1996 年 09 月 22 日施行。）

61. 城市居民住宅安全防范设施建设管理规定

（中华人民共和国建设部 中华人民共和国公安部令第 49 号，1996 年 01 月 05 日公布，1996 年 02 月 01 日施行。）

62. 建制镇规划建设管理办法

（中华人民共和国建设部令第 44 号，1995 年 06 月 29 日公布，1995 年 07 月 01 日施行。）

63. 开发区规划管理办法

（中华人民共和国建设部令第 43 号，1995 年 06 月 01 日公布，1995 年 07 月 01 日施行。）

64. 城市房屋租赁管理办法

（中华人民共和国建设部令第 42 号，1995 年 05 月 09 日公布，1995 年 06 月 01 日施行。）

65. 建设工程抗御地震灾害管理规定

（中华人民共和国建设部令第 38 号，1994 年 11 月 10 日公布，1994 年 12 月 01 日施行。）

66. 城镇体系规划编制审批办法

（中华人民共和国建设部令第 36 号，1994 年 08 月 15 日公布，1994 年 09 月 01 日施行。）

67. 工程建设行业标准管理办法

（中华人民共和国建设部令第 25 号，1992 年 12 月 30 日公布，1992 年 12 月 30 日施行。）

68. 工程建设国家标准管理办法

（中华人民共和国建设部令第 24 号，1992 年 12 月 30 日公布，1992 年 12 月 30 日施行。）

69. 城市国有土地使用权出让转让规划管理办法

（中华人民共和国建设部令第 22 号，1992 年 12 月 04 日公布，1993 年 01 月 01 日施行。）

相关部委规章：

1. 招标拍卖挂牌出让国有建设用地使用权规定

（中华人民共和国国土资源部令第 39 号，2007 年 09 月 28 日公布，2007 年 11 月 01 日施行。）

2. 水利工程建设项目验收管理规定

（中华人民共和国水利部令第 30 号，2006 年 12 月 18 日公布，2007 年 04 月 01 日施行。）

3. 清洁发展机制项目运行管理暂行办法

（中华人民共和国国家发展和改革委员会 中华人民共和国科学技术部 中华人民共和国外交部令第 10 号，2005 年 05 月 31 日公布，2005 年 06 月 30 日施行。）

4. 财政部 国家税务总局关于城镇房屋拆迁有关税收政策的通知

（财税 [2005] 45 号，2005 年 03 月 22 日公布，2005 年 03 月 22 日施行。）

5. 工程建设项目货物招标投标办法

（中华人民共和国国家发展和改革委员会令第 27 号，2005 年 01 月 18 日公布，2005 年 03 月 01 日施行。）

6. 建设项目用地预审管理办法

（中华人民共和国国土资源部令第 27 号，2004 年 11 月 01 日公布，2004 年 12 月 01 日施行。）

7. 最高人民法院关于审理建设工程施工合同纠纷案件适用法律问题的解释

（法释 [2004] 14 号，2004 年 10 月 25 日公布，2005 年 01 月 01 日施行。）

8. 审计机关审计项目质量控制办法（试行）

（中华人民共和国审计署令第 6 号，2004 年 02 月 10 日公布，2004 年 04 月 01 日施行。）

9. 工程建设项目勘察设计招标投标办法

（中华人民共和国国家发展和改革委员会令第 2 号，2003 年 06 月 12 日公布，2003 年 08 月 01 日施行。）

10. 协议出让国有土地使用权规定

（中华人民共和国国土资源部令第 21 号，2003 年 06 月 11 日公布，2003 年 08 月 01

日施行。)

11. 国家投资土地开发整理项目实施管理暂行办法

(国土资发〔2003〕122号,2003年04月16日公布,2003年04月16日施行。)

12. 工程建设项目施工招标投标办法

(中华人民共和国国家发展计划委员会令第30号,2003年03月08日公布,2003年05月01日施行。)

13. 土地登记资料公开查询办法

(中华人民共和国国土资源部令第14号,2003年01月23日公布,2003年03月01日施行。)

14. 土地权属争议调查处理办法

(中华人民共和国国土资源部令第17号,2003年01月03日公布,2003年03月01日施行。)

15. 招标拍卖挂牌出让国有土地使用权规定

(中华人民共和国国土资源部令第11号,2002年06月01日公布,2002年07月01日施行。)

16. 关于闲置土地处置有关问题的复函

(国土资厅函〔2002〕101号,2002年04月16日公布,2002年04月16日施行。)

17. 征用土地公告办法

(中华人民共和国国土资源部令第10号,2001年10月22日公布,2002年01月01日施行。)

18. 关于禁止串通招标行为的暂行规定

(国家工商局第82号令,2001年08月07日公布,2001年08月07日施行。)

19. 建设项目用地预审管理办法

(中华人民共和国国土资源部令第7号,2001年07月25日公布,2001年07月25日施行。)

20. 评标委员会和评标方法暂行规定

(中华人民共和国国家发展计划委员会第12号令,2001年07月05日公布,2001年07月05日施行。)

21. 新增建设用地土地有偿使用费财务管理暂行办法

(财建字〔2001〕330号,2001年06月10日公布,2001年06月10日施行。)

22. 铁道部关于发布《铁路建设项目勘察设计咨询暂行办法》的通知

(铁建设〔2001〕21号,2001年03月10日公布,2001年03月10日施行。)

23. 工程建设项目自行招标试行办法

(中华人民共和国国家发展计划委员会令第5号,2000年07月01日公布,2000年07月01日施行。)

24. 工程建设项目招标范围和规模标准规定

(中华人民共和国国家发展计划委员会令第3号,2000年05月01日公布,2000年05月01日施行。)

25. 闲置土地处置办法

（中华人民共和国国土资源部令第 5 号，1999 年 04 月 28 日公布，1999 年 04 月 28 日施行。）

26. 建设用地审查报批管理办法

（国土资源部令第 3 号，1999 年 03 月 02 日公布，1999 年 03 月 02 日施行。）

27. 土地利用年度计划管理办法

（国土资源部部长令第 2 号，1999 年 02 月 24 日公布，1999 年 02 月 24 日施行。）

28. 房地产广告发布暂行规定

（中华人民共和国国家工商行政管理局令第 71 号，1996 年 12 月 30 日公布，1997 年 02 月 01 日施行。）

参 考 文 献

[1] 彭守约，陈汉光编著. 环境保护法教程. 武汉：武汉大学出版社，1984.
[2] 陆雨村主编. 环境保护法释论. 北京：中国环境科学出版社，1990.
[3] 程正康著. 环境保护法概论. 北京：中国环境科学出版社，1991.
[4] 金坚明，曹叠云，王礼嫱著. 〈环境保护法〉述评. 北京：中国环境科学出版社，1992.
[5] 胡保林著. 中国环境保护法的基本制度. 北京：中国环境科学出版社，1994.
[6] 尹贻林主编. 工程造价管理相关知识. 北京：中国计划出版社，1997.
[7] 本书编委会. 建设法律概论. 北京：中国建筑工业出版社，1998.
[8] 李峻主编. 建筑法概论. 北京：中国建筑工业出版社，1999.
[9] 全国人大法工委研究室编著. 中华人民共和国招标投标法释义. 北京：人民法院出版社，1999.
[10] 何红锋主编. 工程建设相关法律实务. 北京：人民交通出版社，2000.
[11] 刘家兴主编. 民事诉讼法学教程. 北京：北京大学出版社，2001.
[12] 龚维丽主编. 工程造价的确定与控制. 北京：中国计划出版社，2001.
[13] 刘文锋，周东明，邵军义编著. 建设法规教程. 北京：中国建材工业出版社，2001.
[14] 刘钟莹主编. 工程造价. 南京：南京大学出版社，2002.
[15] 徐伟，李建伟主编. 土木工程项目管理. 上海：同济大学出版社，2002.
[16] 黄安永主编. 建设法规. 南京：东南大学出版社，2002.
[17] 建设部政策法规司，国务院法制办农业资源环保法制司编. 工程建设与建筑业法规知识读本. 北京：知识产权出版社，2002.
[18] 建设部人事教育司等组织编写. 建设法规教程. 北京：中国建筑工业出版社，2002.
[19] 崔建远主编. 合同法. 北京：法律出版社，2003.
[20] 黄立营编. 建设工程法律法规与合同实务. 徐州：中国矿业大学出版社，2003.
[21] 全国造价工程师执业资格考试培训教材编审委员会编写. 工程造价管理基础理论与相关法规. 北京：中国计划出版社，2003.
[22] 刘常英主编. 建设工程造价管理. 北京：金盾出版社，2003.
[23] 朱宏亮主编. 建设法规. 武汉：武汉理工大学出版社，2003.
[24] 徐占发主编. 实用建设与房地产法规. 北京：中国建材工业出版社，2003.
[25] 王国恩编著. 城市规划管理与法规. 北京：中国建筑工业出版社，2003.
[26] 张梓太，吴卫星编著. 环境保护法概论. 北京：中国环境科学出版社，2003.
[27] 何佰洲主编. 工程合同法律制度. 北京：中国建筑工业出版社，2003.
[28] 叶东文等编著. 招标投标法律实务. 北京：中国建筑工业出版社，2003.
[29] 中国建筑业协会等合编. 房屋建筑工程法律法规及相关知识. 北京：中国建筑工业出版社，2004.
[30] 建设部工程质量安全监督与行业发展司组织编写. 建设工程安全生产法律法规. 北京：中国建筑工业出版社，2004.
[31] 李春亭，李燕主编. 工程招投标与合同管理. 北京：中国建筑工业出版社，2004.
[32] 韩德培主编，陈汉光副主编. 环境保护法教程，北京：法律出版社. 2004.

[33] 中国法制出版社编. 招标投标法配套规定. 北京：中国法制出版社，2004.
[34] 程鸿群，姬晓辉主编. 工程造价管理. 武汉：武汉大学出版社，2004.
[35] 生青杰编. 工程建设法规. 北京：科学出版社，2004.
[36] 中国土木工程学会等编写. 建筑工程法规及相关知识，北京：中国建筑工业出版社，2005.
[37] 徐占发主编. 建设法规与合同管理. 北京：人民交通出版社，2005.
[38] 本书编委会. 建设工程法规及相关知识重点内容解析，北京：中国建筑工业出版社，2005.
[39] 李世蓉，兰定筠主编. 建设工程法规及相关知识. 北京：中国水利水电出版社，2005.
[40] 於向平，张彤主编. 建设工程及房地产常用合同文本. 北京：中国建筑工业出版社，2005.
[41] 何夕平主编. 建设工程监理. 合肥：合肥工业大学出版社，2005.
[42] 应松年主编. 行政法与行政诉讼法学. 北京：法律出版社，2005.
[43] 国务院法制办编. 最新建筑法律适用大全. 北京：中国法制出版社，2005.
[44] 隋彭生主编. 合同法. 北京：中国人民大学出版社，2005.
[45] 林镥海著. 建设工程施工合同司法解释操作指南. 建筑商之——孙子兵法. 北京：法律出版社，2005.
[46] 朱永祥，陈茂明主编. 工程招投标与合同管理. 武汉：武汉理工大学出版社，2005.
[47] 刘淑强主编. 建设法实用问答. 北京：人民法院出版社，2005.
[48] 本书编写组. 建筑房地产行政许可实务. 北京：中国民主法制出版社，2005.
[49] 刘志彤，张军主编. 建设工程法规及相关知识. 大连：大连理工大学出版社，2006.
[50] 姜早龙，许善妙编著. 工程造价管理基础理论与相关法规. 大连：大连理工大学出版社，2006.
[51] 王立久主编. 建设法规. 北京：中国建材工业出版社，2006.
[52] 李永福，史伟利，张绍河主编. 建设法规. 北京：中国电力出版社，2006.
[53] 张晓牧，苏振民编著. 监理工程师法律基础知识. 北京：中国建筑工业出版社，2006.
[54] 胡向真，肖铭主编. 建设法规. 北京：北京大学出版社，2006.
[55] 河南省建设厅组织编写. 建设工程质量监督培训教材. 北京：中国建筑工业出版社，2006.
[56] 建设部政策法规司. 建设法律法规(2006). 北京：中国建筑工业出版社，2006.
[57] 刘亚臣，朱昊主编. 新编建设法规. 北京：机械工业出版社，2006.
[58] 中国建设监理协会组织编写. 建设工程合同管理. 北京：知识产权出版社，2006.
[59] 兰定筠主编. 新编建设工程招标投标法律法规实用手册. 北京：中国水利水电出版社/知识产权出版社，2006.
[60] 《司法解释适用指南》编写组编写. 建设工程施工合同司法解释适用指南. 北京：中国法制出版社，2006.
[61] 李国光主编. 建设工程合同法律分解适用集成. 北京：人民法院出版社，2006.
[62] 战启芳主编. 工程建设法规与合同管理. 北京：中国建筑工业出版社，2006.
[63] 中华人民共和国建设部政策法规司. 建设法律法规，北京：中国建筑工业出版社，2006.
[64] 李辉主编. 建设工程法规. 上海：同济大学出版社，2006.
[65] 张明楷主编. 刑法学教程. 北京：北京大学出版社，2007.
[66] 全国一级建造师执业资格考试用书编写委员会编写. 建设工程法规及相关知识. 北京：中国建筑工业出版社，2007.
[67] 筑龙网组编. 建筑安装工程招投标及合同实例精选. 北京：中国电力出版社，2007.
[68] 何红锋主编. 建设工程合同签订与风险控制. 北京：人民法院出版社，2007.
[69] 朱树英著. 工程合同实务问答. 北京：法律出版社，2007.
[70] 中国法制出版社编. 建设工程纠纷实用法律手册. 北京：中国法制出版社，2007.

[71] 吴高盛主编. 中华人民共和国城乡规划法释义. 北京：中国法制出版社，2007.
[72] 本书编写组. 中华人民共和国城乡规划法释义及实用指南. 北京：中国民主法制出版社，2007.
[73] 李永光主编. 合同管理与工程索赔. 北京：中国建筑工业出版社，2007.
[74] 张俊杰主编. 工程建设法律法规教程. 北京：中国计量出版社，2007.
[75] 郝建新，张福元主编. 建设工程法规及相关知识. 北京：中国电力出版社，2007.
[76] 中国法制出版社编. 建筑法律小全书. 北京：中国法制出版社，2007.
[77] 顾永才主编. 建设法规. 武汉：华中科技大学出版社，2007.
[78] 罗云主编. 安全生产法及相关法律知识复习指南. 北京：中国建筑工业出版社，2007.
[79] 梅凤乔主编. 环境影响评价相关法律法规. 北京：中国建筑工业出版社，2007.
[80] 蔡守秋. 完善我国环境法律体系的战略构想. 广东社会科学，2008，(2).
[81] 李水生. 论环境影响后评价制度的立法完善. 环境保护，2008，(6).
[82] 范纯. 非洲环境保护法律机制研究. 西亚非洲，2008，(4).
[83] 中华人民共和国中央人民政府. http://www.gov.cn/
[84] 最高人民法院. http://www.court.gov.cn/
[85] 住房和城乡建设部. http://www.cin.gov.cn/
[86] 国土资源部. http://www.mlr.gov.cn/